Direito Tributário

O GEN | Grupo Editorial Nacional – maior plataforma editorial brasileira no segmento científico, técnico e profissional – publica conteúdos nas áreas de concursos, ciências jurídicas, humanas, exatas, da saúde e sociais aplicadas, além de prover serviços direcionados à educação continuada.

As editoras que integram o GEN, das mais respeitadas no mercado editorial, construíram catálogos inigualáveis, com obras decisivas para a formação acadêmica e o aperfeiçoamento de várias gerações de profissionais e estudantes, tendo se tornado sinônimo de qualidade e seriedade.

A missão do GEN e dos núcleos de conteúdo que o compõem é prover a melhor informação científica e distribuí-la de maneira flexível e conveniente, a preços justos, gerando benefícios e servindo a autores, docentes, livreiros, funcionários, colaboradores e acionistas.

Nosso comportamento ético incondicional e nossa responsabilidade social e ambiental são reforçados pela natureza educacional de nossa atividade e dão sustentabilidade ao crescimento contínuo e à rentabilidade do grupo.

Claudio Borba

Direito Tributário

28ª edição
Revista e atualizada

- A EDITORA FORENSE se responsabiliza pelos vícios do produto no que concerne à sua edição (impressão e apresentação a fim de possibilitar ao consumidor bem manuseá-lo e lê-lo). Nem a editora nem o autor assumem qualquer responsabilidade por eventuais danos ou perdas a pessoa ou bens, decorrentes do uso da presente obra.

- Nas obras em que há material suplementar *on-line*, o acesso a esse material será disponibilizado somente durante a vigência da respectiva edição. Não obstante, a editora poderá franquear o acesso a ele por mais uma edição.

- Todos os direitos reservados. Nos termos da Lei que resguarda os direitos autorais, é proibida a reprodução total ou parcial de qualquer forma ou por qualquer meio, eletrônico ou mecânico, inclusive através de processos xerográficos, fotocópia e gravação, sem permissão por escrito do autor e do editor.

Impresso no Brasil – *Printed in Brazil*

- Direitos exclusivos para o Brasil na língua portuguesa
Copyright © 2019 by
EDITORA FORENSE LTDA.
Uma editora integrante do GEN | Grupo Editorial Nacional
Rua Conselheiro Nébias, 1384 – Campos Elíseos – 01203-904 – São Paulo – SP
Tel.: (11) 5080-0770 / (21) 3543-0770
faleconosco@grupogen.com.br / www.grupogen.com.br

- O titular cuja obra seja fraudulentamente reproduzida, divulgada ou de qualquer forma utilizada poderá requerer a apreensão dos exemplares reproduzidos ou a suspensão da divulgação, sem prejuízo da indenização cabível (art. 102 da Lei n. 9.610, de 19.02.1998). Quem vender, expuser à venda, ocultar, adquirir, distribuir, tiver em depósito ou utilizar obra ou fonograma reproduzidos com fraude, com a finalidade de vender, obter ganho, vantagem, proveito, lucro direto ou indireto, para si ou para outrem, será solidariamente responsável com o contrafator, nos termos dos artigos precedentes, respondendo como contrafatores o importador e o distribuidor em caso de reprodução no exterior (art. 104 da Lei n. 9.610/98).

- Capa: Danilo Oliveira

- Data de fechamento: 01.11.2018

- **CIP – BRASIL. CATALOGAÇÃO NA FONTE.**
SINDICATO NACIONAL DOS EDITORES DE LIVROS, RJ.

B718d
Borba, Claudio

Direito Tributário / Claudio Borba. – 28. ed. – Rio de Janeiro: Forense; São Paulo: MÉTODO, 2019.

Inclui bibliografia
ISBN 978-85-309-8342-0

1. Direito tributário – Brasil. I. Título.

18-53400 CDU:34: 351.713

Meri Gleice Rodrigues de Souza – Bibliotecária CRB-7/6439

A
Celeste,
Renata,
Natália,
Raul
e Bruno,
pelo tempo de convívio que lhes furtei.

Agradecimentos

Aos alunos, motivação e objetivo desta obra,
por me possibilitarem desenvolver a
atividade apaixonante do magistério.

Apresentação

Esta obra é dedicada a todos aqueles que necessitam, por motivos diversos, tomar conhecimento da estrutura jurídica que disciplina o Sistema Tributário Brasileiro e, principalmente, àqueles que têm o desafio de se preparar para enfrentar qualquer concurso público que abranja conhecimentos tributários.

É fruto de 28 anos de magistério na área de preparação para concurso público e reúne, ao mesmo tempo, todo o conteúdo jurídico necessário das fontes formais e não formais do Direito Tributário, deixado por nossos legisladores, julgadores e doutrinadores, com a forma didática de assimilar este conhecimento adquirido durante os anos de magistério.

Essa forma didática de assimilação surgiu da necessidade pessoal de estudar o Direito Tributário para ingressar no quadro de Fiscais de Rendas do Estado do Rio de Janeiro, sem ter um conhecimento não só deste, mas também de outros ramos do Direito e, posteriormente, do convívio com os alunos, sentindo as suas reais dificuldades de aprendizagem.

As normas jurídicas aqui estudadas são revestidas de toda atualização e abrangência necessárias, somadas a esquemas gráficos e exemplos práticos obtidos durante o desempenho das funções de fiscal de rendas, que tornam o conteúdo fácil de ser assimilado.

O trabalho reúne todos os dispositivos da Constituição Federal, do Código Tributário Nacional e da legislação complementar, evitando que o aluno tenha de trabalhar com todas essas normas jurídicas separadamente, buscando ora em uma ora em outra os dispositivos pertinentes a determinado assunto.

A partir desta edição, os exercícios de fixação de cada capítulo encontram-se em material suplementar *on-line*, sob a forma de simulado. Confira a instrução de acesso na orelha da obra.

Escuso-me pelas imperfeições e lacunas que podem se fazer presentes e agradeço desde já por quaisquer observações que possam contribuir para o enriquecimento da obra.

Claudio Borba
borba@claudioborba.com.br

Prefácio

O curso de Direito Tributário, de Claudio Borba, intitulado apenas *Direito Tributário*, é das mais úteis obras da literatura especializada para introduzir o profissional de Direito não habilitado neste difícil ramo.

O curso é abrangente. Dá uma ampla visão do que seja o sistema tributário atual, a legislação explicitadora e seus princípios e as linhas gerais dos principais tributos. Por outro lado, é um curso atualizado, algo que não é comum nos dias que correm.

Grande parte dos cursos, para não se desatualizar, restringe-se à discussão apenas dos princípios constitucionais ou das linhas gerais de Direito Tributário, mais estáveis estas do que aquelas, visto que o CTN é de 1966 e a Constituição de 1988, apesar de já ter sofrido na parte dedicada ao sistema tributário diversas alterações, dificilmente será completamente modificada.

Dessa forma, aqueles cursos que expõem teorias e não desvendam toda a infraestrutura constitucional do Direito Tributário são mais permanentes e mais insuficientes, pois deixam de enfrentar o que o profissional de Direito mais necessita ao iniciar seus estudos no ramo Tributário, ou seja, legislação especial relativa a cada tributo, emanada das três esferas do Poder.

Claudio Borba teve a preocupação, sem se desviar do exame de questões constitucionais e das teorias que conformam o Direito Tributário, de elaborar um curso abrangente e atualizado, enfrentando questões infraconstitucionais que, não obstante sejam passíveis de alteração pela legislação vindoura, são de necessária reflexão para o profissional que pretende se dedicar a esse ramo do Direito.

Por essa razão, o curso é didático e extenso, servindo de iniciação adequada, mesmo para os que não estão familiarizados com a ciência do Direito, pois versado em linguagem cuja simplicidade não implica mutilação de ideias, mas caminho para a compreensão.

Entendo que o livro não é apenas um curso para iniciantes – e, francamente, a proposta do trabalho é esta –, mas também para todos aqueles que militam na área, em face de sua atualização e abrangência.

Cumprimento, pois, ao encerrar estas rápidas linhas de apresentação, o autor da obra que, à evidência, colabora para a conformação de um Direito Tributário próprio no país. Que a carreira editorial do livro seja brilhante, fazendo jus a seu valor.

Ives Gandra da Silva Martins
Professor Emérito das Universidades Mackenzie, Paulista –
UNIP e Escola de Comando e Estado-Maior do Exército – ECEME,
Presidente do Centro de Extensão Universitária e do Conselho de
Estudos Jurídicos da Federação do Comércio do Estado de São Paulo.

Sumário

Capítulo 1 – Introdução 1

Capítulo 2 – Tributos 7
  2.1.   Definição 7
  2.2.   Espécies de Tributos 8
      2.2.1.   Taxas 8
          2.2.1.1.   Taxas de Polícia 12
          2.2.1.2.   Taxas de Serviço 13
      2.2.2.   Contribuições de Melhoria 17
      2.2.3.   Impostos 22
      2.2.4.   Disposições Comuns a Taxas, Contribuições de Melhoria e Impostos 27
      2.2.5.   Empréstimos Compulsórios 29
      2.2.6.   Contribuições Parafiscais ou Especiais 31
          2.2.6.1.   Contribuições Sociais 35
          2.2.6.2.   Contribuições de Intervenção no Domínio Econômico 39
          2.2.6.3.   Contribuições de Interesse de Categorias Profissionais ou Econômicas 41
  2.3.   Quadro Geral das Espécies Tributárias 42
  2.4.   Função dos Tributos 43

Capítulo 3 – Competência Tributária 45
  3.1.   Definição 45
  3.2.   Características 46
  3.3.   Tipos de Competência Tributária 53
      3.3.1.   Competência Tributária Privativa 53
      3.3.2.   Competência Tributária Comum 54
      3.3.3.   Competência Tributária Especial 55
      3.3.4.   Competência Tributária Residual 55
      3.3.5.   Competência Tributária Extraordinária 58
      3.3.6.   Competência Tributária Cumulativa 58
  3.4.   Limitações Constitucionais à Competência Tributária 59
      3.4.1.   Princípios previstos nos arts. 150 a 152 da Constituição Federal 59

| | | 3.4.2. | Outros princípios .... | 72 |
| | | 3.4.3. | Imunidades... | 74 |

Capítulo 4 – Impostos da Competência Privativa.. 95
    4.1.   Discriminação Constitucional de Rendas 95
           4.1.1.   Impostos da União 95
           4.1.2.   Impostos dos Estados e do Distrito Federal................................. 111
           4.1.3.   Impostos dos Municípios 141
           4.1.4.   Disposições Comuns a Impostos Federais, Estaduais e Municipais.......... 173
           4.1.5.   Quadro-Resumo da Competência Privativa 177
    4.2.   Repartição da Receita Tributária 179

Capítulo 5 – O Simples Nacional e o Estatuto das Microempresas e Empresas de Pequeno Porte.. 191
    5.1.   Disposições preliminares (arts. 1º e 2º da LC nº 123/2006)........................ 191
    5.2.   Da definição de Microempresa e de Empresa de Pequeno Porte (arts. 3º a 3º-B da LC nº 123/2006) 193
    5.3.   Da inscrição e da baixa (arts. 4º a 11 da LC nº 123/2006)........................... 197
    5.4.   Dos tributos e contribuições 199
           5.4.1.   Da instituição e abrangência (arts. 12 a 16 da LC nº 123/2006) 200
           5.4.2.   Das vedações ao ingresso no Simples Nacional (art. 17 da LC nº 123/2006)... 203
           5.4.3.   Das alíquotas e base de cálculo (arts. 18 a 20 da LC nº 123/2006) 205
           5.4.4.   Esquema prático de cálculo do valor devido 218
           5.4.5.   Do recolhimento dos tributos devidos (arts. 21 a 21-B da LC nº 123/2006)... 222
           5.4.6.   Do repasse do produto da arrecadação (art. 22 da LC nº 123/2006)........ 226
           5.4.7.   Dos créditos (arts. 23 e 24 da LC nº 123/2006) 226
           5.4.8.   Das obrigações fiscais acessórias (arts. 25 a 27 da LC nº 123/2006) 228
           5.4.9.   Da exclusão do Simples Nacional (arts. 28 a 32 da LC nº 123/2006) 231
           5.4.10. Da fiscalização (art. 33 da LC nº 123/2006).................................. 235
           5.4.11. Da omissão de receita (art. 34 da LC nº 123/2006)...................... 236
           5.4.12. Dos acréscimos legais (arts. 35 a 38-B da LC nº 123/2006)........ 236
           5.4.13. Do processo administrativo fiscal (arts. 39 e 40 da LC nº 123/2006)......... 237
           5.4.14. Do processo judicial (art. 41 da LC nº 123/2006) 238
           5.4.15   Do Microempreendedor Individual – MEI (arts. 18-A a 18-E da LC nº 123/2006)... 238
    5.5.   Do acesso aos mercados (arts. 42 a 49-A da LC nº 123/2006, alterada pela Lei Complementar nº 155 de 2016)... 244
    5.6.   Da simplificação das relações de trabalho (arts. 50 a 54 da LC nº 123/2006) 246
    5.7.   Da fiscalização orientadora (art. 55 da LC nº 123/2006)............................ 247
    5.8.   Do associativismo (art. 56 da LC nº 123/2006) 248
    5.9.   Do estímulo ao crédito e à capitalização (arts. 57 a 63 da LC nº 123/2006) 248
    5.10. Do estímulo à inovação e apoio à certificação (arts. 64 a 67-A da LC nº 123/2006) 250
    5.11. Das regras civis e empresariais (arts. 68 a 73-A da LC nº 123/2006).............. 252

5.12.	Do acesso à justiça (arts. 74 e 75-A da LC nº 123/2006)	253
5.13.	Do apoio e da representação (arts. 76 e 76-A da LC nº 123/2006)	253
5.14.	Disposições finais e transitórias (arts. 77 a 89 da LC nº 123/2006)	254

Capítulo 6 – Legislação Tributária 255

6.1.	Introdução	255
6.2.	Legislação Tributária (art. 96 do CTN)	256
6.3.	Leis (art. 97 do CTN)	257
6.4.	Tratados e Convenções Internacionais (art. 98 do CTN)	262
6.5.	Decretos (art. 99 do CTN)	265
6.6.	Normas Complementares (art. 100 do CTN)	266
	6.6.1. Atos Normativos	267
	6.6.2. Decisões Administrativas com Eficácia Normativa	267
	6.6.3. Práticas Administrativas Reiteradas	267
	6.6.4. Convênios Internos	268
	6.6.5. Observação Comum a Todas as Normas Complementares	269
6.7.	Vigência da Legislação Tributária (arts. 101 a 104 do CTN)	269
	6.7.1. Vigência no Espaço	269
	6.7.2. Vigência no Tempo	270
6.8.	Aplicação da Legislação Tributária (arts. 105 e 106 do CTN)	275
6.9.	Integração da Legislação Tributária (arts. 108 a 110 do CTN)	278
6.10.	Interpretação da Legislação Tributária (arts. 107, 111 e 112 do CTN)	282

Capítulo 7 – Obrigação Tributária 285

7.1.	Tipos de Obrigação (art. 113 do CTN)	285
7.2.	Fato Gerador (arts. 114 a 118 do CTN)	286
7.3.	Sujeito Ativo (arts. 119 e 120 do CTN)	295
7.4.	Sujeito Passivo (arts. 121 a 123 do CTN)	298
7.5.	Solidariedade (arts. 124 e 125 do CTN)	301
7.6.	Capacidade Tributária Passiva (art. 126 do CTN)	305
7.7.	Domicílio Tributário do Sujeito Passivo (art. 127 do CTN)	306
7.8.	Responsabilidade Tributária (arts. 128 a 138 do CTN)	308
	7.8.1. Responsabilidade por Substituição	308
	7.8.2. Responsabilidade por Transferência	311
	7.8.2.1. Responsabilidade de Terceiros (art. 134 do CTN)	312
	7.8.2.2. Responsabilidade por Infração (arts. 135 a 138 do CTN)	314
	7.8.2.3. Responsabilidade por Sucessão Imobiliária (art. 130 do CTN)	319
	7.8.2.4. Responsabilidade por Sucessão Empresarial (arts. 132 e 133 do CTN)	321
	7.8.2.5. Responsabilidade por Sucessão Pessoal (art. 131 do CTN)	325

Capítulo 8 – Crédito Tributário 329

8.1.	Constituição do Crédito Tributário	329
8.2.	Modalidades de Lançamento (arts. 147 a 150 do CTN)	338

	8.2.1.	Lançamento Direto (art. 149 do CTN)	339
	8.2.2.	Lançamento por Declaração (arts. 147 e 148 do CTN)	341
	8.2.3.	Lançamento por Homologação (art. 150 do CTN)	342
8.3.		Hipóteses de Suspensão do Crédito Tributário (arts. 151 a 155 do CTN)	347
	8.3.1.	Moratória (arts. 152 a 155-A do CTN)	348
	8.3.2.	Depósito do Montante Integral (art. 151, II, do CTN)	353
	8.3.3.	Reclamações e Recursos (art. 151, III, do CTN)	354
	8.3.4.	Concessão de Medida Liminar em Mandado de Segurança (art. 151, IV, do CTN)	354
	8.3.5.	Concessão de Medida Liminar ou de Tutela Antecipada, em Outras Espécies de Ação Judicial (art. 151, V, do CTN)	355
	8.3.6.	O Parcelamento (art. 151, VI, do CTN)	355
8.4.		Hipóteses de Extinção do Crédito Tributário (arts. 156 a 174 do CTN)	357
	8.4.1.	Pagamento (arts. 157 a 163 e 165 a 169 do CTN)	359
	8.4.2.	Compensação (arts. 170 e 170-A do CTN)	376
	8.4.3.	Transação (art. 171 do CTN)	378
	8.4.4.	Remissão (art. 172 do CTN)	379
	8.4.5.	Prescrição e Decadência (arts. 173 e 174 do CTN)	381
	8.4.6.	Conversão do Depósito em Renda (art. 156, VI, do CTN)	389
	8.4.7.	Pagamento Antecipado e Homologação (art. 150, §§ 1º e 4º, do CTN)	390
	8.4.8.	Consignação em Pagamento (art. 164 do CTN)	391
	8.4.9.	Decisão Administrativa Irreformável (art. 156, IX, do CTN)	392
	8.4.10.	Decisão Judicial Passada em Julgado (art. 156, X, do CTN)	393
	8.4.11.	Dação em Pagamento em Bens Imóveis (art. 156, XI, do CTN)	394
8.5.		Hipóteses de Exclusão do Crédito Tributário (arts. 175 a 182 do CTN)	394
	8.5.1.	Isenção (arts. 176 a 179 do CTN)	395
	8.5.2.	Anistia (arts. 180 a 182 do CTN)	399
8.6.		Esquema Demonstrativo de Isenção, Anistia, Remissão e Imunidade	401
8.7.		Garantias e Privilégios do Crédito Tributário (arts. 183 a 193 do CTN)	403
	8.7.1.	Garantias (arts. 183 a 185 e 191 a 193 do CTN)	404
	8.7.2.	Preferências (arts. 186 a 190 do CTN)	416

Capítulo 9 – Administração Tributária e Disposições Finais do CTN 431

9.1.	Fiscalização (arts. 194 a 200 do CTN)	431
9.2.	Dívida Ativa (arts. 201 a 204 do CTN)	448
9.3.	Certidão Negativa (arts. 205 a 208 do CTN)	453
9.4.	Disposições Finais e Transitórias do CTN (arts. 209 e 210)	459

Bibliografia 463

Capítulo 1

Introdução

A existência de um Estado se deve ao fato de que uma sociedade, para sobreviver, precisa se organizar e fazer com que certos objetivos sejam alcançados ou, ao menos, perseguidos incansavelmente.

A Constituição Federal determina, em seu art. 3º, quais são os objetivos fundamentais da República Federativa do Brasil:

> **Art. 3º.** Constituem objetivos fundamentais da República Federativa do Brasil:
> I – construir uma sociedade livre, justa e solidária;
> II – garantir o desenvolvimento nacional;
> III – erradicar a pobreza e a marginalização e reduzir as desigualdades sociais e regionais;
> IV – promover o bem de todos, sem preconceitos de origem, raça, sexo, cor, idade e quaisquer outras formas de discriminação.

Para poder funcionar e cumprir seus determinados fins, o Estado necessita estruturar-se, como qualquer outra organização, ter efeitos patrimoniais e desenvolver atividades financeiras, arrecadando recursos para os dispêndios exigidos para sua existência e seu funcionamento, e tendo acesso a instrumentos de crédito, além de adequar receitas e despesas por meio de mecanismos sistemáticos de planejamento orçamentário.

A atividade financeira do Estado sofre a influência de disciplinas de caráter científico, isto é, regidas por leis extraídas da observação dos fenômenos e as quais afirmam que, em determinadas condições, da prática de certos atos decorrerão certas consequências. Tais disciplinas são as seguintes, na lição de Rubens Gomes de Souza, em sua obra Compêndio de Legislação Tributária (Ed. Financeiras, Rio de Janeiro, 1964):

a) *Economia Financeira*, que estuda os elementos econômicos disponíveis ao Estado e os recursos à disposição, obtidos da exploração do seu próprio patrimônio ou do patrimônio de terceiros, a fim de resolver problemas financeiros;

b) *Política Financeira*, que escolhe, dentre os elementos e recursos elencados pela Economia Financeira, aqueles que devem ser indicados na prática, em cada caso particular;

c) *Técnica Financeira*, finalmente, é a parte da ciência da Administração que estuda a atividade do Estado sob o ponto de vista das conclusões da Política Financeira para cada caso particular.

Essas ciências das finanças apenas orientam a atuação da administração, necessitando o Governo de normas jurídicas que tornem as suas decisões exigíveis perante a população.

Atualmente, a matéria é regulada não só pela Constituição Federal, mas também pela Lei nº 4.320, de 17/03/1964, que fixa normas gerais de Direito Financeiro aplicáveis na elaboração e no controle dos orçamentos e balanços da União, dos Estados, do Distrito Federal e dos Municípios, que continuam a vigorar no que não forem conflitantes com a Constituição.

Portanto, as fontes e a administração dos recursos financeiros do Estado são primeiramente estudadas pela Ciência das Finanças e normatizadas pelo Direito Financeiro em seus quatro grandes capítulos: a **Receita**, a **Despesa**, o **Crédito Público** e o **Orçamento**. Desses capítulos, interessa-nos o da Receita Pública e, dentro dele, o das **Receitas Tributárias**.

No que diz respeito às receitas públicas, o Estado como organização vem, através dos tempos, alterando a forma de obtê-las, valendo-se dos mais diversos meios, tais como:

- extorsões sobre outros povos, que constituem as reparações de guerra, modernamente ainda utilizadas, embora de maneira velada, por mecanismos econômicos;
- cobrança de penalidades pecuniárias, que são as multas pela prática de atos ilícitos;
- utilização de confisco, pela apropriação total ou parcial da propriedade privada;
- exploração do seu próprio patrimônio, por meio de venda de bens e serviços;
- empréstimos quer sejam compulsórios ou facultativos;
- doações de qualquer natureza, oriundas da liberalidade de terceiros;
- exigência de tributos que vieram, ao correr do tempo, ganhando significados diferentes, sendo inicialmente prestações em bens ou moeda exigida pelos vencedores dos povos vencidos, pelo senhor feudal dos vassalos, pela realeza dos súditos e, modernamente, prestações apenas pecuniárias exigidas pelos Estados dos cidadãos.

A evolução dessas formas de obtenção de recursos vem, com o passar dos tempos, ganhando contornos mais modernos e democráticos e sendo objeto de estudo de diversos juristas que acabaram por dividi-las em dois grandes grupos de ingressos públicos, diferenciados pelo caráter de restituibilidade, presente em um dos grupos e ausente no outro.

Ao grupo de ingressos públicos do qual a restituição não é característica, os doutrinadores chamaram de **receitas**, em contrapartida com os empréstimos que, obviamente, têm de ser devolvidos.

Portanto, conforme ensina Aliomar Baleeiro, em *Uma Introdução à Ciência das Finanças* (Ed. Forense, Rio de Janeiro, p. 130), receita é "a entrada que, integrando-se ao patrimônio público sem quaisquer reservas, condições ou correspondência no passivo, vem acrescer o seu vulto, como elemento novo e positivo".

Essas receitas podem ser originárias ou derivadas, dependendo de serem obtidas da exploração do patrimônio da própria administração ou do patrimônio de particulares:

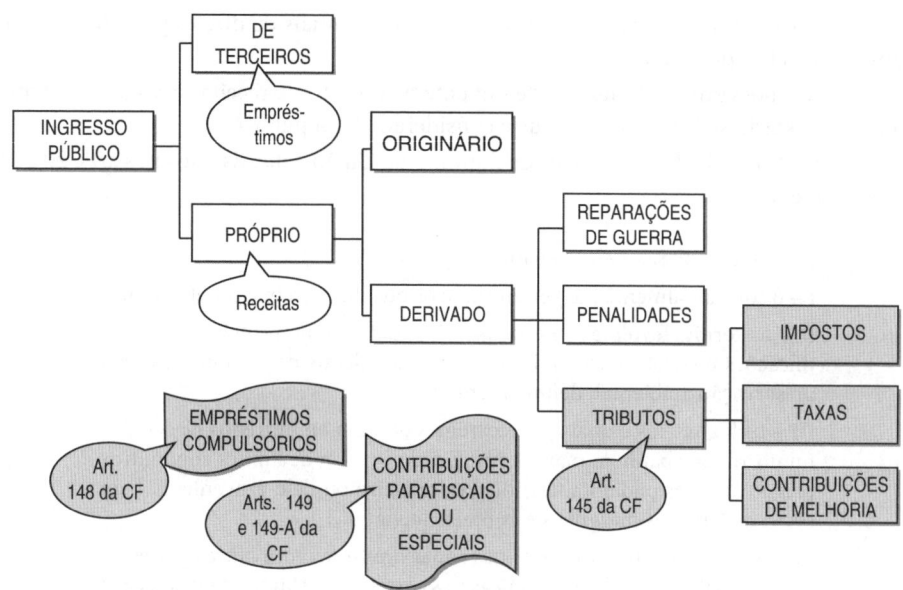

Ingresso Público – É todo aquele valor que entra para os cofres da União, dos Estados, do Distrito Federal e dos Municípios. É importante não confundir ingresso público com tarifa ou preço público, uma vez que, enquanto o primeiro cria apenas uma relação jurídica do Poder Público para com o usuário, os segundos criam duas relações jurídicas, a saber, do Poder Público para com a concessionária ou permissionária do serviço público e destas com o usuário, conforme se pode observar nas figuras a seguir:

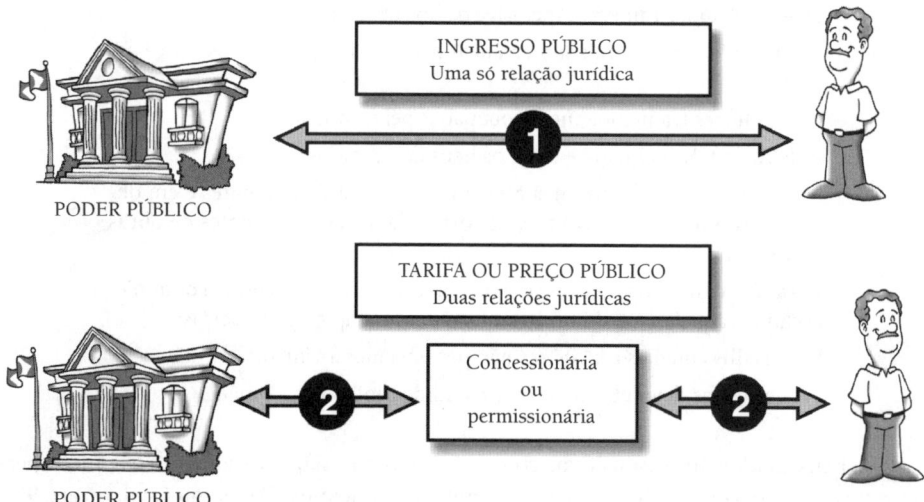

Receitas Públicas Originárias – São aquelas obtidas pela exploração do próprio patrimônio da administração, por meio da venda de bens ou serviços. Neste caso, a administração atua sem exercer o seu poder de soberania, não havendo, pois, obrigatoriedade no seu pagamento pelo particular. São, portanto, receitas contratuais de direito privado, também chamadas receitas patrimoniais.

Para que possamos entender perfeitamente o conceito de receita originária ou patrimonial, necessário se faz verificar o que é considerado bem público.

A Constituição Federal cita bens de domínio da União e dos Estados nos arts. 20 e 26, respectivamente:

> **Art. 20 da CF.** São bens da União:
>
> I – os que atualmente lhe pertencem e os que lhe vierem a ser atribuídos;
>
> II – as terras devolutas indispensáveis à defesa das fronteiras, das fortificações e construções militares, das vias federais de comunicação e à preservação ambiental, definidas em lei;
>
> III – os lagos, rios e quaisquer correntes de água em terrenos de seu domínio, ou que banhem mais de um Estado, sirvam de limites com outros países, ou se estendam a território estrangeiro ou dele provenham, bem como os terrenos marginais e as praias fluviais;
>
> IV – as ilhas fluviais e lacustres nas zonas limítrofes com outros países; as praias marítimas; as ilhas oceânicas e as costeiras, excluídas, destas, as que contenham a sede de Municípios, exceto aquelas áreas afetadas ao serviço público e a unidade ambiental federal, e as referidas no art. 26, II;
>
> V – os recursos naturais da plataforma continental e da zona econômica exclusiva;
>
> VI – o mar territorial;
>
> VII – os terrenos de marinha e seus acrescidos;
>
> VIII – os potenciais de energia hidráulica;
>
> IX – os recursos minerais, inclusive os do subsolo;
>
> X – as cavidades naturais subterrâneas e os sítios arqueológicos e pré-históricos;
>
> XI – as terras tradicionalmente ocupadas pelos índios.
>
> **Art. 26 da CF.** Incluem-se entre os bens dos Estados:
>
> I – as águas superficiais ou subterrâneas, fluentes, emergentes e em depósito, ressalvadas, neste caso, na forma da lei, as decorrentes de obras da União;
>
> II – as áreas, nas ilhas oceânicas e costeiras, que estiverem no seu domínio, excluídas aquelas sob domínio da União, Municípios ou terceiros;
>
> III – as ilhas fluviais e lacustres não pertencentes à União;
>
> IV – as terras devolutas não compreendidas entre as da União.

Os bens citados nos dispositivos constitucionais não são naturalmente os únicos pertencentes à União, aos Estados, Distrito Federal ou Municípios. O Código Civil, no art. 99 e parágrafo único, é mais abrangente na conceituação deste patrimônio público:

> **Art. 99.** São bens públicos:
>
> I – os de uso comum do povo, tais como rios, mares, estradas, ruas e praças;

II – os de uso especial, tais como edifícios ou terrenos destinados a serviço ou estabelecimento da administração federal, estadual, territorial ou municipal, inclusive os de suas autarquias;

III – os dominicais, que constituem o patrimônio das pessoas jurídicas de direito público, como objeto de direito pessoal, ou real, de cada uma dessas entidades.

Parágrafo único. Não dispondo a lei em contrário, consideram-se dominicais os bens pertencentes às pessoas jurídicas de direito público a que se tenha dado estrutura de direito privado.

O art. 103 do mesmo Código Civil cria o conceito embrionário de receita originária ou patrimonial, ao autorizar a remuneração do uso deste patrimônio:

Art. 103. O uso comum dos bens públicos pode ser gratuito ou retribuído, conforme for estabelecido legalmente pela entidade a cuja administração pertencerem.

Receitas Públicas Derivadas – São as receitas para cuja auferidade o Estado aciona a sua condição de soberania, exigindo-as de forma compulsória, explorando financeiramente bens pertencentes ao patrimônio de particulares. São coercitivamente impostas aos cidadãos, constituindo receitas obrigatórias de direito público.

Portanto, os tributos são ingressos públicos próprios derivados (receitas derivadas) que, para alguns doutrinadores, são definidos como impostos, taxas e contribuições de melhoria e, para outros, também os empréstimos compulsórios e as contribuições parafiscais.

No tocante ao caráter tributário dos empréstimos compulsórios e das contribuições parafiscais, é importante citar a opinião de Ives Gandra Martins, em sua obra Sistema Tributário na Constituição de 1988 (Ed. Saraiva, São Paulo, 1990), no tocante aos primeiros.

No Direito Constitucional brasileiro seria inqualificável absurdo afirmar que a cobrança dos empréstimos compulsórios não fica submetida ao regime dos tributos; sendo assim, os autores que não atribuem natureza tributária os submetem a duplo regime jurídico (...).

E no tocante às contribuições parafiscais:

Ora, se a estrutura orgânica de matéria tributável é que lhe empresta sua natureza jurídica, à evidência, sempre que tal estrutura se conformar às regras gerais que hospedam os princípios próprios do Direito Tributário, sua natureza jurídica estrutural só pode ser tomada como tributária.

De conformidade com essas opiniões que, modernamente, predominam entre os doutrinadores, se tivermos que eventualmente optar em considerar os empréstimos compulsórios e as contribuições parafiscais como tributos, evidentemente vamos considerá-los como tal.

Ressalte-se, ainda, a criação de novos tipos de contribuições que começam a surgir, como aquela criada pela Emenda Constitucional nº 39, de 19/12/2002, para o custeio do serviço de iluminação pública, a ser cobrada pelos Municípios e pelo Distrito Federal, conforme art. 149-A da Constituição Federal.

O estudo destas receitas tributárias ganhou tamanha importância e significado que acabou por fazer com que surgisse, por meio de uma especialização dentro do Direito Financeiro, um novo ramo de direito público, que é o nosso Direito Tributário:

Dessa forma, o Direito Tributário é um ramo do Direito Público com objeto, princípios e institutos próprios, mas que tem uma relação de dependência com os demais ramos, dada a unicidade do Direito.

Capítulo 2

Tributos

2.1. Definição

É a principal espécie de receita derivada obtida pelo órgão tributante e tem como melhor conceito o descrito no próprio CTN, em seu art. 3º:

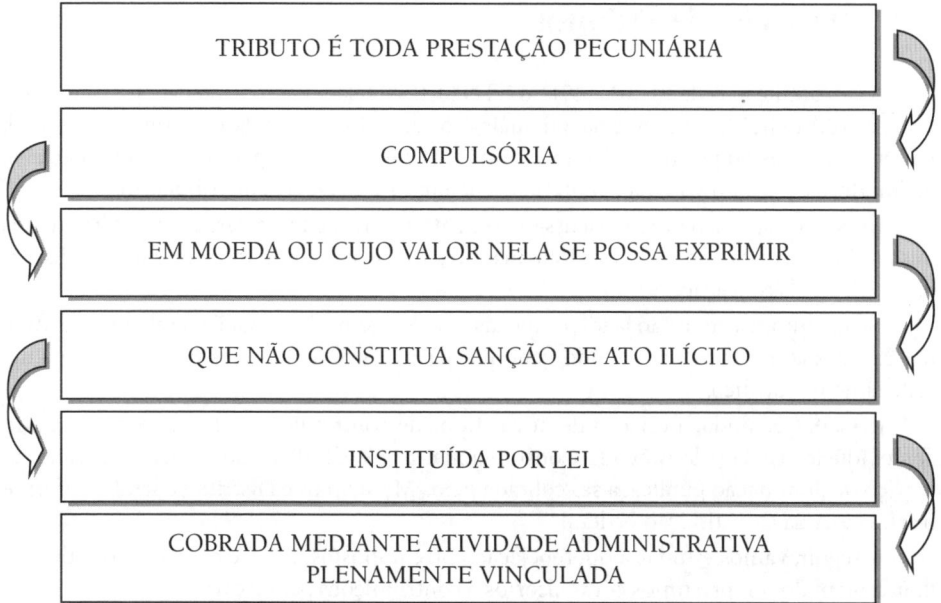

Numa análise cuidadosa desse conceito, é fácil encontrar todos os ingredientes que distinguem um tributo de qualquer outro tipo de receita estatal:

1) é um encargo financeiro de natureza pecuniária e compulsória, no qual o contribuinte é obrigado a entregar dinheiro, pecúnia, ao Estado;

2) o tributo deve ser pago em valor monetário direto (moeda, cheque ou vale postal), não podendo alguém liquidar uma dívida tributária mediante a utilização de efeitos patrimoniais ou simbólicos diversos, salvo se a lei tributária expressamente o autorizar;
3) o tributo não pode ser confundido com punição por comprometimento de ato ilícito. A sanção ou apenação por ato ilícito é representada pela penalidade pecuniária, que caracteriza uma outra modalidade de receita derivada estatal;
4) somente a lei pode instituir ou aumentar tributo, não podendo a administração fiscal fazer isso a seu critério; o *princípio da legalidade* é a primeira limitação constitucional à competência tributária;
5) a dívida constituída em relação aos tributos deverá ser cobrada por autoridade administrativa competente, que atuará atendendo ao que estabelece a legislação específica. O ato de cobrar tributos dos contribuintes não poderá ser discricionário, isto é, terá que ser vinculado à lei, nos limites da lei. Na atividade vinculada, a autoridade administrativa agirá exatamente como determina a norma legal;
6) tributo não se confunde com tarifa ou preço público, como é o caso da conta de luz residencial, conta de telefone, conta de gás, passagem de ônibus, metrô, barcas e outros preços públicos.

2.2. Espécies de Tributos

A Constituição Federal (art. 145) e o CTN (art. 5º) relacionam como tributos: impostos, taxas e contribuições de melhoria; ademais, nos arts. 148 e 149 da Constituição Federal, há referência aos empréstimos compulsórios e às contribuições parafiscais (ou especiais), incluindo-os, pois, no sistema tributário e sujeitando-os às regras de tributação.

Dessa forma, existia uma discussão doutrinária a respeito do caráter tributário destas duas últimas receitas, com alguns doutrinadores as considerando tributos e outros discordando desta classificação.

No entanto, esta questão já foi pacificada pelo Supremo Tribunal Federal que considera tais exações como tributos, fazendo com que sejam cinco as espécies tributárias no atual ordenamento jurídico.

Ressalta-se, ainda, a criação de novos tipos de contribuições que começam a surgir, como aquela criada pela Emenda Constitucional nº 39, de 19/12/2002, para o custeio do serviço de iluminação pública, a ser cobrada pelos Municípios e Distrito Federal, conforme o art. 149-A da Constituição Federal.

A seguir, vamos estudar a diferenciação entre impostos, taxas e contribuições de melhoria, além dos empréstimos compulsórios e contribuições parafiscais.

2.2.1. Taxas

Antes de estudarmos os dispositivos constitucionais e do CTN a respeito das taxas, é importante fazer uma distinção entre este tipo de tributo e as tarifas ou preços públicos.

Os doutrinadores têm se debruçado no estudo dos critérios de diferenciação; no entanto, o que nos parece mais lógico e pragmático é o fato de que, enquanto a taxa cria apenas uma relação jurídica do Poder Público para com o usuário, os preços públicos ou tarifas criam duas relações jurídicas, a saber, do Poder Público para com a concessionária ou permissionária do serviço público e destas com o usuário, conforme se pode observar nas figuras a seguir:

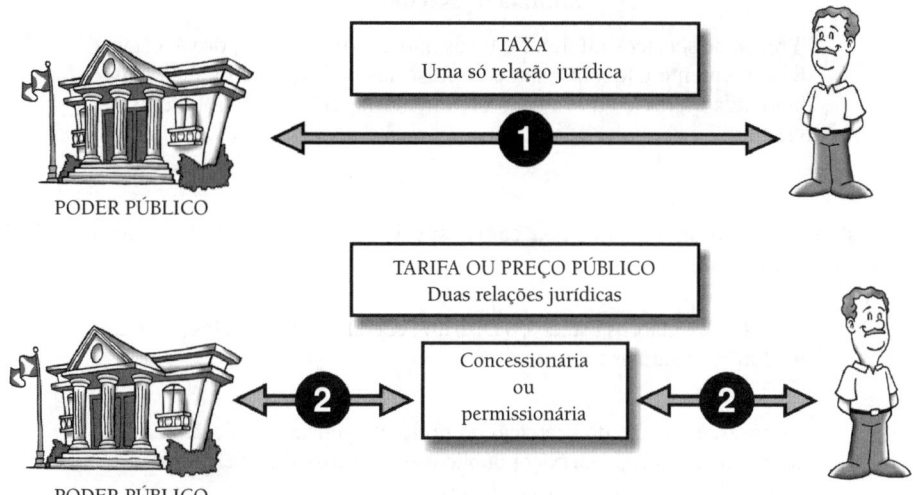

Ainda com relação aos critérios de diferenciação, citamos o ensinamento de Marcelo Alexandrino e Vicente Paulo, que fazem um paralelo entre esses conceitos na obra *Direito Tributário na Constituição e no STF* (5. ed., Rio de Janeiro, Impetus Desenvolvimento Educacional, 2002, p. 15), cuja leitura recomendamos por sua excelência.

TAXA	PREÇO PÚBLICO (TARIFA)
Regime jurídico tributário (legal)	Regime jurídico contratual
Regime jurídico de direito público	Regime jurídico de direito privado
Compulsoriedade, não havendo autonomia de vontade	Decorre de autonomia de vontade do usuário
Não admite rescisão	Admite rescisão
Pode ser cobrada pela utilização potencial do serviço	Só a utilização efetiva enseja cobrança
Cobrança não proporcional à utilização	Pagamento proporcional à utilização
Sujeição aos princípios tributários	Não sujeição aos princípios tributários

> **JURISPRUDÊNCIA**
>
> O Supremo Tribunal Federal, através de sua Súmula nº 545, estabelece outro critério de distinção entre taxa e tarifa ou preço de serviço público, destacando a compulsoriedade e o caráter legal:
>
> **Súmula nº 545 do STF**
>
> "Preços de serviços públicos e taxas não se confundem, porque estas, diferentemente daqueles, são compulsórias e têm sua cobrança condicionada à prévia autorização orçamentária, em relação à lei que as instituiu."

Estabelecidas as diferenças, a taxa como espécie de tributo está prevista no art. 145, II, da nossa Constituição Federal:

> **Art. 145.** A União, os Estados, o Distrito Federal e os Municípios poderão instituir os seguintes tributos:
> (...)
> II – taxas, em razão do exercício do poder de polícia ou pela utilização, efetiva ou potencial, de serviços públicos específicos e divisíveis, prestados ao contribuinte ou postos a sua disposição;
> (...)
> § 2º. As taxas não poderão ter base de cálculo própria de impostos.

De uma análise inicial desse dispositivo, podemos observar que as taxas podem ser cobradas pelo exercício do poder de polícia (taxas de polícia) ou pela utilização de serviços públicos por parte da população (taxas de serviço).

No entanto, as normas gerais relativas à sua instituição estão previstas nos arts. 77 a 80 do Código Tributário Nacional:

> **Art. 77.** As taxas cobradas pela União, pelos Estados, pelo Distrito Federal ou pelos Municípios, no âmbito de suas respectivas atribuições, têm como fato gerador o exercício regular do poder de polícia, ou a utilização, efetiva ou potencial, de serviço público específico e divisível, prestado ao contribuinte ou posto à sua disposição.
>
> Parágrafo único. A taxa não pode ter base de cálculo ou fato gerador idênticos aos que correspondam a imposto, nem ser calculada em função do capital das empresas.

Antes de analisarmos o *caput* do dispositivo, é importante chamar a atenção para o seu parágrafo único, juntamente com o § 2º do art. 145 da Constituição Federal, transcrito anteriormente.

Combinando os dois dispositivos, da Constituição Federal e do CTN, chegamos à seguinte conclusão:

| Art. 145, § 2º, CF combinado com o art. 77, parágrafo único, CTN. | 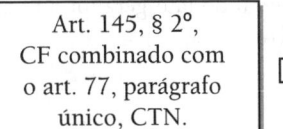 | As taxas não podem ter base de cálculo ou fato gerador próprios de impostos e não podem ser calculadas em função do capital das empresas. |

JURISPRUDÊNCIA

O Supremo Tribunal Federal firmou entendimento no sentido de que a vedação é de que haja total identidade da base de cálculo de uma taxa com uma de imposto.

Desta forma, uma taxa pode ter como base de cálculo a metragem de um imóvel, uma vez que este elemento é apenas um dos que determinam o valor venal, que é a base de cálculo do IPTU. Segue a referida súmula:

Súmula Vinculante nº 29

"É constitucional a adoção, no cálculo do valor de taxa, de um ou mais elementos da base de cálculo própria de determinado imposto, desde que não haja integral identidade entre uma base e outra."

No que diz respeito ao *caput*, podemos representá-lo da seguinte forma:

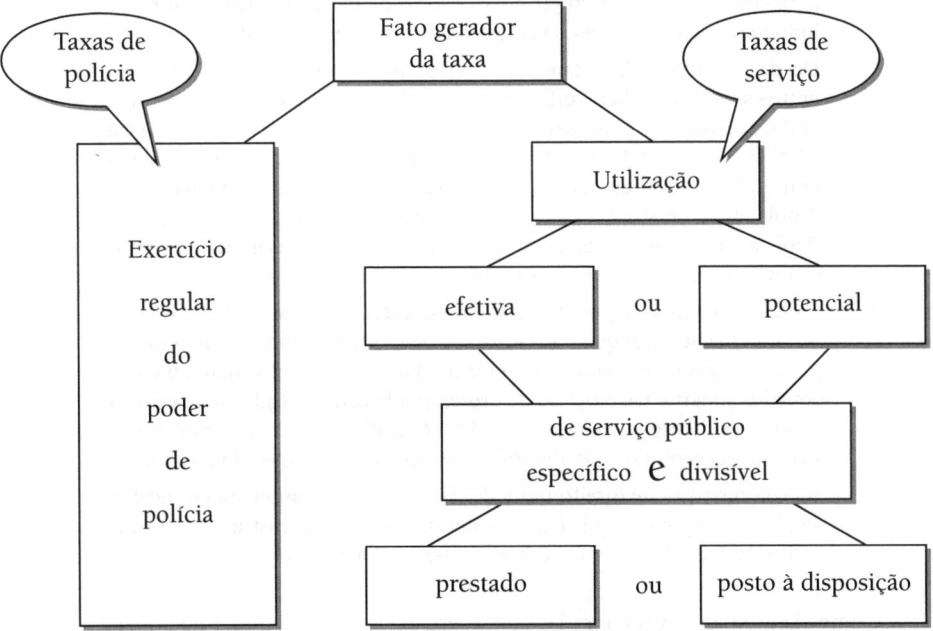

Da interpretação do art. 77 do CTN ressalte-se o fato de que as taxas são tributos vinculados, isto é, aqueles que revelam no aspecto material do fato gerador a presença de atividade estatal diretamente vinculada ao sujeito passivo.

2.2.1.1. Taxas de Polícia

São taxas cobradas pelo exercício regular do poder de polícia pela autoridade competente. O art. 78 do CTN define o que vem a ser o poder de polícia e o seu exercício regular:

> **Art. 78.** Considera-se poder de polícia atividade da administração pública que, limitando ou disciplinando direito, interesse ou liberdade, regula a prática de ato ou abstenção de fato, em razão de interesse público concernente à segurança, à higiene, à ordem, aos costumes, à disciplina da produção e do mercado, ao exercício de atividades econômicas dependentes de concessão ou autorização do Poder Público, à tranquilidade pública ou ao respeito à propriedade e aos direitos individuais ou coletivos.
>
> Parágrafo único. Considera-se regular o exercício do poder de polícia quando desempenhado pelo órgão competente nos limites da lei aplicável, com observância do processo legal e, tratando-se de atividade que a lei tenha como discricionária, sem abuso ou desvio de poder.

No que diz respeito ao poder de polícia, vale transcrever lições de Hely Lopes Meirelles (*Direito Administrativo Brasileiro*, 14. ed., São Paulo, RT, 1989):

> Poder de polícia é a faculdade de que dispõe a Administração Pública para condicionar e restringir o uso e gozo de bens, atividades e direitos individuais, em benefício da coletividade ou do próprio Estado.
>
> Desde já convém distinguir a polícia administrativa, que nos interessa neste estudo, da polícia judiciária e da polícia de manutenção da ordem pública, estranhas às nossas cogitações. Advirta-se, porém, que a polícia administrativa incide sobre os bens, direitos e atividades, ao passo que as outras atuam sobre as pessoas, individualmente ou indiscriminadamente. A polícia administrativa é inerente e se difunde por toda a Administração Pública, enquanto que as demais são privativas de determinados órgãos (Polícias Civis) ou corporações (Polícias Militares).
>
> A razão do poder de polícia é o interesse social, e o seu fundamento está na supremacia geral que o Estado exerce em seu território sobre todas as pessoas, bens e atividades, supremacia que se revela nos mandamentos constitucionais e nas normas de ordem pública, que a cada passo opõem condicionamentos e restrições aos direitos individuais em favor da coletividade, incumbindo ao Poder Público o seu policiamento administrativo.
>
> A cada restrição de direito individual – expressa ou implícita em norma legal – corresponde equivalente poder de polícia administrativa à Administração Pública, para torná-la efetiva e fazê-la objetiva.

Como exemplo de taxas cobradas pelo exercício regular do poder de polícia, podemos enumerar:

- Taxa de inspeção sanitária (TIS): cobrada por vários Municípios dos estabelecimentos que possuem instalações sanitárias, como restaurantes, bares e congêneres, pela fiscalização realizada pelo Poder Público nestas instalações;
- Taxa de obras em logradouros públicos (TOLP): cobrada das empreiteiras que realizam obras públicas pelo controle do Poder Público no que diz respeito ao cumprimento do cronograma, das normas de segurança e de outros detalhes contratuais;
- Taxa de alvará (TA): cobrada em função da autorização que o município concede para que um estabelecimento possa se instalar em determinado local.

2.2.1.2. Taxas de Serviço

No que diz respeito à taxa cobrada em virtude da utilização de serviços públicos, o CTN dedica o art. 79, explicando o que vem a ser serviço específico e divisível, como também a diferença entre utilização efetiva e potencial:

> **Art. 79.** Os serviços públicos a que se refere o art. 77 consideram-se:
>
> I – utilizados pelo contribuinte:
>
> a) efetivamente, quando por ele usufruídos a qualquer título;
>
> b) potencialmente, quando, sendo de utilização compulsória, sejam postos à sua disposição mediante atividade administrativa em efetivo funcionamento;
>
> II – específicos, quando possam ser destacados em unidades autônomas de intervenção, de utilidade ou de necessidade públicas;
>
> III – divisíveis, quando suscetíveis de utilização, separadamente, por parte de cada um dos seus usuários.

É importante que sejam tecidos comentários a respeito das definições previstas no art. 79 do CTN.

- **Utilização efetiva** – ocorre quando o serviço de fato é utilizado pelo contribuinte.
- **Utilização potencial** – quando, mesmo não utilizado efetivamente o serviço, considera-se potencialmente utilizado pelo contribuinte. Desta forma, o fato de um proprietário de um imóvel nunca ter efetivamente utilizado o serviço do Corpo de Bombeiros não dispensa o pagamento da taxa de incêndio, já que o serviço foi colocado à sua disposição.

Para melhor entendimento do conceito de utilização potencial, citamos a lição de Aliomar Baleeiro (*Direito Tributário Brasileiro*, 10. ed., Rio de Janeiro, Forense, 1992, p. 352):

> O indivíduo racional quer e pede todos os serviços propícios à higiene, à saúde pública, à incolumidade própria, da família ou de terceiros etc. Mas, se irracionalmente os recusa ou os negligencia, a lei pode obrigá-lo ao uso de tais serviços, até no interesse da coletividade. Certos serviços trazem vantagem pela sua existência mesma, na previsão de que possam ser indispensáveis numa emergência, como os de combate ao incêndio, o de ambulâncias de pronto-socorro etc. Se permanecem de prontidão, noite

e dia, representam vantagem efetiva para quem pode dispor deles numa vicissitude, que pende sobre a cabeça de todos. O custo seria esmagador se fosse cobrado de cada um que a eles tivesse de recorrer. Cobrado pelo uso potencial, assemelha-se a um seguro ou previdência contra o risco certo quanto à sua probabilidade e incerto quanto à pessoa que vá sofrê-lo.

- **Serviço específico** – quando puderem ser destacados em unidades autônomas de atuação da administração. Como exemplo, a existência do Corpo de Bombeiros para o risco potencial de fogo. Em outras palavras, o contribuinte sabe exatamente por qual atividade estatal específica ele está pagando o tributo.

Uma boa visão do que é serviço específico, em contraste aos serviços gerais, está na lição de Roque Carraza:

> Os serviços públicos se dividem em gerais e específicos. Os serviços públicos gerais, ditos também universais, são os prestados *uti universi*, isto é, indistintamente a todos os cidadãos. Eles alcançam a comunidade, como um todo considerada, beneficiando número indeterminado (ou, pelo menos, indeterminável) de pessoas. É o caso dos serviços de iluminação pública, de segurança pública, de diplomacia, de defesa externa do país etc.

Esses serviços, acrescenta Carrazza, são custeados pelos impostos. Os serviços públicos específicos, segundo o mesmo autor, "também chamados singulares, são os prestados *uti singuli*. Referem-se a uma pessoa ou a um número determinado (ou, pelo menos, determinável) de pessoas. São de utilização individual e mensurável. Gozam, portanto, de divisibilidade, é dizer, da possibilidade de avaliar-se a utilização efetiva ou potencial, individualmente considerada" (*Curso de Direito Constitucional Tributário*, 11. ed., São Paulo, Malheiros, 1998, p. 327).

- **Serviço divisível** – segundo o Código Tributário Nacional, quando puderem ser utilizados pelos usuários, individualmente.

Na visão de Aliomar Baleeiro, "é divisível quando possa ser utilizado em condições tais que se apure a utilização individual pelo usuário" (*Direito Tributário Brasileiro*, 10. ed., Rio de Janeiro, Forense, 1992, p. 354).

Ainda com relação ao tema, afirma Bernardo Ribeiro de Moraes: "São, pois, serviços que podem ser individualizados, permitindo que se identifique e se avalie, isoladamente do complexo da atividade estatal, a parcela utilizada individualmente pela pessoa ou grupo de pessoas." (*Compêndio de Direito Tributário*, 4. ed., Rio de Janeiro, Forense, 1995, vol. 1, p. 534)

Com relação ao fato de o serviço ter de ser específico e divisível, é interessante a opinião de Hugo de Brito Machado:

> Não é fácil definir o que seja um serviço público específico e divisível. Diz o Código que os serviços são específicos quando possam ser destacados em unidades autônomas de intervenção, de utilidade ou de necessidade públicas, e divisíveis quando suscetíveis de utilização, separadamente, por parte de cada um de seus usuários (art. 79, itens II e III). Não obstante estejam tais definições contidas em dispositivos separados, cuida-se de duas definições inseparáveis, no sentido de que um serviço não pode ser

divisível se não for específico. Não tem sentido prático, portanto, separar tais definições, como a indicar que a taxa pode ter como fato gerador a prestação de um serviço público específico, ou de um serviço público divisível. Aliás, isto decorre do próprio dispositivo constitucional, que se refere a serviço específico e divisível (*Curso de Direito Tributário*, 11. ed., São Paulo, Malheiros, 1996, p. 325).

> **JURISPRUDÊNCIA**
>
> O STF, seguindo a mesma lógica dos autores citados, decidiu pela inconstitucionalidade das taxas cobradas pelo serviço de iluminação pública por diversos municípios, em virtude de ser o serviço inespecífico, não mensurável, indivisível e insuscetível de utilização separadamente por cada um dos seus usuários, conforme estabelecido em sua Súmula Vinculante 41;
>
> **Súmula Vinculante nº 41 do STF**
>
> "O serviço de iluminação pública não pode ser remunerado mediante taxa."
>
> Vários municípios vinham cobrando a TCLLU – Taxa de Coleta de Lixo e Limpeza Urbana. Nesse caso, entende o STF que é constitucional se cobrada exclusivamente pelo serviço de coleta de lixo, mas não pela limpeza urbana, por ter este último serviço as mesmas características do serviço de iluminação pública, conforme sua Súmula Vinculante nº 19:
>
> **Súmula Vinculante nº 19 do STF**
>
> A taxa cobrada exclusivamente em razão dos serviços públicos de coleta, remoção e tratamento ou destinação de lixo ou resíduos provenientes de imóveis, não viola o art. 145, II, da Constituição Federal.
>
> "A jurisprudência do STF se consolidou no sentido de que a atividade de segurança pública é serviço público geral e indivisível, logo deve ser remunerada mediante imposto, isto é, viola o art. 145, II, do Texto Constitucional, a exigência de taxa para sua fruição." (ADI nº 1.942/PA – Rel. Min. Edson Fachin, j. 18/12/2015; – *DJe*-027; Divulg. 12-02-2016; Public. 15-02-2016)

No tocante ao serviço de iluminação pública, é importante salientar que foi aprovada em 20 de dezembro de 2002 a Emenda Constitucional nº 39, criando o art. 149-A da Constituição Federal e seu parágrafo único, que autorizam a cobrança, pelos Municípios e DF, de contribuição para o custeio deste serviço público:

Art. 149-A da CF. Os Municípios e o Distrito Federal poderão instituir contribuição, na forma das respectivas leis, para o custeio do serviço de iluminação pública, observado o disposto no art. 150, I e III.

Parágrafo único. É facultada a cobrança da contribuição a que se refere o *caput*, na fatura de consumo de energia elétrica.

Como exemplo de taxas cobradas pela utilização de serviços, podemos citar:

- taxa para a expedição de certidões;
- taxa de conservação de estradas, quando o serviço for prestado diretamente pelo Poder Público, cuja constitucionalidade está confirmada pela Súmula nº 348 do Supremo Tribunal Federal;
- taxa de incêndio (TI), cobrada pelos Estados pelo serviço de ataque e prevenção de incêndio.

JURISPRUDÊNCIA

No que diz respeito às custas judiciais e aos emolumentos concernentes aos serviços notariais e registrais, o STF firmou jurisprudência no sentido de que têm natureza tributária, conforme decisões a seguir:

"A jurisprudência do Supremo Tribunal Federal firmou orientação no sentido de que as custas judiciais e os emolumentos concernentes aos serviços notariais e registrais possuem natureza tributária, qualificando-se como taxas remuneratórias de serviços públicos, sujeitando-se, em consequência, quer no que concerne à sua instituição e majoração, quer no que se refere à sua exigibilidade, ao regime jurídico-constitucional pertinente a essa especial modalidade de tributo vinculado, notadamente aos princípios fundamentais que proclamam, dentre outras, as garantias essenciais (a) da reserva de competência impositiva, (b) da legalidade, (c) da isonomia e (d) da anterioridade." **(ADI nº 1.378-MC, Rel. Min. Celso de Mello, *DJ* 30/05/1997)**

"L. 959, do Estado do Amapá, publicada no DOE de 30/12/2006, que dispõe sobre custas judiciais e emolumentos de serviços notariais e de registros públicos, cujo art. 47 – impugnado – determina que a 'lei entrará em vigor no dia 1º de janeiro de 2006': procedência, em parte, para dar interpretação conforme à Constituição ao dispositivo questionado e declarar que, apesar de estar em vigor a partir de 1º de janeiro de 2006, a eficácia dessa norma, em relação aos dispositivos que aumentam ou instituem novas custas e emolumentos, se iniciará somente após 90 dias da sua publicação. II. Custas e emolumentos: serventias judiciais e extrajudiciais: natureza jurídica. É da jurisprudência do Tribunal que as custas e os emolumentos judiciais ou extrajudiciais têm caráter tributário de taxa. III. Lei tributária: prazo nonagesimal. Uma vez que o caso trata de taxas, devem observar-se as limitações constitucionais ao poder de tributar, dentre essas, a prevista no art. 150, III, *c*, com a redação dada pela EC nº 42/2003 – prazo nonagesimal para que a lei tributária se torne eficaz." **(ADI nº 3.694/AP, Rel. Min. Eros Grau, *DJ* 20/09/2006)**

Como as taxas podem ser instituídas por qualquer das quatro pessoas jurídicas de direito público, o legislador define, no art. 80 do CTN, as atribuições de cada uma:

> **Art. 80.** Para efeito de instituição e cobrança de taxas, consideram-se compreendidas no âmbito das atribuições da União, dos Estados, do Distrito Federal ou dos Municípios aquelas que, segundo a Constituição Federal, as Constituições dos Estados, as Leis Orgânicas do Distrito Federal e dos Municípios e a legislação com elas compatível, competem a cada uma dessas pessoas de direito público.

De acordo com os dispositivos já analisados, podemos tirar as seguintes conclusões a respeito das taxas.

- As taxas se caracterizam pela criação de um nexo direto de atenção entre credor e devedor. Portanto, ao contrário dos impostos, o contribuinte sabe exatamente o motivo pelo qual está pagando, caracterizando um tributo vinculado.
- São criadas pela União, pelos Estados ou pelo Distrito Federal e pelos Municípios, conforme as atribuições de cada um, resultando do exercício do poder de polícia ou da prestação (efetiva ou potencial) de serviços públicos.
- O seu fato gerador é, pois, uma interferência determinada da entidade estatal credora na vida do contribuinte.
- A taxa não pode ter base de cálculo ou fato gerador idênticos aos que correspondam a imposto, nem ser calculada em função do capital das empresas (art. 145, § 2º, da CF e art. 77, parágrafo único, do CTN).

2.2.2. *Contribuições de Melhoria*

As contribuições de melhoria estão previstas no art. 145, III, da nossa Constituição Federal:

> **Art. 145.** A União, os Estados, o Distrito Federal e os Municípios poderão instituir os seguintes tributos:
> (...)
> III – contribuição de melhoria, decorrente de obras públicas.

Este tributo teve origem na Inglaterra, com o nome de *betterment tax*. À medida que o governo londrino fazia obras públicas que valorizavam os imóveis, os proprietários não construíam nada e esperavam por esta valorização, obtendo ganhos com a especulação imobiliária e atravancando o crescimento da cidade.

O governo, então, considerando que o dinheiro com que fez a obra pública foi de toda a população, e não somente de quem teve os seus imóveis valorizados, resolveu tirar destes proprietários uma parte do ganho ou, mesmo, todo ele, devolvendo à população, transformando-o em receita pública.

Os americanos copiaram a ideia e criaram os chamados *special assessment*, tributos especiais, dos quais fazem parte o *cost assessment* e o *benefit assessment*, ambos baseados no tributo inglês, sendo o primeiro cobrado para que a obra pública possa ser realizada e o segundo, após a realização da obra de que decorra valorização imobiliária.

O legislador brasileiro consolidou os dois tributos americanos em um só e criou a nossa contribuição de melhoria.

O nosso Código Tributário Nacional dedicou os arts. 81 e 82 a este tipo especial de tributo:

> **Art. 81.** A contribuição de melhoria cobrada pela União, pelos Estados, pelo Distrito Federal ou pelos Municípios, no âmbito de suas respectivas atribuições, é instituída para fazer face ao custo de obras públicas de que decorra valorização imobiliária, tendo como limite total a despesa realizada e como limite individual o acréscimo de valor que da obra resultar para cada imóvel beneficiado.

Como podemos observar, a legislação brasileira impõe um limite máximo individual e um total para a cobrança, adotando como critério para o primeiro a valorização de cada imóvel e para o segundo o custo da obra realizada:

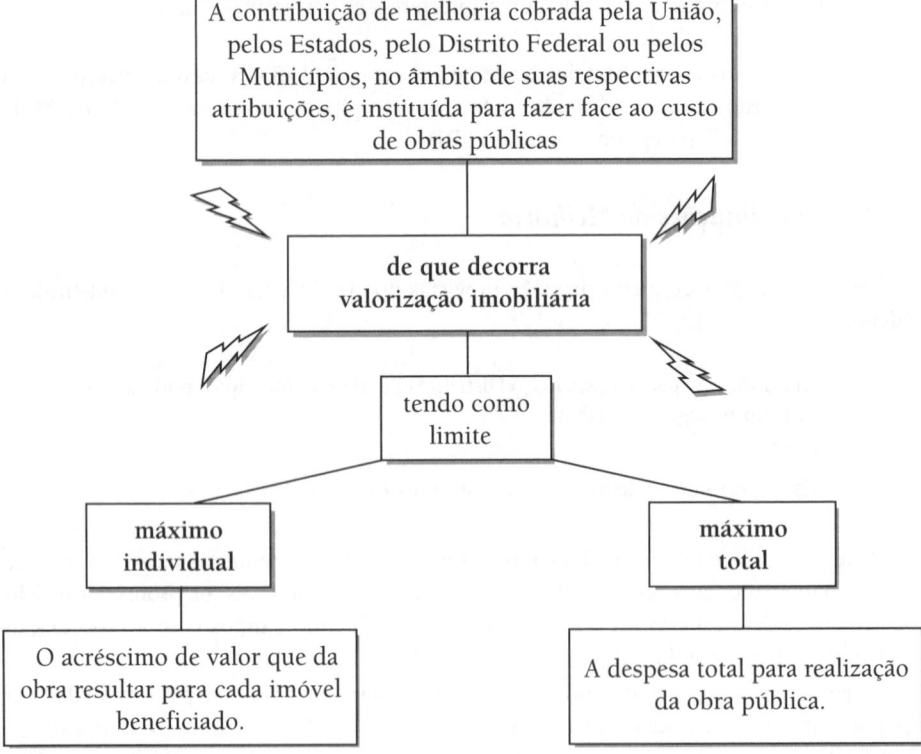

O art. 82 do CTN traz algumas exigências para que o legislador possa exercer esta competência tributária atribuída pela Constituição Federal:

Art. 82. A lei relativa à contribuição de melhoria observará os seguintes requisitos mínimos:

I – publicação prévia dos seguintes elementos:

a) memorial descritivo do projeto;

b) orçamento do custo da obra;

c) determinação da parcela do custo da obra a ser financiada pela contribuição;

d) delimitação da zona beneficiada;

e) determinação do fator de absorção do benefício da valorização para toda a zona ou para cada uma das áreas diferenciadas, nela contidas;

II – fixação de prazo não inferior a 30 (trinta) dias, para impugnação, pelos interessados, de qualquer dos elementos referidos no inciso anterior;

III – regulamentação do processo administrativo de instrução e julgamento da impugnação a que se refere o inciso anterior, sem prejuízo da sua apreciação judicial.

§ 1º. A contribuição relativa a cada imóvel será determinada pelo rateio da parcela do custo da obra a que se refere a alínea *c* do inciso I, pelos imóveis situados na zona beneficiada em função dos respectivos fatores individuais de valorização.

§ 2º. Por ocasião do respectivo lançamento, cada contribuinte deverá ser notificado do montante da contribuição, da forma e dos prazos de seu pagamento e dos elementos que integraram o respectivo cálculo.

A contribuição de melhoria tem as normas gerais para a sua instituição reguladas pelo Decreto-Lei nº 195, de 24 de fevereiro de 1967, recepcionado pelos posteriores sistemas constitucionais naquilo que não lhes foi conflitante.

A seguir, selecionamos os dispositivos mais importantes a respeito deste Decreto-Lei nº 195/1967:

Art. 1º A Contribuição de Melhoria, prevista na Constituição Federal, tem como fato gerador o acréscimo do valor do imóvel localizado nas áreas beneficiadas direta ou indiretamente por obras públicas.

Art. 2º Será devida a Contribuição de Melhoria, no caso de valorização de imóveis de propriedade privada, em virtude de qualquer das seguintes obras públicas:

I – abertura, alargamento, pavimentação, iluminação, arborização, esgotos pluviais e outros melhoramentos de praças e vias públicas;

II – construção e ampliação de parques, campos de desportos, pontes, túneis e viadutos;

III – construção ou ampliação de sistemas de trânsito rápido, inclusive todas as obras e edificações necessárias ao funcionamento do sistema;

IV – serviços e obras de abastecimento de água potável, esgotos, instalações de redes elétricas, telefônicas, transportes e comunicações em geral ou de suprimento de gás, funiculares, ascensores e instalações de comodidade pública;

V – proteção contra secas, inundações, erosão, ressacas, e de saneamento e drenagem em geral, diques, cais, desobstrução de barras, portos e canais, retificação e regularização de cursos d'água e irrigação;

VI – construção de estradas de ferro e construção, pavimentação e melhoramento de estradas de rodagem;

VII – construção de aeródromos e aeroportos e seus acessos;

VIII – aterros e realizações de embelezamento em geral, inclusive desapropriações em desenvolvimento de plano de aspecto paisagístico.

Art. 3º A Contribuição de Melhoria a ser exigida pela União, Estados, Distrito Federal e Municípios, para fazer face ao custo das obras públicas, será cobrada pela Unidade administrativa que as realizar, adotando-se como critério o benefício resultante da obra, calculado através de índices cadastrais das respectivas zonas de influência, a serem fixados em regulamentação deste Decreto-Lei.

§ 1º A apuração, dependendo da natureza das obras, far-se-á levando em conta a situação do imóvel na zona de influência, sua testada, área, finalidade de exploração econômica e outros elementos a serem considerados, isolada ou conjuntamente.

§ 2º A determinação da Contribuição de Melhoria far-se-á rateando, proporcionalmente, o custo parcial ou total das obras, entre todos os imóveis incluídos nas respectivas zonas de influência.

§ 3º A Contribuição de Melhoria será cobrada dos proprietários de imóveis do domínio privado, situados nas áreas direta e indiretamente beneficiadas pela obra.

§ 4º Reputam-se feitas pela União as obras executadas pelos Territórios.

(...)

Art. 8º Responde pelo pagamento da Contribuição de Melhoria o proprietário do imóvel ao tempo do seu lançamento, e esta responsabilidade se transmite aos adquirentes e sucessores, a qualquer título, do domínio do imóvel.

Art. 9º Executada a obra de melhoramento na sua totalidade ou em parte suficiente para beneficiar determinados imóveis, de modo a justificar o início da cobrança da Contribuição de Melhoria, proceder-se-á ao lançamento referente a esses imóveis depois de publicado o respectivo demonstrativo de custos.

(...)

Art. 12. A Contribuição de Melhoria será paga pelo contribuinte de forma que a sua parcela anual não exceda a 3% (três por cento) do maior valor fiscal do seu imóvel, atualizado à época da cobrança.

JURISPRUDÊNCIA

Vale ressaltar que é pacificado no STF o entendimento de que o simples recapeamento de vias públicas não dá motivo para cobrança de contribuição de melhoria, uma vez que não há valorização efetiva do imóvel, como podemos observar no acórdão a seguir:

"Recurso Extraordinário. Constitucional. Tributário. Contribuição de melhoria. Art. 18, II, da CF/1967, com redação dada pela EC nº 23/1983. Recapeamento asfáltico. Não obstante alterada a redação do inciso II do art. 18 pela Emenda Constitucional nº 23/1983, a valorização imobiliária decorrente de obra pública – requisito ínsito à contribuição de melhoria – persiste como fato gerador dessa espécie tributária. Hipótese de recapeamento de via pública já asfaltada: simples serviço de manutenção e conservação que não acarreta valorização do imóvel, não rendendo ensejo a imposição desse tributo. RE conhecido e provido." (RE nº 115.863/SP Rel.: Min. Célio Borja – j. 29/10/1991 – 2ª Turma – DJ 08/05/1992 PP-06.268 EMENT VOL-01.660-03 PP-00520 RTJ VOL-00138-02 PP-00600)

Também o STJ tem decisão importante sobre a cobrança da contribuição de melhoria:

"1. O fato gerador da contribuição de melhoria não é a realização da obra, mas sim a decorrente valorização imobiliária. Dessa forma, a base de cálculo para cobrança da contribuição de melhoria é a diferença entre os valores inicial e final do imóvel beneficiado.

2. Esta Corte é uníssona no entendimento de que cabe ao ente tributante a demonstração da real valorização do bem." **(REsp 1.137.794/RS – REsp 2009/0082.430-6 – Min. Castro Meira – j. 06/10/2009)**

Podemos tirar as seguintes conclusões, em função do nosso estudo a respeito das contribuições de melhoria:

- é instituída para fazer face ao custo de obras públicas de que decorra valorização **direta ou indireta** do imóvel (art. 1º do Decreto-Lei nº 195/1967), tendo como limite total a despesa realizada e como limite individual o acréscimo de valor que da obra resultar para cada imóvel beneficiado;
- as contribuições de melhoria, como as taxas, também se revestem da condição de competência comum às três áreas tributantes e apresentam como característica principal a sua vinculação a uma determinada atividade estatal, caracterizando também um tributo vinculado;
- cada entidade poderá institui-la por obras públicas realizadas dentro das suas respectivas atribuições;
- a contribuição de melhoria pode ser cobrada depois da obra pública realizada ou quando realizada em parte suficiente para valorizar determinado imóvel (art. 9º do Decreto-Lei nº 195/1967);
- embora o art. 81 do CTN estabeleça um valor máximo total a ser cobrado de cada contribuinte, qual seja a valorização de seu imóvel, o art. 12 do Decreto-Lei nº

195/1967 impõe um limite máximo de forma que a parcela anual a ser paga não exceda 3% do valor fiscal do imóvel, forçando que a cobrança seja dividida em quantos anos forem necessários para não ultrapassar este limite;
- responde pela contribuição de melhoria o proprietário na época do lançamento do tributo e esta responsabilidade se transmite aos adquirentes e sucessores, a qualquer título, do domínio do imóvel (art. 8º do Decreto-Lei nº 195/1967).

2.2.3. Impostos

A Constituição Federal cria a competência para instituir os impostos no seu art. 145, I:

> **Art. 145.** A União, os Estados, o Distrito Federal e os Municípios poderão instituir os seguintes tributos:
> I – impostos;
> § 1º. Sempre que possível, os impostos terão caráter pessoal e serão graduados segundo a capacidade econômica do contribuinte, facultado à administração tributária, especialmente para conferir efetividade a esses objetivos, identificar, respeitados os direitos individuais e nos termos da lei, o patrimônio, os rendimentos e as atividades econômicas do contribuinte.

O parágrafo primeiro do dispositivo constitucional determina que os impostos, **sempre que possível**, terão caráter pessoal e serão calculados de acordo com a capacidade econômica do contribuinte. Embora seja apenas uma orientação ao legislador, e não uma imposição, representa uma significativa tendência que deverá orientar o nosso sistema tributário.

Na verdade, a grande maioria dos impostos no Brasil não é graduada de acordo com a capacidade econômica do contribuinte e, muito menos, tem caráter pessoal.

Nos casos em que a incidência é direta e pessoal, é fácil identificar quais as pessoas que serão tributadas, como no imposto de renda; mas, se o imposto é real e tem incidência indireta, como no IPI ou do ICMS, a transferência do ônus financeiro para outra pessoa dificulta a graduação na medida exata à capacidade de contribuir.

Deste modo, o ICMS e o IPI incidentes sobre determinado produto têm o mesmo valor quando tal produto é adquirido por alguém muito pobre ou muito rico.

O Código Tributário Nacional traça, no art. 16, a característica que diferencia os impostos das taxas e contribuições de melhoria:

> **Art. 16.** Imposto é o tributo cuja obrigação tem por fato gerador uma situação independente de qualquer atividade estatal específica, relativa ao contribuinte.

Pode-se deduzir, portanto, que o imposto é um tributo não vinculado por excelência, já que o seu fato gerador é uma situação independente de qualquer atividade estatal específica relativa ao contribuinte.

```
┌─────────────────────────────────────┐
│   Imposto é o tributo cuja obrigação │
│   tem por fato gerador uma situação  │
└─────────────────────────────────────┘
              │
      ┌───────────────┐
      │  INDEPENDENTE │
      │      DE       │
      └───────────────┘
              │
┌─────────────────────────────────────┐
│      qualquer atividade estatal      │
│             ESPECÍFICA,              │
│        relativa ao contribuinte.     │
└─────────────────────────────────────┘
```

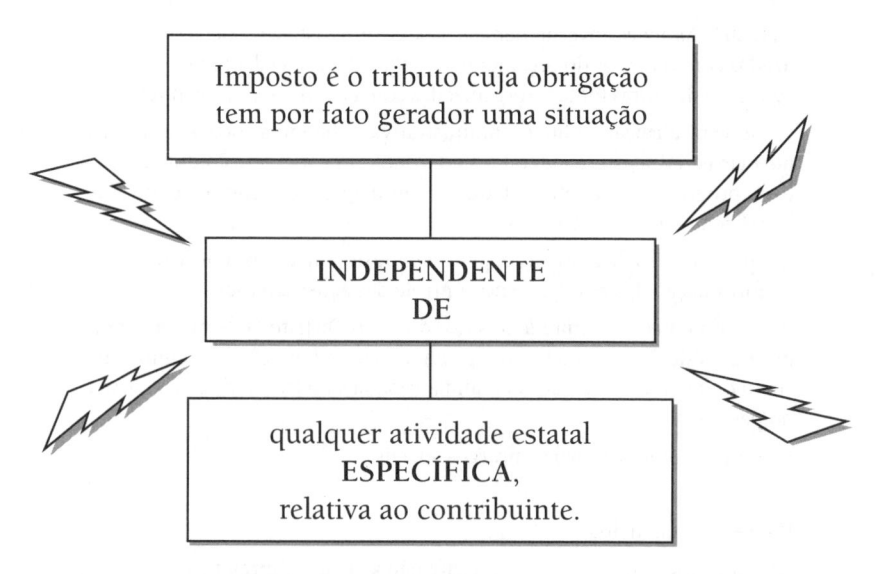

Não há, portanto, a existência de uma atuação específica que justifique a sua cobrança por parte do Estado, sendo seu objetivo a pura e simples captação de riqueza para a Fazenda Pública.

Este caráter de não ser contraprestacional é ainda mais evidente no art. 167, IV, da Constituição Federal, que proíbe, salvo em algumas exceções, a vinculação da receita de impostos a órgão, fundo ou despesa:

> **Art. 167.** São vedados:
>
> (...)
>
> IV – a vinculação de receita de impostos a órgão, fundo ou despesa, ressalvadas a repartição do produto da arrecadação dos impostos a que se referem os arts. 158 e 159, a destinação de recursos para as ações e serviços públicos de saúde, para manutenção e desenvolvimento do ensino e para realização de atividades da administração tributária, como determinado, respectivamente, pelos arts. 198, § 2º, 212 e 37, XXII, e a prestação de garantias às operações de crédito por antecipação de receita, previstas no art. 165, § 8º, bem como o disposto no § 4º deste artigo;
>
> (...)
>
> § 4º. É permitida a vinculação de receitas próprias geradas pelos impostos a que se referem os arts. 155 e 156, e dos recursos de que tratam os arts. 157, 158 e 159, I, *a* e *b*, e II, para a prestação de garantia ou contragarantia à União e para pagamento de débitos para com esta.

No que diz respeito à vinculação da receita de impostos, é importante que seja feito um comentário sobre os arts. 204, parágrafo único, e 216, § 6º, da Constituição Federal, com redação dada pela Emenda Constitucional nº 42, de 2003, que permitem a vinculação não de um determinado imposto, mas de um determinado percentual da receita líquida total, conforme se observa a seguir:

Art. 204. As ações governamentais na área da assistência social serão realizadas com recursos do orçamento da seguridade social, previstos no art. 195, além de outras fontes, e organizadas com base nas seguintes diretrizes:

I – descentralização político-administrativa, cabendo a coordenação e as normas gerais à esfera federal e a coordenação e a execução dos respectivos programas às esferas estadual e municipal, bem como a entidades beneficentes e de assistência social;

II – participação da população, por meio de organizações representativas, na formulação das políticas e no controle das ações em todos os níveis.

Parágrafo único. É facultado aos Estados e ao Distrito Federal vincular a programa de apoio à inclusão e promoção social até cinco décimos por cento de sua receita tributária líquida, vedada a aplicação desses recursos no pagamento de:

I – despesas com pessoal e encargos sociais;

(...)

II – serviço da dívida;

III – qualquer outra despesa corrente não vinculada diretamente aos investimentos ou ações apoiados.

(...)

Art. 216. Constituem patrimônio cultural brasileiro os bens de natureza material e imaterial, tomados individualmente ou em conjunto, portadores de referência à identidade, à ação, à memória dos diferentes grupos formadores da sociedade brasileira, nos quais se incluem:

I – as formas de expressão;

II – os modos de criar, fazer e viver;

III – as criações científicas, artísticas e tecnológicas;

IV – as obras, objetos, documentos, edificações e demais espaços destinados às manifestações artístico-culturais;

V – os conjuntos urbanos e sítios de valor histórico, paisagístico, artístico, arqueológico, paleontológico, ecológico e científico.

(...)

§ 6º. É facultado aos Estados e ao Distrito Federal vincular a fundo estadual de fomento à cultura até cinco décimos por cento de sua receita tributária líquida, para o financiamento de programas e projetos culturais, vedada a aplicação desses recursos no pagamento de:

I – despesas com pessoal e encargos sociais;

II – serviço da dívida;

III – qualquer outra despesa corrente não vinculada diretamente aos investimentos ou ações apoiados.

Ainda com relação à citada vinculação, também não podemos deixar de citar a possibilidade de que ela exista para a criação do Fundo de Combate e Erradicação da Pobreza, conforme determinam os arts. 80, 82 e 83 do Ato das Disposições Constitucionais Transitárias, com redação dada pela Emenda Constitucional nº 42, de 2003:

Art. 80 do ADCT. Compõem o Fundo de Combate e Erradicação da Pobreza:

I – a parcela do produto da arrecadação correspondente a um adicional de oito centésimos por cento, aplicável de 18 de junho de 2000 a 17 de junho de 2002, na alíquota da contribuição social de que trata o art. 75 do Ato das Disposições Constitucionais Transitórias;

II – a parcela do produto da arrecadação correspondente a um adicional de cinco pontos percentuais na alíquota do Imposto sobre Produtos Industrializados – IPI, ou do imposto que vier a substituí-lo, incidente sobre produtos supérfluos e aplicável até a extinção do Fundo;

III – o produto da arrecadação do imposto de que trata o art. 153, inciso VII, da Constituição;

IV – dotações orçamentárias;

V – doações, de qualquer natureza, de pessoas físicas ou jurídicas do País ou do exterior;

VI – outras receitas, a serem definidas na regulamentação do referido Fundo.

§ 1º Aos recursos integrantes do Fundo de que trata este artigo não se aplica o disposto nos arts. 159 e 167, inciso IV, da Constituição, assim como qualquer desvinculação de recursos orçamentários.

(...)

Art. 82. Os Estados, o Distrito Federal e os Municípios devem instituir Fundos de Combate à Pobreza, com os recursos de que trata este artigo e outros que vierem a destinar, devendo os referidos Fundos ser geridos por entidades que contem com a participação da sociedade civil.

§ 1º Para o financiamento dos Fundos Estaduais e Distrital, poderá ser criado adicional de até dois pontos percentuais na alíquota do Imposto sobre Circulação de Mercadorias e Serviços – ICMS, sobre os produtos e serviços supérfluos e nas condições definidas na lei complementar de que trata o art. 155, § 2º, XII, da Constituição, não se aplicando, sobre este percentual, o disposto no art. 158, IV, da Constituição.

§ 2º Para o financiamento dos Fundos Municipais, poderá ser criado adicional de até meio ponto percentual na alíquota do Imposto sobre serviços ou do imposto que vier a substituí-lo, sobre serviços supérfluos.

Art. 83. Lei federal definirá os produtos e serviços supérfluos a que se referem os arts. 80, II, e 82, § 2º.

O imposto pode ser considerado o tributo por excelência, não apenas por representar a mais importante e significativa das cinco espécies, mas também por ter como característica principal a simples exigência de transferência compulsória de recursos da comunidade para os cofres públicos a partir da ocorrência de situação prevista em lei, mesmo não sendo o contribuinte o beneficiário direto dos benefícios gerados pela receita.

Os doutrinadores classificam os impostos de acordo com vários critérios:

a) quanto à base econômica;
b) quanto à sua alíquota;

c) quanto à forma de percepção; e,
d) quanto ao objeto de incidência.

O CTN adotou a classificação quanto à base econômica, tratando-se, portanto, da única que tem atualmente fundamento jurídico.

QUANTO À BASE ECONÔMICA	SOBRE COMÉRCIO EXTERIOR;	Incidem sobre operações de importação ou exportação.	II e IE
	SOBRE PATRIMÔNIO E RENDA; e	Incidem sobre a propriedade de bens móveis ou imóveis e sobre o ganho do trabalho ou do capital.	IR, ITR, IGF, ITD, IPVA, ITBI e IPTU
	SOBRE PRODUÇÃO E CIRCULAÇÃO	Incidem sobre a circulação de bens, valores ou serviços, bem como sobre a produção dos bens.	IPI, IOF, ICMS e ISS
QUANTO À ALÍQUOTA	FIXOS; e	O valor a ser pago é fixado pela lei, independente do valor da mercadoria, serviço ou patrimônio tributado.	ISS dos autônomos, pago mensalmente em valores fixos; ICMS fixado por estimativa para microempresas.
	PROPORCIONAIS (VIDE ☞)	A alíquota é um percentual, ou seja, *ad valorem*. É, portanto, variável de acordo com a base de cálculo.	A maioria dos impostos, como o ICMS, IR, IPI, IOF e outros.
QUANTO À FORMA DE PERCEPÇÃO	DIRETOS; e	Recaem diretamente sobre o contribuinte, sendo este impossibilitado de transferir tributariamente o ônus financeiro para terceiros.	IR, IPTU, ITR e outros
	INDIRETOS	São passíveis de repasse do ônus financeiro para terceiros, na maioria das vezes recaindo tal ônus sobre o consumidor final.	ICMS, ISS, IPI, IOF e outros
QUANTO AO OBJETO DE INCIDÊNCIA	REAIS; e	Incidem sobre a *res*, o bem, a coisa, seja ela mercadoria, produto ou patrimônio. Na maioria das vezes, desconsidera absolutamente a figura do contribuinte.	ITR, IPTU, ITD, ITBI e outros
	PESSOAIS	Incidem sobre a pessoa do contribuinte e não sobre a coisa.	IR, IOF e outros

☞ Os impostos proporcionais podem ser progressivos ou regressivos, quando suas alíquotas respectivamente aumentam ou diminuem de acordo com determinado critério, tais como base de cálculo, como no caso do IR (art. 153, § 2º, I, da CF), cumprimento da função social da propriedade, como no caso do IPTU (art. 156, § 1º, da CF), ou produtividade rural como no caso do ITR (art. 153, § 4º, da CF).

2.2.4. Disposições Comuns a Taxas, Contribuições de Melhoria e Impostos

Conforme podemos concluir no estudo das três espécies de tributos, as taxas e contribuições de melhoria caracterizam-se por haver um vínculo entre o fato gerador e determinado serviço ou melhoria de imóvel como decorrente de obra pública realizada.

No caso dos impostos, a grande característica é a ausência desse vínculo. Podemos representar este fato da seguinte forma:

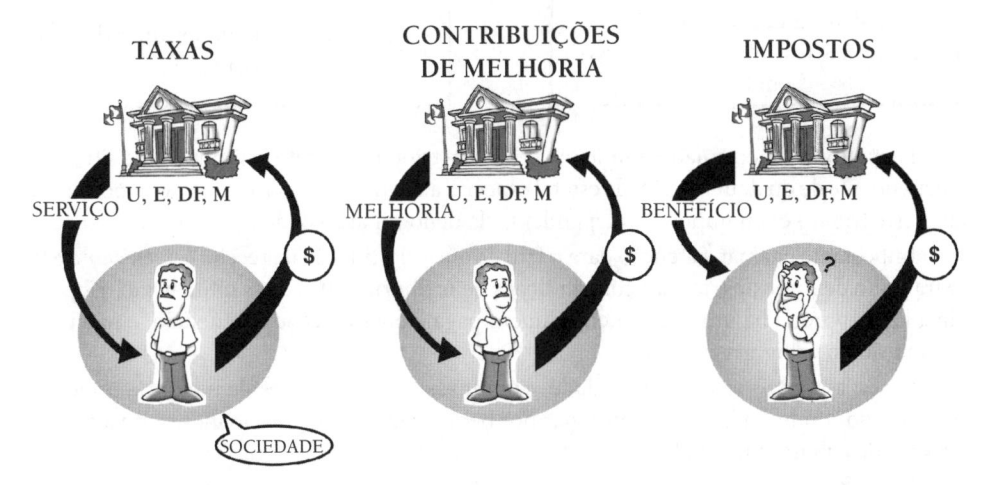

☞ As taxas e contribuições de melhoria são chamadas **tributos vinculados** e os impostos, de **tributos não vinculados**. A expressão não vinculada, com que se qualifica o imposto, nada tem a ver com a qualificação da atividade administrativa vinculada da cobrança do tributo, na definição legal do mesmo. Quando se diz que o imposto é tributo não vinculado, o que se está afirmando é que o fato gerador do imposto não se liga à atividade estatal específica relativa ao contribuinte.

> **JURISPRUDÊNCIA**
>
> O próprio STF adota esta classificação, conforme segue:
> "Dizíamos que a base de cálculo caracteriza a espécie tributária, se vinculado (taxas e contribuições) e não vinculado (impostos)." **(DI nº 447, voto do Min. Carlos Velloso, *DJ* 05/03/1993)**

A natureza jurídica do tributo, ou seja, o fato de ser imposto, taxa ou contribuição de melhoria, é determinada pelo seu fato gerador, sendo irrelevante a destinação da receita e a sua denominação.

Tal determinação está prevista no art. 4º do CTN:

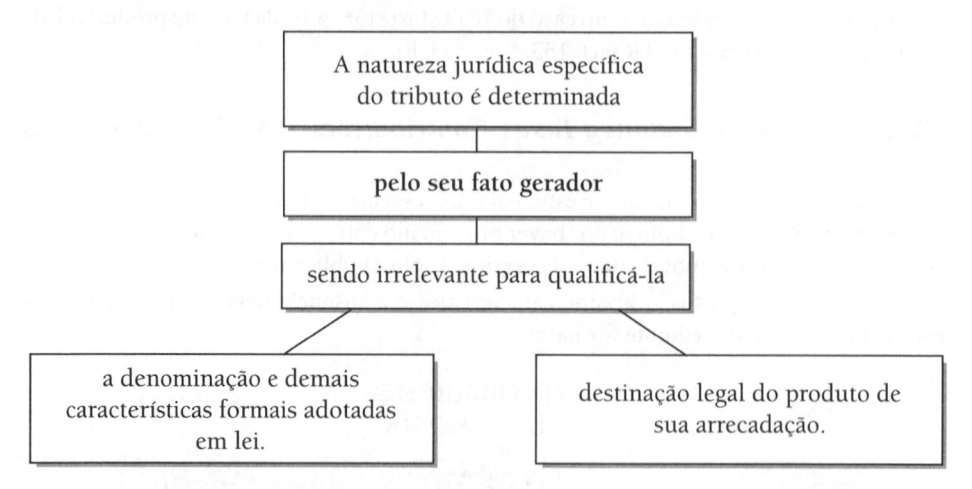

```
A natureza jurídica específica
do tributo é determinada
          │
          ▼
   pelo seu fato gerador
          │
          ▼
sendo irrelevante para qualificá-la
     ╱                    ╲
a denominação e demais    destinação legal do produto de
características formais adotadas    sua arrecadação.
em lei.
```

Portanto, se determinado município criou um tributo cujo fato gerador é uma situação independente de qualquer atividade estatal específica relativa ao contribuinte e o denominou taxa, este tributo é um imposto independente da denominação dada.

Importante chamar a atenção para o fato de que a destinação da receita é irrelevante em se tratando de impostos, taxas e contribuições de melhoria. Estas duas últimas são tributos vinculados porque há um vínculo entre quem paga e quem recebe o benefício, e não pela destinação do valor arrecadado.

Sendo assim, os valores arrecadados com taxas e contribuições de melhoria poderão ser aplicados onde a administração achar por bem aplicá-los, o que não lhes retira a característica de tributos vinculados.

Desse modo, podemos, pelo esquema prático a seguir, verificar a relação que existe, para as diversas espécies tributárias, da receita e de sua destinação:

Taxas e contribuições de melhoria	A destinação da receita é irrelevante para determinar a natureza jurídica do tributo, mas é permitida.	Art. 4º do CTN
Impostos	A destinação da receita é irrelevante para determinar a natureza jurídica do tributo e vedada pela Constituição Federal, com algumas exceções.	Art. 4º do CTN e art. 167, IV, da CF
Empréstimos compulsórios	É obrigatória a aplicação dos recursos nos motivos que geraram sua instituição.	Art. 148, parágrafo único, da CF
Contribuições parafiscais	Existem contribuições com destinações da receita determinadas pela Constituição Federal e outras, não.	

Embora, como regra, as receitas das taxas não tenham vinculação a determinada despesa conforme quadro anterior, no caso específico das custas e emolumentos, consideradas espécies de taxas conforme visto anteriormente, sua receita só poderá ser aplicada no custeio dos serviços afetos às atividades específicas da Justiça, conforme art. 98, § 2º, da Constituição Federal:

> **Art. 98.** A União, no Distrito Federal e nos Territórios, e os Estados criarão:
> I – juizados especiais, providos por juízes togados, ou togados e leigos, competentes para a conciliação, o julgamento e a execução de causas cíveis de menor complexidade e infrações penais de menor potencial ofensivo, mediante os procedimentos oral e sumariíssimo, permitidos, nas hipóteses previstas em lei, a transação e o julgamento de recursos por turmas de juízes de primeiro grau;
> II – justiça de paz, remunerada, composta de cidadãos eleitos pelo voto direto, universal e secreto, com mandato de quatro anos e competência para, na forma da lei, celebrar casamentos, verificar, de ofício ou em face de impugnação apresentada, o processo de habilitação e exercer atribuições conciliatórias, sem caráter jurisdicional, além de outras previstas na legislação.
> (...)
> § 2º. As custas e emolumentos serão destinados exclusivamente ao custeio dos serviços afetos às atividades específicas da Justiça.

Outro aspecto importante, no que diz respeito à destinação da receita das contribuições para a seguridade social, está disposto no art. 76 dos Atos das Disposições Constitucionais Transitórias:

> **Art. 76 do ADCT.** São desvinculados de órgão, fundo ou despesa, até 31 de dezembro de 2023, 30% da arrecadação da União relativa às contribuições sociais, sem prejuízo do pagamento das despesas do RGPS, às contribuições de intervenção no domínio econômico e às taxas, já instituídas ou que vierem a ser criadas até a referida data.

2.2.5. Empréstimos Compulsórios

Os empréstimos compulsórios são um tipo de receita atípica, com característica de restituibilidade, já que terão que ser devolvidos dentro de determinado prazo. Este fato fazia com que surgissem enormes discussões doutrinárias a respeito do fato de considerá-los ou não como tributos. Já vimos, no entanto, que já foi pacificado pelo STF o entendimento de que os empréstimos compulsórios são uma espécie tributária.

O art. 148 da Constituição Federal é que cria a competência para sua instituição pela União:

> **Art. 148.** A União, mediante lei complementar, poderá instituir empréstimos compulsórios:

I – para atender a despesas extraordinárias, decorrentes de calamidade pública, de guerra externa ou sua iminência;

II – no caso de investimento público de caráter urgente e de relevante interesse nacional, observado o disposto no art. 150, III, b.

Parágrafo único. A aplicação dos recursos provenientes de empréstimo compulsório será vinculada à despesa que fundamentou sua instituição.

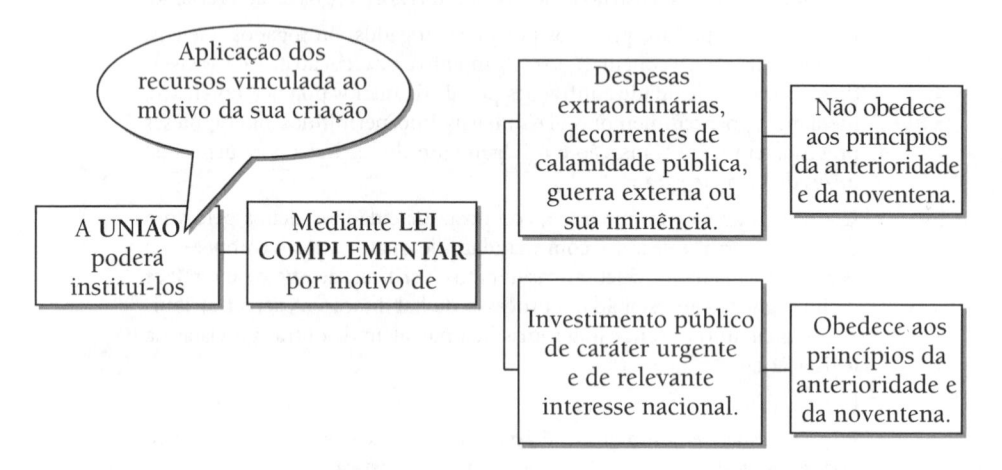

```
                    Aplicação dos
                 recursos vinculada ao
                 motivo da sua criação
                            │
                                                 ┌─ Despesas extraordinárias,      ─── Não obedece aos princípios
                                                 │  decorrentes de calamidade           da anterioridade
  A UNIÃO ──── Mediante LEI COMPLEMENTAR ────────┤  pública, guerra externa ou          e da noventena.
  poderá        por motivo de                    │  sua iminência.
  instituí-los                                   │
                                                 └─ Investimento público de        ─── Obedece aos princípios
                                                    caráter urgente e de                da anterioridade
                                                    relevante interesse nacional.       e da noventena.
```

Embora venha a ser objeto de nosso estudo no desenrolar desta obra, é importante que seja feito um breve comentário sobre o art. 150, III, b e c, da Constituição Federal, que cria os princípios da anterioridade e da noventena.

Art. 150. Sem prejuízo de outras garantias asseguradas ao contribuinte, é vedado à União, aos Estados, ao Distrito Federal e aos Municípios: (...)

III – cobrar tributos:

(...)

b) no mesmo exercício financeiro em que haja sido publicada a lei que os instituiu ou aumentou;

c) antes de decorridos noventa dias da data em que haja sido publicada a lei que os instituiu ou aumentou, observado o disposto na alínea b;

Portanto, salvo algumas exceções que iremos analisar posteriormente, um tributo só poderá ser exigido no exercício seguinte ao da publicação da lei que o instituiu.

Os empréstimos compulsórios, conforme determinam os arts. 148 e 150, § 1º, da Constituição Federal, só são submetidos a estes princípios quando instituídos por motivo de investimento público de caráter urgente e de relevante interesse nacional.

Além disto, ao contrário dos impostos, taxas e contribuições de melhoria para os quais a destinação da receita é irrelevante, no caso dos empréstimos compulsórios, a aplicação dos recursos terá que ser vinculada aos motivos que geraram a sua instituição.

É importante chamar a atenção para o fato de que, no caso de guerra externa ou sua iminência, poderão ser instituídos tanto empréstimos compulsórios quanto impostos extraordinários.

Finalmente, o parágrafo único do referido dispositivo constitucional determina que a aplicação dos recursos está vinculada ao motivo que gerou a sua instituição. Dessa forma, a lei complementar instituidora do empréstimo compulsório que determine aplicação diversa será inconstitucional.

No entanto, há de se ressaltar que, uma vez que a referida lei determine a vinculação constitucional, o fato de eventual descumprimento pelas autoridades não afeta a validade da imposição tributária, acarretando apenas a responsabilidade administrativa, penal e civil dos responsáveis.

Finalmente, é importante lembrar que o art. 15, parágrafo único, do CTN determina que a lei fixará obrigatoriamente o prazo do empréstimo e as condições de seu resgate, conforme segue:

> CTN
>
> Art. 15. Somente a União, nos seguintes casos excepcionais, pode instituir empréstimos compulsórios:
>
> I – guerra externa, ou sua iminência;
>
> II – calamidade pública que exija auxílio federal impossível de atender com os recursos orçamentários disponíveis;
>
> (...)
>
> Parágrafo único. A lei fixará obrigatoriamente o prazo do empréstimo e as condições de seu resgate, observando, no que for aplicável, o disposto nesta Lei.

2.2.6. Contribuições Parafiscais ou Especiais

A expressão "parafiscal", conforme ensina Aliomar Baleeiro, "parece ter sido empregada pela primeira vez em um documento financeiro denominado 'Inventário Schuman', na França, em 1946, designando certas contribuições cuja atribuição de arrecadação foi cometida pelo Estado a determinadas entidades autônomas, em favor das quais revertia o produto arrecadado" (*Direito Tributário Brasileiro*, 10. ed., Rio de Janeiro, Forense, 1992).

Essas contribuições, citando a definição de Rubens Gomes de Souza, "correspondem ao emprego das finanças públicas com objetivos extrafiscais, não visando precipuamente à obtenção de receitas, mas objetivando regular ou modificar a distribuição da riqueza nacional, equilibrar os níveis de preços de utilidades ou de salários, bem como outras finalidades econômicas ou sociais semelhantes".

A doutrina denomina essas contribuições de parafiscais ou especiais. Com relação a estas denominações, cito o comentário de Leandro Paulsen, em sua obra *Direito Tributário – Constituição e Código Tributário à luz da Doutrina e da Jurisprudência* (6. ed., Porto Alegre, Livraria do Advogado, 2004), que chama atenção para o anacronismo da "expressão contribuições parafiscais":

> A locução "contribuições parafiscais" está em desuso. Designava – e ainda se poderia usá-la nesta estrita acepção – as contribuições instituídas em favor de entidades que, embora desempenhassem atividade de interesse público, não compunham a Administração Direta. Cha-

mavam-se parafiscais porque não eram destinadas ao orçamento do ente político. Digo que tal expressão está em desuso porque temos, atualmente, tanto contribuições destinadas a outras entidades como destinadas à própria Administração, sem que se possa estabelecer, entre elas, qualquer distinção no que diz respeito à sua natureza ou ao regime jurídico a que se submete. A locução "contribuições parafiscais", pois, não se presta para designar o gênero "contribuições". Ser ou não parafiscal é uma característica acidental, que, normalmente, sequer diz com a finalidade da contribuição, mas com o ente que desempenha a atividade respectiva.

Tais contribuições são classificadas em quatro tipos, conforme os arts. 149 e 149-A da Constituição Federal:

> **Art. 149.** Compete exclusivamente à União instituir contribuições sociais, de intervenção no domínio econômico e de interesse das categorias profissionais ou econômicas, como instrumento de sua atuação nas respectivas áreas, observado o disposto nos arts. 146, III, e 150, I e III, e sem prejuízo do previsto no art. 195, § 6º, relativamente às contribuições a que alude o dispositivo.
>
> § 1º Os Estados, o Distrito Federal e os Municípios instituirão contribuição, cobrada de seus servidores, para o custeio, em benefício destes, do regime previdenciário de que trata o art. 40, cuja alíquota não será inferior à da contribuição dos servidores titulares de cargos efetivos da União.
>
> § 2º As contribuições sociais e de intervenção no domínio econômico de que trata o *caput* deste artigo:
>
> I – não incidirão sobre as receitas decorrentes de exportação;
>
> II – incidirão também sobre a importação de produtos estrangeiros ou serviços;
>
> III – poderão ter alíquotas:
>
> a) *ad valorem*, tendo por base o faturamento, a receita bruta ou o valor da operação e, no caso de importação, o valor aduaneiro;
>
> b) específica, tendo por base a unidade de medida adotada.
>
> § 3º A pessoa natural destinatária das operações de importação poderá ser equiparada a pessoa jurídica, na forma da lei.
>
> § 4º A lei definirá as hipóteses em que as contribuições incidirão uma única vez.
>
> **Art. 149-A.** Os Municípios e o Distrito Federal poderão instituir contribuição, na forma das respectivas leis, para o custeio do serviço de iluminação pública, observado o disposto no art. 150, I e III.
>
> Parágrafo único. É facultada a cobrança da contribuição a que se refere o *caput*, na fatura de consumo de energia elétrica.

De acordo, portanto, com estes dispositivos constitucionais, podemos montar o quadro a seguir com as quatro espécies de contribuições parafiscais ou especiais:

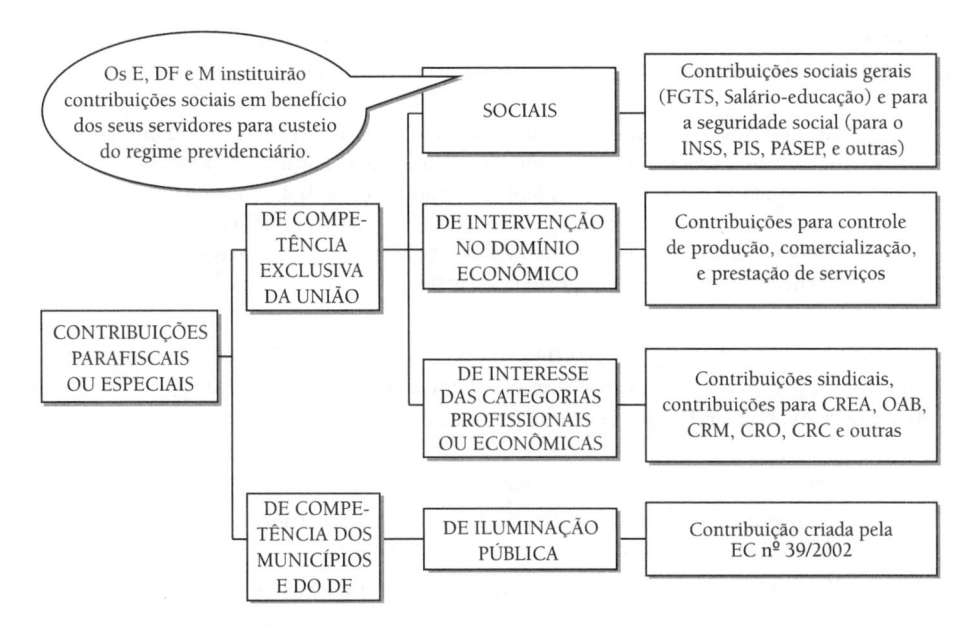

Capítulo 2 | Tributos

```
                                                                    ┌──────────────────────────┐
                                                                    │ Contribuições sociais gerais│
┌─────────────────────────────┐                                     │ (FGTS, Salário-educação) e para│
│ Os E, DF e M instituirão    │         ┌──────────┐                │ a seguridade social (para o │
│ contribuições sociais em benefício│──│ SOCIAIS  │────────────────│ INSS, PIS, PASEP, e outras)│
│ dos seus servidores para custeio│    └──────────┘                └──────────────────────────┘
│ do regime previdenciário.   │
└─────────────────────────────┘

                    ┌──────────────┐   ┌──────────────┐            ┌──────────────────────────┐
                    │ DE COMPE-    │   │ DE INTERVENÇÃO│            │ Contribuições para controle│
                    │ TÊNCIA       │───│ NO DOMÍNIO   │────────────│ de produção, comercialização,│
                    │ EXCLUSIVA    │   │ ECONÔMICO    │            │ e prestação de serviços   │
                    │ DA UNIÃO     │   └──────────────┘            └──────────────────────────┘
┌──────────────┐    └──────────────┘
│CONTRIBUIÇÕES │
│PARAFISCAIS   │                       ┌──────────────┐            ┌──────────────────────────┐
│OU ESPECIAIS  │                       │ DE INTERESSE │            │ Contribuições sindicais,  │
└──────────────┘                       │ DAS CATEGORIAS│───────────│ contribuições para CREA, OAB,│
                                       │ PROFISSIONAIS │            │ CRM, CRO, CRC e outras    │
                                       │ OU ECONÔMICAS│            └──────────────────────────┘
                                       └──────────────┘

                    ┌──────────────┐   ┌──────────────┐            ┌──────────────────────────┐
                    │ DE COMPE-    │   │ DE ILUMINAÇÃO│            │ Contribuição criada pela  │
                    │ TÊNCIA DOS   │───│ PÚBLICA      │────────────│ EC nº 39/2002             │
                    │ MUNICÍPIOS   │   └──────────────┘            └──────────────────────────┘
                    │ E DO DF      │
                    └──────────────┘
```

Obs.: Alguns autores denominam a primeira espécie das contribuições parafiscais de competência exclusiva da União como de seguridade social, deixando a expressão social para o gênero. Portanto, se considerarmos apenas as contribuições de competência exclusiva da União, podemos nos deparar com as seguintes denominações doutrinárias:

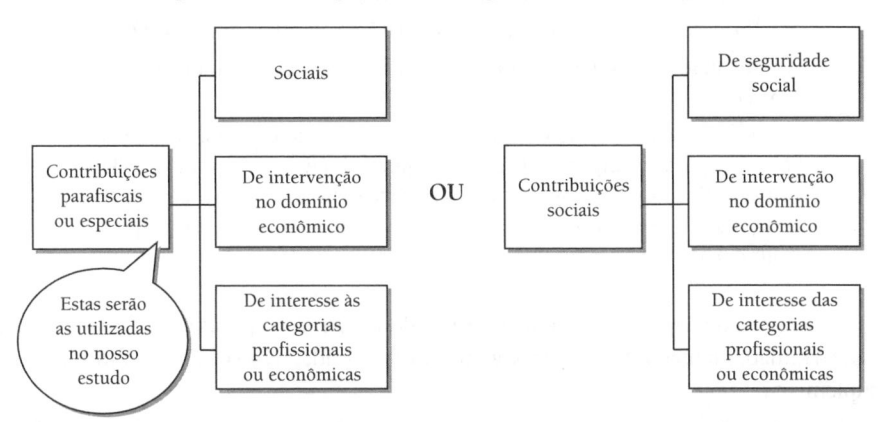

```
                    ┌──────────┐                                ┌──────────────┐
                    │ Sociais  │                                │ De seguridade│
                    │          │                                │ social       │
                    └──────────┘                                └──────────────┘
┌──────────────┐    ┌──────────────┐          ┌──────────────┐  ┌──────────────┐
│Contribuições │    │ De intervenção│          │Contribuições │  │ De intervenção│
│parafiscais   │────│ no domínio   │    OU    │ sociais      │──│ no domínio   │
│ou especiais  │    │ econômico    │          │              │  │ econômico    │
└──────────────┘    └──────────────┘          └──────────────┘  └──────────────┘
┌──────────────┐    ┌──────────────┐                            ┌──────────────┐
│Estas serão   │    │ De interesse às│                          │ De interesse das│
│as utilizadas │    │ categorias   │                            │ categorias   │
│no nosso      │    │ profissionais│                            │ profissionais│
│estudo        │    │ ou econômicas│                            │ ou econômicas│
└──────────────┘    └──────────────┘                            └──────────────┘
```

Por uma questão de posicionamento doutrinário e coerência com o texto constitucional, adoto nesta obra a denominação contribuições parafiscais ou especiais, para o gênero, e sociais, para a espécie.

Chamo a atenção, no entanto, para o fato de que algumas bancas examinadoras de concursos têm utilizado a outra denominação doutrinária, havendo necessidade de que o aluno esteja atento às duas possibilidades.

É importante chamar a atenção para o fato de que somente a União poderá instituir contribuições parafiscais em geral, só cabendo aos Estados, Distrito Federal e Municípios, conforme art. 149, § 1º, da Constituição Federal, instituir contribuições sociais em benefício dos seus servidores, para o regime previdenciário de que trata o art. 40 da mesma Carta Magna, com redação da Emenda Constitucional nº 41, de 2003:

> **Art. 40.** Aos servidores titulares de cargos efetivos da União, dos Estados, do Distrito Federal e dos Municípios, incluídas suas autarquias e fundações, é assegurado regime de previdência de caráter contributivo e solidário, mediante contribuição do respectivo ente público, dos servidores ativos e inativos e dos pensionistas, observados critérios que preservem o equilíbrio financeiro e atuarial e o disposto neste artigo.

As contribuições parafiscais são criadas como regra geral por lei ordinária, respeitando normas gerais previstas em lei complementar, já que o art. 149 da Constituição Federal exige a obediência ao art. 146, III, que reproduzimos aqui:

> **Art. 146.** Cabe à lei complementar:
> I – dispor sobre conflitos de competência, em matéria tributária, entre a União, os Estados, o Distrito Federal e os Municípios;
> II – regular as limitações constitucionais ao poder de tributar;
> III – estabelecer normas gerais em matéria de legislação tributária, especialmente sobre:
> a) definição de tributos e de suas espécies, bem como, em relação aos impostos discriminados nesta Constituição, a dos respectivos fatos geradores, bases de cálculo e contribuintes;
> b) obrigação, lançamento, crédito, prescrição e decadência tributários;
> c) adequado tratamento tributário ao ato cooperativo praticado pelas sociedades cooperativas.
> d) definição de tratamento diferenciado e favorecido para as microempresas e para as empresas de pequeno porte, inclusive regimes especiais ou simplificados no caso do imposto previsto no art. 155, II, das contribuições previstas no art. 195, I e §§ 12 e 13, e da contribuição a que se refere o art. 239.

Colocamos que, regra geral, a instituição é desta forma, já que as contribuições sociais, em determinadas situações que iremos analisar em seguida, terão que ser instituídas por lei complementar.

Também como regra geral, a instituição das contribuições parafiscais tem que respeitar os princípios da legalidade, irretroatividade e anterioridade da lei tributária, previstos no art. 150, I e III, *a*, *b*, da Constituição Federal, que reproduzimos aqui:

> **Art. 150.** Sem prejuízo de outras garantias asseguradas ao contribuinte, é vedado à União, aos Estados, ao Distrito Federal e aos Municípios:
> I – exigir ou aumentar tributo sem lei que o estabeleça (**Princípio da legalidade**);
> (...)
> III – cobrar tributos:

a) em relação a fatos geradores ocorridos antes do início da vigência da lei que os houver instituído ou aumentado (**Princípio da irretroatividade**);

b) no mesmo exercício financeiro em que haja sido publicada a lei que os instituiu ou aumentou (**Princípio da anterioridade**).

Novamente, tivemos que usar a expressão regra geral, na medida em que as contribuições do tipo social específicas para a seguridade social não obedecem ao princípio da anterioridade, conforme veremos a seguir.

Desta forma, afora as exceções das contribuições do tipo social para a seguridade social, no que diz respeito à instituição por lei ordinária e obediência ao princípio da anterioridade, podemos representar a instituição das contribuições parafiscais da seguinte forma:

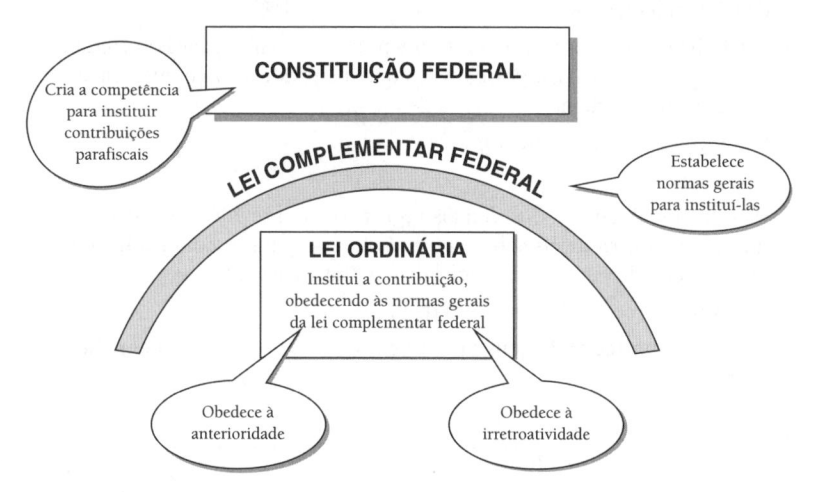

```
                    CONSTITUIÇÃO FEDERAL
Cria a competência
   para instituir
   contribuições
    parafiscais                                    Estabelece
                  LEI COMPLEMENTAR FEDERAL      normas gerais
                                                 para instituí-las
                       LEI ORDINÁRIA
                   Institui a contribuição,
                obedecendo às normas gerais
                 da lei complementar federal

         Obedece à              Obedece à
        anterioridade          irretroatividade
```

É importante observar que, em nível federal, a União poderá instituir suas contribuições parafiscais também mediante lei delegada ou medida provisória, observado, nesta última hipótese, o caráter de urgência que a Constituição exige.

2.2.6.1. Contribuições Sociais

As contribuições sociais não são limitadas às de seguridade social, uma vez que podem ser instituídas para qualquer finalidade que for na direção dos objetivos da ordem social.

Desta forma, vamos estudá-las, estabelecendo uma divisão em contribuições sociais gerais e para a Seguridade Social.

a) **Contribuições sociais gerais**

São todas aquelas que dizem respeito a algum padrão de relacionamento em comunidade que não abrangem a seguridade social, tais como o Fundo de Garantia do Tempo de Serviço – FGTS – e aquelas voltadas para uma questão de educação em geral, como é o caso do salário-educação do art. 212, § 5º, da Constituição Federal, entre outras.

Concluindo e citando a lição de Marco Aurélio Greco, "(...) são aquelas que decorrem de algum tipo de padrão de convivência em sociedade" (*Contribuições – Uma figura* sui generis, Ed. Dialética, 2000, p. 151).

b) **Contribuições sociais para a Seguridade Social**

Compõem o grupo maior e mais importante das contribuições parafiscais, a ponto de o constituinte dedicar-lhes disposições especiais em seu art. 195.

Portanto, a Seguridade Social será financiada pela sociedade de forma direta e indireta, com recursos provenientes dos orçamentos da União, dos Estados, do Distrito Federal ou dos Municípios e de quatro tipos de contribuições sociais:

> **Art. 195.** A seguridade social será financiada por toda a sociedade, de forma direta e indireta, nos termos da lei, mediante recursos provenientes dos orçamentos da União, dos Estados, do Distrito Federal e dos Municípios, e das seguintes contribuições sociais:
>
> I – do empregador, da empresa e da entidade a ela equiparada na forma da lei, incidentes sobre:
>
> a) a folha de salários e demais rendimentos do trabalho pagos ou creditados, a qualquer título, à pessoa física que lhe preste serviço, mesmo sem vínculo empregatício;
>
> b) a receita ou o faturamento;
>
> c) o lucro;
>
> II – do trabalhador e dos demais segurados da previdência social, não incidindo contribuição sobre aposentadoria e pensão concedidas pelo regime geral de previdência social de que trata o art. 201;
>
> III – sobre a receita de concursos de prognósticos;
>
> IV – do importador de bens ou serviços do exterior, ou de quem a lei a ele equiparar.

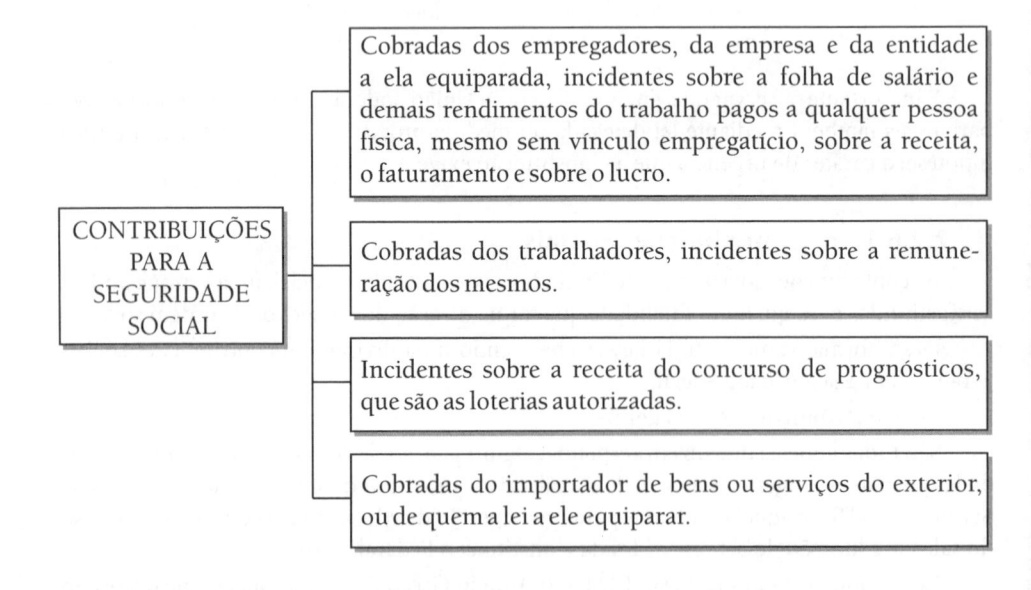

CONTRIBUIÇÕES PARA A SEGURIDADE SOCIAL
- Cobradas dos empregadores, da empresa e da entidade a ela equiparada, incidentes sobre a folha de salário e demais rendimentos do trabalho pagos a qualquer pessoa física, mesmo sem vínculo empregatício, sobre a receita, o faturamento e sobre o lucro.
- Cobradas dos trabalhadores, incidentes sobre a remuneração dos mesmos.
- Incidentes sobre a receita do concurso de prognósticos, que são as loterias autorizadas.
- Cobradas do importador de bens ou serviços do exterior, ou de quem a lei a ele equiparar.

Esses quatro tipos de contribuições sociais obedecem à regra geral de instituição por lei ordinária, respeitando normas gerais previstas em lei complementar.

No entanto, o constituinte criou a possibilidade de que novas contribuições fossem criadas para manutenção ou expansão da Seguridade Social:

> Art. 195, § 4º, da CF. A lei poderá instituir outras fontes destinadas a garantir a manutenção ou expansão da seguridade social, obedecido o disposto no art. 154, I.

Essas novas contribuições deverão obedecer ao art. 154, I, da Constituição Federal, que, entre outras exigências, prevê lei complementar para instituição:

> Art. 154. A União poderá instituir:
>
> I – mediante lei complementar, impostos não previstos no artigo anterior (entenda-se neste caso novas contribuições), desde que sejam não cumulativos e não tenham fato gerador ou base de cálculo próprios dos discriminados nesta Constituição.

JURISPRUDÊNCIA

Já é pacífico nas decisões do STF que as novas contribuições criadas com fundamento no art. 195, § 4º, poderão ter fato gerador e base de cálculo idênticos aos de impostos, limitando-se a vedação à base de cálculo e ao fato gerador das contribuições sociais, citados nos incisos do mesmo artigo.

Com relação à matéria, citamos a lição de Marcelo Alexandrino e Vicente de Paulo, em sua excelente obra *Direito Tributário na Constituição e no STF*, Ed. Impetus, 2004, p. 244 e 245:

"(...) Entretanto, e isso deve ser enfatizado, o STF já sedimentou jurisprudência no sentido de que não se aplica às contribuições sociais novas a segunda parte do inciso I do art. 154 da Carta Magna, ou seja, que elas não devem ter fato gerador ou base de cálculo próprios dos impostos discriminados na Constituição (RE nº 242.615, Rel. Min. Marco Aurélio, 17/08/1999; RREE nº 231.096; 258.774; 252.242, Rel. Min. Moreira Alves)."

Reforçando ainda o arcabouço jurisprudencial, citamos excerto do voto do Ministro Ilmar Galvão, no REx nº 146.733-SP, destacado por Leandro Paulsen em sua obra *Constituição e Código Tributário à Luz da Doutrina e da Jurisprudência* (Livraria Editora do Advogado, 2004, p. 543):

"(...) o que veda o art. 195, § 4º, é que quaisquer outras contribuições, para fins de seguridade social, venham a ser instituídas sobre os fenômenos econômicos descritos nos incisos I, II, III e IV do *caput* (...)."

Copilando todos estes dispositivos citados e adaptando-os à jurisprudência do STF, concluímos que novas contribuições sociais, além daquelas quatro previstas no *caput* do art. 195 da Constituição Federal, terão que obedecer às seguintes determinações:

```
                    ┌─────────────────────────────────────┐
                    │ Criação de outras contribuições sociais, │
                    │ além daquelas citadas nos quatro    │
                    │ incisos do art. 195, ou seja, cobradas dos │
                    │ empregadores, dos trabalhadores, sobre a │
                    │ receita do concurso de prognósticos │
                    │        e dos importadores.         │
                    └─────────────────────────────────────┘
                                    │
                         ┌──────────────────────┐
                         │    Instituição por   │
                         │   lei complementar.  │
                         └──────────────────────┘
         ┌──────────────────────────┐      ┌──────────────────────────┐
         │ Terão de ser não cumulativas, │      │ Não poderão ter mesma base de │
         │ compensando-se o que for devido │      │ cálculo e fato gerador das │
         │ em cada operação com o montante │      │ contribuições já citadas nos quatro │
         │    cobrado nas anteriores.     │      │    incisos do art. 195 da CF.    │
         └──────────────────────────┘      └──────────────────────────┘
```

É importante lembrar que a já extinta Contribuição Provisória sobre Movimentação Financeira (CPMF) teve que ser criada pela Emenda Constitucional nº 12, e não por lei complementar, por ser tipicamente cumulativa.

Com relação ao cumprimento destas exigências para a instituição de novas contribuições sociais, chamamos atenção para o fato de que a posição do STF, com relação à matéria, evidencia-se no sentido de que não se aplica às novas contribuições a segunda parte do inciso I do art. 154 da Constituição Federal, ou seja, elas poderiam ter fato gerador ou base de cálculo dos impostos previstos na Constituição Federal.

Uma característica marcante que diferencia as contribuições sociais para a seguridade social das outras contribuições parafiscais é o fato de que não obedecem ao princípio da anterioridade, podendo ser cobradas noventa dias após a publicação da lei que as instituir, conforme determina o parágrafo sexto do art. 195 da Constituição Federal:

> Art. 195, § 6º, da CF. As contribuições sociais de que trata este artigo só poderão ser exigidas após decorridos noventa dias da data da publicação da lei que as houver instituído ou modificado, não se lhes aplicando o disposto no art. 150, III, *b*.

Não podemos deixar de atentar para o fato de que de qualquer maneira terão que ser obedecidos os noventa dias, mesmo que estes ultrapassem o primeiro dia do exercício seguinte ao da publicação da lei que instituiu a contribuição.

Para encerrarmos o estudo a respeito das contribuições sociais, destacamos a seguir os parágrafos do art. 195 da Constituição Federal, não analisados individualmente:

> § 1º As receitas dos Estados, do Distrito Federal e dos Municípios destinadas à seguridade social constarão dos respectivos orçamentos, não integrando o orçamento da União.
>
> § 2º A proposta de orçamento da seguridade social será elaborada de forma integrada pelos órgãos responsáveis pela saúde, previdência social e assistência social, tendo em vista as metas e prioridades estabelecidas na lei de diretrizes orçamentárias, assegurada a cada área a gestão de seus recursos.

§ 3º A pessoa jurídica em débito com o sistema da seguridade social, como estabelecido em lei, não poderá contratar com o Poder Público nem dele receber benefícios ou incentivos fiscais ou creditícios.

§ 4º A lei poderá instituir outras fontes destinadas a garantir a manutenção ou expansão da seguridade social, obedecido o disposto no art. 154, I.

§ 5º Nenhum benefício ou serviço da seguridade social poderá ser criado, majorado ou estendido sem a correspondente fonte de custeio total.

§ 6º As contribuições sociais de que trata este artigo só poderão ser exigidas, após decorridos noventa dias da data da publicação da lei que as houver instituído ou modificado, não se lhes aplicando o disposto no art. 150, III, b.

§ 7º São isentas de contribuição para a seguridade social as entidades beneficentes de assistência social que atendam às exigências estabelecidas em lei.

§ 8º O produtor, o parceiro, o meeiro e o arrendatário rurais e o pescador artesanal, bem como os respectivos cônjuges, que exerçam suas atividades em regime de economia familiar, sem empregados permanentes, contribuirão para a seguridade social mediante a aplicação de uma alíquota sobre o resultado da comercialização da produção e farão jus aos benefícios nos termos da lei.

§ 9º As contribuições sociais previstas no inciso I do *caput* deste artigo poderão ter alíquotas ou bases de cálculo diferenciadas, em razão da atividade econômica, da utilização intensiva de mão de obra, do porte da empresa ou da condição estrutural do mercado de trabalho.

§ 10. A lei definirá os critérios de transferência de recursos para o sistema único de saúde e ações de assistência social da União para os Estados, o Distrito Federal e os Municípios, e dos Estados para os Municípios, observada a respectiva contrapartida de recursos.

§ 11. É vedada a concessão de remissão ou anistia das contribuições sociais de que tratam os incisos I, *a*, e II deste artigo, para débitos em montante superior ao fixado em lei complementar.

§ 12. A lei definirá os setores de atividade econômica para os quais as contribuições incidentes, na forma dos incisos I, *b*, e IV do *caput*, serão não cumulativas.

§ 13. Aplica-se o disposto no § 12 inclusive na hipótese de substituição gradual, total ou parcial, da contribuição incidente na forma do inciso I, *a*, pela incidente sobre a receita ou o faturamento.

2.2.6.2. Contribuições de Intervenção no Domínio Econômico

Muitas vezes, a União tem que intervir no domínio econômico com o objetivo de controlar a produção de determinados gêneros, a fim de manter, por exemplo, os seus preços estáveis no comércio exterior.

Um dos exemplos mais típicos ocorre na produção de açúcar. Se todas as usinas do Brasil produzissem a sua capacidade máxima de produção, haveria uma superprodução no mercado internacional e o preço despencaria, deixando o respectivo parque industrial em situação dificílima.

Para evitar isso, o Governo Federal estabelece que determinada usina, a qual, por exemplo, tenha capacidade de produção de 400 mil sacas, só poderá produzir 250 mil, controlando a produção de todas as usinas por interesse dos próprios usineiros, que têm a consciência de que o fato de todos utilizarem a sua capacidade máxima de produção resultará em excesso de açúcar no mercado internacional, forçando o preço para baixo.

O governo, no entanto, tem um custo para manutenção desse controle, inclusive para fazer os estudos necessários para estimar a provável produção mundial por satélites que verificam as áreas plantadas com cana-de-açúcar em todo o mundo.

Para custear essas despesas, são cobradas as respectivas contribuições das pessoas interessadas, como os produtores de açúcar, plantadores de cana, produtores de laranja, café e outros produtos para os quais este controle é necessário.

A intervenção governamental também ocorre em algumas prestações de serviço, como é o caso da navegação de cabotagem (na costa brasileira e nas vias internas). Para controle deste tipo de serviço o governo brasileiro cobra dos navegadores o AFRMM – Adicional ao frete para a renovação da Marinha Mercante. Esta contribuição é inclusive citada pelo STJ em seus julgados, conforme segue:

> **JURISPRUDÊNCIA**
>
> "O AFRMM – Adicional ao frete para a renovação da Marinha Mercante, contribuição de intervenção no domínio econômico, tem como fato gerador o transporte da mercadoria e base de incidência o frete."
> **(STJ – REsp n° 199.622/SP – REsp n° 1998/0098.869-6 – Rel. Min. Humberto Gomes de Barros – *DJ* 03/11/1999, p. 87)**

Finalmente, como outro exemplo de contribuição de intervenção no domínio econômico, devemos citar aquela relativa às atividades de importação ou comercialização de petróleo e seus derivados, gás natural e seus derivados e álcool combustível, criada pela Emenda Constitucional n° 33, de 11/12/2001, que introduziu o § 4° ao art. 177 da CF:

> **Art. 177, § 4°, da CF.** A lei que instituir contribuição de intervenção no domínio econômico relativa às atividades de importação ou comercialização de petróleo e seus derivados, gás natural e seus derivados e álcool combustível deverá atender aos seguintes requisitos:
>
> I – a alíquota da contribuição poderá ser:
>
> a) diferenciada por produto ou uso;
>
> b) reduzida e restabelecida por ato do Poder Executivo, não se lhe aplicando o disposto no art. 150, III, *b*;
>
> II – os recursos arrecadados serão destinados:
>
> a) ao pagamento de subsídios a preços ou transporte de álcool combustível, gás natural e seus derivados e derivados de petróleo;
>
> b) ao financiamento de projetos ambientais relacionados com a indústria do petróleo e do gás;
>
> c) ao financiamento de programas de infraestrutura de transportes.

2.2.6.3. Contribuições de Interesse de Categorias Profissionais ou Econômicas

São contribuições compulsórias criadas pela União e destinadas a sindicatos, conselhos como CREA, CRM, CRO e ainda aquelas cobradas em prol de entidades privadas vinculadas ao sistema sindical, como Senai, Senac, Sesc, Sesi, Senar e outras.

Para efeitos didáticos, vamos dividi-las em dois grupos, a saber:

- contribuições sindicais; e
- contribuições destinadas a entidades privadas ligadas ao sistema sindical.

a) Contribuições sindicais

Dentro deste grupo, estão todas aquelas cobradas em prol de entidades sindicais ou representativas de categorias profissionais ou econômicas como o CREA (Conselho Regional de Engenharia, Arquitetura e Agronomia), CRM (Conselho Regional de Medicina), CRO (Conselho Regional de Odontologia), CRC (Conselho Regional de Contabilidade) e outras.

Importante chamar a atenção para o fato de que coexistem no sistema sindical brasileiro dois tipos de contribuições: uma facultativa e outra compulsória, só se enquadrando como contribuição parafiscal aquela obrigatória.

O art. 8º, *caput* e inciso IV, da nossa Constituição Federal, trata das duas, frisando a falta de obrigatoriedade daquelas fixadas pela Assembleia Geral da entidade sindical, sem prejuízo daquelas fixadas por lei, portanto de caráter compulsório:

> **Art. 8º da CF.** É livre a associação profissional ou sindical, observado o seguinte:
>
> (...)
>
> IV – a assembleia geral fixará a contribuição que, em se tratando de categoria profissional, será descontada em folha, para custeio do sistema confederativo da representação sindical respectiva, independentemente da contribuição prevista em lei.

Pode-se concluir, portanto, que são dois os tipos de contribuições, inconfundíveis entre si, embora destinadas à mesma entidade representativa de categoria profissional ou econômica.

O próprio Código Tributário Nacional faz uma referência às contribuições sindicais, no seu art. 217, I:

> **Art. 217 do CTN.** As disposições desta Lei, notadamente as dos arts. 17, 74, § 2º, e 77, parágrafo único, bem como a do art. 54 da Lei nº 5.025, de 10 de junho de 1966, não excluem a incidência e a exigibilidade:
>
> I – da "contribuição sindical", denominação que passa a ter o Imposto Sindical de que tratam os arts. 578 e segs. da Consolidação das Leis do Trabalho, sem prejuízo do disposto no art. 16 da Lei nº 4.589, de 11 de dezembro de 1964.

> **JURISPRUDÊNCIA**
>
> No que diz respeito à OAB, é importante citar que o STF – Supremo Tribunal Federal – na ADIN – Ação Direta de Inconstitucionalidade – nº 3.026/DF, decidiu que a OAB é uma exceção, configurando como entidade "ímpar", "*sui generis*", sendo um serviço público independente, sem enquadramento nas categorias existentes em nosso ordenamento, muito menos integrante da Administração Indireta ou Descentralizada. Imperioso é a transcrição de parte da ementa da referida ADIN, cuja relatoria foi do Ministro Eros Grau:
>
> "Não procede a alegação de que a OAB se sujeita aos ditames impostos à Administração Pública Direta e Indireta. A OAB não é uma entidade da Administração Indireta da União. A Ordem é um serviço público independente, categoria ímpar no elenco das personalidades jurídicas existentes no direito brasileiro. A OAB não está incluída na categoria na qual se inserem essas que se tem referido como "autarquias especiais" para pretender-se afirmar equivocada independência das hoje chamadas "agências". Por não consubstanciar uma entidade da Administração Indireta, a OAB não está sujeita a controle da Administração, nem a qualquer das suas partes está vinculada." **(STF ADI 3.026/DF, Rel. Min. Eros Grau, 2006.)**
>
> Verifica-se, portanto, que a OAB, sob a visão do STF é uma entidade independente, cuja função é institucional de natureza constitucional. Em virtude de tal classificação, a OAB não se compara às demais autarquias profissionais, possuindo suas próprias regras, quais sejam, não se submetem à regra de realização de concurso público, sendo seu pessoal regido pela CLT, **as contribuições pagas pelos inscritos não têm natureza tributária (grifo nosso)**, se submetendo ao processo de execução comum – não mais fiscal – e não se sujeita ao controle contábil, financeiro, orçamentário e patrimonial desempenhado pelo Tribunal de Contas.

b)   Contribuições destinadas a entidades privadas ligadas ao sistema sindical

O art. 240 da Constituição Federal separa nitidamente as contribuições destinadas a entidades privadas, ligadas ao sistema sindical neste item estudadas, daquelas destinadas à seguridade social previstas no art. 195 da mesma Constituição:

> **Art. 240.** Ficam ressalvadas do disposto no art. 195 as atuais contribuições compulsórias dos empregadores sobre a folha de salários, destinadas às entidades privadas de serviço social e de formação profissional vinculadas ao sistema sindical.

Como exemplo dessas contribuições, podemos citar aquelas instituídas pela União e destinadas a entidades como o Senai, Senac, Senar, Sesi, Sesc e outras.

2.3. Quadro Geral das Espécies Tributárias

Resumindo o que já foi visto com relação a tributos, podemos representar suas espécies, em obediência às constantes modificações do texto constitucional, da seguinte forma:

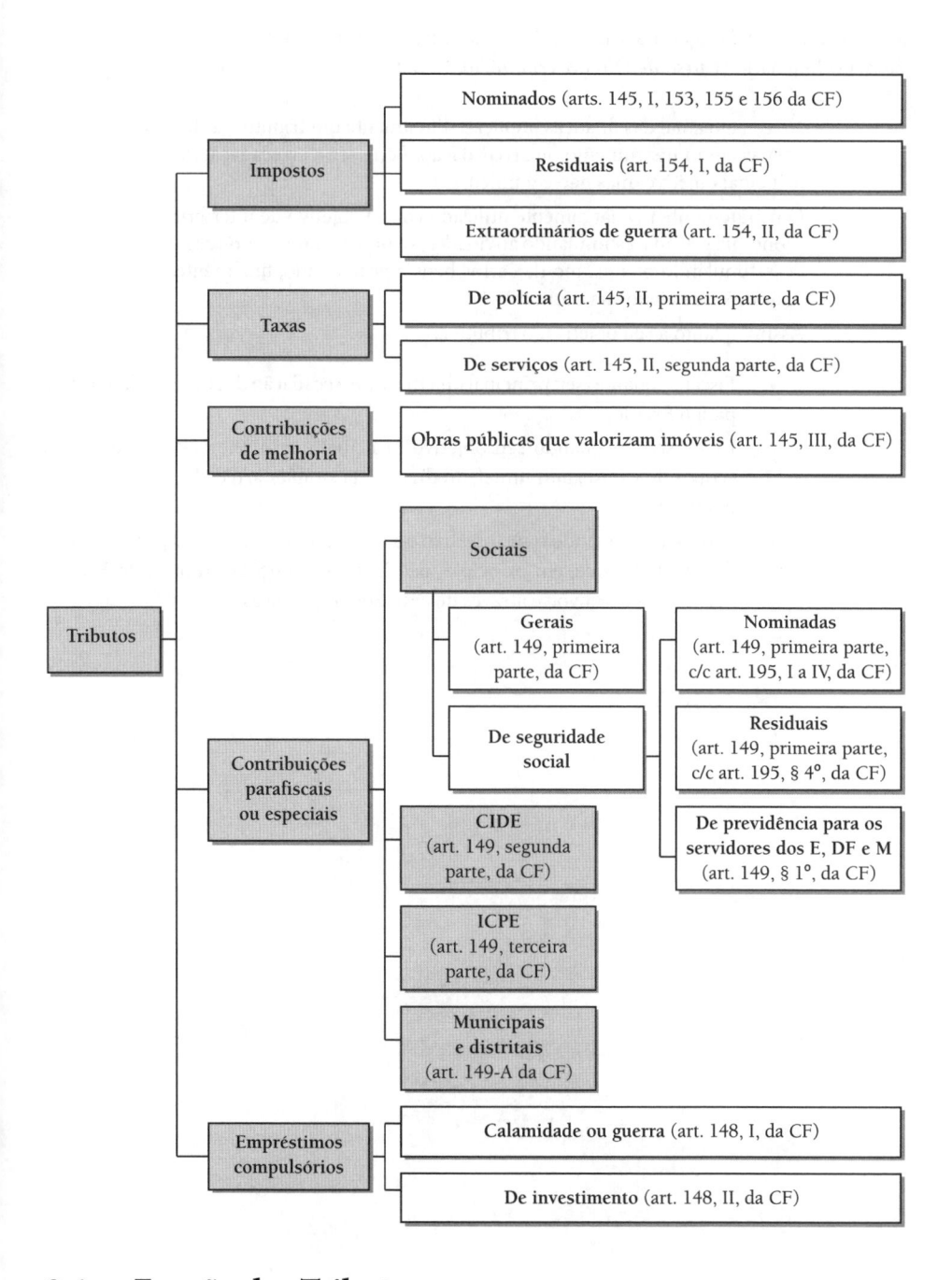

- **Tributos**
  - **Impostos**
    - Nominados (arts. 145, I, 153, 155 e 156 da CF)
    - Residuais (art. 154, I, da CF)
    - Extraordinários de guerra (art. 154, II, da CF)
  - **Taxas**
    - De polícia (art. 145, II, primeira parte, da CF)
    - De serviços (art. 145, II, segunda parte, da CF)
  - **Contribuições de melhoria**
    - Obras públicas que valorizam imóveis (art. 145, III, da CF)
  - **Contribuições parafiscais ou especiais**
    - **Sociais**
      - Gerais (art. 149, primeira parte, da CF)
      - De seguridade social
        - Nominadas (art. 149, primeira parte, c/c art. 195, I a IV, da CF)
        - Residuais (art. 149, primeira parte, c/c art. 195, § 4º, da CF)
        - De previdência para os servidores dos E, DF e M (art. 149, § 1º, da CF)
    - CIDE (art. 149, segunda parte, da CF)
    - ICPE (art. 149, terceira parte, da CF)
    - Municipais e distritais (art. 149-A da CF)
  - **Empréstimos compulsórios**
    - Calamidade ou guerra (art. 148, I, da CF)
    - De investimento (art. 148, II, da CF)

2.4. Função dos Tributos

Hoje em dia, com a modernização do Direito Tributário, os tributos vêm cada vez mais sendo utilizados com outros objetivos que não somente a simples arrecadação. Embora o assunto esteja mais ligado à Ciência das Finanças, citamos aqui o ensinamento de Hugo de Brito Machado (*Curso de Direito Tributário*, 11. ed., São Paulo, Malheiros, 1996, p. 46):

> No estágio atual das finanças públicas, dificilmente um tributo é utilizado apenas como instrumento de arrecadação. Pode ser a arrecadação o seu principal objetivo, mas não é o único.
>
> O tributo também é largamente utilizado com o objetivo de interferir na economia privada, estimulando atividades, setores econômicos ou regiões, desestimulando o consumo de certos bens e produzindo, finalmente, os mais diversos efeitos na economia.
>
> Assim, quanto a seu objetivo, o tributo é:
>
> - Fiscal → quando seu principal objetivo é a arrecadação de recursos financeiros para o Estado;
> - Extrafiscal → quando seu objetivo principal é a interferência no domínio econômico, buscando um efeito diverso da simples arrecadação de recursos financeiros;
> - Parafiscal → quando o seu objetivo é a arrecadação de recursos para o custeio de atividades que, em princípio, não integram funções próprias do Estado, mas este as desenvolve através de entidades específicas.

Capítulo 3

Competência Tributária

3.1. Definição

RELAÇÃO OBRIGACIONAL TRIBUTÁRIA

ENTE DA FEDERAÇÃO — TRIBUTO → SUJEITO PASSIVO

U, E, DF, M

> É a capacidade que têm a União, os Estados, o Distrito Federal e os Municípios, dada pela Constituição Federal, de instituir seus respectivos tributos.

- *Poder, atribuição de competência e distribuição de renda*

Com relação a estas definições, citamos o ensinamento de Hugo de Brito Machado, na sua obra *Curso de Direito Tributário* (Ed. Malheiros, 1997), cuja leitura aconselhamos:

> Organizado juridicamente o Estado, com a elaboração de sua Constituição, o poder tributário, como o Poder Público em geral, fica delimitado e, em se tratando de federações, dividido entre os diversos níveis do governo. No Brasil, o poder tributário é partilhado entre a União, os Estados, o Distrito Federal e os Municípios. Ao poder tributário juridicamente delimitado e, sendo o caso, dividido dá-se o nome de competência tributária.

O instrumento de atribuição de competência é a Constituição Federal. Evidentemente, só às pessoas jurídicas de Direito Público, dotadas de poder legislativo, pode ser atribuída competência tributária, posto que tal competência somente pode ser exercida através de lei.

Pela atribuição de competência divide-se o próprio poder de instituir e cobrar tributos. Entregam-se à União, aos Estados, ao Distrito Federal e aos Municípios parcelas do próprio poder de tributar. Os arts. 153 a 156 da Constituição Federal tratam da atribuição de competência tributária à União, aos Estados, ao Distrito Federal e aos Municípios.

A técnica de atribuição de competência é de grande importância porque tem a virtude de descentralizar o poder político, mas tem o inconveniente de não se prestar como instrumento de minimização das desigualdades econômicas entre os Estados e entre os Municípios. Ao Estado pobre, em cujo território não é produzida nem circula riqueza significativa, de nada valeriam todos os tributos do sistema. Por isso é que se faz necessária também a distribuição de receitas tributárias.

Pela distribuição de receitas o que se divide entre as referidas entidades é o produto da arrecadação do tributo por uma delas instituído e cobrado.

Tendo à União sido reservada parcela maior da competência tributária, os Estados e os Municípios, todavia, participam do produto da arrecadação de diversos impostos federais. Dessa distribuição de receitas tributárias cuidam os arts. 157 a 162 da vigente Constituição.

Ainda conforme Hugo de Brito Machado, a técnica de distribuição de receitas, porém, tem o inconveniente de manter os Estados e os Municípios na dependência do Governo Federal, a quem cabe fazer a partilha das receitas tributárias mais expressivas.

3.2. Características

Entre as principais *disposições permanentes* contidas na Constituição Federal, encontra-se o Capítulo I de seu Título VI, denominado Sistema Tributário Nacional (STN), que se constitui num conjunto de normas e princípios gerais, dispostos entre os arts. 145 e 162, nos quais são estabelecidos os princípios de Direito Tributário e as limitações ao poder de tributar, assim como a competência tributária das pessoas jurídicas de direito público, especificando quais impostos por elas podem ser instituídos.

Dessa forma, logo nas disposições iniciais, são enunciados os tipos de tributos existentes no sistema (art. 145), abdicando a norma constitucional de traçar regras e princípios mais específicos sobre tributação, determinando que lei complementar o faça (arts. 146 e 146-A). Assim, transfere ao CTN e a outras leis complementares tarefas específicas como:

- estabelecer um tratamento tributário especial para os atos cooperativos praticados pelas sociedades cooperativas;
- dirimir conflitos tributários entre as áreas federal, estadual e municipal;
- regular as limitações constitucionais da competência tributária;
- estabelecer normas gerais sobre legislação tributária, definindo tributos e as suas espécies, prefixando fato gerador, contribuinte e base de cálculo de cada imposto,

e delineando as regras e procedimentos aplicáveis às obrigações e ao crédito tributário;
- definir tratamento diferenciado e favorecido para as microempresas e para as empresas de pequeno porte, inclusive regimes especiais ou simplificados, no caso do imposto previsto no art. 155, II, das contribuições previstas no art. 195, I e §§ 12 e 13, e da contribuição a que se refere o art. 239. Neste caso, o art. 94 do ADTC, criado pela Emenda Constitucional nº 42, de 2003, determina que os regimes especiais de tributação para microempresas e empresas de pequeno porte, próprios da União, dos Estados, do Distrito Federal e dos Municípios, cessarão a partir da entrada em vigor do citado tratamento diferenciado;
- instituir um regime único opcional de arrecadação dos impostos e contribuições da União, dos Estados, do Distrito Federal e dos Municípios;
- estabelecer critérios especiais de tributação, com o objetivo de prevenir desequilíbrios da concorrência, sem prejuízo da competência de a União, por lei, estabelecer normas de igual objetivo:

Art. 145. A União, os Estados, o Distrito Federal e os Municípios poderão instituir os seguintes tributos:

I – impostos;

II – taxas, em razão do exercício do poder de polícia ou pela utilização, efetiva ou potencial, de serviços públicos específicos e divisíveis, prestados ao contribuinte ou postos a sua disposição;

III – contribuição de melhoria, decorrente de obras públicas.

(...)

Art. 146. Cabe à lei complementar:

I – dispor sobre conflitos de competência, em matéria tributária, entre a União, os Estados, o Distrito Federal e os Municípios;

II – regular as limitações constitucionais ao poder de tributar;

III – estabelecer normas gerais em matéria de legislação tributária, especialmente sobre:

a) definição de tributos e de suas espécies, bem como, em relação aos impostos discriminados nesta Constituição, a dos respectivos fatos geradores, bases de cálculo e contribuintes;

b) obrigação, lançamento, crédito, prescrição e decadência tributários;

c) adequado tratamento tributário ao ato cooperativo praticado pelas sociedades cooperativas.

d) definição de tratamento diferenciado e favorecido para as microempresas e para as empresas de pequeno porte, inclusive regimes especiais ou simplificados no caso do imposto previsto no art. 155, II, das contribuições previstas no art. 195, I e §§ 12 e 13, e da contribuição a que se refere o art. 239.

Parágrafo único. A lei complementar de que trata o inciso III, *d*, também poderá instituir um regime único de arrecadação dos impostos e contribuições da União, dos Estados, do Distrito Federal e dos Municípios, observado que:

I – será opcional para o contribuinte;

II – poderão ser estabelecidas condições de enquadramento diferenciadas por Estado;

III – o recolhimento será unificado e centralizado e a distribuição da parcela de recursos pertencentes aos respectivos entes federados será imediata, vedada qualquer retenção ou condicionamento;

IV – a arrecadação, a fiscalização e a cobrança poderão ser compartilhadas pelos entes federados, adotado cadastro nacional único de contribuintes.

Art. 146-A. Lei complementar poderá estabelecer critérios especiais de tributação, com o objetivo de prevenir desequilíbrios da concorrência, sem prejuízo da competência de a União, por lei, estabelecer normas de igual objetivo.

Portanto, podemos concluir que a competência tributária, para ser exercida, obedece a três níveis:

CONSTITUIÇÃO FEDERAL
Apenas cria a competência para que U, E, DF ou M instituam os seus respectivos tributos.

LEI COMPLEMENTAR FEDERAL
ESTABELECE NORMAS GERAIS PARA INSTITUIR TRIBUTOS

NORMA LEGAL DE U, E, DF OU M
INSTITUI O TRIBUTO OBEDECENDO AS NORMAS GERAIS DA LEI COMPLEMENTAR FEDERAL

A norma legal instituidora pode ser lei complementar, lei ordinária, lei delegada ou medida provisória, obedecidas as regras constitucionais relativas a cada uma destas normas.

No entanto, quatro tributos só poderão ser instituídos por lei complementar. São eles: os empréstimos compulsórios (art. 148 da CF), o Imposto sobre Grandes Fortunas – IGF (art. 153, VII da CF), os impostos residuais (art. 154, I, da CF) e as contribuições residuais para a seguridade social (art. 195, § 4º c/c art. 154, I, da CF).

Cabe aqui chamar a atenção para o fato de que, na ausência de lei complementar sobre normas gerais, os Estados poderão exercer a competência legislativa plena para atender às suas peculiaridades, conforme determina o art. 24 e parágrafos da Constituição Federal:

Art. 24 da CF. Compete à União, aos Estados e ao Distrito Federal legislar concorrentemente sobre:

I – direito tributário, financeiro, penitenciário, econômico e urbanístico;

(...)

§ 1º No âmbito da legislação concorrente, a competência da União limitar-se-á a estabelecer normas gerais.

§ 2º A competência da União para legislar sobre normas gerais não exclui a competência suplementar dos Estados.

§ 3º Inexistindo lei federal sobre normas gerais, os Estados exercerão a competência legislativa plena, para atender a suas peculiaridades.

§ 4º A superveniência de lei federal sobre normas gerais suspende a eficácia da lei estadual, no que lhe for contrário.

A lei complementar mais importante para o Sistema Tributário Nacional é o próprio Código Tributário Nacional. No que diz respeito a este Código, é importante que seja feito um breve histórico, a fim de que possamos entender como uma lei ordinária, como a que foi publicada em 1966, adquiriu eficácia de lei complementar.

Para isto, precisamos entender o que é o princípio da recepção. Durante a vigência de uma Constituição, é elaborada toda uma legislação infraconstitucional que são as leis complementares, ordinárias, decretos e toda uma gama de normas que formam o sistema jurídico do país.

Com o advento de uma nova Constituição Federal, revogando a Constituição anterior, todo este sistema jurídico infraconstitucional é recepcionado pela nova Constituição, evidentemente naquilo que não lhe for conflitante.

Como exemplo:

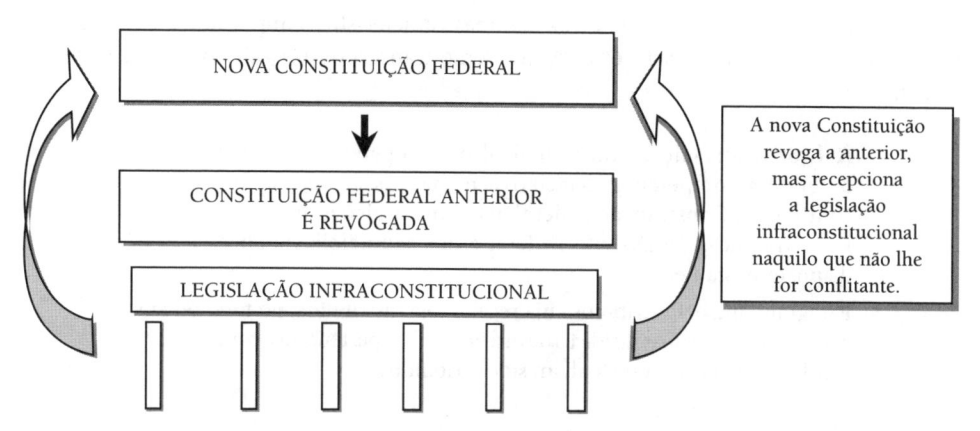

```
      NOVA CONSTITUIÇÃO FEDERAL
                ↓
   CONSTITUIÇÃO FEDERAL ANTERIOR
           É REVOGADA

   LEGISLAÇÃO INFRACONSTITUCIONAL
```

A nova Constituição revoga a anterior, mas recepciona a legislação infraconstitucional naquilo que não lhe for conflitante.

O nosso Código Tributário Nacional foi publicado como Lei Ordinária nº 5.172, em 25/10/1966, dispondo sobre o sistema tributário nacional e instituindo normas gerais de Direito Tributário aplicáveis à União, aos Estados, ao Distrito Federal e aos Municípios.

Com o advento da Constituição de 1967, foi exigida lei complementar para regular as matérias citadas, sendo então a referida Lei nº 5.172/1966 recepcionada pela nova Constituição com nível de lei complementar.

A lei ordinária ganhou força de lei complementar, mas só recebeu a denominação de Código Tributário Nacional com o Ato Complementar nº 36/1967, baixado pelo Presidente da República.

Portanto, podemos representar a evolução histórica do nosso Código Tributário Nacional da seguinte forma:

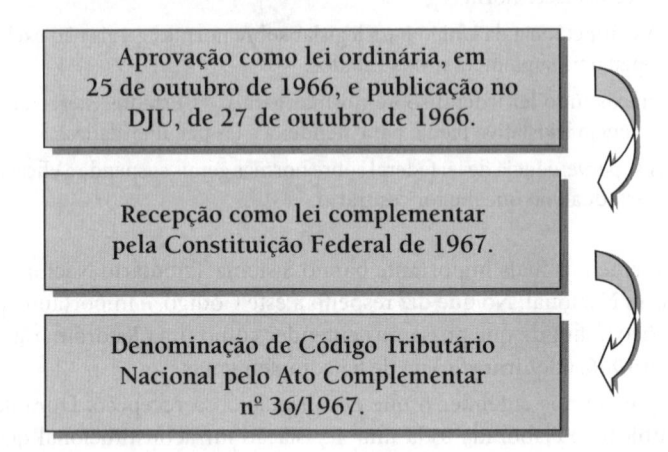

> Aprovação como lei ordinária, em 25 de outubro de 1966, e publicação no DJU, de 27 de outubro de 1966.
>
> Recepção como lei complementar pela Constituição Federal de 1967.
>
> Denominação de Código Tributário Nacional pelo Ato Complementar nº 36/1967.

Várias outras normas jurídicas foram recepcionadas como lei complementar por tratarem de normas gerais aplicáveis para determinados tributos. Assim ocorreu, por exemplo, com o já hoje revogado Decreto-Lei nº 406/1968, que estabelecia normas gerais para o ISS e o ICMS, e o também Decreto-Lei nº 195/1967, que estabelece normas gerais para a contribuição de melhoria.

O Código Tributário Nacional traz algumas características importantes a respeito da competência tributária nos arts. 6º a 8º, que serão transcritos a seguir com os respectivos comentários:

> **Art. 6º** A atribuição constitucional de competência tributária compreende a competência legislativa plena, ressalvadas as limitações contidas na Constituição Federal, nas Constituições dos Estados e nas Leis Orgânicas do Distrito Federal e dos Municípios, e observado o disposto nesta Lei.
>
> Parágrafo único. Os tributos cuja receita seja distribuída, no todo ou em parte, a outras pessoas jurídicas de direito público pertencem à competência legislativa daquela a que tenham sido atribuídos.

COMENTÁRIOS

Se a Constituição Federal atribuiu a competência para instituir determinado tributo a determinada pessoa jurídica de direito público (União, Estados, Distrito Federal ou Municípios), somente esta pessoa jurídica pode legislar plenamente sobre o tributo.

O próprio artigo, no entanto, se refere a ressalvas, tais como o art. 155, § 2º, IV e V; o art. 155, § 1º, IV; e o art. 156, § 3º, I, todos da Constituição Federal, que são situações nas quais a União, de uma forma ou de outra, tem que legislar sobre tributos estaduais e municipais.

Com relação ao parágrafo único, o legislador salienta que, mesmo que uma parte da receita do imposto tenha que ser repassada a outra pessoa jurídica, como o caso do ITR (imposto federal que tem que ser repassado em 50% ao município), a competência para legislar é somente da pessoa jurídica competente para instituí-lo.

Neste particular, é importante chamar a atenção para o fato de que, embora a competência tributária seja atribuída pela Constituição Federal, e União, Estados, Distrito Federal e Municípios sejam autônomos no exercício de sua competência tributária, a Emenda Constitucional nº 42, de 19 de dezembro de 2003, determinou que o Senado Federal avalie periodicamente a funcionalidade do Sistema Tributário Nacional e o desempenho das administrações tributárias, conforme redação do art. 52, XV, da referida Carta Magna:

> **Constituição Federal**
> **Art. 52.** Compete privativamente ao Senado Federal:
> (...)
> XV – avaliar periodicamente a funcionalidade do Sistema Tributário Nacional, em sua estrutura e seus componentes, e o desempenho das administrações tributárias da União, dos Estados e do Distrito Federal e dos Municípios.

Continuando os comentários a respeito dos dispositivos do CTN, passamos para o art. 7º:

> **Art. 7º** A competência tributária é indelegável, salvo atribuição das funções de arrecadar ou fiscalizar tributos, ou de executar leis, serviços, atos ou decisões administrativas em matéria tributária, conferida por uma pessoa jurídica de direito público a outra, nos termos do § 3º do artigo 18 da Constituição.
> § 1º A atribuição compreende as garantias e os privilégios processuais que competem à pessoa jurídica de direito público que a conferir.
> § 2º A atribuição pode ser revogada, a qualquer tempo, por ato unilateral da pessoa jurídica de direito público que a tenha conferido.
> § 3º Não constitui delegação de competência o cometimento, a pessoas de direito privado, do encargo ou da função de arrecadar tributos.

COMENTÁRIOS

A competência tributária é formada pelas capacidades de *legislar, fiscalizar* e *arrecadar* tributos, sendo como um todo indelegável.

No entanto, é permitida a delegação da capacidade de fiscalizar e arrecadar para outra pessoa jurídica de direito público (União, Estados, DF, Municípios e suas autarquias), bem como a revogação desta delegação a qualquer tempo.

O crédito que goze de garantias e privilégios não os perde devido à transferência da capacidade de fiscalizar e arrecadar a outra pessoa jurídica de direito público. Sendo assim, um crédito relativo a tributo federal, no caso de falência, tem preferência sobre um municipal (art. 187, parágrafo único, do CTN) mesmo quando arrecadado ou fiscalizado por um determinado município.

Além disso, sequer é considerado delegação de competência o cometimento (transferência) à pessoa jurídica de direito privado – como, por exemplo, os bancos – da função de arrecadar tributos.

Portanto, podemos representar a questão da delegabilidade da competência tributária da seguinte forma:

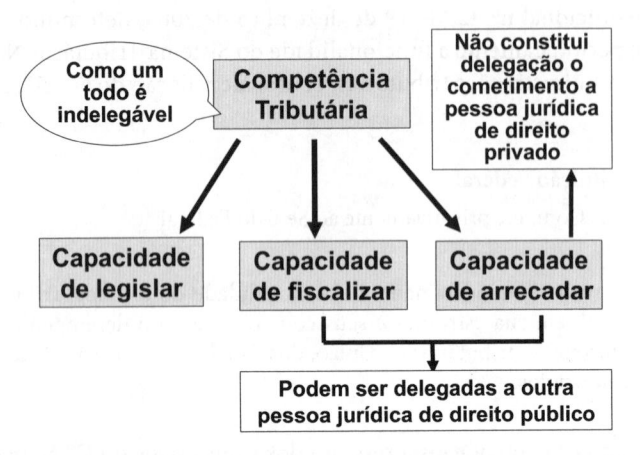

```
        Como um                              Não constitui
         todo é      Competência             delegação o
      indelegável    Tributária          cometimento a
                                          pessoa jurídica
                                            de direito
                                             privado

      Capacidade    Capacidade    Capacidade
      de legislar   de fiscalizar de arrecadar

              Podem ser delegadas a outra
              pessoa jurídica de direito público
```

Art. 8º O não exercício da competência tributária não a defere a pessoa jurídica de direito público diversa daquela a que a Constituição a tenha atribuído.

COMENTÁRIOS

Embora a Constituição Federal não obrigue os entes da Federação a instituir todos os tributos de sua competência tributária, a Lei Complementar nº 101/2000 – Lei de Responsabilidade Fiscal – faz esta exigência no seu art. 11 e parágrafo único:

LEI COMPLEMENTAR nº 101/2000
CAPÍTULO III – DA RECEITA PÚBLICA
Seção I. Da Previsão e da Arrecadação

Art. 11. Constituem requisitos essenciais da responsabilidade na gestão fiscal a instituição, previsão e efetiva arrecadação de todos os tributos da competência constitucional do ente da Federação.

Parágrafo único. É vedada a realização de transferências voluntárias para o ente que não observe o disposto no *caput*, no que se refere aos impostos.

Dessa forma, se alguma unidade da Federação não exercer a sua competência tributária relativamente a qualquer tributo, o máximo que poderá ocorrer são as sanções previstas no parágrafo único do art. 11 supracitado, não ocorrendo transferência desta competência para outra pessoa jurídica de direito público.

3.3. Tipos de Competência Tributária

TIPOS	ESPÉCIES	ENTIDADE TRIBUTANTE			Arts. da CF
		UNIÃO	EST./DF	MUNICÍPIO	
PRIVATIVA	Impostos	II, IE, IR, IPI, ITR, IOF, IGF	ITD, ICMS, IPVA	IPTU, ITBI, ISS	153, 155 e 156
COMUM	Taxas e contribuições de melhoria	✔	✔	✔	145, II e III
ESPECIAL	Empréstimos compulsórios e contribuições parafiscais	✔	VIDE ☞	VIDE ☞	148, 149 e 149-A
RESIDUAL	Novos impostos ou contribuições	✔			154, I, e 195, § 4º
EXTRAORDINÁRIA	Impostos extraordinários (de guerra)	✔			154, II
CULMULATIVA	Impostos	✔	Só o DF		147

☞ Não esquecer que os Estados, Distrito Federal e Municípios instituirão contribuições para custeio da previdência em benefício de seus servidores, de acordo com o art. 149, § 1º, CF e que, no caso do art. 149-A, a competência para instituir contribuição para o serviço de iluminação pública é do Distrito Federal e Municípios, conforme pode-se observar nos dispositivos a seguir:

> **Art. 149, § 1º** Os Estados, o Distrito Federal e os Municípios instituirão contribuição, cobrada de seus servidores, para o custeio, em benefício destes, do regime previdenciário de que trata o art. 40, cuja alíquota não será inferior à da contribuição dos servidores titulares de cargos efetivos da União.
> (...)
> **Art. 149-A.** Os Municípios e o Distrito Federal poderão instituir contribuição, na forma das respectivas leis, para o custeio do serviço de iluminação pública, observado o disposto no art. 150, I e III.

3.3.1. Competência Tributária Privativa

Refere-se à competência para instituir impostos e, como o próprio nome diz, é privativa de cada unidade da Federação.

Atualmente, são treze impostos, já que o IVVC (Imposto sobre a Venda a Varejo de Combustíveis líquidos e gasosos), de competência dos Municípios, e o AIR (Adicional sobre Imposto de Renda), de competência dos Estados e DF, criados pela Constituição de 1988, foram extintos, pela Emenda Constitucional nº 03, de 17/03/1993, que autorizou a sua cobrança somente até dezembro de 1995.

Eis os dispositivos constitucionais que atribuem estas competências:

Art. 153. Compete à União instituir impostos sobre:

I – importação de produtos estrangeiros;

II – exportação, para o exterior, de produtos nacionais ou nacionalizados;

III – renda e proventos de qualquer natureza;

IV – produtos industrializados;

V – operações de crédito, câmbio e seguro, ou relativas a títulos ou valores mobiliários;

VI – propriedade territorial rural;

VII – grandes fortunas, nos termos de lei complementar.

(...)

Art. 155. Compete aos Estados e ao Distrito Federal instituir impostos sobre:

I – transmissão *causa mortis* e doação de quaisquer bens ou direitos;

II – operações relativas à circulação de mercadorias e sobre prestações de serviços de transporte interestadual e intermunicipal e de comunicação, ainda que as operações e as prestações se iniciem no exterior;

III – propriedade de veículos automotores.

(...)

Art. 156. Compete aos Municípios instituir impostos sobre:

I – propriedade predial e territorial urbana;

II – transmissão *inter vivos*, a qualquer título, por ato oneroso, de bens imóveis, por natureza ou acessão física, e de direitos reais sobre imóveis, exceto os de garantia, bem como cessão de direitos a sua aquisição;

III – serviços de qualquer natureza, não compreendidos no art. 155, II, definidos em lei complementar.

3.3.2. *Competência Tributária Comum*

Esta é a competência para instituição de taxas e contribuições de melhoria. Recebe o nome de comum em função de que as quatro pessoas jurídicas de direito público poderão instituí-las, dentro das suas respectivas atribuições, conforme dispõe a Constituição Federal:

Art. 145. A União, os Estados, o Distrito Federal e os Municípios poderão instituir os seguintes tributos:

(...)

II – taxas, em razão do exercício do poder de polícia ou pela utilização, efetiva ou potencial, de serviços públicos específicos e divisíveis, prestados ao contribuinte ou postos a sua disposição;

III – contribuição de melhoria, decorrente de obras públicas.

3.3.3. Competência Tributária Especial

A competência para instituir empréstimos compulsórios e contribuições parafiscais é chamada especial devido à discussão doutrinária que havia, antes das decisões do STF que confirmaram a natureza tributária destas exações, a respeito da natureza tributária das mesmas. A Constituição Federal autoriza a instituição nos arts. 148, 149 e 149-A:

> **Art. 148.** A União, mediante lei complementar, poderá instituir empréstimos compulsórios:
>
> I – para atender a despesas extraordinárias, decorrentes de calamidade pública, de guerra externa ou sua iminência;
>
> II – no caso de investimento público de caráter urgente e de relevante interesse nacional, observado o disposto no art. 150, III, *b*.
>
> Parágrafo único. A aplicação dos recursos provenientes de empréstimo compulsório será vinculada à despesa que fundamentou sua instituição.
>
> **Art. 149.** Compete exclusivamente à União instituir contribuições sociais, de intervenção no domínio econômico e de interesse das categorias profissionais ou econômicas, como instrumento de sua atuação nas respectivas áreas, observado o disposto nos arts. 146, III, e 150, I e III, e sem prejuízo do previsto no art. 195, § 6º, relativamente às contribuições a que alude o dispositivo.
>
> § 1º Os Estados, o Distrito Federal e os Municípios instituirão contribuição, cobrada de seus servidores, para o custeio, em benefício destes, do regime previdenciário de que trata o art. 40, cuja alíquota não será inferior à da contribuição dos servidores titulares de cargos efetivos da União.
>
> (...)
>
> **Art. 149-A.** Os Municípios e o Distrito Federal poderão instituir contribuição, na forma das respectivas leis, para o custeio do serviço de iluminação pública, observado o disposto no art. 150, I e III.
>
> Parágrafo único. É facultada a cobrança da contribuição a que se refere o *caput*, na fatura de consumo de energia elétrica.

3.3.4. Competência Tributária Residual

O constituinte quis deixar a possibilidade de que novos impostos fossem criados, além daqueles já previstos nas competências privativas de União, Estados, Distrito Federal e Municípios. Ao atribuir, no entanto, esta competência à União, fez exigências que deverão ser observadas:

- necessidade de lei complementar que exige maioria absoluta do Congresso Nacional para sua aprovação;
- obrigatoriedade de que tais impostos sejam não cumulativos; e
- que não tenham fato gerador ou base de cálculo idênticos aos dos impostos já discriminados na Constituição Federal.

Tais exigências estão previstas no art. 154, I, da CF:

> **Art. 154.** A União poderá instituir:
> I – mediante lei complementar, impostos não previstos no artigo anterior, desde que sejam não cumulativos e não tenham fato gerador ou base de cálculo próprios dos discriminados nesta Constituição.

Portanto, podemos esquematizar as exigências para criação de novos impostos da seguinte forma:

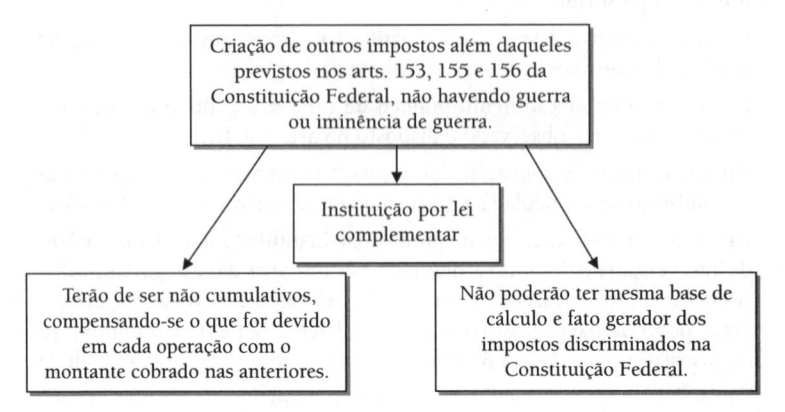

```
┌─────────────────────────────────────────┐
│ Criação de outros impostos além daqueles│
│ previstos nos arts. 153, 155 e 156 da   │
│ Constituição Federal, não havendo guerra│
│ ou iminência de guerra.                 │
└─────────────────────────────────────────┘
                    │
                    ▼
        ┌───────────────────────┐
        │ Instituição por lei   │
        │ complementar          │
        └───────────────────────┘
           │                 │
           ▼                 ▼
┌────────────────────┐  ┌────────────────────┐
│ Terão de ser não   │  │ Não poderão ter    │
│ cumulativos,       │  │ mesma base de      │
│ compensando-se o   │  │ cálculo e fato     │
│ que for devido em  │  │ gerador dos        │
│ cada operação com  │  │ impostos           │
│ o montante cobrado │  │ discriminados na   │
│ nas anteriores.    │  │ Constituição       │
│                    │  │ Federal.           │
└────────────────────┘  └────────────────────┘
```

Além da competência residual para instituir novos impostos, a Constituição Federal também permite, em seu art. 195, § 4º, a criação de novas contribuições para a seguridade social, além daquelas já previstas nos incisos do mesmo artigo.

> **Art. 195.** A seguridade social será financiada por toda a sociedade, de forma direta e indireta, nos termos da lei, mediante recursos provenientes dos orçamentos da União, dos Estados, do Distrito Federal e dos Municípios, e das seguintes contribuições sociais:
> I – do empregador, da empresa e da entidade a ela equiparada na forma da lei, incidentes sobre:
> a) a folha de salários e demais rendimentos do trabalho pagos ou creditados, a qualquer título, à pessoa física que lhe preste serviço, mesmo sem vínculo empregatício;
> b) a receita ou o faturamento;
> c) o lucro;
> II – do trabalhador e dos demais segurados da previdência social, não incidindo contribuição sobre aposentadoria e pensão concedidas pelo regime geral de previdência social de que trata o art. 201;
> III – sobre a receita de concursos de prognósticos;
> IV – do importador de bens ou serviços do exterior, ou de quem a lei a ele equiparar.
> (...)
> § 4º A lei poderá instituir outras fontes destinadas a garantir a manutenção ou expansão da seguridade social, obedecido o disposto no art. 154, I.

JURISPRUDÊNCIA

Já é pacífico nas decisões do STF que as novas contribuições criadas com fundamento no art. 195, § 4°, poderão ter fato gerador e base de cálculo idênticos aos de impostos, limitando-se a vedação à base de cálculo e ao fato gerador das contribuições sociais, citados nos incisos do mesmo artigo.

Com relação à matéria, citamos a lição de Marcelo Alexandrino e Vicente de Paulo, em sua excelente obra *Direito Tributário na Constituição e no STF* (Ed. Impetus, 2004, p. 244 e 245):

> (...) Entretanto, e isso deve ser enfatizado, o STF já sedimentou jurisprudência no sentido de que não se aplica às contribuições sociais novas a segunda parte do inciso I do art. 154 da Carta Magna, ou seja, que elas não devem ter fato gerador ou base de cálculo próprios dos impostos discriminados na Constituição (RE n° 242.615, Rel. Min. Marco Aurélio, 17/08/1999; RREE n. 231.096; 258.774; 252.242, Rel. Min. Moreira Alves).

Reforçando ainda o arcabouço jurisprudencial, citamos excerto do voto do Ministro Ilmar Galvão, no REx n° 146.733-SP, destacado por Leandro Paulsen em sua obra *Constituição e Código Tributário à Luz da Doutrina e da Jurisprudência* (Livraria Editora do Advogado, 2004, p. 543):

> (...) o que veda o art. 195, § 4°, é que quaisquer outras contribuições, para fins de seguridade social, venham a ser instituídas sobre os fenômenos econômicos descritos nos incisos I, II, III e IV do *caput* (...).

Copilando todos esses dispositivos citados e adaptando-os à jurisprudência do STF, concluímos que novas contribuições sociais, além daquelas quatro previstas no *caput* do art. 195 da Constituição Federal, terão que obedecer às seguintes determinações:

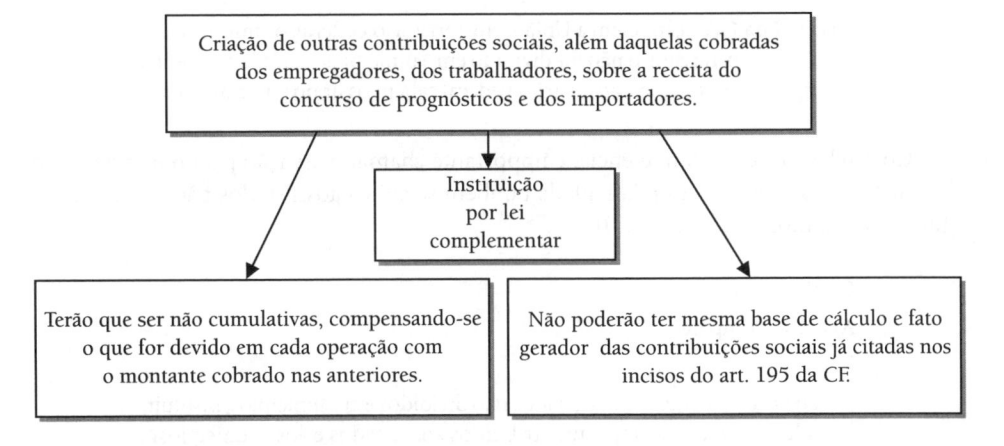

```
┌──────────────────────────────────────────────────────────────┐
│  Criação de outras contribuições sociais, além daquelas      │
│  cobradas dos empregadores, dos trabalhadores, sobre a       │
│  receita do concurso de prognósticos e dos importadores.     │
└──────────────────────────────────────────────────────────────┘
                    ┌─────────────────┐
                    │   Instituição   │
                    │     por lei     │
                    │   complementar  │
                    └─────────────────┘
┌───────────────────────────────────┐  ┌───────────────────────────────────┐
│ Terão que ser não cumulativas,    │  │ Não poderão ter mesma base de     │
│ compensando-se o que for devido   │  │ cálculo e fato gerador das        │
│ em cada operação com o montante   │  │ contribuições sociais já citadas  │
│ cobrado nas anteriores.           │  │ nos incisos do art. 195 da CF.    │
└───────────────────────────────────┘  └───────────────────────────────────┘
```

3.3.5. Competência Tributária Extraordinária

Nos casos de guerra externa ou sua iminência, a União poderá instituir, por lei ordinária, os chamados impostos extraordinários ou de guerra, mesmo que tenham fato gerador ou base de cálculo idênticos aos dos impostos já discriminados na Constituição Federal.

Tais impostos terão que ser suprimidos gradativamente, cessadas as causas da sua instituição, conforme determina o art. 154, II, da CF:

> **Art. 154.** A União poderá instituir:
>
> (...)
>
> II – na iminência ou no caso de guerra externa, impostos extraordinários, compreendidos ou não em sua competência tributária, os quais serão suprimidos, gradativamente, cessadas as causas de sua criação.

Embora a Constituição Federal seja omissa com relação ao prazo dentro do qual tais impostos deverão ser suprimidos, cessadas as causas da sua instituição, entende-se que ocorreu recepção do art. 76 do CTN, que determina o lapso de tempo de cinco anos:

> **Art. 76.** Na iminência ou no caso de guerra externa, a União pode instituir, temporariamente, impostos extraordinários compreendidos ou não entre os referidos nesta Lei, suprimidos, gradativamente, no prazo máximo de 5 (cinco) anos, contados da celebração da paz.

3.3.6. Competência Tributária Cumulativa

Competem à União, em territórios federais, os impostos estaduais e, se os territórios não forem divididos em municípios, cumulativamente, os impostos municipais. Ao Distrito Federal competem os impostos municipais.

A estes dois fatos, previstos no art. 147 da CF, dá-se o nome de competência cumulativa:

> **Art. 147 da CF.** Competem à União, em Território Federal, os impostos estaduais e, se o Território não for dividido em Municípios, cumulativamente, os impostos municipais; ao Distrito Federal cabem os impostos municipais.

Com relação a esta competência, é importante chamar a atenção para o fato de que o CTN determina que esta cumulatividade também se aplica aos Estados não divididos em Municípios, conforme seu art. 18, II:

> **CTN**
>
> **Art. 18.** Compete:
>
> (...)
>
> II – ao Distrito Federal e aos Estados não divididos em Municípios, instituir, cumulativamente, os impostos atribuídos aos Estados e aos Municípios.

3.4. Limitações Constitucionais à Competência Tributária

As limitações de competência tributária, que também podem ser denominadas princípios jurídicos de tributação, não são apenas as referidas nos arts. 150 a 152 da CF; como o próprio *caput* do art. 150 ressalva ("Sem prejuízo de outras garantias asseguradas ao contribuinte [...]"), existem ainda outras limitações ou princípios tributários, escondidos sob comando mais amplo em incisos dos direitos e deveres individuais (art. 5º da CF), mas também, aludindo expressamente a impostos, nos parágrafos que especificam e esclarecem os artigos que discriminam as competências federal, estadual e municipal (arts. 153 a 156 da CF).

Vamos estudar estes princípios, separando-os em três grupos:

- Princípios previstos nos arts. 150 a 152 da Constituição Federal;
- Outros princípios; e
- Imunidades.

3.4.1. *Princípios previstos nos arts. 150 a 152 da Constituição Federal*

Legalidade (art. 150, I, da CF)

> Art. 150. Sem prejuízo de outras garantias asseguradas ao contribuinte, é vedado à União, aos Estados, ao Distrito Federal e aos Municípios:
> I – exigir ou aumentar tributo sem lei que o estabeleça.

- Consagrado pelo Direito Tributário como o primeiro grande princípio a ser respeitado, está inserido na própria definição legal de tributo. É, talvez, a mais importante limitação da competência tributária, proibindo a qualquer área tributante exigir ou aumentar tributo por qualquer outro instrumento que não seja a lei.

A expressão "lei" aqui utilizada refere-se ao sentido estrito da palavra, ou seja, lei ordinária. Sabemos, no entanto, que alguns tributos terão que ser instituídos por lei complementar, e paira entre os doutrinadores a discussão a respeito da possibilidade de criação de tributos por meio de medida provisória, não havendo um consenso a respeito, motivo pelo qual o Governo Federal ainda não utilizou este artifício.

- Quanto à criação do tributo, a regra do inciso I do art. 150 não comporta exceções; no tocante à majoração, contudo, alguns impostos (II, IE, IPI, IOF) são excepcionados pela própria Constituição, quando permite que o Poder Executivo altere as suas alíquotas por decreto ou por outro ato normativo (art. 153, § 1º, da CF).

Além disso, também poderá ter suas alíquotas alteradas por ato do Poder Executivo a contribuição de intervenção no domínio econômico relativa às atividades de importação ou comercialização de petróleo e seus derivados, gás natural e seus derivados e álcool combustível, conforme art. 177, § 4º, I, *b*, da CF.

Finalizando as exceções, o art. 155, § 4º, IV, da CF determina que as alíquotas do ICMS sobre combustíveis e lubrificantes sobre os quais o imposto incidirá uma única vez, qualquer que seja a sua finalidade, definidos em lei complementar federal, serão definidas mediante deliberação dos Estados e do Distrito Federal, nos termos do § 2º, XII, *g*, da CF, ou seja, por convênios entre aquelas unidades da Federação, não sendo fixadas por lei.

Isonomia ou igualdade (art. 150, II, da CF)

> **Art. 150.** Sem prejuízo de outras garantias asseguradas ao contribuinte, é vedado à União, aos Estados, ao Distrito Federal e aos Municípios:
> (...)
> II – instituir tratamento desigual entre contribuintes que se encontrem em situação equivalente, proibida qualquer distinção em razão de ocupação profissional ou função por eles exercida, independentemente da denominação jurídica dos rendimentos, títulos ou direitos.

- Trata-se rigorosamente de uma igualdade jurídica, e não de uma igualdade de fato; isto é, tem apenas um caráter hipotético, consoante o clássico sistema de justiça distributiva que, segundo Aristóteles, consiste em tratar igualmente os iguais e desigualmente os desiguais.

Dessa forma, um indivíduo que ganha um salário mínimo pode ter tratamento tributário diferente daquele que ganha um alto salário, já que ambos não estão em situação equivalente.

Irretroatividade da lei (art. 150, III, *a*, da CF)

> **Art. 150.** Sem prejuízo de outras garantias asseguradas ao contribuinte, é vedado à União, aos Estados, ao Distrito Federal e aos Municípios:
> (...)
> III – cobrar tributos:
> a) em relação a fatos geradores ocorridos antes do início da vigência da lei que os houver instituído ou aumentado;

- Por este princípio, a CF determina que todos os **tributos** sejam cobrados a partir da entrada em vigor da lei que os instituiu ou aumentou, isto é, dali para frente, não podendo incidir sobre fatos geradores ocorridos antes do início da **vigência** da respectiva lei criadora.

É importante chamar a atenção para o fato de que este princípio é somente para a lei que institui ou aumenta o tributo.

Desta forma, se uma lei instituindo o ISS em um município foi publicada em dezembro de um ano e não trouxe a data de vigência, embora pelo princípio da anterioridade já pudesse ter aplicação em 1º de janeiro do ano seguinte, o tributo só poderá ser exigido após a vigência da lei, que se dará 45 dias após a publicação.

Considerando, portanto, que uma determinada lei trouxe como data de sua vigência 120 dias após a publicação, a aplicação da norma pode ser representada da seguinte forma:

Não há exceções

PUBLICAÇÃO — VIGÊNCIA — EFICÁCIA

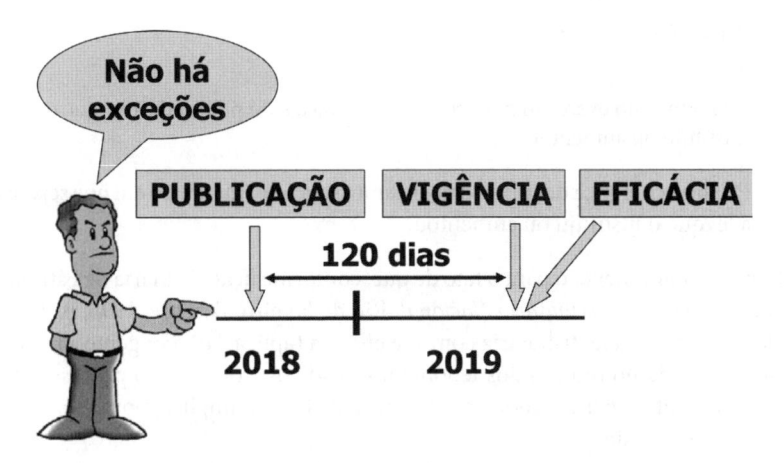

120 dias

2018 2019

- Não há exceção para esta limitação, admitindo-se a retroatividade da lei somente em caso de interpretação de lei anterior ou quando, tratando-se de ato não definitivamente julgado, a nova legislação a respeito de infração venha a beneficiar o sujeito passivo, conforme veremos ao estudarmos o art. 106 do CTN. Este dispositivo do CTN, no entanto, não diz respeito à instituição ou majoração do tributo.

> **JURISPRUDÊNCIA**
>
> É importante que seja inserida neste contexto a Súmula nº 584 do STF, que tem o seguinte enunciado:
>
> **Súmula nº 584 do STF**
>
> "Ao imposto de renda calculado sobre os rendimentos do ano-base, aplica-se a lei vigente no exercício financeiro em que deve ser apresentada a declaração."
>
> Este fato que pode parecer uma retroatividade da lei, na verdade não se trata disto, em função da característica do fato gerador do IR, como explica o próprio STF, em decisões supervenientes:
>
> "O Supremo Tribunal Federal possui o entendimento consolidado no sentido de que o fato gerador do imposto sobre a renda se materializa no último dia do ano-base, isto é, em 31 de dezembro. Assim, a lei que entra em vigor antes do último dia do período de apuração poderá ser aplicada a todo o ano-base, sem ofensa ao princípio da anterioridade da lei tributária." (STF – RE 553.508 AgR/PR – j. 03/05/2011)

Anterioridade (art. 150, III, *b*, da CF)

> **Art. 150.** Sem prejuízo de outras garantias asseguradas ao contribuinte, é vedado à União, aos Estados, ao Distrito Federal e aos Municípios:
>
> (...)

III – cobrar tributos:
(...)
b) no mesmo exercício financeiro em que haja sido publicada a lei que os instituiu ou aumentou.

- Proíbe a cobrança de tributos no mesmo exercício financeiro em que seja publicada a lei que o instituiu ou aumentou.

É bom chamar a atenção para o fato de que, conforme lição de Maria de Fátima Ribeiro (*Comentários ao Código Tributário Nacional,* Rio de Janeiro, Forense, 1998, p. 209), não se confundem vigência da lei tributária com sua eficácia (aplicação). É vigente a lei no instante em que é lançada no mundo dos fenômenos jurídicos, conforme o processo legislativo constitucionalmente previsto. Todavia, a vigência da lei não implica, por si só, sua eficácia. Isto é, sua aplicabilidade.

Desse modo, uma lei publicada em janeiro de 2018, criando ou majorando o ISS em determinado município, entrará em vigor, caso não traga a data de vigência, 45 dias após a publicação, de acordo com o art. 1º da Lei de Introdução às Normas do Direito Brasileiro. No entanto, sua aplicação será no exercício seguinte ao da sua publicação, ou seja, 2019, devido ao princípio da anterioridade, conforme esquema a seguir:

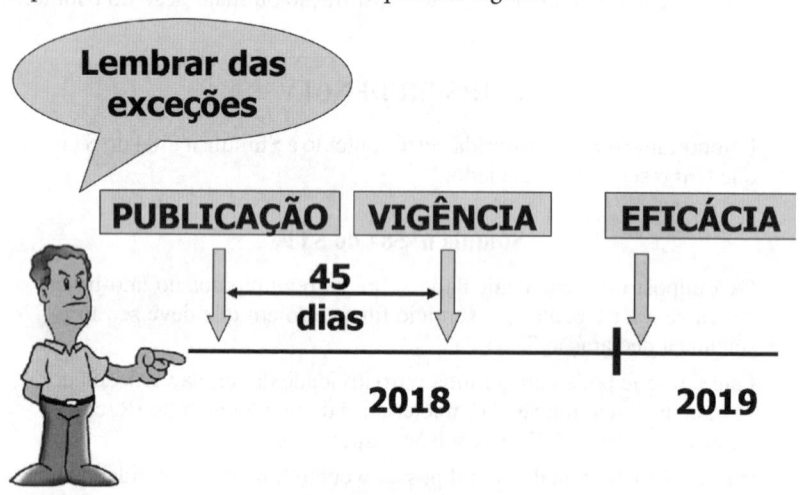

Não há que se confundir o princípio da anterioridade com o antigo princípio da anualidade, segundo o qual a cobrança de tributos dependia de autorização anual do Poder Legislativo mediante previsão no orçamento, previsto no art. 141, § 34, da Constituição de 1946.

Era preciso que, anualmente, os representantes do povo tomassem conhecimento do emprego que o governo pretendia fazer dos recursos arrecadados mediante os novos tributos, previstos na lei orçamentária, para que pudessem ser instituídos. O princípio da anualidade não existe atualmente no Brasil.

Voltando ao princípio da anterioridade, é possível uma lei tributária ter vigência, que significa fazer parte do mundo jurídico, mas não ter eficácia que é a aplicação no mundo jurídico.

Isto também pode ocorrer em outros ramos do direito. Uma lei pode ter vigência, mas depender de um decreto ou outra norma que a regulamente para, então, ter eficácia.

- Ficam, contudo, **excluídos** da proibição em análise:
  - os **impostos**: II, IE, IPI e IOF (art.150, § 1º, da CF);
  - os **impostos extraordinários**, criados por motivo de guerra externa ou sua iminência (art. 150, § 1º, da CF);
  - os **empréstimos compulsórios**, criados em razão de calamidade pública, guerra externa ou sua iminência (art. 148, I, da CF);
  - as **contribuições parafiscais** relativas à seguridade social, cuja exigibilidade deverá ocorrer após noventa dias subsequentes à publicação da lei (art. 195, § 6º, da CF);
  - o ato do Poder Executivo ou lei que restabelece a alíquota atual, após ter sido reduzida, **da contribuição de intervenção no domínio econômico relativa às atividades de importação ou comercialização de petróleo e seus derivados, gás natural e seus derivados e álcool combustível** (art. 177, § 4º, I, *b*, da CF);
  - o convênio entre Estados e DF que reduz e restabelece o **ICMS** incidente sobre combustíveis e lubrificantes, definidos em lei complementar, sobre os quais o imposto incidirá uma única vez, qualquer que seja a sua finalidade, nos termos do art. 155, § 2º, XII, *h*, da CF e conforme o art. 155, § 4º, IV, *c*, da CF (ICMS monofásico).

Com relação ao princípio da anterioridade, é importante que seja citada a redação do art. 62 da Constituição Federal e seu § 2º, determinando que, no caso das medidas provisórias, não basta que tenham sido publicadas no exercício anterior, havendo necessidade de que tenham sido convertidas em lei antes do início do novo exercício, para que os impostos possam ser cobrados ou majorados:

> **Art. 62.** Em caso de relevância e urgência, o Presidente da República poderá adotar medidas provisórias, com força de lei, devendo submetê-las de imediato ao Congresso Nacional.
> (...)
> § 2º. Medida provisória que implique instituição ou majoração de impostos, exceto os previstos nos arts. 153, I, II, IV, V, e 154, II, só produzirá efeitos no exercício financeiro seguinte se houver sido convertida em lei até o último dia daquele em que foi editada.

É importante lembrar que o referido art. 62, § 2º, da CF diz respeito apenas a impostos, ficando as demais espécies tributárias excluídas desta restrição. Digo isto em função de que é entendimento do STF que o termo *a quo* (inicial) para a observância do princípio da anterioridade, no caso das medidas provisórias que instituírem espécies tributárias distintas de impostos, é a data de sua publicação, e não de sua conversão em lei.

Este é o entendimento do STF, mesmo na época em que as medidas provisórias podiam ser reeditadas, ou seja, anteriormente à Emenda Constitucional nº 32/2001.

Ressalta-se, ainda, que este entendimento do tribunal se aplica inclusive à instituição de contribuições sociais nos termos do art. 195, § 6º, da Constituição Federal. Assim, o prazo de noventa dias para sua cobrança também terá seu início com a publicação da medida provisória.

- Ficam, contudo, **excluídos** da proibição do art. 62, § 2º, da CF:
  - os **impostos**: II, IE, IPI e IOF;
  - os **impostos extraordinários**, criados por motivo de guerra externa ou sua iminência.

> **JURISPRUDÊNCIA**
>
> É importante que seja inserida neste contexto a Súmula Vinculante nº 50 do STF, que tem o seguinte enunciado:
>
> **Súmula vinculante nº 50**
> "Norma legal que altera o prazo de recolhimento de obrigação tributária não se sujeita ao princípio da anterioridade".

Noventena (art. 150, III, c, da CF)

> **Art. 150.** Sem prejuízo de outras garantias asseguradas ao contribuinte, é vedado à União, aos Estados, ao Distrito Federal e aos Municípios:
> (...)
> III – cobrar tributos:
> (...)
> c) antes de decorridos noventa dias da data em que haja sido publicada a lei que os instituiu ou aumentou, observado o disposto na alínea b;

- Princípio criado pela Emenda Constitucional nº 42, de 19 de dezembro de 2003, já era anteriormente aplicado em parte às contribuições sociais, de acordo com o art. 195, § 6º, da CF. Em parte, uma vez que para aquelas contribuições não se aplica o princípio da anterioridade e, de acordo com esta nova limitação, aos demais tributos se aplicam ambos os princípios. Em outras palavras, um tributo só poderá ser cobrado noventa dias após a publicação da lei que o houver instituído ou aumentado e desde que já esteja no exercício seguinte ao da referida publicação.

Assim, podemos representar a aplicação da norma que institui ou majora um tributo, na hipótese de que a mesma não traga a data de vigência:

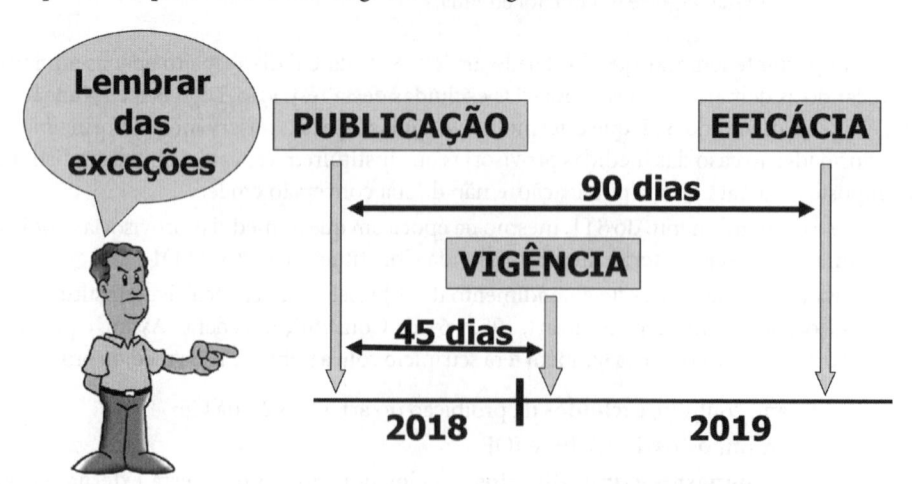

Também para este princípio, a citada Emenda Constitucional criou algumas exceções. Ficam, portanto, excluídos da proibição em análise, conforme art. 150, § 1º, da Constituição Federal:

- empréstimos compulsórios, quando instituídos por motivo de calamidade pública, guerra externa ou sua iminência;
- os impostos II, IE, IR e IOF;
- impostos extraordinários, criados por motivo de guerra externa ou sua iminência; e
- fixação da base de cálculo do IPVA e IPTU.

Considerando, portanto, as exceções aos princípios da anterioridade e da noventa, podemos montar o quadro a seguir, que na interseção mostra as exceções aos dois princípios:

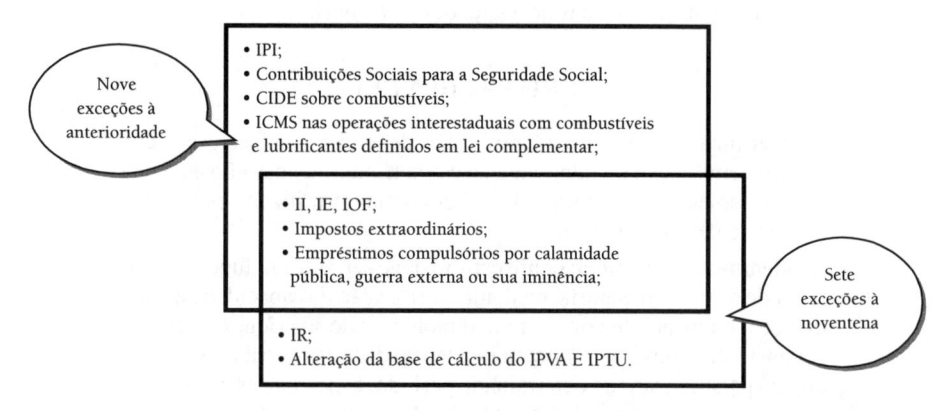

Nove exceções à anterioridade
- IPI;
- Contribuições Sociais para a Seguridade Social;
- CIDE sobre combustíveis;
- ICMS nas operações interestaduais com combustíveis e lubrificantes definidos em lei complementar;

- II, IE, IOF;
- Impostos extraordinários;
- Empréstimos compulsórios por calamidade pública, guerra externa ou sua iminência;

Sete exceções à noventa

- IR;
- Alteração da base de cálculo do IPVA E IPTU.

Além disso, é importante lembrar que o princípio da noventa aqui comentado não se confunde com o princípio da anterioridade mitigada, nonagesimal ou nonagentídeo, previsto no art. 195, § 6º, da Constituição Federal.

Enquanto este último se aplica apenas às contribuições para a seguridade social e exige noventa dias da publicação da lei, não havendo necessidade de respeitar a anterioridade, o princípio da noventa aplica-se de forma geral a todos os tributos (ressalvadas as exceções vistas) e exige os mesmos noventa dias além da obediência à anterioridade.

No entanto vale ressaltar que estas denominações são doutrinárias e o examinador pode utilizá-las de forma diferente desta aqui colocada, desde que identifique bem o princípio ao qual se refere.

Dessa forma não há que se apegar muito nas denominações, embora estas aqui citadas sejam as mais costumeiramente utilizadas pelas bancas examinadoras.

NÃO utilização de confisco (art. 150, IV, da CF)

Art. 150. Sem prejuízo de outras garantias asseguradas ao contribuinte, é vedado à União, aos Estados, ao Distrito Federal e aos Municípios:
(...)
IV – utilizar tributo com efeito de confisco.

Temos duas possibilidades de confisco:

- A primeira é a incorporação ao erário de quaisquer bens pertencentes a alguma pessoa, mediante ato da Administração ou da autoridade judicial, fundamentado em lei. O confisco, quando ocorre, tem nítido caráter punitivo, circunstância por si só suficiente para tê-lo excluído da relação tributária, pois o próprio conceito de tributo diferencia-o de qualquer sanção de ato ilícito.
- A segunda é a cobrança que, embora pecuniária, representa uma pretensão governamental que possa conduzir, no campo da fiscalidade, à injusta apropriação estatal, no todo ou em parte, do patrimônio ou dos rendimentos dos contribuintes, comprometendo-lhes, pela insuportabilidade da carga tributária, o exercício do direito a uma existência digna, ou a prática de atividade profissional lícita, ou ainda, a regular satisfação de suas necessidades vitais básicas.

JURISPRUDÊNCIA

A determinação de que a identificação do efeito confiscatório deve ser feita em função da totalidade da carga tributária, mas não em cada tributo isoladamente, tem sido reiteradamente utilizada pelo STF, conforme decisões a seguir:

"A identificação do efeito confiscatório deve ser feita em função da totalidade da carga tributária, mediante verificação da capacidade de que dispõe o contribuinte considerado o montante de sua riqueza (renda e capital) – para suportar e sofrer a incidência de todos os tributos que ele deverá pagar, dentro de determinado período, à mesma pessoa política que os houver instituído (a União Federal, no caso), condicionando-se, ainda, a aferição do grau de insuportabilidade econômico-financeira, à observância, pelo legislador, de padrões de razoabilidade destinados a neutralizar excessos de ordem fiscal eventualmente praticados pelo Poder Público. Resulta configurado o caráter confiscatório de determinado tributo, sempre que o efeito cumulativo – resultante das múltiplas incidências tributárias estabelecidas pela mesma entidade estatal – afetar, substancialmente, de maneira irrazoável, o patrimônio e/ou os rendimentos do contribuinte. O Poder Público, especialmente em sede de tributação (as contribuições de seguridade social revestem-se de caráter tributário), não pode agir imoderadamente, pois a atividade estatal acha-se essencialmente condicionada pelo princípio da razoabilidade."
(ADC 8-MC, Plenário, Rel. Min. Celso de Mello, j. 13/10/1999, *DJ* de 04/04/2003. No mesmo sentido: ADI 2.551-MC-QO, Plenário, Rel. Min. Celso de Mello, j. 02/04/2003, *DJ* de 20/04/2006)

"A proibição constitucional do confisco em matéria tributária – ainda que se trate de multa fiscal resultante do inadimplemento, pelo contribuinte, de suas obrigações tributárias – nada mais representa senão a interdição, pela Carta Política, de qualquer pretensão governamental que possa conduzir, no campo da fiscalidade, à injusta apropriação estatal, no todo ou em parte, do patrimônio ou dos rendimentos dos contribuintes, comprometendo-lhes, pela insuportabilidade da carga tributária, o exercício do direito a uma existência digna, ou a prática

> de atividade profissional lícita ou, ainda, a regular satisfação de suas necessidades vitais básicas. O poder público, especialmente em sede de tributação (mesmo tratando-se da definição do *quantum* pertinente ao valor das multas fiscais), não pode agir imoderadamente, pois a atividade governamental acha-se essencialmente condicionada pelo princípio da razoabilidade que se qualifica como verdadeiro parâmetro de aferição da constitucionalidade material dos atos estatais." **(ADI 1.075-MC, Plenário, Rel. Min. Celso de Mello, j. 17/06/1998, *DJ* 24/11/2006. No mesmo sentido: AI 482.281-AgR, 1ª Turma, Rel. Min. Ricardo Lewandowski, j. 30/06/2009, *DJe* de 21/08/2009)**

Cabe ao Poder Judiciário dizer quando um tributo é confiscatório. No entanto, os tribunais não definem com precisão o limite entre a garantia do direito de propriedade e o confisco pela tributação excessiva, não havendo jurisprudência sobre tais limites matemáticos.

À vista de tais considerações, na hipótese de qualquer área tributante vir a cobrar um tributo em valor tão elevado, de modo a abalar ou desfalcar o patrimônio do contribuinte, estarão aí caracterizados o efeito confiscatório e o desrespeito à capacidade econômica, ambos proibidos.

A doutrina tem criado uma distinção entre caráter confiscatório estático e dinâmico. O Prof. Fabio Brun Goldschmidt estabelece uma distinção:

"Além da distinção entre o sentido amplo e o sentido restrito da concepção do efeito do 'confisco', parece-nos que a análise do art. 150, IV, comporta uma segunda distinção, que diz não com o alcance conceitual do próprio princípio, mas com perspectivas de aplicação do mesmo. Tais possibilidades entendemos por bem chamar de perspectivas dinâmica e estática de incidência do princípio do não confisco. A perspectiva estática faz a análise da aplicabilidade do art. 150, IV, diante de uma dada realidade normativa vigente; diz com os resultados, os efeitos funestos causados pela legislação em vigor. A perspectiva dinâmica, por outro lado, tem em vista não as leis em si mesmas consideradas, mas a transição normativa como um processo; diz com os efeitos confiscatórios que podem ser gerados pela alteração das normas tributárias" (*O princípio do não confisco*, USP, Faculdade de Direito do Largo de São Francisco, Departamento de Direito Econômico e Financeiro, São Paulo, 2001, p. 113).

Em outras palavras, a perspectiva estática diz respeito à análise do princípio do não confisco em razão do valor dos tributos vigentes no ordenamento jurídico ("*quantum* do tributo") e a perspectiva dinâmica avalia o efeito do princípio do não confisco na alteração ou mutação ocorrida na legislação tributária ("*quantum* do aumento dos tributos").

> **JURISPRUDÊNCIA**
>
> É importante chamar a atenção para o fato de que, embora o referido artigo faça menção unicamente a tributos, o STF tem entendimento no sentido de que a multa também não pode ter caráter confiscatório, dando, portanto, uma interpretação extensiva à palavra tributo, considerando que a vedação é para qualquer exigência tributária.
>
> Nesse sentido, cito a decisão do tribunal em ação de inconstitucionalidade movida contra dispositivo da Constituição do Estado do Rio

de Janeiro, que exigia uma multa mínima de 500% sobre a falta de recolhimento de qualquer tributo estadual:

A desproporção entre o desrespeito à norma tributária e sua consequência jurídica, a multa, evidencia o caráter confiscatório desta, atentando contra o patrimônio do contribuinte, em contrariedade ao art. 150, IV, da Constituição Federal. Ação julgada procedente **(STF, ADIn nº 551, Informativo nº 297 do STF, fevereiro/2003).**

Ainda nessa linha, segue decisão do mesmo tribunal na ADI nº 1.075-MC, DJ de 24/11/2006:

"É cabível, em sede de controle normativo abstrato, a possibilidade de o Supremo Tribunal Federal examinar se determinado tributo ofende, ou não, o princípio constitucional da não confiscatoriedade consagrado no art. 150, IV, da Constituição da República. Hipótese que versa o exame de diploma legislativo (Lei nº 8.846/1994, art. 3º e seu parágrafo único) que instituiu multa fiscal de 300% (trezentos por cento). A proibição constitucional do confisco em matéria tributária – ainda que se trate de multa fiscal resultante do inadimplemento, pelo contribuinte, de suas obrigações tributárias – nada mais representa senão a interdição, pela Carta Política, de qualquer pretensão governamental que possa conduzir, no campo da fiscalidade, à injusta apropriação estatal, no todo ou em parte, do patrimônio ou dos rendimentos dos contribuintes, comprometendo-lhes, pela insuportabilidade da carga tributária, o exercício do direito a uma existência digna, ou a prática de atividade profissional lícita ou, ainda, a regular satisfação de suas necessidades vitais básicas. O Poder Público, especialmente em sede de tributação (mesmo tratando-se da definição do *quantum* pertinente ao valor das multas fiscais), não pode agir imoderadamente, pois a atividade governamental acha-se essencialmente condicionada pelo princípio da razoabilidade que se qualifica como verdadeiro parâmetro de aferição da constitucionalidade material dos atos estatais" **(ADI nº 1.075-MC, Rel. Min. Celso de Mello, j. 17/06/1998, *DJ* 24/11/2006).**

No mesmo sentido:

"É aplicável a proibição constitucional do confisco em matéria tributária, ainda que se trate de multa fiscal resultante do inadimplemento pelo contribuinte de suas obrigações tributárias" **(AI 482.281 AgR/SP AG.Reg. no Agravo de Instrumento, 1ª Turma, Rel. Min. Ricardo Lewandowski, j. 30/06/2009).**

NÃO limitação do tráfego (art. 150, V, da CF)

Art. 150. Sem prejuízo de outras garantias asseguradas ao contribuinte, é vedado à União, aos Estados, ao Distrito Federal e aos Municípios:

(...)

V – estabelecer limitações de tráfego de pessoas ou bens, por meio de tributos interestaduais ou intermunicipais, ressalvada a cobrança de pedágio pela utilização de vias conservadas pelo Poder Público.

- Este princípio busca a defesa da unidade federativa, evitando que Estados e Municípios façam uso de tributos de suas competências na busca de privilégios para suas jurisdições. Este princípio leva em conta que o Brasil é uma federação, e não uma confederação, que permitiria tais barreiras alfandegárias.

A autorização para cobrança de pedágio como exceção a uma limitação à competência tributária abre a discussão a respeito do caráter tributário desta receita. Para efeito de concursos, no entanto, há até hoje um consenso entre as bancas examinadoras em considerar o pedágio apenas como uma tarifa ou preço público, não lhe atribuindo, portanto, caráter fiscal.

Uniformidade (art. 151, I, da CF)

> Art. 151. É vedado à União:
> I – instituir tributo que não seja uniforme em todo o território nacional ou que implique distinção ou preferência em relação a Estado, ao Distrito Federal ou a Município, em detrimento de outro, admitida a concessão de incentivos fiscais destinados a promover o equilíbrio do desenvolvimento socioeconômico entre as diferentes regiões do País;

- É o que proíbe a União de instituir tributo que não seja uniforme em todo o País ou que importe distinção ou privilégio em relação a determinado Estado ou Município. A proibição objetiva evitar que tributos federais nasçam estruturalmente injustos, com caracteres protecionistas desta ou daquela região.

É importante chamar a atenção para o fato de que a União poderá conceder incentivos fiscais, destinados a promover o equilíbrio do desenvolvimento socioeconômico, entre as diversas regiões do país. Nada impede, portanto, que sejam cobrados menos impostos federais na zona franca de Manaus, na remessa de mercadorias para as regiões Norte, Nordeste, Centro-Oeste e outras, considerados incentivos fiscais por lei específica.

Outra situação excepcional que merece atenção é a possibilidade de que exista tratamento diferenciado para produtos e serviços, em função de seu impacto ambiental devido ao consumo ou produção, conforme art. 170, VI, da CF, com redação dada pela Emenda Constitucional nº 42, de 19 de dezembro de 2003:

> Art. 170. A ordem econômica, fundada na valorização do trabalho humano e na livre-iniciativa, tem por fim assegurar a todos existência digna, conforme os ditames da justiça social, observados os seguintes princípios:
> (...)
> VI – defesa do meio ambiente, inclusive mediante tratamento diferenciado conforme o impacto ambiental dos produtos e serviços e de seus processos de elaboração e prestação;
> (...)

NÃO concessão de privilégios a títulos federais (art. 151, II, da CF)

> **Art. 151.** É vedado à União:
>
> (...)
>
> II – tributar a renda das obrigações da dívida pública dos Estados, do Distrito Federal e dos Municípios, bem como a remuneração e os proventos dos respectivos agentes públicos, em níveis superiores aos que fixar para suas obrigações e para seus agentes.

- Este dispositivo proíbe à União tributar os rendimentos obtidos por uma pessoa que aplicou em títulos da dívida pública dos Estados, DF ou Municípios em níveis superiores àquele em que tributar os rendimentos obtidos por uma pessoa que aplicou em títulos da dívida pública da própria União. Não fosse assim, as aplicações poderiam ser direcionadas para os títulos menos tributados emitidos pela União:

Se a União cobrar 10% de IR sobre este ganho de capital...

Títulos da União renderam R$100,00

Títulos dos E, DF ou M renderam R$100,00

Não poderá cobrar mais que 10% sobre este ganho.

Também é proibido à União tributar a remuneração e os proventos dos agentes públicos dos Estados, DF ou Municípios em níveis superiores aos que tributar a remuneração dos seus próprios agentes.

NÃO concessão de isenção (art. 151, III, da CF)

> **Art. 151.** É vedado à União:
>
> (...)
>
> III – instituir isenções de tributos da competência dos Estados, do Distrito Federal ou dos Municípios.

- A Constituição Federal elimina de vez as interferências da União em assuntos de interesse estadual ou municipal, proibindo que isenções de tributos estaduais ou municipais sejam concedidas por leis federais.

- A Emenda Constitucional nº 3, de 17/03/1993, fortalecendo a determinação acima, estabeleceu ainda, mediante nova redação do art. 150, § 6º:

    Art. 150, § 6º, da CF. Qualquer subsídio ou isenção, redução de base de cálculo, concessão de crédito presumido, anistia ou remissão, relativos a impostos, taxas ou contribuições, só poderá ser concedido mediante lei específica, federal, estadual ou municipal, que regule exclusivamente as matérias acima enumeradas ou o correspondente tributo ou contribuição, sem prejuízo do disposto no art. 155, § 2º, XII, g (isenções do ICMS concedidas por convênios entre os Estados e DF).

- No que diz respeito a esta limitação, é importante chamar a atenção para o fato de que os arts. 155, § 2º, XII, e, e 156, § 3º, II, ambos da Constituição Federal, permitem que lei complementar federal exclua da incidência do ICMS e ISS exportação de serviços e mercadorias para o exterior:

    Art. 155, § 2º. O imposto previsto no inciso II (ICMS) atenderá o seguinte:
    (...)
    XII – cabe à lei complementar:
    (...)
    e) excluir da incidência do imposto, nas exportações para o exterior, serviços e outros produtos além dos mencionados no inciso X, a;
    (...)
    Art. 156, § 3º. Em relação ao imposto previsto no inciso III do *caput* deste artigo (ISS), cabe à lei complementar:
    (...)
    II – excluir da sua incidência exportações de serviços para o exterior.

Essas são hipóteses nas quais a União pode conceder isenções de impostos de competência dos Estados e Municípios, tornando-se exceção ao princípio da não concessão de isenção. São chamadas isenções heterônomas ou heterotópicas.

Vale ressaltar que, com relação ao ICMS, esse dispositivo constitucional se tornou inócuo, uma vez que a Emenda Constitucional nº 42/2003 excluiu qualquer remessa de mercadorias ou serviços para o exterior.

Não confundir com a possibilidade que tem a União de conceder **moratória** a dívidas tributárias federais, estaduais e municipais, pela lei federal que também conceda dilatação de prazo para pagamento de tributos federais e de obrigações de natureza privada (art. 152, I, *b*, do CTN):

   Art. 152 do CTN. A moratória somente pode ser concedida:
   I – em caráter geral:
   (...)
   b) pela União, quanto a tributos de competência dos Estados, do Distrito Federal ou dos Municípios, quando simultaneamente concedida quanto aos tributos de competência federal e às obrigações de direito privado.

> **JURISPRUDÊNCIA**
>
> Vale lembrar que a jurisprudência do STF considera que esta vedação diz respeito à União enquanto pessoa jurídica de direito interno e, no caso de tratados internacionais, a União está exercendo ato de soberania externa, como Estado brasileiro, não estando, portanto, sujeita a esta limitação do art. 151, III, da Constituição Federal **(ADIn nº 1.600/UF, Rel. p/ o acórdão Min. Nelson Jobim, nov./2001).**

NÃO diferenciação (art. 152 da CF)

> **Art. 152.** É vedado aos Estados, ao Distrito Federal e aos Municípios estabelecer diferença tributária entre bens e serviços, de qualquer natureza, em razão de sua procedência ou destino.

- Esta é a única limitação à competência tributária que não obriga à União, que pode estabelecer diferenças tributárias entre bens e serviços devido a sua procedência ou destino nos casos de: importação, exportação e fixação de alíquotas interestaduais do ICMS.

Em virtude desta proibição, determinado Estado não poderá aplicar alíquotas internas diferenciadas do ICMS para produtos pelo fato de que sejam destinados ou tenham vindo de uma ou outra unidade da Federação.

3.4.2. Outros princípios

Federativo (art. 18 da CF)

> **Art. 18.** A organização político-administrativa da República Federativa do Brasil compreende a União, os Estados, o Distrito Federal e os Municípios, todos autônomos, nos termos desta Constituição.

- Dessa forma, as pessoas jurídicas de direito público, União, Estados, Distrito Federal ou Municípios, não podem interferir nas competências tributárias umas das outras.

NÃO cumulatividade (arts. 153, § 3º, II; 154, I; 155, § 2º, I; 195, §§ 4º, 12 e 13, da CF)

> **Art. 153, § 3º** O imposto previsto no inciso IV (IPI):
> (...)
> II – será não cumulativo, compensando-se o que for devido em cada operação com o montante cobrado nas anteriores;
> (...)

Art. 155, § 2º O imposto previsto no inciso II (ICMS) atenderá ao seguinte:

I – será não cumulativo, compensando-se o que for devido em cada operação relativa à circulação de mercadorias ou prestação de serviços com o montante cobrado nas anteriores pelo mesmo ou outro Estado ou pelo Distrito Federal;

(...)

Art. 154. A União poderá instituir:

I – mediante lei complementar, impostos não previstos no artigo anterior, desde que sejam não cumulativos e não tenham fato gerador ou base de cálculo próprios dos discriminados nesta Constituição;

(...)

Art. 195, § 4º A lei poderá instituir outras fontes destinadas a garantir a manutenção ou expansão da seguridade social, obedecido o disposto no art. 154, I.

(...)

Art. 195, § 12. A lei definirá os setores de atividade econômica para os quais as contribuições incidentes na forma dos incisos I, *b*; e IV do *caput* (*cobradas do empregador, da empresa e da entidade a ela equiparada na forma da lei, incidentes sobre a receita ou o faturamento e cobradas do importador de bens ou serviços do exterior, ou de quem a lei a ele equiparar*) serão não cumulativas.

Art. 195, § 13. Aplica-se o disposto no § 12, inclusive na hipótese de substituição gradual, total ou parcial, da contribuição incidente na forma do inciso I, *a*, pela incidente sobre a receita ou o faturamento.

- Como exemplo dos dispositivos *supra*, vamos representar uma indústria vendendo para outra indústria um produto por R$ 1.000,00, sendo que esta, por sua vez, vende-o para um varejista por R$ 1.300,00, que, finalmente, o vende para o consumidor final por R$ 1.700,00, tendo todas essas operações incidência do ICMS à alíquota de 10%:

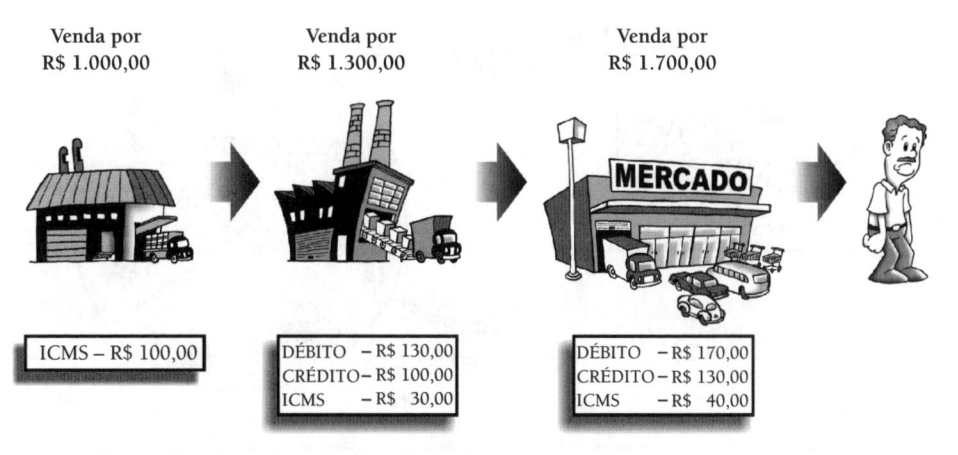

Venda por R$ 1.000,00	Venda por R$ 1.300,00	Venda por R$ 1.700,00
ICMS – R$ 100,00	DÉBITO – R$ 130,00 CRÉDITO – R$ 100,00 ICMS – R$ 30,00	DÉBITO – R$ 170,00 CRÉDITO – R$ 130,00 ICMS – R$ 40,00

- Conforme os dispositivos constitucionais citados, terão que ser não cumulativos o ICMS, o IPI, os impostos residuais, as contribuições sociais residuais e, de acordo com lei que definirá os setores de atividade econômica, as contribuições cobradas do empregador, da empresa e da entidade a ela equiparada na forma da lei, incidentes sobre a receita ou o faturamento e cobradas do importador de bens ou serviços do exterior, ou de quem a lei a ele equiparar.

Seletividade (arts. 153, § 3º, I; 155, § 2º, III, da CF)

- O imposto será seletivo quando suas alíquotas são diminuídas devido à essencialidade da mercadoria ou do serviço prestado e, por consequência, majoradas devido a sua superfluidade.

    Art. 153, § 3º O imposto previsto no inciso IV (IPI):
    I – será seletivo, em função da essencialidade do produto;
    (...)
    Art. 155, § 2º O imposto previsto no inciso II (ICMS) atenderá ao seguinte:
    (...)
    III – poderá ser seletivo, em função da essencialidade das mercadorias e dos serviços.

- Enquanto a Constituição Federal determina que o IPI **será** seletivo, no caso do ICMS, apenas determina que **poderá ser** seletivo.

3.4.3. Imunidades

Para que possamos estudar as imunidades, precisamos conceituar o que vem a ser não incidência, isenção, incidência e imunidade:

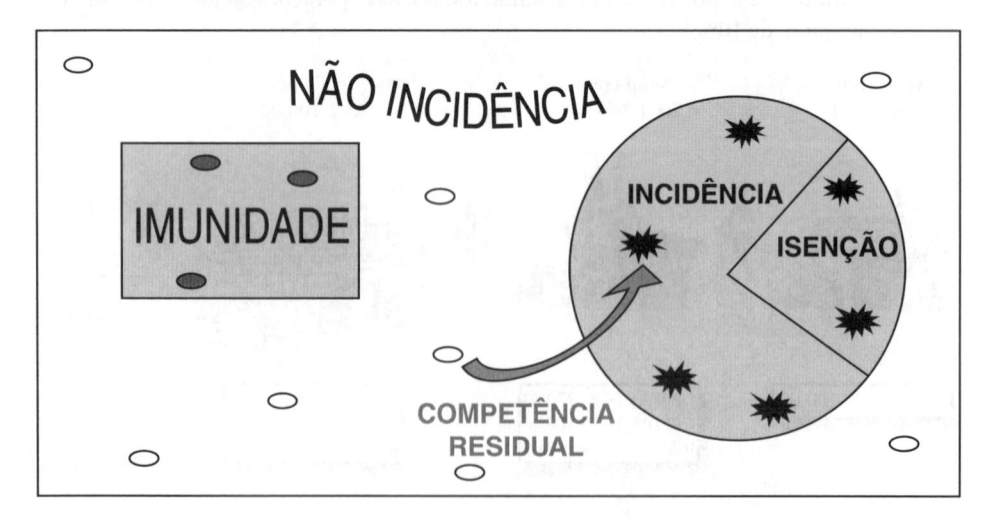

○ Fatos jurídicos que não criam obrigação de pagar tributos; portanto, do campo da não incidência, mas que podem ser transformados em fatos geradores pela competência residual ou extraordinária.

✳ Fatos jurídicos que criam obrigação de pagar tributos, chamados fatos geradores, presentes na incidência e na isenção.

● Fatos jurídicos que a Constituição Federal proíbe que o legislador transforme em fatos geradores; portanto, do campo da imunidade.

	Ocorre fato gerador?	Cobra-se o tributo?	Pode ser transformada em incidência?
Não Incidência	Não	Não	Sim
Imunidade	Não	Não	Não
Isenção	Sim	Não	Já é incidência

Portanto, podemos conceituar:

Incidência – é a realização do fato gerador previsto em lei; área de ocorrência do fato imponível previsto na hipótese legal para se exigir o tributo;

Não incidência – ao contrário, é a área fora dos limites do campo de incidência previstos na hipótese legal. Ali não há fato imponível; logo, não há obrigação tributária. Não se confunde com isenção nem com imunidade;

Isenção – situa-se no campo da incidência, mas ali, contudo, o contribuinte encontra-se *legalmente* dispensado do recolhimento do tributo. Quer dizer, o fato em si é tributável, mas a *lei*, e somente a lei, dispensa o pagamento do tributo que seria devido, excluindo-o do campo de incidência. Desta forma, o fato gerador ocorre normalmente e a lei dispensa o pagamento do tributo;

Imunidade – é a não incidência determinada pela Constituição Federal dirigida tanto ao sujeito como ao objeto. Na imunidade constitucional, a incidência nem deve ser cogitada pelo legislador; portanto, sequer ser expressa em lei, não ocorrendo por conseguinte o fato gerador.

As imunidades são vedações constitucionais absolutas. Qualquer pretensão em fazer incidir tributo sobre *pessoas* ou *bens* neste campo é nula de pleno direito. A maioria das imunidades constitucionais refere-se exclusivamente aos impostos, existindo, porém, aquelas relativas às taxas e contribuições, como as previstas nos arts. 5º, XXXIV, *a*, *b*, e 195, § 7º, da CF, além do art. 85 dos Atos das Disposições Transitórias da Constituição Federal.

Referem-se a certas pessoas imunes (imunidade subjetiva) ou coisas imunes (imunidade objetiva).

Antes de estudarmos a última limitação à competência tributária que são as imunidades do art. 150, VI, da Constituição Federal, é bom que seja dada uma atenção às demais imunidades específicas para alguns tributos, previstas na nossa Carta Magna:

CF	TRIBUTO
Art. 5º, XXXIV, *a*, *b*	Taxas
Art. 149, § 2º, I	Contribuições sociais e CIDE
Art. 153, § 3º, III	IPI
Art. 153, § 4º	ITR
Art. 153, § 5º	Vários impostos
Art. 155, § 2º, X, *a*, *b*, *c*, *d*	ICMS
Art. 155, § 3º	Vários impostos
Art. 156, § 2º, I	ITBI
Art. 184, § 5º	Imposto sobre transmissão
Art. 195, II, c/c art. 201	Contribuições sociais
Art. 195, § 7º	Contribuições sociais

A seguir, repetimos os artigos citados no quadro anterior, todos da Constituição Federal, já que se trata de imunidades, lembrando que o simples fato de estar no texto constitucional faz com que se trate de imunidade, não interessando a denominação dada pelo constituinte que, muitas vezes, chama esse fenômeno jurídico de isenção ou não incidência:

> **Art. 5º, XXXIV** – são a todos assegurados, independentemente do pagamento de taxas:
>
> a) o direito de petição aos Poderes Públicos em defesa de direito ou contra ilegalidade ou abuso de poder;
>
> b) a obtenção de certidões em repartições públicas, para defesa de direitos e esclarecimento de situações de interesse pessoal;
>
> (...)
>
> **Art. 149.** Compete exclusivamente à União instituir contribuições sociais, de intervenção no domínio econômico e de interesse de categorias profissionais ou econômicas, como instrumento de sua atuação nas respectivas áreas, observado o disposto nos arts. 146, III, e 150, I e III, e sem prejuízo no disposto no art. 195, § 6º, relativamente às contribuições a que alude o dispositivo.
>
> (...)
>
> § 2º. As contribuições sociais e de intervenção no domínio econômico de que trata o *caput* deste artigo:
>
> I – não incidirão sobre as receitas decorrentes de exportação;
>
> (...)
>
> **Art. 153, § 3º** O imposto previsto no inciso IV (IPI):
>
> (...)
>
> III – não incidirá sobre produtos industrializados destinados ao exterior.

Art. 153, § 4º O imposto previsto no inciso VI do *caput* (ITR):

(...)

II – não incidirá sobre pequenas glebas rurais, definidas em lei, quando as explore o proprietário que não possua outro imóvel;

(...)

Art. 153, § 5º O ouro, quando definido em lei como ativo financeiro ou instrumento cambial, sujeita-se exclusivamente à incidência do imposto de que trata o inciso V do *caput* deste artigo, devido na operação de origem; a alíquota mínima será de um por cento, assegurada a transferência do montante da arrecadação nos seguintes termos:

I – trinta por cento para o Estado, o Distrito Federal ou o Território, conforme a origem;

II – setenta por cento para o Município de origem.

(...)

Art. 155, § 2º O imposto previsto no inciso II atenderá ao seguinte:

(...)

X – não incidirá:

a) sobre operações que destinem mercadorias para o exterior, nem sobre serviços prestados a destinatários no exterior, assegurada a manutenção e o aproveitamento do montante do imposto cobrado nas operações e prestações anteriores;

b) sobre operações que destinem a outros Estados petróleo, inclusive lubrificantes, combustíveis líquidos e gasosos dele derivados, e energia elétrica; (Vide Obs.)

c) sobre o ouro, nas hipóteses definidas no art. 153, § 5º;

d) nas prestações de serviço de comunicação nas modalidades de radiodifusão sonora e de sons e imagens de recepção livre e gratuita;

(...)

Art. 155, § 3º À exceção dos impostos de que tratam o inciso II do *caput* deste artigo (ICMS) e o art. 153, I (II) e II (IE), nenhum outro imposto poderá incidir sobre operações relativas a energia elétrica, serviços de telecomunicações, derivados de petróleo, combustíveis e minerais do País.

(...)

Art. 156, § 2º O imposto previsto no inciso II (ITBI):

I – não incide sobre a transmissão de bens ou direitos incorporados ao patrimônio de pessoa jurídica em realização de capital, nem sobre a transmissão de bens ou direitos decorrente de fusão, incorporação, cisão ou extinção de pessoa jurídica, salvo se, nesses casos, a atividade preponderante do adquirente for a compra e venda desses bens ou direitos, locação de bens imóveis ou arrendamento mercantil;

(...)

Art. 184, § 5º São isentas de impostos federais, estaduais e municipais as operações de transferência de imóveis desapropriados para fins de reforma agrária.

(...)

Art. 195. A seguridade social será financiada por toda a sociedade, de forma direta e indireta, nos termos da lei, mediante recursos provenientes dos orçamentos da União, dos Estados, do Distrito Federal e dos Municípios, e das seguintes contribuições sociais:

(...)

II – do trabalhador e dos demais segurados da previdência social, não incidindo contribuição sobre aposentadoria e pensão concedidas pelo regime geral de previdência social de que trata o art. 201.

(...)

§ 7º São isentas de contribuição para a seguridade social as entidades beneficentes de assistência social que atendam às exigências estabelecidas em lei.

(...)

Art. 201. A previdência social será organizada sob a forma de regime geral, de caráter contributivo e de filiação obrigatória, observados critérios que preservem o equilíbrio financeiro e atuarial, e atenderá, nos termos da lei, a:

I – cobertura dos eventos de doença, invalidez, morte e idade avançada;

II – proteção à maternidade, especialmente à gestante;

III – proteção ao trabalhador em situação de desemprego involuntário;

IV – salário-família e auxílio-reclusão para os dependentes dos segurados de baixa renda;

V – pensão por morte do segurado, homem ou mulher, ao cônjuge ou companheiro e dependentes, observado o disposto no § 2º.

Obs.: Com relação à imunidade do ICMS para as operações interestaduais com petróleo, inclusive lubrificantes, combustíveis líquidos e gasosos dele derivados, e energia elétrica, temos de atentar para a exceção prevista no art. 155, § 2º, XII, *h*, da CF:

Art. 155, § 2º O imposto previsto no inciso II (ICMS) atenderá ao seguinte:

(...)

XII – cabe à lei complementar:

(...)

h) definir os combustíveis e lubrificantes sobre os quais o imposto incidirá uma única vez, qualquer que seja a sua finalidade, hipótese em que não se aplicará o disposto no inciso X, *b*.

Vamos, agora, nos ater às imunidades previstas nos art. 150, VI, da Constituição Federal, que podem ser subjetivas, caso se refiram ao sujeito passivo, ou objetivas, caso façam referência ao objeto, e não ao sujeito passivo que o produz ou comercializa.

- **Imunidade Fiscal Recíproca (é subjetiva)**

    Art. 150 da CF. Sem prejuízo de outras garantias asseguradas ao contribuinte, é vedado à União, aos Estados, ao Distrito Federal e aos Municípios:

    (...)

    VI – instituir impostos sobre:

a) patrimônio, renda ou serviços uns dos outros.

(...)

§ 2º A vedação do inciso VI, *a*, é extensiva às autarquias e às fundações instituídas e mantidas pelo Poder Público, no que se refere ao patrimônio, à renda e aos serviços, vinculados a suas finalidades essenciais ou às delas decorrentes.

§ 3º As vedações do inciso VI, *a*, e do parágrafo anterior não se aplicam ao patrimônio, à renda e aos serviços, relacionados com exploração de atividades econômicas regidas pelas normas aplicáveis a empreendimentos privados, ou em que haja contraprestação ou pagamento de preços ou tarifas pelo usuário, nem exonera o promitente comprador da obrigação de pagar imposto relativamente ao bem imóvel.

Este dispositivo veda a instituição de impostos sobre patrimônio, renda ou serviços uns dos outros, isto é, proibição de cobrar impostos entre si, ou seja, entre a União, os Estados, Distrito Federal e Municípios.

Importante chamar a atenção para o fato de que esta imunidade é somente para impostos sobre patrimônio, renda ou serviços, não se aplicando, portanto, a outros impostos, taxas ou contribuições de melhoria.

JURISPRUDÊNCIA

Vale lembrar que a jurisprudência do STF considera que a classificação adotada pelo CTN para impostos, não pode ser levada em consideração para efeitos desta imunidade. Portanto, embora o citado diploma legal classifique o IOF, IPI e outros como impostos sobre produção e circulação e o II como imposto sobre comércio exterior, a imunidade é mantida na medida em que os referidos impostos afetam o patrimônio do ente público, conforme transcrições a seguir:

Não há invocar, para o fim de ser restringida a aplicação da imunidade, critérios de classificação dos impostos adotados por normas infraconstitucionais, mesmo porque não é adequado distinguir entre bens e patrimônio, dado que este se constitui do conjunto daqueles. O que cumpre perquirir, portanto, é se o bem adquirido, no mercado interno ou externo, integra o patrimônio da entidade abrangida pela imunidade. **(AI nº 481.86-AgR, Rel. Min. Carlos Velloso, j. 13/12/2005, *DJ* 24/02/2006)**

A norma da alínea *a* do inciso VI do art. 150 da Constituição Federal obstaculiza a incidência recíproca de impostos, considerada a União, os Estados, o Distrito Federal e os Municípios. Descabe introduzir no preceito, à mercê de interpretação, exceção não contemplada, distinguindo os ganhos resultantes de operações financeiras. **(AI nº 172.890-AgR, Rel. Min. Marco Aurélio, j. 05/03/1996, *DJ* 19/04/1996)**

A imunidade prevista no art. 150, VI, *c*, da Constituição Federal, em favor das instituições de assistência social, abrange o Imposto de Importação e o Imposto sobre Produtos Industrializados, que incidem sobre bens a serem utilizados na prestação de seus serviços específicos. **(RE nº 243.807, Rel. Min. Ilmar Galvão, j. 15/02/2000, *DJ* 28/04/2000)**

Conforme determina o parágrafo 2º do dispositivo ora estudado, a imunidade fiscal recíproca estende-se às autarquias e fundações instituídas e mantidas pelo Poder Público, no que se refere ao patrimônio, à renda e aos serviços, vinculados às suas **finalidades essenciais ou às delas decorrentes**.

Esta extensão às autarquias e fundações pode ser representada da seguinte forma:

IMÓVEIS PERTENCENTES AO ESTADO

Não incide IPTU — Imóvel onde funciona a administração estadual

Não incide IPTU — Imóvel cedido para moradia do governador

IMÓVEIS PERTENCENTES A UMA AUTARQUIA

Não incide IPTU — Imóvel para administração de uma autarquia

Não incide IPTU — Imóvel para um gerador próprio da autarquia

Incide IPTU — Imóvel cedido para moradia do diretor da autarquia

Do exemplo dado, podemos tirar as seguintes conclusões:

- os dois imóveis nos quais funcionam as administrações do Estado e da autarquia são utilizados para as suas finalidades essenciais e, por isso, são imunes ao IPTU;
- embora não seja finalidade essencial do Estado ceder moradia para o Governador, este fato não é relevante para efeito de considerá-lo imune;
- embora não seja finalidade essencial desta autarquia gerar energia, na falta de luz, é necessário o gerador próprio, tornando-se uma atividade decorrente da essencial, o que garante a imunidade;
- por não ser finalidade essencial da autarquia ceder moradia para o seu diretor, o imóvel em questão deixa de ser imune.

Existem, no entanto, três situações nas quais União, Estados, Distrito Federal, Municípios, suas autarquias e fundações perdem a imunidade fiscal recíproca, conforme o disposto no § 3º do art. 150 da CF, por estarem se equiparando à iniciativa privada:

- quando União, Estados, Distrito Federal, Municípios, suas autarquias e fundações estiverem praticando atividades econômicas regidas pelas normas aplicáveis a empreendimentos privados;
- quando União, Estados, Distrito Federal, Municípios, suas autarquias e fundações cobrarem contraprestação ou pagamento de preços ou tarifas do usuário do serviço prestado;
- quando União, Estados, Distrito Federal, Municípios, suas autarquias e fundações celebrarem com terceiro, relativamente a imóveis de suas propriedades, contrato de promessa de compra e venda. Neste caso, o bem perde a imunidade e o promitente comprador tem que pagar os tributos incidentes sobre o mesmo.

JURISPRUDÊNCIA

Corroborando com o texto do art. 150, § 3º, *in fine* da Constituição Federal, o STF publicou a Súmula nº 583, com o seguinte verbete:

Súmula nº 583 do STF

"Promitente comprador de imóvel residencial transcrito em nome de autarquia é contribuinte do imposto predial territorial urbano."

No que diz respeito à imunidade fiscal recíproca, é importante que se comente a posição atual do STF, no sentido de considerar que empresas públicas e sociedades de economia mista, quando inegavelmente se transformam em um "*manus* público-estatal" para cumprimento de mais uma atividade-obrigação do Estado, qual seja, por exemplo, o saneamento básico, prestação de serviço postal ou serviços de infraestrutura aeroportuária, gozam de imunidade fiscal recíproca. Acerca do tema, cito a seguir trechos de decisões do referido tribunal, pela riqueza de doutrina e jurisprudência.

"É aplicável a imunidade tributária recíproca às autarquias e empresas públicas que prestem inequívoco serviço público, desde que, entre outros requisitos constitucionais e legais, não distribuam lucros ou resultados direta ou indiretamente a particulares, ou tenham por objetivo principal conceder acréscimo patrimonial ao poder público (ausência de capacidade contributiva) e não desempenhem atividade econômica, de modo a conferir vantagem não extensível às empresas privadas (livre iniciativa e concorrência). O Serviço Autônomo de Água e Esgoto é imune à tributação por impostos (art. 150, VI, a, e § 2º e § 3º da Constituição). A cobrança de tarifas, isoladamente considerada, não altera a conclusão." **(RE 399.307 – AgR, 2ª Turma, Rel. Min. Joaquim Barbosa, j. 16/03/2010, *DJE* 30/04/2010)**

"Incra. Imunidade tributária. Exploração de unidade agroindustrial. Ausência de configuração de atividade econômica capaz de impor o regime tributário próprio das empresas privadas. A atividade exercida pelo Incra, autarquia federal, não se enquadra entre aquelas sujeitas ao regime tributário próprio das empresas privadas, considerando que a eventual exploração de unidade agroindustrial, desapropriada, em área de conflito social, está no âmbito de sua destinação social em setor relevante para a vida nacional. A imunidade tributária só deixa de operar quando a natureza jurídica da entidade estatal é de exploração de atividade econômica." **(RE 242.827, 1ª Turma, Rel. Min. Menezes Direito, j. 02/09/2008, *DJE* 24/10/2008. No mesmo sentido: RE 248.824-AgR, 1ª Turma, Rel. Min. Cármen Lúcia, j. 13-10-2009, *DJE* 13-11-2009)**

TRANSCRIÇÕES

"A Companhia de Águas e Esgotos de Rondônia – CAERD – propõe ação cautelar com pedido de concessão de efeito suspensivo a recurso extraordinário não admitido pelo Tribunal de Justiça do Estado de Rondônia (...) A matéria discutida no recurso extraordinário – interposto pela alínea 'a' do art. 102, III, CF/1988 (violação aos arts. 150, VI, 'a', e 156, I, CF/1988) – diz respeito à imunidade recíproca incidente sobre o fato gerador do Imposto sobre Propriedade Predial e Territorial Urbana – IPTU – em razão da prestação de serviço público essencial pela CAERD. A requerente ressalta que este Supremo Tribunal Federal possui jurisprudência assentada no sentido de que empresas públicas e sociedades de economia mista que prestam serviço público estão abrangidas pela imunidade tributária prevista no art. 150, VI, 'a', da Constituição (RE n. 407.099/RS, Rel. Min. Carlos Velloso, DJ 6.8.2004). Aduz, ainda, que não pode haver incidência do IPTU devido ao fato de que a CAERD não é proprietária dos bens que ocupa e administra, possuindo apenas cessão de uso, concedida pelo Estado de Rondônia." **(AC n. 1.566 MC/MG)**

"CONSTITUCIONAL. TRIBUTÁRIO. EMPRESA BRASILEIRA DE CORREIOS E TELÉGRAFOS: IMUNIDADE TRIBUTÁRIA RECÍPROCA: C.F., art. 150, VI, 'a'. EMPRESA PÚBLICA QUE EXERCE ATIVIDADE ECONÔMICA E EMPRESA PÚBLICA PRESTADORA DE SERVIÇO PÚBLICO: DISTINÇÃO. I. – As empresas públicas prestadoras de serviço público distinguem-se das que exercem atividade econômica. A Empresa Brasileira de Correios e Telégrafos é prestadora de serviço público de prestação obrigatória e exclusiva do Estado, motivo por que está abrangida pela imunidade tributária recíproca: C.F., art. 150, VI, 'a'. II. – R.E. conhecido em parte e, nessa parte, provido."

Nesse julgamento, estabeleceu-se a distinção entre (a) empresa pública como instrumento de participação do Estado na economia e (b) empresa pública prestadora de serviço público, para afirmar que estas últimas estão abrangidas pela imunidade tributária prevista no art. 150, VI, 'a', da Constituição:

Assim, às empresas públicas prestadoras de serviços públicos se aplicaria o § 2º e não o § 3º do art. 150. Sobre o tema, assim pronunciou-se o Ministro Carlos Velloso, relator do recurso:

"(...) Visualizada a questão do modo acima – fazendo-se a distinção entre empresa pública como instrumento da participação do Estado na economia e empresa pública prestadora de serviço público – não tenho dúvida em afirmar que a ECT está abrangida pela imunidade recíproca (CF, art. 150, VI, *a*), ainda mais se considerarmos que presta ela serviço público de prestação obrigatória e exclusiva do Estado, que é o serviço postal, CF, art. 21, X (Celso Antônio Bandeira de Mello, ob. cit., pág. 636). Dir-se-á que a Constituição Federal, no § 3º do art. 150, estabelecendo que a imunidade do art. 150, VI, a, não se aplica: a) ao patrimônio, à renda e aos serviços relacionados com a exploração de atividades econômicas regidas pelas normas aplicáveis a empreendimentos privados; b) ou em que haja contraprestação ou pagamento de preços ou tarifas pelo usuário; c) nem exonera o promitente comprador da obrigação de pagar imposto relativamente ao bem imóvel, à ECT não se aplicaria a imunidade mencionada, por isso que cobra ela preço ou tarifa do usuário. A questão não pode ser entendida dessa forma. É que o § 3º do art. 150 tem como destinatário entidade estatal que explore atividade econômica regida pelas normas aplicáveis a empreendimentos privados, ou em que haja contraprestação ou pagamento de preços ou tarifas pelo usuário. No caso, tem aplicação a hipótese inscrita no § 2º do mesmo art. 150. A professora Raquel Discacciati Bello, da UFMG, em interessante trabalho de doutrina – 'Imunidade Tributária das Empresas Prestadoras de Serviços Públicos', in Rev de Inf. Legislativa, 132/183 – registra que 'pode-se afirmar, a título de conclusão, que às empresas estatais prestadoras de serviços públicos não se aplica a vedação do art. 150, § 3º, mas, sim, a imunidade recíproca, conforme interpretação sistemática do inciso I, letra a, do mesmo artigo. (...) Inegavelmente se trata de um *manus* público-estatal para cumprimento de mais uma atividade-obrigação do Estado, qual seja, o saneamento básico." **(AC nº 1.566 MC/MG)**

"A Empresa Brasileira de Infraestrutura Aeroportuária – INFRAERO – está abrangida pela imunidade tributária recíproca, prevista no art. 150, VI, *a*, da CF (...), haja vista tratar-se de empresa pública federal que tem por atividade-fim prestar serviços de infraestrutura aeroportuária, mediante outorga da União, a quem constitucionalmente deferido, em regime de monopólio, tal encargo (CF, art. 21, XII, *c*). Com base nesse entendimento, a Turma manteve decisão monocrática do Min. Celso de Mello que negara provimento a recurso extraordinário, do qual relator, em que o Município de Salvador pleiteava a incidência do ISS sobre a atividade desempenhada pela ora agravada. Precedentes citados: RE n. 265.749 (DJ de 2-2-2007); RE n. 357.291 (DJ de 2-6-2006); RE n. 407.099 (DJ de 6-8-2004)." **(RE nº 363.412 – AgR, Rel. Min. Celso de Mello, j. 07/08/2007, Informativo 475)**

- **Imunidade Concedida a Templos de Qualquer Culto (é subjetiva)**

    Art. 150 da CF. Sem prejuízo de outras garantias asseguradas ao contribuinte, é vedado à União, aos Estados, ao Distrito Federal e aos Municípios:
    (...)
    VI – instituir impostos sobre:
    (...)
    b) templos de qualquer culto;

(...)

§ 4º. As vedações expressas no inciso VI, alíneas *b* e *c*, compreendem somente o patrimônio, a renda e os serviços, relacionados com as finalidades essenciais das entidades nelas mencionadas.

A imunidade atinge qualquer espécie de culto religioso, proibindo a cobrança de imposto sobre patrimônio, renda ou serviços, por parte do Poder Público, sobre patrimônio, renda ou serviço do templo em si, do prédio ou terreno onde se pratica o culto, não se estendendo às residências dos padres, rabinos, pastores e outras atividades não consideradas **finalidades essenciais**.

- **Imunidades Condicionais (são subjetivas)**

    Art. 150 da CF. Sem prejuízo de outras garantias asseguradas ao contribuinte, é vedado à União, aos Estados, ao Distrito Federal e aos Municípios:

    (...)

    VI – instituir impostos sobre:

    (...)

    c) patrimônio, renda ou serviços dos partidos políticos, inclusive suas fundações, das entidades sindicais dos trabalhadores, das instituições de educação e de assistência social, sem fins lucrativos, atendidos os requisitos da lei;

    (...)

    § 4º. As vedações expressas no inciso VI, alíneas *b* e *c*, compreendem somente o patrimônio, a renda e os serviços, relacionados com as finalidades essenciais das entidades nelas mencionadas.

Referem-se à vedação de cobrança de impostos sobre patrimônio, renda ou serviços relacionados às finalidades essenciais dos **partidos políticos**, inclusive suas fundações, das **entidades sindicais dos trabalhadores**, das **instituições de educação** e as de **assistência social**, sem fins lucrativos, condicionadas aos requisitos da lei.

Recentemente, a Lei Complementar nº 104, de 10 de janeiro de 2001, alterou a alínea *c* do inciso IV do art. 9º do Código Tributário Nacional, adaptando-a ao texto constitucional, vez que o referido código citava apenas o patrimônio, a renda ou serviços de partidos políticos e de instituições de educação ou de assistência social, seguindo a redação da Constituição de 1967.

Algumas considerações se fazem necessárias com relação a esta última imunidade:

- é também uma imunidade subjetiva por não ser referente a um objeto, e sim às pessoas jurídicas citadas;
- as entidades sindicais imunes são aquelas dos trabalhadores, e não as patronais, como os sindicatos dos banqueiros, dos donos de estabelecimentos de ensinos e outros relativos aos patrões;
- as instituições de educação e assistência social não podem ter fins lucrativos e têm que obedecer aos requisitos previstos em lei. Tais requisitos (condições) estão enumerados no art. 14 do CTN, com redação dada pela Lei Complementar nº 104, de 10 de janeiro de 2001, consistindo em:
    a) não distribuírem qualquer parcela de seu patrimônio ou de suas rendas, a qualquer título;

b) aplicarem seus recursos integralmente no País, na manutenção de seus objetivos institucionais;
c) manterem a escrituração de suas receitas e despesas em livros contábeis e fiscais;

- Estabelece ainda o CTN, no § 1º de seu art. 14 que, na falta de cumprimento das exigências, a autoridade competente pode suspender a aplicação do benefício;
- Ainda no que diz respeito ao gozo das imunidades, a Lei 9.532 de 1997, estabelece outras exigências:

Lei 9.532, de 10 de dezembro de 1997
Art. 12. Para efeito do disposto no art. 150, inciso VI, alínea *c*, da Constituição, considera-se imune a instituição de educação ou de assistência social que preste os serviços para os quais houver sido instituída e os coloque à disposição da população em geral, em caráter complementar às atividades do Estado, sem fins lucrativos.

§ 1º Não estão abrangidos pela imunidade os rendimentos e ganhos de capital auferidos em aplicações financeiras de renda fixa ou de renda variável.

§ 2º Para o gozo da imunidade, as instituições a que se refere este artigo, estão obrigadas a atender aos seguintes requisitos:

a) não remunerar, por qualquer forma, seus dirigentes pelos serviços prestados, exceto no caso de associações, fundações ou organizações da sociedade civil, sem fins lucrativos, cujos dirigentes poderão ser remunerados, desde que atuem efetivamente na gestão executiva e desde que cumpridos os requisitos previstos nos arts. 3º e 16 da Lei nº 9.790, de 23 de março de 1999, respeitados como limites máximos os valores praticados pelo mercado na região correspondente à sua área de atuação, devendo seu valor ser fixado pelo órgão de deliberação superior da entidade, registrado em ata, com comunicação ao Ministério Público, no caso das fundações;

b) aplicar integralmente seus recursos na manutenção e desenvolvimento dos seus objetivos sociais;

c) manter escrituração completa de suas receitas e despesas em livros revestidos das formalidades que assegurem a respectiva exatidão;

d) conservar em boa ordem, pelo prazo de cinco anos, contado da data da emissão, os documentos que comprovem a origem de suas receitas e a efetivação de suas despesas, bem assim a realização de quaisquer outros atos ou operações que venham a modificar sua situação patrimonial;

e) apresentar, anualmente, Declaração de Rendimentos, em conformidade com o disposto em ato da Secretaria da Receita Federal;

f) recolher os tributos retidos sobre os rendimentos por elas pagos ou creditados e a contribuição para a seguridade social relativa aos empregados, bem assim cumprir as obrigações acessórias daí decorrentes;

g) assegurar a destinação de seu patrimônio a outra instituição que atenda às condições para gozo da imunidade, no caso de incorporação, fusão, cisão ou de encerramento de suas atividades, ou a órgão público;

h) outros requisitos, estabelecidos em lei específica, relacionados com o funcionamento das entidades a que se refere este artigo.

- é importante observar que, enquanto no caso das autarquias e fundações públicas a extensão da imunidade é para as suas finalidades **essenciais ou as delas decor-**

rentes, no caso dos templos de qualquer culto e da última imunidade citada, a extensão é somente para as finalidades **essenciais** das entidades citadas;
- portanto, baseado nesta última afirmação, podemos aproveitar o exemplo dado no caso das autarquias e fundações instituídas e mantidas pelo Poder Público e adaptá-lo para a imunidade em questão:

Imóveis pertencentes a um templo de qualquer culto, a um partido político, inclusive suas fundações, a uma entidade sindical dos trabalhadores ou a uma instituição de educação e de assistência social, sem fins lucrativos

Não incide IPTU	Incide IPTU	Incide IPTU
Imóvel onde funciona a administração de uma das entidades, utilizado, portanto, para as finalidades essenciais das mesmas.	Imóvel onde funciona um gerador próprio de uma das entidades, utilizado, portanto, para finalidade decorrente da essencial.	Imóvel cedido para moradia do diretor de uma das entidades, utilizado, portanto, para finalidade não considerada essencial.

JURISPRUDÊNCIA
COMENTÁRIO 01

Embora o texto constitucional faça estas limitações ao gozo da imunidade, o Supremo Tribunal Federal tem um posicionamento mais flexível com relação à matéria, conforme se observa no Informativo STF n. 68:

"Entendendo que a imunidade tributária conferida a instituições de assistência social sem fins lucrativos (CF, art. 150, VI, *c*) abrange inclusive os serviços que não se enquadrem em suas atividades específicas, a Turma reformou decisão do Tribunal de Justiça do Estado de São Paulo que sujeitara à incidência do ISS o serviço de estacionamento de veículos prestado por hospital em seu pátio interno. Considerou-se irrelevante o argumento acolhido pelo acórdão recorrido de que não se estaria diante de atividade típica de um hospital." **(Precedente citado: RE n° 116.188-SP [RTJ n° 131/1295]. RE n° 144.900-SP, Rel. Min. Ilmar Galvão, 22/04/1997)**

Seguindo o mesmo entendimento com relação aos templos de qualquer culto, segue decisão inserida no Informativo n. 295 do STF:

TÍTULO
Imunidade Tributária de Templos
PROCESSO RE – 325822

"A imunidade tributária concedida aos templos de qualquer culto prevista no art. 150, VI, b e § 4°, da CF, abrange o patrimônio, a renda e os serviços relacionados com as finalidades essenciais das instituições religiosas (CF, art. 150: "Sem prejuízo de outras garantias asseguradas ao contribuinte, é vedado à União, aos Estados, ao Distrito Federal e aos Municípios: ... VI – instituir impostos sobre: ... b) templos de qualquer culto. ... § 4º As vedações expressas no incisos VI, alíneas b e c, compreendem somente o patrimônio, a renda e os serviços, relacionados com as finalidades essenciais das entidades nelas mencionadas"). Com esse entendimento, o Tribunal, por maioria, conheceu de recurso extraordinário e o proveu para, assentando a imunidade, reformar acórdão do Tribunal de Justiça do Estado de São Paulo que, à exceção dos templos em que são realizadas as celebrações religiosas e das dependências que servem diretamente a estes fins, entendera legítima a cobrança de IPTU relativamente a lotes vagos e prédios comerciais de entidade religiosa. Vencidos os Ministros Ilmar Galvão, relator, Ellen Gracie, Carlos Velloso e Sepúlveda Pertence, que, numa interpretação sistemática da CF à vista de seu art. 19, que veda ao Estado a subvenção a cultos religiosos ou igrejas, mantinham o acórdão recorrido que restringia a imunidade tributária das instituições religiosas, por conciliar o valor constitucional que se busca proteger, que é a liberdade de culto, com o princípio da neutralidade confessional do Estado laico." **(RE 325.822-SP, rel. orig. Min. Ilmar Galvão, red. p/ o acórdão Min. Gilmar Mendes, 18/12/2002)**

COMENTÁRIO 02

No caso das entidades fechadas de previdência social privada, o STF mantém a Súmula nº 730 que regula a matéria:

Súmula nº 730

"A imunidade tributária conferida a instituições de assistência social sem fins lucrativos pelo art. 150, VI, 'c', da Constituição, somente alcança as entidades fechadas de previdência social privada se não houver contribuição dos beneficiários".

COMENTÁRIO 03

No caso da imunidade dos partidos políticos, inclusive suas fundações, das entidades sindicais dos trabalhadores, das instituições de educação e de assistência social, sem fins lucrativos, o STF publicou a Súmula Vinculante nº 52:

Súmula Vinculante nº 52

"Ainda quando alugado a terceiros, permanece imune ao IPTU o imóvel pertencente a qualquer das entidades referidas pelo art. 150, VI, *c*, da Constituição Federal, desde que o valor dos aluguéis seja aplicado nas atividades para as quais tais entidades foram constituídas."

COMENTÁRIO 04

O STF tem importante posição sobre a tributação dos terrenos de cemitérios que consubstanciam extensões de entidades de cunho religioso, estendendo a eles a imunidade, conforme decisão que segue, em processo movido pela Sociedade da Igreja de São Jorge e Cemitério Britânico: EMENTA: RECURSO EXTRAORDINÁRIO. CONSTITUCIONAL. IMUNIDADE TRIBUTÁRIA. IPTU. ARTIGO 150, VI, "B", CB/1988. CEMITÉRIO. EXTENSÃO DE ENTIDADE DE CUNHO RELIGIOSO. 1. Os cemitérios que consubstanciam extensões de entidades de cunho religioso estão abrangidos pela garantia contemplada no artigo 150 da Constituição do Brasil. Impossibilidade da incidência de IPTU em relação a eles. 2. A imunidade aos tributos de que gozam os templos de qualquer culto é projetada a partir da interpretação da totalidade que o texto da Constituição é, sobretudo do disposto nos artigos 5º, VI, 19, I, e 150, VI, "b". 3. As áreas da incidência e da imunidade tributária são antípodas. Recurso extraordinário provido **(RE 578.562/BA Recurso Extraordinário, Tribunal Pleno Rel. Min. Eros Grau, j. 21/05/2008, publ. 12/09/2008)**

COMENTÁRIO 05

Mais restritiva, no entanto, é a posição do STJ – Superior Tribunal de Justiça, no tocante a serviços gráficos, conforme segue:

EMENTA

"A gráfica que, mantida por instituição de assistência social, presta serviços a terceiros, está sujeita ao pagamento do Imposto Sobre Serviços – ainda mais quando a própria instituição de assistência social paga pelos serviços que a gráfica lhe presta. Agravo regimental improvido." **(AGA nº 163.383/GO; Agravo Regimental no Agravo de Instrumento nº 1997/0072.902-8, Rel. Min. Ari Pargendler)**

Fazendo uma combinação dos art. 195, § 7º, art. 150, § 2º, e art. 150, VI, c, todos da Constituição Federal, podemos tirar as seguintes conclusões:

	Poderão ser cobrados			
	Impostos sobre patrimônio, renda ou serviços	Contribuições para a seguridade social	Taxas e contribuições de melhoria	Base legal
Empresas públicas e sociedades de economia mista	Sim	Sim	Sim	Art. 150, § 2º, da CF
Autarquias e fundações públicas	Não	Sim	Sim	Art. 150, § 2º, da CF
Entidades beneficentes de assistência social	Não	Não	Sim	Art. 150, VI, c, da CF e art. 195, § 7º, da CF

- **Imunidades Objetivas**

Consideram-se imunidades objetivas já que dizem respeito somente ao objeto e não às empresas que os produzem. São as imunidades previstas no art. 150, VI, "d" e "e", da CF:

> **Art. 150 da CF.** Sem prejuízo de outras garantias asseguradas ao contribuinte, é vedado à União, aos Estados, ao Distrito Federal e aos Municípios:
> (...)
> VI – instituir impostos sobre:
> (...)
> d) livros, jornais, periódicos e o papel destinado a sua impressão.
>
> e) fonogramas e videofonogramas musicais produzidos no Brasil contendo obras musicais ou literomusicais de autores brasileiros e/ou obras em geral interpretadas por artistas brasileiros bem como os suportes materiais ou arquivos digitais que os contenham, salvo na etapa de replicação industrial de mídias ópticas de leitura a laser.

Dessa forma, enquanto a circulação destes produtos é imune relativamente ao ICMS e ao IPI, o lucro obtido na sua venda pela empresa que os produz é tributado normalmente pelo IR, pois a pessoa jurídica não é imune.

JURISPRUDÊNCIA

O STF firmou importantes jurisprudências com relação a esta imunidade conforme segue:

Súmula STF nº 657

A imunidade prevista no art. 150, VI, *d*, da CF abrange os filmes e papéis fotográficos necessários à publicação de jornais e periódicos.

"Imunidade tributária (CF, art. 150, VI, *d*): filmes destinados à produção de capas de livros. É da jurisprudência do Supremo Tribunal que a imunidade prevista no art. 150, VI, *d*, da Constituição alcança o produto de que se cuida na espécie (Filme Bopp)." **(AI nº 597.746-AgR, Rel. Min. Sepúlveda Pertence, *DJ* 07/12/2006)**

"'Álbum de figurinhas'. Admissibilidade. A imunidade tributária sobre livros, jornais, periódicos e o papel destinado à sua impressão tem por escopo evitar embaraços ao exercício da liberdade de expressão intelectual, artística, científica e de comunicação, bem como facilitar o acesso da população à cultura, à informação e à educação. O Constituinte, ao instituir esta benesse, não fez ressalvas quanto ao valor artístico ou didático, à relevância das informações divulgadas ou à qualidade cultural de uma publicação. Não cabe ao aplicador da norma constitucional em tela afastar este benefício fiscal instituído para proteger direito tão importante ao exercício da democracia, por força de um juízo subjetivo acerca da qualidade cultural ou do valor pedagógico de uma publicação destinada ao público infanto-juvenil." **(RE nº 221.239, Rel. Min. Ellen Gracie, j. 25/05/2004, *DJ* 06/08/2004)**

> "O preceito da alínea *d* do inciso VI do artigo 150 da Carta da República alcança as chamadas apostilas, veículo de transmissão de cultura simplificado." **(RE nº 183.403, Rel. Min. Marco Aurélio, julgamento em 07/11/2000, DJ de 04/05/2001.)**
>
> "Encartes de propaganda distribuídos com jornais e periódicos. ISS. Art. 150, VI, *d*, da Constituição. Veículo publicitário que, em face de sua natureza propagandística, de exclusiva índole comercial, não pode ser considerado como destinado à cultura e à educação, razão pela qual não está abrangido pela imunidade de impostos prevista no dispositivo constitucional sob referência, a qual, ademais, não se estenderia, de qualquer forma, às empresas por eles responsáveis, no que concerne à renda bruta auferida pelo serviço prestado e ao lucro líquido obtido." **(RE nº 213.094, Rel. Min. Ilmar Galvão, j. 03/08/1999, *DJ* 15/10/1999.)**
>
> "O fato de as edições das listas telefônicas veicularem anúncios e publicidade não afasta o benefício constitucional da imunidade. A inserção visa a permitir a divulgação das informações necessárias ao serviço público a custo zero para os assinantes, consubstanciando acessório que segue a sorte do principal. Precedentes: Recurso Extraordinário n. 101.441/RS, Pleno, Relator Ministro Sydney Sanches, RTJ n. 126, página 216 a 257, Recurso Extraordinário n. 118.228/SP, Primeira Turma, Relator Ministro Moreira Alves, *RTJ* n. 131, página 1.328 a 1.335, e Recurso Extraordinário n. 134.071– 1/SP, Primeira Turma, Relator Ministro Ilmar Galvão, Diário da Justiça de 30 de outubro de 1992." **(RE nº 199.183, Rel. Min. Marco Aurélio, j. 17/04/1998, *DJ* 12/06/1998)**
>
> "Imunidade tributária (livros, jornais e periódicos): listas telefônicas. Firmou-se a jurisprudência do STF no sentido de que a imunidade constitucional assegurada à publicação de periódicos impede a cobrança de ISS sobre a edição de listas telefônicas." **(RE nº 114.790, Rel. Min. Sepúlveda Pertence, j. 12/08/1997, *DJ* 03/10/1997.)**
>
> Em relação à abrangência da regra imunizante, o Supremo Tribunal Federal já se manifestou no sentido de que a norma prevista no artigo 150, VI, *d*, da Constituição Federal é ampla, abarcando, inclusive, maquinários e insumos, de maneira a cumprir a finalidade de promoção da cultura:
>
> "A referência, no preceito, a papel é exemplificativa e não exaustiva". **(ARE 930133 AgRg/SP, Rel. Min. Edson Fachin, j. 16/02/2016, publ. 01/03/2016, Precedentes: RE 193.883, RE 202.149 e RE 695.153)**

Para fechar o assunto de limitações à competência tributária, é importante que sejam citados três parágrafos do art. 150 da CF:

> § 5º. A lei determinará medidas para que os consumidores sejam esclarecidos acerca dos impostos que incidam sobre mercadorias e serviços.

A carga tributária no Brasil é tão alta e complexa que o constituinte achou por bem orientar o legislador ordinário no sentido de criar normas para que o contribuinte saiba exatamente quando e o quanto está sendo onerado pelos tributos no seu dia a dia.

Com um grande atraso em relação à promulgação da Constituição Federal, finalmente o Congresso Nacional publicou a norma regulamentadora desta determinação constitucional, a Lei nº 12.741, de 08.12.2012, conforme segue:

Lei nº 12.741, de 08.12.2012

Dispõe sobre as medidas de esclarecimento ao consumidor, de que trata o § 5º do artigo 150 da Constituição Federal; altera o inciso III do art. 6º e o inciso IV do art. 106 da Lei n. 8.078, de 11 de setembro de 1990 – Código de Defesa do Consumidor.

Art. 1º Emitidos por ocasião da venda ao consumidor de mercadorias e serviços, em todo território nacional, deverá constar, dos documentos fiscais ou equivalentes, a informação do valor aproximado correspondente à totalidade dos tributos federais, estaduais e municipais, cuja incidência influi na formação dos respectivos preços de venda.

§ 1º A apuração do valor dos tributos incidentes deverá ser feita em relação a cada mercadoria ou serviço, separadamente, inclusive nas hipóteses de regimes jurídicos tributários diferenciados dos respectivos fabricantes, varejistas e prestadores de serviços, quando couber.

§ 2º A informação de que trata este artigo poderá constar de painel afixado em local visível do estabelecimento, ou por qualquer outro meio eletrônico ou impresso, de forma a demonstrar o valor ou percentual, ambos aproximados, dos tributos incidentes sobre todas as mercadorias ou serviços postos à venda.

§ 3º Na hipótese do § 2º, as informações a serem prestadas serão elaboradas em termos de percentuais sobre o preço a ser pago, quando se tratar de tributo com alíquota *ad valorem*, ou em valores monetários (no caso de alíquota específica); no caso de se utilizar meio eletrônico, este deverá estar disponível ao consumidor no âmbito do estabelecimento comercial.

§ 4º (VETADO).

§ 5º Os tributos que deverão ser computados são os seguintes:

I – Imposto sobre Operações relativas a Circulação de Mercadorias e sobre Prestações de Serviços de Transporte Interestadual e Intermunicipal e de Comunicação (ICMS);

II – Imposto sobre Serviços de Qualquer Natureza (ISS);

III – Imposto sobre Produtos Industrializados (IPI);

IV – Imposto sobre Operações de Crédito, Câmbio e Seguro, ou Relativas a Títulos ou Valores Mobiliários (IOF);

V – (VETADO);

VI – (VETADO);

VII – Contribuição Social para o Programa de Integração Social (PIS) e para o Programa de Formação do Patrimônio do Servidor Público (Pasep) – (PIS/Pasep);

VIII – Contribuição para o Financiamento da Seguridade Social (Cofins);

IX – Contribuição de Intervenção no Domínio Econômico, incidente sobre a importação e a comercialização de petróleo e seus derivados, gás natural e seus derivados, e álcool etílico combustível (Cide).

§ 6º Serão informados ainda os valores referentes ao imposto de importação, PIS/Pasep/Importação e Cofins/Importação, na hipótese de produtos cujos insumos ou componentes sejam oriundos de operações de comércio exterior e representem percentual superior a 20% (vinte por cento) do preço de venda.

§ 7º Na hipótese de incidência do imposto sobre a importação, nos termos do § 6º, bem como da incidência do Imposto sobre Produtos Industrializados – IPI, todos os fornecedores constantes das diversas cadeias produtivas deverão fornecer aos adquirentes, em meio magnético, os valores dos 2 (dois) tributos individualizados por item comercializado.

§ 8º Em relação aos serviços de natureza financeira, quando não seja legalmente prevista a emissão de documento fiscal, as informações de que trata este artigo deverão ser feitas em tabelas afixadas nos respectivos estabelecimentos.

§ 9º (VETADO).

§ 10. A indicação relativa ao IOF (prevista no inciso IV do § 5º) restringe-se aos produtos financeiros sobre os quais incida diretamente aquele tributo.

§ 11. A indicação relativa ao PIS e à Cofins (incisos VII e VIII do § 5º), limitar-se-á à tributação incidente sobre a operação de venda ao consumidor.

§ 12. Sempre que o pagamento de pessoal constituir item de custo direto do serviço ou produto fornecido ao consumidor, deve ser divulgada, ainda, a contribuição previdenciária dos empregados e dos empregadores incidente, alocada ao serviço ou produto.

Art. 2º Os valores aproximados de que trata o art. 1º serão apurados sobre cada operação, e poderão, a critério das empresas vendedoras, ser calculados e fornecidos, semestralmente, por instituição de âmbito nacional reconhecidamente idônea, voltada primordialmente à apuração e análise de dados econômicos.

Art. 3º O inciso III do art. 6º da Lei n. 8.078, de 11 de setembro de 1990, passa a vigorar com a seguinte redação:

"Artigo 6º (...)

(...)

III – a informação adequada e clara sobre os diferentes produtos e serviços, com especificação correta de quantidade, características, composição, qualidade, tributos incidentes e preço, bem como sobre os riscos que apresentem;"

(...) (NR)

Art. 4º (VETADO).

Art. 5º Decorrido o prazo de 12 (doze) meses, contado do início de vigência desta Lei, o descumprimento de suas disposições sujeitará o infrator às sanções previstas no Capítulo VII do Título I da Lei nº 8.078, de 11 de setembro de 1990. (Redação dada pela Lei nº 12.868, de 2013).

Art. 6º Esta Lei entra em vigor 6 (seis) meses após a data de sua publicação.

Já o parágrafo sexto do art. 150 estabelece:

§ 6º. Qualquer subsídio ou isenção, redução de base de cálculo, concessão de crédito presumido, anistia ou remissão, relativos a impostos, taxas ou contribuições, só poderá ser concedido mediante lei específica, federal, estadual ou municipal, que regule exclusivamente as matérias acima enumeradas ou o correspondente tributo ou contribuição, sem prejuízo do disposto no art. 155, § 2º, XII, g.

Esse dispositivo determina que qualquer benefício fiscal terá de ser concedido por lei específica da pessoa jurídica de direito público competente para instituir a respectiva taxa, imposto ou contribuição.

Determina ainda que esta lei terá que tratar exclusivamente do benefício fiscal ou, no máximo, de outro assunto relativo ao mesmo tributo.

Cita ainda como exceção as isenções do ICMS que terão de ser concedidas por deliberação entre os Estados e o Distrito Federal (convênios), conforme o art. 155, § 2º, XII, g, da Constituição Federal.

> § 7º A lei poderá atribuir a sujeito passivo de obrigação tributária a condição de responsável pelo pagamento de imposto ou contribuição, cujo fato gerador deva ocorrer posteriormente, assegurada a imediata e preferencial restituição da quantia paga, caso não se realize o fato gerador presumido.

Esse dispositivo foi introduzido na Constituição Federal por meio da Emenda Constitucional nº 3, de 17/03/1993, para eliminar a dificuldade da cobrança de tributo antes da ocorrência do fato gerador, devido à substituição tributária, conforme representado a seguir:

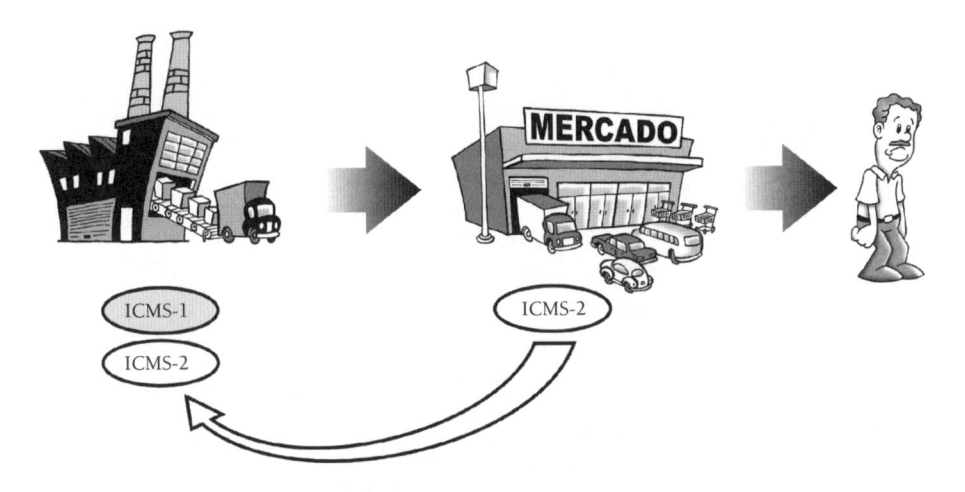

Esse processo de cobrança de imposto a ser estudado por nós mais adiante determina que o imposto devido pelo varejista de diversos produtos será recolhido antecipadamente pelo estabelecimento industrial que vender para o varejista.

Com o § 7º do art. 150 da Constituição Federal, o problema foi totalmente resolvido, constitucionalizando essa cobrança antecipada.

Capítulo 4

Impostos da Competência Privativa

4.1. Discriminação Constitucional de Rendas

Ao atribuir as competências tributárias relativas a impostos à União, aos Estados, ao Distrito Federal e aos Municípios, a Constituição Federal definiu quais os fatos jurídicos que caberiam a cada entidade tributante. A esta atribuição dá-se o nome de "discriminação constitucional de rendas".

A partir de agora, vamos analisar cada um desses impostos, citando os respectivos fatos geradores, bases de cálculo, contribuintes, vedações constitucionais à sua incidência (imunidades) e demais dispositivos constitucionais importantes.

4.1.1. Impostos da União

II
Imposto sobre importação de produtos estrangeiros.
Art. 153, I, da CF e arts. 19 a 22 do CTN.

FATO GERADOR
- Entrada dos produtos no território nacional. É importante chamar a atenção para o fato de que a legislação do imposto equipara a entrada no território nacional ao registro da Declaração de Importação – DI.

BASE DE CÁLCULO
- Quando a alíquota for específica, a unidade de medida adotada pela lei tributária.

- Quando a alíquota for *ad valorem*, o preço normal que o produto, ou seu similar alcançaria, ao tempo da importação, em uma venda em condições de livre concorrência, para entrega no porto ou lugar de entrada do produto no país.
- Quando se tratar de produto apreendido ou abandonado, levado a leilão, o preço da arrematação.
- **Salvo disposição de lei em contrário**, quando o valor tributário estiver expresso em moeda estrangeira, no **lançamento** far-se-á sua conversão em moeda nacional ao câmbio do dia da ocorrência do fato gerador da obrigação (art. 143 do CTN).

CONTRIBUINTE
- O importador ou quem a lei a ele equiparar.
- Arrematante de produtos apreendidos ou abandonados.

IMUNIDADES
- Não incidirá sobre a importação de ouro do exterior, quando definido em lei como ativo financeiro ou instrumento cambial (art. 153, § 5º, da CF).
- Não incidirá sobre importação de livros, jornais, periódicos e o papel destinado à sua impressão (art. 150, VI, *d*, da CF).

OUTROS DISPOSITIVOS CONSTITUCIONAIS
- O Poder Executivo pode, nas condições e nos limites estabelecidos em lei, alterar as alíquotas do imposto, a fim de ajustá-lo aos objetivos da política cambial e do comércio exterior (art. 153, § 1º, da CF).
- Não obedece aos princípios da anterioridade e da noventena (art. 150, § 1º, da CF).

> **IE**
> Imposto sobre exportação, para o exterior, de produtos nacionais ou nacionalizados.
> Art. 153, II, da CF e arts. 23 a 28 do CTN.

FATO GERADOR
- Saída desses produtos do território nacional. Considera-se nacionalizado o produto que tenha sido internado a título definitivo e, portanto, não está sob regime de admissão temporária como estão os veículos de turistas estrangeiros, peças para exposições e outros.

BASE DE CÁLCULO
- Quando a alíquota for específica, a unidade de medida adotada pela lei tributária.
- Quando a alíquota for *ad valorem*, o preço normal que o produto, ou seu similar, alcançaria, ao tempo da exportação, em uma venda em condições de livre concorrência.

- Considera-se a entrega como efetuada no porto ou lugar da saída do produto, deduzidos os tributos diretamente incidentes sobre a operação de exportação e, nas vendas efetuadas a prazo superior aos correntes no mercado internacional, o custo do financiamento.
- A lei pode adotar como base de cálculo a parcela do valor ou do preço, referidos anteriormente, excedente de valor básico, fixado de acordo com os critérios e dentro dos limites por ela estabelecidos.
- **Salvo disposição de lei em contrário**, quando o valor tributário estiver expresso em moeda estrangeira, no **lançamento** far-se-á sua conversão em moeda nacional ao câmbio do dia da ocorrência do fato gerador da obrigação (art. 143 do CTN).

CONTRIBUINTE
- Exportador ou quem a lei a ele equiparar.

IMUNIDADES
- Não incidirá sobre a exportação de ouro para o exterior, quando definido em lei como ativo financeiro ou instrumento cambial (art. 153, § 5º, da CF).
- Não incidirá sobre a exportação de livros, jornais, periódicos e o papel destinado à sua impressão (art. 150, VI, *d*, da CF).

OUTROS DISPOSITIVOS CONSTITUCIONAIS
- O Poder Executivo pode, nas condições e nos limites estabelecidos em lei, alterar as alíquotas do imposto, a fim de ajustá-lo aos objetivos da política cambial e do comércio exterior (art. 153, § 1º, da CF).
- Não obedece aos princípios da anterioridade e da noventena (art. 150, § 1º, da CF).

OBSERVAÇÃO
- Embora o art. 28 do CTN determine que a receita líquida do **IE** destina-se à formação de reservas monetárias, na forma da lei, este dispositivo foi revogado pelo art. 167, IV, da CF, que veda a vinculação da receita de impostos a órgão, fundo ou despesa.

IR
Imposto sobre rendas e proventos de qualquer natureza.
Art. 153, III, da CF e arts. 43 a 45 do CTN.

FATO GERADOR
- Aquisição da disponibilidade econômica ou jurídica de rendas e proventos de qualquer natureza. *Veja nas observações o significado tributário de rendas e proventos e de aquisição jurídica.*

BASE DE CÁLCULO
- O montante real, arbitrado ou presumido, da renda ou dos proventos de qualquer natureza tributáveis. *Veja nas observações o que significa montante real, arbitrado ou presumido.*

CONTRIBUINTE
- O titular da disponibilidade econômica ou jurídica das rendas e proventos de qualquer natureza.
- A lei pode considerar contribuinte o possuidor, a qualquer tipo, dos bens produtores de renda ou dos proventos tributáveis.
- A lei pode atribuir à fonte pagadora da renda ou dos proventos tributáveis a condição de **responsável** pelo imposto cuja retenção e recolhimento lhe caibam.

OUTROS DISPOSITIVOS CONSTITUCIONAIS
- Será orientado pelos critérios de **generalidade** (abrangência subjetiva, podendo ser cobrado de qualquer pessoa física ou jurídica), **universalidade** (abrangência objetiva, podendo incidir sobre todas as rendas e proventos) e **progressividade** (quanto maior a base de cálculo, maior a alíquota).

OBSERVAÇÕES
- Entende-se:
    - por **renda**, o produto do capital, do trabalho ou da combinação de ambos;
    - por **proventos de qualquer natureza**, os acréscimos patrimoniais não compreendidos anteriormente.
- Aquisição jurídica surge em função do regime de competência, muitas vezes utilizado pelo Imposto de Renda, determinando que o fato gerador não se dá com a aquisição econômica, e sim com o fato que deu origem à aquisição. Deste modo, o décimo terceiro salário de 2003, recebido em janeiro de 2004, será declarado no ano de 2003, caso a Receita Federal adote para este ano o regime de competência.
- Entende-se:
    - por **montante real**, no caso das pessoas jurídicas, o lucro líquido do exercício com as adições, exclusões e compensações previstas na legislação. No caso das pessoas físicas, o montante de rendas e proventos de fato auferidos, com as deduções autorizadas pela legislação;
    - por **montante presumido,** uma forma de tributação mais simples que aquela sobre o lucro real das empresas, obtida em geral sobre a aplicação de um percentual sobre a receita bruta da empresa;
    - por **montante arbitrado**, aquele determinado pela autoridade fiscal quando o sujeito passivo não der à Fazenda Pública as informações necessárias para apuração do imposto ou, quando as fornecer, não forem merecedoras de credibilidade;

- a Lei Complementar nº 104, de 10 de janeiro de 2001, criou dois parágrafos para o art. 43 do Código Tributário Nacional, com as seguintes redações:

§ 1º A incidência do imposto independe da denominação da receita ou do rendimento, da localização, condição jurídica ou nacionalidade da fonte, da origem e da forma de percepção.

§ 2º Na hipótese de receita ou de rendimento oriundo do exterior, a lei estabelecerá as condições e o momento em que se dará sua disponibilidade, para fins de incidência do imposto referido neste artigo.

IPI
Imposto sobre Produtos Industrializados.
Art. 153, IV e § 3º, da CF e arts. 46 a 51 do CTN.

FATO GERADOR

- O desembaraço aduaneiro, quando for produto de procedência estrangeira.
- A saída do produto de qualquer estabelecimento considerado contribuinte do imposto.
- A arrematação do produto, quando apreendido ou abandonado e levado a leilão.

BASE DE CÁLCULO

- No caso de importação, o preço normal acrescido do II, taxas pela entrada do produto no País e demais encargos cambiais.
- No caso da saída de estabelecimento nacional, o valor da operação de que decorrer a saída da mercadoria ou, na sua falta, o preço corrente da mercadoria, ou sua similar, no mercado atacadista da praça do remetente.
- No caso de produto abandonado ou apreendido e levado a leilão, o preço da arrematação.

CONTRIBUINTE

- O importador ou quem a lei a ele equiparar.
- O industrial ou quem a lei a ele equiparar.
- O comerciante de produtos sujeitos ao imposto, que os forneça aos contribuintes definidos no item anterior.
- O arrematante de produtos apreendidos ou abandonados, levados a leilão.
- Para os efeitos deste imposto, considera-se contribuinte autônomo qualquer estabelecimento de importador, industrial, comerciante ou arrematante.

IMUNIDADES

- Não incidirá sobre a exportação de produtos industrializados para o exterior (art. 153, § 3º, III, da CF).

- Não incidirá sobre a saída da indústria de livros, jornais, periódicos e o papel destinado à sua impressão (art. 150, VI, d, da CF).
- Não incidirá sobre energia elétrica, serviços de telecomunicações, derivados de petróleo, combustíveis e minerais (art. 155, § 3º, da CF).
- Não incidirá sobre o ouro quando definido em lei como ativo financeiro ou instrumento cambial (art. 153, § 5º, da CF).

OUTROS DISPOSITIVOS CONSTITUCIONAIS

- O imposto será não cumulativo, compensando-se o imposto devido em cada operação com o incidente nas operações anteriores (art. 153, § 3º, II, da CF). Desta forma, imaginemos uma situação na qual uma indústria vende um produto por R$ 1.000,00 para ser industrializado por outra que vai vendê-lo por R$ 1.300,00 e que o IPI incidente nas duas operações seja de 10%:

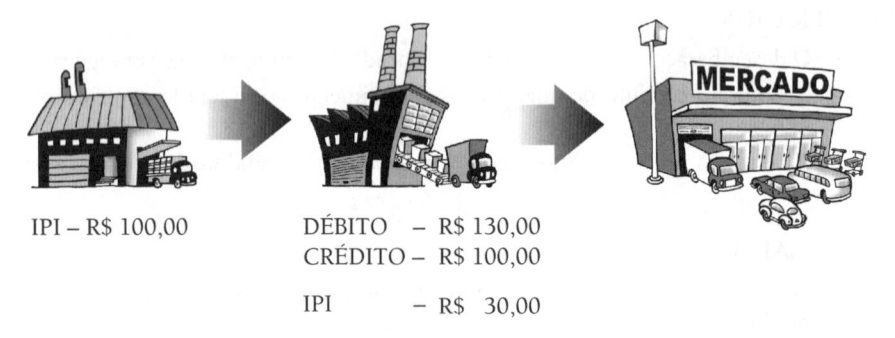

IPI – R$ 100,00

DÉBITO   – R$ 130,00
CRÉDITO – R$ 100,00

IPI   – R$ 30,00

Se a compensação à qual se refere o art. 153, § 3º, II, da CF resultar em um crédito maior que o débito do imposto, este saldo credor será transferido para o período de apuração seguinte imediatamente posterior, conforme determina o art. 49, parágrafo único, do CTN:

> **Art. 49, parágrafo único, do CTN.** O saldo verificado, em determinado período, em favor do contribuinte (créditos maiores que débitos) transfere-se para o período ou períodos seguintes.

- O imposto será seletivo em função da essencialidade do produto (art. 153, § 3º, I, da CF).

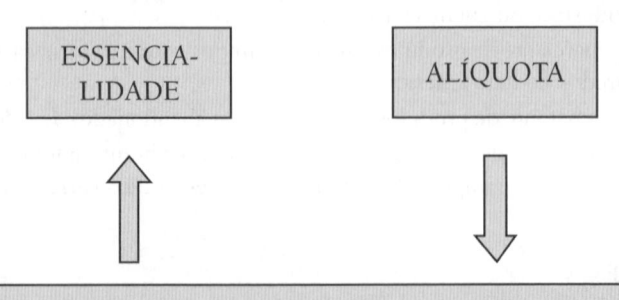

ESSENCIA-LIDADE

ALÍQUOTA

Quanto mais essencial o produto, menor será a alíquota.

Capítulo 4 | Impostos da Competência Privativa   101

- O Poder Executivo pode, nas condições e nos limites estabelecidos em lei, alterar as alíquotas do imposto, a fim de ajustá-lo aos objetivos da política cambial e do comércio exterior (art. 153, § 1º, da CF).
- Não obedece ao princípio da anterioridade (art. 150, § 1º, CF).
- O IPI terá reduzido seu impacto sobre a aquisição de bens de capital pelo contribuinte do imposto, na forma da lei (art. 153, § 3º, IV, da CF).

OBSERVAÇÕES
- Para os efeitos deste imposto, considera-se industrializado o produto que tenha sido submetido a qualquer operação que lhe modifique a natureza ou a finalidade, ou o aperfeiçoe para o consumo (art. 46, parágrafo único, do CTN).
- Os produtos sujeitos ao imposto, quando remetidos de um para outro Estado, ou do ou para o Distrito Federal, serão acompanhados de nota fiscal de modelo especial, emitida em séries próprias e contendo, além dos elementos necessários ao controle fiscal, os dados indispensáveis à elaboração da estatística do comércio por cabotagem e demais vias internas.

IOF
Imposto sobre operações de crédito, câmbio e seguro, e sobre operações relativas a títulos e valores mobiliários.
Art. 153, V e § 5º, da CF, e arts. 63 a 67 do CTN.

FATO GERADOR
- I – quanto às operações de crédito, a sua efetivação pela entrega total ou parcial do montante ou do valor que constitua o objeto da obrigação, ou sua colocação à disposição do interessado;
- II – quanto às operações de câmbio, a sua efetivação pela entrega de moeda nacional ou estrangeira, ou de documento que a represente, ou sua colocação à disposição do interessado, em montante equivalente à moeda estrangeira ou nacional entregue ou posta à disposição por este;
- III – quanto às operações de seguro, a sua efetivação pela emissão da apólice ou do documento equivalente, ou recebimento do prêmio, na forma da lei aplicável;
- IV – quanto às operações relativas a títulos e valores mobiliários, a emissão, transmissão, ao pagamento ou resgate destes, na forma da lei aplicável;
- a incidência definida no item I exclui a definida no item IV, e reciprocamente, quanto à emissão, ao pagamento ou resgate do título representativo de uma mesma operação de crédito.

BASE DE CÁLCULO
- Quanto às operações de crédito, o montante da obrigação, compreendendo o principal e os juros.
- Quanto às operações de câmbio, o respectivo montante em moeda nacional, recebido, entregue ou posto à disposição.

- Quanto às operações de seguro, o montante do prêmio.
- Quanto às operações relativas a títulos e valores mobiliários:
  - na emissão, o valor nominal mais o ágio, se houver;
  - na transmissão, o preço ou o valor nominal ou o valor da cotação em Bolsa, conforme a lei;
  - no pagamento ou resgate, o preço.

CONTRIBUINTE
- Contribuinte do imposto é qualquer das partes na operação tributada, como dispuser a lei. Assim, caberá ao legislador ordinário estabelecer em cada caso quem será o contribuinte.

OUTROS DISPOSITIVOS CONSTITUCIONAIS
- O Poder Executivo pode, nas condições e nos limites estabelecidos em lei, alterar as alíquotas do imposto, a fim de ajustá-lo aos objetivos da política cambial e do comércio exterior (art. 153, § 1º, da CF).
- Não obedece aos princípios da anterioridade e da noventena (art. 150, § 1º, da CF).
- O ouro, quando definido em lei como ativo financeiro ou instrumento cambial, sujeita-se exclusivamente à incidência do imposto de que trata o inciso V do *caput* daquele artigo, devido na operação de origem; a alíquota mínima será de um por cento, assegurada a transferência do montante da arrecadação nos seguintes termos:
a) trinta por cento para o Estado, o Distrito Federal ou o Território, conforme a origem;
b) setenta por cento para o Município de origem (art. 153, § 5º, da CF).

OBSERVAÇÃO
- Embora o art. 67 do CTN determine que a receita líquida do IOF destina-se à formação de reservas monetárias, na forma da lei, este dispositivo foi revogado pelo art. 167, IV, da CF, que veda a vinculação da receita de impostos a órgão, fundo ou despesa.

> **ITR**
> **Imposto sobre propriedade territorial rural.**
> Art. 153, VI e § 4º, da CF, e arts. 29 a 31 do CTN.

FATO GERADOR
- O fato gerador é a propriedade, o domínio útil ou a posse de imóvel por natureza, como definido na lei civil, localizado fora da zona urbana do Município.
- A distinção entre imóvel rural e urbano, para efeito de tributação, está prevista no art. 32, §§ 1º e 2º, do CTN, dispositivos que reproduzimos a seguir:

Art. 32, § 1º, do CTN. Para os efeitos deste imposto, entende-se como zona urbana a definida em lei municipal, observado o requisito mínimo da existência de melhoramentos indicados em pelo menos dois dos incisos seguintes, construídos ou mantidos pelo Poder Público:

I – meio-fio ou calçamento, com canalização de águas pluviais;

II – abastecimento de água;

III – sistema de esgotos sanitários;

IV – rede de iluminação pública, com ou sem posteamento para distribuição domiciliar;

V – escola primária ou posto de saúde a uma distância máxima de 3 (três) quilômetros do imóvel considerado.

§ 2º. A lei municipal pode considerar urbanas as áreas urbanizáveis, ou de expansão urbana, constantes de loteamentos aprovados pelos órgãos competentes, destinados à habitação, à indústria ou ao comércio, mesmo que localizados fora das zonas definidas nos termos do parágrafo anterior.

Portanto, o CTN utiliza um critério que não leva em consideração a destinação ou uso do imóvel, e sim as características citadas no seu art. 32, § 1º.

Desta forma, um imóvel situado no centro de uma grande cidade, destinado exclusivamente à produção agrícola, é, segundo o CTN e para efeito de tributação, um imóvel urbano por possuir quase todas as características exigidas.

Até aí estamos indo muito bem e a matéria parece regrada de forma clara.

No entanto, existe uma decisão do STJ que veio chamar a atenção para o fato de que a coisa não é tão simples assim. Vamos a ela:

STJ

Não incide IPTU, mas ITR, sobre imóvel localizado na área urbana do Município, desde que comprovadamente utilizado em exploração extrativa, vegetal, agrícola, pecuária ou agroindustrial (art. 15 do DL 57/1966).
(REsp 1.112.646/SP – Recurso Especial 2009/0051.088-6 Min. Herman Benjamin, j. 26/08/2009)

Esta decisão nos remete ao art. 15 do Decreto-Lei nº 57/1966 que estabelece:

Decreto-Lei nº 57/1966

Art. 15. O disposto no art. 32 da Lei nº 5.172, de 25 de outubro de 1966, não abrange o imóvel de que, comprovadamente, seja utilizado em exploração extrativa vegetal, agrícola, pecuária ou agroindustrial, incidindo assim, sobre o mesmo, o ITR e demais tributos com o mesmo cobrados.

Este dispositivo havia sido revogado pela Lei nº 5.868/1972. No entanto, a Resolução do Senado Federal nº 09 de 2005 suspendeu esta revogação, por ter sido declarada inconstitucional a lei revogadora, por decisão definitiva do Supremo Tribunal Federal nos autos do Recurso Extraordinário nº 140.773-5/210 – SP.

Sendo assim, em termos jurídicos, sempre prevalecerá, em última instância, a posição firmada pelo STJ.

Considera-se:

- propriedade ou domínio o fato de a pessoa ter, relativamente a um bem, o poder de usar, de gozar e de dispor. O imposto atinge o proprietário exclusivo (titular pleno com domínio singular), o coproprietário ou condômino e o condômino de propriedade horizontal. O Código Civil dedica alguns artigos para a propriedade, dos quais selecionamos os seguintes:

TÍTULO III
Da Propriedade

CAPÍTULO I
Da Propriedade em Geral

Seção I
Disposições Preliminares

Art. 1.228. O proprietário tem a faculdade de usar, gozar e dispor da coisa, e o direito de reavê-la do poder de quem quer que injustamente a possua ou detenha.

§ 1º O direito de propriedade deve ser exercido em consonância com as suas finalidades econômicas e sociais e de modo que sejam preservados, de conformidade com o estabelecido em lei especial, a flora, a fauna, as belezas naturais, o equilíbrio ecológico e o patrimônio histórico e artístico, bem como evitada a poluição do ar e das águas.

§ 2º São defesos os atos que não trazem ao proprietário qualquer comodidade, ou utilidade, e sejam animados pela intenção de prejudicar outrem.

§ 3º O proprietário pode ser privado da coisa, nos casos de desapropriação, por necessidade ou utilidade pública ou interesse social, bem como no de requisição, em caso de perigo público iminente.

§ 4º O proprietário também pode ser privado da coisa se o imóvel reivindicado consistir em extensa área, na posse ininterrupta e de boa-fé, por mais de cinco anos, de considerável número de pessoas, e estas nela houverem realizado, em conjunto ou separadamente, obras e serviços considerados pelo juiz de interesse social e econômico relevante.

§ 5º No caso do parágrafo antecedente, o juiz fixará a justa indenização devida ao proprietário; pago o preço, valerá a sentença como título para o registro do imóvel em nome dos possuidores.

Art. 1.229. A propriedade do solo abrange a do espaço aéreo e subsolo correspondentes, em altura e profundidade úteis ao seu exercício, não podendo o proprietário opor-se a atividades que sejam realizadas, por terceiros, a uma altura ou profundidade tais, que não tenha ele interesse legítimo em impedi-las.

Art. 1.230. A propriedade do solo não abrange as jazidas, minas e demais recursos minerais, os potenciais de energia hidráulica, os monumentos arqueológicos e outros bens referidos por leis especiais.

Parágrafo único. O proprietário do solo tem o direito de explorar os recursos minerais de emprego imediato na construção civil, desde que não submetidos a transformação industrial, obedecido o disposto em lei especial.

Art. 1.231. A propriedade presume-se plena e exclusiva, até prova em contrário.

Art. 1.232. Os frutos e mais produtos da coisa pertencem, ainda quando separados, ao seu proprietário, salvo se, por preceito jurídico especial, couberem a outrem.

(...)

CAPÍTULO II
Da Aquisição da Propriedade Imóvel

Seção I
Da Usucapião

Art. 1.238. Aquele que, por quinze anos, sem interrupção, nem oposição, possuir como seu um imóvel, adquire-lhe a propriedade, independentemente de título e boa-fé; podendo requerer ao juiz que assim o declare por sentença, a qual servirá de título para o registro no Cartório de Registro de Imóveis.

Parágrafo único. O prazo estabelecido neste artigo reduzir-se-á a dez anos se o possuidor houver estabelecido no imóvel a sua moradia habitual, ou nele realizado obras ou serviços de caráter produtivo.

Art. 1.239. Aquele que, não sendo proprietário de imóvel rural ou urbano, possua como sua, por cinco anos ininterruptos, sem oposição, área de terra em zona rural não superior a cinquenta hectares, tornando-a produtiva por seu trabalho ou de sua família, tendo nela sua moradia, adquirir-lhe-á a propriedade.

Art. 1.240. Aquele que possuir, como sua, área urbana de até duzentos e cinquenta metros quadrados, por cinco anos ininterruptamente e sem oposição, utilizando-a para sua moradia ou de sua família, adquirir-lhe-á o domínio, desde que não seja proprietário de outro imóvel urbano ou rural.

§ 1º O título de domínio e a concessão de uso serão conferidos ao homem ou à mulher, ou a ambos, independentemente do estado civil.

§ 2º O direito previsto no parágrafo antecedente não será reconhecido ao mesmo possuidor mais de uma vez.

Art. 1.240-A. Aquele que exercer, por 2 (dois) anos ininterruptamente e sem oposição, posse direta, com exclusividade, sobre imóvel urbano de até 250m² (duzentos e cinquenta metros quadrados) cuja propriedade divida com ex-cônjuge ou ex-companheiro que abandonou o lar, utilizando-o para sua moradia ou de sua família, adquirir-lhe-á o domínio integral, desde que não seja proprietário de outro imóvel urbano ou rural. (Incluído pela Lei nº 12.424, de 2011)

§ 1º O direito previsto no *caput* não será reconhecido ao mesmo possuidor mais de uma vez.

§ 2º (VETADO). (Incluído pela Lei nº 12.424, de 2011)

Art. 1.241. Poderá o possuidor requerer ao juiz seja declarada adquirida, mediante usucapião, a propriedade imóvel.

Parágrafo único. A declaração obtida na forma deste artigo constituirá título hábil para o registro no Cartório de Registro de Imóveis.

Art. 1.242. Adquire também a propriedade do imóvel aquele que, contínua e incontestadamente, com justo título e boa-fé, o possuir por dez anos.

Parágrafo único. Será de cinco anos o prazo previsto neste artigo se o imóvel houver sido adquirido, onerosamente, com base no registro constante do respectivo cartório, cancelada posteriormente, desde que os possuidores nele tiverem estabelecido a sua moradia, ou realizado investimentos de interesse social e econômico.

Art. 1.243. O possuidor pode, para o fim de contar o tempo exigido pelos artigos antecedentes, acrescentar à sua posse a dos seus antecessores (art. 1.207), contanto que todas sejam contínuas, pacíficas e, nos casos do art. 1.242, com justo título e de boa-fé.

Art. 1.244. Estende-se ao possuidor o disposto quanto ao devedor acerca das causas que obstam, suspendem ou interrompem a prescrição, as quais também se aplicam à usucapião.

Seção II
Da Aquisição pelo Registro do Título

Art. 1.245. Transfere-se entre vivos a propriedade mediante o registro do título translativo no Registro de Imóveis.

§ 1º Enquanto não se registrar o título translativo, o alienante continua a ser havido como dono do imóvel.

§ 2º Enquanto não se promover, por meio de ação própria, a decretação de invalidade do registro, e o respectivo cancelamento, o adquirente continua a ser havido como dono do imóvel.

Art. 1.246. O registro é eficaz desde o momento em que se apresentar o título ao oficial do registro, e este o prenotar no protocolo.

Art. 1.247. Se o teor do registro não exprimir a verdade, poderá o interessado reclamar que se retifique ou anule.

Parágrafo único. Cancelado o registro, poderá o proprietário reivindicar o imóvel, independentemente da boa-fé ou do título do terceiro adquirente.

- Posse, quando a pessoa é detentora direta do bem, como, por exemplo, o usufrutuário e o promitente comprador imitido na posse do imóvel. É importante chamar a atenção para o fato de que a posse que passa a ser fato gerador de imposto é aquela juridicamente perfeita, e não aquela de um indivíduo que mantém a posse irregular de um imóvel. O Código Civil regula a matéria:

    Art. 1.196. Considera-se possuidor todo aquele que tem de fato o exercício, pleno ou não, de algum dos poderes inerentes à propriedade.

- Domínio útil, quando a pessoa, sem ser proprietária, pode usar, gozar e dispor de seus direitos relativos a um imóvel, não obstante outro seja proprietário. O antigo Código Civil fazia referência ao domínio útil quando disciplinava o contrato de enfiteuse em seu art. 678:

    Art. 678 do antigo Código Civil. Dá-se a enfiteuse, aforamento, ou emprazamento, quando por ato entre vivos, ou de última vontade, o proprietário atribui a outrem o domínio útil do imóvel, pagando a pessoa, que o adquire, e assim se constitui enfiteuta, ao senhorio direto uma pensão, ou foro, anual, certo e invariável.

O atual Código Civil, em seu art. 2.038, não mais admite o instituto da enfiteuse, fazendo apenas uma exceção para os terrenos de marinha e acrescidos, cujo aforamento é regulado por lei especial:

Art. 2.038. Fica proibida a constituição de enfiteuses e subenfiteuses, subordinando-se as existentes, até sua extinção, às disposições do Código Civil anterior, Lei nº 3.071, de 1º de janeiro de 1916, e leis posteriores.

§ 1º Nos aforamentos a que se refere este artigo é defeso:

I – cobrar laudêmio ou prestação análoga nas transmissões de bem aforado, sobre o valor das construções ou plantações;

II – constituir subenfiteuse.

§ 2º. A enfiteuse dos terrenos de marinha e acrescidos regula-se por lei especial.

Embora não admita mais o instituto da enfiteuse ou aforamento, o atual Código Civil ainda faz referência ao domínio útil, quando regula a hipoteca, vez que os antigos contratos continuarão valendo até sua extinção:

Art. 1.473. Podem ser objeto de hipoteca:

(...)

III – o domínio útil (...)

- As definições de imóvel por natureza e por acessão física estão previstas nos arts. 79 a 81 e 1.248 a 1.259 do Código Civil:

    Art. 79. São bens imóveis o solo e tudo quanto se lhe incorporar natural ou artificialmente.

    Art. 80. Consideram-se imóveis para os efeitos legais:

    I – os direitos reais sobre imóveis e as ações que os asseguram;

    II – o direito à sucessão aberta.

    Art. 81. Não perdem o caráter de imóveis:

    I – as edificações que, separadas do solo, mas conservando a sua unidade, forem removidas para outro local;

II – os materiais provisoriamente separados de um prédio, para nele se reempregarem.

(...)

Seção III
Da Aquisição por Acessão

Art. 1.248. A acessão pode dar-se:

I – por formação de ilhas;

II – por aluvião;

III – por avulsão;

IV – por abandono de álveo;

V – por plantações ou construções.

Subseção I
Das Ilhas

Art. 1.249. As ilhas que se formarem em correntes comuns ou particulares pertencem aos proprietários ribeirinhos fronteiros, observadas as regras seguintes:

I – as que se formarem no meio do rio consideram-se acréscimos sobrevindos aos terrenos ribeirinhos fronteiros de ambas as margens, na proporção de suas testadas, até a linha que dividir o álveo em duas partes iguais;

II – as que se formarem entre a referida linha e uma das margens consideram-se acréscimos aos terrenos ribeirinhos fronteiros desse mesmo lado;

III – as que se formarem pelo desdobramento de um novo braço do rio continuam a pertencer aos proprietários dos terrenos à custa dos quais se constituíram.

Subseção II
Da Aluvião

Art. 1.250. Os acréscimos formados, sucessiva e imperceptivelmente, por depósitos e aterros naturais ao longo das margens das correntes, ou pelo desvio das águas destas, pertencem aos donos dos terrenos marginais, sem indenização.

Parágrafo único. O terreno aluvial, que se formar em frente de prédios de proprietários diferentes, dividir-se-á entre eles, na proporção da testada de cada um sobre a antiga margem.

Subseção III
Da Avulsão

Art. 1.251. Quando, por força natural violenta, uma porção de terra se destacar de um prédio e se juntar a outro, o dono deste adquirirá a propriedade do acréscimo, se indenizar o dono do primeiro ou, sem indenização, se, em um ano, ninguém houver reclamado.

Parágrafo único. Recusando-se ao pagamento de indenização, o dono do prédio a que se juntou a porção de terra deverá aquiescer a que se remova a parte acrescida.

Subseção IV
Do Álveo Abandonado

Art. 1.252. O álveo abandonado de corrente pertence aos proprietários ribeirinhos das duas margens, sem que tenham indenização os donos dos terrenos por onde as águas abrirem novo curso, entendendo-se que os prédios marginais se estendem até o meio do álveo.

Subseção V
Das Construções e Plantações

Art. 1.253. Toda construção ou plantação existente em um terreno presume-se feita pelo proprietário e à sua custa, até que se prove o contrário.

Art. 1.254. Aquele que semeia, planta ou edifica em terreno próprio com sementes, plantas ou materiais alheios, adquire a propriedade destes; mas fica obrigado a pagar-lhes o valor, além de responder por perdas e danos, se agiu de má-fé.

Art. 1.255. Aquele que semeia, planta ou edifica em terreno alheio perde, em proveito do proprietário, as sementes, plantas e construções; se procedeu de boa-fé, terá direito à indenização.

Parágrafo único. Se a construção ou a plantação exceder consideravelmente o valor do terreno, aquele que, de boa-fé, plantou ou edificou, adquirirá a propriedade do solo, mediante pagamento da indenização fixada judicialmente, se não houver acordo.

Art. 1.256. Se de ambas as partes houve má-fé, adquirirá o proprietário as sementes, plantas e construções, devendo ressarcir o valor das acessões.

Parágrafo único. Presume-se má-fé no proprietário, quando o trabalho de construção, ou lavoura, se fez em sua presença e sem impugnação sua.

Art. 1.257. O disposto no artigo antecedente aplica-se ao caso de não pertencerem as sementes, plantas ou materiais a quem de boa-fé os empregou em solo alheio.

Parágrafo único. O proprietário das sementes, plantas ou materiais poderá cobrar do proprietário do solo a indenização devida, quando não puder havê-la do plantador ou construtor.

Art. 1.258. Se a construção, feita parcialmente em solo próprio, invade solo alheio em proporção não superior à vigésima parte deste, adquire o construtor de boa-fé a propriedade da parte do solo invadido, se o valor da construção exceder o dessa parte, e responde por indenização que represente, também, o valor da área perdida e a desvalorização da área remanescente.

Parágrafo único. Pagando em décuplo as perdas e danos previstos neste artigo, o construtor de má-fé adquire a propriedade da parte do solo que invadiu, se em proporção à vigésima parte deste e o valor da construção exceder consideravelmente o dessa parte e não se puder demolir a porção invasora sem grave prejuízo para a construção.

Art. 1.259. Se o construtor estiver de boa-fé, e a invasão do solo alheio exceder a vigésima parte deste, adquire a propriedade da parte do solo invadido, e responde por perdas e danos que abranjam o valor que a invasão acrescer à construção, mais o da área perdida e o da desvalorização da área remanescente; se de má-fé, é obrigado a demolir o que nele construiu, pagando as perdas e danos apurados, que serão devidos em dobro.

BASE DE CÁLCULO

- A base do cálculo do imposto é o valor fundiário, ou seja, o valor do solo com a sua superfície, os seus acessórios e adjacências naturais, compreendendo as árvores e os frutos pendentes, o espaço aéreo e o subsolo. Isso ocorre devido ao fato de que o imposto só incide sobre imóvel por natureza, não entrando na base de cálculo as construções e demais imóveis por acessão física.

CONTRIBUINTE

- Contribuinte do imposto é o proprietário do imóvel, o titular de seu domínio útil, ou o seu possuidor a qualquer título.

IMUNIDADE

- Não incidirá sobre pequenas glebas rurais, definidas em lei, quando as explore o proprietário que não possua outro imóvel (art. 153, § 4º, da CF).
- Para efeito de definição do que vem a ser pequena gleba rural, no que diz respeito à imunidade, a Lei nº 9.393, de 19 de dezembro de 1996, em seu art. 2º, determina:

  Art. 2º. Nos termos do art. 153, § 4º, *in fine*, da Constituição, o imposto não incide sobre pequenas glebas rurais, quando as explore, só ou com sua família, o proprietário que não possua outro imóvel.

  Parágrafo único. Para os efeitos deste artigo, pequenas glebas rurais são os imóveis com área igual ou inferior a:

  I – 100 ha, se localizado em município compreendido na Amazônia Ocidental ou no Pantanal mato-grossense e sul-mato-grossense;

  II – 50 ha, se localizado em município compreendido no Polígono das Secas ou na Amazônia Oriental;

  III – 30 ha, se localizado em qualquer outro município.

OUTROS DISPOSITIVOS CONSTITUCIONAIS

- o ITR será progressivo e terá suas alíquotas fixadas de forma a desestimular a manutenção de propriedades improdutivas (art. 153, § 4º, I, da CF). Este é um caráter extrafiscal do ITR, pois o seu objetivo maior não é aumentar as receitas da União, e sim estimular a manutenção da propriedade produtiva;
- o imposto será fiscalizado e cobrado pelos Municípios que assim optarem, na forma da lei, desde que não implique redução do imposto ou qualquer outra forma de renúncia fiscal (art. 153, § 4º, III, da CF);

- pertencem aos Municípios cinquenta por cento do produto da arrecadação do imposto, relativamente aos imóveis neles situados, cabendo a totalidade na hipótese da opção a que se refere o art. 153, § 4º, III (art. 158, II, da CF).

> **IGF**
> **Imposto sobre grandes fortunas nos termos de lei complementar.**
> **Art. 153, VII, da CF.**

- Embora a Constituição Federal tenha atribuído a competência para instituir este imposto à União, esta nunca a exerceu.

4.1.2. Impostos dos Estados e do Distrito Federal

> **ITD**
> **Imposto sobre transmissão *causa mortis* e doação de quaisquer bens ou direitos a eles relativos.**
> **Art. 155, I e § 1º, da CF e arts. 35, parágrafo único, 38 e 42, do CTN, relativos ao antigo ITBI de competência dos Estados e do DF, recepcionados pela atual Constituição Federal.**

FATO GERADOR
- Fato gerador é a transmissão dos bens ou direitos a ele relativos por motivo *causa mortis* (herança ou legado) ou por doação.
- Nas transmissões *causa mortis*, ocorrem tantos fatos geradores distintos quantos sejam os herdeiros ou legatários (art. 35, parágrafo único, do CTN – *recepcionado*).

BASE DE CÁLCULO
- A base de cálculo do imposto é o valor venal dos bens ou direitos transmitidos (art. 38 do CTN – *recepcionado*).

CONTRIBUINTE
- Contribuinte do imposto é qualquer das partes na operação tributada, como dispuser a lei (art. 42 do CTN – *recepcionado*);
- Desse modo, caberá ao legislador ordinário em cada Estado ou DF determinar quais das partes envolvidas será o contribuinte.

IMUNIDADE
- São isentas de impostos federais, estaduais e municipais as operações de transferência de imóveis desapropriados para fins de reforma agrária (art. 184, § 5º, da CF).

OBSERVAÇÕES

> **JURISPRUDÊNCIA**
>
> Cabe aqui a citação de algumas súmulas do STF, relativas à tributação sobre a transmissão *causa mortis*:
>
> **Súmula nº 590.** "Calcula-se o imposto de transmissão *causa mortis* sobre o saldo credor da promessa de compra e venda de imóvel, no momento da abertura da sucessão do promitente vendedor."
>
> **Súmula nº 331.** "É legítima a incidência do imposto de transmissão *causa mortis* no inventário por morte presumida."
>
> **Súmula nº 112.** "O imposto de transmissão *causa mortis* é devido pela alíquota vigente ao tempo da abertura da sucessão."
>
> **Súmula nº 113.** "O imposto de transmissão *causa mortis* é calculado sobre o valor dos bens na data da avaliação."
>
> **Súmula nº 114.** "O imposto de transmissão *causa mortis* não é exigível antes da homologação do cálculo."
>
> **Súmula nº 115.** "Sobre os honorários do advogado contratado pelo inventariante, com a homologação do juiz, não incide o imposto de transmissão *causa mortis*."

OUTROS DISPOSITIVOS CONSTITUCIONAIS

- Relativamente a bens imóveis e respectivos direitos, compete ao Estado da situação do bem, ou ao Distrito Federal (art. 155, § 1º, I, da CF).
- Relativamente a bens móveis, títulos e créditos, compete ao Estado onde se processar o inventário ou arrolamento, ou tiver domicílio o doador, ou ao Distrito Federal (art. 155, § 1º, II, da CF). Portanto:

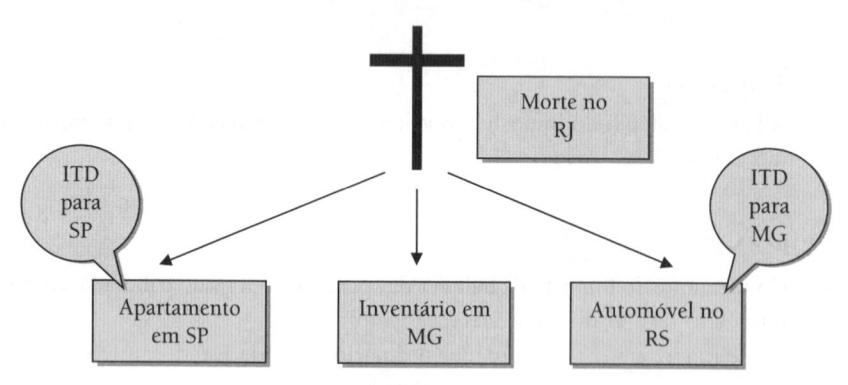

[Diagrama: Morte no RJ → Apartamento em SP (ITD para SP); Inventário em MG; Automóvel no RS (ITD para MG)]

- Terá a competência para sua instituição regulada por lei complementar (art. 155, § 1º, III, da CF):
  a) se o doador tiver domicílio ou residência no exterior;
  b) se o *de cujus* possuía bens, era residente ou domiciliado ou teve o seu inventário no exterior.
- Terá suas alíquotas máximas fixadas pelo Senado Federal (art. 155, § 1º, IV, da CF).

> **ICMS**
> Imposto sobre operações relativas à circulação de mercadorias e sobre prestações de serviços de transporte interestadual e intermunicipal e de comunicação, ainda que as operações e as prestações se iniciem no exterior.
> Art. 155, II e §§ 2º a 5º, da CF e Lei Complementar nº 87/1996.

Este imposto, criado pela atual Constituição, surgiu de uma unificação de seis outros existentes no ordenamento jurídico anterior, conforme demonstrado a seguir:

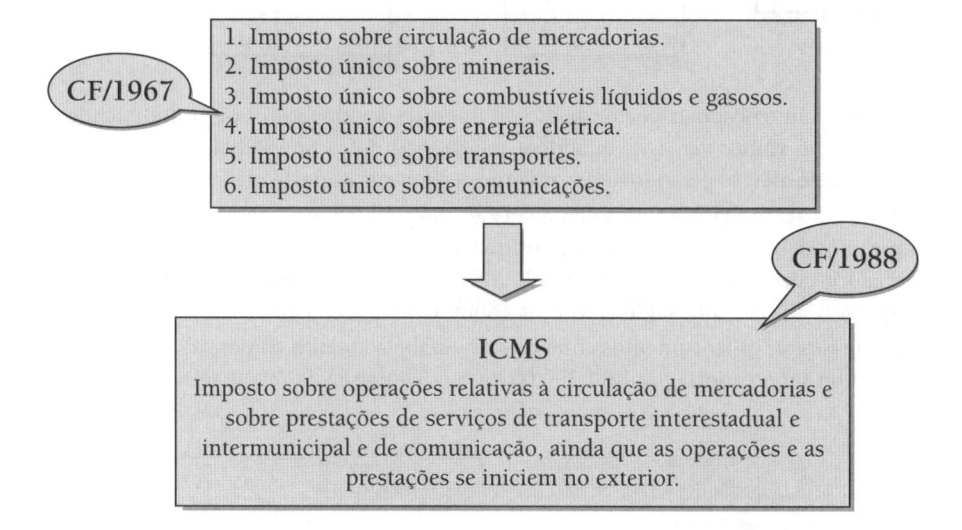

CF/1967
1. Imposto sobre circulação de mercadorias.
2. Imposto único sobre minerais.
3. Imposto único sobre combustíveis líquidos e gasosos.
4. Imposto único sobre energia elétrica.
5. Imposto único sobre transportes.
6. Imposto único sobre comunicações.

CF/1988

ICMS
Imposto sobre operações relativas à circulação de mercadorias e sobre prestações de serviços de transporte interestadual e intermunicipal e de comunicação, ainda que as operações e as prestações se iniciem no exterior.

Em função da complexidade resultante desta fusão de fatos geradores diversos, o constituinte achou por bem dedicar especial atenção ao referido tributo nos doze incisos do parágrafo 2º e nos parágrafos 3º a 5º do art. 155 da CF.

Além disso, as normas gerais relativas ao imposto estão previstas na Lei Complementar nº 87/1996, conhecida como *Lei Kandir*.

Passemos, então, para o estudo dos dispositivos constitucionais, para depois comentarmos sobre os dispositivos mais importantes da *Lei Kandir*.

> **Art. 155, § 2º** O imposto previsto no inciso II atenderá ao seguinte:
> I – será não cumulativo, compensando-se o que for devido em cada operação relativa à circulação de mercadorias ou prestação de serviços com o montante cobrado nas anteriores pelo mesmo ou outro Estado ou pelo Distrito Federal.

Como exemplo deste dispositivo, vamos representar uma indústria vendendo para outra indústria um produto por R$ 1.000,00, sendo que esta, por sua vez, vende-o para um varejista por R$ 1.300,00, o qual finalmente o vende para o consumidor final por R$ 1.700,00, tendo todas estas operações incidência do ICMS à alíquota de 10%:

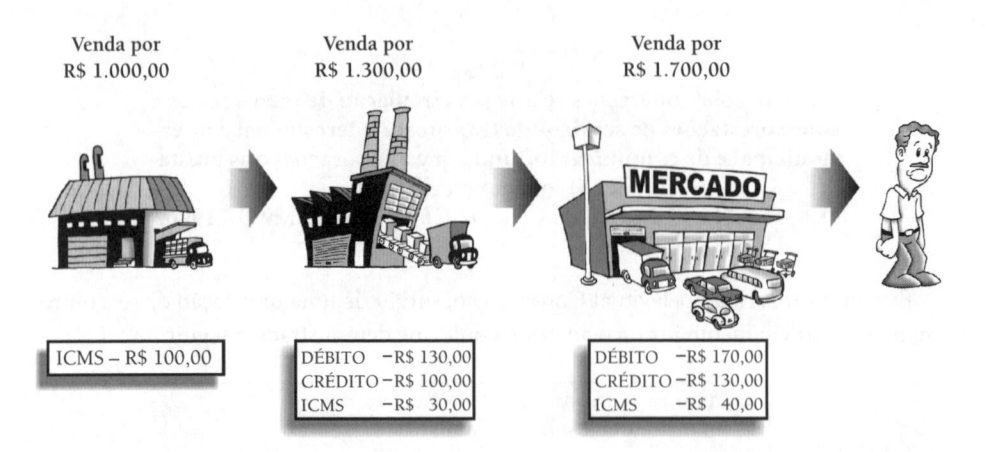

| Venda por R$ 1.000,00 | Venda por R$ 1.300,00 | Venda por R$ 1.700,00 |

ICMS – R$ 100,00

DÉBITO	–R$ 130,00
CRÉDITO	–R$ 100,00
ICMS	–R$ 30,00

DÉBITO	–R$ 170,00
CRÉDITO	–R$ 130,00
ICMS	–R$ 40,00

É importante observar que o cálculo do imposto devido se faz por periodicidade. Isto significa, como vamos ver, que, quando a mercadoria entra no estabelecimento, gera um crédito naquele mês, só gerando débito quando ocorrer sua saída do mesmo estabelecimento.

Também se torna importante chamar a atenção para o fato de que o legislador emprega as expressões débito e crédito de forma contrária à do contabilista. Para este último, quando a mercadoria entra no estabelecimento, o ICMS é lançado com saldo devedor na conta ICMS a recuperar e, ao sair, com saldo credor na conta ICMS a recolher.

Desta forma, os lançamentos contábeis do estabelecimento comercial da figura *supra*, que comprou a mercadoria por R$ 1.300,00 e a vendeu por R$ 1.700,00, seriam os seguintes:

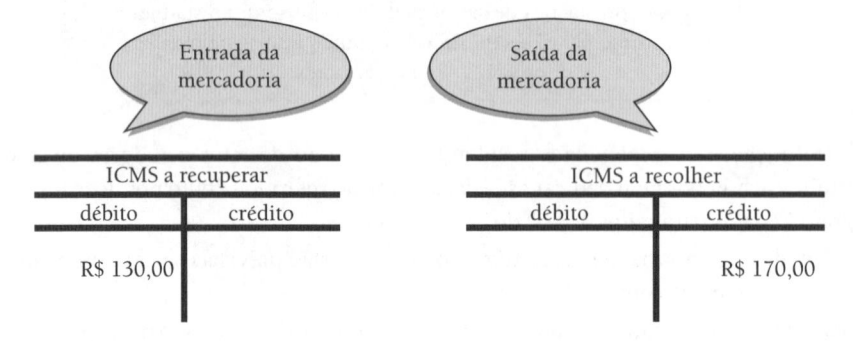

Entrada da mercadoria

Saída da mercadoria

ICMS a recuperar	
débito	crédito
R$ 130,00	

ICMS a recolher	
débito	crédito
	R$ 170,00

Art. 155, § 2º O imposto previsto no inciso II atenderá ao seguinte:

(...)

II – a isenção ou não incidência, salvo determinação em contrário da legislação:

a) não implicará crédito para compensação com o montante devido nas operações ou prestações seguintes;

Este dispositivo determina que, se uma operação não for tributada pelo ICMS, quer seja por isenção, não incidência e, por analogia, imunidade, não vai gerar crédito para compensação com o montante devido nas operações ou prestações seguintes, conforme se pode observar na figura a seguir:

ISENÇÃO   ICMS – 10%

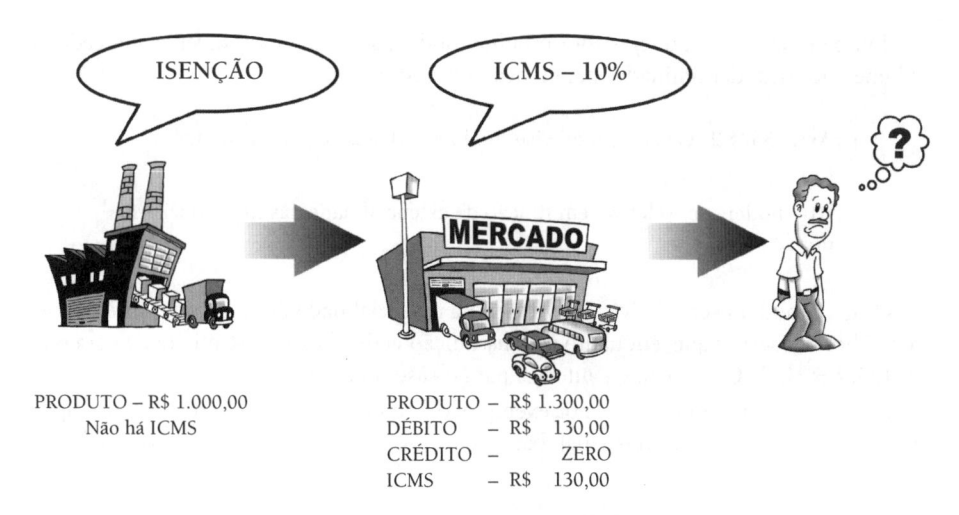

PRODUTO – R$ 1.000,00   PRODUTO – R$ 1.300,00
   Não há ICMS   DÉBITO   – R$ 130,00
                              CRÉDITO –   ZERO
                              ICMS   – R$ 130,00

No entanto, o constituinte permitiu que o legislador estadual alterasse esta norma, permitindo, em alguns casos, que, mesmo não sendo tributada a operação, seja mantido o crédito para a etapa seguinte. Este benefício fiscal, objeto de nosso estudo posterior, é chamado crédito presumido.

> **Art. 155, § 2º** O imposto previsto no inciso II atenderá ao seguinte:
> (...)
> II – a isenção ou não incidência, salvo determinação em contrário da legislação:
> (...)
> b) acarretará a anulação do crédito relativo às operações anteriores;

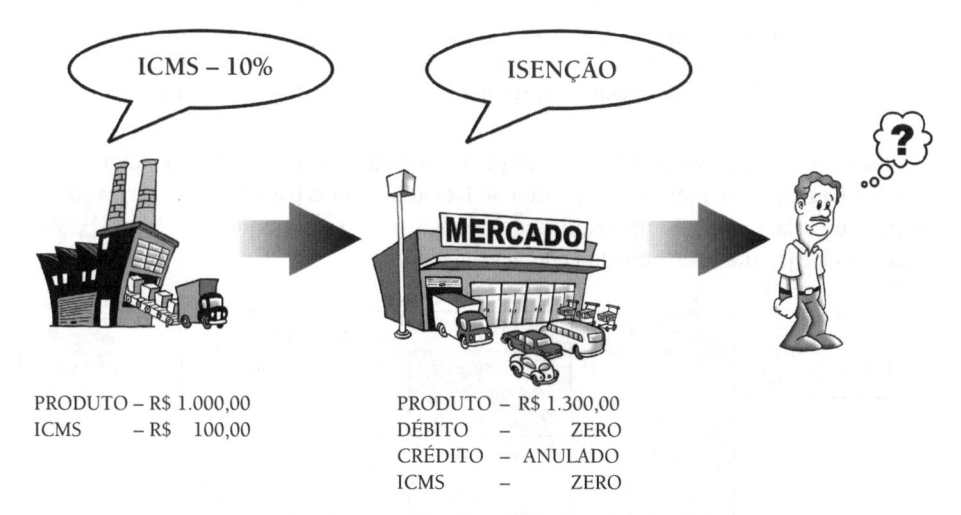

ICMS – 10%   ISENÇÃO

PRODUTO – R$ 1.000,00   PRODUTO – R$ 1.300,00
ICMS   – R$ 100,00   DÉBITO   –   ZERO
                              CRÉDITO –   ANULADO
                              ICMS   –   ZERO

Já neste caso, como a etapa exonerada do imposto é posterior à outra, o estabelecimento beneficiado deverá anular o crédito relativo às operações anteriores, conforme figura a seguir:

Também neste caso, o legislador estadual pode dispor de modo diverso, concedendo um benefício fiscal denominado manutenção de crédito.

> **Art. 155, § 2º** O imposto previsto no inciso II atenderá ao seguinte:
>
> (...)
>
> III – poderá ser seletivo, em função da essencialidade das mercadorias e dos serviços.

O ICMS poderá ser seletivo, em virtude da essencialidade das mercadorias e dos serviços. É bom observar que, enquanto a Constituição Federal exige a seletividade para o IPI (art. 153, § 3º, I, da CF), apenas a autoriza para o caso do ICMS.

Isto causa aberrações, como, por exemplo, o fato de que a maioria dos Estados aplica alíquotas altas para combustíveis e mais baixas para joias, caviar e outros produtos supérfluos.

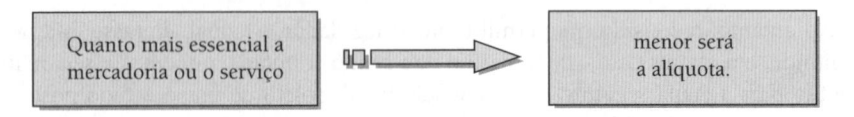

Quanto mais essencial a mercadoria ou o serviço ⟹ menor será a alíquota.

> **Art. 155, § 2º.** O imposto previsto no inciso II atenderá ao seguinte:
>
> (...)
>
> IV – resolução do Senado Federal, de iniciativa do Presidente da República ou de um terço dos Senadores, aprovada pela maioria absoluta de seus membros, estabelecerá as alíquotas aplicáveis às operações e prestações, interestaduais e de exportação;
>
> V – é facultado ao Senado Federal:
>
> a) estabelecer alíquotas mínimas nas operações internas, mediante resolução de iniciativa de um terço e aprovada pela maioria absoluta de seus membros;
>
> b) fixar alíquotas máximas nas mesmas operações para resolver conflito específico que envolva interesse de Estados, mediante resolução de iniciativa da maioria absoluta e aprovada por dois terços de seus membros.

Estes incisos estabelecem limitações para o legislador estadual fixar as alíquotas do imposto. Desta forma, o mesmo legislador só fixa as alíquotas para operações e prestações internas, ou seja, dentro do próprio Estado, tendo, mesmo assim, que respeitar máximo e mínimo que é facultado ao Senado Federal estabelecer.

ALÍQUOTAS	INICIATIVA	APROVAÇÃO
Interestaduais e de exportação	Presidente da República ou 1/3 do Senado	Maioria absoluta do Senado
Internas mínimas	1/3 do Senado	Maioria absoluta do Senado
Internas máximas	Maioria absoluta do Senado	2/3 do Senado

O SENADO TEM QUE FIXAR! (Interestaduais e de exportação)

É FACULTADO AO SENADO! (Internas mínimas e máximas)

Art. 155, § 2º O imposto previsto no inciso II atenderá ao seguinte:

(...)

VI – salvo deliberação em contrário dos Estados e do Distrito Federal, nos termos do disposto no inciso XII, g, as alíquotas internas, nas operações relativas à circulação de mercadorias e nas prestações de serviços, não poderão ser inferiores às previstas para as operações interestaduais.

Este dispositivo determina que as alíquotas internas de um Estado, salvo se houver deliberação em contrário de Estados e Distrito Federal, não poderão ser inferiores às alíquotas interestaduais, evitando desta forma que determinada unidade da Federação, que seja grande adquirente de mercadorias de outros Estados, possa criar alíquotas internas baixas para atrair as indústrias para o seu território.

As deliberações em contrário serão tomadas nos termos de convênios celebrados com aspectos formais ditados por lei complementar federal (art. 155, § 2º, XII, g, da CF).

Art. 155, § 2º O imposto previsto no inciso II atenderá ao seguinte:

(...)

VII – nas operações e prestações que destinem bens e serviços a consumidor final, contribuinte ou não do imposto, localizado em outro Estado, adotar-se-á a alíquota interestadual e caberá ao Estado de localização do destinatário o imposto correspondente à diferença entre a alíquota interna do Estado destinatário e a alíquota interestadual;

a) (revogado)

b) (revogado)

Como exemplo deste inciso VII, alínea a, vamos representar uma operação interestadual com mercadorias entre São Paulo e Minas Gerais, considerando:

a) alíquotas interestaduais do ICMS – 12%; e
b) alíquotas internas de MG e SP – 18%

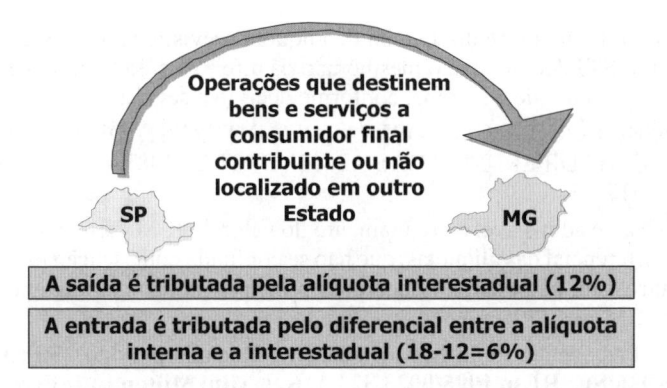

Operações que destinem bens e serviços a consumidor final contribuinte ou não localizado em outro Estado

SP → MG

A saída é tributada pela alíquota interestadual (12%)

A entrada é tributada pelo diferencial entre a alíquota interna e a interestadual (18-12=6%)

No entanto, esse dispositivo não teve aplicação imediata como um todo. O art. 99 do Ato das Disposições Transitórias da Constituição Federal – ADCT determina que sua aplicação se dará da seguinte forma:

Art. 99 do ADCT. Para efeito do disposto no inciso VII do § 2º do art. 155, no caso de operações e prestações que destinem bens e serviços a consumidor final não contribuinte localizado em outro Estado, o imposto correspondente à diferença entre a alíquota interna e a interestadual será partilhado entre os Estados de origem e de destino, na seguinte proporção:

I – para o ano de 2015: 20% para o Estado de destino e 80% para o Estado de origem;

II – para o ano de 2016: 40% para o Estado de destino e 60% para o Estado de origem;

III – para o ano de 2017: 60% para o Estado de destino e 40% para o Estado de origem;

IV – para o ano de 2018: 80% para o Estado de destino e 20% para o Estado de origem;

V – a partir do ano de 2019: 100% para o Estado de destino.

Ainda com relação a estas operações e prestações interestaduais, a Constituição Federal determina quem deverá recolher o diferencial de alíquota para o Estado destinatário no **art. 155, § 2º, VIII:**

Art. 155, § 2º O imposto previsto no inciso II atenderá ao seguinte:

(...)

VIII – a responsabilidade pelo recolhimento do imposto correspondente à diferença entre a alíquota interna e a interestadual de que trata o inciso VII será atribuída:

a) ao destinatário, quando este for contribuinte do imposto;

b) ao remetente, quando o destinatário não for contribuinte do imposto;

(...)

JURISPRUDÊNCIA

Com relação a este diferencial de alíquota previsto no art. 155, § 2º, VII, o STJ decidiu que o mesmo não dá direito a crédito para o estabelecimento que o recolhe, conforme decisão a seguir:

TRIBUTÁRIO – ICM – OPERAÇÕES INTERESTADUAIS – ALÍQUOTAS DIFERENCIADAS – EMENDA N. 23/1983 – CTN, ARTS. 97 E 175, I.

I – Não e admissível o creditamento do valor do ICM correspondente ao diferencial das alíquotas, que não se confunde com isenção parcial. Outrossim, não ocorre a quebra do princípio da não cumulatividade do ICM.

II – Precedentes da jurisprudência. III – Recurso provido. **(REsp nº 65.926/SC; REsp 1995/0023.323-1, Rel. Min. Milton Luiz Pereira, *DJ* 22/04/1996, p. 12.535.)**

Não se pode esquecer de que, se a operação for entre contribuintes com mercadoria destinada à industrialização ou comercialização, somente haverá incidência do ICMS na saída do Estado remetente, ficando a tributação no Estado destinatário para quando houver a posterior saída do estabelecimento adquirente.

Como exemplo, vamos representar uma operação interestadual com mercadorias entre São Paulo e Minas Gerais, também considerando:

a) alíquotas interestaduais do ICMS – 12%; e
b) alíquotas internas de MG e SP – 18%

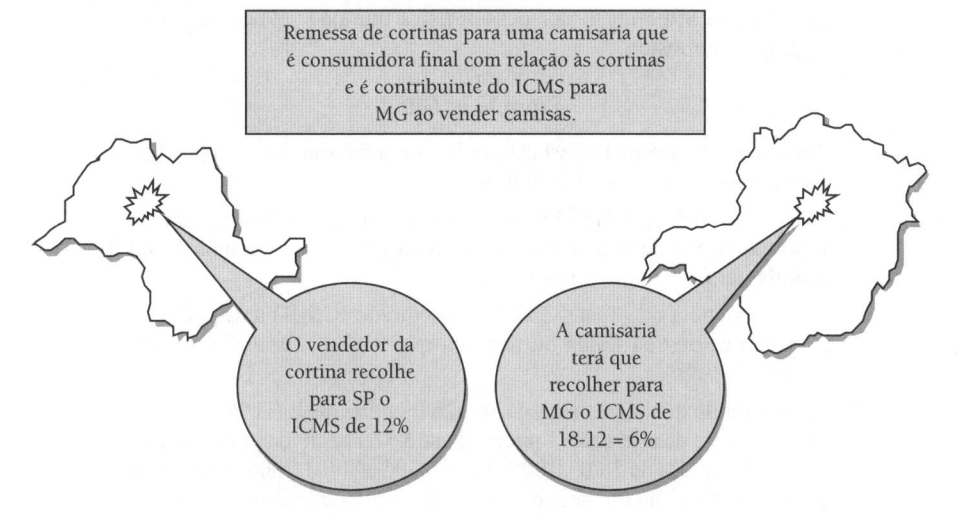

> Remessa de cortinas para uma camisaria que é consumidora final com relação às cortinas e é contribuinte do ICMS para MG ao vender camisas.

> O vendedor da cortina recolhe para SP o ICMS de 12%

> A camisaria terá que recolher para MG o ICMS de 18-12 = 6%

Art. 155, § 2º O imposto previsto no inciso II atenderá ao seguinte:

(...)

IX – incidirá também:

a) sobre a entrada de bem ou mercadoria importados do exterior por pessoa física ou jurídica, ainda que não seja contribuinte habitual do imposto, qualquer que seja a sua finalidade, assim como sobre o serviço prestado no exterior, cabendo o imposto ao Estado onde estiver situado o domicílio ou o estabelecimento do destinatário da mercadoria, bem ou serviço.

A operação de importação não poderia deixar de ser tributada, uma vez que a desoneração tributária de tais situações deixaria o mercado interno, que é tributado normalmente, em situação de menor competitividade com os produtos estrangeiros.

É importante observar que, neste caso, já se apresenta um fato gerador atípico, que é a entrada da mercadoria importada ou o recebimento do serviço pelo estabelecimento destinatário e que a redação do dispositivo comentado não citava a importação por pessoa física, até o advento da Emenda Constitucional nº 33, conforme se pode observar o texto sem a referida modificação:

Art. 155, § 2º O imposto previsto no inciso II atenderá ao seguinte:

(...)

IX – incidirá também:

a) sobre a entrada de mercadoria importada do exterior, ainda quando se tratar de bem destinado a consumo ou ativo fixo do estabelecimento, assim como sobre serviço prestado no exterior, cabendo o imposto ao Estado onde estiver situado o estabelecimento destinatário da mercadoria ou do serviço.

> ## JURISPRUDÊNCIA
>
> O STF já determinava em sua Súmula n. 660 que não há incidência do ICMS na importação por pessoa física que não seja contribuinte do próprio imposto:
>
> ### Súmula nº 660
>
> "Não incide ICMS na importação de bens por pessoa física ou jurídica que não seja contribuinte do imposto."
>
> Com o advento da citada EC n. 3, que incluiu como fato gerador a importação por pessoa física, houve uma proposta de alteração da Súmula para a seguinte redação:
>
> "Até a vigência da EC n. 33/2001, não incide ICMS na importação de bens por pessoa física ou jurídica que não seja contribuinte do imposto."
>
> Considerando que o Tribunal, na Sessão Plenária de 26/11/2003, recusou a proposta de alteração, foi republicado o respectivo enunciado nos Diários da Justiça de 28/03/2006, 29/03/2006 e 30/03/2006, com o teor aprovado na Sessão Plenária de 24/09/2003: "Não incide ICMS na importação de bens por pessoa física ou jurídica que não seja contribuinte do imposto."**(Data de Aprovação: Sessão Plenária de 24/09/2003.)**
>
> Portanto, deparamo-nos com uma situação no mínimo inusitada: o texto constitucional determina a incidência e o STF estabelece que não haverá esta incidência.
>
> Outra posição importante do STF diz respeito ao momento da cobrança do ICMS na importação:
>
> ### Súmula Vinculante nº 48 do STF
>
> "Na entrada de mercadoria importada do exterior, é legítima a cobrança do ICMS por ocasião do desembaraço aduaneiro".

Quando ocorre prestação de serviço com fornecimento de mercadoria, os Estados e o DF querem exigir ICMS sobre a mercadoria, e os Municípios ISS sobre o serviço, criando-se o que se chama de conflito de competência.

A Constituição Federal, em seu art. 146, I, determina que a solução desses conflitos depende de lei complementar. Neste caso específico, a matéria é regulada pela Lei Complementar nº 116/2003, que estabelece uma lista de serviços tributáveis pelo ISS.

Desse modo, podemos concluir, com relação à prestação de serviços com fornecimento de mercadorias:

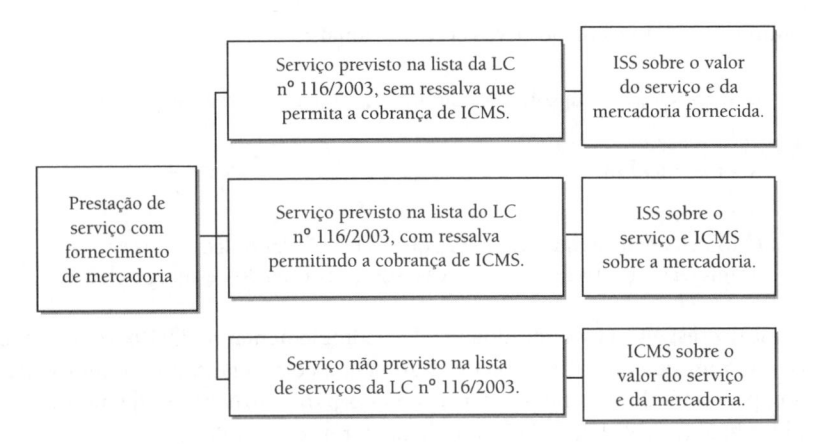

```
                    ┌──────────────────────────┐   ┌──────────────────────┐
                    │ Serviço previsto na lista│   │ ISS sobre o valor   │
                 ┌──│ da LC n° 116/2003, sem   │───│ do serviço e da     │
                 │  │ ressalva que permita a   │   │ mercadoria fornecida.│
                 │  │ cobrança de ICMS.        │   │                      │
                 │  └──────────────────────────┘   └──────────────────────┘
┌─────────────┐  │  ┌──────────────────────────┐   ┌──────────────────────┐
│ Prestação de│  │  │ Serviço previsto na lista│   │ ISS sobre o         │
│ serviço com │  │  │ do LC n° 116/2003, com   │   │ serviço e ICMS      │
│ fornecimento│──┼──│ ressalva permitindo a    │───│ sobre a mercadoria. │
│ de mercadoria│ │  │ cobrança de ICMS.        │   │                      │
└─────────────┘  │  └──────────────────────────┘   └──────────────────────┘
                 │  ┌──────────────────────────┐   ┌──────────────────────┐
                 │  │ Serviço não previsto na  │   │ ICMS sobre o        │
                 └──│ lista de serviços da LC  │───│ valor do serviço    │
                    │ n° 116/2003.             │   │ e da mercadoria.    │
                    └──────────────────────────┘   └──────────────────────┘
```

Art. 155, § 2° O imposto previsto no inciso II atenderá ao seguinte:

(...)

X – não incidirá:

a) sobre operações que destinem mercadorias para o exterior, nem sobre serviços prestados a destinatários no exterior, assegurada a manutenção e o aproveitamento do montante do imposto cobrado nas operações e prestações anteriores;

Este artigo, com a redação dada pela Emenda Constitucional n° 42, de 19 de dezembro de 2003, estabelece um duplo benefício fiscal, uma vez que a exportação não gera débito de imposto, mas os créditos do ICMS relativos aos produtos exportados poderão ser utilizados em outras operações tributadas.

Aqui, a Emenda Constitucional n° 42/2003 apenas adaptou o texto constitucional a uma situação que de fato já existia, uma vez que a Lei Complementar n° 87/1996 já excluía, em seu art. 3°, a incidência do imposto:

Lei Complementar n° 87/1996

Art. 3° O imposto não incide sobre:

(...)

II – operações e prestações que destinem ao exterior mercadorias, inclusive produtos primários e produtos industrializados semielaborados, ou serviços;

Bem como já permitia a manutenção do crédito nos mesmos casos, bem como nas operações com o papel destinado à impressão de livros, jornais e periódicos:

Lei Complementar n° 87/1996

Art. 21, § 2° Não se estornam créditos referentes a mercadorias e serviços que venham a ser objeto de operações ou prestações destinadas ao exterior ou de operações com o papel destinado à impressão de livros, jornais e periódicos. (Redação dada pela Lei Complementar n° 120, de 2005).

Continuando com os dispositivos constitucionais:

> **Art. 155, § 2º** O imposto previsto no inciso II atenderá ao seguinte:
> (...)
> X – não incidirá:
> (...)
> *b*) sobre operações que destinem a outros Estados petróleo, inclusive lubrificantes, combustíveis líquidos e gasosos dele derivados, e energia elétrica;

No que diz respeito a esta imunidade, a Lei Complementar nº 87/1996 só considera tais operações imunes quando o produto for destinado à comercialização ou industrialização, excluindo, portanto, do benefício fiscal, a remessa para outro estado quando destinado a consumidor final (art. 3º, III, da Lei Complementar nº 87/1996):

> **Art. 3º** O imposto não incidirá sobre:
> (...)
> III – operações interestaduais relativas a energia elétrica e petróleo, inclusive lubrificantes e combustíveis líquidos e gasosos dele derivados, quando destinados à industrialização ou à comercialização.

É sempre bom lembrar que o álcool não é um combustível derivado de petróleo; portanto, é tributado, mesmo quando destinado a outro Estado. No caso dos produtos imunes, o benefício só ocorre para operações interestaduais.

> **Art. 155, § 2º** O imposto previsto no inciso II atenderá ao seguinte:
> (...)
> X – não incidirá:
> (...)
> *c*) sobre o ouro, nas hipóteses definidas no art. 153, § 5º.

O ouro, quando definido em lei como ativo financeiro ou instrumento cambial, sujeita-se exclusivamente à incidência do IOF, de acordo com o art. 153, § 5º, da CF, e da CPMF, conforme o art. 74, § 2º, do Ato das Disposições Transitórias da CF.

> **Art. 155, § 2º** O imposto previsto no inciso II atenderá ao seguinte:
> (...)
> X – não incidirá:
> (...)
> *d*) nas prestações de serviço de comunicação nas modalidades de radiodifusão sonora e de sons e imagens de recepção livre e gratuita;

No que diz respeito a esta imunidade, introduzida pela Emenda Constitucional nº 42, de 19 de dezembro de 2003, é oportuno que se comente que já não havia incidência do ICMS, uma vez que a Lei Complementar nº 87/1996 já determinava que o ICMS só incidia sobre serviço oneroso de comunicação.

Embora o art. 155, § 2º, X, da Constituição Federal cite somente estas imunidades, é importante fazer uma remissão ao art. 150, VI, *d*, da Carta Magna que cria uma imunidade objetiva para livros, jornais, periódicos e o papel destinado à sua impressão, vedando, portanto, a incidência de qualquer imposto, inclusive do ICMS, sobre esses produtos.

Art. 155, § 2º O imposto previsto no inciso II atenderá ao seguinte:
(...)
XI – não compreenderá, em sua base de cálculo, o montante do IPI, quando a operação, realizada entre contribuintes e relativa a produto destinado à industrialização ou à comercialização, configurar fato gerador dos dois impostos.

Baseado neste dispositivo constitucional, o ICMS não incidirá sobre o valor do IPI quando a indústria vender para outro contribuinte que vai comercializar ou industrializar o produto.

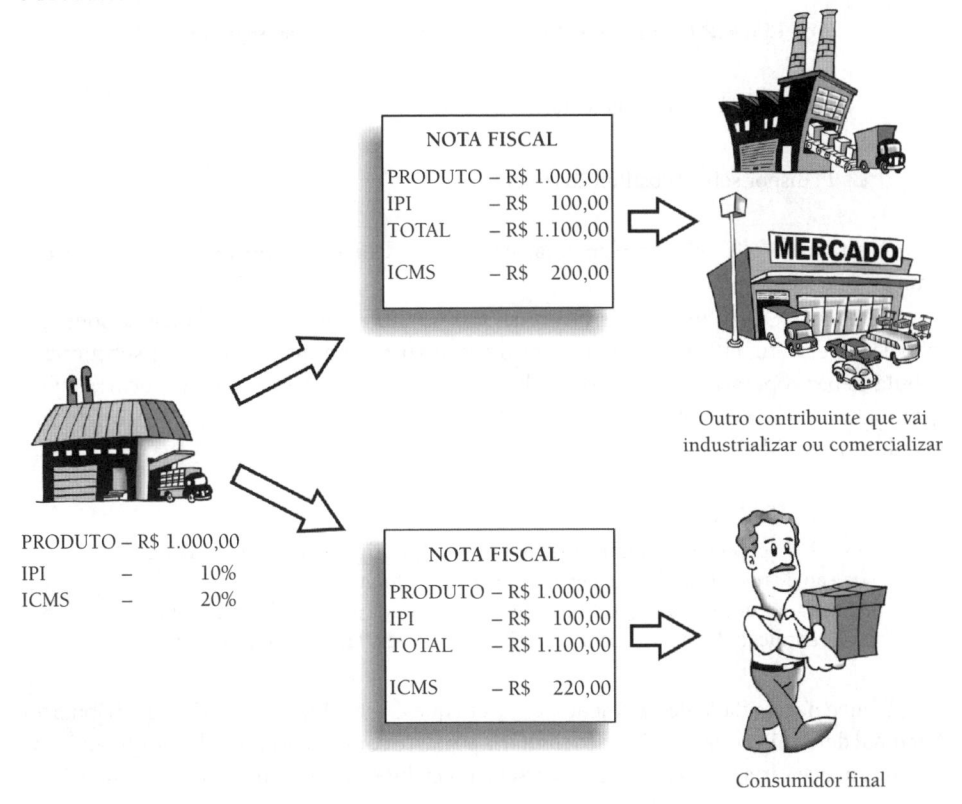

NOTA FISCAL
PRODUTO – R$ 1.000,00
IPI   – R$ 100,00
TOTAL   – R$ 1.100,00

ICMS   – R$ 200,00

Outro contribuinte que vai industrializar ou comercializar

PRODUTO – R$ 1.000,00
IPI   –   10%
ICMS –   20%

NOTA FISCAL
PRODUTO – R$ 1.000,00
IPI   – R$ 100,00
TOTAL   – R$ 1.100,00

ICMS   – R$ 220,00

Consumidor final

Art. 155, § 2º O imposto previsto no inciso II atenderá ao seguinte:
(...)
XII – cabe à lei complementar:
a) definir seus contribuintes.

Neste caso, o constituinte apenas reforçou uma determinação constitucional já prevista no art. 146, III, *a*, da própria Constituição Federal.

> **Art. 146.** Cabe à lei complementar:
>
> (...)
>
> III – estabelecer normas gerais em matéria de legislação tributária, especialmente sobre:
>
> *a*) definição de tributos e de suas espécies, bem como, em relação aos impostos discriminados nesta Constituição, dos respectivos fatos geradores, bases de cálculo e contribuintes.

É importante chamar a atenção para o fato de que a expressão "contribuintes" não foi empregada de forma perfeita, uma vez que a ideia é que o sujeito passivo esteja definido em lei complementar, assim entendido o contribuinte e o responsável, nos termos do art. 121 do CTN.

> **Art. 155, § 2º** O imposto previsto no inciso II atenderá ao seguinte:
>
> (...)
>
> XII – cabe à lei complementar:
>
> (...)
>
> *b*) dispor sobre substituição tributária.

A esta matéria a Lei Complementar nº 87/1996 dedicou, conforme veremos a seguir, uma grande atenção.

Também a Constituição Federal, no art. 150, § 7º, introduzido com a Emenda Constitucional nº 3, de 17/03/1993, traz importante dispositivo, permitindo que ocorra a substituição tributária para operações posteriores, cobrando-se o ICMS antes mesmo que ocorra o fato gerador e estabelecendo preferência na restituição do valor recolhido, caso não ocorra o fato gerador presumido:

> **Art. 150 (...)**
>
> § 7º A lei poderá atribuir a sujeito passivo de obrigação tributária a condição de responsável pelo pagamento de imposto ou contribuição, cujo fato gerador deva ocorrer posteriormente, assegurada a imediata e preferencial restituição da quantia paga, caso não se realize o fato gerador presumido.

Houve necessidade desta emenda uma vez que o art. 113, § 1º, do Código Tributário Nacional determina que a obrigação tributária só nasce com a ocorrência do fato gerador, fazendo com que várias empresas questionassem judicialmente a cobrança antecipada do ICMS.

> **Art. 155, § 2º** O imposto previsto no inciso II atenderá ao seguinte:
>
> (...)
>
> XII – cabe à lei complementar:
>
> (...)
>
> *c*) disciplinar o regime de compensação do imposto.

Conforme já visto por nós, o art. 155, § 2º, I, da Constituição Federal determina que o ICMS terá que ser não cumulativo, compensando-se o valor devido na operação com os valores pagos anteriormente. A esta compensação é que se refere o art. 155, § 2º, XII, c.

> **Art. 155, § 2º** O imposto previsto no inciso II atenderá ao seguinte:
> (...)
> XII – cabe à lei complementar:
> (...)
> d) fixar, para efeito de cobrança e definição do estabelecimento responsável, o local das operações relativas à circulação de mercadorias e das prestações de serviços.

Observamos aqui que o constituinte novamente emprega a expressão jurídica de forma imperfeita. Quando cita o responsável, na verdade está se referindo ao sujeito passivo da obrigação, quer seja contribuinte ou responsável.

A Lei Complementar nº 87/1996 determina, conforme estudaremos, o local das operações de todos os fatos geradores previstos.

> **Art. 155, § 2º** O imposto previsto no inciso II atenderá ao seguinte:
> (...)
> XII – cabe à lei complementar:
> (...)
> e) excluir da incidência do imposto, nas exportações para o exterior, serviços e outros produtos além dos mencionados no inciso X, a.

Estes benefícios fiscais concedidos por lei complementar federal são chamados pelos doutrinadores de isenções heterônomas, uma vez que a União legisla sobre imposto estadual.

É importante lembrar que este dispositivo é uma exceção ao art. 151, III, da própria Constituição, que determina que é vedado à União instituir isenções de tributos de competência dos Estados, Distrito Federal e Municípios e ao art. 150, § 6º, também da Carta Magna, que determina que qualquer benefício fiscal terá que ser concedido por lei específica, federal, estadual ou municipal.

Conforme veremos adiante, a Lei Complementar nº 87/1996 excluiu da incidência do ICMS qualquer mercadoria ou serviço que vá para o exterior.

Além disso, este dispositivo constitucional deixou de ter aplicação prática, uma vez que a Emenda Constitucional nº 42, de 19 de dezembro de 2003, determinou que qualquer mercadoria ou serviço destinado ao exterior passa a ser imune, dando nova redação ao art. 155, § 2º, X, a, da CF:

> **Art. 155, § 2º** O imposto previsto no inciso II atenderá ao seguinte:
> (...)
> X – não incidirá:
> a) sobre operações que destinem mercadorias para o exterior, nem sobre serviços prestados a destinatários no exterior, assegurada a manutenção

e o aproveitamento do montante do imposto cobrado nas operações e prestações anteriores;

Art. 155, § 2º O imposto previsto no inciso II atenderá ao seguinte:

XII - cabe à lei complementar:

(...)

f) prever casos de manutenção de crédito, relativamente à remessa para outro Estado e exportação para o exterior, de serviços e de mercadorias.

Já estudamos que o art. 155, § 2º II, determina que a isenção ou não incidência, salvo determinação em contrário da legislação, acarretará a anulação do crédito relativo às operações anteriores. O art. 155, § 2º, XII, *f*, apenas determina que cabe à lei complementar determinar os casos nos quais não haverá a referida anulação, em se tratando de exportação para o exterior e remessa para outro Estado de mercadorias e serviços.

Art. 155, § 2º O imposto previsto no inciso II atenderá ao seguinte:

(...)

XII - cabe à lei complementar:

(...)

g) regular a forma como, mediante deliberação dos Estados e do Distrito Federal, isenções, incentivos e benefícios fiscais serão concedidos e revogados.

Este dispositivo, derrogando o art. 176 do Código Tributário Nacional, que determina que somente a lei pode conceder isenção, estabelece que, no caso do ICMS, numa tentativa de eliminar a guerra fiscal entre Estados, esses benefícios terão que ser concedidos por convênios entre as Unidades da Federação.

A forma como esses convênios serão celebrados está prevista na Lei Complementar nº 24, de 07 de janeiro de 1975, recepcionada pela atual Constituição Federal, cujos dispositivos pertinentes são citados a seguir.

LEI COMPLEMENTAR FEDERAL Nº 24
DE 07 DE JANEIRO DE 1975

Art. 1º As isenções do imposto sobre operações relativas à circulação de mercadorias serão concedidas ou revogadas nos termos de convênios celebrados e ratificados pelos Estados e pelo Distrito Federal, segundo esta Lei.

Parágrafo único. O disposto neste artigo também se aplica:

I - à redução da base de cálculo;

II - à devolução total ou parcial, direta ou indireta, condicionada ou não, do tributo, ao contribuinte, a responsável ou a terceiros;

III - à concessão de créditos presumidos;

IV - a quaisquer outros incentivos ou favores fiscais ou financeiro-fiscais, concedidos com base no Imposto de Circulação de Mercadorias, dos quais resulte redução ou eliminação, direta ou indireta, do respectivo ônus;

V - às prorrogações e às extensões das isenções vigentes nesta data.

Art. 2º Os convênios a que alude o art. 1º serão celebrados em reuniões para as quais tenham sido convocados representantes de todos os Estados e do Distrito Federal, sob a presidência de representantes do Governo federal.

§ 1º As reuniões se realizarão com a presença de representantes da maioria das unidades da Federação.

§ 2º A concessão de benefícios dependerá sempre de decisão unânime dos Estados representados; a sua revogação total ou parcial dependerá de aprovação de quatro quintos, pelo menos, dos representantes presentes.

§ 3º Dentro de 10 (dez) dias, contados da data final da reunião a que se refere este artigo, a resolução nela adotada será publicada no Diário Oficial da União.

Art. 3º Os convênios podem dispor que a aplicação de qualquer de suas cláusulas seja limitada a uma ou a algumas unidades da Federação.

Art. 4º Dentro do prazo de 15 (quinze) dias, contados da publicação dos convênios no Diário Oficial da União, e independentemente de qualquer outra comunicação, o Poder Executivo de cada unidade da Federação publicará decreto ratificando ou não os convênios celebrados, considerando-se ratificação tácita dos convênios a falta de manifestação no prazo assinalado neste artigo.

§ 1º O disposto neste artigo aplica-se também às unidades da Federação cujos representantes não tenham comparecido à reunião em que hajam sido celebrados os convênios.

§ 2º Considerar-se-á rejeitado o convênio que não for expressa ou tacitamente ratificado pelo Poder Executivo de todas as unidades da Federação ou, nos casos de revogação a que se refere o art. 2º, § 2º, desta Lei, pelo Poder Executivo de, no mínimo, quatro quintos das unidades da Federação.

Art. 5º Até 10 (dez) dias depois de findo o prazo de ratificação dos convênios, promover-se-á, segundo o disposto em Regimento, a publicação relativa à ratificação ou à rejeição no Diário Oficial da União.

Art. 6º Os convênios entrarão em vigor no trigésimo dia após a publicação a que se refere o art. 5º, salvo disposição em contrário.

Art. 7º Os convênios ratificados obrigam todas as unidades da Federação inclusive as que, regularmente convocadas, não se tenham feito representar na reunião.

Art. 8º A inobservância dos dispositivos desta Lei acarretará, cumulativamente:

I – a nulidade do ato e a ineficácia do crédito fiscal atribuído ao estabelecimento recebedor da mercadoria;

II – a exigibilidade do imposto não pago ou devolvido e a ineficácia da lei ou ato que conceda remissão do débito correspondente.

Parágrafo único. Às sanções previstas neste artigo poder-se-ão acrescer a presunção de irregularidade das contas correspondentes ao exercício, a juízo do Tribunal de Contas da União, e a suspensão do pagamento das quotas referentes ao Fundo de Participação, ao Fundo Especial e aos impostos referidos nos itens VIII e IX do art. 21 da Constituição Federal.

Art. 9º É vedado aos Municípios, sob pena das sanções previstas no artigo anterior, concederem qualquer dos benefícios relacionados no art. 1º no que se refere à sua parcela na receita do imposto de circulação de mercadorias.

Art. 10. Os convênios definirão as condições gerais em que se poderão conceder, unilateralmente, anistia, remissão, transação, moratória, parcelamento de débitos fiscais e ampliação do prazo de recolhimento do imposto de circulação de mercadorias.

Art. 11. O Regimento das reuniões de representantes das Unidades da Federação será aprovado em convênio.

Art. 12. São mantidos os benefícios fiscais decorrentes de convênios regionais e nacionais vigentes à data desta Lei, até que revogados ou alterados por outro.

§ 1º. Continuam em vigor os benefícios fiscais ressalvados pelo § 6º do art. 3º do Decreto-Lei nº 406, de 31 de dezembro de 1968, com a redação que lhe deu o art. 5º do Decreto-Lei nº 834, de 8 de setembro de 1969, até o vencimento do prazo ou cumprimento das condições correspondentes.

§ 2º Quaisquer outros benefícios fiscais concedidos pela legislação estadual considerar-se-ão revogados se não forem convalidados pelo primeiro convênio que se realizar na forma desta Lei, ressalvados os concedidos por prazo certo ou em função de determinadas condições que já tenham sido incorporadas ao patrimônio jurídico de contribuinte. O prazo para a celebração deste convênio será de 90 (noventa) dias a contar da data da publicação desta Lei.

§ 3º A convalidação de que trata o parágrafo anterior se fará pela aprovação de 2/3 (dois terços) dos representantes presentes, observando-se, na respectiva ratificação, este quórum e o mesmo processo do disposto no art. 4º.

(...)

Art. 15. O disposto nesta Lei não se aplica às indústrias instaladas ou que vierem a instalar-se na Zona Franca de Manaus, sendo vedado às demais unidades da Federação determinar a exclusão de incentivo fiscal, prêmio ou estimulo concedido pelo Estado do Amazonas.

Art. 16. Esta Lei entrará em vigor na data de sua publicação, revogadas as disposições em contrário.

Voltando ao estudo do texto constitucional, passemos à análise do art. 155, § 2º, XII, *h*:

Art. 155, § 2º O imposto previsto no inciso II atenderá ao seguinte:

(...)

XII – cabe à lei complementar:

(...)

h) definir os combustíveis e lubrificantes sobre os quais o imposto incidirá uma única vez, qualquer que seja a sua finalidade, hipótese em que não se aplicará o disposto no inciso X, *b*.

A Lei Complementar nº 87/1996 já havia determinado que haveria incidência do ICMS nas operações interestaduais relativas à energia elétrica e ao petróleo, inclusive lubrificantes e combustíveis líquidos e gasosos dele derivados, quando destinados a consumidor final, criando um certo conflito com o art. 155, § 2º, X, b, da CF, que determina a imunidade para essas operações. A alegação do legislador era de que a imunidade se referia apenas à saída dos produtos, podendo-se tributar a chegada na outra unidade da Federação.

Com a introdução desta alínea h no inciso XII do art. 155 da CF, pela Emenda Constitucional nº 33, foi resolvida essa questão doutrinária, no que diz respeito a combustíveis e lubrificantes.

Além disso, com a intenção de disciplinar a matéria, a mesma Emenda Constitucional nº 33 criou os §§ 4º e 5º do art. 155 da CF, citados a seguir:

> § 4º Na hipótese do inciso XII, h, observar-se-á o seguinte:
>
> I – nas operações com os lubrificantes e combustíveis derivados de petróleo, o imposto caberá ao Estado onde ocorrer o consumo;
>
> II – nas operações interestaduais, entre contribuintes, com gás natural e seus derivados, e lubrificantes e combustíveis não incluídos no inciso I deste parágrafo, o imposto será repartido entre os Estados de origem e de destino, mantendo-se a mesma proporcionalidade que ocorre nas operações com as demais mercadorias;
>
> III – nas operações interestaduais com gás natural e seus derivados, e lubrificantes e combustíveis não incluídos no inciso I deste parágrafo, destinadas a não contribuinte, o imposto caberá ao Estado de origem;
>
> IV – as alíquotas do imposto serão definidas mediante deliberação dos Estados e Distrito Federal, nos termos do § 2º, XII, g, observando-se o seguinte:
>
> a) serão uniformes em todo o território nacional, podendo ser diferenciadas por produto;
>
> b) poderão ser específicas, por unidade de medida adotada, ou ad valorem, incidindo sobre o valor da operação ou sobre o preço que o produto ou seu similar alcançaria em uma venda em condições de livre concorrência;
>
> c) poderão ser reduzidas e restabelecidas, não se lhes aplicando o disposto no art. 150, III, b.
>
> § 5º. As regras necessárias à aplicação do disposto no § 4º, inclusive as relativas à apuração e à destinação do imposto, serão estabelecidas mediante deliberação dos Estados e do Distrito Federal, nos termos do § 2º, XII, g (NR).

O art. 155, § 2º, XII, i, da CF, dispositivo criado pela Emenda Constitucional nº 33, apenas veio reforçando a ideia de que as operações de importação são, em tudo, equiparadas às operações internas, nas quais o ICMS integra a sua respectiva base de cálculo, constituindo o seu destaque no documento fiscal uma mera informação ao contribuinte.

> **Art. 155, § 2º** O imposto previsto no inciso II atenderá ao seguinte:
>
> (...)
>
> XII – cabe à lei complementar:
>
> (...)
>
> i) fixar a base de cálculo, de modo que o montante do imposto a integre, também na importação do exterior de bem, mercadoria ou serviço.

Finalizando os dispositivos constitucionais a respeito do ICMS, é bom citar o art. 155, § 3º, daquele diploma que determina que o referido imposto é um dos três que poderão incidir sobre operações relativas à energia elétrica, aos serviços de telecomunicações, derivados de petróleo, combustíveis e minerais do país.

A redação deste parágrafo sofreu uma alteração com a Emenda Constitucional nº 33, que substituiu a expressão tributo por imposto, visando, principalmente, a permitir a cobrança da contribuição de intervenção no domínio econômico relativa às atividades de importação ou comercialização de petróleo e seus derivados, gás natural e seus derivados e álcool combustível, criada pela mesma Emenda Constitucional:

> Art. 155, § 3º À exceção dos impostos de que tratam o inciso II do *caput* deste artigo e o art. 153, I e II, nenhum outro imposto poderá incidir sobre operações relativas a energia elétrica, serviços de telecomunicações, derivados de petróleo, combustíveis e minerais do País.

A Lei Complementar nº 87/1996 estabelece normas gerais aplicáveis ao ICMS, tendo sofrido significativa alteração com a redação dada pela Lei Complementar nº 102, de 11/07/2000.

Iniciaremos, portanto, o estudo desta importante norma infraconstitucional.

DA INCIDÊNCIA

> Art. 2º O imposto incide sobre:
> I – operações relativas à circulação de mercadorias, inclusive o fornecimento de alimentação e bebidas em bares, restaurantes e estabelecimentos similares.

Neste dispositivo, o legislador dirimiu um conflito de competência entre Estados e Municípios, com relação à tributação sobre o fornecimento de alimentação e bebida em estabelecimentos do gênero. Os fiscos municipais insistiam em considerar que o fato jurídico seria apenas uma prestação de serviço, interpretação que interessava aos contribuintes, à medida que as alíquotas do ISS, via de regra, são bem inferiores às do ICMS.

> Art. 2º O imposto incide sobre:
> (...)
> II – prestações de serviços de transporte interestadual e intermunicipal, por qualquer via, de pessoas, bens, mercadorias ou valores.

Aqui, o legislador deixa em aberto a discussão doutrinária a respeito da incidência do ICMS nas operações de transportes internacionais. A maioria das unidades da Federação insiste em tributar tais operações, fundamentada no parágrafo primeiro, inciso segundo deste artigo, que será em seguida comentado, fato que tem demandado um grande número de ações judiciais.

> Art. 2º O imposto incide sobre:
> (...)

III – prestações onerosas de serviços de comunicação, por qualquer meio, inclusive a geração, a emissão, a recepção, a transmissão, a retransmissão, a repetição e a ampliação de comunicação de qualquer natureza.

Neste dispositivo, contrariando uma tendência do legislador, que tenta sempre interpretar os dispositivos tributários extensivamente, permitindo uma maior arrecadação, a Lei Kandir restringiu a base tributária no tocante aos serviços de comunicação, determinando que apenas aquelas prestações onerosas serão tributadas.

Art. 2º O imposto incide sobre:

(...)

IV – fornecimento de mercadorias com prestação de serviços não compreendidos na competência tributária dos Municípios;

V – fornecimento de mercadorias com prestação de serviços sujeitos ao imposto sobre serviços, de competência dos Municípios, quando a lei complementar aplicável expressamente o sujeitar à incidência do imposto estadual.

Com relação a estes dois incisos, a matéria a eles pertinente já foi esgotada quando do estudo do art. 155, § 2º, IX, *b*, da Constituição Federal.

Para recordar o assunto, é importante rever o quadro de incidência tributária nas prestações de serviço com fornecimento de mercadorias:

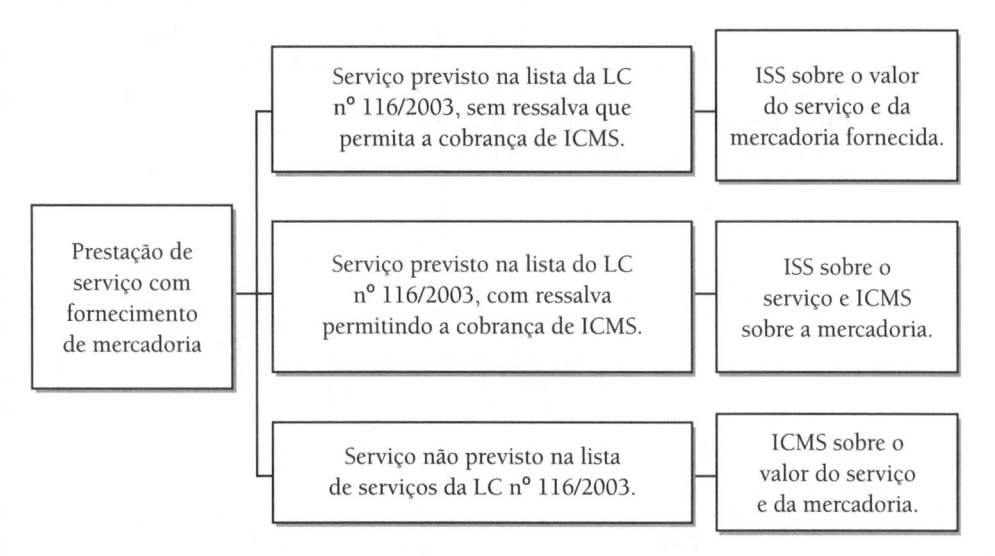

Prestação de serviço com fornecimento de mercadoria	Serviço previsto na lista da LC nº 116/2003, sem ressalva que permita a cobrança de ICMS.	ISS sobre o valor do serviço e da mercadoria fornecida.
	Serviço previsto na lista do LC nº 116/2003, com ressalva permitindo a cobrança de ICMS.	ISS sobre o serviço e ICMS sobre a mercadoria.
	Serviço não previsto na lista de serviços da LC nº 116/2003.	ICMS sobre o valor do serviço e da mercadoria.

Art. 2º, § 1º. O imposto incide também:

I – sobre a entrada de mercadoria ou bem importados do exterior, por pessoa física ou jurídica, ainda que não seja contribuinte habitual do imposto, qualquer que seja a sua finalidade; (Redação dada pela LC 114, de 16.12.2002)

Quando estudamos o art. 155, § 2º, IX, *a*, da Constituição Federal, foi comentado o fato de que existe uma grande discussão doutrinária com relação a este dispositivo constitucional, no que diz respeito à utilização da expressão "do estabelecimento", dando margem à interpretação de que a importação por pessoa física não poderá ser tributada.

Neste caso, o dispositivo da Lei Kandir supracitado tenta suprir a ausência de determinação expressa na Constituição Federal, no que diz respeito à importação por pessoa física.

> **Art. 2º, § 1º** O imposto incide também:
>
> (...)
>
> II – sobre o serviço prestado no exterior ou cuja prestação se tenha iniciado no exterior.

Conforme foi comentado sobre o fato gerador do serviço de transporte interestadual ou intermunicipal de transporte, o legislador deixou de fora o serviço internacional. Pois bem, no dispositivo citado anteriormente estes serviços passam a constituir fato tributável pelo ICMS.

A crítica a este dispositivo é no sentido de que o legislador estaria criando uma hipótese de tributação não prevista na Constituição Federal.

É importante lembrar que os serviços aqui referidos incluem os de transporte e comunicação prestados ou iniciados no exterior.

> **Art. 2º, § 1º** O imposto incide também:
>
> (...)
>
> III – sobre a entrada, no território do Estado destinatário, de petróleo, inclusive lubrificantes e combustíveis líquidos e gasosos dele derivados, e de energia elétrica, quando não destinados à comercialização ou à industrialização, decorrentes de operações interestaduais, cabendo o imposto ao Estado onde estiver localizado o adquirente.

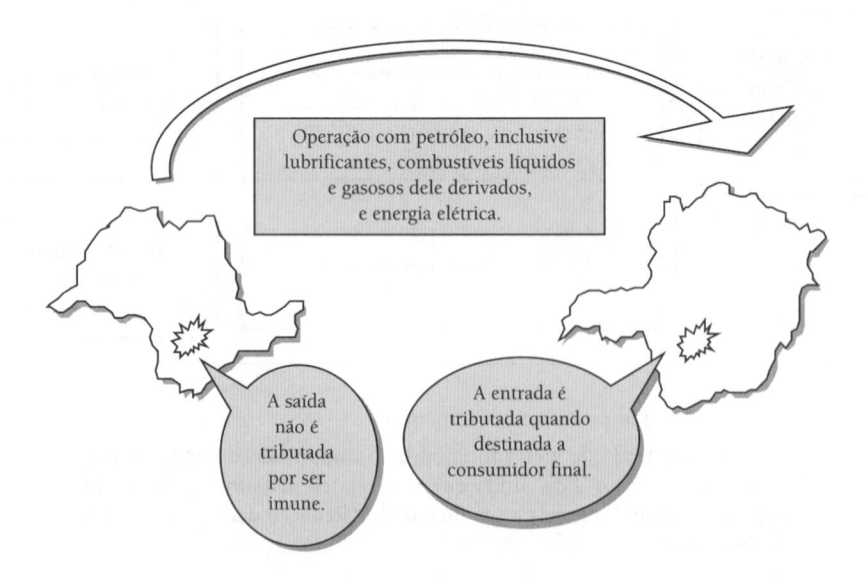

Operação com petróleo, inclusive lubrificantes, combustíveis líquidos e gasosos dele derivados, e energia elétrica.

A saída não é tributada por ser imune.

A entrada é tributada quando destinada a consumidor final.

Art. 2º, § 2º A caracterização do fato gerador independe da natureza jurídica da operação que o constitua.

Este último dispositivo, relativo ao fato gerador do ICMS, determina que a operação de circulação de mercadoria pode ser devida à doação, troca, devolução, qualquer ato jurídico que caracterize troca de titularidade de mercadorias ou qualquer outra forma de circulação, ressalvadas as hipóteses previstas nesta lei ou em convênios entre Estados e Distrito Federal.

É importante aqui a citação do art. 118 do Código Tributário Nacional, que determina que o fato gerador é interpretado, abstraindo-se da natureza jurídica dos atos praticados, bem como dos seus efeitos jurídicos.

Desta forma, pode-se construir o seguinte quadro resumo das incidências previstas na Lei Kandir:

LEI KANDIR	INCIDÊNCIA
Art. 2º, I	Operações relativas à circulação de mercadorias, inclusive o fornecimento de alimentação e bebidas em bares, restaurantes e estabelecimentos similares.
Art. 2º, II	Prestações de serviços de transporte interestadual e intermunicipal, por qualquer via, de pessoas, bens, mercadorias ou valores.
Art. 2º, III	Prestações onerosas de serviços de comunicação, por qualquer meio, inclusive a geração, a emissão, a recepção, a transmissão, a retransmissão, a repetição e a ampliação de comunicação de qualquer natureza.
Art. 2º, IV	Fornecimento de mercadorias com prestação de serviços não compreendidos na competência tributária dos Municípios.
Art. 2º, V	Fornecimento de mercadorias com prestação de serviços sujeitos ao imposto sobre serviços, de competência dos Municípios, quando a lei complementar aplicável expressamente o sujeitar à incidência do imposto estadual.
Art. 2º, § 1º, I	Entrada de mercadoria importada do exterior, por pessoa física ou jurídica, ainda que não seja contribuinte habitual do imposto, qualquer que seja a sua finalidade.
Art. 2º, § 1º, II	Serviço prestado no exterior ou cuja prestação se tenha iniciado no exterior.
Art. 2º, § 1º, III	Entrada, no território do Estado destinatário, de petróleo, inclusive lubrificantes e combustíveis líquidos e gasosos dele derivados, e de energia elétrica, quando não destinados à comercialização ou à industrialização, decorrentes de operações interestaduais, cabendo o imposto ao Estado onde estiver localizado o adquirente.

DO MOMENTO DA OCORRÊNCIA

Lei Kandir	Fato gerador	Momento da ocorrência
Art. 12, I	Saída de mercadoria de estabelecimento de contribuinte, ainda que para outro estabelecimento do mesmo titular.	Saída da mercadoria.
Art. 12, II	Fornecimento de alimentação, bebidas e outras mercadorias por qualquer estabelecimento.	Fornecimento de alimentação, bebidas e outras mercadorias.
Art. 12, III	Transmissão a terceiro de mercadoria depositada em armazém-geral ou em depósito fechado, no Estado do transmitente.	O momento da transmissão.
Art. 12, IV	Transmissão de propriedade de mercadoria, ou de título que a represente, quando a mercadoria não tiver transitado pelo estabelecimento transmitente.	O momento da transmissão.
Art. 12, V	Prestação de serviços de transporte interestadual e intermunicipal, de qualquer natureza.	O início do transporte.
Art. 12, VI	Transporte iniciado no exterior.	Ato final do transporte.
Art. 12, VII	Prestações onerosas de serviços de comunicação feitas por qualquer meio, inclusive a geração, a emissão, a recepção, a transmissão, a retransmissão, a repetição e a ampliação de comunicação de qualquer natureza.	O momento da prestação. Ver obs.: 1.
Art. 12, VIII	Fornecimento de mercadoria com prestação de serviços: a) não compreendidos na competência tributária dos Municípios; b) compreendidos na competência tributária dos Municípios e com indicação expressa de incidência do imposto de competência estadual, como definido na lei complementar aplicável.	O momento do fornecimento.
Art. 12, IX	Importação de mercadoria ou bens do exterior.	O desembaraço aduaneiro. Ver obs.: 2.
Art. 12, X	Prestação de serviço no exterior.	O recebimento do serviço pelo destinatário.
Art. 12, XI	Aquisição em licitação pública de mercadorias ou bens importados do exterior apreendidos ou abandonados.	O momento da aquisição.

Lei Kandir	Fato gerador	Momento da ocorrência
Art. 12, XII	Entrada no território do Estado de lubrificantes e combustíveis líquidos e gasosos derivados de petróleo e energia elétrica oriundos de outro Estado, quando não destinados à comercialização ou à industrialização.	O momento da entrada no território do Estado adquirente.
Art. 12, XIII	Utilização, por contribuinte, de serviço cuja prestação se tenha iniciado em outro Estado e não esteja vinculada à operação ou prestação subsequente.	O momento da utilização.

Obs.: 1

Art. 12, § 1º Na hipótese do inciso VII, quando o serviço for prestado mediante pagamento em ficha, cartão ou assemelhados, considera-se ocorrido o fato gerador do imposto quando do fornecimento desses instrumentos ao usuário.

Esta situação é aplicável, por exemplo, quando um cartão telefônico for adquirido em São Paulo e utilizado em outro Estado. O fato gerador do serviço de comunicação considera-se ocorrido em São Paulo.

Obs.: 2

Art. 12, § 2º Na hipótese do inciso IX, após o desembaraço aduaneiro, a entrega, pelo depositário, de mercadoria ou bem importados do exterior deverá ser autorizada pelo órgão responsável pelo seu desembaraço, que somente se fará mediante a exibição do comprovante de pagamento do imposto incidente no ato do despacho aduaneiro, salvo disposição em contrário.

Este parágrafo cria uma obrigação acessória para os entrepostos e depósitos aduaneiros, que somente poderão liberar a mercadoria mediante autorização pelo Fisco Federal, permitindo ao legislador ordinário, no entanto, criar disposição em contrário.

JURISPRUDÊNCIA

Embora a Lei Kandir determine que é fato gerador do ICMS a saída de mercadoria a qualquer título, inclusive para estabelecimento do mesmo titular, este não é o entendimento do STJ, conforme segue:

STJ

1. "A transferência de mercadorias entre estabelecimentos de uma mesma empresa, por si, não se subsume à hipótese de incidência do ICMS,

> já que para a ocorrência do fato gerador deste tributo é essencial a circulação jurídica da mercadoria com a transferência da propriedade".
> 2. "Incidência da Súmula n. 166/STJ, que determina: "não constitui fato gerador do ICMS o simples deslocamento de mercadoria de um para outro estabelecimento do mesmo contribuinte".
> **(STJ – AgRg nos EDcl no REsp 1.127.106/RJ, Agravo Regimental nos Embargos de Declaração no Recurso Especial 2009/0042.951-5, Min. Humberto Martins, *DJe* 17/05/2010)**

DA NÃO INCIDÊNCIA

A Lei Kandir, ao tratar da não incidência, repete situações que constituem imunidades por já estarem previstas na Constituição Federal e cria novas hipóteses de não incidência infraconstitucional.

LEI KANDIR	NÃO INCIDÊNCIA
Art. 3º, I	Operações com livros, jornais, periódicos e o papel destinado à sua impressão.
Art. 3º, II	Operações e prestações que destinem ao exterior mercadorias, inclusive produtos primários e produtos industrializados semielaborados, ou serviços.
Art. 3º, III	Operações interestaduais relativas à energia elétrica e ao petróleo, inclusive lubrificantes e combustíveis líquidos e gasosos dele derivados, quando destinados à industrialização ou à comercialização.
Art. 3º, IV	Operações com ouro, quando definido em lei como ativo financeiro ou instrumento cambial.
Art. 3º, V	Operações relativas a mercadorias que tenham sido ou que se destinem a ser utilizadas na prestação, pelo próprio autor da saída, de serviço de qualquer natureza definido em lei complementar como sujeito ao imposto sobre serviços, de competência dos Municípios, ressalvadas as hipóteses previstas na mesma lei complementar.
Art. 3º, VI	Operações de qualquer natureza de que decorra a transferência de propriedade de estabelecimento industrial, comercial ou de outra espécie.
Art. 3º, VII	Operações decorrentes de alienação fiduciária em garantia, inclusive a operação efetuada pelo credor em decorrência do inadimplemento do devedor.
Art. 3º, VIII	Operações de arrendamento mercantil, não compreendida a venda do bem arrendado ao arrendatário.
Art. 3º, IX	Operações de qualquer natureza de que decorra a transferência de bens móveis salvados de sinistro para companhias seguradoras.

É importante salientar que, nesse caso específico da transferência de bens móveis salvados de sinistro para companhias seguradoras, o STF entende que também a transferência de tais bens das seguradoras para terceiros não sofre tributação do ICMS, nos termos da sua Súmula Vinculante nº 32:

JURISPRUDÊNCIA

Súmula Vinculante nº 32

O ICMS não incide sobre alienação de salvados de sinistro pelas seguradoras.

DO SUJEITO PASSIVO

Nos arts. 4º a 7º da Lei Kandir, o legislador trata do sujeito passivo do ICMS, determinando os contribuintes e criando casos de responsabilidade tributária.

> **Art. 4º** Contribuinte é qualquer pessoa, física ou jurídica, que realize, com habitualidade ou em volume que caracterize intuito comercial, operações de circulação de mercadoria ou prestações de serviços de transporte interestadual e intermunicipal e de comunicação, ainda que as operações e as prestações se iniciem no exterior.

Observa-se que o traço marcante que caracteriza o contribuinte é o fato de que o mesmo realize habitualmente ou em volume que caracterize intuito comercial as operações ou prestações de serviços. No entanto, o parágrafo único do artigo traz algumas exceções:

> **Parágrafo único.** É também contribuinte a pessoa física ou jurídica que, mesmo sem habitualidade ou intuito comercial: (Redação dada pela LC 114, de 16/12/2002)
>
> I – importe mercadorias ou bens do exterior, qualquer que seja a sua finalidade; (Redação dada pela LC 114, de 16/12/2002)
>
> II – seja destinatária de serviço prestado no exterior ou cuja prestação se tenha iniciado no exterior;
>
> III – adquira em licitação mercadorias ou bens apreendidos ou abandonados; (Redação dada pela LC 114, de 16/12/2002)
>
> IV – adquira lubrificantes e combustíveis líquidos e gasosos derivados de petróleo e energia elétrica oriundos de outro Estado, quando não destinados à comercialização ou à industrialização. **(Redação dada pela LCP nº 102, de 11/07/2000)**

No caso do parágrafo acima, é dispensada, para efeito de identificação do contribuinte, a habitualidade ou volume da operação ou serviço.

> **Art. 5º** Lei poderá atribuir a terceiros a responsabilidade pelo pagamento do imposto e acréscimos devidos pelo contribuinte ou responsável, quando os atos ou omissões daqueles concorrerem para o não recolhimento do tributo.

Aqui, o legislador federal apenas permite, fundamentado no art. 128 do Código Tributário Nacional, que sejam criados por lei novos casos de responsabilidade para terceiros, desde que estes estejam vinculados ao fato gerador do imposto. Como exemplo, as leis estaduais atribuem a responsabilidade do pagamento do ICMS ao transportador que preste serviço desta natureza, com mercadoria desacompanhada de documento fiscal.

DA BASE DE CÁLCULO

Como forma de auxiliar o entendimento da matéria, a tabela a seguir define todos os fatos geradores e as respectivas bases de cálculo.

Lei Kandir	Fato gerador	Base de cálculo
Art. 13, I	– Saída de mercadoria de estabelecimento de contribuinte, ainda que para outro estabelecimento do mesmo titular. – Transmissão a terceiro de mercadoria depositada em armazém-geral ou em depósito fechado, no Estado do transmitente. – Transmissão de propriedade de mercadoria, ou de título que a represente, quando a mercadoria não tiver transitado pelo estabelecimento transmitente.	O valor da operação.
Art. 13, II	– Fornecimento de alimentação, bebidas e outras mercadorias por qualquer estabelecimento.	O valor da operação, compreendendo mercadoria e serviço.
Art. 13, III	– Prestação de serviço de transporte interestadual e intermunicipal e de comunicação.	O preço do serviço.
Art. 13, IV, a	– Do fornecimento de mercadoria com prestação de serviços não compreendidos na competência tributária dos Municípios.	O valor total da operação.
Art. 13, IV, b	– Do fornecimento de mercadoria com prestação de serviços compreendidos na competência tributária dos Municípios e com indicação expressa de incidência do imposto de competência estadual, como definido na lei complementar aplicável.	O preço corrente da mercadoria fornecida ou empregada.
Art. 13, V	– Importação de mercadoria no exterior.	A soma das seguintes parcelas: a) o valor da mercadoria ou bem constante dos documentos de importação, convertido em moeda nacional pela mesma taxa de câmbio utilizada no cálculo do imposto de importação; b) II, IPI, IOF; c) quaisquer outros impostos, taxas, contribuições e despesas aduaneiras.

Lei Kandir	Fato gerador	Base de cálculo
Art. 13, VI	– Recebimento, pelo destinatário, de serviço prestado no exterior.	O valor da prestação do serviço acrescido, se for o caso, de todos os encargos relacionados com a sua utilização.
Art. 13, VII	– Aquisição em licitação pública de mercadorias importadas do exterior apreendidas ou abandonadas.	O valor da operação acrescido do valor do II e do IPI e de todas as despesas cobradas ou debitadas ao adquirente.
Art. 13, VIII	– Entrada no território do Estado de lubrificantes e combustíveis líquidos e gasosos derivados de petróleo e energia elétrica oriundos de outro Estado, quando não destinados à comercialização ou à industrialização.	O valor da operação de que decorrer a entrada.
Art. 13, IX	– Utilização, por contribuinte, de serviço cuja prestação se tenha iniciado em outro Estado e não esteja vinculada à operação ou prestação subsequente.	O valor da prestação no Estado de origem.

IPVA
Imposto sobre a propriedade de veículos automotores.
Art. 155, III, da CF.

FATO GERADOR
- O fato gerador do imposto é a propriedade sobre o veículo automotor, assim entendido qualquer veículo com propulsão por meio de motor, com fabricação autorizada e destinada ao transporte de mercadorias, pessoas ou bens como automóveis, motocicletas, embarcações e aeronaves.

JURISPRUDÊNCIA

É importante chamar a atenção para decisões do STF, no sentido de que o IPVA só deverá incidir sobre determinados tipos de veículos, tais como estas a seguir, publicadas no Informativo STF n. 270, de 27 a 31 de maio de 2002.

IPVA: INCIDÊNCIA SOBRE EMBARCAÇÕES

Concluído o julgamento de recurso extraordinário em que se discutia a incidência do IPVA sobre a propriedade de embarcações (v. Informativos n. 22 e n. 103). O Tribunal, por maioria, manteve o acórdão do Tribunal de Justiça do Estado do Amazonas, que

> concedera mandado de segurança a fim de exonerar o impetrante do pagamento do IPVA sobre embarcações. Considerou-se que as embarcações a motor não estão compreendidas na competência dos Estados e do Distrito Federal para instituir impostos sobre a propriedade de veículos automotores, pois essa norma só autoriza a incidência do tributo sobre os veículos de circulação terrestre. Vencido o Min. Marco Aurélio, relator, que dava provimento ao recurso para cassar o acórdão recorrido ao fundamento de que a Constituição, ao prever o imposto sobre a propriedade de veículos automotores, não limita sua incidência aos veículos terrestres, abrangendo, inclusive, aqueles de natureza hídrica ou aérea. **RE nº 134.509-AM**, Rel. orig. Min. Marco Aurélio, red. p/ acórdão Min. Sepúlveda Pertence, 29/05/2002. **(RE nº 134.509)**
>
> ### IPVA: INCIDÊNCIA SOBRE AERONAVES
> Com o mesmo entendimento antes mencionado, o Tribunal, por maioria, vencido o Min. Marco Aurélio, declarou a inconstitucionalidade do inciso III do art. 6º da Lei n. 6.606/1989, do Estado de São Paulo, que previa a incidência do IPVA sobre aeronaves. **RE nº 255.111-SP, Rel. orig. Min. Marco Aurélio, red. p/ acórdão Min. Sepúlveda Pertence, 29/05/2002. (RE nº 255.111)**

BASE DE CÁLCULO
- A base de cálculo é o valor do veículo automotor, utilizando-se os Estados, muitas vezes, para determiná-lo, de publicações especializadas, como *Quatro Rodas* e outras.

CONTRIBUINTE
- O contribuinte do imposto é o proprietário na época da ocorrência do fato gerador, sendo o adquirente pessoalmente responsável pelo imposto que não tenha sido pago até a data da aquisição (art. 131, I, do CTN).

OBSERVAÇÃO
- Embora não haja normas gerais relativas ao IPVA em lei complementar, conforme exige o art. 146, III, da Constituição Federal, os Estados e o DF exercem a competência legislativa plena para satisfazer as suas peculiaridades, conforme autoriza o art. 24, § 3º, c/c art. 32, § 1º, da mesma Constituição:

    Art. 24, § 3º, da CF. Inexistindo lei federal sobre normas gerais, os Estados exercerão a competência legislativa plena, para atender a suas peculiaridades.
    (...)
    Art. 32, § 1º, da CF. Ao Distrito Federal são atribuídas as competências legislativas reservadas aos Estados e Municípios.

OUTROS DISPOSITIVOS CONSTITUCIONAIS
- A Emenda Constitucional nº 42, de 19 de dezembro de 2003, criou o parágrafo sexto do art. 155, estabelecendo as seguintes regras para o IPVA:

> Art. 155, § 6º O imposto previsto no inciso III: (IPVA):
> I – terá alíquotas mínimas fixadas pelo Senado Federal;
> II – poderá ter alíquotas diferenciadas em função do tipo e utilização.

4.1.3. Impostos dos Municípios

IPTU
Imposto sobre a propriedade predial e territorial urbana.
Art. 156, I e § 1º, da CF e arts. 32 a 34 do CTN.

FATO GERADOR
- O imposto, de competência dos Municípios, sobre a propriedade predial e territorial urbana tem como fato gerador a propriedade, o domínio útil ou a posse de bem imóvel por natureza ou por acessão física, como definido na lei civil, localizado na zona urbana do Município.
- Já vimos, ao estudarmos o ITR federal, que a definição de imóvel rural ou urbano para efeito de tributação passa pelo art. 32, §§ 1º e 2º do CTN e pela posição firmada pelo STJ quanto à matéria.
- As definições de imóvel por natureza e por acessão física, conforme já vimos ao estudarmos o ITR de competência da União, estão previstas nos arts. 79 a 81 e 1.248 do Código Civil:

> Art. 79. São bens imóveis o solo e tudo quanto se lhe incorporar natural ou artificialmente.
> Art. 80. Consideram-se imóveis para os efeitos legais:
> I – os direitos reais sobre imóveis e as ações que os asseguram;
> II – o direito à sucessão aberta.
> Art. 81. Não perdem o caráter de imóveis:
> I – as edificações que, separadas do solo, mas conservando a sua unidade, forem removidas para outro local;
> II – os materiais provisoriamente separados de um prédio, para nele se reempregarem.
> (...)
> Art. 1.248. A acessão pode dar-se:
> I – por formação de ilhas;
> II – por aluvião;
> III – por avulsão;
> IV – por abandono de álveo;
> V – por plantações ou construções.

- Os conceitos de imóvel por natureza ou acessão física, de propriedade, posse ou domínio útil, formação de ilhas, aluvião, avulsão, abandono de álveo, plantações e construções já foram vistos quando estudamos o ITR.

BASE DE CÁLCULO

- A base de cálculo do imposto é o valor venal do imóvel. Ao estudarmos a base de cálculo do ITR, vimos que era o valor fundiário, já que o imposto incide somente sobre o imóvel por natureza. No caso do IPTU, é o valor venal (valor total de venda), pois o imposto incide sobre imóveis por natureza ou acessão física (art. 33 do CTN).
- Na determinação da base de cálculo, não se considera o valor dos bens móveis mantidos, em caráter permanente ou temporário, no imóvel, para efeito de sua utilização, exploração, aformoseamento ou comodidade (art. 33, parágrafo único, do CTN).

CONTRIBUINTE

- Contribuinte do imposto é o proprietário do imóvel, o titular do seu domínio útil (enfiteuta ou foreiro) ou o seu possuidor a qualquer título (art. 34 do CTN).
- Súmula 614, STJ. O locatário não possui legitimidade ativa para discutir a relação jurídico-tributária de IPTU e de taxas referentes ao imóvel alugado nem para repetir indébito desses tributos.

OUTROS DISPOSITIVOS CONSTITUCIONAIS

- O IPTU poderá ser progressivo, de tal modo que a propriedade que não estiver edificada ou, por qualquer motivo, não estiver cumprindo a sua função social, poderá ter que pagar um imposto maior, conforme está previsto nos arts. 156, § 1º, e 182, § 4º, II, da Constituição Federal:

    Art. 156, § 1º Sem prejuízo da progressividade no tempo a que se refere o artigo 182, § 4º, inciso II, o imposto previsto no inciso I poderá:
    I – ser progressivo em razão do valor do imóvel; e
    II – ter alíquotas diferentes de acordo com a localização e o uso do imóvel.
    (...)
    Art. 182, § 4º. É facultado ao Poder Público municipal, mediante lei específica para área incluída no plano diretor, exigir, nos termos da lei federal, do proprietário do solo urbano não edificado, subutilizado ou não utilizado, que promova seu adequado aproveitamento, sob pena, sucessivamente, de:
    (...)
    II – imposto sobre a propriedade predial e territorial urbana progressiva no tempo.

- O cumprimento da função social da propriedade é regulado por lei ordinária municipal, respeitando, no entanto, o art. 182 da Constituição Federal:

   Art. 182 da CF. A política de desenvolvimento urbano, executada pelo Poder Público municipal, conforme diretrizes gerais fixadas em lei, tem por objetivo ordenar o pleno desenvolvimento das funções sociais da cidade e garantir o bem-estar de seus habitantes.

   § 1º O plano diretor, aprovado pela Câmara Municipal, obrigatório para cidades com mais de vinte mil habitantes, é o instrumento básico da política de desenvolvimento e de expansão urbana.

   § 2º A propriedade urbana cumpre sua função social quando atende às exigências fundamentais de ordenação da cidade expressas no plano diretor.

   § 3º. As desapropriações de imóveis urbanos serão feitas com prévia e justa indenização em dinheiro.

   § 4º. É facultado ao Poder Público municipal, mediante lei específica para área incluída no plano diretor, exigir, nos termos da lei federal, do proprietário do solo urbano não edificado, subutilizado ou não utilizado, que promova seu adequado aproveitamento, sob pena, sucessivamente, de:

   I – parcelamento ou edificação compulsórios;

   II – imposto sobre a propriedade predial e territorial urbana progressivo no tempo;

   III – desapropriação com pagamento mediante títulos da dívida pública de emissão previamente aprovada pelo Senado Federal, com prazo de resgate de até dez anos, em parcelas anuais, iguais e sucessivas, assegurados o valor real da indenização e os juros legais.

> **ITBI**
> Imposto sobre transmissão *inter vivos*, a qualquer título, por ato oneroso, de bens imóveis, por natureza ou acessão física e de direito a ele relativos, exceto os de garantia, bem como a cessão de aquisição de seus direitos.
> Art. 156, II e § 2º, da CF e arts. 35 a 38 e 42 do CTN, relativos ao antigo ITBI de competência dos Estados e DF, recepcionados pela atual Constituição Federal.

FATO GERADOR

- O imposto sobre a transmissão onerosa a qualquer título de bens imóveis e de direitos a eles relativos tem como fato gerador:

   I – a transmissão onerosa, a qualquer título, da propriedade ou do domínio útil de bens imóveis, por natureza ou por acessão física, como definidos na lei civil;

   II – a transmissão onerosa, a qualquer título, de direitos reais sobre imóveis, exceto os direitos reais de garantia;

   III – acessão onerosa de direitos relativos às transmissões referidas nos itens I e II.

- As definições de bens imóveis ou por acessão física já foram vistas no nosso estudo a respeito do ITR.

- Os direitos reais sobre bens estão previstos no art. 1.225 do Código Civil:

    Art. 1.225. São direitos reais:
    I – a propriedade;
    II – a superfície;
    III – as servidões;
    IV – o usufruto;
    V – o uso;
    VI – a habitação;
    VII – o direito do promitente comprador do imóvel;
    VIII – o penhor;
    IX – a hipoteca;
    X – a anticrese;
    XI – a concessão de uso especial para fins de moradia; (Incluído pela Lei nº 11.481, de 2007)
    XII – a concessão de direito real de uso; e (Redação dada pela Lei nº 13.465, de 2017)
    XIII – a laje (Incluído pela Lei nº 13.465, de 2017)

- É importante lembrar que os incisos VIII a X do art. 1.225 do Código Civil fazem referência a direitos reais de garantia (penhor, anticrese e hipoteca) e a Constituição Federal exclui da incidência do ITBI a transmissão destes direitos.
- Como exemplo da acessão de direitos à sua aquisição, podemos citar a transmissão do direito de adquirir um imóvel de que é detentor o promitente comprador do bem.
- Como bem chama a atenção Kyoshi Harada (*Sistema Tributário da Constituição de 1988*, São Paulo: Saraiva, 1991), "(...) transmissão no entender da doutrina dominante pressupõe uma vinculação decorrente de vontade ou da lei entre o titular anterior e o novo titular (...) No caso de usucapião, que é uma aquisição originária, não há qualquer vínculo entre aquele que perde a propriedade e aquele que a adquire. O direito do usucapiente não se funda no direito do titular anterior. Por isso, na usucapião, por inexistir a transmissão de direitos relativos a imóveis, sem embargo da opinião de alguns juristas, a Suprema Corte orientou-se no sentido da inconstitucionalidade das leis que exigem o imposto de transmissão *inter vivos*".

BASE DE CÁLCULO

- A base de cálculo do imposto é o valor venal dos bens ou direitos transmitidos. O valor venal pode não ser o preço estabelecido na compra. O preço é fixado entre as partes, enquanto o valor venal é determinado pelas condições de mercado e pode ser eventualmente superior ao preço de venda.

CONTRIBUINTE

- De acordo com o art. 42 do CTN, contribuinte do imposto é qualquer das partes na operação tributada, como dispuser a lei. Desta forma, caberá à lei ordinária de cada município determinar em cada caso quem é o contribuinte. Na maior parte das vezes, a lei ordinária municipal tem escolhido os adquirentes e cessionários.

IMUNIDADES

- Não incide sobre a transmissão de direitos reais de garantia, ou seja, penhor, hipoteca e anticrese (art. 156, II, da CF). Estes direitos de garantia estão previstos no Código Civil, nos seguintes dispositivos:

  Art. 1.431. Constitui-se o penhor pela transferência efetiva da posse que, em garantia do débito ao credor ou a quem o represente, faz o devedor, ou alguém por ele, de uma coisa móvel, suscetível de alienação.

  Parágrafo único. No penhor rural, industrial, mercantil e de veículos, as coisas empenhadas continuam em poder do devedor, que as deve guardar e conservar.

  (...)

  Art. 1.473. Podem ser objeto de hipoteca:

  I – os imóveis e os acessórios dos imóveis conjuntamente com eles;

  II – o domínio direto;

  III – o domínio útil;

  IV – as estradas de ferro;

  V – os recursos naturais a que se refere o art. 1.230, independentemente do solo onde se acham;

  VI – os navios;

  VII – as aeronaves.

  VIII – o direito de uso especial para fins de moradia; (Incluído pela Lei nº 11.481, de 2007)

  IX – o direito real de uso; (Incluído pela Lei nº 11.481, de 2007)

  X – a propriedade superficiária. (Incluído pela Lei nº 11.481, de 2007)

  § 1º A hipoteca dos navios e das aeronaves reger-se-á pelo disposto em lei especial. (Renumerado do parágrafo único pela Lei nº 11.481, de 2007)

  § 2º Os direitos de garantia instituídos nas hipóteses dos incisos IX e X do *caput* deste artigo ficam limitados à duração da concessão ou direito de superfície, caso tenham sido transferidos por período determinado. (Incluído pela Lei nº 11.481, de 2007)

  (...)

  Art. 1.506. Pode o devedor ou outrem por ele, com a entrega do imóvel ao credor, ceder-lhe o direito de perceber, em compensação da dívida, os frutos e rendimentos. (anticrese).

  § 1º É permitido estipular que os frutos e rendimentos do imóvel sejam percebidos pelo credor à conta de juros, mas se o seu valor ultrapassar a taxa máxima permitida em lei para as operações financeiras, o remanescente será imputado ao capital.

  § 2º Quando a anticrese recair sobre bem imóvel, este poderá ser hipotecado pelo devedor ao credor anticrético, ou a terceiros, assim como o imóvel hipotecado poderá ser dado em anticrese.

- O ITBI não incide (art. 156, § 2º, I, da CF):
  → a sobre a transmissão de bens ou direitos incorporados ao patrimônio de pessoa jurídica em realização de capital;
  → a sobre a transmissão de bens ou direitos decorrente de fusão, incorporação, cisão ou extinção de pessoa jurídica, salvo se, nesses casos, a atividade preponderante do adquirente for a compra e venda desses bens ou direitos, locação de bens imóveis ou arrendamento mercantil.
- Para efeito de considerar a atividade preponderante do adquirente, obedecer-se-á o disposto no art. 37 e parágrafos do CTN.

> **Art. 37.** O disposto no artigo anterior não se aplica quando a pessoa jurídica adquirente tenha como atividade preponderante a venda ou locação de propriedade imobiliária ou a cessão de direitos relativos à sua aquisição.
>
> § 1º Considera-se caracterizada a atividade preponderante referida neste artigo quando mais de 50% (cinquenta por cento) da receita operacional da pessoa jurídica adquirente, nos 2 (dois) anos anteriores e nos 2 (dois) anos subsequentes à aquisição, decorrer de transações mencionadas neste artigo.
>
> § 2º Se a pessoa jurídica adquirente iniciar suas atividades após a aquisição, ou menos de 2 (dois) anos antes dela, apurar-se-á a preponderância referida no parágrafo anterior, levando em conta os 3 (três) primeiros anos seguintes à data da aquisição.
>
> § 3º Verificada a preponderância referida neste artigo, tornar-se-á devido o imposto, nos termos da lei vigente à data da aquisição, sobre o valor do bem ou direito nessa data.
>
> § 4º O disposto neste artigo não se aplica à transmissão de bens ou direitos, quando realizada em conjunto com a da totalidade do patrimônio da pessoa jurídica alienante.

- Não haverá incidência na transferência de imóveis desapropriados para fins de reforma agrária. Embora o dispositivo constitucional se refira à isenção, não há dúvida de que se trata de imunidade, à medida que é uma vedação constitucional:

> **Art. 184, § 5º, da CF.** São isentas de impostos federais, estaduais e municipais as operações de transferência de imóveis desapropriados para fins de reforma agrária.

OBSERVAÇÕES

JURISPRUDÊNCIA

Cabe aqui a citação de algumas súmulas do Supremo Tribunal Federal, relativas ao ITBI:

Súmula nº 75 – "Sendo vendedora uma autarquia, a sua imunidade fiscal não compreende o imposto de transmissão *inter vivos*, que é encargo do comprador."

> **Súmula n° 108** – "É legítima incidência do imposto de transmissão *inter vivos* sobre o valor do imóvel ao tempo da alienação, e não da promessa, na conformidade da legislação local."
>
> **Súmula n° 110** – "O imposto de transmissão *inter vivos* não incide sobre a construção, ou parte dela, realizada pelo adquirente, mas sobre o que tiver sido construído ao tempo da alienação do terreno."
>
> **Súmula n° 111** – "É legítima a incidência do imposto de transmissão *inter vivos* sobre a restituição, ao antigo proprietário, de imóvel que deixou de servir à finalidade da sua desapropriação."
>
> **Súmula n° 656** – "É inconstitucional a lei que estabelece alíquotas progressivas para o imposto de transmissão *inter vivos* de bens imóveis – ITBI com base no valor venal do imóvel."

OUTROS DISPOSITIVOS CONSTITUCIONAIS

- A Constituição Federal determina para qual município será devido o imposto, no caso de ocorrer a transmissão em município diverso daquele da localização do imóvel:

    Art. 156, § 2° O imposto previsto no inciso II: (ITBI):
    (...)
    II – compete ao Município da situação do bem.

> **ISS**
> Imposto sobre serviços de qualquer natureza.
> Art. 156, III e § 3°, da CF e Lei Complementar n° 116, de 31/07/2003.

FATO GERADOR

- O fato gerador é a prestação de serviços, previstos na lista da Lei Complementar n° 116/2003. Com a vigência desta lei complementar, a lei ordinária municipal só poderá tributar, pelo ISS, exclusivamente, um dos serviços discriminados. A mesma Lei Complementar n° 116/2003 disciplina, em nível de norma geral, o fato gerador do imposto:

    Art. 1° O Imposto Sobre Serviços de Qualquer Natureza, de competência dos Municípios e do Distrito Federal, tem como fato gerador a prestação de serviços constantes da lista anexa, ainda que esses não se constituam como atividade preponderante do prestador.

    § 1° O imposto incide também sobre o serviço proveniente do exterior do País ou cuja prestação se tenha iniciado no exterior do País.

    § 2° Ressalvadas as exceções expressas na lista anexa, os serviços nela mencionados não ficam sujeitos ao Imposto Sobre Operações Relativas à Circulação de Mercadorias e Prestações de Serviços de Transporte Interestadual e Intermunicipal e de Comunicação – ICMS, ainda que sua prestação envolva fornecimento de mercadorias.

§ 3º O imposto de que trata esta Lei Complementar incide ainda sobre os serviços prestados mediante a utilização de bens e serviços públicos explorados economicamente mediante autorização, permissão ou concessão, com o pagamento de tarifa, preço ou pedágio pelo usuário final do serviço.

§ 4º A incidência do imposto não depende da denominação dada ao serviço prestado.

A Lei Complementar nº 116/2003 não inovou muito quanto à incidência genérica do ISS, deixando as principais modificações quanto à matéria para a incidência específica prevista na nova lista de serviços.

O legislador apenas preocupou-se em reforçar conceitos que já faziam parte das relações obrigacionais anteriores à nova lei, tais como a afirmação de que o fato gerador ocorre, ainda que as prestações de serviços não se constituam como atividade preponderante do prestador, ou de que o imposto incide também sobre o serviço proveniente do exterior do País ou cuja prestação tenha-se iniciado no exterior do país ou, ainda, que a incidência do imposto não depende da denominação dada ao serviço prestado.

A determinação prevista no art. 1º, § 4º, de que imposto de que trata esta lei complementar incide ainda sobre os serviços prestados mediante a utilização de bens e serviços públicos, explorados economicamente mediante autorização, permissão ou concessão, com o pagamento de tarifa, preço ou pedágio pelo usuário final do serviço, apenas confirma a incidência que já existia, inclusive com relação ao pedágio, conforme determinava a Lei Complementar nº 100/1999.

Reproduzimos, aqui, a lista de serviços anexa à Lei Complementar nº 116, de 31 de julho de 2003:

1 – Serviços de informática e congêneres.

1.01 – Análise e desenvolvimento de sistemas.

1.02 – Programação.

1.03 – Processamento, armazenamento ou hospedagem de dados, textos, imagens, vídeos, páginas eletrônicas, aplicativos e sistemas de informação, entre outros formatos, e congêneres. (redação dada pela Lei Complementar nº 157, de 2016)

1.04 – Elaboração de programas de computadores, inclusive de jogos eletrônicos, independentemente da arquitetura construtiva da máquina em que o programa será executado, incluindo *tablets, smartphones* e congêneres. (redação dada pela Lei Complementar nº 157, de 2016)

1.05 – Licenciamento ou cessão de direito de uso de programas de computação.

1.06 – Assessoria e consultoria em informática.

1.07 – Suporte técnico em informática, inclusive instalação, configuração e manutenção de programas de computação e bancos de dados.

1.08 – Planejamento, confecção, manutenção e atualização de páginas eletrônicas.

1.09 – Disponibilização, sem cessão definitiva, de conteúdo de áudio, vídeo, imagem e texto por meio da internet, respeitada a imunidade de livros, jornais e periódicos (exceto a distribuição de conteúdos pelas prestadoras de Serviço de Acesso Condicionado, de que trata a Lei nº 12.485, de 12 de setembro de 2011, sujeita ao ICMS). Incluído pela Lei Complementar nº 157, de 2016.

2 – Serviços de pesquisas e desenvolvimento de qualquer natureza.
   2.01 – Serviços de pesquisas e desenvolvimento de qualquer natureza.

3 – Serviços prestados mediante locação, cessão de direito de uso e congêneres.
   3.01 – (VETADO)
   3.02 – Cessão de direito de uso de marcas e de sinais de propaganda.
   3.03 – Exploração de salões de festas, centro de convenções, escritórios virtuais, *stands*, quadras esportivas, estádios, ginásios, auditórios, casas de espetáculos, parques de diversões, canchas e congêneres, para realização de eventos ou negócios de qualquer natureza.
   3.04 – Locação, sublocação, arrendamento, direito de passagem ou permissão de uso, compartilhado ou não, de ferrovia, rodovia, postes, cabos, dutos e condutos de qualquer natureza.
   3.05 – Cessão de andaimes, palcos, coberturas e outras estruturas de uso temporário.

4 – Serviços de saúde, assistência médica e congêneres.
   4.01 – Medicina e biomedicina.
   4.02 – Análises clínicas, patologia, eletricidade médica, radioterapia, quimioterapia, ultrassonografia, ressonância magnética, radiologia, tomografia e congêneres.
   4.03 – Hospitais, clínicas, laboratórios, sanatórios, manicômios, casas de saúde, prontos-socorros, ambulatórios e congêneres.
   4.04 – Instrumentação cirúrgica.
   4.05 – Acupuntura.
   4.06 – Enfermagem, inclusive serviços auxiliares.
   4.07 – Serviços farmacêuticos.
   4.08 – Terapia ocupacional, fisioterapia e fonoaudiologia.
   4.09 – Terapias de qualquer espécie destinadas ao tratamento físico, orgânico e mental.
   4.10 – Nutrição.
   4.11 – Obstetrícia.
   4.12 – Odontologia.
   4.13 – Ortóptica.
   4.14 – Próteses sob encomenda.
   4.15 – Psicanálise.
   4.16 – Psicologia.
   4.17 – Casas de repouso e de recuperação, creches, asilos e congêneres.
   4.18 – Inseminação artificial, fertilização *in vitro* e congêneres.
   4.19 – Bancos de sangue, leite, pele, olhos, óvulos, sêmen e congêneres.
   4.20 – Coleta de sangue, leite, tecidos, sêmen, órgãos e materiais biológicos de qualquer espécie.

4.21 – Unidade de atendimento, assistência ou tratamento móvel e congêneres.

4.22 – Planos de medicina de grupo ou individual e convênios para prestação de assistência médica, hospitalar, odontológica e congêneres.

4.23 – Outros planos de saúde que se cumpram através de serviços de terceiros contratados, credenciados, cooperados ou apenas pagos pelo operador do plano mediante indicação do beneficiário.

5 – Serviços de medicina e assistência veterinária e congêneres.

5.01 – Medicina veterinária e zootecnia.

5.02 – Hospitais, clínicas, ambulatórios, prontos-socorros e congêneres, na área veterinária.

5.03 – Laboratórios de análise na área veterinária.

5.04 – Inseminação artificial, fertilização *in vitro* e congêneres.

5.05 – Bancos de sangue e de órgãos e congêneres.

5.06 – Coleta de sangue, leite, tecidos, sêmen, órgãos e materiais biológicos de qualquer espécie.

5.07 – Unidade de atendimento, assistência ou tratamento móvel e congêneres.

5.08 – Guarda, tratamento, amestramento, embelezamento, alojamento e congêneres.

5.09 – Planos de atendimento e assistência médico-veterinária.

6 – Serviços de cuidados pessoais, estética, atividades físicas e congêneres.

6.01 – Barbearia, cabeleireiros, manicuros, pedicuros e congêneres.

6.02 – Esteticistas, tratamento de pele, depilação e congêneres.

6.03 – Banhos, duchas, sauna, massagens e congêneres.

6.04 – Ginástica, dança, esportes, natação, artes marciais e demais atividades físicas.

6.05 – Centros de emagrecimento, *spa* e congêneres.

6.06 – Aplicação de tatuagens, *piercings* e congêneres. (incluído pela Lei Complementar nº157 de 2016)

7 – Serviços relativos a engenharia, arquitetura, geologia, urbanismo, construção civil, manutenção, limpeza, meio ambiente, saneamento e congêneres.

7.01 – Engenharia, agronomia, agrimensura, arquitetura, geologia, urbanismo, paisagismo e congêneres.

7.02 – Execução, por administração, empreitada ou subempreitada, de obras de construção civil, hidráulica ou elétrica e de outras obras semelhantes, inclusive sondagem, perfuração de poços, escavação, drenagem e irrigação, terraplanagem, pavimentação, concretagem e a instalação e montagem de produtos, peças e equipamentos (exceto o fornecimento de mercadorias produzidas pelo prestador de serviços fora do local da prestação dos serviços, que fica sujeito ao ICMS).

7.03 – Elaboração de planos diretores, estudos de viabilidade, estudos organizacionais e outros, relacionados com obras e serviços de engenharia; elaboração de anteprojetos, projetos básicos e projetos executivos para trabalhos de engenharia.

7.04 – Demolição.

7.05 – Reparação, conservação e reforma de edifícios, estradas, pontes, portos e congêneres (exceto o fornecimento de mercadorias produzidas pelo prestador dos serviços, fora do local da prestação dos serviços, que fica sujeito ao ICMS).

7.06 – Colocação e instalação de tapetes, carpetes, assoalhos, cortinas, revestimentos de parede, vidros, divisórias, placas de gesso e congêneres, com material fornecido pelo tomador do serviço.

7.07 – Recuperação, raspagem, polimento e lustração de pisos e congêneres.

7.08 – Calafetação.

7.09 – Varrição, coleta, remoção, incineração, tratamento, reciclagem, separação e destinação final de lixo, rejeitos e outros resíduos quaisquer.

7.10 – Limpeza, manutenção e conservação de vias e logradouros públicos, imóveis, chaminés, piscinas, parques, jardins e congêneres.

7.11 – Decoração e jardinagem, inclusive corte e poda de árvores.

7.12 – Controle e tratamento de efluentes de qualquer natureza e de agentes físicos, químicos e biológicos.

7.13 – Dedetização, desinfecção, desinsetização, imunização, higienização, desratização, pulverização e congêneres.

7.14 – (VETADO)

7.15 – (VETADO)

7.16 – Florestamento, reflorestamento, semeadura, adubação, reparação de solo, plantio, silagem, colheita, corte e descascamento de árvores, silvicultura, exploração florestal e dos serviços congêneres indissociáveis da formação, manutenção e colheita de florestas, para quaisquer fins e por quaisquer meios. (Redação dada pela Lei Complementar nº157 de 2016)

7.17 – Escoramento, contenção de encostas e serviços congêneres.

7.18 – Limpeza e dragagem de rios, portos, canais, baías, lagos, lagoas, represas, açudes e congêneres.

7.19 – Acompanhamento e fiscalização da execução de obras de engenharia, arquitetura e urbanismo.

7.20 – Aerofotogrametria (inclusive interpretação), cartografia, mapeamento, levantamentos topográficos, batimétricos, geográficos, geodésicos, geológicos, geofísicos e congêneres.

7.21 – Pesquisa, perfuração, cimentação, mergulho, perfilagem, concretação, testemunhagem, pescaria, estimulação e outros serviços relacionados com a exploração e explotação de petróleo, gás natural e de outros recursos minerais.

7.22 – Nucleação e bombardeamento de nuvens e congêneres.

8 – Serviços de educação, ensino, orientação pedagógica e educacional, instrução, treinamento e avaliação pessoal de qualquer grau ou natureza.

8.01 – Ensino regular pré-escolar, fundamental, médio e superior.

8.02 – Instrução, treinamento, orientação pedagógica e educacional, avaliação de conhecimentos de qualquer natureza.

9 – Serviços relativos a hospedagem, turismo, viagens e congêneres.

    9.01 – Hospedagem de qualquer natureza em hotéis, *apart-service* condominiais, *flat*, apart-hotéis, hotéis residência, *residence-service*, *suite service*, hotelaria marítima, motéis, pensões e congêneres; ocupação por temporada com fornecimento de serviço (o valor da alimentação e gorjeta, quando incluído no preço da diária, fica sujeito ao Imposto Sobre Serviços).

    9.02 – Agenciamento, organização, promoção, intermediação e execução de programas de turismo, passeios, viagens, excursões, hospedagens e congêneres.

    9.03 – Guias de turismo.

10 – Serviços de intermediação e congêneres.

    10.01 – Agenciamento, corretagem ou intermediação de câmbio, de seguros, de cartões de crédito, de planos de saúde e de planos de previdência privada.

    10.02 – Agenciamento, corretagem ou intermediação de títulos em geral, valores mobiliários e contratos quaisquer.

    10.03 – Agenciamento, corretagem ou intermediação de direitos de propriedade industrial, artística ou literária.

    10.04 – Agenciamento, corretagem ou intermediação de contratos de arrendamento mercantil (*leasing*), de franquia (*franchising*) e de faturização (*factoring*).

    10.05 – Agenciamento, corretagem ou intermediação de bens móveis ou imóveis, não abrangidos em outros itens ou subitens, inclusive aqueles realizados no âmbito de Bolsas de Mercadorias e Futuros, por quaisquer meios.

    10.06 – Agenciamento marítimo.

    10.07 – Agenciamento de notícias.

    10.08 – Agenciamento de publicidade e propaganda, inclusive o agenciamento de veiculação por quaisquer meios.

    10.09 – Representação de qualquer natureza, inclusive comercial.

    10.10 – Distribuição de bens de terceiros.

11 – Serviços de guarda, estacionamento, armazenamento, vigilância e congêneres.

    11.01 – Guarda e estacionamento de veículos terrestres automotores, de aeronaves e de embarcações.

    11.02 – Vigilância, segurança ou monitoramento de bens, pessoas e semoventes. (Redação dada pela Lei Complementar nº 157, de 2016)

    11.03 – Escolta, inclusive de veículos e cargas.

    11.04 – Armazenamento, depósito, carga, descarga, arrumação e guarda de bens de qualquer espécie.

12 – Serviços de diversões, lazer, entretenimento e congêneres.

    12.01 – Espetáculos teatrais.

    12.02 – Exibições cinematográficas.

    12.03 – Espetáculos circenses.

    12.04 – Programas de auditório.

    12.05 – Parques de diversões, centros de lazer e congêneres.

    12.06 – Boates, *taxi-dancing* e congêneres.

12.07 – Shows, *ballet*, danças, desfiles, bailes, óperas, concertos, recitais, festivais e congêneres.
12.08 – Feiras, exposições, congressos e congêneres.
12.09 – Bilhares, boliches e diversões eletrônicas ou não.
12.10 – Corridas e competições de animais.
12.11 – Competições esportivas ou de destreza física ou intelectual, com ou sem a participação do espectador.
12.12 – Execução de música.
12.13 – Produção, mediante ou sem encomenda prévia, de eventos, espetáculos, entrevistas, *shows*, *ballet*, danças, desfiles, bailes, teatros, óperas, concertos, recitais, festivais e congêneres.
12.14 – Fornecimento de música para ambientes fechados ou não, mediante transmissão por qualquer processo.
12.15 – Desfiles de blocos carnavalescos ou folclóricos, trios elétricos e congêneres.
12.16 – Exibição de filmes, entrevistas, musicais, espetáculos, *shows*, concertos, desfiles, óperas, competições esportivas, de destreza intelectual ou congêneres.
12.17 – Recreação e animação, inclusive em festas e eventos de qualquer natureza.

13 – **Serviços relativos a fonografia, fotografia, cinematografia e reprografia.**
13.01 – (VETADO)
13.02 – Fonografia ou gravação de sons, inclusive trucagem, dublagem, mixagem e congêneres.
13.03 – Fotografia e cinematografia, inclusive revelação, ampliação, cópia, reprodução, trucagem e congêneres.
13.04 – Reprografia, microfilmagem e digitalização.
13.05 – Composição gráfica, inclusive confecção de impressos gráficos, fotocomposição, clicheria, zincografia, litografia e fotolitografia, exceto se destinados a posterior operação de comercialização ou industrialização, ainda que incorporados, de qualquer forma, a outra mercadoria que deva ser objeto de posterior circulação, tais como bulas, rótulos, etiquetas, caixas, cartuchos, embalagens e manuais técnicos e de instrução, quando ficarão sujeitos ao ICMS.(Redação dada pela Lei Complementar nº 157, de 2016)

14 – **Serviços relativos a bens de terceiros.**
14.01 – Lubrificação, limpeza, lustração, revisão, carga e recarga, conserto, restauração, blindagem, manutenção e conservação de máquinas, veículos, aparelhos, equipamentos, motores, elevadores ou de qualquer objeto (exceto peças e partes empregadas, que ficam sujeitas ao ICMS).
14.02 – Assistência técnica.
14.03 – Recondicionamento de motores (exceto peças e partes empregadas, que ficam sujeitas ao ICMS).

14.04 – Recauchutagem ou regeneração de pneus.

14.05 – Restauração, recondicionamento, acondicionamento, pintura, beneficiamento, lavagem, secagem, tingimento, galvanoplastia, anodização, corte, recorte, plastificação, costura, acabamento, polimento e congêneres de objetos quaisquer. (Redação dada pela Lei Complementar nº 157, de 2016)

14.06 – Instalação e montagem de aparelhos, máquinas e equipamentos, inclusive montagem industrial, prestados ao usuário final, exclusivamente com material por ele fornecido.

14.07 – Colocação de molduras e congêneres.

14.08 – Encadernação, gravação e douração de livros, revistas e congêneres.

14.09 – Alfaiataria e costura, quando o material for fornecido pelo usuário final, exceto aviamento.

14.10 – Tinturaria e lavanderia.

14.11 – Tapeçaria e reforma de estofamentos em geral.

14.12 – Funilaria e lanternagem.

14.13 – Carpintaria e serralheria.

14.14 – Guincho intramunicipal, guindaste e içamento. (Redação dada pela Lei Complementar nº 157, de 2016)

15 – **Serviços relacionados ao setor bancário ou financeiro, inclusive aqueles prestados por instituições financeiras autorizadas a funcionar pela União ou por quem de direito.**

15.01 – Administração de fundos quaisquer, de consórcio, de cartão de crédito ou débito e congêneres, de carteira de clientes, de cheques pré-datados e congêneres.

15.02 – Abertura de contas em geral, inclusive conta-corrente, conta de investimentos e aplicação e caderneta de poupança, no País e no exterior, bem como a manutenção das referidas contas ativas e inativas.

15.03 – Locação e manutenção de cofres particulares, de terminais eletrônicos, de terminais de atendimento e de bens e equipamentos em geral.

15.04 – Fornecimento ou emissão de atestados em geral, inclusive atestado de idoneidade, atestado de capacidade financeira e congêneres.

15.05 – Cadastro, elaboração de ficha cadastral, renovação cadastral e congêneres, inclusão ou exclusão no Cadastro de Emitentes de Cheques sem Fundos – CCF –ou em quaisquer outros bancos cadastrais.

15.06 – Emissão, reemissão e fornecimento de avisos, comprovantes e documentos em geral; abono de firmas; coleta e entrega de documentos, bens e valores; comunicação com outra agência ou com a administração central; licenciamento eletrônico de veículos; transferência de veículos; agenciamento fiduciário ou depositário; devolução de bens em custódia.

15.07 – Acesso, movimentação, atendimento e consulta a contas em geral, por qualquer meio ou processo, inclusive por telefone, fac-símile, *internet* e telex, acesso a terminais de atendimento, inclusive vinte e quatro horas; acesso a outro banco e a rede compartilhada; fornecimento de saldo, extrato e demais informações relativas a contas em geral, por qualquer meio ou processo.

15.08 – Emissão, reemissão, alteração, cessão, substituição, cancelamento e registro de contrato de crédito; estudo, análise e avaliação de operações de crédito; emissão, concessão, alteração ou contratação de aval, fiança, anuência e congêneres; serviços relativos a abertura de crédito, para quaisquer fins.

15.09 – Arrendamento mercantil (*leasing*) de quaisquer bens, inclusive cessão de direitos e obrigações, substituição de garantia, alteração, cancelamento e registro de contrato, e demais serviços relacionados ao arrendamento mercantil (*leasing*).

15.10 – Serviços relacionados a cobranças, recebimentos ou pagamentos em geral, de títulos quaisquer, de contas ou carnês, de câmbio, de tributos e por conta de terceiros, inclusive os efetuados por meio eletrônico, automático ou por máquinas de atendimento; fornecimento de posição de cobrança, recebimento ou pagamento; emissão de carnês, fichas de compensação, impressos e documentos em geral.

15.11 – Devolução de títulos, protesto de títulos, sustação de protesto, manutenção de títulos, reapresentação de títulos, e demais serviços a eles relacionados.

15.12 – Custódia em geral, inclusive de títulos e valores mobiliários.

15.13 – Serviços relacionados a operações de câmbio em geral, edição, alteração, prorrogação, cancelamento e baixa de contrato de câmbio; emissão de registro de exportação ou de crédito; cobrança ou depósito no exterior; emissão, fornecimento e cancelamento de cheques de viagem; fornecimento, transferência, cancelamento e demais serviços relativos a carta de crédito de importação, exportação e garantias recebidas; envio e recebimento de mensagens em geral relacionadas a operações de câmbio.

15.14 – Fornecimento, emissão, reemissão, renovação e manutenção de cartão magnético, cartão de crédito, cartão de débito, cartão-salário e congêneres.

15.15 – Compensação de cheques e títulos quaisquer; serviços relacionados a depósito, inclusive depósito identificado, a saque de contas quaisquer, por qualquer meio ou processo, inclusive em terminais eletrônicos e de atendimento.

15.16 – Emissão, reemissão, liquidação, alteração, cancelamento e baixa de ordens de pagamento, ordens de crédito e similares, por qualquer meio ou processo; serviços relacionados à transferência de valores, dados, fundos, pagamentos e similares, inclusive entre contas em geral.

15.17 – Emissão, fornecimento, devolução, sustação, cancelamento e oposição de cheques quaisquer, avulso ou por talão.

15.18 – Serviços relacionados a crédito imobiliário, avaliação e vistoria de imóvel ou obra, análise técnica e jurídica, emissão, reemissão, alteração, transferência e renegociação de contrato, emissão e reemissão do termo de quitação e demais serviços relacionados a crédito imobiliário.

16 – Serviços de transporte de natureza municipal.

16.01 – Serviços de transporte coletivo municipal rodoviário, metroviário, ferroviário e aquaviário de passageiros. (Redação dada pela Lei Complementar nº 157, de 2016)

16.02 – Outros serviços de transporte de natureza municipal. (Incluído pela Lei Complementar nº157, de 2016)

17 – Serviços de apoio técnico, administrativo, jurídico, contábil, comercial e congêneres.

17.01 – Assessoria ou consultoria de qualquer natureza, não contida em outros itens desta lista; análise, exame, pesquisa, coleta, compilação e fornecimento de dados e informações de qualquer natureza, inclusive cadastro e similares.

17.02 – Datilografia, digitação, estenografia, expediente, secretaria em geral, resposta audível, redação, edição, interpretação, revisão, tradução, apoio e infraestrutura administrativa e congêneres.

17.03 – Planejamento, coordenação, programação ou organização técnica, financeira ou administrativa.

17.04 – Recrutamento, agenciamento, seleção e colocação de mão de obra.

17.05 – Fornecimento de mão de obra, mesmo em caráter temporário, inclusive de empregados ou trabalhadores, avulsos ou temporários, contratados pelo prestador de serviço.

17.06 – Propaganda e publicidade, inclusive promoção de vendas, planejamento de campanhas ou sistemas de publicidade, elaboração de desenhos, textos e demais materiais publicitários.

17.07 – (VETADO)

17.08 – Franquia (*franchising*).

17.09 – Perícias, laudos, exames técnicos e análises técnicas.

17.10 – Planejamento, organização e administração de feiras, exposições, congressos e congêneres.

17.11 – Organização de festas e recepções; bufê (exceto o fornecimento de alimentação e bebidas, que fica sujeito ao ICMS).

17.12 – Administração em geral, inclusive de bens e negócios de terceiros.

17.13 – Leilão e congêneres.

17.14 – Advocacia.

17.15 – Arbitragem de qualquer espécie, inclusive jurídica.

17.16 – Auditoria.

17.17 – Análise de Organização e Métodos.

17.18 – Atuária e cálculos técnicos de qualquer natureza.

17.19 – Contabilidade, inclusive serviços técnicos e auxiliares.

17.20 – Consultoria e assessoria econômica ou financeira.

17.21 – Estatística.

17.22 – Cobrança em geral.

17.23 – Assessoria, análise, avaliação, atendimento, consulta, cadastro, seleção, gerenciamento de informações, administração de contas a receber ou a pagar e em geral, relacionados a operações de faturização (*factoring*).

17.24 – Apresentação de palestras, conferências, seminários e congêneres.

17.25 – Inserção de textos, desenhos e outros materiais de propaganda e publicidade, em qualquer meio (exceto em livros, jornais, periódicos e nas modalidades de serviços de radiodifusão sonora e de sons e imagens de recepção livre e gratuita). (Incluído pela Lei Complementar nº 157, de 2016)

18 – Serviços de regulação de sinistros vinculados a contratos de seguros; inspeção e avaliação de riscos para cobertura de contratos de seguros; prevenção e gerência de riscos seguráveis e congêneres.

18.01 – Serviços de regulação de sinistros vinculados a contratos de seguros; inspeção e avaliação de riscos para cobertura de contratos de seguros; prevenção e gerência de riscos seguráveis e congêneres.

19 – Serviços de distribuição e venda de bilhetes e demais produtos de ia, bingos, cartões, pules ou cupons de apostas, sorteios, prêmios, inclusive os decorrentes de títulos de capitalização e congêneres.

19.01 – Serviços de distribuição e venda de bilhetes e demais produtos de loteria, bingos, cartões, pules ou cupons de apostas, sorteios, prêmios, inclusive os decorrentes de títulos de capitalização e congêneres.

20 – Serviços portuários, aeroportuários, ferroportuários, de terminais rodoviários, ferroviários e metroviários.

20.01 – Serviços portuários, ferroportuários, utilização de porto, movimentação de passageiros, reboque de embarcações, rebocador escoteiro, atracação, desatracação, serviços de praticagem, capatazia, armazenagem de qualquer natureza, serviços acessórios, movimentação de mercadorias, serviços de apoio marítimo, de movimentação ao largo, serviços de armadores, estiva, conferência, logística e congêneres.

20.02 – Serviços aeroportuários, utilização de aeroporto, movimentação de passageiros, armazenagem de qualquer natureza, capatazia, movimentação de aeronaves, serviços de apoio aeroportuários, serviços acessórios, movimentação de mercadorias, logística e congêneres.

20.03 – Serviços de terminais rodoviários, ferroviários, metroviários, movimentação de passageiros, mercadorias, inclusive suas operações, logística e congêneres.

21 – Serviços de registros públicos, cartorários e notariais.

21.01 – Serviços de registros públicos, cartorários e notariais.

22 – Serviços de exploração de rodovia.

22.01 – Serviços de exploração de rodovia mediante cobrança de preço ou pedágio dos usuários, envolvendo execução de serviços de conservação, manutenção, melhoramentos para adequação de capacidade e segurança de trânsito, operação, monitoração, assistência aos usuários e outros serviços definidos em contratos, atos de concessão ou de permissão ou em normas oficiais.

23 – Serviços de programação e comunicação visual, desenho industrial e congêneres.

23.01 – Serviços de programação e comunicação visual, desenho industrial e congêneres.

24 – Serviços de chaveiros, confecção de carimbos, placas, sinalização visual, banners, adesivos e congêneres.

24.01 – Serviços de chaveiros, confecção de carimbos, placas, sinalização visual, *banners*, adesivos e congêneres.

25 – Serviços funerários.

25.01 – Funerais, inclusive fornecimento de caixão, urna ou esquifes; aluguel de capela; transporte do corpo cadavérico; fornecimento de flores, coroas e outros paramentos; desembaraço de certidão de óbito; fornecimento de véu, essa e outros adornos; embalsamento, embelezamento, conservação ou restauração de cadáveres.

25.02 – Translado intramunicipal e cremação de corpos e partes de corpos cadavéricos. (Redação dada pela Lei Complementar nº 157 de 2016)

25.03 – Planos ou convênio funerários.

25.04 – Manutenção e conservação de jazigos e cemitérios.

25.05 – Cessão de uso de espaços em cemitérios para sepultamento. (Incluído pela Lei Complementar nº 157 de 2016)

26 – Serviços de coleta, remessa ou entrega de correspondências, documentos, objetos, bens ou valores, inclusive pelos correios e suas agências franqueadas; *courrier* e congêneres.

26.01 – Serviços de coleta, remessa ou entrega de correspondências, documentos, objetos, bens ou valores, inclusive pelos correios e suas agências franqueadas; *courrier* e congêneres.

27 – Serviços de assistência social.

27.01 – Serviços de assistência social.

28 – Serviços de avaliação de bens e serviços de qualquer natureza.

28.01 – Serviços de avaliação de bens e serviços de qualquer natureza.

29 – Serviços de biblioteconomia.

29.01 – Serviços de biblioteconomia.

30 – Serviços de biologia, biotecnologia e química.

30.01 – Serviços de biologia, biotecnologia e química.

31 – Serviços técnicos em edificações, eletrônica, eletrotécnica, mecânica, telecomunicações e congêneres.

31.01 – Serviços técnicos em edificações, eletrônica, eletrotécnica, mecânica, telecomunicações e congêneres.

32 – Serviços de desenhos técnicos.

32.01 – Serviços de desenhos técnicos.

33 – **Serviços de desembaraço aduaneiro, comissários, despachantes e congêneres.**
   33.01 – Serviços de desembaraço aduaneiro, comissários, despachantes e congêneres.
34 – **Serviços de investigações particulares, detetives e congêneres.**
   34.01 – Serviços de investigações particulares, detetives e congêneres.
35 – **Serviços de reportagem, assessoria de imprensa, jornalismo e relações públicas.**
   35.01 – Serviços de reportagem, assessoria de imprensa, jornalismo e relações públicas.
36 – **Serviços de meteorologia.**
   36.01 – Serviços de meteorologia.
37 – **Serviços de artistas, atletas, modelos e manequins.**
   37.01 – Serviços de artistas, atletas, modelos e manequins.
38 – **Serviços de museologia.**
   38.01 – Serviços de museologia.
39 – **Serviços de ourivesaria e lapidação.**
   39.01 – Serviços de ourivesaria e lapidação (quando o material for fornecido pelo tomador do serviço).
40 – **Serviços relativos a obras de arte sob encomenda.**
   40.01 – Obras de arte sob encomenda.

JURISPRUDÊNCIA

Em função da discussão que havia sobre o fornecimento de concreto, por empreitada, para construção civil, preparado no trajeto até a obra em betoneiras acopladas a caminhões (incidência do ICMS ou ISS), o STJ publicou sua Súmula nº 167, disciplinando o entendimento a ser adotado:

Súmula nº 167

"O fornecimento de concreto, por empreitada, para construção civil, preparado no trajeto até a obra em betoneiras acopladas a caminhões, é prestação de serviços, sujeitando-se apenas ao ISS."

DA NÃO INCIDÊNCIA

Os casos de não incidência estão previstos no art. 2º da Lei Complementar nº 116/2003:

Art. 2º O imposto não incide sobre:

I – as exportações de serviços para o exterior do País;

II – a prestação de serviços em relação de emprego, dos trabalhadores avulsos, dos diretores e membros de conselho consultivo ou de conselho fiscal de sociedades e fundações, bem como dos sócios-gerentes e dos gerentes-delegados;

III – o valor intermediado no mercado de títulos e valores mobiliários, o valor dos depósitos bancários, o principal, juros e acréscimos moratórios relativos a operações de crédito realizadas por instituições financeiras.

Parágrafo único. Não se enquadram no disposto no inciso I os serviços desenvolvidos no Brasil, cujo resultado aqui se verifique, ainda que o pagamento seja feito por residente no exterior.

O antigo Decreto-Lei nº 406/1968 apenas beneficiava com a não incidência os contribuintes que prestavam serviços em relação de emprego, os trabalhadores avulsos, os diretores e membros de conselhos consultivo ou fiscal de sociedades.

A nova norma excluiu, da relação obrigacional, também o valor intermediado no mercado de títulos e valores mobiliários, o valor dos depósitos bancários, o principal, juros e acréscimos moratórios relativos a operações de crédito realizadas por instituições financeiras, os serviços prestados por diretores e membros de conselho consultivo ou de conselho fiscal de fundações e as exportações de serviços para o exterior do país, ressalvando, neste último caso, os serviços desenvolvidos no Brasil, cujo resultado aqui se verifique, ainda que o pagamento seja feito por residente no exterior.

É importante lembrar que a própria Constituição Federal atribui à lei complementar a competência para excluir a exportação de serviços para o exterior, em seu art. 156, § 3º, II.

DO LOCAL DA OCORRÊNCIA

A matéria é regulada pelo art. 3º da Lei Complementar nº 116/2003:

> **Art. 3º** O serviço considera-se prestado, e o imposto, devido, no local do estabelecimento prestador ou, na falta do estabelecimento, no local do domicílio do prestador, exceto nas hipóteses previstas nos incisos I a XXV, quando o imposto será devido no local:
>
> I – do estabelecimento do tomador ou intermediário do serviço ou, na falta de estabelecimento, onde ele estiver domiciliado, na hipótese do § 1º do art. 1º desta Lei Complementar;
>
> II – da instalação dos andaimes, palcos, coberturas e outras estruturas, no caso dos serviços descritos no subitem 3.05 da lista anexa;
>
> III – da execução da obra, no caso dos serviços descritos no subitem 7.02 e 7.19 da lista anexa;
>
> IV – da demolição, no caso dos serviços descritos no subitem 7.04 da lista anexa;
>
> V – das edificações em geral, estradas, pontes, portos e congêneres, no caso dos serviços descritos no subitem 7.05 da lista anexa;
>
> VI – da execução da varrição, coleta, remoção, incineração, tratamento, reciclagem, separação e destinação final de lixo, rejeitos e outros resíduos quaisquer, no caso dos serviços descritos no subitem 7.09 da lista anexa;
>
> VII – da execução da limpeza, manutenção e conservação de vias e logradouros públicos, imóveis, chaminés, piscinas, parques, jardins e congêneres, no caso dos serviços descritos no subitem 7.10 da lista anexa;
>
> VIII – da execução da decoração e jardinagem, do corte e poda de árvores, no caso dos serviços descritos no subitem 7.11 da lista anexa;
>
> IX – do controle e tratamento do efluente de qualquer natureza e de agentes físicos, químicos e biológicos, no caso dos serviços descritos no subitem 7.12 da lista anexa;

X – (Vetado)

XI – (Vetado)

XII – do florestamento, reflorestamento, semeadura, adubação, reparação de solo, plantio, silagem, colheita, corte, descascamento de árvores, silvicultura, exploração florestal e serviços congêneres indissociáveis da formação, manutenção e colheita de florestas para quaisquer fins e por quaisquer meios; (Redação dada pela Lei Complementar nº 157, de 2016)

XIII – da execução dos serviços de escoramento, contenção de encostas e congêneres, no caso dos serviços descritos no subitem 7.17 da lista anexa;

XIV – da limpeza e dragagem, no caso dos serviços descritos no subitem 7.18 da lista anexa;

XV – onde o bem estiver guardado ou estacionado, no caso dos serviços descritos no subitem 11.01 da lista anexa;

XVI – dos bens, dos semoventes ou do domicílio das pessoas vigiados, segurados ou monitorados, no caso dos serviços descritos no subitem 11.02 da lista anexa; (Redação dada pela Lei Complementar nº 157, de 2016)

XVII – do armazenamento, depósito, carga, descarga, arrumação e guarda do bem, no caso dos serviços descritos no subitem 11.04 da lista anexa;

XVIII – da execução dos serviços de diversão, lazer, entretenimento e congêneres, no caso dos serviços descritos nos subitens do item 12, exceto o 12.13, da lista anexa;

XIX – do Município onde está sendo executado o transporte, no caso dos serviços descritos pelo item 16 da lista anexa; (Redação dada pela Lei Complementar nº 157, de 2016)

XX – do estabelecimento do tomador da mão de obra ou, na falta de estabelecimento, onde ele estiver domiciliado, no caso dos serviços descritos pelo subitem 17.05 da lista anexa;

XXI – da feira, exposição, congresso ou congênere a que se referir o planejamento, organização e administração, no caso dos serviços descritos pelo subitem 17.10 da lista anexa;

XXII – do porto, aeroporto, ferroporto, terminal rodoviário, ferroviário ou metroviário, no caso dos serviços descritos pelo item 20 da lista anexa.

XXIII – do domicílio do tomador dos serviços dos subitens 4.22, 4.23 e 5.09; (Incluído pela Lei Complementar nº 157, de 2016)

XXIV – do domicílio do tomador do serviço no caso dos serviços prestados pelas administradoras de cartão de crédito ou débito e demais descritos no subitem 15.01;(Incluído pela Lei Complementar nº 157, de 2016)

XXV – do domicílio do tomador dos serviços dos subitens 10.04 e 15.09. (Incluído pela Lei Complementar nº 157, de 2016)

§ 1º No caso dos serviços a que se refere o subitem 3.04 da lista anexa, considera-se ocorrido o fato gerador e devido o imposto em cada Município em cujo território haja extensão de ferrovia, rodovia, postes, cabos, dutos e condutos de qualquer natureza, objetos de locação, sublocação, arrendamento, direito de passagem ou permissão de uso, compartilhado ou não.

§ 2º No caso dos serviços a que se refere o subitem 22.01 da lista anexa, considera-se ocorrido o fato gerador e devido o imposto em cada Município em cujo território haja extensão de rodovia explorada.

§ 3º Considera-se ocorrido o fato gerador do imposto no local do estabelecimento prestador nos serviços executados em águas marítimas, excetuados os serviços descritos no subitem 20.01.

§ 4º Na hipótese de descumprimento do disposto no *caput* ou no § 1º, ambos do art. 8º-A desta Lei Complementar, o imposto será devido no local do estabelecimento do tomador ou intermediário do serviço ou, na falta de estabelecimento, onde ele estiver domiciliado. (Incluído pela Lei Complementar nº 157, de 2016)

Este dispositivo compõe, sem dúvida, a questão mais polêmica com relação ao ISS. O ordenamento jurídico anterior, regulado pelo Decreto-Lei nº 406/1968 e suas alterações, determinava que o imposto seria devido ao Município onde estivesse localizado o estabelecimento prestador ou, na falta de estabelecimento, o do domicílio do prestador, exceto para os serviços de construção civil e de pedágio:

> **Art. 12 do Decreto-Lei nº 406/1968.** Considera-se local da prestação do serviço:
>
> a) o do estabelecimento prestador ou, na falta de estabelecimento, o do domicílio do prestador;
>
> b) no caso de construção civil, o local onde se efetuar a prestação;
>
> c) no caso do serviço a que se refere o item 101 da Lista Anexa, o Município em cujo território haja parcela da estrada explorada.

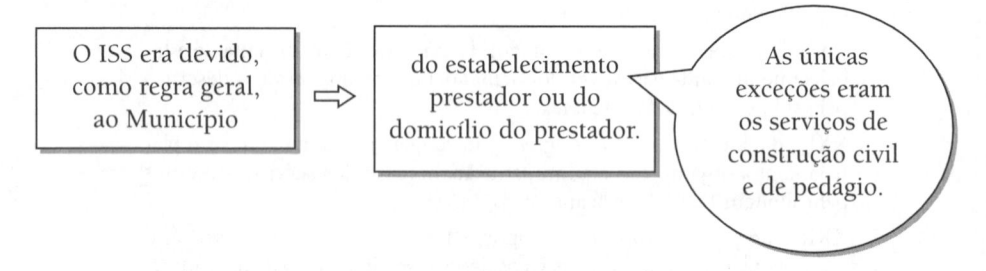

O ISS era devido, como regra geral, ao Município ⇒ do estabelecimento prestador ou do domicílio do prestador. — As únicas exceções eram os serviços de construção civil e de pedágio.

A Lei Complementar nº 116/2003 manteve, em síntese, o mesmo critério, só aumentando o número de exceções de duas para vinte e seis, no citado art. 3º e seus parágrafos.

JURISPRUDÊNCIA
Súmula Vinculante nº 31 do STF

É inconstitucional a incidência do Imposto sobre Serviços de Qualquer Natureza – ISS sobre operações de locação de bens móveis. (*DJe* n. 28, p. 1, em 17/02/2010)

No entanto, a grande discussão que surge diz respeito ao fato de que há abundante jurisprudência do STJ determinando, ao contrário da letra do antigo Decreto-Lei nº 406/1968 e da atual Lei Complementar nº 116/2003, que o serviço é sempre devido ao Município onde aquele fosse prestado, conforme demonstram decisões a seguir:

Acórdão

AGA N. 336.041/MG; AGRAVO REGIMENTAL NO AGRAVO DE INSTRUMENTO
2000/0103.043-4
Fonte: DJ DATA: 17/09/2001 PG: 00124
Relator Min. FRANCISCO FALCÃO (1.116)

Ementa

Nega-se provimento ao agravo regimental em face das razões que sustentam a decisão agravada, sendo certo que a Primeira Seção desta Corte já pacificou o entendimento de que, para fins de incidência do ISS, importa o local onde foi concretizado o fato gerador, como critério de fixação de competência e exigibilidade do crédito tributário, ainda que se releve o teor do art. 12, alínea *a*, do Decreto-Lei n. 406/1968.

Data da Decisão: 03/04/2001
Órgão Julgador T1 – PRIMEIRA TURMA

Acórdão

RESP N. 252.114 / PR; RECURSO ESPECIAL
2000/0026.431-8
Fonte: DJ DATA: 02/12/2002 PG: 00269
Relator Min. FRANCISCO PEÇANHA MARTINS (1.094)

Ementa

– Consoante jurisprudência desta eg. Corte, o Município competente para a cobrança do ISS é aquele em cujo território realizou-se o fato gerador, em atendimento ao princípio constitucional implícito que atribui àquele Município o poder de tributar os serviços ocorridos em seu território.

– Executados os serviços de composição gráfica em estabelecimentos localizados em outros Municípios, não tem a Municipalidade de Curitiba competência para exigir ISS referente a esses fatos geradores.

Data da Decisão: 17/10/2002
Órgão Julgador T2 – SEGUNDA TURMA

Acórdão

AGEDAG N. 468.839/DF; AGRAVO REGIMENTAL NOS EMBARGOS DE DECLARAÇÃO NO AG N. 2002/0106.138-4
Fonte: DJ DATA: 05/05/2003 PG: 00234
Relator Min. FRANCISCO FALCÃO (1.116)

Ementa

I – Para fins de incidência do ISS – Imposto Sobre Serviços, importa o local onde foi concretizado o fato gerador, ou seja, onde foi presta-

> do o serviço, como critério de fixação de competência do Município arrecadador e exigibilidade do crédito tributário.
> Data da Decisão: 11/03/2003
> Órgão Julgador T1 – PRIMEIRA TURMA

Novamente o STJ nos coloca em uma situação inusitada:

- a Constituição Federal determina que os conflitos de competência serão disciplinados por lei complementar (art. 146, I, da CF);
- a Lei Complementar nº 116/2003 estabelece que, como regra geral, o ISS é devido ao Município do domicílio do prestador;
- o referido tribunal mantém entendimento contrário, determinando que o imposto é devido para o Município onde for prestado o serviço.

Parece-me que o art. 3º e parágrafos da Lei Complementar nº 116/2003 nascem para o mundo jurídico como letras mortas, diante da jurisprudência dominante.

De qualquer maneira, a título de ilustração, cito a seguir os serviços que, de acordo com a Lei Complementar nº 116/2003, fazem com que o ISS não seja devido ao Município do estabelecimento prestador ou do domicílio do prestador:

> **Art. 1º, § 1º** O imposto incide também sobre o serviço proveniente do exterior do País ou cuja prestação se tenha iniciado no exterior do País.
> (...)
> **Art. 3º da LC nº 116/2003** (...)
> § 1º No caso dos serviços a que se refere o subitem 3.04 da lista anexa, considera-se ocorrido o fato gerador e devido o imposto em cada Município em cujo território haja extensão de ferrovia, rodovia, postes, cabos, dutos e condutos de qualquer natureza, objetos de locação, sublocação, arrendamento, direito de passagem ou permissão de uso, compartilhado ou não.
> § 2º No caso dos serviços a que se refere o subitem 22.01 da lista anexa, considera-se ocorrido o fato gerador e devido o imposto em cada Município em cujo território haja extensão de rodovia explorada.
> § 3º Considera-se ocorrido o fato gerador do imposto no local do estabelecimento prestador nos serviços executados em águas marítimas, excetuados os serviços descritos no subitem 20.01.
> § 4º Na hipótese de descumprimento do disposto no **caput** ou no § 1º, ambos do art. 8º-A desta Lei Complementar, o imposto será devido no local do estabelecimento do tomador ou intermediário do serviço ou, na falta de estabelecimento, onde ele estiver domiciliado. (Incluído pela Lei Complementar nº 157 de 2016)
> Os seguintes itens da Lista de Serviços, anexa à Lei Complementar nº 116/2003:
> 3.05. Cessão de andaimes, palcos, coberturas e outras estruturas de uso temporário.

7.02. Execução, por administração, empreitada ou subempreitada, de obras de construção civil, hidráulica ou elétrica e de outras obras semelhantes, inclusive sondagem, perfuração de poços, escavação, drenagem e irrigação, terraplanagem, pavimentação, concretagem e a instalação e montagem de produtos, peças e equipamentos (exceto o fornecimento de mercadorias produzidas pelo prestador de serviços fora do local da prestação dos serviços, que fica sujeito ao ICMS).

7.04. Demolição

7.05. Reparação, conservação e reforma de edifícios, estradas, pontes, portos e congêneres (exceto o fornecimento de mercadorias produzidas pelo prestador dos serviços, fora do local da prestação dos serviços, que fica sujeito ao ICMS).

7.09. Varrição, coleta, remoção, incineração, tratamento, reciclagem, separação e destinação final de lixo, rejeitos e outros resíduos quaisquer.

7.10. Limpeza, manutenção e conservação de vias e logradouros públicos, imóveis, chaminés, piscinas, parques, jardins e congêneres.

7.11. Decoração e jardinagem, inclusive corte e poda de árvores.

7.12. Controle e tratamento de efluentes de qualquer natureza e de agentes físicos, químicos e biológicos.

7.16. Florestamento, reflorestamento, semeadura, adubação, reparação de solo, plantio, silagem, colheita, corte e descascamento de árvores, silvicultura, exploração florestal e dos serviços congêneres indissociáveis da formação, manutenção e colheita de florestas, para quaisquer fins e por quaisquer meios. (Redação dada pela Lei Complementar nº 157, de 2016)

7.17. Escoramento, contenção de encostas e serviços congêneres.

7.18. Limpeza e dragagem de rios, portos, canais, baías, lagos, lagoas, represas, açudes e congêneres.

7.19. Acompanhamento e fiscalização da execução de obras de engenharia, arquitetura e urbanismo.

11.01. Guarda e estacionamento de veículos terrestres automotores, de aeronaves e de embarcações.

11.02. Vigilância, segurança ou monitoramento de bens, pessoas e semoventes. (Redação dada pela Lei Complementar nº 157, de 2016).

11.04. Armazenamento, depósito, carga, descarga, arrumação e guarda de bens de qualquer espécie.

12. Serviços de diversões, lazer, entretenimento e congêneres. Todos os subitens, exceto o subitem 12.13 – Produção, mediante ou sem encomenda prévia, de eventos, espetáculos, entrevistas, *shows*, *ballet*, danças, desfiles, bailes, teatros, óperas, concertos, recitais, festivais e congêneres.

16.01. Serviços de transporte coletivo municipal rodoviário, metroviário, ferroviário e aquaviário de passageiros. (Redação dada pela Lei Complementar nº 157, de 2016)

17.05. Fornecimento de mão de obra, mesmo em caráter temporário, inclusive de empregados ou trabalhadores, avulsos ou temporários, contratados pelo prestador de serviço.

17.10. Planejamento, organização e administração de feiras, exposições, congressos e congêneres.

20. Serviços portuários, aeroportuários, ferroportuários, de terminais rodoviários, ferroviários e metroviários.

20.01. Serviços portuários, ferroportuários, utilização de porto, movimentação de passageiros, reboque de embarcações, rebocador escoteiro, atracação, desatracação, serviços de praticagem, capatazia, armazenagem de qualquer natureza, serviços acessórios, movimentação de mercadorias, serviços de apoio marítimo, de movimentação ao largo, serviços de armadores, estiva, conferência, logística e congêneres.

20.02. Serviços aeroportuários, utilização de aeroporto, movimentação de passageiros, armazenagem de qualquer natureza, capatazia, movimentação de aeronaves, serviços de apoio aeroportuários, serviços acessórios, movimentação de mercadorias, logística e congêneres.

20.03. Serviços de terminais rodoviários, ferroviários, metroviários, movimentação de passageiros, mercadorias, inclusive suas operações, logística e congêneres.

22.01. Serviços de exploração de rodovia mediante cobrança de preço ou pedágio dos usuários, envolvendo execução de serviços de conservação, manutenção, melhoramentos para adequação de capacidade e segurança de trânsito, operação, monitoração, assistência aos usuários e outros serviços definidos em contratos, atos de concessão ou de permissão ou em normas oficiais. (*É devido o imposto em cada Município em cujo território haja extensão de rodovia explorada.*)

DA SUJEIÇÃO PASSIVA

No tocante à sujeição passiva, a Lei Complementar nº 116/2003 estabeleceu normas gerais com relação ao contribuinte:

Art. 4º Considera-se estabelecimento prestador o local onde o contribuinte desenvolva a atividade de prestar serviços, de modo permanente ou temporário, e que configure unidade econômica ou profissional, sendo irrelevantes para caracterizá-lo as denominações de sede, filial, agência, posto de atendimento, sucursal, escritório de representação ou contato ou quaisquer outras que venham a ser utilizadas.

Art. 5º Contribuinte é o prestador do serviço.

Com relação aos casos de responsabilidade, a Lei Complementar nº 116/2003 concedeu ao legislador municipal, em seu art. 6º e § 1º, a possibilidade de atribuí-la à terceira pessoa vinculada ao fato gerador da respectiva obrigação, nos moldes do art. 128 do Código Tributário Nacional:

Art. 6º Os Municípios e o Distrito Federal, mediante lei, poderão atribuir de modo expresso a responsabilidade pelo crédito tributário a terceira pessoa, vinculada ao fato gerador da respectiva obrigação, excluindo a responsabilidade do contribuinte ou atribuindo-a a este em caráter supletivo do cumprimento total ou parcial da referida obrigação, inclusive no que se refere à multa e aos acréscimos legais.

§ 1º Os responsáveis a que se refere este artigo estão obrigados ao recolhimento integral do imposto devido, multa e acréscimos legais, independentemente de ter sido efetuada sua retenção na fonte.

No entanto, a referida Lei Complementar foi mais além, atribuindo ela mesma, no art. 6º, § 2º, a responsabilidade em alguns casos, independentemente de previsão em lei ordinária municipal.

> **Art. 6º, § 2º** Sem prejuízo do disposto no *caput* e no § 1º deste artigo, são responsáveis:
>
> I – o tomador ou intermediário de serviço proveniente do exterior do País ou cuja prestação se tenha iniciado no exterior do País;
>
> II – a pessoa jurídica, ainda que imune ou isenta, tomadora ou intermediária dos serviços descritos nos subitens 3.05, 7.02, 7.04, 7.05, 7.09, 7.10, 7.12, 7.14, 7.15, 7.16, 7.17, 7.19, 11.02, 17.05 e 17.10 da lista anexa.
>
> III – a pessoa jurídica tomadora ou intermediária de serviços, ainda que imune ou isenta, na hipótese prevista no § 4º do art. 3º desta Lei Complementar. (Incluído pela Lei Complementar nº 157 de 2016)

Para facilitar a aplicação e fixação do dispositivo citado, seguem os serviços para os quais a responsabilidade já foi atribuída à pessoa jurídica, ainda que imune ou isenta, tomadora ou intermediária dos serviços, independentemente de dispositivo em lei municipal:

> 3.05 – Cessão de andaimes, palcos, coberturas e outras estruturas de uso temporário.
>
> 7.02 – Execução, por administração, empreitada ou subempreitada, de obras de construção civil, hidráulica ou elétrica e de outras obras semelhantes, inclusive sondagem, perfuração de poços, escavação, drenagem e irrigação, terraplanagem, pavimentação, concretagem e a instalação e montagem de produtos, peças e equipamentos (exceto o fornecimento de mercadorias produzidas pelo prestador de serviços fora do local da prestação dos serviços, que fica sujeito ao ICMS).
>
> 7.04 – Demolição.
>
> 7.05 – Reparação, conservação e reforma de edifícios, estradas, pontes, portos e congêneres (exceto o fornecimento de mercadorias produzidas pelo prestador dos serviços, fora do local da prestação dos serviços, que fica sujeito ao ICMS).
>
> 7.09 – Varrição, coleta, remoção, incineração, tratamento, reciclagem, separação e destinação final de lixo, rejeitos e outros resíduos quaisquer.
>
> 7.10 – Limpeza, manutenção e conservação de vias e logradouros públicos, imóveis, chaminés, piscinas, parques, jardins e congêneres.
>
> 7.12 – Controle e tratamento de efluentes de qualquer natureza e de agentes físicos, químicos e biológicos.
>
> 7.14 – (VETADO)

7.15 – (VETADO)

7.16 – Florestamento, reflorestamento, semeadura, adubação, reparação de solo, plantio, silagem, colheita, corte e descascamento de árvores, silvicultura, exploração florestal e dos serviços congêneres indissociáveis da formação, manutenção e colheita de florestas, para quaisquer fins e por quaisquer meios. (Redação dada pela Lei Complementar nº 157, de 2016)

7.17 – Escoramento, contenção de encostas e serviços congêneres.

7.19 – Acompanhamento e fiscalização da execução de obras de engenharia, arquitetura e urbanismo.

11.02 – Vigilância, segurança ou monitoramento de bens, pessoas e semoventes. (Redação dada pela Lei Complementar nº 157, de 2016)

17.05 – Fornecimento de mão de obra, mesmo em caráter temporário, inclusive de empregados ou trabalhadores, avulsos ou temporários, contratados pelo prestador de serviço.

17.10 – Planejamento, organização e administração de feiras, exposições, congressos e congêneres.

Da Base de Cálculo

Esta matéria, depois do dispositivo que regula o local da ocorrência do fato gerador, aparece como a mais polêmica da Lei Complementar nº 116/2003. O problema resume-se a um erro do legislador e ao fato de que o art. 9º do Decreto-Lei nº 406/1968 não foi revogado, conforme veremos a seguir.

> **Art. 7º** A base de cálculo do imposto é o preço do serviço.
>
> § 1º Quando os serviços descritos pelo subitem 3.04 da lista anexa forem prestados no território de mais de um Município, a base de cálculo será proporcional, conforme o caso, à extensão da ferrovia, rodovia, dutos e condutos de qualquer natureza, cabos de qualquer natureza, ou ao número de postes, existentes em cada Município.
>
> § 2º Não se incluem na base de cálculo do Imposto Sobre Serviços de Qualquer Natureza:
>
> I – o valor dos materiais fornecidos pelo prestador dos serviços previstos nos itens 7.02 e 7.05 da lista de serviços anexa a esta Lei Complementar;
>
> II – (VETADO)
>
> § 3º (VETADO)

Antes de analisarmos os questionamentos, chamo atenção para o fato de que a lei complementar determinou que, no caso de locação, sublocação, arrendamento, direito de passagem ou permissão de uso, compartilhado ou não, de ferrovia, rodovia, postes, cabos, dutos e condutos de qualquer natureza, se os serviços forem prestados no território de mais de um Município, a base de cálculo será proporcional, conforme o caso, à extensão da ferrovia, rodovia, dutos e condutos de qualquer natureza, cabos de qualquer natureza, ou ao número de postes, existentes em cada Município, de acordo com o art. 7º, § 1º.

O erro cometido pelo legislador está no art. 7º, § 2º, I, que determina que serão excluídos da base de cálculo apenas os materiais fornecidos pelo prestador dos serviços previstos nos itens 7.02 e 7.05 da lista de serviços, anexa à referida lei, ou seja, nos seguintes serviços:

> 7.02 – Execução, por administração, empreitada ou subempreitada, de obras de construção civil, hidráulica ou elétrica e de outras obras semelhantes, inclusive sondagem, perfuração de poços, escavação, drenagem e irrigação, terraplanagem, pavimentação, concretagem e a instalação e montagem de produtos, peças e equipamentos (exceto o fornecimento de mercadorias produzidas pelo prestador de serviços fora do local da prestação dos serviços, que fica sujeito ao ICMS).
>
> 7.05 – Reparação, conservação e reforma de edifícios, estradas, pontes, portos e congêneres (exceto o fornecimento de mercadorias produzidas pelo prestador dos serviços, fora do local da prestação dos serviços, que fica sujeito ao ICMS).

Na verdade, conforme matéria a ser estudada com mais detalhes no Capítulo 6 desta obra, inclusive por força da Lei Complementar nº 87/1996 e do disposto no art. 155, § 2º, IX, *b*, da Constituição Federal, também será excluída da base de cálculo do ISS a mercadoria fornecida juntamente com os serviços previstos nos itens 9.01, 14.01, 14.03 e 17.11 da referida lista:

> 9.01 – Hospedagem de qualquer natureza em hotéis, *apart-service* condominiais, *flat*, apart-hotéis, hotéis residência, *residence-service*, *suite service*, hotelaria marítima, motéis, pensões e congêneres; ocupação por temporada com fornecimento de serviço (o valor da alimentação e gorjeta, quando incluído no preço da diária, fica sujeito ao Imposto Sobre Serviços).
>
> 14.01 – Lubrificação, limpeza, lustração, revisão, carga e recarga, conserto, restauração, blindagem, manutenção e conservação de máquinas, veículos, aparelhos, equipamentos, motores, elevadores ou de qualquer objeto (exceto peças e partes empregadas, que ficam sujeitas ao ICMS).
>
> 14.03 – Recondicionamento de motores (exceto peças e partes empregadas, que ficam sujeitas ao ICMS).
>
> 17.11 – Organização de festas e recepções; bufê (exceto o fornecimento de alimentação e bebidas, que fica sujeito ao ICMS).

A outra questão polêmica diz respeito ao fato de que a Lei Complementar nº 116/2003 não revogou o art. 9º do Decreto-Lei nº 406/1968, que determina:

> **Art. 9º** A base de cálculo do imposto é o preço do serviço.
>
> § 1º Quando se tratar de prestação de serviços sob a forma de trabalho pessoal do próprio contribuinte, o imposto será calculado, por meio de alíquotas fixas ou variáveis, em função da natureza do serviço ou de outros fatores pertinentes, nestes não compreendida a importância paga a título de remuneração do próprio trabalho.
>
> § 2º Na prestação dos serviços a que se referem os itens 19 e 20 da lista anexa, o imposto será calculado sobre o preço deduzido das parcelas correspondentes:

a) ao valor dos materiais fornecidos pelo prestador dos serviços;

b) ao valor das subempreitadas já tributadas pelo imposto.

§ 3º Quando os serviços a que se referem os itens 1, 4, 8, 25, 52, 88, 89, 90, 91 e 92 da lista anexa forem prestados por sociedades, estas ficarão sujeitas ao imposto na forma do § 1º, calculado em relação a cada profissional habilitado, sócio, empregado ou não, que preste serviços em nome da sociedade, embora assumindo responsabilidade pessoal, nos termos da lei aplicável.

§ 4º Na prestação do serviço a que se refere o item 101 da Lista Anexa, o imposto é calculado sobre a parcela do preço correspondente à proporção direta da parcela da extensão da rodovia explorada, no território do Município, ou da metade da extensão de ponte que una dois Municípios.

§ 5º A base de cálculo apurado nos termos do parágrafo anterior:

I – é reduzida, nos Municípios onde não haja posto de cobrança de pedágio, para sessenta por cento de seu valor (inciso incluído pela Lei Complementar nº 100, de 22/12/1999).

II – é acrescida, nos Municípios onde haja posto de cobrança de pedágio, do complemento necessário à sua integralidade em relação à rodovia explorada.

§ 6º Para efeitos do disposto nos §§ 4º e 5º, considera-se rodovia explorada o trecho limitado pelos pontos equidistantes entre cada posto de cobrança de pedágio ou entre o mais próximo deles e o ponto inicial ou terminal da rodovia.

Embora o art. 10 da Lei Complementar nº 116/2003 não tenha revogado o art. 9º, revogou as normas supervenientes que criaram e alteraram os seus parágrafos 2º a 6º:

Art. 10 da Lei Complementar nº 116/2003. Ficam revogados os arts. 8º, 10, 11 e 12 do Decreto-Lei nº 406, de 31 de dezembro de 1968; os incisos III, IV, V e VII do art. 3º do Decreto-Lei nº 834, de 8 de setembro de 1969; a Lei Complementar nº 22, de 9 de dezembro de 1974; a Lei nº 7.192, de 5 de junho de 1984; a Lei Complementar nº 56, de 15 de dezembro de 1987; e a Lei Complementar nº 100, de 22 de dezembro de 1999.

Portanto, apenas continuam com vigência o *caput* e o parágrafo primeiro do referido artigo.

Como consequência, quando os serviços a que se referem os itens 1, 4, 8, 25, 52, 88, 89, 90, 91 e 92, da antiga lista do Decreto-Lei nº 406/1968 forem prestados por sociedades, estas ficarão sujeitas ao imposto calculado, em função da atividade da própria sociedade e não na forma do § 1º, que determina que o ISS será calculado, por meio de alíquotas fixas ou variáveis, em função da natureza do serviço ou de outros fatores pertinentes, em relação a cada profissional habilitado, sócio, empregado ou não, que preste serviços em nome da sociedade, embora assumindo responsabilidade pessoal, nos termos da lei aplicável, conforme determinava o § 3º do referido art. 9º.

Outro fator relevante foi a revogação do parágrafo segundo do art. 9º do Decreto-Lei nº 406/1968, que determinava, em sua alínea *b*, a exclusão da base de cálculo do ISS do valor das subempreitadas já tributadas pelo imposto. Este dispositivo estava inicialmente previsto no projeto da Lei Complementar nº 116/2003, mas foi vetado pelo Poder Executivo.

Dessa forma, haverá uma cumulatividade de cobrança do ISS sobre o valor recebido pela empreiteira e pela subempreiteira, dando uma falsa impressão de inconstitucionalidade. No entanto, a nossa Constituição só exige a não cumulatividade para o ICMS, o IPI, para os novos impostos criados pela competência residual do art. 154, I, e para as novas contribuições sociais previstas no art. 195, § 4º, da Carta Maior.

DAS ALÍQUOTAS MÁXIMAS E MÍNIMAS

O legislador perdeu uma grande possibilidade de fixar, em caráter definitivo, as alíquotas mínimas do imposto, fixando apenas as máximas no art. 8º da Lei Complementar nº 116/2003.

> **Art. 8º** As alíquotas máximas do Imposto Sobre Serviços de Qualquer Natureza são as seguintes:
>
> I – (VETADO)
>
> II – demais serviços, 5% (cinco por cento).

Entretanto, sanando transitoriamente a omissão do legislador, foi introduzido o art. 88 do Ato das Disposições Constitucionais Transitórias:

> **Art. 88 do Ato das Disposições Constitucionais Transitórias.** Enquanto lei complementar não disciplinar o disposto nos incisos I e III do § 3º do art. 156 da Constituição Federal, o imposto a que se refere o inciso III do *caput* do mesmo artigo:
>
> I – terá alíquota mínima de dois por cento, exceto para os serviços a que se referem os itens 32, 33 e 34 da Lista de Serviços anexa ao Decreto-Lei nº 406, de 31 de dezembro de 1968;
>
> II – não será objeto de concessão de isenções, incentivos e benefícios fiscais, que resultem, direta ou indiretamente, na redução da alíquota mínima estabelecida no inciso I.

É importante observar que os serviços que poderão ter alíquotas menores que 2%, ou seja, os previstos nos itens 32, 33 e 34 da Lista de Serviços do Decreto-Lei nº 406/1968, conforme o citado art. 88, II, do ADCT, correspondem aos seguintes serviços da nova lista anexa à Lei Complementar nº 116/2003:

> 7.02 – Execução, por administração, empreitada ou subempreitada, de obras de construção civil, hidráulica ou elétrica e de outras obras semelhantes, inclusive sondagem, perfuração de poços, escavação, drenagem e irrigação, terraplanagem, pavimentação, concretagem e a instalação e montagem de produtos, peças e equipamentos (exceto o fornecimento de mercadorias produzidas pelo prestador de serviços fora do local da prestação dos serviços, que fica sujeito ao ICMS).
>
> 7.04 – Demolição.
>
> 7.05 – Reparação, conservação e reforma de edifícios, estradas, pontes, portos e congêneres (exceto o fornecimento de mercadorias produzidas

pelo prestador dos serviços, fora do local da prestação dos serviços, que fica sujeito ao ICMS).

Além disso, é importante chamar a atenção para o disposto no art. 88, II, que proíbe a concessão de isenções, incentivos e benefícios fiscais, que resultem, direta ou indiretamente, na redução da alíquota mínima estabelecida.

Desta forma, fica vedada a concessão de benefícios fiscais pelo legislador municipal como redução de base de cálculo e outros que poderiam mascarar uma carga tributária total que, de fato, seria inferior ao limite mínimo de 2%.

IMUNIDADES

- As imunidades relativas ao ISS são aquelas previstas no art. 150, VI, *a*, *b*, *c*, da Constituição Federal:

    Art. 150. Sem prejuízo de outras garantias asseguradas ao contribuinte, é vedado à União, aos Estados, ao Distrito Federal e aos Municípios:

    (...)

    VI – instituir impostos sobre:

    a) patrimônio, renda ou serviços, uns dos outros;

    b) templos de qualquer culto;

    c) patrimônio, renda ou serviços dos partidos políticos, inclusive suas fundações, das entidades sindicais dos trabalhadores, das instituições de educação e de assistência social, sem fins lucrativos, atendidos os requisitos da lei;

    (...)

    § 2º A vedação do inciso VI, *a*, é extensiva às autarquias e às fundações instituídas e mantidas pelo Poder Público, no que se refere ao patrimônio, à renda e aos serviços, vinculados a suas finalidades essenciais ou às delas decorrentes.

    § 3º As vedações do inciso VI, *a*, e do parágrafo anterior não se aplicam ao patrimônio, à renda e aos serviços, relacionados com exploração de atividades econômicas regidas pelas normas aplicáveis a empreendimentos privados, ou em que haja contraprestação ou pagamento de preços ou tarifas pelo usuário, nem exonera o promitente comprador da obrigação de pagar imposto relativamente ao bem imóvel.

    § 4º. As vedações expressas no inciso VI, alíneas *b* e *c*, compreendem somente o patrimônio, a renda e os serviços, relacionados com as finalidades essenciais das entidades nelas mencionadas.

Com relação a estas imunidades, é fundamental atentar para o fato de que, no caso das autarquias e fundações instituídas e mantidas pelo Poder Público, o benefício só ocorre no tocante às finalidades essenciais ou às delas decorrentes.

Já no caso dos partidos políticos, inclusive suas fundações, das entidades sindicais dos trabalhadores, das instituições de educação e de assistência social, sem fins lucrativos, atendidos os requisitos da lei, o benefício abrange somente as suas finalidades essenciais.

> **JURISPRUDÊNCIA**
>
> **Súmula Vinculante nº 31 do STF**
>
> "É inconstitucional a incidência do Imposto sobre Serviços de Qualquer Natureza – ISS – sobre operações de locação de bens móveis."
>
> (Fonte de Publicação: DJe n. 28, p. 1, em 17/02/2010)
>
> Embora o texto constitucional faça estas limitações ao gozo da imunidade fiscal relativa ao ISS, o Supremo Tribunal Federal tem um posicionamento mais flexível com relação ao benefício, conforme se observa no Informativo STF n. 68:
>
> Entendendo que a imunidade tributária conferida a instituições de assistência social sem fins lucrativos (CF, art. 150, VI, c) abrange inclusive os serviços que não se enquadrem em suas atividades específicas, a Turma reformou decisão do Tribunal de Justiça do Estado de São Paulo, que sujeitara à incidência do ISS o serviço de estacionamento de veículos prestado por hospital em seu pátio interno. Considerou-se irrelevante o argumento acolhido pelo acórdão recorrido de que não se estaria diante de atividade típica de um hospital. **Precedente citado: RE nº 116.188-SP (RTJ nº 131/1295) RE nº 144.900-SP, Rel. Min. Ilmar Galvão, 22/04/1997.**
>
> Mais restritiva, no entanto, é a posição do Superior Tribunal de Justiça, conforme segue:
>
> **Acórdão**
>
> AGA N. 163.383/GO; AGRAVO REGIMENTAL NO AGRAVO DE INSTRUMENTO
>
> 1997/0072902-8
>
> **Fonte:** DJ DATA: 01/12/1997 PG: 62.734
>
> LEXSTJ VOL.: 00104 PG: 00020
>
> **Relator** Min. ARI PARGENDLER (1.104)
>
> **Ementa**
>
> A gráfica que, mantida por instituição de assistência social, presta serviços a terceiros, está sujeita ao pagamento do **Imposto Sobre Serviços** – ainda mais quando a própria instituição de assistência improvido.

4.1.4. Disposições Comuns a Impostos Federais, Estaduais e Municipais

Alguns impostos, conforme vimos ao estudá-los individualmente, têm uma limitação máxima ou mínima no que diz respeito à fixação de suas alíquotas. Para tornar mais fácil a fixação desta matéria, observe o esquema a seguir, que traz quais são estes impostos e qual a norma jurídica que fixa os seus limites.

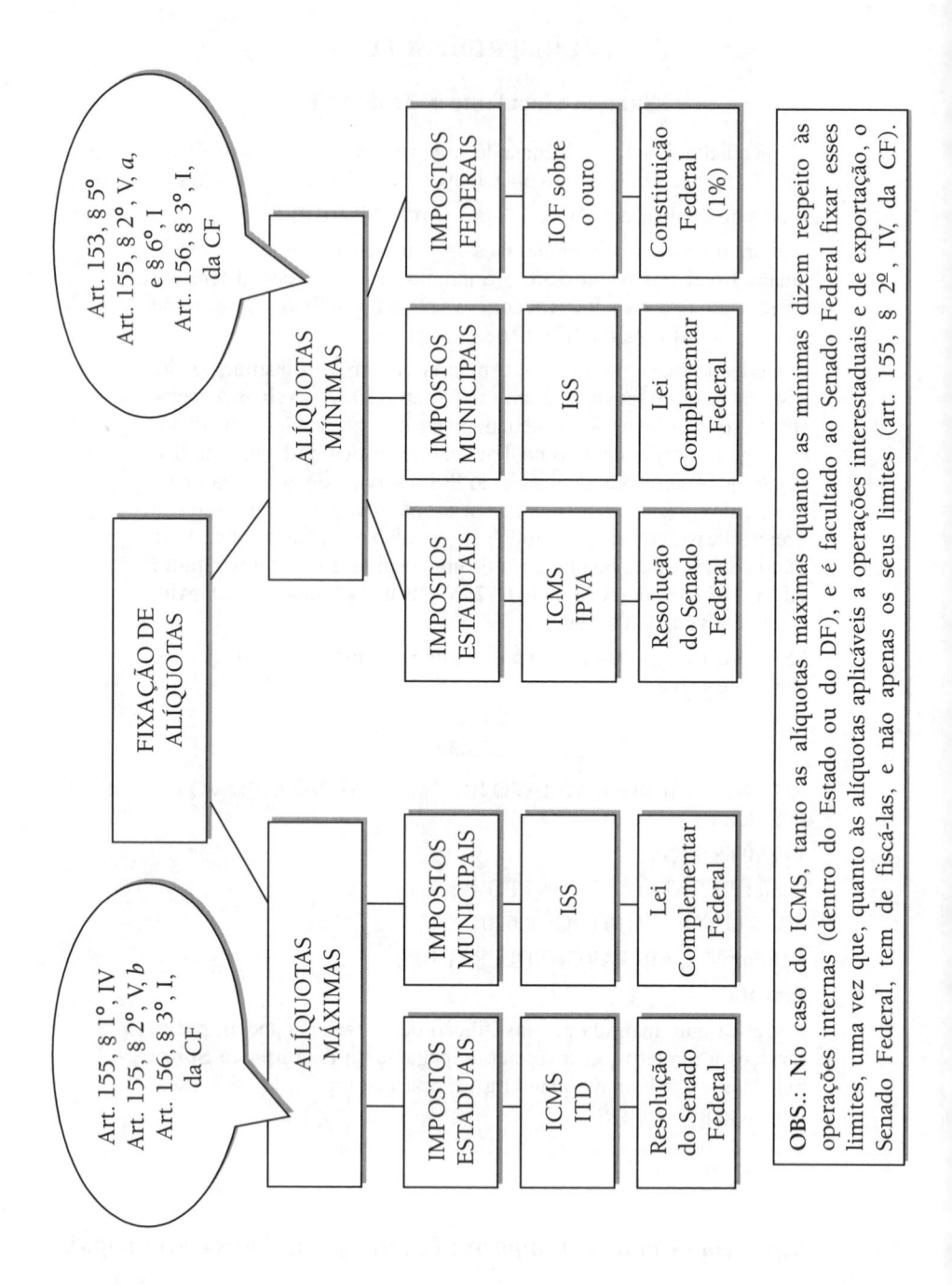

FIXAÇÃO DE ALÍQUOTAS

ALÍQUOTAS MÍNIMAS
(Art. 153, § 5º
Art. 155, § 2º, V, *a*, e § 6º, I
Art. 156, § 3º, I, da CF)

- **IMPOSTOS FEDERAIS** → IOF sobre o ouro → Constituição Federal (1%)
- **IMPOSTOS MUNICIPAIS** → ISS → Lei Complementar Federal
- **IMPOSTOS ESTADUAIS** → ICMS / IPVA → Resolução do Senado Federal

ALÍQUOTAS MÁXIMAS
(Art. 155, § 1º, IV
Art. 155, § 2º, V, *b*
Art. 156, § 3º, I, da CF)

- **IMPOSTOS MUNICIPAIS** → ISS → Lei Complementar Federal
- **IMPOSTOS ESTADUAIS** → ICMS / ITD → Resolução do Senado Federal

OBS.: No caso do ICMS, tanto as alíquotas máximas quanto as mínimas dizem respeito às operações internas (dentro do Estado ou do DF), e é facultado ao Senado Federal fixar esses limites, uma vez que, quanto às alíquotas aplicáveis a operações interestaduais e de exportação, o Senado Federal, tem de fixá-las, e não apenas os seus limites (art. 155, § 2º, IV, da CF).

A Constituição Federal determinou, no art. 155, § 3º, que somente três impostos poderão incidir sobre operações relativas a energia elétrica, serviços de telecomunicações, derivados de petróleo, combustíveis e minerais do país:

Art. 155, § 3º, da CF. À exceção dos impostos de que tratam o inciso II do *caput* deste artigo (ICMS) e o art. 153, I e II (II e IE), nenhum outro imposto poderá incidir sobre operações relativas a energia elétrica, serviços de telecomunicações, derivados de petróleo, combustíveis e minerais do País.

Portanto:

```
II                ┌─────────────────────────────────┐
                  │     ENERGIA ELÉTRICA            │
                  │  SERVIÇOS DE TELECOMUNICAÇÕES   │      ICMS
                  │     DERIVADOS DE PETRÓLEO       │
                  │        COMBUSTÍVEIS             │
IE                │          MINERAIS               │
                  └─────────────────────────────────┘
```

OBS.: Sobre importação e comercialização de petróleo e seus derivados, gás natural e seus derivados e álcool combustível poderá incidir a contribuição de intervenção de domínio econômico, criada pela Emenda Constitucional nº 33, de 11/12/2001.

Quando ocorre prestação de serviço com fornecimento de mercadoria, os Estados e o DF querem exigir ICMS sobre a mercadoria e os Municípios, ISS sobre o serviço, criando-se o que se chama de conflito de competência.

Conforme já estudamos anteriormente, a Constituição Federal determina que a solução destes conflitos depende de lei complementar:

Art. 146 da CF. Cabe à lei complementar:
I – dispor sobre conflitos de competência, em matéria tributária, entre a União, os Estados, o Distrito Federal e os Municípios.

Neste caso específico, a matéria é regulada pelo Decreto-Lei nº 406/1968 (que foi recepcionado com força de lei complementar) alterado pela Lei Complementar nº 56/1987 e também pela Lei Complementar nº 87/1996:

Lei Complementar nº 87, de 13 de setembro de 1996 (estabelece normas gerais para o ICMS).
Art. 1º Compete aos Estados e ao Distrito Federal instituir o imposto sobre operações relativas à circulação de mercadorias e sobre prestações de serviços de transporte interestadual e intermunicipal e de comunicação, ainda que as operações e as prestações se iniciem no exterior.
Art. 2º O imposto incide sobre:
(...)
IV – fornecimento de mercadorias com prestação de serviços não compreendidos na competência tributária dos Municípios;
V – fornecimento de mercadorias com prestação de serviços sujeitos ao imposto sobre serviços, de competência dos Municípios, quando a

lei complementar aplicável** expressamente o sujeitar à incidência do imposto estadual.

(...)

Art. 3º O imposto não incide sobre:

(...)

V – operações relativas a mercadorias que tenham sido ou que se destinem a ser utilizadas na prestação, pelo próprio autor da saída, de serviço de qualquer natureza definido em lei complementar** como sujeito ao imposto sobre serviços, de competência dos Municípios, ressalvadas as hipóteses previstas na mesma lei complementar.

** Quando a Lei Complementar nº 87/1996 refere-se à lei complementar aplicável, está se referindo à Lei Complementar nº 116/2003.

Também dispõe sobre a matéria a própria Constituição Federal no art. 155, § 2º, IX, *b*:

Art. 155, § 2º, da CF. O imposto previsto no inciso II (ICMS) atenderá ao seguinte:

(...)

IX – incidirá também:

(...)

b) sobre o valor total da operação, quando mercadorias forem fornecidas com serviços não compreendidos na competência tributária dos Municípios;

Portanto, podemos concluir:

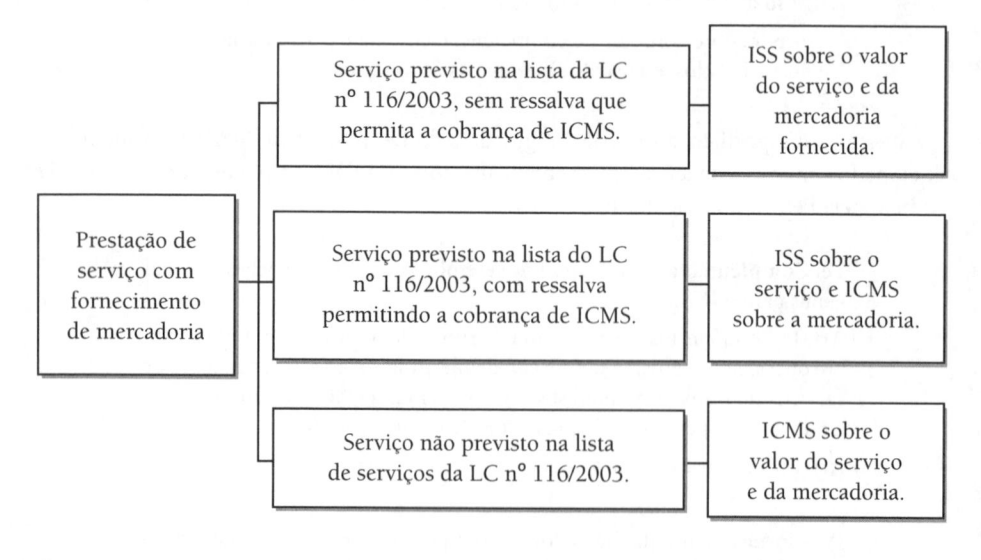

Prestação de serviço com fornecimento de mercadoria	Serviço previsto na lista da LC nº 116/2003, sem ressalva que permita a cobrança de ICMS.	ISS sobre o valor do serviço e da mercadoria fornecida.
	Serviço previsto na lista do LC nº 116/2003, com ressalva permitindo a cobrança de ICMS.	ISS sobre o serviço e ICMS sobre a mercadoria.
	Serviço não previsto na lista de serviços da LC nº 116/2003.	ICMS sobre o valor do serviço e da mercadoria.

4.1.5. Quadro-Resumo da Competência Privativa

		IMPOSTOS DA UNIÃO		
SIGLA	**NOME**	**FATO GERADOR**	**BASE DE CÁLCULO**	**CONTRIBUINTE**
II	Imposto sobre a importação de produtos estrangeiros	Entrada no território nacional	A unidade de medida adotada pela lei ou o valor do produto ou da arrematação	O importador ou quem a lei a ele equiparar e o arrematante
IE	Imposto sobre a exportação de produtos nacionais ou nacionalizados	Saída do território nacional	A unidade de medida adotada pela lei ou o valor do produto	O exportador ou quem a lei a ele equiparar
IR	Imposto sobre a renda e proventos de qualquer natureza	Aquisição da disponibilidade econômica ou jurídica de rendas e proventos de qualquer natureza	O montante real, arbitrado ou presumido das rendas e proventos de qualquer natureza	O titular da aquisição da disponibilidade econômica ou jurídica de rendas e proventos de qualquer natureza
IPI	Imposto sobre produtos industrializados	Saída do produto de estabelecimento considerado contribuinte pela lei, o desembaraço aduaneiro ou a arrematação	Valor da operação de que decorrer a saída do produto, o valor da arrematação ou, no caso de importação, o preço normal + II + despesas aduaneiras	O industrial, o comerciante a ele equiparado por lei, o importador ou quem a lei a ele equiparar e o arrematante
IOF	Imposto sobre operações de crédito, câmbio, seguro ou relativas a títulos ou valores mobiliários	Realização das operações de crédito, câmbio, seguro ou relativas a títulos ou valores mobiliários	Valor das operações	Qualquer das partes envolvidas
ITR	Imposto sobre a propriedade territorial rural	Propriedade, domínio útil ou posse sobre imóvel rural por natureza	Valor fundiário da propriedade	O proprietário, o possuidor ou o enfiteuta
IGF	Imposto sobre grandes fortunas	Depende de lei complementar	Depende de lei complementar	Depende de lei complementar

IMPOSTOS DOS ESTADOS E DF				
SIGLA	**NOME**	**FATO GERADOR**	**BASE DE CÁLCULO**	**CONTRIBUINTE**
ITD	Imposto sobre transmissão *causa mortis* e doação de quaisquer bens ou direitos a eles relativos	Transmissão dos bens ou direitos	Valor dos bens ou direitos	Qualquer das partes envolvidas
ICMS	Imposto sobre a circulação de mercadorias e serviços de transporte interestadual e intermunicipal e de comunicação, ainda que iniciados no exterior	Circulação das mercadorias ou prestação dos serviços de transporte interestadual e intermunicipal e de comunicação	Valor das mercadorias ou dos serviços de transporte interestadual e intermunicipal e de comunicação	O estabelecimento que dá circulação à mercadoria ou o prestador do serviço de transporte e de comunicação
IPVA	Imposto sobre a propriedade de veículos automotores	Propriedade sobre veículos automotores	Valor dos veículos automotores	O proprietário do veículo automotor

IMPOSTOS DOS MUNICÍPIOS				
SIGLA	**NOME**	**FATO GERADOR**	**BASE DE CÁLCULO**	**CONTRIBUINTE**
IPTU	Imposto sobre a propriedade predial e territorial urbana	Propriedade, domínio útil ou posse sobre imóvel urbano por natureza ou acessão física	Valor venal da propriedade	O proprietário, o possuidor ou o enfiteuta
ITBI	Imposto sobre a transmissão onerosa de bens imóveis ou direitos a eles relativos, exceto os de garantia, bem como a cessão de direitos à sua aquisição	Transmissão dos bens ou direitos	Valor dos bens ou direitos	Qualquer das partes envolvidas

IMPOSTOS DOS MUNICÍPIOS					
SIGLA	NOME	FATO GERADOR	BASE DE CÁLCULO	CONTRIBUINTE
ISS	Imposto sobre serviços de qualquer natureza	Prestação dos serviços previstos na lista da Lei Complementar nº 116/2003	Valor dos serviços	O prestador dos serviços

4.2. Repartição da Receita Tributária

Alguns tributos têm parte de sua arrecadação destinada a outra pessoa jurídica de Direito Público, por determinação da própria Constituição Federal.

A matéria está disciplinada nos arts. 153, § 5º, da CF, no que diz respeito ao IOF sobre o ouro, e 157 a 162 da CF, no que diz respeito às demais repartições:

> **Art. 153.** Compete à União instituir impostos sobre:
> (...)
> V – operações de crédito, câmbio e seguro, ou relativas a títulos ou valores mobiliários;
> (...)
> § 5º. O ouro, quando definido em lei como ativo financeiro ou instrumento cambial, sujeita-se exclusivamente à incidência do imposto de que trata o inciso V do *caput* deste artigo, devido na operação de origem; a alíquota mínima será de um por cento, assegurada a transferência do montante da arrecadação nos seguintes termos:
> I – trinta por cento para o Estado, o Distrito Federal ou o Território, conforme a origem;
> II – setenta por cento para o Município de origem.
> (...)
>
> **Seção VI**
> **DA REPARTIÇÃO DAS RECEITAS TRIBUTÁRIAS**
> **Art. 157.** Pertencem aos Estados e ao Distrito Federal:
> I – o produto da arrecadação do imposto da União sobre renda e proventos de qualquer natureza, incidente na fonte, sobre rendimentos pagos, a qualquer título, por eles, suas autarquias e pelas fundações que instituírem e mantiverem;
> II – vinte por cento do produto da arrecadação do imposto que a União instituir no exercício da competência que lhe é atribuída pelo art. 154, I.
> **Art. 158.** Pertencem aos Municípios:
> I – o produto da arrecadação do imposto da União sobre renda e proventos de qualquer natureza, incidente na fonte, sobre rendimentos pagos, a

qualquer título, por eles, suas autarquias e pelas fundações que instituírem e mantiverem;

II – cinquenta por cento do produto da arrecadação do imposto da União sobre a propriedade territorial rural, relativamente aos imóveis neles situados, cabendo a totalidade na hipótese da opção a que se refere o art. 153, § 4º, III;

III – cinquenta por cento do produto da arrecadação do imposto do Estado sobre a propriedade de veículos automotores licenciados em seus territórios;

IV – vinte e cinco por cento do produto da arrecadação do imposto do Estado sobre operações relativas à circulação de mercadorias e sobre prestações de serviços de transporte interestadual e intermunicipal e de comunicação.

Parágrafo único. As parcelas de receita pertencentes aos Municípios, mencionadas no inciso IV, serão creditadas conforme os seguintes critérios:

I – três quartos, no mínimo, na proporção do valor adicionado nas operações relativas à circulação de mercadorias e nas prestações de serviços, realizadas em seus territórios;

II – até um quarto, de acordo com o que dispuser lei estadual ou, no caso dos Territórios, lei federal.

Art. 159. A União entregará:

I – do produto da arrecadação dos impostos sobre renda e proventos de qualquer natureza e sobre produtos industrializados 49% (quarenta e nove por cento), na seguinte forma:

a) vinte e um inteiros e cinco décimos por cento ao Fundo de Participação dos Estados e do Distrito Federal;

b) vinte e dois inteiros e cinco décimos por cento ao Fundo de Participação dos Municípios;

c) três por cento, para aplicação em programas de financiamento ao setor produtivo das Regiões Norte, Nordeste e Centro-Oeste, através de suas instituições financeiras de caráter regional, de acordo com os planos regionais de desenvolvimento, ficando assegurada ao semiárido do Nordeste a metade dos recursos destinados à Região, na forma que a lei estabelecer;

d) um por cento ao Fundo de Participação dos Municípios, que será entregue no primeiro decêndio do mês de dezembro de cada ano;

e) 1% (um por cento) ao Fundo de Participação dos Municípios, que será entregue no primeiro decêndio do mês de julho de cada ano;[1]

---

[1] Nota do Autor: O Art. 2º da Emenda Constitucional nº 84 de 2014 determinou que para os fins do disposto na alínea "e" do inciso I do *caput* do art. 159 da Constituição Federal, a União entregará ao Fundo de Participação dos Municípios o percentual de 0,5% (cinco décimos por cento) do produto da arrecadação dos impostos sobre renda e proventos de qualquer natureza e sobre produtos industrializados no primeiro exercício em que esta Emenda Constitucional gerar efeitos financeiros, acrescentando-se 0,5% (cinco décimos por cento) a cada exercício, até que se alcance o percentual de 1% (um por cento).

II – do produto da arrecadação do imposto sobre produtos industrializados, dez por cento aos Estados e ao Distrito Federal, proporcionalmente ao valor das respectivas exportações de produtos industrializados.

III – do produto da arrecadação da contribuição de intervenção no domínio econômico prevista no art. 177, § 4º, vinte e nove por cento para os Estados e o Distrito Federal, distribuídos na forma da lei, observada a destinação a que se refere o inciso II, c, do referido parágrafo. (Redação dada pela Emenda Constitucional nº 44, de 2004)

§ 1º Para efeito de cálculo da entrega a ser efetuada de acordo com o previsto no inciso I, excluir-se-á a parcela da arrecadação do imposto de renda e proventos de qualquer natureza pertencente aos Estados, ao Distrito Federal e aos Municípios, nos termos do disposto nos arts. 157, I, e 158, I.

§ 2º A nenhuma unidade federada poderá ser destinada parcela superior a vinte por cento do montante a que se refere o inciso II, devendo o eventual excedente ser distribuído entre os demais participantes, mantido, em relação a esses, o critério de partilha nele estabelecido.

§ 3º Os Estados entregarão aos respectivos Municípios vinte e cinco por cento dos recursos que receberem nos termos do inciso II, observados os critérios estabelecidos no art. 158, parágrafo único, I e II.

§ 4º Do montante de recursos de que trata o inciso III que cabe a cada Estado, vinte e cinco por cento serão destinados aos seus Municípios, na forma da lei a que se refere o mencionado inciso.

Art. 160. É vedada a retenção ou qualquer restrição à entrega e ao emprego dos recursos atribuídos, nesta seção, aos Estados, ao Distrito Federal e aos Municípios, neles compreendidos adicionais e acréscimos relativos a impostos.

Parágrafo único. A vedação prevista neste artigo não impede a União e os Estados de condicionarem a entrega de recursos:

I – ao pagamento de seus créditos, inclusive de suas autarquias;

II – ao cumprimento do disposto no art. 198, § 2º, incisos II e III.

Art. 161. Cabe à lei complementar:

I – definir valor adicionado para fins do disposto no art. 158, parágrafo único, I;

II – estabelecer normas sobre a entrega dos recursos de que trata o art. 159, especialmente sobre os critérios de rateio dos fundos previstos em seu inciso I, objetivando promover o equilíbrio socioeconômico entre Estados e entre Municípios;

III – dispor sobre o acompanhamento, pelos beneficiários, do cálculo das quotas e da liberação das participações previstas nos arts. 157, 158 e 159.

Parágrafo único. O Tribunal de Contas da União efetuará o cálculo das quotas referentes aos fundos de participação a que alude o inciso II.

Art. 162. A União, os Estados, o Distrito Federal e os Municípios divulgarão, até o último dia do mês subsequente ao da arrecadação, os montantes de cada um dos tributos arrecadados, os recursos recebidos, os valores de origem tributária entregues e a entregar e a expressão numérica dos critérios de rateio.

Parágrafo único. Os dados divulgados pela União serão discriminados por Estado e por Município; os dos Estados, por Município.

Portanto, podemos representar a repartição da receita tributária da seguinte forma:

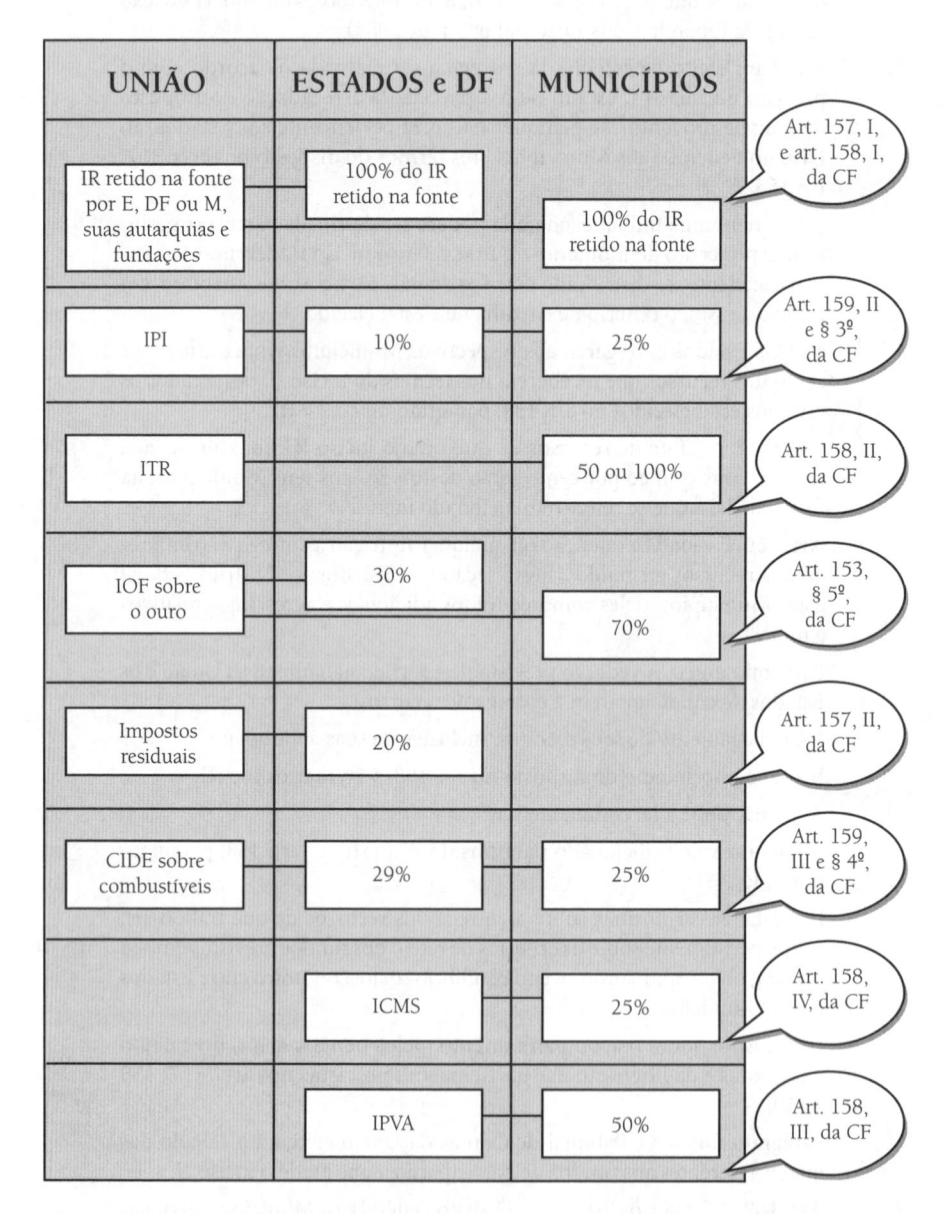

UNIÃO	ESTADOS e DF	MUNICÍPIOS	
IR retido na fonte por E, DF ou M, suas autarquias e fundações	100% do IR retido na fonte	100% do IR retido na fonte	Art. 157, I, e art. 158, I, da CF
IPI	10%	25%	Art. 159, II e § 3º, da CF
ITR		50 ou 100%	Art. 158, II, da CF
IOF sobre o ouro	30%	70%	Art. 153, § 5º, da CF
Impostos residuais	20%		Art. 157, II, da CF
CIDE sobre combustíveis	29%	25%	Art. 159, III e § 4º, da CF
	ICMS	25%	Art. 158, IV, da CF
	IPVA	50%	Art. 158, III, da CF

Além das repartições representadas no quadro anterior, podemos também representar o repasse do IR somado ao IPI da seguinte forma:

Capítulo 4 | Impostos da Competência Privativa   183

```
        ┌─────────────────────┐      ╭─────────────────╮
        │  Arrecadação do IR  │◄─────┤   Exclui-se a   │
        │  somada à do IPI    │      │   parcela do IR │
        └─────────────────────┘      │  pertencente aos│
        ┌─────────────────────┐      │   Estados, DF e │
        │  49% serão repartidos│     │    Municípios   │
        │  da seguinte forma  │      ╰─────────────────╯
        └─────────────────────┘
                   │
                   ▼
```

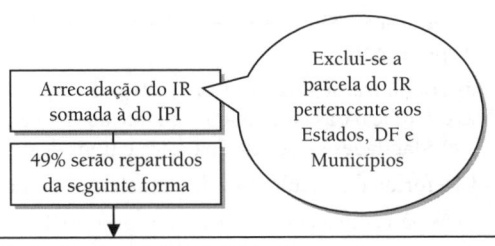

a) 21,5% ao Fundo de Participação dos Estados e do Distrito Federal;
b) 22,5% ao Fundo de Participação dos Municípios;
c) 3%, para aplicação em programas de financiamento ao setor produtivo das Regiões Norte, Nordeste e Centro-Oeste, através de suas instituições financeiras de caráter regional, de acordo com os planos regionais de desenvolvimento, ficando assegurada ao semiárido do Nordeste a metade dos recursos destinados à Região, na forma que a lei estabelecer;
d) 1% ao Fundo de Participação dos Municípios, que será entregue no primeiro decêndio do mês de dezembro de cada ano;
e) 1% ao Fundo de Participação dos Municípios, que será entregue no primeiro decêndio do mês de julho de cada ano;

OBSERVAÇÃO

O Ato das Disposições Transitórias da Constituição Federal, inclusive com redação dada pela Emenda Constitucional nº 56, de 20 de dezembro de 2007, traz alguns dispositivos que, direta ou indiretamente, interferem na repartição da receita tributária prevista no corpo permanente.

Com a intenção de esgotar o assunto, seguem os dispositivos citados:

Ato das Disposições Transitórias da Constituição Federal

Art. 60. Até o 14º (décimo quarto) ano a partir da promulgação desta Emenda Constitucional, os Estados, o Distrito Federal e os Municípios destinarão parte dos recursos a que se refere o *caput* do art. 212 da Constituição Federal à manutenção e desenvolvimento da educação básica e à remuneração condigna dos trabalhadores da educação, respeitadas as seguintes disposições:

I – a distribuição dos recursos e de responsabilidades entre o Distrito Federal, os Estados e seus Municípios é assegurada mediante a criação, no âmbito de cada Estado e do Distrito Federal, de um Fundo de Manutenção e Desenvolvimento da Educação Básica e de Valorização dos Profissionais da Educação – FUNDEB, de natureza contábil;

II – os Fundos referidos no inciso I do *caput* deste artigo serão constituídos por 20% (vinte por cento) dos recursos a que se referem os incisos I, II e III do art. 155; o inciso II do *caput* do art. 157; os incisos II, III e IV do *caput* do art. 158; e as alíneas *a* e *b* do inciso I e o inciso II do *caput* do art. 159, todos da Constituição Federal, e distribuídos entre cada Estado e seus Municípios, proporcionalmente ao número de alunos das diversas etapas e modalidades da educação básica presencial, matriculados nas respectivas redes, nos respectivos âmbitos de atuação prioritária estabelecidos nos §§ 2º e 3º do art. 211 da Constituição Federal;

III – observadas as garantias estabelecidas nos incisos I, II, III e IV do *caput* do art. 208 da Constituição Federal e as metas de universalização da educação básica estabelecidas no Plano Nacional de Educação, a lei disporá sobre:

a) a organização dos Fundos, a distribuição proporcional de seus recursos, as diferenças e as ponderações quanto ao valor anual por aluno entre etapas e modalidades da educação básica e tipos de estabelecimento de ensino;

b) a forma de cálculo do valor anual mínimo por aluno;

c) os percentuais máximos de apropriação dos recursos dos Fundos pelas diversas etapas e modalidades da educação básica, observados os arts. 208 e 214 da Constituição Federal, bem como as metas do Plano Nacional de Educação;

d) a fiscalização e o controle dos Fundos;

e) prazo para fixar, em lei específica, piso salarial profissional nacional para os profissionais do magistério público da educação básica;

IV – os recursos recebidos à conta dos Fundos instituídos nos termos do inciso I do *caput* deste artigo serão aplicados pelos Estados e Municípios exclusivamente nos respectivos âmbitos de atuação prioritária, conforme estabelecido nos §§ 2º e 3º do art. 211 da Constituição Federal;

V – a União complementará os recursos dos Fundos a que se refere o inciso II do *caput* deste artigo sempre que, no Distrito Federal e em cada Estado, o valor por aluno não alcançar o mínimo definido nacionalmente, fixado em observância ao disposto no inciso VII do *caput* deste artigo, vedada a utilização dos recursos a que se refere o § 5º do art. 212 da Constituição Federal;

VI – até 10% (dez por cento) da complementação da União prevista no inciso V do *caput* deste artigo poderá ser distribuída para os Fundos por meio de programas direcionados para a melhoria da qualidade da educação, na forma da lei a que se refere o inciso III do *caput* deste artigo;

VII – a complementação da União de que trata o inciso V do *caput* deste artigo será de, no mínimo:

a) R$ 2.000.000.000,00 (dois bilhões de reais), no primeiro ano de vigência dos Fundos;

b) R$ 3.000.000.000,00 (três bilhões de reais), no segundo ano de vigência dos Fundos;

c) R$ 4.500.000.000,00 (quatro bilhões e quinhentos milhões de reais), no terceiro ano de vigência dos Fundos;

d) 10% (dez por cento) do total dos recursos a que se refere o inciso II do *caput* deste artigo, a partir do quarto ano de vigência dos Fundos;

VIII – a vinculação de recursos à manutenção e desenvolvimento do ensino estabelecida no art. 212 da Constituição Federal suportará, no máximo, 30% (trinta por cento) da complementação da União, considerando-se para os fins deste inciso os valores previstos no inciso VII do *caput* deste artigo;

IX – os valores a que se referem as alíneas *a*, *b*, e *c* do inciso VII do *caput* deste artigo serão atualizados, anualmente, a partir da promulgação desta Emenda Constitucional, de forma a preservar, em caráter permanente, o valor real da complementação da União;

X – aplica-se à complementação da União o disposto no art. 160 da Constituição Federal;

XI – o não cumprimento do disposto nos incisos V e VII do *caput* deste artigo importará crime de responsabilidade da autoridade competente;

XII – proporção não inferior a 60% (sessenta por cento) de cada Fundo referido no inciso I do *caput* deste artigo será destinada ao pagamento dos profissionais do magistério da educação básica em efetivo exercício.

§ 1º A União, os Estados, o Distrito Federal e os Municípios deverão assegurar, no financiamento da educação básica, a melhoria da qualidade de ensino, de forma a garantir padrão mínimo definido nacionalmente.

§ 2º O valor por aluno do ensino fundamental, no Fundo de cada Estado e do Distrito Federal, não poderá ser inferior ao praticado no âmbito do Fundo de Manutenção e Desenvolvimento do Ensino Fundamental e de Valorização do Magistério – FUNDEF, no ano anterior à vigência desta Emenda Constitucional.

§ 3º O valor anual mínimo por aluno do ensino fundamental, no âmbito do Fundo de Manutenção e Desenvolvimento da Educação Básica e de Valorização dos Profissionais da Educação – FUNDEB, não poderá ser inferior ao valor mínimo fixado nacionalmente no ano anterior ao da vigência desta Emenda Constitucional.

§ 4º Para efeito de distribuição de recursos dos Fundos a que se refere o inciso I do *caput* deste artigo, levar-se-á em conta a totalidade das matrículas no ensino fundamental e considerar-se-á para a educação infantil, para o ensino médio e para a educação de jovens e adultos 1/3 (um terço) das matrículas no primeiro ano, 2/3 (dois terços) no segundo ano e sua totalidade a partir do terceiro ano.

§ 5º A porcentagem dos recursos de constituição dos Fundos, conforme o inciso II do *caput* deste artigo, será alcançada gradativamente nos primeiros 3 (três) anos de vigência dos Fundos, da seguinte forma:

I – no caso dos impostos e transferências constantes do inciso II do *caput* do art. 155; do inciso IV do *caput* do art. 158; e das alíneas *a* e *b* do inciso I e do inciso II do *caput* do art. 159 da Constituição Federal:

a) 16,66% (dezesseis inteiros e sessenta e seis centésimos por cento), no primeiro ano;

b) 18,33% (dezoito inteiros e trinta e três centésimos por cento), no segundo ano;

c) 20% (vinte por cento), a partir do terceiro ano;

II – no caso dos impostos e transferências constantes dos incisos I e III do *caput* do art. 155; do inciso II do *caput* do art. 157; e dos incisos II e III do *caput* do art. 158 da Constituição Federal:

a) 6,66% (seis inteiros e sessenta e seis centésimos por cento), no primeiro ano;

b) 13,33% (treze inteiros e trinta e três centésimos por cento), no segundo ano;

c) 20% (vinte por cento), a partir do terceiro ano.

§ 6º. (Revogado).

§ 7º. (Revogado).

(...)

Art. 72. Integram o Fundo Social de Emergência:

I – o produto da arrecadação do imposto sobre renda e proventos de qualquer natureza incidente na fonte sobre pagamentos efetuados, a qualquer título, pela União, inclusive suas autarquias e fundações;

II – a parcela do produto da arrecadação do imposto sobre renda e proventos de qualquer natureza e do imposto sobre operações de crédito, câmbio e seguro, ou relativas a títulos e valores mobiliários, decorrente das alterações produzidas pela Lei nº 8.894, de 21 de junho de 1994, e pelas Leis nos 8.849 e 8.848, ambas de 28 de janeiro de 1994, e modificações posteriores;

III – a parcela do produto da arrecadação resultante da elevação da alíquota da contribuição social sobre o lucro dos contribuintes a que se refere o § 1º do art. 22 da Lei nº 8.212, de 24 de julho de 1991, a qual, nos exercícios financeiros de 1994 e 1995, bem assim no período de 1º de janeiro de 1996 a 30 de junho de 1997, passa a ser de trinta por cento, sujeita a alteração por lei ordinária, mantidas as demais normas da Lei nº 7.689, de 15 de dezembro de 1988;

IV – vinte por cento do produto da arrecadação de todos os impostos e contribuições da União, já instituídos ou a serem criados, excetuado o previsto nos incisos I, II e III, observado o disposto nos §§ 3º e 4º;

V – a parcela do produto da arrecadação da contribuição de que trata a Lei Complementar nº 7, de 7 de setembro de 1970, devida pelas pessoas jurídicas a que se refere o inciso III deste artigo, a qual será calculada, nos exercícios financeiros de 1994 a 1995, bem assim nos períodos de 1º de janeiro de 1996 a 30 de junho de 1997 e de 1º de julho de 1997 a 31 de dezembro de 1999, mediante a aplicação da alíquota de setenta e cinco centésimos por cento, sujeita a alteração por lei ordinária posterior, sobre a receita bruta operacional, como definida na legislação do imposto sobre renda e proventos de qualquer natureza.

VI – outras receitas previstas em lei específica.

§ 1º As alíquotas e a base de cálculo previstas nos incisos III e V aplicar-se-ão a partir do primeiro dia do mês seguinte aos noventa dias posteriores à promulgação desta Emenda.

§ 2º As parcelas de que tratam os incisos I, II, III e V serão previamente deduzidas da base de cálculo de qualquer vinculação ou participação constitucional ou legal, não se lhes aplicando o disposto nos arts. 159, 212 e 239 da Constituição.

§ 3º A parcela de que trata o inciso IV será previamente deduzida da base de cálculo das vinculações ou participações constitucionais previstas nos arts. 153, § 5º, 157, II, 212 e 239 da Constituição.

§ 4º O disposto no parágrafo anterior não se aplica aos recursos previstos nos arts. 158, II, e 159 da Constituição.

§ 5º A parcela dos recursos provenientes do imposto sobre renda e proventos de qualquer natureza, destinada ao Fundo Social de Emergência, nos termos do inciso II deste artigo, não poderá exceder a cinco inteiros e seis décimos por cento do total do produto da sua arrecadação.

(...)

Art. 76. São desvinculados de órgão, fundo ou despesa, até 31 de dezembro de 2023, 30% (trinta por cento) da arrecadação da União relativa às contribuições sociais, sem prejuízo do pagamento das despesas do Regime Geral da Previdência Social, às contribuições de intervenção no domínio econômico e às taxas, já instituídas ou que vierem a ser criadas até a referida data.

§ 1º (Revogado)

§ 2º Excetua-se da desvinculação de que trata o *caput* a arrecadação da contribuição social do salário-educação a que se refere o § 5º do art. 212 da Constituição Federal.

§ 3º (Revogado)

Art. 76-A. São desvinculados de órgão, fundo ou despesa, até 31 de dezembro de 2023, 30% (trinta por cento) das receitas dos Estados e do Distrito Federal relativas a impostos, taxas e multas, já instituídos ou que vierem a ser criados até a referida data, seus adicionais e respectivos acréscimos legais, e outras receitas correntes. (Incluído dada pela Emenda constitucional nº 93)

Parágrafo único. Excetuam-se da desvinculação de que trata o *caput*: (Incluído dada pela Emenda constitucional nº 93)

I – recursos destinados ao financiamento das ações e serviços públicos de saúde e à manutenção e desenvolvimento do ensino de que tratam, respectivamente, os incisos II e III do § 2º do art. 198 e o art. 212 da Constituição Federal; (Incluído dada pela Emenda constitucional nº 93)

II – receitas que pertencem aos Municípios decorrentes de transferências previstas na Constituição Federal; (Incluído dada pela Emenda constitucional nº 93)

III – receitas de contribuições previdenciárias e de assistência à saúde dos servidores; (Incluído dada pela Emenda constitucional nº 93)

IV – demais transferências obrigatórias e voluntárias entre entes da Federação com destinação especificada em lei; (Incluído dada pela Emenda constitucional nº 93)

V – fundos instituídos pelo Poder Judiciário, pelos Tribunais de Contas, pelo Ministério Público, pelas Defensorias Públicas e pelas Procuradorias-Gerais dos Estados e do Distrito Federal. (Incluído dada pela Emenda constitucional nº 93)

Art. 76-B. São desvinculados de órgão, fundo ou despesa, até 31 de dezembro de 2023, 30% (trinta por cento) das receitas dos Municípios relativas a impostos, taxas e multas, já instituídos ou que vierem a ser criados até a referida data, seus adicionais e respectivos acréscimos legais, e outras receitas correntes. (Incluído dada pela Emenda constitucional nº 93)

Parágrafo único. Excetuam-se da desvinculação de que trata o *caput*: (Incluído dada pela Emenda constitucional nº 93)

I – recursos destinados ao financiamento das ações e serviços públicos de saúde e à manutenção e desenvolvimento do ensino de que tratam, respectivamente, os incisos II e III do § 2º do art. 198 e o art. 212 da Constituição Federal; (Incluído dada pela Emenda constitucional nº 93)

II – receitas de contribuições previdenciárias e de assistência à saúde dos servidores; (Incluído dada pela Emenda constitucional nº 93)

III – transferências obrigatórias e voluntárias entre entes da Federação com destinação especificada em lei; (Incluído dada pela Emenda constitucional nº 93)

IV – fundos instituídos pelo Tribunal de Contas do Município. (Incluído dada pela Emenda constitucional nº 93)

(...)

Art. 79. É instituído, para vigorar até o ano de 2010, no âmbito do Poder Executivo Federal, o Fundo de Combate e Erradicação da Pobreza, a ser regulado por lei complementar com o objetivo de viabilizar a todos os brasileiros acesso a níveis dignos de subsistência, cujos recursos serão aplicados em ações suplementares de nutrição, habitação, educação, saúde, reforço de renda familiar e outros programas de relevante interesse social voltados para melhoria da qualidade de vida.

Parágrafo único. O Fundo previsto neste artigo terá Conselho Consultivo e de Acompanhamento que conte com a participação de representantes da sociedade civil, nos termos da lei.

Art. 80. Compõem o Fundo de Combate e Erradicação da Pobreza:

I – a parcela do produto da arrecadação correspondente a um adicional de oito centésimos por cento, aplicável de 18 de junho de 2000 a 17 de junho de 2002, na alíquota da contribuição social de que trata o art. 75 do Ato das Disposições Constitucionais Transitórias;

II – a parcela do produto da arrecadação correspondente a um adicional de cinco pontos percentuais na alíquota do Imposto sobre Produtos Industrializados – IPI, ou do imposto que vier a substituí-lo, incidente sobre produtos supérfluos e aplicável até a extinção do Fundo;

III – o produto da arrecadação do imposto de que trata o art. 153, inciso VII, da Constituição;

IV – dotações orçamentárias;

V – doações, de qualquer natureza, de pessoas físicas ou jurídicas do País ou do exterior;

VI – outras receitas, a serem definidas na regulamentação do referido Fundo.

§ 1º Aos recursos integrantes do Fundo de que trata este artigo não se aplica o disposto nos arts. 159 e 167, inciso IV, da Constituição, assim como qualquer desvinculação de recursos orçamentários.

§ 2º A arrecadação decorrente do disposto no inciso I deste artigo, no período compreendido entre 18 de junho de 2000 e o início da vigência da lei complementar a que se refere o art. 79, será integralmente repassada ao Fundo, preservado o seu valor real, em títulos públicos federais, progressivamente resgatáveis após 18 de junho de 2002, na forma da lei.

Art. 81. É instituído Fundo constituído pelos recursos recebidos pela União em decorrência da desestatização de sociedades de economia mista ou empresas públicas por ela controladas, direta ou indiretamente, quando a operação envolver a alienação do respectivo controle acionário a pessoa ou entidade não integrante da Administração Pública, ou de participação societária remanescente após a alienação, cujos rendimentos, gerados a partir de 18 de junho de 2002, reverterão ao Fundo de Combate e Erradicação da Pobreza.

§ 1º Caso o montante anual previsto nos rendimentos transferidos ao Fundo de Combate e Erradicação da Pobreza, na forma deste artigo, não alcance o valor de quatro bilhões de reais, far-se-à complementação na forma do art. 80, inciso IV, do Ato das disposições Constitucionais Transitórias.

§ 2º Sem prejuízo do disposto no § 1º, o Poder Executivo poderá destinar ao Fundo a que se refere este artigo outras receitas decorrentes da alienação de bens da União.

§ 3º A constituição do Fundo a que se refere o *caput*, a transferência de recursos ao Fundo de Combate e Erradicação da Pobreza e as demais disposições referentes ao § 1º deste artigo serão disciplinadas em lei, não se aplicando o disposto no art. 165, § 9º, inciso II, da Constituição.

Art. 82. Os Estados, o Distrito Federal e os Municípios devem instituir Fundos de Combate à Pobreza, com os recursos de que trata este artigo e outros que vierem a destinar, devendo os referidos Fundos ser geridos por entidades que contem com a participação da sociedade civil.

§ 1º Para o financiamento dos Fundos Estaduais e Distrital, poderá ser criado adicional de até dois pontos percentuais na alíquota do Imposto sobre Circulação de Mercadorias e Serviços – ICMS, sobre os produtos e serviços supérfluos e nas condições definidas na lei complementar de que trata o art. 155, § 2º, XII, da Constituição, não se aplicando, sobre este percentual, o disposto no art. 158, IV, da Constituição.

§ 2º Para o financiamento dos Fundos Municipais, poderá ser criado adicional de até meio ponto percentual na alíquota do Imposto sobre serviços ou do imposto que vier a substituí-lo, sobre serviços supérfluos.

Art. 83. Lei federal definirá os produtos e serviços supérfluos a que se referem os arts. 80, II, e 82, § 2º.

Capítulo 5

O Simples Nacional e o Estatuto das Microempresas e Empresas de Pequeno Porte

5.1. Disposições preliminares (arts. 1º e 2º da LC nº 123/2006)

A Lei Complementar nº 123/2006 criou o **Estatuto das Microempresas e Empresas de Pequeno Porte, estabelecendo** tratamento diferenciado e favorecido a ser dispensado às microempresas e empresas de pequeno porte no âmbito dos Poderes da União, dos Estados, do Distrito Federal e dos Municípios, com os seguintes objetivos:

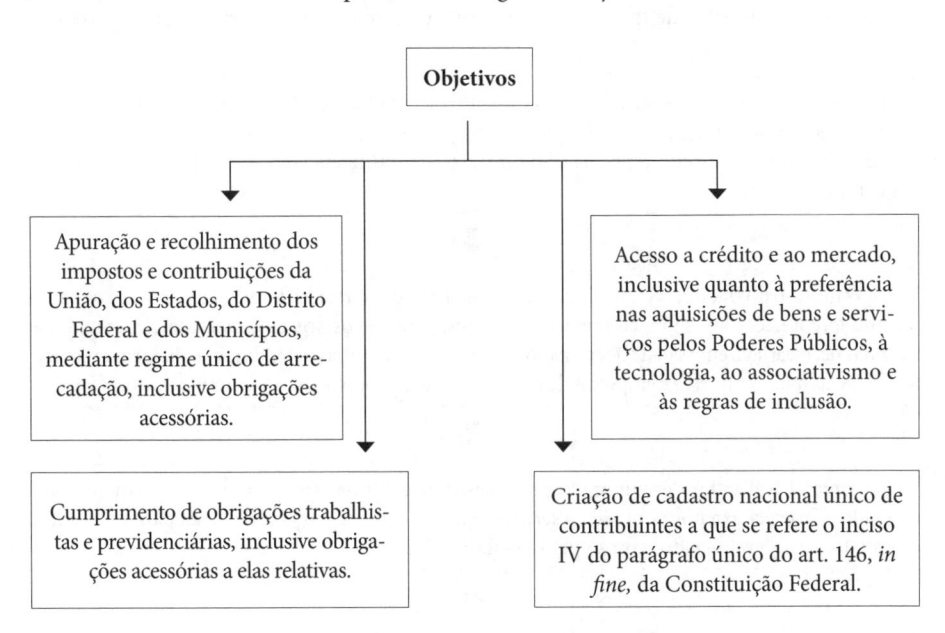

```
                        Objetivos
                            |
        ┌───────────────────┼───────────────────┐
        ▼                                       ▼
```

Apuração e recolhimento dos impostos e contribuições da União, dos Estados, do Distrito Federal e dos Municípios, mediante regime único de arrecadação, inclusive obrigações acessórias.	Acesso a crédito e ao mercado, inclusive quanto à preferência nas aquisições de bens e serviços pelos Poderes Públicos, à tecnologia, ao associativismo e às regras de inclusão.
Cumprimento de obrigações trabalhistas e previdenciárias, inclusive obrigações acessórias a elas relativas.	Criação de cadastro nacional único de contribuintes a que se refere o inciso IV do parágrafo único do art. 146, *in fine*, da Constituição Federal.

Tal tratamento será gerido por três instâncias, conforme segue:

> O tratamento diferenciado e favorecido para ME e EPP será gerido por três instâncias:

> Comitê Gestor do Simples Nacional Vinculado ao Ministério da Fazenda, composto por 4 representantes da Secretaria da Receita Federal do Brasil, como representantes da União, 2 dos Estados e do DF e 2 dos Municípios, para tratar dos aspectos tributários, presidido por representantes da União;

> Fórum Permanente das ME e EPP
>
> Com a participação dos órgãos federais competentes e das entidades vinculadas ao setor, para tratar dos demais aspectos, ressalvado as atribuições do Comitê para Gestão da Rede Nacional;

> Comitê para Gestão da Rede Nacional para Simplificação do Registro e da Legalização de Empresas e Negócios – CGSIM
> Vinculado à Secretaria da Micro e Pequena Empresa da Presidência da República, composto por representantes da União, dos Estados e do Distrito Federal, dos Municípios e demais órgãos de apoio e de registro empresarial, na forma definida pelo Poder Executivo, para tratar do processo de registro e de legalização de empresários e de pessoas jurídicas.

Com as modificações introduzidas pela Lei Complementar nº 147 de 07/08/2014, qualquer nova obrigação que venha atingir as microempresas e empresas de pequeno porte, que não diga respeito ao recolhimento de tributos e contribuições, terá que obedecer às seguintes regras:

> Com exceção das normas relativas ao recolhimento de tributos e contribuições (arts. 12 a 41), toda nova obrigação que atinja as microempresas e empresas de pequeno porte deverá apresentar, no instrumento que a instituiu, especificação do tratamento diferenciado, simplificado e favorecido para cumprimento.

> Na especificação do tratamento diferenciado, simplificado e favorecido deverá constar prazo máximo, quando forem necessários procedimentos adicionais, para que os órgãos fiscalizadores cumpram as medidas necessárias à emissão de documentos, realização de vistorias e atendimento das demandas realizadas pelas microempresas e empresas de pequeno porte com o objetivo de cumprir a nova obrigação.

> Caso o órgão fiscalizador descumpra os prazos estabelecidos na especificação do tratamento diferenciado e favorecido a nova obrigação será inexigível até que seja realizada visita para fiscalização orientadora e seja reiniciado o prazo para regularização.

⬇

> A ausência de especificação do tratamento diferenciado, simplificado e favorecido ou da determinação de prazos máximos, tornará a nova obrigação inexigível para as microempresas e empresas de pequeno porte e resultará em atentado aos direitos e garantias legais assegurados ao exercício profissional da atividade empresarial.

5.2. Da definição de Microempresa e de Empresa de Pequeno Porte (arts. 3º a 3º-B da LC nº 123/2006)

A Lei Complementar nº 123/2006 define o que vem a ser considerada uma Microempresa e uma Empresa de Pequeno Porte, tomando como parâmetro a receita bruta do ano calendário, além de estabelecer vedações e regras a serem observadas. Conforme quadros a seguir:

Ano-calendário com receita bruta igual ou inferior a R$ 360.000,00	Microempresa	No caso de início de atividade no próprio ano-calendário, os limites serão proporcionais ao número de meses em que a microempresa ou a empresa de pequeno porte houver exercido atividade, inclusive as frações de meses.
Ano-calendário com receita bruta superior a R$ 360.000,00 e igual ou inferior a R$ 4.800.000,00	Empresa de pequeno porte	

OBS.

1. Para efeito de recolhimento do ICMS e do ISS no Simples Nacional, o limite máximo da EPP será de R$ 3.600.000,00 (três milhões e seiscentos mil reais)
2. Para fins de enquadramento como microempresa ou empresa de pequeno porte, poderão ser auferidas receitas no mercado interno até o limite máximo fixado para a EPP, e, adicionalmente, receitas decorrentes da exportação de mercadorias (inclusive quando realizada por meio de comercial exportadora ou da sociedade de propósito específico por meio da qual as microempresas ou as empresas de pequeno porte poderão realizar negócios de compra e venda de bens e serviços para os mercados nacional e internacional), desde que as receitas de exportação também não excedam o limite máximo fixado para a EPP.

Neste caso, para efeito de determinação da alíquota, o sujeito passivo utilizará a receita bruta acumulada nos 12 meses anteriores ao do período de apuração sendo consideradas separadamente as receitas brutas auferidas no mercado interno e aquelas decorrentes da exportação.

> Sem prejuízo da possibilidade de adoção de todas as faixas de receita previstas nos Anexos I a V da Lei Complementar nº 123/2006, os Estados cuja participação no Produto Interno Bruto brasileiro seja de até 1% (um por cento) poderão optar pela aplicação de sublimite para efeito de recolhimento do ICMS na forma do Simples Nacional nos respectivos territórios, para empresas com receita bruta anual de até R$ 1.800.000,00 (um milhão e oitocentos mil reais).

Para os Estados que não tenham adotado sublimite e para aqueles cuja participação no Produto Interno Bruto brasileiro seja superior a 1% (um por cento), para efeito de recolhimento do ICMS e do ISS, observar-se-á obrigatoriamente o sublimite no valor de R$ 3.600.000,00 (três milhões e seiscentos mil reais).

Os Estados cuja participação no PIB brasileiro seja igual ou superior a 5% ficam obrigados a adotar todas as faixas de receita bruta anual.

A opção feita pelos Estados importará adoção do mesmo limite de receita bruta anual para efeito de recolhimento na forma do ISS dos Municípios nele localizados, bem como para o do ISS devido no Distrito Federal.

Existem vedações ao enquadramento de um contribuinte como Microempresa e Empresa de Pequeno Porte, conforme segue:

Não poderá ser ME ou EPP, nem optar pelo Simples Nacional para nenhum efeito legal, a pessoa jurídica:
- de cujo capital participe outra pessoa jurídica;
- que seja filial, sucursal, agência ou representação, no País, de pessoa jurídica com sede no exterior;
- de cujo capital participe pessoa física que seja inscrita como empresário ou seja sócia de outra empresa que receba tratamento jurídico diferenciado nos termos da Lei Complementar nº 123/2006, desde que a receita bruta global ultrapasse o limite máximo fixado para a EPP;
- cujo titular ou sócio participe com mais de 10% (dez por cento) do capital de outra empresa não beneficiada por esta Lei Complementar, desde que a receita bruta global ultrapasse o limite máximo fixado para a EPP;
- cujo sócio ou titular seja administrador ou equiparado de outra pessoa jurídica com fins lucrativos, desde que a receita bruta global ultrapasse o limite máximo fixado para a EPP;
- constituída sob a forma de cooperativas, salvo as de consumo;
- que participe do capital de outra pessoa jurídica;
- que exerça atividade de banco comercial, de investimentos e de desenvolvimento, de caixa econômica, de sociedade de crédito, financiamento e investimento ou de crédito imobiliário, de corretora ou de distribuidora de títulos, valores mobiliários e câmbio, de empresa de arrendamento mercantil, de seguros privados e de capitalização ou de previdência complementar;
- resultante ou remanescente de cisão ou qualquer outra forma de desmembramento de pessoa jurídica que tenha ocorrido em um dos 5 (cinco) anos-calendário anteriores;
- constituída sob a forma de sociedade por ações.
- cujos titulares ou sócios guardem, cumulativamente, com o contratante do serviço, relação de pessoalidade, subordinação e habitualidade.

Obs.: Nos itens 4 e 7, a proibição não se aplica à participação no capital de cooperativas de crédito, bem como em centrais de compras, bolsas de subcontratação, no consórcio para acesso a serviços especializados em segurança e medicina do trabalho, na sociedade de propósito específico de realizar negócios de compra e venda de bens, para os mercados nacional e internacional e em associações assemelhadas, sociedades de interesse econômico, sociedades de garantia solidária e outros tipos de sociedade, que tenham como objetivo social a defesa exclusiva dos interesses econômicos das microempresas e empresas de pequeno porte.

A Lei Complementar nº 123/2006 também estabelece duas situações nas quais o contribuinte terá que modificar seu enquadramento como Microempresa ou Empresa de Pequeno Porte:

	MOTIVO	EFEITOS
1	Observada a proporcionalidade se o início de atividade ocorrer no próprio ano-calendário, a microempresa que, no ano-calendário, exceder o limite de receita bruta anual de microempresa, passa a empresa de pequeno porte.	A partir do ano--calendário seguinte.

Início de atividades antes de 2018 e não ultrapassa no ano o limite da ME — Passa a ME em 01/01

2018 | 2019

Início de atividade em agosto — Ultrapassa 5/12 do limite da ME em qualquer mês de 2018 — Passa a EPP em 01/01

2018 | 2019

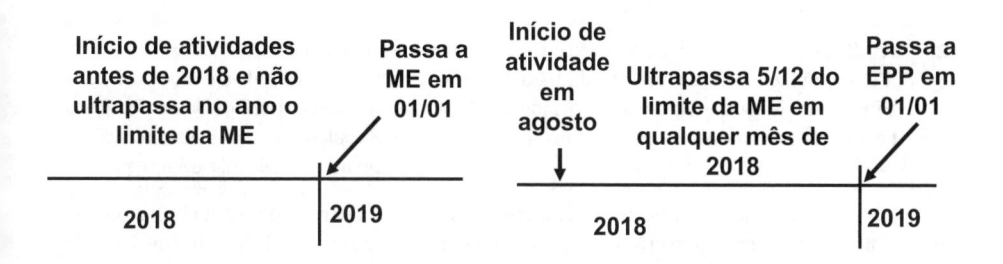

	MOTIVO	EFEITOS
2	Observada a proporcionalidade, se o início de atividade ocorrer no próprio ano-calendário, a empresa de pequeno porte que, no ano-calendário, não ultrapassar o limite de receita bruta anual fixada para microempresa, passará à condição de microempresa.	A partir do ano--calendário seguinte.

Início de atividades antes de 2018 e não ultrapassa no ano o limite da ME — Passa a ME em 01/01

2018 | 2019

Início de atividade em março — Em 2018 a EPP não ultrapassa 10/12 do limite fixado para a ME — Passa a ME em 01/01

2018 | 2019

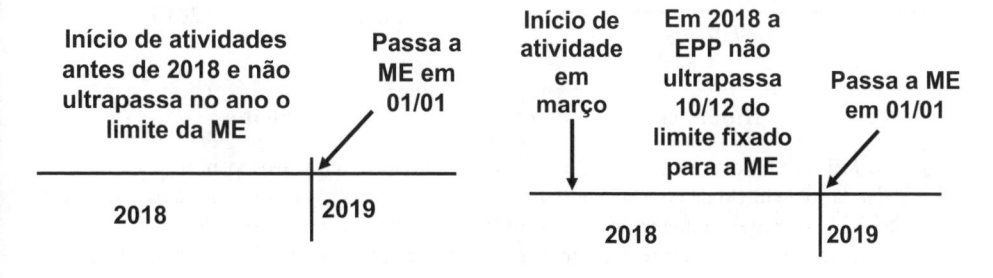

Por outro lado, existem também três situações nas quais o contribuinte será excluído do regime simplificado:

	Hipótese	Efeitos
1	A ME ou EPP incorre em alguma das situações impeditivas de enquadramento;	A partir do mês seguinte ao que incorrida a situação impeditiva.

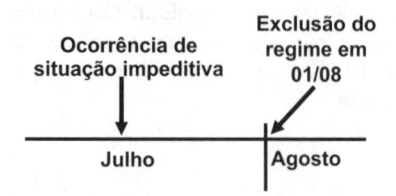

```
                          Exclusão do
    Ocorrência de         regime em
 situação impeditiva        01/08
         ↓                    ↙
    ─────────────────┼─────────────────
         Julho       │    Agosto
```

	Hipótese	Efeitos
2	A EPP que, no ano-calendário, exceder o limite de receita bruta anual fixada para a EPP fica excluída do regime diferenciado e favorecido para todos os efeitos legais.	No mês subsequente à ocorrência do excesso, salvo se o excesso verificado em relação à receita bruta não for superior a 20% do limite fixado para a EPP, hipótese na qual os efeitos da exclusão dar-se-ão no ano-calendário subsequente.

Neste caso, se a exclusão se der no ano-calendário subsequente, a parcela de receita bruta que exceder o montante determinado estará sujeita às alíquotas máximas previstas nos Anexos I a V da Lei Complementar nº 123/2006, proporcionalmente conforme o caso, acrescidas de 20% (vinte por cento) a partir do mês em que ocorrer o excesso do limite da receita bruta anual e até o final do ano.

```
 Início de atividades              Início de atividades
    antes de 2018 e                   antes de 2018 e         Exclusão do
  ultrapassa em      Exclusão       ultrapassa em qualquer    regime em
 qualquer mês do ano  do regime      mês do ano de 2018 o      01/01
   de 2018 o limite da  no mês        limite da EPP em
  EPP em mais que 20%  seguinte       menos que 20%
 ─────────────────────              ─────────────────┼──────────
         2018                              2018      │  2019
```

	Hipótese	Efeitos
3	A ME e a EPP que, no decurso do ano-calendário de início de atividade, ultrapassar 1/12 do limite estabelecido para a EPP multiplicado pelo número de meses de funcionamento nesse período (considerando inclusive as frações de meses) estarão excluídas do regime	Com efeitos retroativos ao início de suas atividades, salvo se o excesso verificado em relação à receita bruta não for superior a 20% de 1/12 do limite fixado para a EPP multiplicados pelo número de meses de funcionamento nesse período, hipótese na qual os efeitos da exclusão dar-se-ão no ano-calendário subsequente;

Neste caso, se a exclusão se der no ano-calendário subsequente, a parcela de receita bruta que exceder o montante determinado estará sujeita às alíquotas máximas previstas nos Anexos I a V da Lei Complementar nº 123/2006, proporcionalmente conforme o caso, acrescidas de 20% (vinte por cento) a partir do mês em que ocorrer o excesso do limite da receita bruta anual e até o final do ano.

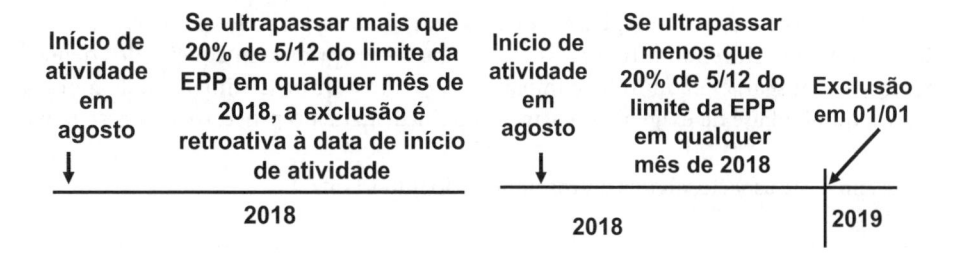

Início de atividade em agosto ↓	Se ultrapassar mais que 20% de 5/12 do limite da EPP em qualquer mês de 2018, a exclusão é retroativa à data de início de atividade	Início de atividade em agosto ↓	Se ultrapassar menos que 20% de 5/12 do limite da EPP em qualquer mês de 2018	Exclusão em 01/01
2018		2018		2019

Observações Finais

1. Na hipótese de o Distrito Federal, os Estados e os respectivos Municípios adotarem um dos sublimites possíveis, caso a receita bruta auferida pela empresa durante o ano-calendário de início de atividade ultrapasse 1/12 do limite estabelecido multiplicado pelo número de meses de funcionamento nesse período, a empresa não poderá recolher o ICMS e o ISS na forma do Simples Nacional, relativos ao estabelecimento localizado na unidade da federação que os houver adotado, com efeitos retroativos ao início de suas atividades, salvo se o excesso verificado em relação à receita bruta não for superior a 20% dos respectivos limites, hipótese em que os efeitos do impedimento ocorrerão no ano-calendário subsequente.

    No caso da exclusão se dar no ano-calendário subsequente, a parcela de receita bruta que exceder os montantes determinados estará sujeita, em relação aos percentuais aplicáveis ao ICMS e ao ISS, às alíquotas máximas correspondentes a essas faixas previstas nos Anexos I a V da Lei Complementar nº 123/2006, proporcionalmente conforme o caso, acrescidas de 20% (vinte por cento).

2. Os dispositivos da Lei Complementar nº 123/2006 são aplicáveis a todas as microempresas e empresas de pequeno porte ainda que não enquadradas no regime tributário do Simples Nacional, por vedação ou por opção.

3. Aplica-se ao produtor rural pessoa física e ao agricultor familiar conceituado na Lei nº 11.326, de 24 de julho de 2006, com situação regular na Previdência Social e no Município que tenham auferido receita bruta anual até o limite máximo fixado para a EPP todos os benefícios das ME e EPP, exceto a possibilidade de opção pelo Regime Especial Unificado de Arrecadação de Tributos e Contribuições devidos pelas Microempresas e Empresas de Pequeno Porte – Simples Nacional.

Lei nº 11.326/2006

Art. 3º Para os efeitos desta Lei, considera-se agricultor familiar e empreendedor familiar rural aquele que pratica atividades no meio rural, atendendo, simultaneamente, aos seguintes requisitos:
I – não detenha, a qualquer título, área maior do que 4 (quatro) módulos fiscais;
II – utilize predominantemente mão de obra da própria família nas atividades econômicas do seu estabelecimento ou empreendimento;
III – tenha percentual mínimo da renda familiar originada de atividades econômicas do seu estabelecimento ou empreendimento, na forma definida pelo Poder Executivo;
IV – dirija seu estabelecimento ou empreendimento com sua família.

5.3. Da inscrição e da baixa (arts. 4º a 11 da LC nº 123/2006)

Na elaboração de normas de sua competência, os órgãos e entidades envolvidos na abertura e no fechamento de empresas, dos três âmbitos de governo, deverão considerar a unicidade do processo de registro e de legalização de empresários e de pessoas jurídicas, para tanto devendo articular as competências próprias com aquelas dos demais membros, e buscar, em conjunto, compatibilizar e integrar procedimentos, de modo a evitar a duplicidade de exigências e garantir a linearidade do processo, da perspectiva do usuário.

Além deste aspecto, alguns outros pontos são importantes:

a) Exceto nos casos em que o grau de risco da atividade seja considerado alto, os Municípios emitirão Alvará de Funcionamento Provisório, que permitirá o início de operação do estabelecimento imediatamente após o ato de registro.
Nestes casos poderá o Município conceder Alvará de Funcionamento Provisório para o microempreendedor individual, para microempresas e para empresas de pequeno porte instaladas em área ou edificação desprovidas de regulação fundiária e imobiliária, inclusive habite-se ou em residência do microempreendedor individual ou do titular ou sócio da microempresa ou empresa de pequeno porte, na hipótese em que a atividade não gere grande circulação de pessoas;

b) Será assegurado aos empresários e pessoas jurídicas entrada única de dados e documentos e processo de registro e legalização integrado entre os órgãos e entes envolvidos, por meio de sistema informatizado que garanta sequenciamento das seguintes etapas: consulta prévia de nome empresarial e de viabilidade de localização, registro empresarial, inscrições fiscais e licenciamento de atividade e criação da base nacional cadastral única de empresas;

c) Será assegurada aos empresários e pessoas jurídicas identificação nacional cadastral única que corresponderá ao número de inscrição no Cadastro Nacional de Pessoas Jurídicas – CNPJ;

d) O registro dos atos constitutivos, de suas alterações e extinções (baixas), referentes a empresários e pessoas jurídicas em qualquer órgão dos 3 (três) âmbitos de governo ocorrerá independentemente da regularidade de obrigações tributárias, previdenciárias ou trabalhistas, principais ou acessórias, do empresário, da sociedade, dos sócios, dos administradores ou de empresas de que participem, sem prejuízo das responsabilidades do empresário, dos titulares, dos sócios ou dos administradores por tais obrigações, apuradas antes ou após o ato de extinção;

e) O arquivamento, nos órgãos de registro, dos atos constitutivos de empresários, de sociedades empresárias e de demais equiparados que se enquadrarem como microempresa ou empresa de pequeno porte, bem como o arquivamento de suas alterações são dispensados da certidão de inexistência de condenação criminal, que será substituída por declaração do titular ou administrador, firmada sob as penas da lei, de não estar impedido de exercer atividade mercantil ou a administração de sociedade, em virtude de condenação criminal, bem como da prova de quitação, regularidade ou inexistência de débito referente a tributo ou contribuição de qualquer natureza;

f) A baixa do empresário ou da pessoa jurídica não impede que, posteriormente, sejam lançados ou cobrados tributos, contribuições e respectivas penalidades, decorrentes da falta do cumprimento de obrigações ou da prática comprovada e apurada em processo administrativo ou judicial de outras irregularidades praticadas pelos empresários, pelas pessoas jurídicas ou por seus titulares, sócios ou administradores.

A solicitação de baixa do empresário ou da pessoa jurídica importa responsabilidade solidária dos empresários, dos titulares, dos sócios e dos administradores no período da ocorrência dos respectivos fatos geradores;

g) A solicitação de baixa do empresário ou da pessoa jurídica importa responsabilidade solidária dos empresários, dos titulares, dos sócios e dos administradores no período da ocorrência dos respectivos fatos geradores;

h) Os órgãos responsáveis terão o prazo de 60 (sessenta) dias para efetivar a baixa nos respectivos cadastros. Ultrapassado este prazo sem manifestação do órgão competente, presumir-se-á a baixa dos registros das microempresas e a das empresas de pequeno porte;

i) O processo de abertura, registro, alteração e baixa da microempresa e empresa de pequeno porte, bem como qualquer exigência para o início de seu funcionamento, deverão ter trâmite especial e simplificado, preferencialmente eletrônico, opcional para o empreendedor, podendo ser dispensados o uso da firma, com a respectiva assinatura autógrafa, o capital, requerimentos, demais assinaturas, informações relativas ao estado civil e regime de bens, bem como remessa de documentos, na forma estabelecida pelo CGSIM;

j) Ressalvado o disposto nesta Lei Complementar, ficam reduzidos a 0 (zero) todos os custos, inclusive prévios, relativos à abertura, à inscrição, ao registro, ao funcionamento, ao alvará, à licença, ao cadastro, às alterações e procedimentos de baixa e encerramento e aos demais itens relativos ao Microempreendedor Individual, incluindo os valores referentes a taxas, a emolumentos e a demais contribuições relativas aos órgãos de registro, de licenciamento, sindicais, de regulamentação, de anotação de responsabilidade técnica, de vistoria e de fiscalização do exercício de profissões regulamentadas;

k) A cobrança associativa ou oferta destes serviços privados somente poderá ser efetuada a partir de demanda prévia do próprio MEI, firmado por meio de contrato com assinatura autógrafa, observando-se que:
I – para a emissão de boletos de cobrança, os bancos públicos e privados deverão exigir das instituições sindicais e associativas autorização prévia específica a ser emitida pelo CGSIM;
II – o desrespeito a esta regra configurará vantagem ilícita pelo induzimento ao erro em prejuízo do MEI, aplicando-se as sanções previstas em lei.

l) O agricultor familiar, definido conforme a Lei nº 11.326, de 24 de julho de 2006, e identificado pela Declaração de Aptidão ao Pronaf – DAP física ou jurídica, bem como o MEI e o empreendedor de economia solidária ficam isentos de taxas e outros valores relativos à fiscalização da vigilância sanitária;

m) Fica vedada a instituição de qualquer tipo de exigência de natureza documental ou formal, restritiva ou condicionante, pelos órgãos envolvidos na abertura e no fechamento de empresas, dos 3 (três) âmbitos de governo, que exceda o estrito limite dos requisitos pertinentes à essência do ato de registro, alteração ou baixa da empresa.

5.4. Dos tributos e contribuições

A ME e a EPP poderão optar pela apuração e recolhimento dos impostos e contribuições da União, dos Estados, do Distrito Federal e dos Municípios, mediante regime único, compreendendo vários tributos, denominado Simples Nacional.

5.4.1. Da instituição e abrangência (arts. 12 a 16 da LC nº 123/2006)

Pode-se observar que o regime simplificado compreende tributos federais, estaduais e municipais, conforme segue:

1	Imposto sobre a Renda da Pessoa Jurídica – IRPJ, exceto nas seguintes hipóteses, para as quais será observada a legislação aplicável às demais pessoas jurídicas: a) o relativo aos rendimentos ou ganhos líquidos auferidos em aplicações de renda fixa ou variável, hipótese na qual a incidência será definitiva; b) relativo aos ganhos de capital auferidos na alienação de bens do ativo permanente; e c) relativo aos pagamentos ou créditos efetuados pela pessoa jurídica a pessoas físicas.
2	Imposto sobre Produtos Industrializados – IPI não excluindo a incidência na importação e em outras situações previstas na legislação, devido pelo contribuinte ou responsável, em relação às quais será observada a legislação aplicável às demais pessoas jurídicas.
3	Contribuição Social sobre o Lucro Líquido – CSLL.
4	Contribuição para o Financiamento da Seguridade Social – COFINS, exceto se incidente na importação de bens e serviços, quando será observada a legislação aplicável às demais pessoas jurídicas.
5	Contribuição para o PIS/PASEP, exceto se incidente na importação de bens e serviços, quando será observada a legislação aplicável às demais pessoas jurídicas.
6	Contribuição Patronal Previdenciária – CPP para a Seguridade Social, a cargo da pessoa jurídica exceto nas seguintes hipóteses, para as quais será observada a legislação aplicável às demais pessoas jurídicas: a) à construção de imóveis e obras de engenharia em geral, inclusive sob a forma de subempreitada, execução de projetos; b) serviços de paisagismo, bem como decoração de interiores; e c) serviço de vigilância, limpeza ou conservação.
7	Imposto sobre Operações Relativas à Circulação de Mercadorias e Sobre Prestações de Serviços de Transporte Interestadual e Intermunicipal e de Comunicação – ICMS, exceto quando devido nas seguintes hipóteses, quando será observada a legislação aplicável às demais pessoas jurídicas: a) nas operações sujeitas ao regime de substituição tributária, tributação concentrada em uma única etapa (monofásica) e sujeitas ao regime de antecipação do recolhimento do imposto com encerramento de tributação, envolvendo combustíveis e lubrificantes; energia elétrica; cigarros e outros produtos derivados do fumo; bebidas; óleos e azeites vegetais comestíveis; farinha de trigo e misturas de farinha de trigo; massas alimentícias; açúcares; produtos

7	lácteos; carnes e suas preparações; preparações à base de cereais; chocolates; produtos de padaria e da indústria de bolachas e biscoitos; sorvetes e preparados para fabricação de sorvetes em máquinas; cafés e mates, seus extratos, essências e concentrados; preparações para molhos e molhos preparados; preparações de produtos vegetais; rações para animais domésticos; veículos automotivos e automotores, suas peças, componentes e acessórios; pneumáticos; câmaras de ar e protetores de borracha; medicamentos e outros produtos farmacêuticos para uso humano ou veterinário; cosméticos; produtos de perfumaria e de higiene pessoal; papéis; plásticos; canetas e malas; cimentos; cal e argamassas; produtos cerâmicos; vidros; obras de metal e plástico para construção; telhas e caixas d'água; tintas e vernizes; produtos eletrônicos, eletroeletrônicos e eletrodomésticos; fios; cabos e outros condutores; transformadores elétricos e reatores; disjuntores; interruptores e tomadas; isoladores; para-raios e lâmpadas; máquinas e aparelhos de ar-condicionado; centrifugadores de uso doméstico; aparelhos e instrumentos de pesagem de uso doméstico; extintores; aparelhos ou máquinas de barbear; máquinas de cortar o cabelo ou de tosquiar; aparelhos de depilar, com motor elétrico incorporado; aquecedores elétricos de água para uso doméstico e termômetros; ferramentas; álcool etílico; sabões em pó e líquidos para roupas; detergentes; alvejantes; esponjas; palhas de aço e amaciantes de roupas; venda de mercadorias pelo sistema porta a porta; nas operações sujeitas ao regime de substituição tributária pelas operações anteriores; e nas prestações de serviços sujeitas aos regimes de substituição tributária e de antecipação de recolhimento do imposto com encerramento de tributação;
	b) por terceiro, a que o contribuinte se ache obrigado, por força da legislação estadual ou distrital vigente;
	c) na entrada, no território do Estado ou do Distrito Federal, de petróleo, inclusive lubrificantes e combustíveis líquidos e gasosos dele derivados, bem como energia elétrica, quando não destinados à comercialização ou industrialização;
	d) por ocasião do desembaraço aduaneiro;
	e) na aquisição ou manutenção em estoque de mercadoria desacobertada de documento fiscal;
	f) na operação ou prestação desacobertada de documento fiscal;
	g) nas operações com bens ou mercadorias sujeitas ao regime de antecipação do recolhimento do imposto, nas aquisições em outros Estados e Distrito Federal:
	   1. com encerramento da tributação;
	   2. sem encerramento da tributação, hipótese em que será cobrada a diferença entre a alíquota interna e a interestadual, sendo vedada a agregação de qualquer valor.
	h) nas aquisições em outros Estados e no Distrito Federal de bens ou mercadorias, não sujeitas ao regime de antecipação do recolhimento do imposto, relativo à diferença entre a alíquota interna e a interestadual;

8	Imposto sobre Serviços de Qualquer Natureza – ISS, exceto nas seguintes hipóteses, para as quais será observada a legislação aplicável às demais pessoas jurídicas: a) em relação aos serviços sujeitos à substituição tributária ou retenção na fonte; b) na importação de serviços;

Obs. 1:

O recolhimento na forma do Simples Nacional também não exclui a incidência dos seguintes impostos ou contribuições, devidos na qualidade de contribuinte ou responsável, em relação aos quais será observada a legislação aplicável às demais pessoas jurídicas:

a) Imposto sobre Operações de Crédito, Câmbio e Seguro, ou Relativas a Títulos ou Valores Mobiliários – IOF;

b) Imposto sobre a Importação de Produtos Estrangeiros – II;

c) Imposto sobre a Exportação, para o Exterior, de Produtos Nacionais ou Nacionalizados – IE;

d) Imposto sobre a Propriedade Territorial Rural – ITR;

e) Contribuição para o Fundo de Garantia do Tempo de Serviço – FGTS;

f) Contribuição para manutenção da Seguridade Social, relativa ao trabalhador;

g) Contribuição para a Seguridade Social, relativa à pessoa do empresário, na qualidade de contribuinte individual;

h) demais tributos de competência da União, dos Estados, do Distrito Federal ou dos Municípios, não relacionados nesta Lei Complementar nº 123/2006.

Obs. 2:

As empresas optantes pelo Simples Nacional ficam dispensadas do pagamento das demais contribuições instituídas pela União, inclusive as contribuições para as entidades privadas de serviço social e de formação profissional vinculadas ao sistema sindical, de que trata o art. 240 da Constituição Federal, e demais entidades de serviço social autônomo.

Obs. 3:

Consideram-se isentos do imposto de renda, na fonte e na declaração de ajuste do beneficiário, os valores efetivamente pagos ou distribuídos ao titular ou sócio da microempresa ou empresa de pequeno porte optante pelo Simples Nacional, salvo os que corresponderem a pró-labore, aluguéis ou serviços prestados.

Obs. 4:

Os valores repassados aos profissionais de cabeleireiro, barbeiro, esteticista, manicure, pedicure, depilador e maquiador, contratados por meio de parceria, nos termos da legislação civil, não integrarão a receita bruta da empresa contratante para fins de tributação, cabendo ao contratante a retenção e o recolhimento dos tributos devidos pelo contratado. (Lei nº 13.352 de outubro de 2016)

O quadro a seguir mostra quando deverá ser feita a opção pelo regime e quando ela passa a surtir efeitos:

OPÇÃO	EFEITOS
A opção deverá ser realizada até o último dia útil do mês de janeiro, na forma a ser estabelecida em ato do Comitê Gestor, sendo irretratável para todo o ano-calendário.	A partir do primeiro dia do ano-calendário da opção, ou, desde que exercida nos termos, prazo e condições a serem estabelecidos no ato do Comitê Gestor a partir da data do início de atividade.

5.4.2. Das vedações ao ingresso no Simples Nacional (art. 17 da LC nº 123/2006)

No item 5.2 deste capítulo vimos situações nas quais é vedado ao contribuinte o enquadramento como Microempresa e Empresa de Pequeno Porte.

No entanto, mesmo sendo permitido tal enquadramento para gozo de outros privilégios, a lei estabelece vedações para a adoção do regime único de arrecadação dos impostos e contribuições da União, dos Estados, do Distrito Federal e dos Municípios – o Simples Nacional – conforme segue:

Não poderão recolher os impostos e contribuições na forma do Simples Nacional a microempresa ou a empresa de pequeno porte:

1. que explore atividade de prestação cumulativa e contínua de serviços de assessoria creditícia, gestão de crédito, seleção e riscos, administração de contas a pagar e a receber, gerenciamento de ativos (*asset management*), compras de direitos creditórios resultantes de vendas mercantis a prazo ou de prestação de serviços (*factoring*);
2. que tenha sócio domiciliado no exterior;
3. de cujo capital participe entidade da Administração Pública, direta ou indireta, federal, estadual ou municipal;
4. que possua débito com o Instituto Nacional do Seguro Social – INSS, ou com as Fazendas Públicas Federal, Estadual ou Municipal, cuja exigibilidade não esteja suspensa;
5. que preste serviço de transporte intermunicipal e interestadual de passageiros, exceto quando na modalidade fluvial ou quando possuir características de transporte urbano ou metropolitano ou realizar-se sob fretamento contínuo em área metropolitana para o transporte de estudantes ou trabalhadores;
6. que seja geradora, transmissora, distribuidora ou comercializadora de energia elétrica;
7. que exerça atividade de importação ou fabricação de automóveis e motocicletas;
8. que exerça atividade de importação de combustíveis;
9. que exerça atividade de produção ou venda no atacado de cigarros, cigarrilhas, charutos, filtros para cigarros, armas de fogo, munições e pólvoras, explosivos e detonantes;
10. que realize cessão ou locação de mão de obra, exceto se relativa à construção de imóveis e obras de engenharia em geral, inclusive sob a forma de subempreitada, execução de projetos e serviços de paisagismo, bem como decoração de interiores, serviço de vigilância, limpeza ou conservação e serviços advocatícios.
11. que se dedique ao loteamento e à incorporação de imóveis.
12. que realize atividade de locação de imóveis próprios, exceto quando se referir a prestação de serviços tributados pelo ISS;
13. com ausência de inscrição ou com irregularidade em cadastro fiscal federal, municipal ou estadual, quando exigível.
14. que exerça atividade de produção ou venda no atacado das seguintes bebidas não alcoólicas: refrigerantes, inclusive águas saborizadas gaseificadas;
15. que exerça atividade de produção ou venda no atacado de preparações compostas, não alcoólicas (extratos concentrados ou sabores çoncentrados), para elaboração de bebida refrigerante, com capacidade de diluição de até 10 (dez) partes da bebida para cada parte do concentrado e cervejas sem álcool;

16. que exerça atividade de produção ou venda no atacado de bebidas alcoólicas, exceto aquelas produzidas ou vendidas no atacado por micro e pequenas cervejarias, micro e pequenas vinícolas, produtores de licores e micro e pequenas destilarias, desde que registradas no Ministério da Agricultura, Pecuária e Abastecimento e obedeçam também à regulamentação da Agência Nacional de Vigilância Sanitária e da Secretaria da Receita Federal do Brasil;

Obs. 1:
As vedações relativas a exercício de atividades não se aplicam às pessoas jurídicas que se dediquem exclusivamente às seguintes atividades, ou as exerçam em conjunto com outras atividades que não tenham sido objeto de vedação:
- creche, pré-escola e estabelecimento de ensino fundamental, escolas técnicas, profissionais e de ensino médio, de línguas estrangeiras, de artes, cursos técnicos de pilotagem, preparatórios para concursos, gerenciais e escolas livres, exceto os serviços de academias de dança, de capoeira, de ioga e de artes marciais e academias de atividades físicas, desportivas, de natação e escolas de esportes;
- agência terceirizada de correios;
- agência de viagem e turismo;
- centro de formação de condutores de veículos automotores de transporte terrestre de passageiros e de carga;
- agência lotérica;
- serviços de instalação, de reparos e de manutenção em geral, bem como de usinagem, solda, tratamento e revestimento em metais;
- transporte municipal de passageiros;
- escritórios de serviços contábeis;
- fisioterapia;
- corretagem de seguros;
- construção de imóveis e obras de engenharia em geral, inclusive sob a forma de subempreitada, execução de projetos e serviços de paisagismo, bem como decoração de interiores;
- serviço de vigilância, limpeza ou conservação;
- serviços advocatícios;
- administração e locação de imóveis de terceiros;
- academias de dança, de capoeira, de ioga e de artes marciais;
- academias de atividades físicas, desportivas, de natação e escolas de esportes;
- elaboração de programas de computadores, inclusive jogos eletrônicos, desde que desenvolvidos em estabelecimento do optante;
- licenciamento ou cessão de direito de uso de programas de computação;
- planejamento, confecção, manutenção e atualização de páginas eletrônicas, desde que realizados em estabelecimento do optante;
- empresas montadoras de estandes para feiras;
- produção cultural e artística;
- produção cinematográfica e de artes cênicas;
- laboratórios de análises clínicas ou de patologia clínica;
- serviços de tomografia, diagnósticos médicos por imagem, registros gráficos e métodos óticos, bem como ressonância magnética;
- serviços de prótese em geral;
- prestação de serviços de comunicação e de transportes interestadual e intermunicipal de cargas, e de transportes inclusive na modalidade fluvial.

Obs. 2:

Também poderá optar pelo Simples Nacional a microempresa ou empresa de pequeno porte que se dedique à prestação de outros serviços que não tenham sido objeto de vedação expressa neste artigo, desde que não incorra em nenhuma das hipóteses de vedação previstas na Lei Complementar nº 123/2006.

5.4.3. Das alíquotas e base de cálculo (arts. 18 a 20 da LC nº 123/2006)

O valor devido mensalmente pela microempresa ou empresa de pequeno porte optante pelo Simples Nacional será determinado mediante aplicação das alíquotas efetivas, calculadas a partir das alíquotas nominais constantes das tabelas dos Anexos I a V da Lei Complementar nº 123/2016, sobre a base de cálculo também determinada pela mesma Lei Complementar.

A alíquota efetiva é o resultado da seguinte fórmula:

$$\frac{RBT12 \times Aliq - PD}{RBT12}$$

Em que:

I – RBT12: receita bruta acumulada nos doze meses anteriores ao período de apuração;

II – Aliq: alíquota nominal constante dos Anexos I a V da Lei Complementar nº 123/16;

III – PD: parcela a deduzir constante dos Anexos I a V da Lei Complementar nº 123/16.

A utilização dessa fórmula será esclarecida no esquema prático de cálculo do valor devido no próximo item (5.4.4) deste Capítulo.

Os percentuais efetivos de cada tributo serão calculados a partir da alíquota efetiva, multiplicada pelo percentual de repartição constante dos Anexos I a V da Lei Complementar nº 123/16, observando-se que:

I – o percentual efetivo máximo destinado ao ISS será de 5% (cinco por cento), transferindo-se eventual diferença, de forma proporcional, aos tributos federais da mesma faixa de receita bruta anual;

II – eventual diferença centesimal entre o total dos percentuais e a alíquota efetiva será transferida para o tributo com maior percentual de repartição na respectiva faixa de receita bruta.

Na hipótese de transformação, extinção, fusão ou sucessão da Contribuição para o Financiamento da Seguridade Social – Cofins e Contribuição para o PIS/Pasep, serão mantidas as alíquotas nominais e efetivas previstas neste artigo e nos Anexos I a V, e lei ordinária disporá sobre a repartição dos valores arrecadados para os tributos federais, sem alteração no total dos percentuais de repartição a eles devidos, e mantidos os percentuais de repartição destinados ao ICMS e ao ISS.

Seguem os Anexos I a V da Lei Complementar nº 123/06:

ANEXO I
DA LEI COMPLEMENTAR Nº 123, DE 14 DE DEZEMBRO DE 2006
(Vigência: 01/01/2018)
Alíquotas e Partilha do Simples Nacional – Comércio

	Receita Bruta em 12 Meses (em R$)	Alíquota	Valor a Deduzir (em R$)
1ª Faixa	Até 180.000,00	4,00%	–
2ª Faixa	De 180.000,01 a 360.000,00	7,30%	5.940,00
3ª Faixa	De 360.000,01 a 720.000,00	9,50%	13.860,00
4ª Faixa	De 720.000,01 a 1.800.000,00	10,70%	22.500,00
5ª Faixa	De 1.800.000,01 a 3.600.000,00	14,30%	87.300,00
6ª Faixa	De 3.600.000,01 a 4.800.000,00	19,00%	378.000,00

Faixas	Percentual de Repartição dos Tributos					
	IRPJ	CSLL	Cofins	PIS/Pasep	CPP	ICMS
1ª Faixa	5,50%	3,50%	12,74%	2,76%	41,50%	34,00%
2ª Faixa	5,50%	3,50%	12,74%	2,76%	41,50%	34,00%
3ª Faixa	5,50%	3,50%	12,74%	2,76%	42,00%	33,50%
4ª Faixa	5,50%	3,50%	12,74%	2,76%	42,00%	33,50%
5ª Faixa	5,50%	3,50%	12,74%	2,76%	42,00%	33,50%
6ª Faixa	13,50%	10,00%	28,27%	6,13%	42,10%	-

ANEXO II
DA LEI COMPLEMENTAR Nº 123, DE 14 DE DEZEMBRO DE 2006
(Vigência: 01/01/2018)
Alíquotas e Partilha do Simples Nacional – Indústria

	Receita Bruta em 12 Meses (em R$)	Alíquota	Valor a Deduzir (em R$)
1ª Faixa	Até 180.000,00	4,50%	–
2ª Faixa	De 180.000,01 a 360.000,00	7,80%	5.940,00

Receita Bruta em 12 Meses (em R$)		Alíquota	Valor a Deduzir (em R$)
3ª Faixa	De 360.000,01 a 720.000,00	10,00%	13.860,00
4ª Faixa	De 720.000,01 a 1.800.000,00	11,20%	22.500,00
5ª Faixa	De 1.800.000,01 a 3.600.000,00	14,70%	85.500,00
6ª Faixa	De 3.600.000,01 a 4.800.000,00	30,00%	720.000,00

Faixas	Percentual de Repartição dos Tributos						
	IRPJ	CSLL	Cofins	PIS/Pasep	CPP	IPI	ICMS
1ª Faixa	5,50%	3,50%	11,51%	2,49%	37,50%	7,50%	32,00%
2ª Faixa	5,50%	3,50%	11,51%	2,49%	37,50%	7,50%	32,00%
3ª Faixa	5,50%	3,50%	11,51%	2,49%	37,50%	7,50%	32,00%
4ª Faixa	5,50%	3,50%	11,51%	2,49%	37,50%	7,50%	32,00%
5ª Faixa	5,50%	3,50%	11,51%	2,49%	37,50%	7,50%	32,00%
6ª Faixa	8,50%	7,50%	20,96%	4,54%	23,50%	35,00%	-

ANEXO III
DA LEI COMPLEMENTAR Nº 123, DE 14 DE DEZEMBRO DE 2006
(Vigência: 01/01/2018)
Alíquotas e Partilha do Simples Nacional – Receitas de locação de bens móveis e de prestação de serviços não relacionados no anexo IV

Receita Bruta em 12 Meses (em R$)		Alíquota	Valor a Deduzir (em R$)
1ª Faixa	Até 180.000,00	6,00%	–
2ª Faixa	De 180.000,01 a 360.000,00	11,20%	9.360,00
3ª Faixa	De 360.000,01 a 720.000,00	13,50%	17.640,00
4ª Faixa	De 720.000,01 a 1.800.000,00	16,00%	35.640,00
5ª Faixa	De 1.800.000,01 a 3.600.000,00	21,00%	125.640,00
6ª Faixa	De 3.600.000,01 a 4.800.000,00	33,00%	648.000,00

Faixas	Percentual de Repartição dos Tributos					
	IRPJ	CSLL	Cofins	PIS/Pa-sep	CPP	ISS (*)
1ª Faixa	4,00%	3,50%	12,82%	2,78%	43,40%	33,50%
2ª Faixa	4,00%	3,50%	14,05%	3,05%	43,40%	32,00%
3ª Faixa	4,00%	3,50%	13,64%	2,96%	43,40%	32,50%
4ª Faixa	4,00%	3,50%	13,64%	2,96%	43,40%	32,50%
5ª Faixa	4,00%	3,50%	12,82%	2,78%	43,40%	33,50% (*)
6ª Faixa	35,00%	15,00%	16,03%	3,47%	30,50%	–

(*) O percentual efetivo máximo devido ao ISS será de 5%, transferindo-se a diferença, de forma proporcional, aos tributos federais da mesma faixa de receita bruta anual. Sendo assim, na 5ª faixa, quando a alíquota efetiva for superior a 14,92537%, a repartição será:

	IRPJ	CSLL	Cofins	PIS/Pa-sep	CPP	ISS
5ª Faixa, com alíquota efetiva superior a 14,92537%	(Alíquota efetiva – 5%) x 6,02%	(Alíquota efetiva – 5%) x 5,26%	(Alíquota efetiva – 5%) x 19,28%	(Alíquota efetiva – 5%) x 4,18%	(Alíquota efetiva – 5%) x 65,26%	Percentual de ISS fixo em 5%

Serão tributadas na forma do Anexo III os seguintes serviços:

- creche, pré-escola e estabelecimento de ensino fundamental, escolas técnicas, profissionais e de ensino médio, de línguas estrangeiras, de artes, cursos técnicos de pilotagem, preparatórios para concursos, gerenciais e escolas livres, exceto academias de dança, de capoeira, de ioga, de artes marciais, de atividades físicas, desportivas, de natação e escolas de esportes;
- agência terceirizada de correios;
- agência de viagem e turismo;
- centro de formação de condutores de veículos automotores de transporte terrestre de passageiros e de carga;
- agência lotérica;
- serviços de instalação, de reparos e de manutenção em geral, bem como de usinagem, solda, tratamento e revestimento em metais;
- transporte municipal de passageiros;
- escritórios de serviços contábeis;
- produções cinematográficas, audiovisuais, artísticas e culturais, sua exibição ou apresentação, inclusive no caso de música, literatura, artes cênicas, artes visuais, cinematográficas e audiovisuais;
- fisioterapia;

- corretagem de seguros;
- arquitetura e urbanismo;
- medicina, inclusive laboratorial, e enfermagem;
- odontologia e prótese dentária;
- psicologia, psicanálise, terapia ocupacional, acupuntura, podologia, fonoaudiologia, clínicas de nutrição e de vacinação e bancos de leite;
- administração e locação de imóveis de terceiros;
- academias de dança, de capoeira, de ioga e de artes marciais;
- academias de atividades físicas, desportivas, de natação e escolas de esportes;
- elaboração de programas de computadores, inclusive jogos eletrônicos, desde que desenvolvidos em estabelecimento do optante;
- licenciamento ou cessão de direito de uso de programas de computação;
- planejamento, confecção, manutenção e atualização de páginas eletrônicas, desde que realizados em estabelecimento do optante;
- empresas montadoras de estandes para feiras;
- laboratórios de análises clínicas ou de patologia clínica;
- serviços de tomografia, diagnósticos médicos por imagem, registros gráficos e métodos óticos, bem como ressonância magnética;
- serviços de prótese em geral.
- as atividades de prestação de serviços do Anexo V serão tributadas na forma do Anexo III caso a razão entre a folha de salários e a receita bruta da pessoa jurídica seja igual ou superior a 28% (vinte e oito por cento), sendo considerados, respectivamente, os montantes pagos e auferidos nos doze meses anteriores ao período de apuração para fins de enquadramento no regime tributário do Simples Nacional;
- as atividades de prestação de serviços de comunicação e de transportes interestadual e intermunicipal de cargas, e de transportes, inclusive na modalidade fluvial, serão tributadas na forma do Anexo III, deduzida a parcela correspondente ao ISS e acrescida a parcela correspondente ao ICMS prevista no Anexo I.
- outros serviços, desde que não haja previsão expressa de tributação na forma dos Anexos IV ou V.

Obs. Quando a relação entre a folha de salários e a receita bruta da microempresa ou da empresa de pequeno porte for inferior a 28% (vinte e oito por cento), serão tributadas na forma do Anexo V as seguintes atividades:

- fisioterapia;
- arquitetura e urbanismo;
- medicina, inclusive laboratorial, e enfermagem;
- odontologia e prótese dentária;
- psicologia, psicanálise, terapia ocupacional, acupuntura, podologia, fonoaudiologia, clínicas de nutrição e de vacinação e bancos de leite.

ANEXO IV
DA LEI COMPLEMENTAR Nº 123, DE 14 DE DEZEMBRO DE 2006
(Vigência: 01/01/2018)

Alíquotas e Partilha do Simples Nacional – Receitas decorrentes da prestação de serviços relacionados no § 5º-C do art. 18 da Lei Complementar

Receita Bruta em 12 Meses (em R$)		Alíquota	Valor a Deduzir (em R$)
1ª Faixa	Até 180.000,00	4,50%	-
2ª Faixa	De 180.000,01 a 360.000,00	9,00%	8.100,00
3ª Faixa	De 360.000,01 a 720.000,00	10,20%	12.420,00
4ª Faixa	De 720.000,01 a 1.800.000,00	14,00%	39.780,00
5ª Faixa	De 1.800.000,01 a 3.600.000,00	22,00%	183.780,00
6ª Faixa	De 3.600.000,01 a 4.800.000,00	33,00%	828.000,00

Faixas	Percentual de Repartição dos Tributos				
	IRPJ	CSLL	Cofins	PIS/Pasep	ISS (*)
1ª Faixa	18,80%	15,20%	17,67%	3,83%	44,50%
2ª Faixa	19,80%	15,20%	20,55%	4,45%	40,00%
3ª Faixa	20,80%	15,20%	19,73%	4,27%	40,00%
4ª Faixa	17,80%	19,20%	18,90%	4,10%	40,00%
5ª Faixa	18,80%	19,20%	18,08%	3,92%	40,00% (*)
6ª Faixa	53,50%	21,50%	20,55%	4,45%	-

(*) O percentual efetivo máximo devido ao ISS será de 5%, transferindo-se a diferença, de forma proporcional, aos tributos federais da mesma faixa de receita bruta anual. Sendo assim, na 5ª faixa, quando a alíquota efetiva for superior a 12,5%, a repartição será:

Faixa	IRPJ	CSLL	Cofins	PIS/Pasep	ISS
5ª Faixa, com alíquota efetiva superior a 12,5%	(Alíquota efetiva – 5%) x 31,33%	(Alíquota efetiva – 5%) x 32,00%	(Alíquota efetiva – 5%) x 30,13%	(Alíquota efetiva – 5%) x 6,54%	Percentual de ISS fixo em 5%

As atividades de prestação de serviços seguintes serão tributadas na forma deste Anexo IV, hipótese em que não estará incluída no Simples Nacional a Contribuição Patronal Previdenciária – CPP para a Seguridade Social, a cargo da pessoa jurídica, devendo ela ser recolhida segundo a legislação prevista para os demais contribuintes ou responsáveis:

- construção de imóveis e obras de engenharia em geral, inclusive sob a forma de subempreitada, execução de projetos e serviços de paisagismo, bem como decoração de interiores;

- serviço de vigilância, limpeza ou conservação;
- serviços advocatícios.

ANEXO V
DA LEI COMPLEMENTAR Nº 123, DE 14 DE DEZEMBRO DE 2006.
(Vigência: 01/01/2018)

Alíquotas e Partilha do Simples Nacional – Receitas decorrentes da prestação de serviços relacionados no § 5º-I do art. 18 da Lei Complementar

	Receita Bruta em 12 Meses (em R$)	Alíquota	Valor a Deduzir (em R$)
1ª Faixa	Até 180.000,00	15,50%	-
2ª Faixa	De 180.000,01 a 360.000,00	18,00%	4.500,00
3ª Faixa	De 360.000,01 a 720.000,00	19,50%	9.900,00
4ª Faixa	De 720.000,01 a 1.800.000,00	20,50%	17.100,00
5ª Faixa	De 1.800.000,01 a 3.600.000,00	23,00%	62.100,00
6ª Faixa	De 3.600.000,01 a 4.800.000,00	30,50%	540.000,00

Faixas	Percentual de Repartição dos Tributos					
	IRPJ	CSLL	Cofins	PIS/Pasep	CPP	ISS
1ª Faixa	25,00%	15,00%	14,10%	3,05%	28,85%	14,00%
2ª Faixa	23,00%	15,00%	14,10%	3,05%	27,85%	17,00%
3ª Faixa	24,00%	15,00%	14,92%	3,23%	23,85%	19,00%
4ª Faixa	21,00%	15,00%	15,74%	3,41%	23,85%	21,00%
5ª Faixa	23,00%	12,50%	14,10%	3,05%	23,85%	23,50%
6ª Faixa	35,00%	15,50%	16,44%	3,56%	29,50%	-

Serão tributadas na forma do Anexo V os seguintes serviços:

- medicina, inclusive laboratorial e enfermagem;
- medicina veterinária;
- odontologia;
- psicologia, psicanálise, terapia ocupacional, acupuntura, podologia, fonoaudiologia, clínicas de nutrição e de vacinação e bancos de leite;
- serviços de comissaria, de despachantes, de tradução e de interpretação;
- arquitetura, engenharia, medição, cartografia, topografia, geologia, geodésia, testes, suporte e análises técnicas e tecnológicas, pesquisa, design, desenho e agronomia;

- engenharia, medição, cartografia, topografia, geologia, geodésia, testes, suporte e análises técnicas e tecnológicas, pesquisa, design, desenho e agronomia;
- representação comercial e demais atividades de intermediação de negócios e serviços de terceiros;
- perícia, leilão e avaliação;
- auditoria, economia, consultoria, gestão, organização, controle e administração;
- jornalismo e publicidade;
- agenciamento, exceto de mão de obra;
- outras atividades do setor de serviços que tenham por finalidade a prestação de serviços decorrentes do exercício de atividade intelectual, de natureza técnica, científica, desportiva, artística ou cultural, que constitua profissão regulamentada ou não, desde que não sujeitas à tributação na forma dos Anexos III, IV ou V da Lei Complementar nº 123/2006;
- outras atividades do setor de serviços que tenham por finalidade a prestação de serviços decorrentes do exercício de atividade intelectual, de natureza técnica, científica, desportiva, artística ou cultural, que constitua profissão regulamentada ou não, desde que não sujeitas à tributação na forma dos Anexos III ou IV.

Obs. 1. As atividades de prestação de serviços do Anexo V serão tributadas na forma do Anexo III caso a razão entre a folha de salários e a receita bruta da pessoa jurídica seja igual ou superior a 28% (vinte e oito por cento), sendo considerados, respectivamente, os montantes pagos e auferidos nos doze meses anteriores ao período de apuração para fins de enquadramento no regime tributário do Simples Nacional.

Obs. 2. Quando a relação entre a folha de salários e a receita bruta da microempresa ou da empresa de pequeno porte for inferior a 28% (vinte e oito por cento), serão tributadas na forma do Anexo V as seguintes atividades: (Lei Complementar nº 155 de 2016)
- fisioterapia;
- arquitetura e urbanismo;
- medicina, inclusive laboratorial, e enfermagem;
- odontologia e prótese dentária;
- psicologia, psicanálise, terapia ocupacional, acupuntura, podologia, fonoaudiologia, clínicas de nutrição e de vacinação e bancos de leite.

Antes de calcularmos um caso prático, algumas considerações devem ser feitas:

1	Para efeito de determinação da alíquota nominal, o sujeito passivo utilizará a receita bruta acumulada nos doze meses anteriores ao do período de apuração.
2	Em caso de início de atividade, os valores de receita bruta acumulada constantes dos Anexos I a V devem ser proporcionalizados ao número de meses de atividade no período.
3	Sobre a receita bruta auferida no mês incidirá a alíquota efetiva, podendo tal incidência se dar, à opção do contribuinte, na forma regulamentada pelo Comitê Gestor, sobre a receita recebida no mês, sendo essa opção irretratável para todo o ano-calendário
4	Quando houver atribuição de responsabilidade pelo recolhimento do ISS em lei municipal à pessoa jurídica, ainda que imune ou isenta, tomadora ou intermediária dos serviços, esta deverá reter o montante correspondente na forma da legislação do município onde estiver localizada.

5	A sociedade de propósito específico, de que trata o art. 56 da Lei Complementar nº 123/2006, que houver adquirido mercadorias de microempresa ou empresa de pequeno porte que seja sua sócia, bem como a empresa comercial exportadora que houver adquirido mercadorias ou serviços de empresa optante pelo Simples Nacional, com o fim específico de exportação para o exterior, que, no prazo de 180 dias, contado da data da emissão da nota fiscal pela vendedora, não comprovar o seu embarque para o exterior ficará sujeita ao pagamento de todos os impostos e contribuições que deixaram de ser pagos pela empresa vendedora, acrescidos de juros de mora e multa, de mora ou de ofício, calculados na forma da legislação relativa à cobrança do tributo não pago, aplicável à sociedade de propósito específico ou à própria comercial exportadora. Art. 56. As microempresas ou as empresas de pequeno porte poderão realizar negócios de compra e venda de bens e serviços para os mercados nacional e internacional, por meio de sociedade de propósito específico, nos termos e condições estabelecidos pelo Poder Executivo federal. Neste caso, a) Considera-se vencido o prazo para o pagamento na data em que a empresa vendedora deveria fazê-lo, caso a venda houvesse sido efetuada para o mercado interno. b) Relativamente à contribuição patronal previdenciária, devida pela vendedora, os responsáveis deverão recolher o valor correspondente a 11% do valor das mercadorias não exportadas com todos os acréscimos moratórios. c) Os responsáveis não poderão deduzir do montante devido qualquer valor a título de crédito de Imposto sobre Produtos Industrializados – IPI da Contribuição para o PIS/PASEP ou da COFINS, decorrente da aquisição das mercadorias e serviços objeto da incidência. d) Os responsáveis deverão pagar, também, os impostos e contribuições devidos nas vendas para o mercado interno, caso, por qualquer forma, tenham alienado ou utilizado as mercadorias.
6	Na apuração do montante devido no mês relativo a cada tributo, para o contribuinte que apure receitas mencionadas nos incisos I a III e V do § 4º-A do art. 18, serão consideradas as reduções relativas aos tributos já recolhidos, ou sobre os quais tenha havido tributação monofásica, isenção, redução ou, no caso do ISS, que o valor tenha sido objeto de retenção ou seja devido diretamente ao Município. Seguem as receitas mencionadas: Art. 18, § 4º-A. O contribuinte deverá segregar, também, as receitas: I – decorrentes de operações ou prestações sujeitas à tributação concentrada em uma única etapa (monofásica), bem como, em relação ao ICMS, que o imposto já tenha sido recolhido por substituto tributário ou por antecipação tributária com encerramento de tributação; II – sobre as quais houve retenção de ISS na forma do § 6º deste artigo e § 4º do art. 21 desta Lei Complementar, ou, na hipótese do § 22-A deste artigo, seja devido em valor fixo ao respectivo município; III – sujeitas à tributação em valor fixo ou que tenham sido objeto de isenção ou redução de ISS ou de ICMS na forma prevista nesta Lei Complementar; (...) V – sobre as quais o ISS seja devido a Município diverso do estabelecimento prestador, quando será recolhido no Simples Nacional. Para efeito de determinação da redução, as receitas serão discriminadas em comerciais, industriais ou de prestação de serviços na forma dos Anexos I, II, III, IV e V da Lei Complementar nº 123/2006.

7	A redução no montante a ser recolhido no Simples Nacional relativo aos valores das receitas decorrentes da exportação de que trata o inciso IV do § 4º-A do art. 18 corresponderá tão somente aos percentuais relativos à Cofins, à Contribuição para o PIS/Pasep, ao IPI, ao ICMS e ao ISS, constantes dos Anexos I a V da Lei Complementar nº 123/2006. Seguem as receitas mencionadas: Art. 18, § 4º-A. O contribuinte deverá segregar, também, as receitas: (...) IV - decorrentes da exportação para o exterior, inclusive as vendas realizadas por meio de comercial exportadora ou da sociedade de propósito específico prevista no art. 56 da Lei Complementar nº 123/2006;
8	Será disponibilizado sistema eletrônico para realização do cálculo simplificado do valor mensal devido referente ao Simples Nacional e as informações prestadas neste sistema eletrônico: a) têm caráter declaratório, constituindo confissão de dívida e instrumento hábil e suficiente para a exigência dos tributos e contribuições que não tenham sido recolhidos resultantes das informações nele prestadas; e b) deverão ser fornecidas à Secretaria da Receita Federal do Brasil até o vencimento do prazo para pagamento dos tributos devidos no Simples Nacional em cada mês, relativamente aos fatos geradores ocorridos no mês anterior.
9	a) Os Estados, o Distrito Federal e os Municípios, no âmbito das respectivas competências, poderão estabelecer, na forma definida pelo Comitê Gestor, independentemente da receita bruta recebida no mês pelo contribuinte, valores fixos mensais para o recolhimento do ICMS e do ISS devido por microempresa que aufira receita bruta, no ano-calendário anterior, de até o limite máximo previsto na segunda faixa de receitas brutas anuais constantes dos Anexos I a V da Lei Complementar nº 123/2006, ficando a microempresa sujeita a esses valores durante todo o ano-calendário. b) Neste caso, os valores estabelecidos não poderão exceder a 50% do maior recolhimento possível do tributo para a faixa de enquadramento prevista no Anexo da LC nº 123. c) A microempresa que, no ano-calendário, exceder o limite de receita bruta previsto fica impedida de recolher o ICMS ou o ISS pela sistemática de valor fixo, a partir do mês subsequente à ocorrência do excesso, sujeitando-se à apuração desses tributos na forma das demais empresas optantes pelo Simples Nacional.
10	Na hipótese em que o Estado, o Município ou o Distrito Federal concedam isenção ou redução do ICMS ou do ISS devido por microempresa ou empresa de pequeno porte, ou ainda determine recolhimento de valor fixo para esses tributos, será realizada redução proporcional ou ajuste do valor a ser recolhido, na forma definida em resolução do Comitê Gestor. No caso de isenção ou redução do ICMS ou do ISS devido por microempresa ou empresa de pequeno porte, tais benefícios poderão ser concedidos: a) mediante deliberação exclusiva e unilateral do Estado, do Distrito Federal ou do Município concedente; b) de modo diferenciado para cada ramo de atividade.
11	a) A União, os Estados e o Distrito Federal poderão, em lei específica destinada à ME ou EPP optante pelo Simples Nacional, estabelecer isenção ou redução de COFINS, Contribuição para o PIS/PASEP e ICMS para produtos da cesta básica, discriminando a abrangência da sua concessão. b) Neste caso, o valor a ser recolhido, exclusivamente na hipótese de isenção, não integrará o montante a ser partilhado com o respectivo Município, Estado ou Distrito Federal.

12	No caso de escritórios de serviços contábeis, recolherão o ISS em valor fixo, na forma da legislação municipal.
13	Da base de cálculo do ISS será abatido o material fornecido pelo prestador dos serviços nos seguintes casos: a) Execução, por administração, empreitada ou subempreitada, de obras de construção civil, hidráulica ou elétrica e de outras obras semelhantes, inclusive sondagem, perfuração de poços, escavação, drenagem e irrigação, terraplanagem, pavimentação, concretagem e a instalação e montagem de produtos, peças e equipamentos. b) Reparação, conservação e reforma de edifícios, estradas, pontes, portos e congêneres.
14	No caso de escritórios de serviços contábeis, a opção pelo Simples Nacional é condicionada ao fato de que, individualmente ou por meio de suas entidades representativas de classe: a) promovam atendimento gratuito relativo à inscrição, à opção e à primeira declaração anual simplificada da microempresa individual, podendo, para tanto, por meio de suas entidades representativas de classe, firmar convênios e acordos com a União, os Estados, o Distrito Federal e os Municípios, por intermédio dos seus órgãos vinculados; b) forneçam, na forma estabelecida pelo Comitê Gestor, resultados de pesquisas quantitativas e qualitativas relativas às microempresas e empresas de pequeno porte optantes pelo Simples Nacional por eles atendidas; c) promovam eventos de orientação fiscal, contábil e tributária para as microempresas e empresas de pequeno porte optantes pelo Simples Nacional por eles atendidas. Na hipótese de descumprimento destas obrigações, o escritório será excluído do Simples Nacional, com efeitos a partir do mês subsequente ao do descumprimento, na forma regulamentada pelo Comitê Gestor.
15	Para efeito de aplicação do § 5º-K do art. 18 da Lei Complementar nº 123/2006, considera-se folha de salários, incluídos encargos, o montante pago, nos 12 meses anteriores ao do período de apuração, a título de remunerações a pessoas físicas decorrentes do trabalho, acrescido do montante efetivamente recolhido a título de contribuição patronal previdenciária e FGTS, incluídas as retiradas de pró-labore.

É também importante chamar a atenção para situações nas quais as ME e EPP não serão excluídas do Simples Nacional, mas terão que recolher o ICMS e o ISS pelo regime normal de apuração:

	Hipótese	Efeitos
1	No caso do Estado ou do DF fixar sublimites de enquadramento, a EPP que ultrapassar tais sublimites estará automaticamente impedida de recolher o ICMS e o ISS na forma do Simples Nacional, relativamente aos seus estabelecimentos localizados na unidade da Federação que os houver adotado.	No mês subsequente à ocorrência do excesso, salvo se o excesso verificado em relação à receita bruta não for superior a 20% do sublimite fixado para a EPP, hipótese na qual os efeitos da exclusão dar-se-ão no ano-calendário subsequente.

Neste caso, se a exclusão se der no ano-calendário subsequente, a parcela de receita bruta que exceder os sublimites fixados estará sujeita, em relação aos percentuais aplicáveis ao ICMS e ao ISS, às alíquotas máximas correspondentes a essas faixas previstas nos Anexos I a V da Lei Complementar nº 123/2006, proporcionalmente conforme o caso, acrescidas de 20% (vinte por cento).

Início de atividades antes de 2018 e ultrapassa em qualquer mês do ano de 2018 o sublimite fixado para a EPP em mais que 20%	Recolhimento do ICMS e ISS pelo regime normal no mês seguinte	Início de atividades antes de 2018 e ultrapassa em qualquer mês do ano de 2018 o sublimite fixado para a EPP em menos que 20%	Recolhimento do ICMS e ISS pelo regime normal em 01/01
2018		2018	2019

	Hipótese	Efeitos
1	A ME e a EPP que, no decurso do ano-calendário de início de atividade, ultrapassar 1/12 do sublimite estabelecido para a EPP multiplicado pelo número de meses de funcionamento nesse período (considerando inclusive as frações de meses) estará automaticamente impedida de recolher o ICMS e o ISS na forma do Simples Nacional, relativamente aos seus estabelecimentos localizados na unidade da Federação que os houver adotado.	Com efeitos retroativos ao início de suas atividades, salvo se o excesso verificado em relação à receita bruta não for superior a 20% de 1/12 do sublimite fixado para a EPP multiplicados pelo número de meses de funcionamento nesse período, hipótese na qual os efeitos dar-se-ão no ano-calendário subsequente;
	Neste caso, se a exclusão se der no ano-calendário subsequente, a parcela de receita bruta que exceder os sublimites fixados estará sujeita, em relação aos percentuais aplicáveis ao ICMS e ao ISS, às alíquotas máximas correspondentes a essas faixas previstas nos Anexos I a V da Lei Complementar nº 123/2006, proporcionalmente conforme o caso, acrescidas de 20% (vinte por cento).	

Início de atividade em agosto	Se ultrapassar mais que 20% de 5/12 do sublimite da EPP em qualquer mês de 2018, o recolhimento do ICMS e ISS pelo regime normal é retroativo à data de início de atividade	Início de atividade em agosto	Se ultrapassar o sublimite fixado para a EPP em menos que 20% de 5/12 em qualquer mês de 2018	O recolhimento do ICMS e ISS pelo regime normal será a partir de 01/01
	2018		2018	2019

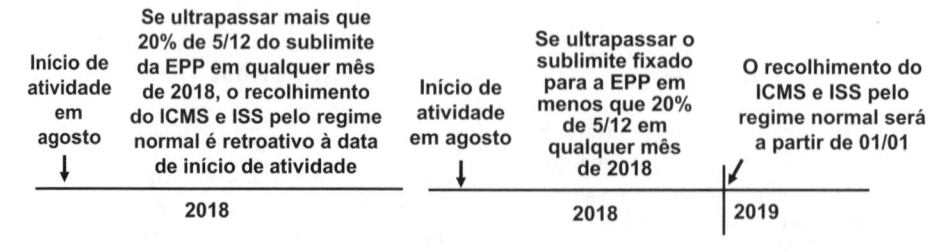

Como último detalhe, antes de analisarmos as tabelas, é importante lembrar que as ME e EPP deverão, em alguns casos, destacar determinadas receitas, conforme quadro a seguir:

Capítulo 5 | O Simples Nacional e o Estatuto das Microempresas 217

	A ME ou EPP deverá considerar, destacadamente, para fim de pagamento, as receitas decorrentes de:
1	Revenda de mercadorias, que serão tributadas na forma do Anexo I da Lei Complementar nº 123/2006;
2	Venda de mercadorias industrializadas pelo contribuinte, que serão tributadas na forma do Anexo II da Lei Complementar nº 123/2006;
3	Prestação dos seguintes serviços, que serão tributados na forma do Anexo III da Lei Complementar nº 123/2006: – serviços vinculados à locação de bens imóveis e corretagem de imóveis; – creche, pré-escola e estabelecimento de ensino fundamental, escolas técnicas, profissionais e de ensino médio, de línguas estrangeiras, de artes, cursos técnicos de pilotagem, preparatórios para concursos, gerenciais e escolas livres, exceto academias de dança, de capoeira, de ioga e de artes marciais, academias de atividades físicas, desportivas, de natação e escolas de esportes; – agência terceirizada de correios; – agência de viagem e turismo; – centro de formação de condutores de veículos automotores de transporte terrestre de passageiros e de carga; – agência lotérica; – serviços de instalação, de reparos e de manutenção em geral, bem como de usinagem, solda, tratamento e revestimento em metais; – transporte municipal de passageiros; – escritórios de serviços contábeis; – produções cinematográficas, audiovisuais, artísticas e culturais, sua exibição ou apresentação, inclusive no caso de música, literatura, artes cênicas, artes visuais, cinematográficas e audiovisuais. – fisioterapia; – corretagem de seguros; – arquitetura e urbanismo; – medicina, inclusive laboratorial, e enfermagem; – odontologia e prótese dentária; e – psicologia, psicanálise, terapia ocupacional, acupuntura, podologia, fonoaudiologia, clínicas de nutrição e de vacinação e bancos de leite;
4	Locação de bens móveis, que serão tributadas na forma do Anexo III da Lei Complementar nº 123/2006, deduzida a parcela correspondente ao ISS.
5	Atividade com incidência simultânea de IPI e de ISS, que serão tributadas na forma do Anexo II da Lei Complementar nº 123/2006, deduzida a parcela correspondente ao ICMS e acrescida a parcela correspondente ao ISS prevista no Anexo III da Lei Complementar nº 123/2006;
6	Comercialização de medicamentos e produtos magistrais produzidos por manipulação de fórmulas;
7	Operações ou prestações sujeitas à tributação concentrada em uma única etapa (monofásica), bem como, em relação ao ICMS, que o imposto já tenha sido recolhido por substituto tributário ou por antecipação tributária com encerramento de tributação;

8	Sobre as quais houve retenção de ISS na fonte determinada por lei municipal;
9	No caso de escritórios de serviços contábeis já que o ISS será recolhido por valores fixos por determinação da Lei Complementar nº 123/2006;
10	Sujeitas à tributação em valor fixo ou que tenham sido objeto de isenção ou redução de ISS ou de ICMS na forma prevista na Lei Complementar nº 123/2006;
11	Decorrentes da exportação para o exterior, inclusive as vendas realizadas por meio de comercial exportadora ou da sociedade de propósito específico prevista no art. 56 da Lei Complementar nº 123/2006;
12	Sobre as quais o ISS seja devido a Município diverso do estabelecimento prestador, quando será recolhido no Simples Nacional.

5.4.4. Esquema prático de cálculo do valor devido

Exemplo prático 1

Suponhamos que a receita de abril de 2018 de uma EPP que desenvolve atividade comercial tenha sido de R$ 200.000,00 e a receita bruta acumulada nos doze meses anteriores de R$ 2.400.000,00.

A receita bruta poderá ser considerada pelo regime de competência, ou pelo regime de caixa. Nesse caso, opção pelo regime de caixa é irretratável para todo o ano-calendário.

Assim, teremos que usar o Anexo I da Lei Complementar nº 123/2006:

ANEXO I
DA LEI COMPLEMENTAR Nº 123, DE 14 DE DEZEMBRO DE 2006
Alíquotas e Partilha do Simples Nacional – Comércio

	Receita Bruta em 12 Meses (em R$)	Alíquota	Valor a Deduzir (em R$)
1ª Faixa	Até 180.000,00	4,00%	-
2ª Faixa	De 180.000,01 a 360.000,00	7,30%	5.940,00
3ª Faixa	De 360.000,01 a 720.000,00	9,50%	13.860,00
4ª Faixa	De 720.000,01 a 1.800.000,00	10,70%	22.500,00
5ª Faixa	De 1.800.000,01 a 3.600.000,00	14,30%	87.300,00
6ª Faixa	De 3.600.000,01 a 4.800.000,00	19,00%	378.000,00

Então temos os seguintes valores com relação ao Anexo I, considerando a 5ª Faixa:
- RBT12: R$ 2.400.000,00
- Aliq: 14,3%;
- PD: R$ 87.300,00;

Aplicando-se a fórmula determinada pela Lei Complementar nº 123/06:

$$\frac{RBT12 \times Aliq - PD}{RBT12}$$

Chegamos ao seguinte valor a ser recolhido:

$$\frac{2.400.000 \times 0,143 - 87.300}{2.400.000} =$$

$$= 0,106625 \text{ ou } 10,66\%$$

➡ 200.000 x 10,66% = 21.320

Dessa forma, esta EPP terá que recolher o Simples Nacional relativo ao período de apuração de abril no valor de R$ 21.320,00.

Para sabermos qual valor será destinado pela União a título de cada tributo, aplicam-se os percentuais listados na 5ª faixa da segunda parte do Anexo I:

Faixas	Percentual de Repartição dos Tributos					
	IRPJ	CSLL	Cofins	PIS/Pasep	CPP	ICMS
1ª Faixa	5,50%	3,50%	12,74%	2,76%	41,50%	34,00%
2ª Faixa	5,50%	3,50%	12,74%	2,76%	41,50%	34,00%
3ª Faixa	5,50%	3,50%	12,74%	2,76%	42,00%	33,50%
4ª Faixa	5,50%	3,50%	12,74%	2,76%	42,00%	33,50%
5ª Faixa	**5,50%**	**3,50%**	**12,74%**	**2,76%**	**42,00%**	**33,50%**
6ª Faixa	13,50%	10,00%	28,27%	6,13%	42,10%	-

Eventual diferença centesimal entre o total dos percentuais e a alíquota efetiva será transferida para o tributo com maior percentual de repartição na respectiva faixa de receita bruta.

Se a ME ou EPP realizar atividades diversas tributadas por mais de um Anexo, utiliza-se a Resolução CGSN nº 140/2018 da seguinte forma:

ESQUEMA DE CÁLCULO DO VALOR DEVIDO

---

1. Apuração da receita bruta do mês para se obter a BASE DE CÁLCULO

A receita bruta poderá ser considerada pelo regime de competência, ou pelo regime de caixa (receita efetivamente recebida). Nesse caso, opção pelo regime de caixa é irretratável para todo o ano-calendário.

⬇

2. Segregação das receitas por tipo de atividade conforme art. 18, § 4º, e enquadramento das tabelas anexas à Resolução do CGSN nº 140/2018 e suas alterações

⬇

3. Verificação da faixa da receita bruta acumulada, para fins de verificação da ALÍQUOTA a ser utilizada no mês

- A alíquota a ser aplicada corresponde ao somatório dos percentuais dos tributos constantes das tabelas dos Anexos da Resolução CGSN nº 140 de 2018 com suas alterações.
- Para efeito de determinação da alíquota, o sujeito passivo utilizará a receita bruta total acumulada nos 12 meses anteriores ao do período de apuração.

- No caso de início de atividade no próprio ano-calendário da opção pelo Simples Nacional, para efeito de determinação da alíquota no primeiro mês de atividade, o sujeito passivo utilizará, como receita bruta total acumulada, a receita do próprio mês de apuração multiplicada por 12. Nesse caso, nos 11 meses posteriores ao do início de atividade, para efeito de determinação da alíquota, o sujeito passivo utilizará a média aritmética da receita bruta total dos meses anteriores ao do período de apuração, multiplicada por 12.
- Na hipótese de início de atividade em ano-calendário imediatamente anterior ao da opção pelo Simples Nacional, o sujeito passivo utilizará essa regra até alcançar 13 meses de atividade.
- Na hipótese de a receita bruta acumulada nos 12 meses anteriores ao do período de apuração ser superior ao limite da EPP, e a receita bruta acumulada no ano-calendário ser igual ou inferior a esse limite, deverão ser adotadas as alíquotas correspondentes às últimas faixas de receita bruta das tabelas (Anexos I a V).
- Se o valor da receita bruta auferida durante o ano-calendário ultrapassar o limite de 1/12 do limite da EPP multiplicados pelo número de meses do período de atividade, a parcela de receita que exceder o montante assim determinado estará sujeita às alíquotas máximas previstas nos Anexos I a V da Lei Complementar 123/2006, proporcionalmente conforme o caso, acrescidas de 20% (vinte por cento).

⬇

4. BASE DE CÁLCULO X ALÍQUOTA EFETIVA = SIMPLES NACIONAL A PAGAR

Exemplo prático 2

Empresa que iniciou suas atividades em agosto de 2018, tendo tido receitas decorrentes exclusivamente da revenda de mercadorias sem substituição tributária, e todas as vendas foram efetuadas no mercado interno (ou seja, sem exportação).

Receitas auferidas:
2018
Agosto – R$ 5.000,00
Setembro – R$ 7.000,00
Outubro – R$ 8.000,00
Novembro – R$ 10.000,00
Dezembro – R$ 10.000,00
2019
Janeiro – R$ 10.000,00

Considerando que estamos calculando o Simples Nacional de janeiro de 2019, para encontrarmos a alíquota efetiva a ser aplicada sobre a base de cálculo de janeiro (R$ 10.000,00), devemos considerar as receitas de agosto a dezembro de 2018 = R$ 40.000,00.

Assim, encontrando a média aritmética, teremos 40.000/5 = 8.000.

Basta então, multiplicar essa média por 12: 8.000X 12 = R$ 96.000,00

Ou seja, neste exemplo, consideraremos, para fins de verificação da alíquota efetiva, o valor de R$ 96.000,00.

Considerando que as receitas de nosso exemplo (revenda de mercadorias sem substituição tributária efetuadas no mercado interno), devem ser tributadas por meio Anexo I:

ANEXO I
DA LEI COMPLEMENTAR Nº 123, DE 14 DE DEZEMBRO DE 2006
Alíquotas e Partilha do Simples Nacional – Comércio
(redação dada pela Lei Complementar nº 155 de 2016)

	Receita Bruta em 12 Meses (em R$)	Alíquota	Valor a Deduzir (em R$)
1ª Faixa	Até 180.000,00	4,00%	-
2ª Faixa	De 180.000,01 a 360.000,00	7,30%	5.940,00
3ª Faixa	De 360.000,01 a 720.000,00	9,50%	13.860,00
4ª Faixa	De 720.000,01 a 1.800.000,00	10,70%	22.500,00
5ª Faixa	De 1.800.000,01 a 3.600.000,00	14,30%	87.300,00
6ª Faixa	De 3.600.000,01 a 4.800.000,00	19,00%	378.000,00

Então temos os seguintes valores com relação ao Anexo I, considerando a 1ª Faixa:

- RBT12: R$ 96.000,00
- Aliq: 4%;
- PD: não há;

Aplicando-se a fórmula determinada pela Lei Complementar nº 123/06:

$$\frac{RBT12 \times Aliq - PD}{RBT12}$$

Chegamos ao seguinte valor a ser recolhido:

$$\frac{}{96.000} =$$

$$= 0,04 \text{ ou } 4\%$$

→ 10.000 x 4% = 400

Desta forma esta ME terá que recolher o Simples Nacional relativo ao período de apuração de janeiro no valor de R$ 400,00.

5.4.5. Do recolhimento dos tributos devidos (arts. 21 a 21-B da LC nº 123/2006)

O regime jurídico único de recolhimento estabelece as seguintes regras para o respectivo recolhimento:

1	Os tributos devidos deverão ser pagos por meio de Documento Único de Arrecadação (DAS), instituído pelo Comitê Gestor em banco integrante da rede arrecadadora do Simples Nacional. Se não regulamentado pelo Comitê Gestor, o recolhimento será até o último dia útil da primeira quinzena do mês subsequente àquele a que se referir;
2	Na hipótese de a microempresa ou a empresa de pequeno porte possuir filiais, o recolhimento dos tributos do Simples Nacional dar-se-á por intermédio da matriz;
3	O valor não pago até a data do vencimento sujeitar-se-á à incidência de encargos legais na forma prevista na legislação do imposto sobre a renda;
4	A retenção na fonte de ISS das microempresas ou das empresas de pequeno porte optantes pelo Simples Nacional somente será permitida se observado o local da ocorrência nos termos da Lei Complementar nº 116/2003 e a alíquota aplicável na retenção na fonte deverá

4	ser informada no documento fiscal e à alíquota efetiva de ISS a que a microempresa ou a empresa de pequeno porte estiver sujeita no mês anterior ao da prestação. Se for início de atividade, deverá ser aplicada pelo tomador a alíquota correspondente ao percentual de ISS referente à alíquota efetiva de 2%. Ainda com relação à retenção na fonte do ISS: a) constatando-se que houve diferença entre a alíquota utilizada e a efetivamente apurada, caberá à microempresa ou empresa de pequeno porte prestadora dos serviços efetuar o recolhimento dessa diferença no mês subsequente ao do início de atividade em guia própria do Município; b) na hipótese de a microempresa ou empresa de pequeno porte estar sujeita à tributação do ISS no Simples Nacional por valores fixos mensais, não caberá a retenção; c) na hipótese de a microempresa ou empresa de pequeno porte não informar a alíquota no documento fiscal, aplicar-se-á a alíquota efetiva de 5%; d) não será eximida a responsabilidade do prestador de serviços quando a alíquota do ISS informada no documento fiscal for inferior à devida, hipótese em que o recolhimento dessa diferença será realizado em guia própria do Município; e) o valor retido, devidamente recolhido, será definitivo, não sendo objeto de partilha com os municípios, e sobre a receita de prestação de serviços que sofreu a retenção não haverá incidência de ISS a ser recolhido no Simples Nacional; f) a falsidade na prestação dessas informações sujeitará o responsável, o titular, os sócios ou os administradores da microempresa e da empresa de pequeno porte, juntamente com as demais pessoas que para ela concorrerem, às penalidades previstas na legislação criminal e tributária.
5	Poderá ser adotado sistema simplificado de arrecadação do Simples Nacional, inclusive sem utilização da rede bancária, mediante requerimento do Estado, Distrito Federal ou Município ao Comitê Gestor. Neste caso, constatando-se que houve diferença entre a alíquota utilizada e a efetivamente apurada, caberá à ME ou EPP prestadora dos serviços efetuar o recolhimento dessa diferença no mês subsequente ao do início de atividade em guia própria do Município.
6	O CGSN regulará a compensação e a restituição dos valores do Simples Nacional recolhidos indevidamente ou em montante superior ao devido, observando-se as seguintes regras: a) O valor a ser restituído ou compensado será acrescido de juros obtidos pela aplicação da taxa referencial do Sistema Especial de Liquidação e de Custódia (Selic) para títulos federais, acumulada mensalmente, a partir do mês subsequente ao do pagamento indevido ou a maior que o devido até o mês anterior ao da compensação ou restituição, e de 1% (um por cento) relativamente ao mês em que estiver sendo efetuada. b) Os valores compensados indevidamente serão exigidos com os acréscimos moratórios aplicados para o imposto de renda, inclusive, quando for o caso, em relação ao ICMS e ao ISS.

6	c) Na hipótese de compensação indevida, quando se comprove falsidade de declaração apresentada pelo sujeito passivo, o contribuinte estará sujeito à multa isolada aplicada no percentual previsto no inciso I do *caput* do art. 44 da Lei nº 9.430/1996, aplicado em dobro, resultando em um percentual de 150%, e terá como base de cálculo o valor total do débito indevidamente compensado. d) É vedado o aproveitamento de créditos não apurados no Simples Nacional, inclusive de natureza não tributária, para extinção de débitos do Simples Nacional. e) Os créditos apurados no Simples Nacional não poderão ser utilizados para extinção de outros débitos para com as Fazendas Públicas, salvo por ocasião da compensação de ofício oriunda de deferimento em processo de restituição ou após a exclusão da empresa do Simples Nacional. f) No Simples Nacional, é permitida a compensação tão somente de créditos para extinção de débitos para com o mesmo ente federado e relativos ao mesmo tributo. g) Na restituição e compensação no Simples Nacional serão observados os prazos de decadência e prescrição previstos no Código Tributário Nacional. h) É vedada a cessão de créditos para extinção de débitos no Simples Nacional. i) Aplica-se aos processos de restituição e de compensação o rito estabelecido pelo CGSN.
7	Os débitos poderão ser parcelados em até 60 (sessenta) parcelas mensais, na forma e condições previstas pelo CGSN. Neste caso, o valor de cada prestação mensal, por ocasião do pagamento, será acrescido de juros equivalentes à taxa Selic para títulos federais, acumulada mensalmente, calculados a partir do mês subsequente ao da consolidação até o mês anterior ao do pagamento, e de 1% (um por cento) relativamente ao mês em que o pagamento estiver sendo efetuado, na forma regulamentada pelo CGSN. Ainda com relação ao parcelamento: a) Será admitido reparcelamento de débitos constantes de parcelamento em curso ou que tenha sido rescindido, podendo ser incluídos novos débitos, na forma regulamentada pelo CGSN. b) Os débitos constituídos de forma isolada por parte de Estado, do Distrito Federal ou de Município, em face de ausência de aplicativo para lançamento unificado, relativo a tributo de sua competência, que não estiverem inscritos em Dívida Ativa da União, poderão ser parcelados pelo ente responsável pelo lançamento de acordo com a respectiva legislação, na forma regulamentada pelo CGSN. c) O pedido de parcelamento deferido importa confissão irretratável do débito e configura confissão extrajudicial. d) O repasse para os entes federados dos valores pagos e da amortização dos débitos parcelados será efetuado proporcionalmente ao valor de cada tributo na composição da dívida consolidada. e) Implicará imediata rescisão do parcelamento e remessa do débito para inscrição em dívida ativa ou prosseguimento da execução, conforme o caso, até deliberação do CGSN, a falta de pagamento: – de 3 (três) parcelas, consecutivas ou não; ou – de 1 (uma) parcela, estando pagas todas as demais.

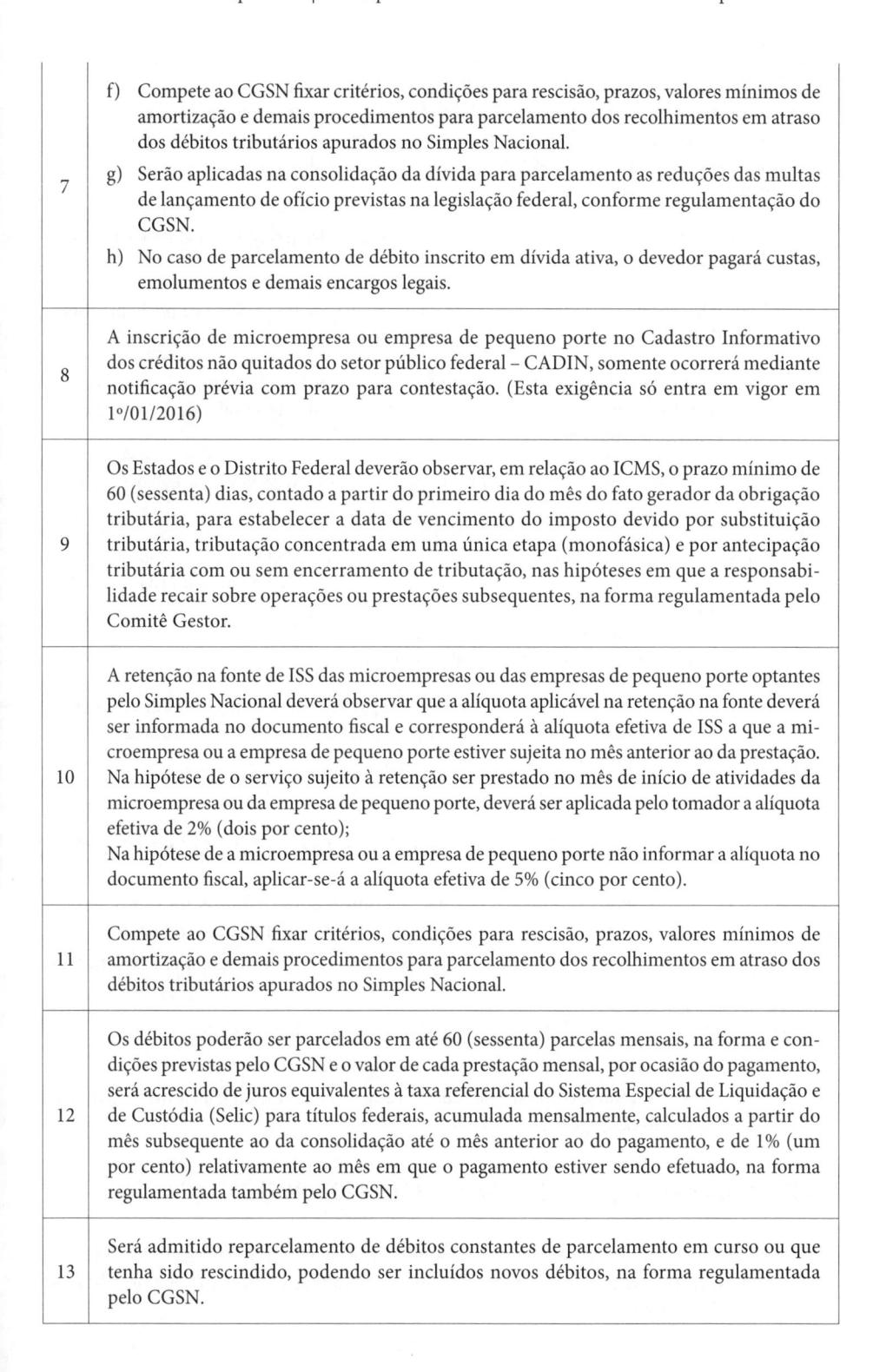

7	f) Compete ao CGSN fixar critérios, condições para rescisão, prazos, valores mínimos de amortização e demais procedimentos para parcelamento dos recolhimentos em atraso dos débitos tributários apurados no Simples Nacional. g) Serão aplicadas na consolidação da dívida para parcelamento as reduções das multas de lançamento de ofício previstas na legislação federal, conforme regulamentação do CGSN. h) No caso de parcelamento de débito inscrito em dívida ativa, o devedor pagará custas, emolumentos e demais encargos legais.
8	A inscrição de microempresa ou empresa de pequeno porte no Cadastro Informativo dos créditos não quitados do setor público federal – CADIN, somente ocorrerá mediante notificação prévia com prazo para contestação. (Esta exigência só entra em vigor em 1º/01/2016)
9	Os Estados e o Distrito Federal deverão observar, em relação ao ICMS, o prazo mínimo de 60 (sessenta) dias, contado a partir do primeiro dia do mês do fato gerador da obrigação tributária, para estabelecer a data de vencimento do imposto devido por substituição tributária, tributação concentrada em uma única etapa (monofásica) e por antecipação tributária com ou sem encerramento de tributação, nas hipóteses em que a responsabilidade recair sobre operações ou prestações subsequentes, na forma regulamentada pelo Comitê Gestor.
10	A retenção na fonte de ISS das microempresas ou das empresas de pequeno porte optantes pelo Simples Nacional deverá observar que a alíquota aplicável na retenção na fonte deverá ser informada no documento fiscal e corresponderá à alíquota efetiva de ISS a que a microempresa ou a empresa de pequeno porte estiver sujeita no mês anterior ao da prestação. Na hipótese de o serviço sujeito à retenção ser prestado no mês de início de atividades da microempresa ou da empresa de pequeno porte, deverá ser aplicada pelo tomador a alíquota efetiva de 2% (dois por cento); Na hipótese de a microempresa ou a empresa de pequeno porte não informar a alíquota no documento fiscal, aplicar-se-á a alíquota efetiva de 5% (cinco por cento).
11	Compete ao CGSN fixar critérios, condições para rescisão, prazos, valores mínimos de amortização e demais procedimentos para parcelamento dos recolhimentos em atraso dos débitos tributários apurados no Simples Nacional.
12	Os débitos poderão ser parcelados em até 60 (sessenta) parcelas mensais, na forma e condições previstas pelo CGSN e o valor de cada prestação mensal, por ocasião do pagamento, será acrescido de juros equivalentes à taxa referencial do Sistema Especial de Liquidação e de Custódia (Selic) para títulos federais, acumulada mensalmente, calculados a partir do mês subsequente ao da consolidação até o mês anterior ao do pagamento, e de 1% (um por cento) relativamente ao mês em que o pagamento estiver sendo efetuado, na forma regulamentada também pelo CGSN.
13	Será admitido reparcelamento de débitos constantes de parcelamento em curso ou que tenha sido rescindido, podendo ser incluídos novos débitos, na forma regulamentada pelo CGSN.

14	Os débitos constituídos de forma isolada por parte de Estado, do Distrito Federal ou de Município, em face de ausência de aplicativo para lançamento unificado, relativo a tributo de sua competência, que não estiverem inscritos em Dívida Ativa da União, poderão ser parcelados pelo ente responsável pelo lançamento de acordo com a respectiva legislação, na forma regulamentada pelo CGSN.
15	O pedido de parcelamento deferido importa confissão irretratável do débito e configura confissão extrajudicial.
16	Serão aplicadas na consolidação as reduções das multas de lançamento de ofício previstas na legislação federal, conforme regulamentação do CGSN.
17	Na hipótese de parcelamento, o repasse para os entes federados dos valores pagos e da amortização dos débitos parcelados será efetuado proporcionalmente ao valor de cada tributo na composição da dívida consolidada.
18	No caso de parcelamento de débito inscrito em dívida ativa, o devedor pagará custas, emolumentos e demais encargos legais.
19	Implicará imediata rescisão do parcelamento e remessa do débito para inscrição em dívida ativa ou prosseguimento da execução, conforme o caso, até deliberação do CGSN, a falta de pagamento: a) de 3 (três) parcelas, consecutivas ou não; ou b) de 1 (uma) parcela, estando pagas todas as demais.
20	No parcelamento, o documento único de arrecadação deverá conter a partilha discriminada de cada um dos tributos abrangidos pelo Simples Nacional, bem como os valores destinados a cada ente federado.

5.4.6. Do repasse do produto da arrecadação (art. 22 da LC nº 123/2006)

Como o recolhimento é feito pela União e compreende tributos de outas pessoas jurídicas, terão que ser feitos alguns repasses de parcelas do produto total da arrecadação.

O Comitê Gestor definirá o sistema de repasses do total arrecadado, inclusive encargos legais, para o:

a) Município ou Distrito Federal, do valor correspondente ao ISS;
b) Estado ou Distrito Federal, do valor correspondente ao ICMS;
c) Instituto Nacional do Seguro Social, do valor correspondente à Contribuição para manutenção da Seguridade Social.

5.4.7. Dos créditos (arts. 23 e 24 da LC nº 123/2006)

As microempresas e as empresas de pequeno porte optantes pelo Simples Nacional não farão jus à apropriação nem transferirão créditos relativos a impostos ou contribuições abrangidos pelo Simples Nacional.

No entanto, as pessoas jurídicas e aquelas a elas equiparadas pela legislação tributária não optantes pelo Simples Nacional terão direito a crédito correspondente ao ICMS incidente sobre as suas aquisições de mercadorias de ME ou EPP optante pelo Simples Nacional, desde que destinadas à comercialização ou industrialização e observado, como limite, o ICMS efetivamente devido pelas optantes pelo Simples Nacional em relação a essas aquisições.

Neste caso, a alíquota aplicável deverá ser informada no documento fiscal e corresponderá ao percentual de ICMS previsto nos Anexos I ou II da Lei Complementar nº 123/2006 para a faixa de receita bruta a que a microempresa ou a empresa de pequeno porte estiver sujeita no mês anterior ao da operação.

Na hipótese de a operação ocorrer no mês de início de atividades da ME ou EPP optante pelo Simples Nacional, a alíquota aplicável ao cálculo do crédito corresponderá ao percentual de ICMS referente à menor alíquota prevista nos Anexos I ou II.

Além disso, a lei estabelece outras regras com relação à utilização de créditos:

1	As pessoas jurídicas e aquelas a elas equiparadas pela legislação tributária não optantes pelo Simples Nacional NÃO terão direito a crédito correspondente ao ICMS incidente sobre as suas aquisições de mercadorias de ME ou EPP optante pelo Simples Nacional quando: a) a microempresa ou empresa de pequeno porte estiver sujeita à tributação do ICMS no Simples Nacional por valores fixos mensais; b) a microempresa ou empresa de pequeno porte não informar a alíquota no documento fiscal; c) houver isenção estabelecida pelo Estado ou Distrito Federal que abranja a faixa de receita bruta a que a microempresa ou a empresa de pequeno porte estiver sujeita no mês da operação; d) o remetente da operação ou prestação considerar, por opção, que a alíquota deverá incidir sobre a receita recebida no mês (regime de caixa).
2	Mediante deliberação exclusiva e unilateral dos Estados e do Distrito Federal, poderá ser concedido às pessoas jurídicas e àquelas a elas equiparadas pela legislação tributária, não optantes pelo Simples Nacional, crédito correspondente ao ICMS incidente sobre os insumos utilizados nas mercadorias adquiridas de indústria optante pelo Simples Nacional, sendo vedado o estabelecimento de diferenciação no valor do crédito em razão da procedência dessas mercadorias
3	As microempresas e as empresas de pequeno porte, optantes pelo Simples Nacional, não poderão utilizar ou destinar qualquer valor a título de incentivo fiscal.
4	Não serão consideradas quaisquer alterações em bases de cálculo, alíquotas e percentuais ou outros fatores que alterem o valor de imposto ou contribuição apurado na forma do Simples Nacional, estabelecidas pela União, pelo Estado, pelo Distrito Federal ou pelo Município, exceto as previstas ou autorizadas nesta Lei Complementar.
5	Não serão consideradas quaisquer alterações em bases de cálculo, alíquotas e percentuais ou outros fatores que alterem o valor de imposto ou contribuição apurado na forma do Simples Nacional, estabelecidas pela União, Estado, Distrito Federal ou Município, exceto as previstas ou autorizadas na Lei Complementar nº 123/2006.

5.4.8. Das obrigações fiscais acessórias (arts. 25 a 27 da LC nº 123/2006)

O regime simplificado também reduz significativamente as obrigações acessórias das ME e EPP. No entanto, ainda restam algumas, conforme quadro que segue:

QUADRO DAS OBRIGAÇÕES ACESSÓRIAS

1	– A ME ou EPP, optante pelo Simples Nacional, deverá apresentar anualmente à Secretaria da Receita Federal do Brasil declaração única e simplificada de informações socioeconômicas e fiscais (DASN), que deverá ser disponibilizada aos órgãos de fiscalização tributária e previdenciária, observados prazo e modelo aprovados pelo CGSN.
	– As informações prestadas:
	  a) têm caráter declaratório, constituindo confissão de dívida e instrumento hábil e suficiente para a exigência dos tributos e contribuições que não tenham sido recolhidos resultantes das informações nele prestadas; e
	  b) deverão ser fornecidas à Secretaria da Receita Federal do Brasil até o vencimento do prazo para pagamento dos tributos devidos no Simples Nacional em cada mês, relativamente aos fatos geradores ocorridos no mês anterior.
	– A exigência de declaração única (DASN) não desobriga a prestação de informações relativas a terceiros.

2	– A situação de inatividade deverá ser informada na declaração de que trata o *caput* deste artigo, na forma regulamentada pelo Comitê Gestor. – Considera-se em situação de inatividade a microempresa ou a empresa de pequeno porte que não apresente mutação patrimonial e atividade operacional durante todo o ano-calendário.
3	– A DASN, relativa ao MEI, conterá, para efeito do cálculo dos índices de repasse do ICMS para os Municípios, tão somente as informações relativas à receita bruta total sujeita ao ICMS, sendo vedada a instituição de declarações adicionais.

4	– As microempresas e empresas de pequeno porte optantes pelo Simples Nacional ficam obrigadas a:
	  a) emitir documento fiscal de venda ou prestação de serviço, de acordo com instruções expedidas pelo Comitê Gestor;
	  b) manter em boa ordem e guarda os documentos que fundamentaram a apuração dos impostos e contribuições devidos e o cumprimento das obrigações acessórias a que se refere o art. 25 da Lei Complementar nº 123/2006 enquanto não decorrido o prazo decadencial e não prescritas eventuais ações que lhes sejam pertinentes;
	  c) manter o livro-caixa em que será escriturada sua movimentação financeira e bancária.

5	– É vedada a exigência de obrigações tributárias acessórias relativas aos tributos apurados na forma do Simples Nacional além daquelas estipuladas pelo CGSN e atendidas por meio do Portal do Simples Nacional, bem como, o estabelecimento de exigências adicionais e unilaterais pelos entes federativos, exceto os programas de cidadania fiscal.

6	– O MEI fará a comprovação da receita bruta mediante apresentação do registro de vendas ou de prestação de serviços na forma estabelecida pelo CGSN, observando-se as seguintes regras: a) deverão ser anexados ao registro de vendas ou de prestação de serviços, na forma regulamentada pelo Comitê Gestor, os documentos fiscais comprobatórios das entradas de mercadorias e serviços tomados referentes ao período, bem como os documentos fiscais relativos às operações ou prestações realizadas eventualmente emitidas; b) será obrigatória a emissão de documento fiscal nas vendas e nas prestações de serviços realizadas pelo MEI para destinatário cadastrado no Cadastro Nacional da Pessoa Jurídica (CNPJ), ficando dispensado desta emissão para o consumidor final.
7	– As microempresas e empresas de pequeno porte optantes pelo Simples Nacional poderão, opcionalmente, adotar contabilidade simplificada para os registros e controles das operações realizadas, conforme regulamentação do Comitê Gestor.
8	– É vedada a exigência de obrigações tributárias acessórias relativas aos tributos apurados na forma do Simples Nacional além daquelas estipuladas pelo CGSN e atendidas por meio do Portal do Simples Nacional, bem como, o estabelecimento de exigências adicionais e unilaterais pelos entes federativos, exceto os programas de cidadania fiscal.
9	– A escrituração fiscal digital ou obrigação equivalente não poderá ser exigida da microempresa ou empresa de pequeno porte optante pelo Simples Nacional, salvo se, cumulativamente, houver: a) autorização específica do CGSN, que estabelecerá as condições para a obrigatoriedade; b) disponibilização por parte da administração tributária estipulante de aplicativo gratuito para uso da empresa optante.
10	– A exigência de apresentação de livros fiscais em meio eletrônico aplicar-se-á somente na hipótese de substituição da entrega em meio convencional, cuja obrigatoriedade tenha sido prévia e especificamente estabelecida pelo CGSN.
11	– Até a implantação de sistema nacional uniforme estabelecido pelo CGSN com compartilhamento de informações com os entes federados, permanece válida norma publicada por ente federado até o primeiro trimestre de 2014 que tenha veiculado exigência vigente de a microempresa ou empresa de pequeno porte apresentar escrituração fiscal digital ou obrigação equivalente.
12	– O CGSN poderá disciplinar sobre a disponibilização, no portal do SIMPLES Nacional, de documento fiscal eletrônico de venda ou de prestação de serviço para o MEI, microempresa ou empresa de pequeno porte optante pelo Simples Nacional.
13	– O desenvolvimento e a manutenção das soluções de tecnologia, capacitação e orientação aos usuários, bem como as demais relativas ao Simples Nacional, poderão ser apoiadas pelo Serviço Brasileiro de Apoio às Micro e Pequenas Empresas – SEBRAE.
14	– O ato de emissão ou de recepção de documento fiscal por meio eletrônico estabelecido pelas administrações tributárias, em qualquer modalidade, de entrada, de saída ou de prestação, na forma estabelecida pelo CGSN, representa sua própria escrituração fiscal e elemento suficiente para a fundamentação e a constituição do crédito tributário.

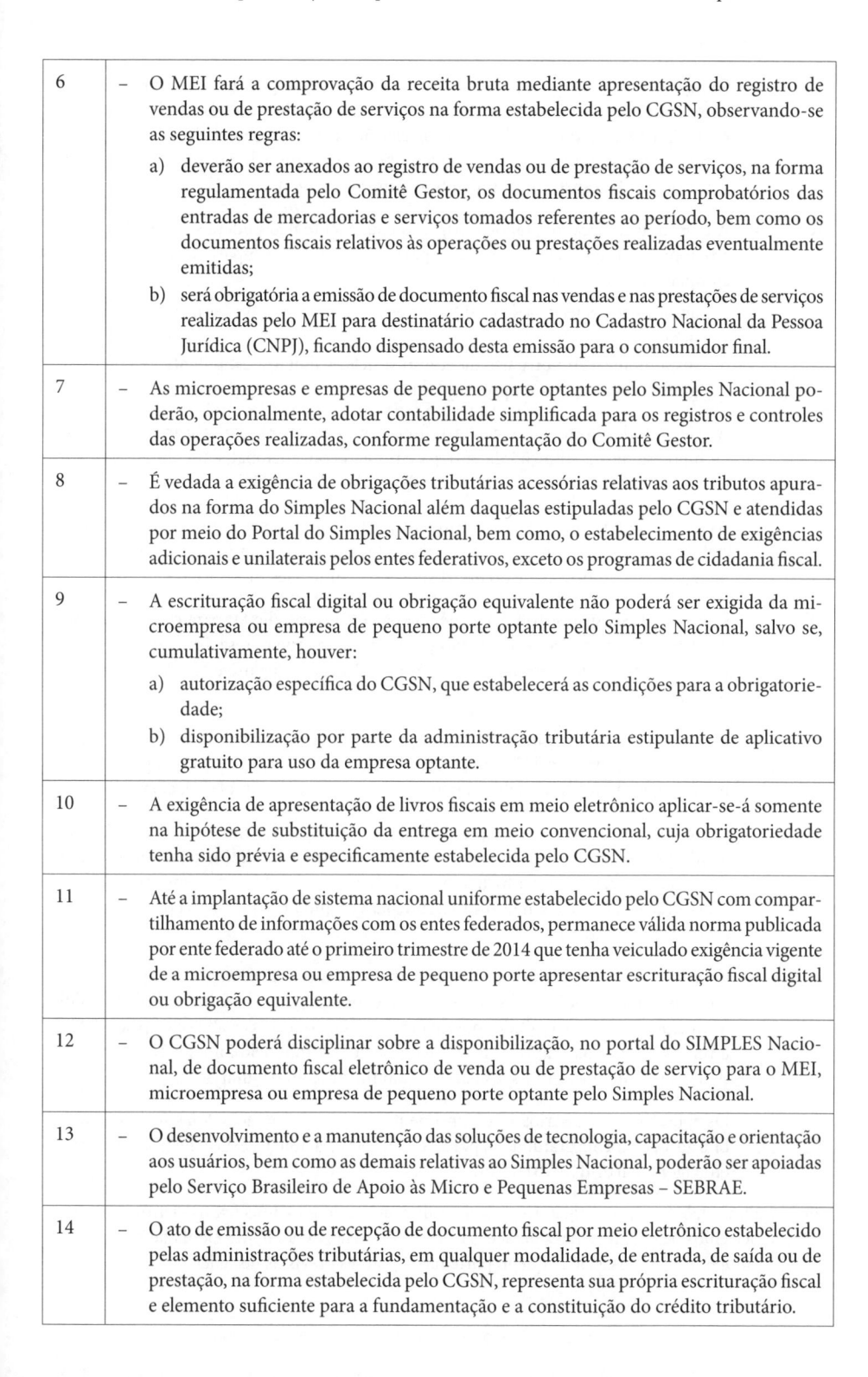

15	– Os dados dos documentos fiscais de qualquer espécie podem ser compartilhados entre as administrações tributárias da União, dos Estados, do Distrito Federal e dos Municípios e, quando emitidos por meio eletrônico, na forma estabelecida pelo CGSN, a microempresa ou empresa de pequeno porte, optante pelo Simples Nacional, fica desobrigada de transmitir seus dados às administrações tributárias.
16	– A escrituração fiscal digital ou obrigação equivalente não poderá ser exigida da microempresa ou empresa de pequeno porte optante pelo Simples Nacional, salvo se, cumulativamente, houver: a) autorização específica do CGSN, que estabelecerá as condições para a obrigatoriedade; b) disponibilização por parte da administração tributária estipulante de aplicativo gratuito para uso da empresa optante.
17	– A exigência de apresentação de livros fiscais em meio eletrônico aplicar-se-á somente na hipótese de substituição da entrega em meio convencional, cuja obrigatoriedade tenha sido prévia e especificamente estabelecida pelo CGSN.
18	– As microempresas e empresas de pequeno porte ficam sujeitas à entrega de declaração eletrônica que deva conter os dados referentes aos serviços prestados ou tomados de terceiros, na conformidade do que dispuser o Comitê Gestor.
19	– Cabe ao CGSN dispor sobre a exigência da certificação digital para o cumprimento de obrigações principais e acessórias por parte da microempresa, inclusive o MEI, ou empresa de pequeno porte optante pelo Simples Nacional, inclusive para o recolhimento do FGTS.
20	– O CGSN poderá disciplinar sobre a disponibilização, no portal do SIMPLES Nacional, de documento fiscal eletrônico de venda ou de prestação de serviço para o MEI, microempresa ou empresa de pequeno porte optante pelo Simples Nacional.
21	– O ato de emissão ou de recepção de documento fiscal por meio eletrônico estabelecido pelas administrações tributárias, em qualquer modalidade, de entrada, de saída ou de prestação, na forma estabelecida pelo CGSN, representa sua própria escrituração fiscal e elemento suficiente para a fundamentação e a constituição do crédito tributário.
22	– Os dados dos documentos fiscais de qualquer espécie podem ser compartilhados entre as administrações tributárias da União, dos Estados, do Distrito Federal e dos Municípios e, quando emitidos por meio eletrônico, na forma estabelecida pelo CGSN, a microempresa ou empresa de pequeno porte, optante pelo Simples Nacional, fica desobrigada de transmitir seus dados às administrações tributárias.
23	– Os aplicativos necessários ao cumprimento das obrigações acessórias serão disponibilizados, de forma gratuita, no portal do Simples Nacional. (Esta exigência só entrará em vigor a partir de 1º/01/2016).
24	Fica estabelecida a obrigatoriedade de utilização de documentos fiscais eletrônicos estabelecidos pelo Confaz nas operações e prestações relativas ao ICMS efetuadas por microempresas e empresas de pequeno porte nas hipóteses previstas nesta lei.

5.4.9. Da exclusão do Simples Nacional (arts. 28 a 32 da LC nº 123/2006)

A exclusão de uma ME ou EPP do Simples Nacional será feita de ofício ou por comunicação do contribuinte.

É importante lembrar que a exclusão do Simples Nacional não significa, necessariamente, a exclusão do regime de ME e EPP.

Antes de analisarmos as hipóteses de exclusão, alguns aspectos devem ser considerados:

1	As microempresas ou as empresas de pequeno porte, excluídas do Simples Nacional, sujeitar-se-ão, a partir do período em que se processarem os efeitos da exclusão, às normas de tributação aplicáveis às demais pessoas jurídicas.
2	No caso da ME ou EPP ser excluída no próprio ano de início de atividade retroativamente à esta data de início, elas ficarão sujeitas ao pagamento da totalidade ou diferença dos respectivos impostos e contribuições, devidos de conformidade com as normas gerais de incidência, acrescidos, tão-somente, de juros de mora, quando efetuado antes do início de procedimento de ofício.
3	A ME ou EPP excluída poderá optar pelo recolhimento do imposto de renda e da Contribuição Social sobre o Lucro Líquido na forma do lucro presumido, lucro real trimestral ou anual.
4	No caso do Estado ou DF estabelecerem sublimites e estes forem ultrapassados, aplicar-se-ão as mesmas regras dos itens 1 e 2 em relação ao ICMS e ao ISS.

Vamos às hipóteses de exclusão.

EXCLUSÃO DE OFÍCIO

A exclusão de ofício pode se dar por prática de determinadas irregularidades e por falta de comunicação obrigatória de alterações.

a) Exclusão de ofício por prática de irregularidades:

Neste caso a exclusão de ofício, ou seja, pela autoridade fiscal, será realizada na forma regulamentada pelo Comitê Gestor, cabendo o lançamento dos tributos e contribuições apurados aos respectivos entes tributantes.

Os efeitos da exclusão dar-se-ão a partir do próprio mês em que incorridas, impedindo a opção pelo regime pelos próximos 3 (três) anos-calendário seguintes, podendo este prazo ser elevado para 10 (dez) anos caso seja constatada a utilização de artifício, ardil ou qualquer outro meio fraudulento que induza ou mantenha a fiscalização em erro, com o fim de suprimir ou reduzir o pagamento de tributo apurável.

São motivos de exclusão a prática das seguintes irregularidades:

1	For oferecido embaraço à fiscalização, caracterizado pela negativa não justificada de exibição de livros e documentos a que estiverem obrigadas, bem como pelo não fornecimento de informações sobre bens, movimentação financeira, negócio ou atividade que estiverem intimadas a apresentar, e nas demais hipóteses que autorizam a requisição de auxílio da força pública;
2	For oferecida resistência à fiscalização, caracterizada pela negativa de acesso ao estabelecimento, ao domicílio fiscal ou a qualquer outro local onde desenvolvam suas atividades ou se encontrem bens de sua propriedade;
3	A sua constituição ocorrer por interpostas pessoas;
4	Tiver sido constatada prática reiterada de infração relativa ao sistema ME/EPP; (vide Obs.-1 no final deste quadro)
5	A empresa for declarada inapta, pelo motivo de, estando obrigada, deixar de apresentar declarações e demonstrativos em 2 (dois) exercícios consecutivos.
6	Forem comercializadas mercadorias objeto de contrabando ou descaminho;
7	Houver falta de escrituração do livro-caixa ou não permitir a identificação da movimentação financeira, inclusive bancária;
8	For constatado que durante o ano-calendário o valor das despesas pagas supera em 20% (vinte por cento) o valor de ingressos de recursos no mesmo período, excluído o ano de início de atividade;
9	For constatado que durante o ano-calendário o valor das aquisições de mercadorias para comercialização ou industrialização, ressalvadas hipóteses justificadas de aumento de estoque, for superior a 80% (oitenta por cento) dos ingressos de recursos no mesmo período, excluído o ano de início de atividade.
10	Houver descumprimento reiterado da obrigação de emitir documento fiscal de venda ou prestação de serviço, de acordo com instruções expedidas pelo Comitê Gestor; (vide Obs.-1 no final deste quadro)
11	Houver omissão da folha de pagamento da empresa ou de documento de informações previsto pela legislação previdenciária, trabalhista ou tributária, segurado empregado, trabalhador avulso ou contribuinte individual que lhe preste serviço.

Obs. 1:
Considera-se prática reiterada, para fins de exclusão:
a) a ocorrência, em 2 (dois) ou mais períodos de apuração, consecutivos ou alternados, de idênticas infrações, inclusive de natureza acessória, verificada em relação aos últimos 5 (cinco) anos-calendário, formalizadas por intermédio de auto de infração ou notificação de lançamento; ou
b) a segunda ocorrência de idênticas infrações, caso seja constatada a utilização de artifício, ardil ou qualquer outro meio fraudulento que induza ou mantenha a fiscalização em erro, com o fim de suprimir ou reduzir o pagamento de tributo.

Obs. 2:
Nas hipóteses de exclusão bem como de indeferimento da opção pelo Simples Nacional, a notificação:
a) será efetuada pelo ente federativo que promoveu a exclusão; e
b) poderá ser feita por meio eletrônico, observada a regulamentação do CGSN.

b) Exclusão de ofício por falta de comunicação obrigatória de alterações:

Neste caso a exclusão de ofício, ou seja, pela autoridade fiscal, será realizada por falta de comunicação de exclusão obrigatória ou ocorrência impeditiva de continuar optando pelo Simples Nacional.

No caso de falta de comunicação de exclusão obrigatória, uma vez que o motivo da exclusão deixe de existir, havendo a exclusão retroativa, o efeito desta dar-se-á a partir do mês seguinte ao da ocorrência da situação impeditiva, limitado, porém, ao último dia do ano-calendário em que a referida situação deixou de existir, conforme segue:

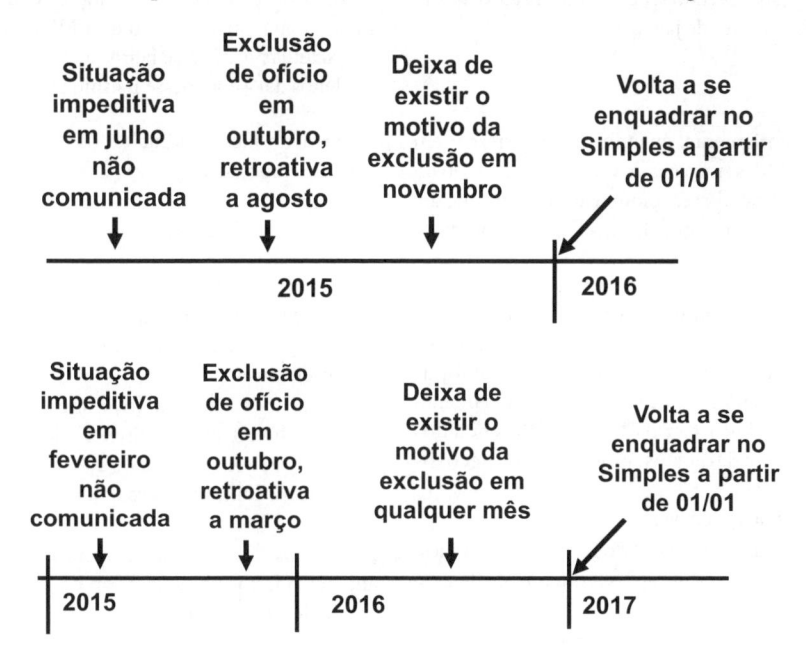

Situação impeditiva em julho não comunicada	Exclusão de ofício em outubro, retroativa a agosto	Deixa de existir o motivo da exclusão em novembro	Volta a se enquadrar no Simples a partir de 01/01
2015			2016

Situação impeditiva em fevereiro não comunicada	Exclusão de ofício em outubro, retroativa a março	Deixa de existir o motivo da exclusão em qualquer mês	Volta a se enquadrar no Simples a partir de 01/01
2015	2016		2017

A alteração de dados no CNPJ, informada pela ME ou EPP à Secretaria da Receita Federal do Brasil, equivalerá à comunicação obrigatória de exclusão do Simples Nacional nas seguintes hipóteses:

- a) alteração de natureza jurídica para Sociedade Anônima, Sociedade Empresária em Comandita por Ações, Sociedade em Conta de Participação ou Estabelecimento, no Brasil, de Sociedade Estrangeira;
- b) inclusão de atividade econômica vedada à opção pelo Simples Nacional;
- c) inclusão de sócio pessoa jurídica;
- d) inclusão de sócio domiciliado no exterior;
- e) cisão parcial; ou
- f) extinção da empresa.

EXCLUSÃO POR COMUNICAÇÃO DO CONTRIBUINTE

A exclusão do Simples Nacional, mediante comunicação das microempresas ou das empresas de pequeno porte, dar-se-á:	
Motivo	**Efeitos**
Por opção, devendo ser comunicada até o último dia útil do mês de janeiro;	A partir de 1º de janeiro do ano-calendário subsequente, salvo no caso de a ME ou EPP ser excluída no mês de janeiro, pois neste caso os efeitos dar-se-ão nesse mesmo ano.
Obrigatoriamente, quando elas incorrerem em qualquer das situações de vedação de inclusão no regime devendo ser comunicada até o último dia útil do mês subsequente àquele em que ocorrida a situação de vedação;	A partir do mês seguinte da ocorrência da situação impeditiva.
Obrigatoriamente, quando ultrapassado, no ano-calendário de início de atividade, o correspondente a 1/12 do limite da EPP, multiplicados pelo número de meses de funcionamento nesse período (ou os limites diferenciados fixados por DF, os Estados e seus respectivos Municípios). A comunicação deverá ser feita: a) até o último dia útil do mês seguinte àquele em que tiver ultrapassado em mais de 20% o limite; b) até o último dia útil do mês de janeiro do ano-calendário subsequente ao de início de atividades, caso o excesso seja inferior a 20% do respectivo limite;	a) Desde o início das atividades quando ultrapassar em mais de 20% do limite de receita bruta; b) A partir de 1º de janeiro do ano-calendário subsequente, na hipótese de não ter ultrapassado em mais de 20% (vinte por cento) o limite proporcional; Em ambos os casos, não poderá optar, no ano-calendário subsequente ao do início de atividades, pelo Simples Nacional.
Obrigatoriamente, quando ultrapassado, no ano-calendário, o limite de receita bruta da EPP, quando não estiver no ano-calendário de início de atividade. A comunicação deverá ser feita: a) até o último dia útil do mês seguinte àquele em que tiver ultrapassado em mais de 20% o limite; b) até o último dia útil do mês de janeiro do ano-calendário subsequente ao de início de atividades, caso o excesso seja inferior a 20% do respectivo limite;	a) a partir do mês subsequente à ultrapassagem em mais de 20% do limite de receita bruta; b) a partir de 1º de janeiro do ano-calendário subsequente, na hipótese de não ter ultrapassado em mais de 20% o limite.

Quando possuir débito com o Instituto Nacional do Seguro Social – INSS, ou com as Fazendas Públicas Federal, Estadual ou Municipal, cuja exigibilidade não esteja suspensa;	A partir do ano-calendário subsequente ao da ciência da comunicação da exclusão. Será permitida a permanência da pessoa jurídica como optante pelo Simples Nacional mediante a comprovação da regularização do débito no prazo de até 30 (trinta) dias contado a partir da ciência da comunicação da exclusão.
No caso de ausência de inscrição ou com irregularidade em cadastro fiscal federal, municipal ou estadual, quando exigível.	A partir do mês seguinte da ocorrência da situação. Será permitida a permanência da pessoa jurídica como optante pelo Simples Nacional mediante a comprovação da regularização do cadastro fiscal no prazo de até 30 (trinta) dias contado a partir da ciência da comunicação da exclusão.

5.4.10. Da fiscalização (art. 33 da LC nº 123/2006)

A competência para fiscalizar o cumprimento das obrigações principais e acessórias relativas ao Simples Nacional e para verificar a ocorrência das hipóteses de exclusão de ofício é da Secretaria da Receita Federal e das Secretarias de Fazenda ou de Finanças do Estado ou do Distrito Federal, segundo a localização do estabelecimento, e, tratando-se de prestação de serviços incluídos na competência tributária municipal, a competência será também do respectivo Município.

Com relação à matéria, outras regras são estabelecidas pelo legislador:

1	As Secretarias de Fazenda ou Finanças dos Estados poderão celebrar convênio com os Municípios de sua jurisdição para atribuir a estes a fiscalização, sendo dispensado o convênio na hipótese de ocorrência de prestação de serviços sujeita ao ISS por estabelecimento localizado no Município.
2	A fiscalização de que trata o *caput*, após iniciada, poderá abranger todos os demais estabelecimentos da microempresa ou da empresa de pequeno porte, independentemente da atividade por eles exercida ou de sua localização, na forma e condições estabelecidas pelo CGSN.
3	As autoridades fiscais federais, estaduais e municipais têm competência para efetuar o lançamento de todos os tributos previstos nos incisos I a VIII do art. 13, apurados na forma do Simples Nacional, relativamente a todos os estabelecimentos da empresa, independentemente do ente federado instituidor.
4	A competência para autuação por descumprimento de obrigação acessória é privativa da administração tributária perante a qual a obrigação deveria ter sido cumprida.
5	Caberá à Secretaria da Receita Federal do Brasil a fiscalização da Contribuição para a Seguridade Social, a cargo da empresa, na hipótese de a ME ou EPP exercer alguma das seguintes atividades de prestação de serviços: a) construção de imóveis e obras de engenharia em geral, inclusive sob a forma de subempreitada, execução de projetos e serviços de paisagismo, bem como decoração de interiores; b) serviço de vigilância, limpeza ou conservação.

6	O valor não pago, apurado em procedimento de fiscalização, será exigido em lançamento de ofício pela autoridade competente que realizou a fiscalização.

5.4.11. Da omissão de receita (art. 34 da LC nº 123/2006)

Aplicam-se à microempresa e à empresa de pequeno porte, optantes pelo Simples Nacional, todas as presunções de omissão de receita existentes nas legislações de regência dos impostos e contribuições incluídos no Simples Nacional.

É permitida a prestação de assistência mútua e a permuta de informações entre a Fazenda Pública da União e as dos Estados, do Distrito Federal e dos Municípios, relativas às microempresas e às empresas de pequeno porte, para fins de planejamento ou de execução de procedimentos fiscais ou preparatórios.

Sem prejuízo de ação fiscal individual, as administrações tributárias poderão utilizar procedimento de notificação prévia visando à autorregularização, na forma e nos prazos a serem regulamentados pelo CGSN, que não constituirá início de procedimento fiscal.

5.4.12. Dos acréscimos legais (arts. 35 a 38-B da LC nº 123/2006)

Aplicam-se aos impostos e contribuições devidos pela microempresa e pela empresa de pequeno porte, inscritas no Simples Nacional, as normas relativas aos juros e à multa de mora e de ofício previstas para o imposto de renda, inclusive, quando for o caso, em relação ao ICMS e ao ISS.

Vamos às demais regras estabelecidas pela Lei Complementar nº 123/2006:

1	A falta de comunicação, quando obrigatória, da exclusão da pessoa jurídica do Simples Nacional, nos prazos determinados, sujeitará a pessoa jurídica a multa correspondente a 10% (dez por cento) do total dos impostos e contribuições devidos de conformidade com o Simples Nacional no mês que anteceder o início dos efeitos da exclusão, não inferior a R$ 200,00 (duzentos reais), insusceptível de redução.
2	A falta de comunicação, quando obrigatória, do desenquadramento do microempreendedor individual da sistemática de recolhimento prevista para o MEI nos prazos determinados, o sujeitará a multa no valor de R$ 50,00 (cinquenta reais), insusceptível de redução.
3	A imposição das multas de que trata esta Lei Complementar não exclui a aplicação das sanções previstas na legislação penal, inclusive em relação a declaração falsa, adulteração de documentos e emissão de nota fiscal em desacordo com a operação efetivamente praticada, a que estão sujeitos o titular ou sócio da pessoa jurídica.
4	O sujeito passivo que deixar de apresentar a Declaração Simplificada da Pessoa Jurídica (DASN), no prazo fixado, ou que a apresentar com incorreções ou omissões, será intimado a apresentar declaração original, no caso de não apresentação, ou a prestar esclarecimentos, nos demais casos, no prazo estipulado pela autoridade fiscal, na forma definida pelo Comitê Gestor, e sujeitar-se-á às seguintes multas:

4	a) de 2% (dois por cento) ao mês-calendário ou fração, incidentes sobre o montante dos tributos e contribuições informados na Declaração Simplificada da Pessoa Jurídica, ainda que integralmente pago, no caso de falta de entrega da declaração ou entrega após o prazo, limitada a 20% (vinte por cento), tendo como valor mínimo R$ 200,00 (duzentos reais); b) de R$ 100,00 (cem reais) para cada grupo de 10 (dez) informações incorretas ou omitidas.
5	– O sujeito passivo que deixar de prestar as informações no sistema eletrônico de cálculo, no prazo previsto, ou que as prestar com incorreções ou omissões, será intimado a fazê-lo, no caso de não apresentação, ou a prestar esclarecimentos, nos demais casos, no prazo estipulado pela autoridade fiscal, na forma definida pelo CGSN, e sujeitar-se-á às seguintes multas, para cada mês de referência: a) de 2% (dois por cento) ao mês-calendário ou fração, a partir do primeiro dia do quarto mês do ano subsequente à ocorrência dos fatos geradores, incidentes sobre o montante dos impostos e contribuições decorrentes das informações prestadas no sistema eletrônico de cálculo de que trata o § 15 do art. 18, ainda que integralmente pago, no caso de ausência de prestação de informações ou sua efetuação após o prazo, limitada a 20% (vinte por cento), observado o disposto no § 2º deste artigo; e b) de R$ 20,00 (vinte reais) para cada grupo de 10 (dez) informações incorretas ou omitidas. – A multa mínima a ser aplicada será de R$ 50,00 (cinquenta reais) para cada mês de referência. § 1º Para efeito de aplicação da multa prevista no inciso I do *caput*, será considerado como termo inicial o primeiro dia do quarto mês do ano subsequente à ocorrência dos fatos geradores e como termo final a data da efetiva prestação ou, no caso de não prestação, da lavratura do auto de infração.
7	– A partir de 1º/01/2016 as multas relativas à falta de prestação ou à incorreção no cumprimento de obrigações acessórias para com os órgãos e entidades federais, estaduais, distritais e municipais, quando em valor fixo ou mínimo, e na ausência de previsão legal de valores específicos e mais favoráveis para MEI, microempresa ou empresa de pequeno porte, tiveram redução de: I – 90% (noventa por cento) para os MEI; II – 50% (cinquenta por cento) para as microempresas ou empresas de pequeno porte optantes pelo Simples Nacional. – Estas reduções não se aplicam na: I – hipótese de fraude, resistência ou embaraço à fiscalização; II – ausência de pagamento da multa no prazo de 30 (trinta) dias após a notificação.

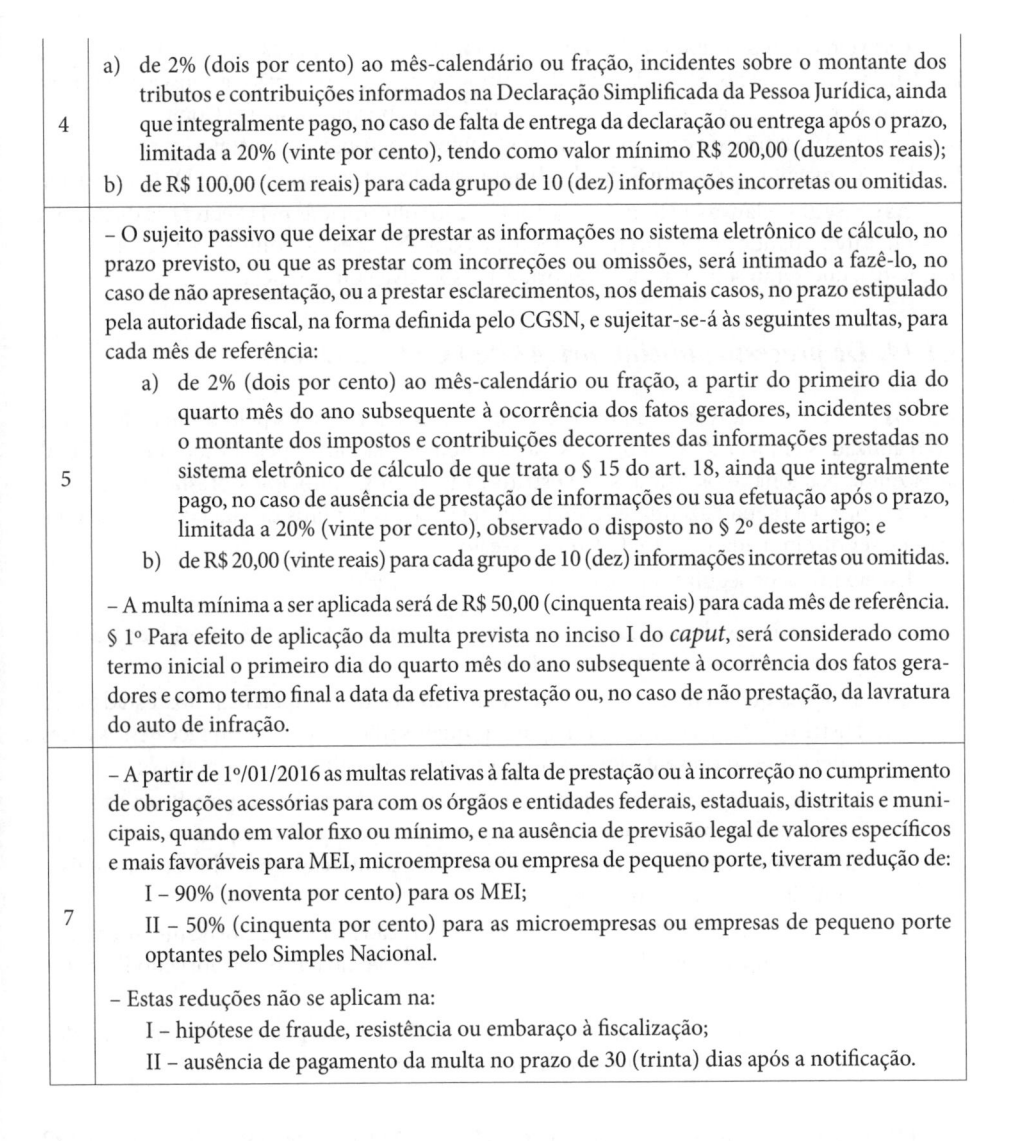

5.4.13. Do processo administrativo fiscal (arts. 39 e 40 da LC nº 123/2006)

O contencioso administrativo relativo ao Simples Nacional será de competência do órgão julgador integrante da estrutura administrativa do ente federativo que efetuar o lançamento, o indeferimento da opção ou a exclusão de ofício, observados os dispositivos legais atinentes aos processos administrativos fiscais desse ente.

A impugnação relativa ao indeferimento da opção ou à exclusão poderá ser decidida em órgão diverso, na forma estabelecida pela respectiva administração tributária.

O Município poderá, mediante convênio, transferir a atribuição de julgamento exclusivamente ao respectivo Estado em que se localiza.

Caso em que o contribuinte do Simples Nacional exerça atividades incluídas no campo de incidência do ICMS e do ISS e seja apurada omissão de receita de que não se consiga identificar a origem, a autuação será feita utilizando a maior alíquota prevista nesta Lei Complementar, e a parcela autuada que não seja correspondente aos tributos e contribuições federais será rateada entre Estados e Municípios ou Distrito Federal, cabendo o julgamento ao Estado ou ao Distrito Federal.

As consultas relativas ao Simples Nacional serão solucionadas pela Secretaria da Receita Federal, salvo quando se referirem a tributos e contribuições de competência estadual ou municipal, que serão solucionadas conforme a respectiva competência.

5.4.14. Do processo judicial (art. 41 da LC nº 123/2006)

Os processos relativos a impostos e contribuições abrangidos pelo Simples Nacional serão ajuizados em face da União, que será representada em juízo pela Procuradoria-Geral da Fazenda Nacional e os Estados, o Distrito Federal e os Municípios prestarão auxílio à Procuradoria-Geral da Fazenda Nacional, em relação aos tributos de sua competência, na forma a ser disciplinada por ato do Comitê Gestor.

Excetuam-se os seguintes processos:

a) os mandados de segurança nos quais se impugnem atos de autoridade coatora pertencente ao Estado, Distrito Federal ou Município;

b) as ações que tratem exclusivamente de tributos de competência dos Estados, do Distrito Federal ou dos Municípios, as quais serão propostas em face desses entes federativos, representados em juízo por suas respectivas procuradorias;

c) as ações promovidas na hipótese de celebração do convênio pela Procuradoria--Geral da Fazenda Nacional que delegar aos Estados e Municípios a inscrição em dívida ativa estadual e municipal e a cobrança judicial dos tributos estaduais e municipais incluídos no Simples;

d) o crédito tributário decorrente de auto de infração lavrado exclusivamente em face de descumprimento de obrigação acessória, cabendo à Procuradoria do Ente que institui a obrigação;

e) o crédito tributário relativo ao ICMS e ao ISS devido pelo Microempreendedor Individual – MEI, objeto de análise do nosso próximo item.

5.4.15 Do Microempreendedor Individual – MEI (arts. 18-A a 18-E da LC nº 123/2006)

O Microempreendedor Individual – MEI que poderá optar pelo recolhimento dos impostos e contribuições abrangidos pelo Simples Nacional em valores fixos mensais, independentemente da receita bruta por ele auferida no mês.

Considera-se MEI o empresário individual que se enquadre na definição do art. 966 da Lei nº 10.406, de 10 de janeiro de 2002 – Código Civil, ou o empreendedor que exerça as atividades de industrialização, comercialização e prestação de serviços no âmbito rural, que tenha auferido receita bruta, no ano-calendário anterior, de até R$ 81.000,00 (oitenta e um mil reais), que seja optante pelo Simples Nacional e que não esteja impedido de optar por essa sistemática de recolhimento.

Código Civil

Art. 966. Considera-se empresário quem exerce profissionalmente atividade econômica organizada para a produção ou a circulação de bens ou de serviços.

Parágrafo único. Não se considera empresário quem exerce profissão intelectual, de natureza científica, literária ou artística, ainda com o concurso de auxiliares ou colaboradores, salvo se o exercício da profissão constituir elemento de empresa.

No caso de início de atividades, o limite será de R$ 6.750,00 (seis mil, setecentos e cinquenta reais) multiplicados pelo número de meses compreendido entre o início da atividade e o final do respectivo ano-calendário, consideradas as frações de meses como um mês inteiro.

Vamos aos outros detalhes relativos a este tipo de contribuinte:

Processo de abertura, registro, alteração e baixa

- Ressalvado o disposto nesta Lei Complementar, ficam reduzidos a 0 (zero) todos os custos, inclusive prévios, relativos à abertura, à inscrição, ao registro, ao funcionamento, ao alvará, à licença, ao cadastro, às alterações e procedimentos de baixa e encerramento e aos demais itens relativos ao Microempreendedor Individual, incluindo os valores referentes a taxas, a emolumentos e a demais contribuições relativas aos órgãos de registro, de licenciamento, sindicais, de regulamentação, de anotação de responsabilidade técnica, de vistoria e de fiscalização do exercício de profissões regulamentadas.
- cobrança associativa ou oferta de serviços privados relativos aos atos citados no item acima somente poderá ser efetuada a partir de demanda prévia do próprio MEI, firmado por meio de contrato com assinatura autógrafa, observando- se que:
a) para a emissão de boletos de cobrança, os bancos públicos e privados deverão exigir das instituições sindicais e associativas autorização prévia específica a ser emitida pelo CGSIM;
b) o desrespeito ao disposto neste parágrafo configurará vantagem ilícita pelo induzimento ao erro em prejuízo do MEI, aplicando-se as sanções previstas em lei.
- O MEI fica isento de taxas e outros valores relativos à fiscalização da vigilância sanitária. – Os escritórios de serviços contábeis, individualmente ou por meio de suas entidades representativas de classe, deverão promover atendimento gratuito relativo à opção como MEI.
- Na ocorrência de fraude no registro do Microempreendedor Individual – MEI feito por terceiros, o pedido de baixa deve ser feito por meio exclusivamente eletrônico, com efeitos retroativos à data de registro, na forma a ser regulamentada pelo CGSIM, não impedindo a opção pelo regime diferenciado e favorecido nos anos seguintes.
- A baixa do MEI via portal eletrônico dispensa a comunicação aos órgãos da administração pública.
- O MEI poderá utilizar sua residência como sede do estabelecimento, quando não for indispensável a existência de local próprio para o exercício da atividade.
- É vedado impor restrições ao MEI relativamente ao exercício de profissão ou participação em licitações, em função da sua natureza jurídica, inclusive por ocasião da contratação dos serviços de hidráulica, eletricidade, pintura, alvenaria, carpintaria e de manutenção ou reparo de veículos.
- O empreendedor que exerça as atividades de industrialização, comercialização e prestação de serviços no âmbito rural que efetuar seu registro como MEI não perderá a condição de segurado especial da Previdência Social e manterá todas as suas obrigações relativas à condição de produtor rural ou de agricultor familiar.

Forma de recolhimento
– O MEI poderá optar pelo recolhimento dos impostos e contribuições abrangidos pelo Simples Nacional em valores fixos mensais, independentemente da receita bruta por ele auferida no mês. – Na vigência da opção pela sistemática de recolhimento do Simples Nacional não se aplica a redução proporcional ou ajuste do valor a ser recolhido, na hipótese em que o Estado, o Município ou o Distrito Federal concedam isenção ou redução do ICMS ou do ISS devido por microempresa ou empresa de pequeno porte, ou ainda determine recolhimento de valor fixo para esses tributos.

Valores a serem recolhidos
– O Microempreendedor Individual recolherá, na forma regulamentada pelo Comitê Gestor, valor fixo mensal correspondente à soma das seguintes parcelas: a) R$ 45,65, a título da Contribuição para a Seguridade Social, relativa à pessoa do empresário, na qualidade de contribuinte individual; b) R$ 1,00, a título do Imposto sobre Operações Relativas à Circulação de Mercadorias e Sobre Prestações de Serviços de Transporte Interestadual e Intermunicipal e de Comunicação – ICMS, caso seja contribuinte do mesmo; e c) R$ 5,00, a título do Imposto sobre Serviços de Qualquer Natureza – ISS, caso seja contribuinte do mesmo; – A inadimplência do recolhimento do valor previsto na letra tem como consequência a não contagem da competência em atraso para fins de carência para obtenção dos benefícios previdenciários respectivos. – Ficam autorizados os Estados, o Distrito Federal e os Municípios a promover a remissão dos débitos decorrentes dos valores previstos nas letras "b" e "c", inadimplidos isolada ou simultaneamente. – O MEI poderá ter sua inscrição automaticamente cancelada após período de 12 (doze) meses consecutivos sem recolhimento ou declarações, independentemente de qualquer notificação, devendo a informação ser publicada no Portal do Empreendedor, na forma regulamentada pelo CGSIM.

Dispensa do pagamento dos seguintes tributos:
1) Imposto sobre a Renda da Pessoa Jurídica – IRPJ; 2) Imposto sobre Produtos Industrializados – IPI, exceto quando incidentes na importação de bens e serviços; 3) Contribuição Social sobre o Lucro Líquido – CSLL; 4) Contribuição para o Financiamento da Seguridade Social – COFINS, exceto quando incidentes na importação de bens e serviços; 5) Contribuição para o PIS/Pasep, exceto quando incidentes na importação de bens e serviços; 6) Contribuição Patronal Previdenciária – CPP para a Seguridade Social, a cargo da pessoa jurídica.

Exigência dos seguintes tributos
O recolhimento na forma do Simples Nacional também não exclui a incidência dos seguintes impostos ou contribuições, devidos na qualidade de contribuinte ou responsável, em relação aos quais será observada a legislação aplicável às demais pessoas jurídicas: a) Imposto sobre Operações de Crédito, Câmbio e Seguro, ou Relativas a Títulos ou Valores Mobiliários – IOF; b) Imposto sobre a Importação de Produtos Estrangeiros – II; c) Imposto sobre a Exportação, para o Exterior, de Produtos Nacionais ou Nacionalizados – IE; d) Imposto sobre a Propriedade Territorial Rural – ITR; e) Contribuição para o Fundo de Garantia do Tempo de Serviço – FGTS; f) Contribuição para manutenção da Seguridade Social, relativa ao trabalhador;

Exigência dos seguintes tributos
g) Contribuição para a Seguridade Social, relativa à pessoa do empresário, na qualidade de contribuinte individual na forma prevista no § 2º do art. 21 da Lei nº 8.212/1991;   Lei nº 8.212/1991   Art. 21. A alíquota de contribuição dos segurados contribuinte individual e facultativo será de vinte por cento sobre o respectivo salário de contribuição.   (...)   § 2º No caso de opção pela exclusão do direito ao benefício de aposentadoria por tempo de contribuição, a alíquota de contribuição incidente sobre o limite mínimo mensal do salário de contribuição será de: (...)   II – 5% (cinco por cento):   a) no caso do microempreendedor individual, de que trata o art. 18-A da Lei Complementar 123/06.   b) demais tributos de competência da União, dos Estados, do Distrito Federal ou dos Municípios, não relacionados na Lei Complementar 123/06.
Vedações
Não poderá optar por esta sistemática de recolhimento o MEI: a) cuja atividade seja tributada na forma dos Anexos V ou VI da Lei Complementar nº 123/2006, salvo autorização relativa a exercício de atividade isolada na forma regulamentada pelo CGSN;   b) que possua mais de um estabelecimento;   c) que participe de outra empresa como titular, sócio ou administrador; ou   d) que contrate empregado, salvo se possua um único empregado, sujeitando-se a regras especiais conforme a próxima linha deste quadro.
MEI com um único empregado
Poderá enquadrar-se como MEI o empresário individual ou o empreendedor que exerça as atividades de industrialização, comercialização e prestação de serviços no âmbito rural que possua um único empregado que receba exclusivamente um salário mínimo ou o piso salarial da categoria profissional. Neste caso, o MEI: a) deverá reter e recolher a contribuição previdenciária relativa ao segurado a seu serviço na forma da lei, observados prazo e condições estabelecidos pelo CGSN;   b) é obrigado a prestar informações relativas ao segurado a seu serviço, na forma estabelecida pelo CGSN; e   c) está sujeito ao recolhimento da Contribuição Patronal Previdenciária – CPP para a Seguridade Social, a cargo da pessoa jurídica, calculada à alíquota de 3% (três por cento) sobre o salário de contribuição do único empregado, na forma e prazos estabelecidos pelo CGSN;   d) Para os casos de afastamento legal do único empregado do MEI, será permitida a contratação de outro empregado, inclusive por prazo determinado, até que cessem as condições do afastamento, na forma estabelecida pelo Ministério do Trabalho e Emprego;   e) O CGSN poderá determinar, com relação ao MEI, a forma, a periodicidade e o prazo: – de entrega à Secretaria da Receita Federal do Brasil de uma única declaração com dados relacionados a fatos geradores, base de cálculo e valores dos tributos devidos, da contribuição para a Seguridade Social descontada do empregado e do Fundo de Garantia do Tempo de Serviço (FGTS), e outras informações de interesse do Ministério do Trabalho e Emprego, do Instituto Nacional do Seguro Social (INSS) e do Conselho Curador do FGTS;   – do recolhimento dos tributos devidos, bem como do FGTS e da contribuição para a Seguridade Social descontada do empregado.

MEI com um único empregado

f) A entrega da declaração única substituirá, na forma regulamentada pelo CGSN, a obrigatoriedade de entrega de todas as informações, formulários e declarações a que estão sujeitas as demais empresas ou equiparados que contratam empregados, inclusive as relativas ao recolhimento do FGTS, à Relação Anual de Informações Sociais (Rais) e ao Cadastro Geral de Empregados e Desempregados (Caged);

g) A declaração única tem caráter declaratório, constituindo instrumento hábil e suficiente para a exigência dos tributos e dos débitos fundiários que não tenham sido recolhidos resultantes das informações nele prestadas.

Opção

– A opção dar-se-á na forma a ser estabelecida em ato do Comitê Gestor, observando-se que:
a) será irretratável para todo o ano-calendário;
b) deverá ser realizada no início do ano-calendário, na forma disciplinada pelo Comitê Gestor, produzindo efeitos a partir do primeiro dia do ano-calendário da opção, ou, a partir da data do início de atividade desde que exercida nos termos, prazo e condições a serem estabelecidos em ato do Comitê Gestor.

– Poderá optar pela sistemática de recolhimento prevista no *caput* o empresário individual que exerça atividade de comercialização e processamento de produtos de natureza extrativista.

– O CGSN determinará as atividades autorizadas a optar pela sistemática de recolhimento de que trata este artigo, de forma a evitar a fragilização das relações de trabalho, bem como sobre a incidência do ICMS e do ISS.

Dispensa de obrigações

O MEI está dispensado, ressalvado se tiver um único empregado de:
a) declarar à Secretaria da Receita Federal do Brasil e ao Conselho Curador do Fundo de Garantia do Tempo de Serviço – FGTS, na forma, prazo e condições estabelecidos por esses órgãos, dados relacionados a fatos geradores, base de cálculo e valores devidos da contribuição previdenciária e outras informações de interesse do INSS ou do Conselho Curador do FGTS;
b) apresentar a Relação Anual de Informações Sociais (Rais); e
c) declarar ausência de fato gerador para a Caixa Econômica Federal para emissão da Certidão de Regularidade Fiscal perante o FGTS.

Desenquadramento

O desenquadramento da sistemática de que trata o *caput* deste artigo será realizado de ofício ou mediante comunicação do MEI à Secretaria da Receita Federal do Brasil – RFB.

Desenquadramento mediante comunicação do MEI

O desenquadramento mediante comunicação do MEI à Secretaria da Receita Federal do Brasil – RFB dar-se-á:
1) por opção, que deverá ser efetuada no início do ano-calendário, na forma disciplinada pelo Comitê Gestor, produzindo efeitos a partir de 1º de janeiro do ano-calendário da comunicação;
2) obrigatoriamente, quando o MEI incorrer em alguma das situações previstas como impeditivas de enquadramento, devendo a comunicação ser efetuada até o último dia útil do mês subsequente àquele em que ocorrida a situação de vedação, produzindo efeitos a partir do mês subsequente ao da ocorrência da situação impeditiva;
3) obrigatoriamente, quando o MEI exceder, no ano-calendário, o limite de receita bruta máxima prevista para enquadramento, devendo a comunicação ser efetuada até o último dia útil do mês subsequente àquele em que ocorrido o excesso, produzindo efeitos:

Desenquadramento
a) a partir de 1º de janeiro do ano-calendário subsequente ao da ocorrência do excesso, na hipótese de não ter ultrapassado o referido limite em mais de 20% (vinte por cento); b) retroativamente a 1º de janeiro do ano-calendário da ocorrência do excesso, na hipótese de ter ultrapassado o referido limite em mais de 20% (vinte por cento); 4) obrigatoriamente, no caso de início de atividade no próprio ano-calendário, quando o MEI exceder o limite de 1/12 da receita bruta máxima para enquadramento multiplicados pelo número de meses compreendido entre o início da atividade e o final do respectivo ano-calendário, consideradas as frações de meses como um mês inteiro, devendo a comunicação ser efetuada até o último dia útil do mês subsequente àquele em que ocorrido o excesso, produzindo efeitos:
Obrigações do contratante do MEI
A empresa contratante de serviços de hidráulica, eletricidade, pintura, alvenaria, carpintaria e de manutenção ou reparo de veículos executados por intermédio do MEI mantém, em relação a esta contratação, a obrigatoriedade de recolhimento da contribuição de 20% sobre o total das remunerações pagas ou creditadas a qualquer título, no decorrer do mês, aos segurados contribuintes individuais que lhe prestem serviços e, no caso de bancos comerciais, bancos de investimentos, bancos de desenvolvimento, caixas econômicas, sociedades de crédito, financiamento e investimento, sociedades de crédito imobiliário, sociedades corretoras, distribuidoras de títulos e valores mobiliários, empresas de arrendamento mercantil, cooperativas de crédito, empresas de seguros privados e de capitalização, agentes autônomos de seguros privados e de crédito e entidades de previdência privada abertas e fechadas da contribuição adicional de 2,5% sobre o total das remunerações pagas.
Outros privilégios
a) Os Municípios somente poderão realizar o cancelamento da inscrição do MEI caso tenham regulamentação própria de classificação de risco e o respectivo processo simplificado de inscrição e legalização, em conformidade com esta Lei Complementar e com as resoluções do CGSIM. b) Fica vedada aos conselhos representativos de categorias econômicas a exigência de obrigações diversas das estipuladas nesta Lei Complementar para inscrição do MEI em seus quadros, sob pena de responsabilidade. c) Os documentos fiscais poderão ser emitidos diretamente por sistema nacional informatizado e pela internet, sem custos para o empreendedor, na forma regulamentada pelo Comitê Gestor do Simples Nacional. d) Assegurar-se-á o registro nos cadastros oficiais ao guia de turismo inscrito como MEI. e) Fica vedado às concessionárias de serviço público o aumento das tarifas pagas pelo MEI por conta da modificação da sua condição de pessoa física para pessoa jurídica. f) A tributação municipal do imposto sobre imóveis prediais urbanos deverá assegurar tratamento mais favorecido ao MEI para realização de sua atividade no mesmo local em que residir, mediante aplicação da menor alíquota vigente para aquela localidade, seja residencial ou comercial, nos termos da lei, sem prejuízo de eventual isenção ou imunidade existente. g) O instituto do MEI é uma política pública que tem por objetivo a formalização de pequenos empreendimentos e a inclusão social e previdenciária. h) A formalização de MEI não tem caráter eminentemente econômico ou fiscal. i) Todo benefício previsto na Lei Complementar nº 123/2006 aplicável à microempresa estende-se ao MEI sempre que lhe for mais favorável. j) O MEI é modalidade de microempresa. k) É vedado impor restrições ao MEI relativamente ao exercício de profissão ou participação em licitações, em função da sua respectiva natureza jurídica.

Observações Finais

1) A inadimplência do recolhimento do valor da Contribuição para a Seguridade Social, relativa à pessoa do empresário, na qualidade de contribuinte individual tem como consequência a não contagem da competência em atraso para fins de carência para obtenção dos benefícios previdenciários respectivos.
2) O CGSN estabelecerá, para o MEI, critérios, procedimentos, prazos e efeitos diferenciados para desenquadramento da sistemática do Simples Nacional, cobrança, inscrição em dívida ativa e exclusão do Simples Nacional.
3) A alteração de dados no CNPJ informada pelo empresário à Secretaria da Receita Federal do Brasil equivalerá à comunicação obrigatória de desenquadramento da sistemática de recolhimento na forma de MEI, nas seguintes hipóteses:
   a) alteração para natureza jurídica distinta de empresário individual a que se refere o art. 966 do Código Civil;
   b) inclusão de atividade econômica não autorizada pelo CGSN;
   c) abertura de filial.

5.5. Do acesso aos mercados (arts. 42 a 49-A da LC nº 123/2006, alterada pela Lei Complementar nº 155 de 2016)

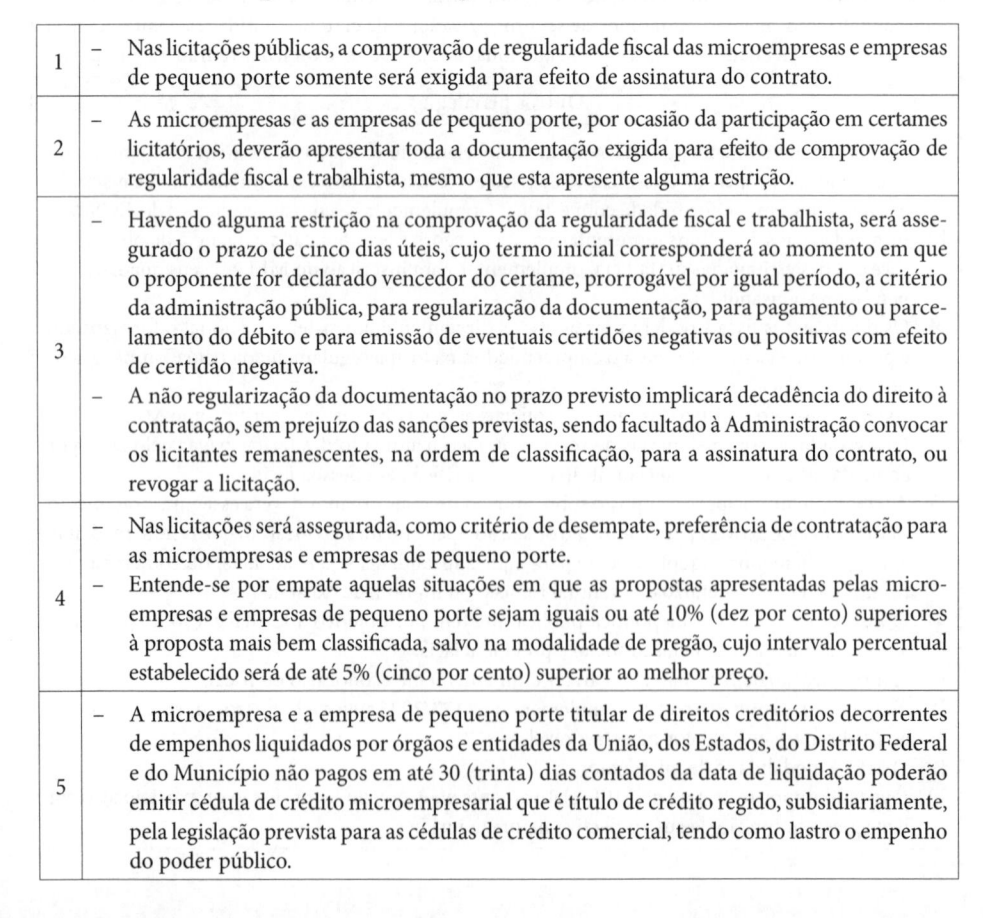

1	– Nas licitações públicas, a comprovação de regularidade fiscal das microempresas e empresas de pequeno porte somente será exigida para efeito de assinatura do contrato.
2	– As microempresas e as empresas de pequeno porte, por ocasião da participação em certames licitatórios, deverão apresentar toda a documentação exigida para efeito de comprovação de regularidade fiscal e trabalhista, mesmo que esta apresente alguma restrição.
3	– Havendo alguma restrição na comprovação da regularidade fiscal e trabalhista, será assegurado o prazo de cinco dias úteis, cujo termo inicial corresponderá ao momento em que o proponente for declarado vencedor do certame, prorrogável por igual período, a critério da administração pública, para regularização da documentação, para pagamento ou parcelamento do débito e para emissão de eventuais certidões negativas ou positivas com efeito de certidão negativa. – A não regularização da documentação no prazo previsto implicará decadência do direito à contratação, sem prejuízo das sanções previstas, sendo facultado à Administração convocar os licitantes remanescentes, na ordem de classificação, para a assinatura do contrato, ou revogar a licitação.
4	– Nas licitações será assegurada, como critério de desempate, preferência de contratação para as microempresas e empresas de pequeno porte. – Entende-se por empate aquelas situações em que as propostas apresentadas pelas microempresas e empresas de pequeno porte sejam iguais ou até 10% (dez por cento) superiores à proposta mais bem classificada, salvo na modalidade de pregão, cujo intervalo percentual estabelecido será de até 5% (cinco por cento) superior ao melhor preço.
5	– A microempresa e a empresa de pequeno porte titular de direitos creditórios decorrentes de empenhos liquidados por órgãos e entidades da União, dos Estados, do Distrito Federal e do Município não pagos em até 30 (trinta) dias contados da data de liquidação poderão emitir cédula de crédito microempresarial que é título de crédito regido, subsidiariamente, pela legislação prevista para as cédulas de crédito comercial, tendo como lastro o empenho do poder público.

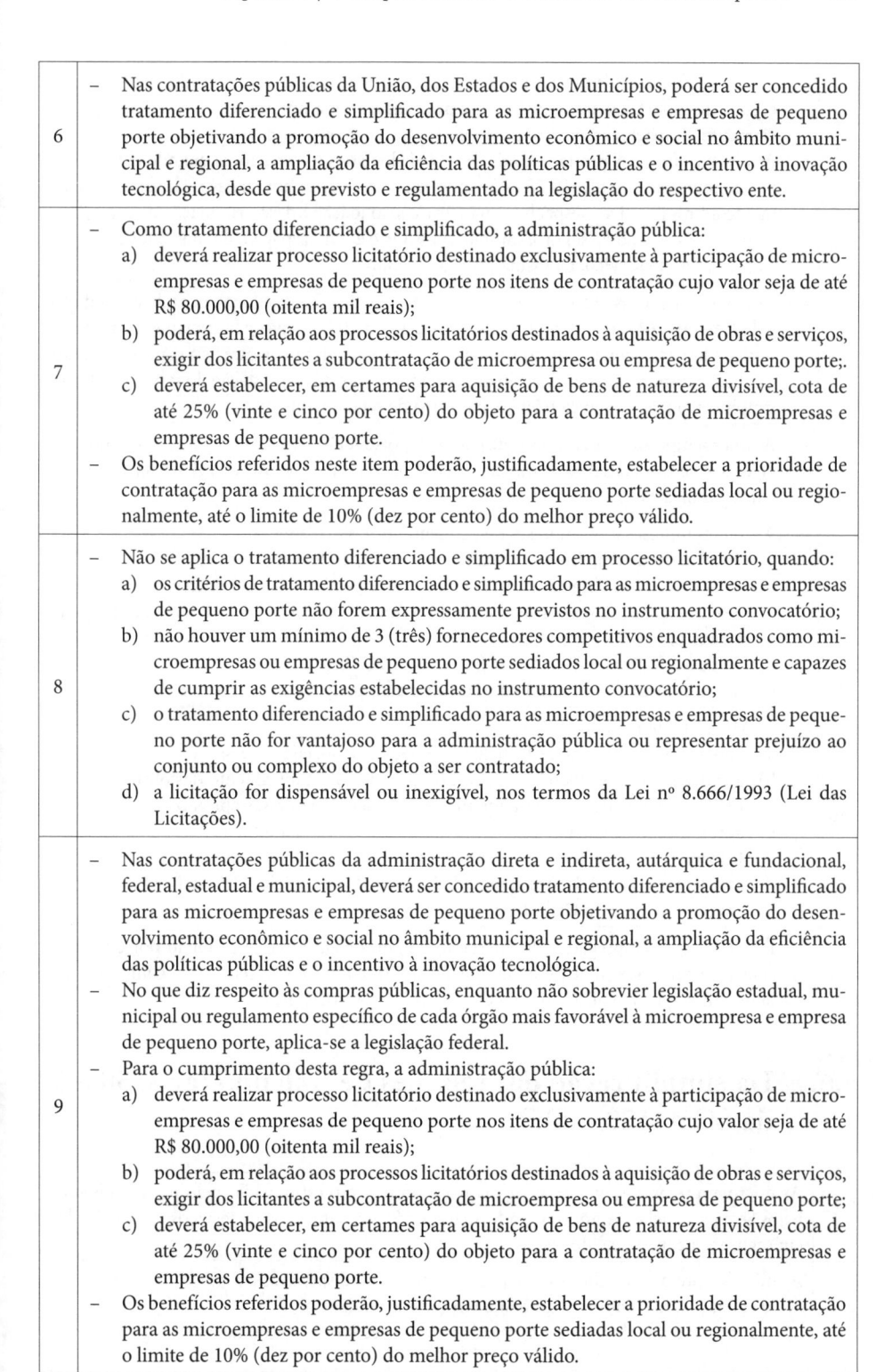

6	– Nas contratações públicas da União, dos Estados e dos Municípios, poderá ser concedido tratamento diferenciado e simplificado para as microempresas e empresas de pequeno porte objetivando a promoção do desenvolvimento econômico e social no âmbito municipal e regional, a ampliação da eficiência das políticas públicas e o incentivo à inovação tecnológica, desde que previsto e regulamentado na legislação do respectivo ente.
7	– Como tratamento diferenciado e simplificado, a administração pública: a) deverá realizar processo licitatório destinado exclusivamente à participação de microempresas e empresas de pequeno porte nos itens de contratação cujo valor seja de até R$ 80.000,00 (oitenta mil reais); b) poderá, em relação aos processos licitatórios destinados à aquisição de obras e serviços, exigir dos licitantes a subcontratação de microempresa ou empresa de pequeno porte;. c) deverá estabelecer, em certames para aquisição de bens de natureza divisível, cota de até 25% (vinte e cinco por cento) do objeto para a contratação de microempresas e empresas de pequeno porte. – Os benefícios referidos neste item poderão, justificadamente, estabelecer a prioridade de contratação para as microempresas e empresas de pequeno porte sediadas local ou regionalmente, até o limite de 10% (dez por cento) do melhor preço válido.
8	– Não se aplica o tratamento diferenciado e simplificado em processo licitatório, quando: a) os critérios de tratamento diferenciado e simplificado para as microempresas e empresas de pequeno porte não forem expressamente previstos no instrumento convocatório; b) não houver um mínimo de 3 (três) fornecedores competitivos enquadrados como microempresas ou empresas de pequeno porte sediados local ou regionalmente e capazes de cumprir as exigências estabelecidas no instrumento convocatório; c) o tratamento diferenciado e simplificado para as microempresas e empresas de pequeno porte não for vantajoso para a administração pública ou representar prejuízo ao conjunto ou complexo do objeto a ser contratado; d) a licitação for dispensável ou inexigível, nos termos da Lei nº 8.666/1993 (Lei das Licitações).
9	– Nas contratações públicas da administração direta e indireta, autárquica e fundacional, federal, estadual e municipal, deverá ser concedido tratamento diferenciado e simplificado para as microempresas e empresas de pequeno porte objetivando a promoção do desenvolvimento econômico e social no âmbito municipal e regional, a ampliação da eficiência das políticas públicas e o incentivo à inovação tecnológica. – No que diz respeito às compras públicas, enquanto não sobrevier legislação estadual, municipal ou regulamento específico de cada órgão mais favorável à microempresa e empresa de pequeno porte, aplica-se a legislação federal. – Para o cumprimento desta regra, a administração pública: a) deverá realizar processo licitatório destinado exclusivamente à participação de microempresas e empresas de pequeno porte nos itens de contratação cujo valor seja de até R$ 80.000,00 (oitenta mil reais); b) poderá, em relação aos processos licitatórios destinados à aquisição de obras e serviços, exigir dos licitantes a subcontratação de microempresa ou empresa de pequeno porte; c) deverá estabelecer, em certames para aquisição de bens de natureza divisível, cota de até 25% (vinte e cinco por cento) do objeto para a contratação de microempresas e empresas de pequeno porte. – Os benefícios referidos poderão, justificadamente, estabelecer a prioridade de contratação para as microempresas e empresas de pequeno porte sediadas local ou regionalmente, até o limite de 10% (dez por cento) do melhor preço válido.

10	– A microempresa e a empresa de pequeno porte beneficiárias do SIMPLES usufruirão de regime de exportação que contemplará procedimentos simplificados de habilitação, licenciamento, despacho aduaneiro e câmbio, na forma do regulamento. – As pessoas jurídicas prestadoras de serviço de logística internacional quando contratadas por beneficiários do SIMPLES estão autorizadas a realizar atividades relativas a licenciamento administrativo, despacho aduaneiro, consolidação e desconsolidação de carga, bem como a contratação de seguro, câmbio, transporte e armazenagem de mercadorias, objeto da prestação do serviço, na forma do regulamento.
11	– As pessoas jurídicas prestadoras de serviço de logística internacional, quando contratadas pelas ME ou EPP, estão autorizadas a realizar atividades relativas a licenciamento administrativo, despacho aduaneiro, consolidação e desconsolidação de carga e a contratar seguro, câmbio, transporte e armazenagem de mercadorias, objeto da prestação do serviço, de forma simplificada e por meio eletrônico, na forma de regulamento.
12	– As microempresas e as empresas de pequeno porte serão estimuladas pelo poder público e pelos Serviços Sociais Autônomos a formar consórcios para acesso a serviços especializados em segurança e medicina do trabalho.
13	– As microempresas e as empresas de pequeno porte são dispensadas: a) da afixação de Quadro de Trabalho em suas dependências; b) da anotação das férias dos empregados nos respectivos livros ou fichas de registro; c) de empregar e matricular seus aprendizes nos cursos dos Serviços Nacionais de Aprendizagem; d) da posse do livro intitulado "Inspeção do Trabalho"; e e) de comunicar ao Ministério do Trabalho e Emprego a concessão de férias coletivas.
14	– As ME e EPP têm como obrigação: a) anotações na Carteira de Trabalho e Previdência Social – CTPS; b) arquivamento dos documentos comprobatórios de cumprimento das obrigações trabalhistas e previdenciárias, enquanto não prescreverem essas obrigações; c) apresentação da Guia de Recolhimento do Fundo de Garantia do Tempo de Serviço e Informações à Previdência Social – GFIP; d) apresentação das Relações Anuais de Empregados e da Relação Anual de Informações Sociais – RAIS e do Cadastro Geral de Empregados e Desempregados – CAGED.
15	– É facultado ao empregador de microempresa ou de empresa de pequeno porte fazer-se substituir ou representar perante a Justiça do Trabalho por terceiros que conheçam dos fatos, ainda que não possuam vínculo trabalhista ou societário.

5.6. Da simplificação das relações de trabalho (arts. 50 a 54 da LC nº 123/2006)

1	As microempresas e as empresas de pequeno porte serão estimuladas pelo poder público e pelos Serviços Sociais Autônomos a formar consórcios para acesso a serviços especializados em segurança e medicina do trabalho.
2	As microempresas e as empresas de pequeno porte são dispensadas: a) da afixação de Quadro de Trabalho em suas dependências; b) da anotação das férias dos empregados nos respectivos livros ou fichas de registro;

2	c) de empregar e matricular seus aprendizes nos cursos dos Serviços Nacionais de Aprendizagem; d) da posse do livro intitulado "Inspeção do Trabalho"; e e) de comunicar ao Ministério do Trabalho e Emprego a concessão de férias coletivas.
3	As ME e EPP têm como obrigação: a) anotações na Carteira de Trabalho e Previdência Social – CTPS; b) arquivamento dos documentos comprobatórios de cumprimento das obrigações trabalhistas e previdenciárias, enquanto não prescreverem essas obrigações; c) apresentação da Guia de Recolhimento do Fundo de Garantia do Tempo de Serviço e Informações à Previdência Social – GFIP; d) apresentação das Relações Anuais de Empregados e da Relação Anual de Informações Sociais – RAIS e do Cadastro Geral de Empregados e Desempregados – CAGED.
4	É facultado ao empregador de microempresa ou de empresa de pequeno porte fazer-se substituir ou representar perante a Justiça do Trabalho por terceiros que conheçam dos fatos, ainda que não possuam vínculo trabalhista ou societário.

5.7. Da fiscalização orientadora (art. 55 da LC nº 123/2006)

1	– A fiscalização, no que se refere aos aspectos trabalhista, metrológico, sanitário, ambiental, de segurança, de relações de consumo e de uso e ocupação do solo das microempresas e das empresas de pequeno porte, deverá ser PRIORITARIAMENTE ORIENTADORA quando a atividade ou situação, por sua natureza, comportar grau de risco compatível com esse procedimento. – A inobservância desta regra implica atentado aos direitos e garantias legais assegurados ao exercício profissional da atividade empresarial.
2	– Será observado o critério de dupla visita para lavratura de autos de infração, salvo quando for constatada infração por falta de registro de empregado ou anotação da Carteira de Trabalho e Previdência Social – CTPS, ou, ainda, na ocorrência de reincidência, fraude, resistência ou embaraço à fiscalização. – Este critério de dupla visita aplica-se à lavratura de multa pelo descumprimento de obrigações acessórias, inclusive quando previsto seu cumprimento de forma unificada com matéria de outra natureza, exceto a trabalhista. – A inobservância do critério de dupla visita implica nulidade do auto de infração lavrado sem cumprimento ao disposto neste artigo, independentemente da natureza principal ou acessória da obrigação.
3	– Os órgãos e entidades competentes definirão, em 12 (doze) meses, as atividades e situações cujo grau de risco seja considerado alto, as quais não se sujeitarão ao disposto neste artigo.
4	– O disposto neste artigo não se aplica ao processo administrativo fiscal relativo a tributos, nem a infrações relativas à ocupação irregular da reserva de faixa não edificável, de área destinada a equipamentos urbanos, de áreas de preservação permanente e nas faixas de domínio público das rodovias, ferrovias e dutovias ou de vias e logradouros públicos.
5	– Os órgãos e as entidades da administração pública federal, estadual, distrital e municipal deverão observar o princípio do tratamento diferenciado, simplificado e favorecido por ocasião da fixação de valores decorrentes de multas e demais sanções administrativas

5.8. Do associativismo (art. 56 da LC nº 123/2006)

1	As microempresas ou as empresas de pequeno porte poderão realizar negócios de compra e venda de bens e serviços para os mercados nacional e internacional, por meio de sociedade de propósito específico, nos termos e condições estabelecidos pelo Poder Executivo federal, sendo vedada a participação de pessoas jurídicas não optantes pelo Simples Nacional.
2	A aquisição de bens destinados à exportação pela sociedade de propósito específico não gera direito a créditos relativos a impostos ou contribuições abrangidos pelo Simples Nacional.
3	A ME ou EPP não poderá participar simultaneamente de mais de uma sociedade de propósito específico de que trata este quadro.
4	A sociedade de propósito específico de que trata este quadro não poderá: a) ser filial, sucursal, agência ou representação, no País, de pessoa jurídica com sede no exterior; b) ser constituída sob a forma de cooperativas, inclusive de consumo; c) participar do capital de outra pessoa jurídica; d) exercer atividade de banco comercial, de investimentos e de desenvolvimento, de caixa econômica, de sociedade de crédito, financiamento e investimento ou de crédito imobiliário, de corretora ou de distribuidora de títulos, valores mobiliários e câmbio, de empresa de arrendamento mercantil, de seguros privados e de capitalização ou de previdência complementar; e) ser resultante ou remanescente de cisão ou qualquer outra forma de desmembramento de pessoa jurídica que tenha ocorrido em um dos 5 (cinco) anos-calendário anteriores; e) exercer a atividade vedada às microempresas e empresas de pequeno porte optantes pelo Simples Nacional.
5	Se uma ME ou EPP participar simultaneamente de mais de uma sociedade de propósito específico de que trata este quadro, isto acarretará a responsabilidade solidária das microempresas ou empresas de pequeno porte sócias da sociedade de propósito específico na hipótese em que seus titulares, sócios ou administradores conhecessem ou devessem conhecer tal inobservância.

5.9. Do estímulo ao crédito e à capitalização (arts. 57 a 63 da LC nº 123/2006)

1	O Poder Executivo federal proporá, sempre que necessário, medidas no sentido de melhorar o acesso das microempresas e empresas de pequeno porte aos mercados de crédito e de capitais, objetivando a redução do custo de transação, a elevação da eficiência alocativa, o incentivo ao ambiente concorrencial e a qualidade do conjunto informacional, em especial o acesso e portabilidade das informações cadastrais relativas ao crédito.
2	Os bancos comerciais públicos e os bancos múltiplos públicos com carteira comercial e a Caixa Econômica Federal deverão publicar, juntamente com os respectivos balanços, relatório circunstanciado dos recursos alocados às linhas de crédito referidas no *caput* e daqueles efetivamente utilizados, consignando, obrigatoriamente, as justificativas do desempenho alcançado.

3	Os bancos comerciais públicos e os bancos múltiplos públicos com carteira comercial, a Caixa Econômica Federal e o Banco Nacional do Desenvolvimento Econômico e Social – BNDES manterão linhas de crédito específicas para as microempresas e para as empresas de pequeno porte, vinculadas à reciprocidade social, devendo o montante disponível e suas condições de acesso ser expressos nos respectivos orçamentos e amplamente divulgados.
4	Poderá ser instituído Sistema Nacional de Garantias de Crédito pelo Poder Executivo que integrará o Sistema Financeiro Nacional, com o objetivo de facilitar o acesso das microempresas e empresas de pequeno porte a crédito e demais serviços das instituições financeiras, o qual, na forma de regulamento, proporcionará a elas tratamento diferenciado, favorecido e simplificado, sem prejuízo de atendimento a outros públicos-alvo.
5	O acesso às linhas de crédito específicas deverá ter tratamento simplificado e ágil, com divulgação ampla das respectivas condições e exigências.
6	Os bancos públicos e privados não poderão contabilizar, para cumprimento de metas, empréstimos realizados a pessoas físicas, ainda que sócios de empresas, como disponibilização de crédito para microempresas e empresas de pequeno porte.
7	Os fundos garantidores de risco de crédito empresarial que possuam participação da União na composição do seu capital atenderão, sempre que possível, as operações de crédito que envolvam microempresas e empresas de pequeno porte.
8	Para fins de apoio creditício às operações de comércio exterior das microempresas e das empresas de pequeno porte, serão utilizados os parâmetros de enquadramento ou outros instrumentos de alta significância para as microempresas, empresas de pequeno porte exportadoras segundo o porte de empresas, aprovados pelo Mercado Comum do Sul – MERCOSUL.
9	O Banco Central do Brasil disponibilizará dados e informações das instituições financeiras integrantes do Sistema Financeiro Nacional, inclusive por meio do Sistema de Informações de Crédito – SCR, de modo a ampliar o acesso ao crédito para microempresas e empresas de pequeno porte e fomentar a competição bancária.
10	O CODEFAT (Conselho Deliberativo do Fundo de Amparo ao Trabalhador) poderá disponibilizar recursos financeiros por meio da criação de programa específico para as cooperativas de crédito de cujos quadros de cooperados participem microempreendedores, empreendedores de microempresa e empresa de pequeno porte bem como suas empresas. Os recursos referidos no *caput* deste artigo deverão ser destinados exclusivamente às microempresas e empresas de pequeno porte.
11	Para incentivar as atividades de inovação e os investimentos produtivos, a sociedade enquadrada como microempresa ou empresa de pequeno porte, nos termos da Lei Complementar nº 123/2006, poderá admitir o aporte de capital, que não integrará o capital social da empresa. Este aporte de capital poderá ser realizado por pessoa física ou por pessoa jurídica, denominadas investidor-anjo.
12	O investidor-anjo a) não será considerado sócio nem terá qualquer direito a gerência ou voto na administração da empresa; b) não responderá por qualquer dívida da empresa, inclusive em recuperação judicial, não se aplicando a ele o art. 50 do Código Civil; c) será remunerado por seus aportes, nos termos do contrato de participação, pelo prazo máximo de cinco anos.

13	Para fins de enquadramento da sociedade como microempresa ou empresa de pequeno porte, os valores de capital aportado não são considerados receitas da sociedade.
14	As finalidades de fomento a inovação e investimentos produtivos deverão constar do contrato de participação, com vigência não superior a sete anos.
15	As finalidades de fomento a inovação e investimentos produtivos deverão constar do contrato de participação, com vigência não superior a sete anos.
16	Ao final de cada período, o investidor-anjo fará jus à remuneração correspondente aos resultados distribuídos, conforme contrato de participação, não superior a 50% (cinquenta por cento) dos lucros da sociedade enquadrada como microempresa ou empresa de pequeno porte.
17	O investidor-anjo somente poderá exercer o direito de resgate depois de decorridos, no mínimo, dois anos do aporte de capital, ou prazo superior estabelecido no contrato de participação, e seus haveres serão pagos na forma do art. 1.031 do Código Civil, não podendo ultrapassar o valor investido devidamente corrigido, o que não impede a transferência da titularidade do aporte para terceiros.
18	A transferência da titularidade do aporte para terceiro alheio à sociedade dependerá do consentimento dos sócios, salvo estipulação contratual expressa em contrário.
19	A transferência da titularidade do aporte para terceiro alheio à sociedade dependerá do consentimento dos sócios, salvo estipulação contratual expressa em contrário.
20	O Ministério da Fazenda poderá regulamentar a tributação sobre retirada do capital investido.
21	A emissão e a titularidade de aportes especiais não impedem a fruição do Simples Nacional.
22	Caso os sócios decidam pela venda da empresa, o investidor-anjo terá direito de preferência na aquisição, bem como direito de venda conjunta da titularidade do aporte de capital, nos mesmos termos e condições que forem ofertados aos sócios regulares.
23	Os fundos de investimento poderão aportar capital como investidores-anjos em microempresas e empresas de pequeno porte.

5.10. Do estímulo à inovação e apoio à certificação (arts. 64 a 67-A da LC nº 123/2006)

1	Considera-se: a) **inovação:** a concepção de um novo produto ou processo de fabricação, bem como a agregação de novas funcionalidades ou características ao produto ou processo que implique melhorias incrementais e efetivo ganho de qualidade ou produtividade, resultando em maior competitividade no mercado; b) **agência de fomento:** órgão ou instituição de natureza pública ou privada que tenha entre os seus objetivos o financiamento de ações que visem estimular e promover o desenvolvimento da ciência, da tecnologia e da inovação; c) **Instituição Científica e Tecnológica – ICT:** órgão ou entidade da administração pública que tenha por missão institucional, dentre outras, executar atividades de pesquisa básica ou aplicada de caráter científico ou tecnológico;

1	d) **núcleo de inovação tecnológica:** núcleo ou órgão constituído por uma ou mais ICT com a finalidade de gerir sua política de inovação; d) **instituição de apoio:** instituições criadas sob o amparo da Lei nº 8.958, de 20 de dezembro de 1994, com a finalidade de dar apoio a projetos de pesquisa, ensino e extensão e de desenvolvimento institucional, científico e tecnológico. e) **instrumentos de apoio tecnológico para a inovação:** qualquer serviço disponibilizado presencialmente ou na internet que possibilite acesso a informações, orientações, bancos de dados de soluções de informações, respostas técnicas, pesquisas e atividades de apoio complementar desenvolvidas pelas instituições previstas nas alíneas b a d.
2	A União, os Estados, o Distrito Federal e os Municípios, e as respectivas agências de fomento, as ICT, os núcleos de inovação tecnológica e as instituições de apoio manterão programas específicos para as ME e para as EPP, inclusive quando estas revestirem a forma de incubadoras, tendo por meta a aplicação de, no mínimo, 20% dos recursos destinados à inovação para o desenvolvimento de tal atividade, observando-se o seguinte: a) as condições de acesso serão diferenciadas, favorecidas e simplificadas; b) o montante disponível e suas condições de acesso deverão ser expressos nos respectivos orçamentos e amplamente divulgados.
3	Ficam autorizados a reduzir a 0 (zero) as alíquotas dos impostos e contribuições a seguir indicados, incidentes na aquisição, ou importação, de equipamentos, máquinas, aparelhos, instrumentos, acessórios, sobressalentes e ferramentas que os acompanhem, na forma definida em regulamento, quando adquiridos, ou importados, diretamente por ME ou EPP para incorporação ao seu ativo imobilizado: I – a União, em relação ao IPI, à Cofins, à Contribuição para o PIS/Pasep, à Cofins-Importação e à Contribuição para o PIS/Pasep-Importação; e II – os Estados e o Distrito Federal, em relação ao ICMS.
4	Os órgãos congêneres ao Ministério da Ciência e Tecnologia estaduais e municipais deverão elaborar e divulgar relatório anual indicando o valor dos recursos recebidos, inclusive por transferência de terceiros, que foram aplicados diretamente ou por organizações vinculadas, por Fundos Setoriais e outros, no segmento das ME e EPP, retratando e avaliando os resultados obtidos e indicando as previsões de ações e metas para ampliação de sua participação no exercício seguinte.
5	Os órgãos e as entidades integrantes da administração pública federal, estadual e municipal atuantes em pesquisa, desenvolvimento ou capacitação tecnológica terão por meta efetivar suas aplicações, no percentual mínimo de 20% já citado, em programas e projetos de apoio às microempresas ou às empresas de pequeno porte, transmitindo ao Ministério da Ciência, Tecnologia e Inovação, no primeiro trimestre de cada ano, informação relativa aos valores alocados e a respectiva relação percentual em relação ao total dos recursos destinados para esse fim.
6	Os órgãos e as instituições poderão alocar os recursos destinados à criação e ao custeio de ambientes de inovação, incluindo incubadoras, parques e centros vocacionais tecnológicos, laboratórios metrológicos, de ensaio, de pesquisa ou apoio ao treinamento, bem como custeio de bolsas de extensão e remuneração de professores, pesquisadores e agentes envolvidos nas atividades de apoio tecnológico complementar.
7	O órgão competente do Poder Executivo disponibilizará na internet informações sobre certificação de qualidade de produtos e processos para microempresas e empresas de pequeno porte.

8	Os órgãos da administração direta e indireta e as entidades certificadoras privadas, responsáveis pela criação, regulação e gestão de processos de certificação de qualidade de produtos e processos, deverão, sempre que solicitados, disponibilizar ao órgão competente do Poder Executivo informações referentes a procedimentos e normas aplicáveis aos processos de certificação em seu escopo de atuação.

5.11. Das regras civis e empresariais (arts. 68 a 73-A da LC nº 123/2006)

1	**Das Deliberações Sociais e da Estrutura Organizacional** a) As ME e as EPP são desobrigadas da realização de reuniões e assembleias em qualquer das situações previstas na legislação civil, as quais serão substituídas por deliberação representativa do primeiro número inteiro superior à metade do capital social, salvo se houver disposição contratual em contrário, caso ocorra hipótese de justa causa que enseje a exclusão de sócio ou caso um ou mais sócios ponham em risco a continuidade da empresa em virtude de atos de inegável gravidade. b) Os empresários e as sociedades de que trata esta Lei Complementar, nos termos da legislação civil, ficam dispensados da publicação de qualquer ato societário
2	**Do Protesto de Títulos** O protesto de título, quando o devedor for microempresário ou empresa de pequeno porte, é sujeito às seguintes condições: a) sobre os emolumentos do tabelião não incidirão quaisquer acréscimos a título de taxas, custas e contribuições para o Estado ou Distrito Federal, carteira de previdência, fundo de custeio de atos gratuitos, fundos especiais do Tribunal de Justiça, bem como de associação de classe, criados ou que venham a ser criados sob qualquer título ou denominação, ressalvada a cobrança do devedor das despesas de correio, condução e publicação de edital para realização da intimação; b) para o pagamento do título em cartório, não poderá ser exigido cheque de emissão de estabelecimento bancário, mas, feito o pagamento por meio de cheque, de emissão de estabelecimento bancário ou não, a quitação dada pelo tabelionato de protesto será condicionada à efetiva liquidação do cheque; c) o cancelamento do registro de protesto, fundado no pagamento do título, será feito independentemente de declaração de anuência do credor, salvo no caso de impossibilidade de apresentação do original protestado; d) o devedor deverá provar sua qualidade de microempresa ou de empresa de pequeno porte perante o tabelionato de protestos de títulos, mediante documento expedido pela Junta Comercial ou pelo Registro Civil das Pessoas Jurídicas, conforme o caso; e) quando o pagamento do título ocorrer com cheque sem a devida provisão de fundos, serão automaticamente suspensos pelos cartórios de protesto, pelo prazo de 1 (um) ano, todos os benefícios previstos para o devedor neste quadro, independentemente da lavratura e registro do respectivo protesto.
3	São vedadas cláusulas contratuais relativas à limitação da emissão ou circulação de títulos de crédito ou direitos creditórios originados de operações de compra e venda de produtos e serviços por microempresas e empresas de pequeno porte.

5.12. Do acesso à justiça (arts. 74 e 75-A da LC nº 123/2006)

1	**Do Acesso aos Juizados Especiais** – Aplica-se às ME e as EPP o disposto sobre Juizado Especial, assim como as pessoas físicas capazes, passam a ser admitidas como proponentes de ação perante o Juizado Especial, excluídos os cessionários de direito de pessoas jurídicas. – O Poder Judiciário, especialmente por meio do Conselho Nacional de Justiça – CNJ, e o Ministério da Justiça implementarão medidas para disseminar o tratamento diferenciado e favorecido às microempresas e empresas de pequeno porte em suas respectivas áreas de competência.
2	**Da Conciliação Prévia, Mediação e Arbitragem** – As microempresas e empresas de pequeno porte deverão ser estimuladas a utilizar os institutos de conciliação prévia, mediação e arbitragem para solução dos seus conflitos, observando-se o seguinte: a) Serão reconhecidos de pleno direito os acordos celebrados no âmbito das comissões de conciliação prévia. b) O estímulo compreenderá campanhas de divulgação, serviços de esclarecimento e tratamento diferenciado, simplificado e favorecido no tocante aos custos administrativos e honorários cobrados.
3	**Das Parcerias** – Entidades privadas, públicas, inclusive o Poder Judiciário, poderão firmar parcerias entre si, objetivando a instalação ou utilização de ambientes propícios para a realização dos procedimentos inerentes a busca da solução de conflitos.

5.13. Do apoio e da representação (arts. 76 e 76-A da LC nº 123/2006)

– Para o cumprimento do disposto nesta Lei Complementar, bem como para desenvolver e acompanhar políticas públicas voltadas às microempresas e empresas de pequeno porte, o poder público, em consonância com o Fórum Permanente das Microempresas e Empresas de Pequeno Porte, sob a coordenação do Ministério do Desenvolvimento, Indústria e Comércio Exterior, deverá incentivar e apoiar a criação de fóruns com participação dos órgãos públicos competentes e das entidades vinculadas ao setor.
– As instituições de representação e apoio empresarial deverão promover programas de sensibilização, de informação, de orientação e apoio, de educação fiscal, de regularidade dos contratos de trabalho e de adoção de sistemas informatizados e eletrônicos, como forma de estímulo à formalização de empreendimentos, de negócios e empregos, à ampliação da competitividade e à disseminação do associativismo entre as microempresas, os microempreendedores individuais, as empresas de pequeno porte e equiparados.

5.14. Disposições finais e transitórias (arts. 77 a 89 da LC nº 123/2006)

- Caberá ao Poder Público Municipal designar Agente de Desenvolvimento para a efetivação do disposto nesta Lei Complementar, observadas as especificidades locais.

- A função de Agente de Desenvolvimento caracteriza-se pelo exercício de articulação das ações públicas para a promoção do desenvolvimento local e territorial, mediante ações locais ou comunitárias, individuais ou coletivas, que visem ao cumprimento das disposições e diretrizes contidas nesta Lei Complementar, sob supervisão do órgão gestor local responsável pelas políticas de desenvolvimento.

- O Agente de Desenvolvimento deverá preencher os seguintes requisitos:

    a) residir na área da comunidade em que atuar;

    b) haver concluído, com aproveitamento, curso de qualificação básica para a formação de Agente de Desenvolvimento;

    c) possuir formação ou experiência compatível com a função a ser exercida;

    d) ser preferencialmente servidor efetivo do Município.

- Os Poderes Executivos da União, Estados, Distrito Federal e Municípios expedirão, anualmente, até o dia 30 de novembro, cada um, em seus respectivos âmbitos de competência, decretos de consolidação da regulamentação aplicável relativamente às microempresas e empresas de pequeno porte.

Capítulo 6

Legislação Tributária

6.1. Introdução

A parte geral do Código Tributário Nacional, que corresponde ao Livro Segundo, é dividida em quatro grandes títulos a saber:

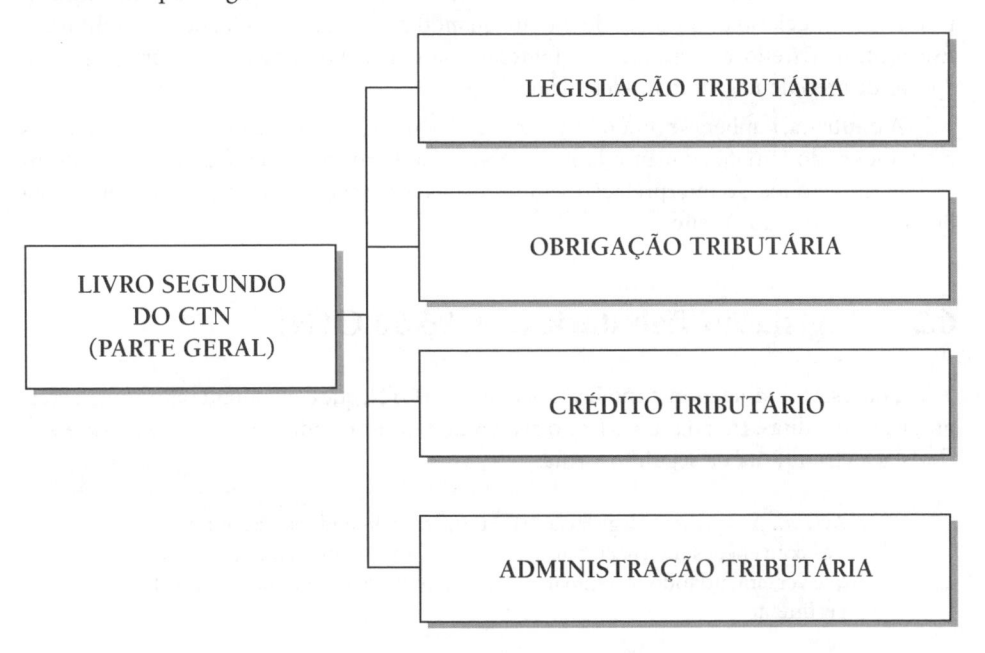

```
                              ┌── LEGISLAÇÃO TRIBUTÁRIA
                              │
LIVRO SEGUNDO                 ├── OBRIGAÇÃO TRIBUTÁRIA
DO CTN          ──────────────┤
(PARTE GERAL)                 ├── CRÉDITO TRIBUTÁRIO
                              │
                              └── ADMINISTRAÇÃO TRIBUTÁRIA
```

Antes de iniciarmos o estudo do Livro Segundo do CTN, é importante que se faça um comentário sobre as fontes do Direito Tributário.

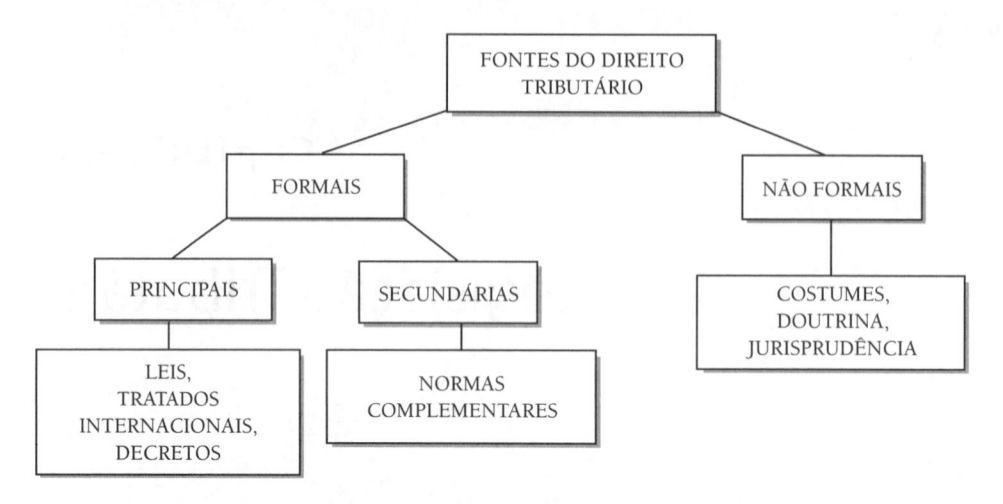

```
                    FONTES DO DIREITO
                       TRIBUTÁRIO
                    /              \
                FORMAIS          NÃO FORMAIS
               /       \              |
        PRINCIPAIS   SECUNDÁRIAS    COSTUMES,
                                    DOUTRINA,
                                   JURISPRUDÊNCIA
          LEIS,         NORMAS
        TRATADOS     COMPLEMENTARES
      INTERNACIONAIS,
         DECRETOS
```

As fontes formais serão objeto de nosso estudo, baseado em dispositivos do CTN abrigados sob o Título Legislação Tributária. Antes, porém, faremos alguns comentários sobre as fontes não formais.

Os **costumes**, conforme descreve Bernardo Ribeiro de Moraes, são regras de conduta, surgidas da consciência comum do povo, pela sua prática constante e uniforme sob a convicção de que têm caráter de força jurídica.

A **jurisprudência**, no conceito de Ruy Barbosa Nogueira, é o conjunto de soluções dadas pelo Poder Judiciário às questões de direito, quando no mesmo sentido, ou seja, uniforme. Esta fonte do Direito, ao contrário das fontes formais, não tem caráter obrigatório, servindo apenas de precedente, como modelo de decisão.

A **doutrina**, também segundo Ruy Barbosa Nogueira, é a produção de doutores, juristas e estudiosos do Direito, constituída pela elaboração de conceitos, explicação de institutos jurídicos, métodos de interpretação, enfim, de sistematizações que vamos encontrar na literatura relativa ao Direito.

6.2. Legislação Tributária (art. 96 do CTN)

Com este título, adentra-se no Livro Segundo do CTN, que corresponde às normas gerais propriamente ditas, tratadas a partir do art. 96 do referido Código, que define a expressão "legislação tributária" da seguinte forma:

> **Art. 96.** A expressão "legislação tributária" compreende as leis, os tratados e as convenções internacionais, os decretos e as normas complementares que versem, no todo ou em parte, sobre tributos e relações jurídicas a eles pertinentes.

```
                                    ┌─── LEIS
                                    │
                                    ├─── TRATADOS E CONVENÇÕES
         LEGISLAÇÃO                 │    INTERNACIONAIS
         TRIBUTÁRIA ────────────────┤
                                    ├─── DECRETOS
                                    │
                                    └─── NORMAS COMPLEMENTARES
```

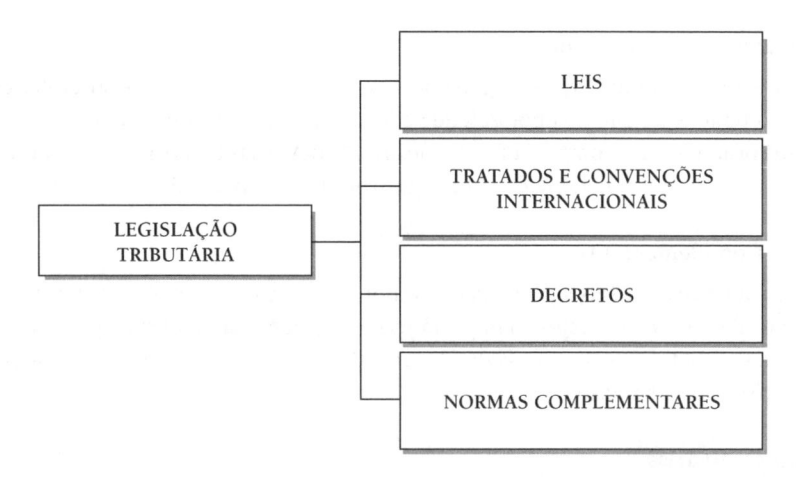

Vale ressaltar que o legislador não utiliza as expressões lei e legislação ao acaso. Quando se refere à lei é apenas uma das normas da legislação e quando se refere à legislação é quaisquer delas, ou seja, leis, tratados e convenções internacionais, decretos ou normas complementares.

Isto fica bem claro na decisão do STF que segue:

> **JURISPRUDÊNCIA**
>
> A fixação do prazo de recolhimento do IPI pode se processar por meio da legislação tributária (CTN, art. 160), expressão que compreende não apenas as leis, mas também os decretos e as normas complementares (CTN, art. 96).
> **(STF – RE nº 140.669/PE Rel. Min. Ilmar Galvão, j. 02/12/1998.)**

6.3. Leis (art. 97 do CTN)

O art. 59 da Constituição Federal determina as normas do processo legislativo brasileiro:

Art. 59. O processo legislativo compreende a elaboração de:
I – emendas à Constituição;
II – leis complementares;
III – leis ordinárias;
IV – leis delegadas;
V – medidas provisórias;
VI – decretos legislativos;
VII – resoluções.
Parágrafo único. Lei complementar disporá sobre a elaboração, redação, alteração e consolidação das leis.

A seguir, alguns comentários sobre cada uma destas normas previstas na Constituição.

- **Emendas à Constituição**

    Afora uma total mudança elaborada por uma Assembleia-Geral Constituinte, a Constituição só poderá ser alterada por emenda constitucional, salvo a revisão para cinco anos após a sua promulgação, como foi previsto no art. 3º do Ato das Disposições Constitucionais Transitórias (ADCT). A matéria é regulada pelo art. 60 da Constituição Federal.

- **Leis Complementares**

    Constituem-se em **leis sobre leis** e têm por função completar o texto constitucional. No Direito Tributário, têm especial importância por estabelecerem normas gerais aplicáveis à União, aos Estados, ao Distrito Federal e aos Municípios. A Constituição exige maioria absoluta para sua aprovação no seu art. 69.

- **Leis Ordinárias**

    São leis comuns, no sentido estrito, atos clássicos elaborados pelo Poder Legislativo, seja na esfera federal, na estadual e ou na municipal.

- **Leis Delegadas**

    Também são leis comuns, porém elaboradas pelo Presidente da República, por delegação do próprio Congresso, observado o que for competência exclusiva. A matéria é regulada pelo art. 68 da Constituição Federal.

- **Medidas Provisórias**

    As medidas provisórias têm força de lei. Logo, ao mesmo nível das leis ordinárias, estas só podem ser instituídas em caso de relevância e urgência pelo Presidente da República – e apenas por ele –, que as submeterá de imediato ao Congresso Nacional, para que este as converta em lei.

    As normas constitucionais relativas às medidas provisórias estão contidas no art. 62 e parágrafos, com redação dada pela Emenda Constitucional n. 32, de 11/09/2001.

- **Decretos Legislativos**

    São atos praticados pelo Congresso Nacional, visando a legislar sobre matéria de sua competência exclusiva, mas que tenha efeitos externos. Esses atos não precisam da sanção do Poder Executivo. É por intermédio deles, por exemplo, que o Congresso manifesta-se sobre os tratados, convenções e outros atos internacionais de interesse da legislação sobre comércio exterior.

- **Resoluções**

    São atos do Congresso Nacional ou do Senado Federal para decidir assuntos de sua competência tais como, no caso do Senado Federal, a fixação de alíquotas interestaduais e de exportação do ICMS. Não necessitam da sanção do Presidente da República.

    Todas estas normas são leis, no sentido amplo da palavra. No entanto, se nos referirmos à lei no sentido estrito, estaremos nos referindo à lei ordinária das esferas federal, estadual ou municipal.

A respeito de lei, temos que dar uma atenção especial ao art. 97 do CTN, que será reproduzido na íntegra como está redigido no Código e depois com as alterações supervenientes à sua recepção pelo novo sistema constitucional:

> **Art. 97.** Somente a lei pode estabelecer:
>
> I – a instituição de tributos, ou a sua extinção;
>
> II – a majoração de tributos, ou sua redução, ressalvado o disposto nos arts. 21, 26, 39, 57 e 65;
>
> III – a definição do fato gerador da obrigação tributária principal, ressalvado o disposto no inciso I do § 3º do art. 52, e do seu sujeito passivo;
>
> IV – a fixação da alíquota do tributo e da sua base de cálculo, ressalvado o disposto nos arts. 21, 26, 39, 57 e 65;
>
> V – a cominação de penalidades para as ações ou omissões contrárias a seus dispositivos, ou para outras infrações nela definidas;
>
> VI – as hipóteses de exclusão, suspensão e extinção de créditos tributários, ou de dispensa ou redução de penalidades.
>
> § 1º. Equipara-se à majoração do tributo a modificação de sua base de cálculo, que importe em torná-lo mais oneroso.
>
> § 2º. Não constitui majoração de tributo, para os fins do disposto no inciso II deste artigo, a atualização do valor monetário da respectiva base de cálculo.

Fazendo uma análise do dispositivo de acordo com o atual sistema constitucional, chegamos às seguintes conclusões:

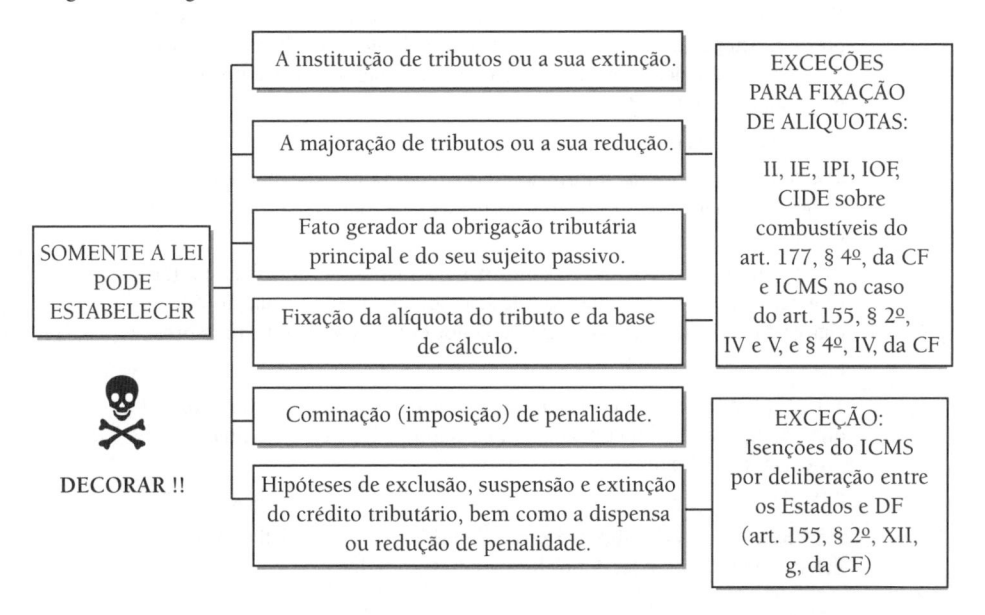

SOMENTE A LEI PODE ESTABELECER

☠ **DECORAR !!**

- A instituição de tributos ou a sua extinção.
- A majoração de tributos ou a sua redução.
- Fato gerador da obrigação tributária principal e do seu sujeito passivo.
- Fixação da alíquota do tributo e da base de cálculo.
- Cominação (imposição) de penalidade.
- Hipóteses de exclusão, suspensão e extinção do crédito tributário, bem como a dispensa ou redução de penalidade.

EXCEÇÕES PARA FIXAÇÃO DE ALÍQUOTAS:
II, IE, IPI, IOF, CIDE sobre combustíveis do art. 177, § 4º, da CF e ICMS no caso do art. 155, § 2º, IV e V, e § 4º, IV, da CF

EXCEÇÃO: Isenções do ICMS por deliberação entre os Estados e DF (art. 155, § 2º, XII, g, da CF)

Exceções citadas: arts. 153, § 1º, da CF, e 155, § 2º, IV, V, XII, g, e § 4º, IV, da CF.

Para facilitar o estudo, seguem os dispositivos constitucionais que determinam as exceções previstas para o art. 97 do CTN:

- Relativas às alíquotas de impostos federais:

    Art. 153. Compete à União instituir impostos sobre:

    I – importação de produtos estrangeiros;

    II – exportação, para o exterior, de produtos nacionais ou nacionalizados;

    III – renda e proventos de qualquer natureza;

    IV – produtos industrializados;

    V – operações de crédito, câmbio e seguro, ou relativas a títulos ou valores mobiliários;

    VI – propriedade territorial rural;

    VII – grandes fortunas, nos termos de lei complementar.

    § 1º. É facultado ao Poder Executivo, atendidas as condições e os limites estabelecidos em lei, alterar as alíquotas dos impostos enumerados nos incisos I, II, IV e V.

- Relativas às alíquotas do ICMS:

    Art. 155, § 2º O imposto previsto no inciso II ICMS atenderá ao seguinte:
    (...)
    IV – resolução do Senado Federal, de iniciativa do Presidente da República ou de um terço dos Senadores, aprovada pela maioria absoluta de seus membros, estabelecerá as alíquotas aplicáveis às operações e prestações, interestaduais e de exportação;

    V – é facultado ao Senado Federal:

    a) estabelecer alíquotas mínimas nas operações internas, mediante resolução de iniciativa de um terço e aprovada pela maioria absoluta de seus membros;

    b) fixar alíquotas máximas nas mesmas operações para resolver conflito específico que envolva interesse de Estados, mediante resolução de iniciativa da maioria absoluta e aprovada por dois terços de seus membros;
    (...)
    § 4º. Na hipótese do inciso XII, *h* (combustíveis e lubrificantes sobre os quais o imposto incidirá uma única vez, qualquer que seja a sua finalidade), observar-se-á o seguinte:
    (...)
    IV – as alíquotas do imposto serão definidas mediante deliberação dos Estados e Distrito Federal, nos termos do § 2º, XII, *g*, (...)

- Relativa à alíquota da Contribuição de Intervenção no Domínio Econômico sobre as atividades de importação ou comercialização de petróleo e seus derivados, gás natural e seus derivados, e álcool combustível:

Art. 177, § 4º A lei que instituir contribuição de intervenção no domínio econômico relativa às atividades de importação ou comercialização de petróleo e seus derivados, gás natural e seus derivados e álcool combustível deverá atender aos seguintes requisitos:

I – a alíquota da contribuição poderá ser:

(...)

b) reduzida e restabelecida por ato do Poder Executivo, não se lhe aplicando o disposto no art. 150, III, b.

- Relativas às isenções do ICMS:

   Art. 155, § 2º, da CF. O imposto previsto no inciso II (ICMS) atenderá ao seguinte:

   (...)

   XII – Cabe à Lei Complementar:

   (...)

   g) regular a forma como, mediante deliberação dos Estados e do Distrito Federal, isenções, incentivos e benefícios fiscais serão concedidos e revogados.

Os dois parágrafos do art. 97 trazem disposições simples, mas importantíssimas:

- equipara-se a majoração do tributo à modificação de sua base de cálculo, que importe em torná-lo mais oneroso. O legislador evita aqui que seja utilizado o artifício de aumentar um tributo, mantendo a alíquota inalterada, mas majorando a base de cálculo;
- não constitui majoração do tributo a atualização do valor monetário da respectiva base de cálculo. Em uma época de inflação, o Poder Público precisa atualizar monetariamente as bases de cálculo dos seus tributos, sob pena de não manter o nível de arrecadação desejado. Esta atualização, de acordo com índices oficiais, não dependerá de lei, à medida que não é considerada aumento de tributo;
- no entanto, qualquer aumento superior aos índices oficiais de inflação e que não advenha de alterações das características do imóvel é considerado majoração de tributo e depende de lei, conforme decisão do STF que segue:

> **JURISPRUDÊNCIA**
>
> "Somente a lei pode autorizar aumento de IPTU, mediante alteração dos critérios de fixação da respectiva base de cálculo, que importem a elevação do tributo em níveis superiores aos índices oficiais medidores da inflação, excetuadas, obviamente, as alterações das características do imóvel tributado, que tenham determinado a alteração do valor venal deste." **(STF – AI-AgR nº 164.730/RS, Rel. Min. Ilmar Galvão.)**

6.4. Tratados e Convenções Internacionais (art. 98 do CTN)

Todas as relações internacionais entre dois ou mais países envolvem certos conflitos de natureza política, econômica, comercial, social ou tributária, os quais são resolvidos por meio de relações diplomáticas que, ao final, resultam em acordos, tratados ou convenções entre esses países.

No Brasil, compete **privativamente** ao Presidente da República celebrá-los, embora tenham que ser submetidos posteriormente a referendo do Congresso Nacional, que irá aprová-los através de um decreto legislativo (art. 84, VIII, da CF).

Tais tratados influenciam de maneira muito significativa a legislação tributária interna do país, conforme dispõe o art. 98 do CTN:

> **Art. 98.** Os tratados e as convenções internacionais revogam ou modificam a legislação tributária interna, e serão observados pela que lhes sobrevenha.

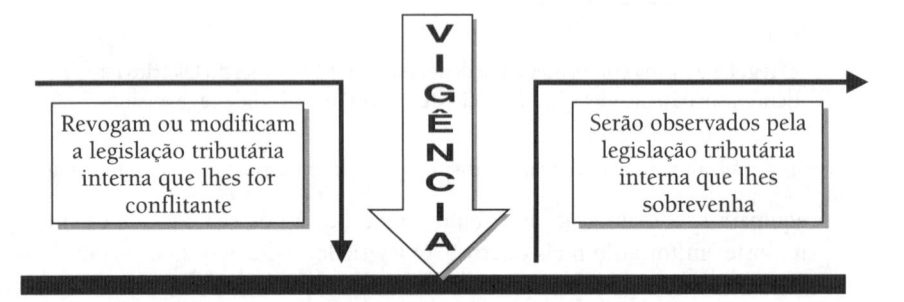

```
                           VIGÊNCIA
    ┌──────────────────────┐          ┌──────────────────────┐
    │ Revogam ou modificam │          │ Serão observados pela│
    │ a legislação tributária│        │ legislação tributária│
    │ interna que lhes for │          │ interna que lhes     │
    │      conflitante     │          │      sobrevenha      │
    └──────────────────────┘          └──────────────────────┘
```

Torna-se importante a citação de que alguns doutrinadores consideram inapropriada a expressão "os tratados e convenções revogam ou modificam a legislação tributária interna", considerando-se que não existe de fato uma revogação.

Seguindo esta doutrina, Hugo de Brito Machado escreve, em sua obra *Curso de Direito Tributário* (p. 58-59): "Na verdade um tratado internacional não revoga nem modifica a legislação tributária interna. A lei revogada não volta a ter vigência pela revogação da lei que a revogou (art. 2º, § 3º, do Decreto-Lei nº 4.657, de 4 de setembro de 1942 – LINDB). Denunciado um tratado, a lei interna com ele incompatível estará restabelecida em pleno vigor. O que o CTN pretende dizer é que os tratados e convenções internacionais prevalecem sobre a legislação tributária interna, seja anterior ou seja posterior."

> **JURISPRUDÊNCIA**
>
> Embora haja uma discussão doutrinária a respeito de quando os tratados e convenções internacionais seriam incorporados ao direito positivo interno brasileiro – se quando da publicação do decreto legislativo expedido pelo Congresso Nacional ou quando da publicação de decreto pelo Chefe do Poder Executivo, após o referido decreto legislativo –, tanto o STF quanto os tribunais inferiores têm se posicionado no sentido da necessidade de publicação final de decreto pelo Presidente da República, para que tais atos internacionais passem a vigorar.

Neste sentido, cito decisões do STF e do TRF:

É na Constituição da República – e não na controvérsia doutrinária que antagoniza monistas e dualistas – que se deve buscar a solução normativa para a questão da incorporação dos atos internacionais ao sistema de direito positivo interno brasileiro. O exame da vigente Constituição Federal permite constatar que a execução dos tratados internacionais e a sua incorporação à ordem jurídica interna decorrem, no sistema adotado pelo Brasil, de um ato subjetivamente complexo, resultante da conjugação de duas vontades homogêneas: a do Congresso Nacional, que resolve, definitivamente, mediante decreto legislativo, sobre tratados, acordos ou atos internacionais (CF, art. 49, I) e a do Presidente da República, que, além de poder celebrar esses atos de Direito Internacional (CF, art. 84, VIII), também dispõe – enquanto Chefe de Estado que é – da competência para promulgá-los mediante decreto. O iter procedimental de incorporação dos tratados internacionais – superadas as fases prévias da celebração da convenção internacional, de sua aprovação congressional e da ratificação pelo Chefe de Estado – conclui-se com a expedição, pelo Presidente da República, de decreto, de cuja edição derivam três efeitos básicos que lhe são inerentes: (a) a promulgação do tratado internacional; (b) a publicação oficial de seu texto; e (c) a executoriedade do ato internacional, que passa, então, e somente então a vincular e a obrigar no plano do direito positivo interno. Precedentes. **(TRF4, 1a T., maioria, AgRegAI nº 2002.04.01.016154-2/RS, Rel. Des. Fed. Wellington M. de Almeida, maio/2002.)**

PROCEDIMENTO CONSTITUCIONAL DE INCORPORAÇÃO DE CONVENÇÕES INTERNACIONAIS EM GERAL E DE TRATADOS DE INTEGRAÇÃO (MERCOSUL).

A recepção dos tratados internacionais e dos acordos celebrados pelo Brasil no âmbito do Mercosul depende, para efeito de sua ulterior execução no plano interno, de uma sucessão causal e ordenada de atos revestidos de caráter político-jurídico, assim definidos: (a) aprovação, pelo Congresso Nacional, mediante decreto legislativo de tais convenções; (b) ratificação desses atos internacionais, pelo Chefe de Estado, mediante depósito do respectivo instrumento; (c) promulgação de tais acordos ou tratados, pelo Presidente da República mediante decreto, em ordem a viabilizar a produção dos seguintes efeitos básicos, essenciais à sua vigência doméstica: (1) publicação oficial do texto do tratado e (2) executoriedade do ato de direito internacional público, que passa, então – e somente então – a vincular e a obrigar no plano do direito positivo interno. Precedentes. **(STF, Plenário, unânime, CR (AgRg) nº 8.279 – Argentina, Rel. Min. Celso de Mello, junho/1998, ementa publicada no Informativo nº 196, de agosto de 2000.)**

Desse modo, de acordo com a citada jurisprudência, podemos representar da seguinte forma as etapas através das quais os tratados e as convenções internacionais passam a ser incorporados ao ordenamento jurídico interno:

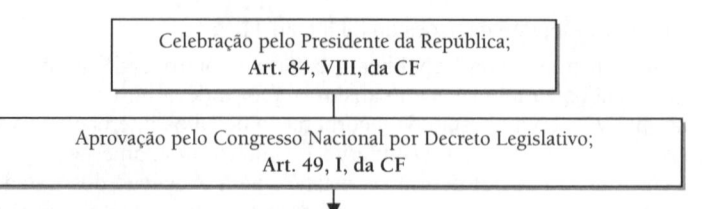

> Celebração pelo Presidente da República;
> Art. 84, VIII, da CF

> Aprovação pelo Congresso Nacional por Decreto Legislativo;
> Art. 49, I, da CF

> Conforme determinação do STF, promulgação, pelo Presidente da República, mediante decreto, em ordem a viabilizar a produção dos seguintes efeitos básicos, essenciais à sua vigência doméstica:
> - A promulgação do tratado internacional;
> - A publicação oficial de seu texto;
> - A sua executoriedade, obrigando no plano do direito positivo interno.

JURISPRUDÊNCIA

De acordo com o STJ, não há qualquer impedimento no sentido de um tratado internacional conceder isenção de tributos de competência de outros entes da Federação, uma vez que é a República Federativa que está concedendo e não a União. Segue decisão do referido tribunal neste sentido:

"Tributário. ICMS. Isenção. Importação de leite de país-membro de tratado firmado com o Mercosul. Possibilidade. Lei estadual isencional.

A exegese do tratado, considerado lei interna, à luz do art. 98 do CTN, ao estabelecer que a isenção deve ser obedecida quanto aos gravames internos, confirma a jurisprudência do E. STJ, no sentido de que, embora o ICMS seja tributo de competência dos Estados e do Distrito Federal, é lícito à União, por tratado ou convenção internacional, garantir que o produto estrangeiro tenha a mesma tributação do similar nacional. Como os tratados internacionais têm força de lei federal, nem os regulamentos do ICMS nem os convênios interestaduais têm poder para revogá-los." **(AgRg no AG nº 438.449/RJ, Rel. Min. Franciulli Netto, *DJ* 07/04/2003 e REsp nº 480.563/RS – REsp nº 2002/0146.332-5, Min. Luiz Fux – *DJ* 03/10/2005, p. 121)**

Já o STF, reforçando a tese de que os tratados internacionais podem conceder isenção de tributos de competência dos Estados, DF e Municípios, vem tomando decisões como a que segue:

STF

A vedação do art. 151, III, da CF federal (*proibição de concessão de isenção de tributos dos Estados, DF e Municípios por lei federal*) diz respeito à União enquanto pessoa jurídica de direito interno e, no caso de tratados internacionais, a União está exercendo ato de soberania externa, como Estado brasileiro, não estando, portanto, sujeita a esta limitação do art. 151, III, da Constituição Federal. **(ADIn nº 1.600/UF, Rel. p/ o acórdão Min. Nelson Jobim, nov./2001.)**

Ainda com relação aos tratados internacionais segue decisão do STF que determina que tais normas não podem tratar de matéria reservada à lei complementar pelo texto constitucional:

> "Tratado internacional e reserva constitucional de lei complementar. O primado da Constituição, no sistema jurídico brasileiro, é oponível ao princípio *pacta sunt servanda*, inexistindo, por isso mesmo, no direito positivo nacional, o problema da concorrência entre tratados internacionais e a Lei Fundamental da República, cuja suprema autoridade normativa deverá sempre prevalecer sobre os atos de Direito Internacional público. Os tratados internacionais celebrados pelo Brasil – ou aqueles a que o Brasil venha a aderir – não podem, em consequência, versar matéria posta sob reserva constitucional de lei complementar. É que, em tal situação, a própria Carta Política subordina o tratamento legislativo de determinado tema ao exclusivo domínio normativo da lei complementar, que não pode ser substituída por qualquer outra espécie normativa infraconstitucional, inclusive pelos atos internacionais já incorporados ao direito positivo interno." **(STF, Plenário, ADIn-MC nº 1.480, Rel. Min. Celso de Mello, set./1997.)**

6.5. Decretos (art. 99 do CTN)

São atos dos chefes dos Poderes Executivos (Presidente, Governadores e Prefeitos), que servem para regulamentar uma norma prevista na lei, ou seja, explicar a lei e facilitar a sua aplicação e execução.

Esta competência foi atribuída em âmbito federal ao Presidente da República e, por consequência lógica, aos Governadores e Prefeitos, em âmbito estadual e municipal, pelo art. 84, IV, da Constituição Federal:

> **Constituição Federal**
> **Art. 84.** Compete privativamente ao Presidente da República:
> (...)
> IV – sancionar, promulgar e fazer publicar as leis, bem como expedir decretos e regulamentos para sua fiel execução;

Desta forma, os decretos não podem ultrapassar o conteúdo e o alcance das leis em função das quais foram emitidos, conforme dispõe o art. 99 do CTN:

> **Art. 99.** O conteúdo e o alcance dos decretos restringem-se aos das leis em função das quais sejam expedidos, determinados com observância das regras de interpretação estabelecidas nesta Lei.

A figura a seguir nos dá uma exata noção da subordinação dos decretos aos ditames da lei regulamentada, sendo vedado a estes ultrapassarem aquelas:

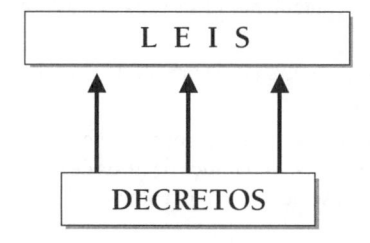

```
        ┌─────────────────┐
        │     L E I S     │
        └─────────────────┘
          ↑     ↑     ↑
        ┌─────────────────┐
        │    DECRETOS     │
        └─────────────────┘
```

> **JURISPRUDÊNCIA**
>
> Segundo o STF, o fato de que se o regulamento de execução vai além do conteúdo da lei, ou se afasta dos limites que esta lhe traça, incorre em ilegalidade, e não em inconstitucionalidade, pelo que não está sujeito à jurisdição constitucional:
>
> "Se a interpretação administrativa da lei, que vier a consubstanciar-se em decreto executivo, divergir do sentido e do conteúdo da norma legal que o ato secundário pretendeu regulamentar, quer porque tenha esta se projetado ultra *legem*, quer porque tenha permanecido *citra legem*, quer, ainda, porque tenha investido contra *legem*, a questão caracterizará, sempre, típica crise de legalidade, e não de inconstitucionalidade, a inviabilizar, em consequência, a utilização do mecanismo processual da fiscalização normativa abstrata. O eventual extravasamento, pelo ato regulamentar, dos limites a que materialmente deve estar adstrito poderá configurar insubordinação executiva aos comandos da lei. Mesmo que, a partir desse vício jurídico, se possa vislumbrar, num desdobramento ulterior, uma potencial violação da Carta Magna, ainda assim estar-se-á em face de uma situação de inconstitucionalidade reflexa ou oblíqua, cuja apreciação não se revela possível em sede jurisdicional concentrada." **(STF, Plenário, ADIn-MC nº 996/DF, Rel. Min. Celso de Mello, março/1994.)**

Finalizando, chamo a atenção que eventual declaração de ilegalidade de preceitos da norma regulamentar não exime o contribuinte da observância da legislação regulamentada.

6.6. Normas Complementares (art. 100 do CTN)

Englobam as regras menores, nitidamente operacionais, integradas à rotina da própria administração fazendária e circulam no âmbito da competência de autoridades fiscais. Tais normas ficam adstritas à predominância de todas as fontes anteriores, desde a Constituição até os decretos, por serem consideradas fontes formais secundárias e estão previstas no art. 100 do CTN:

> **Art. 100.** São normas complementares das leis, dos tratados e das convenções internacionais e dos decretos:
>
> I – os atos normativos expedidos pelas autoridades administrativas;
>
> II – as decisões dos órgãos singulares ou coletivos de jurisdição administrativa, a que a lei atribua eficácia normativa;
>
> III – as práticas reiteradamente observadas pelas autoridades administrativas;
>
> IV – os convênios que entre si celebrem a União, os Estados, o Distrito Federal e os Municípios.
>
> Parágrafo único. A observância das normas referidas neste artigo exclui a imposição de penalidades, a cobrança de juros de mora e a atualização do valor monetário da base de cálculo do tributo.

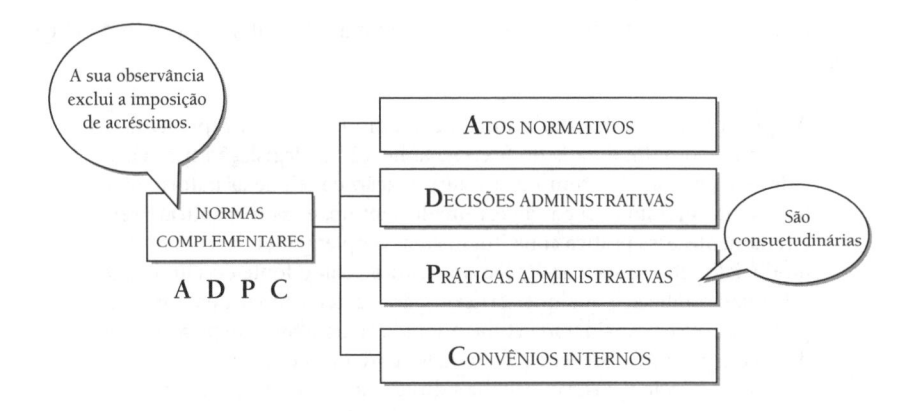

```
                                    ┌─ ATOS NORMATIVOS
   A sua observância                │
   exclui a imposição               │
   de acréscimos.                   │
                                    ├─ DECISÕES ADMINISTRATIVAS
        NORMAS                      │                            São
     COMPLEMENTARES                 │                         consuetudinárias
                                    ├─ PRÁTICAS ADMINISTRATIVAS
        A D P C                     │
                                    └─ CONVÊNIOS INTERNOS
```

6.6.1. Atos Normativos

Os atos normativos são decisões de uma autoridade competente que integra os escalões inferiores ao chefe do Poder Executivo e que criam um comando geral deste Poder com a finalidade de propiciar a correta aplicação das leis, tratados e convenções internacionais e decretos.

São exemplos as portarias, as circulares, os avisos, as resoluções (excluídas as do Senado Federal), as apostilas e as ordens de serviço, dentre outros.

6.6.2. Decisões Administrativas com Eficácia Normativa

São decisões de órgãos:

- singulares, tais como Julgadores Tributários, Inspetores Fiscais, Delegados Regionais Tributários, Secretários da Receita, Superintendentes e outros que formam individualmente as instâncias dos diversos Processos Administrativos Tributários da União, dos Estados, do Distrito Federal ou dos Municípios;
- coletivos, tais como Tribunais de Impostos e Taxas, Conselho de Contribuintes e outros que também compõem algumas instâncias dos Processos Administrativos Tributários da União, dos Estados, do Distrito Federal ou dos Municípios, formados por representantes da Fazenda Pública e muitas vezes dos próprios contribuintes.

Essas decisões normalmente só se aplicam aos casos concretos julgados, só se tornando uma norma complementar em situações especiais nas quais a lei lhes atribua eficácia normativa conforme observamos no art. 100, II, do CTN citado anteriormente.

6.6.3. Práticas Administrativas Reiteradas

São práticas que ocorrem reiteradas vezes na administração, acabando por gerar uma fonte formal secundária do Direito Tributário. São, portanto, consuetudinárias, ou seja, baseadas nos usos e costumes. Não possuem, portanto, uma data de vigência específica, conforme analisaremos posteriormente.

Para ajudar na conceituação desta norma complementar, citamos a lição de Hugo de Brito Machado:

> As práticas reiteradas das autoridades administrativas representam uma posição sedimentada do fisco na aplicação da legislação tributária e devem ser acatadas como boa interpretação da lei. Se as autoridades fiscais interpretam a lei em determinado sentido, e assim a aplicam reiteradamente, essa prática constitui norma complementar da lei. De certo modo, isto representa a aceitação do costume como fonte do Direito. O CTN não estabelece qualquer critério para se determinar quando uma prática deve ser considerada como adotada reiteradamente pela autoridade administrativa, devendo-se, todavia, entender como tal uma prática repetida, renovada. Basta que tenha sido adotada duas vezes, pelo menos, para que se considere reiterada. (*Curso de Direito Tributário*, 11. ed., São Paulo, Malheiros, p. 59.)

JURISPRUDÊNCIA

O TRF tem interessante posição com relação à observância das normas complementares:

(...) Tendo a autoridade administrativa deixado de exigir os encargos legais incidentes sobre recebimentos, pelo contribuinte, de ajuda de custo, em vários casos análogos, tal atitude caracterizou prática reiterada, nos termos do art. 100, III, do CTN, impondo a sua aplicação para os contribuintes que estejam na mesma situação, sob pena de ferir-se o princípio constitucional da isonomia. **(TRF4, 23a T., AMS nº 95.04. I 9960-7/SC, Rel. Juiz Jardim de Camargo, maio/1997.)**

6.6.4. Convênios Internos

A União, os Estados, o DF e os Municípios poderão deliberar entre si, celebrando convênios para facilitar a fiscalização e arrecadação dos seus tributos através de permuta de informações. Como se observa, são normas complementares que tratam de assuntos internos da administração tributária.

Ganham uma importância especial aqueles convênios que concedem isenções e demais benefícios fiscais para o ICMS, conforme dispõe o art. 155, § 2º, XII, g, da CF.

Art. 155, § 2º, XII, da CF. Cabe à lei complementar:

(...)

g) regular a forma como, mediante deliberação dos Estados e do Distrito Federal, isenções, incentivos e benefícios fiscais serão concedidos e revogados.

De acordo com o dispositivo citado, a lei complementar regula a forma como os incentivos fiscais serão concedidos ou revogados por convênios (deliberação entre os Estados e o DF).

6.6.5. Observação Comum a Todas as Normas Complementares

Conforme dispõe o parágrafo único do art. 100, a observância das normas referidas neste artigo exclui a imposição de penalidades, a cobrança de juro de mora e a atualização do valor monetário da base de cálculo do tributo.

Como exemplo, se um ato administrativo ultrapassar os seus limites de atuação, dispensando o pagamento de um tributo (fato que somente a lei pode estabelecer), tal tributo deverá ser cobrado posteriormente, em função da nulidade do ato, mas sem imposição dos acréscimos já citados, uma vez que o contribuinte estava observando uma norma complementar expedida pelas autoridades fiscais.

Na visão de Ruy Barbosa Nogueira, "é o princípio *nemo potest venire contrafactum proprium*. A Administração não pode punir ou onerar alguém por ter seguido as instruções ou orientações ainda que o fisco as venha repudiar". (*Curso de Direito Tributário*. 14. ed., São Paulo, Saraiva, 1995, p. 66.)

Portanto, se a própria administração pratica reiteradamente certos atos, criando uma prática administrativa e induzindo o sujeito passivo a adotá-la, seria injusto puni-lo pelo fato de observar tal norma complementar.

6.7. Vigência da Legislação Tributária (arts. 101 a 104 do CTN)

A vigência de uma norma diz respeito exatamente à sua validade formal, à prontidão que deverá ter essa norma para ser imposta, exigida, aplicada, na sociedade juridicamente organizada. Uma lei estará em vigor quando formalmente apta para aplicação, embora isso ainda não signifique a garantida aplicação (eficácia) em função do princípio da anterioridade.

O art. 101 do CTN determina que a vigência da legislação tributária obedece às normas jurídicas em geral, reguladas pela Lei de Introdução as Normas de Direito Brasileiro – LINDB – Decreto-Lei nº 4.657, de 4 de setembro de 1942:

> Art. 101. A vigência, no espaço e no tempo, da legislação tributária rege-se pelas disposições legais aplicáveis às normas jurídicas em geral, ressalvado o previsto neste Capítulo.

6.7.1. Vigência no Espaço

No que diz respeito à vigência no espaço, o CTN regula a matéria no art. 102, que permite a extraterritorialidade da legislação tributária sempre que houver lei determinante sobre normas gerais, que sabemos tratar-se de lei complementar por força do art. 146, III, CF, ou convênios entre as unidades da Federação interessadas:

> Art. 102. A legislação tributária dos Estados, do Distrito Federal e dos Municípios vigora, no País, fora dos respectivos territórios, nos limites em que lhe reconheçam extraterritorialidade os convênios de que participem, ou do que disponham esta ou outras leis de normas gerais expedidas pela União.

Vamos, a seguir, exemplificar a extraterritorialidade prevista em lei complementar e aquela decorrente de convênios.

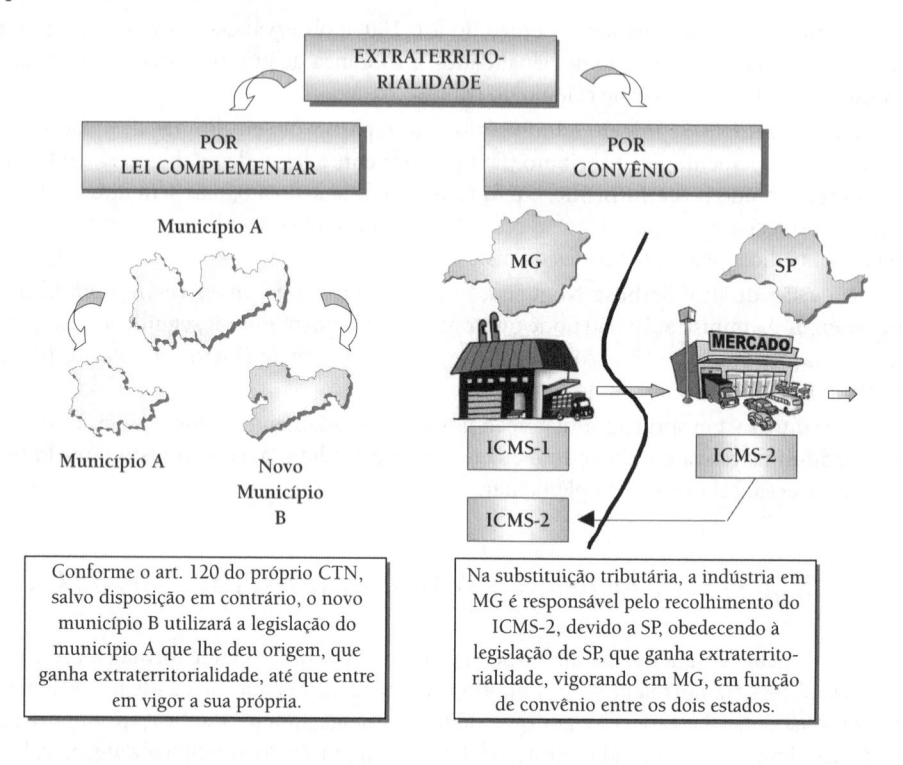

Conforme o art. 120 do próprio CTN, salvo disposição em contrário, o novo município B utilizará a legislação do município A que lhe deu origem, que ganha extraterritorialidade, até que entre em vigor a sua própria.

Na substituição tributária, a indústria em MG é responsável pelo recolhimento do ICMS-2, devido a SP, obedecendo à legislação de SP, que ganha extraterritorialidade, vigorando em MG, em função de convênio entre os dois estados.

6.7.2. Vigência no Tempo

A **Lei Complementar nº 95, de 26/02/1998,** que dispõe sobre a elaboração, a redação, a alteração e a consolidação das leis, conforme determina o parágrafo único do art. 59 da Constituição Federal, criou normas relativas à vigência das leis no tempo:

> **Art. 8º** A vigência da lei será indicada de forma expressa e de modo a contemplar prazo razoável para que dela se tenha amplo conhecimento, reservada a cláusula "entra em vigor na data de sua publicação" para as leis de pequena repercussão.
>
> § 1º A contagem do prazo para entrada em vigor das leis que estabeleçam período de vacância far-se-á com a inclusão da data da publicação e do último dia do prazo, entrando em vigor no dia subsequente à sua consumação integral.
>
> § 2º As leis que estabeleçam período de vacância deverão utilizar a cláusula "esta lei entra em vigor após decorridos (o número de) dias de sua publicação oficial".

Muito embora a citada lei complementar determine que as leis deverão trazer as respectivas datas de vigência, indicadas de forma expressa, os doutrinadores têm entendido, em sua maioria, que continuam em vigor os dispositivos da Lei de Introdução às Normas do Direito Brasileiro – Decreto-Lei nº 4.657/1942.

Desta forma, vigência no tempo, de acordo com o CTN (arts. 101, 103 e 104), é regulada de modo geral, pela Lei Complementar nº 95/1998 e pela Lei de Introdução às Normas do Direito Brasileiro, que traçam normas de vigência aplicáveis a qualquer âmbito do Direito, excetuadas as regras específicas que o Código Tributário determina.

A seguir, listamos os dispositivos da Lei de Introdução às Normas do Direito Brasileiro (Decreto-Lei nº 4.657/1942) que merecem destaque:

Decreto-Lei nº 4.657, de 4 de setembro de 1942

Art. 1º Salvo disposição contrária, a lei começa a vigorar em todo o País 45 (quarenta e cinco) dias depois de oficialmente publicada.

§ 1º Nos Estados estrangeiros, a obrigatoriedade da lei brasileira, quando admitida, se inicia 3 (três) meses depois de oficialmente publicada.

(...)

§ 3º Se, antes de entrar a lei em vigor, ocorrer nova publicação de seu texto, destinada a correção, o prazo deste artigo e dos parágrafos anteriores começará a correr da nova publicação.

§ 4º As correções a texto de lei já em vigor consideram-se lei nova.

Art. 2º Não se destinando à vigência temporária, a lei terá vigor até que outra a modifique ou revogue.

§ 1º A lei posterior revoga a anterior quando expressamente o declare, quando seja com ela incompatível ou quando regule inteiramente a matéria de que tratava a lei anterior.

§ 2º A lei nova, que estabeleça disposições gerais ou especiais a par das já existentes, não revoga nem modifica a lei anterior.

§ 3º Salvo disposição em contrário, a lei revogada não se restaura por ter a lei revogadora perdido a vigência.

Art. 3º Ninguém se escusa de cumprir a lei, alegando que não a conhece.

(...)

Art. 6º A Lei em vigor terá efeito imediato e geral, respeitados o ato jurídico perfeito, o direito adquirido e a coisa julgada.

§ 1º Reputa-se ato jurídico perfeito o já consumado segundo a lei vigente ao tempo em que se efetuou.

§ 2º Consideram-se adquiridos assim os direitos que o seu titular, ou alguém por ele, possa exercer, como aqueles cujo começo do exercício tenha termo pré-fixo, ou condição preestabelecida inalterável, a arbítrio de outrem.

§ 3º Chama-se coisa julgada ou caso julgado a decisão judicial de que já não caiba recurso.

Estas determinações da Lei de Introdução às Normas do Direito Brasileiro – LINDB – Decreto-Lei nº 4.657, de 4 de setembro de 1942, serão observadas pela legislação tributária, ressalvado o disposto nos arts. 103 e 104 do Código Tributário Nacional, que trazem disposições específicas relativamente a algumas normas tributárias:

Art. 103. Salvo disposição em contrário, entram em vigor:

I – os atos administrativos a que se refere o inciso I do art. 100, na data da sua publicação;

II – as decisões a que se refere o inciso II do art. 100 quanto a seus efeitos normativos, 30 (trinta) dias após a data da sua publicação;

III – os convênios a que se refere o inciso IV do art. 100, na data neles prevista.

Art. 104. Entram em vigor no primeiro dia do exercício seguinte àquele em que ocorra a sua publicação os dispositivos de lei, referentes a impostos sobre o patrimônio ou a renda:

I – que instituem ou majoram tais impostos;

II – que definem novas hipóteses de incidência;

III – que extinguem ou reduzem isenções, salvo se a lei dispuser de maneira mais favorável ao contribuinte, e observado o disposto no art. 178.

De acordo com essa Lei de Introdução às Normas do Direito Brasileiro e com os dispositivos citados do CTN, podemos concluir:

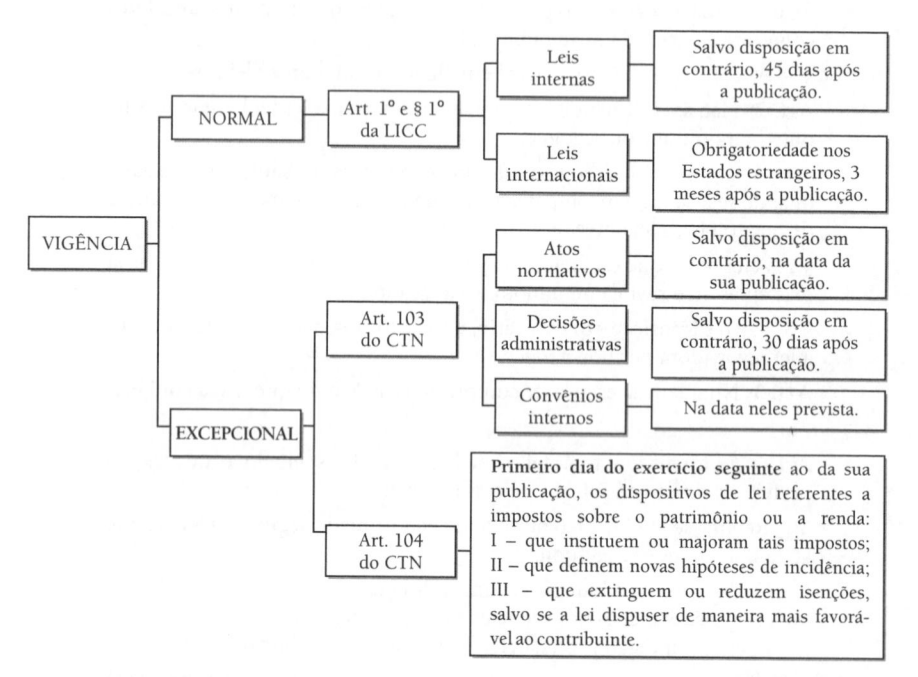

VIGÊNCIA			
NORMAL	Art. 1º e § 1º da LICC	Leis internas	Salvo disposição em contrário, 45 dias após a publicação.
		Leis internacionais	Obrigatoriedade nos Estados estrangeiros, 3 meses após a publicação.
EXCEPCIONAL	Art. 103 do CTN	Atos normativos	Salvo disposição em contrário, na data da sua publicação.
		Decisões administrativas	Salvo disposição em contrário, 30 dias após a publicação.
		Convênios internos	Na data neles prevista.
	Art. 104 do CTN		**Primeiro dia do exercício seguinte** ao da sua publicação, os dispositivos de lei referentes a impostos sobre o patrimônio ou a renda: I – que instituem ou majoram tais impostos; II – que definem novas hipóteses de incidência; III – que extinguem ou reduzem isenções, salvo se a lei dispuser de maneira mais favorável ao contribuinte.

Alguns doutrinadores defendem, inclusive, a ideia de que o art. 104 do CTN estaria revogado pelo art. 150, III, *b*, da CF, devido à sua maior abrangência e ao fato de que o dispositivo do código só existia para suprir a ausência do princípio da anterioridade que havia durante a época de nosso sistema constitucional.

O nosso estudo, no entanto, não levará em conta esta revogação na qual acredita pequeno grupo de doutrinadores.

É importante que seja feito um comentário a respeito do fato de o dispositivo legal estar em vigência e obedecer ao princípio da anterioridade do art. 150, III, *b*, da CF.

Conforme lição de Maria de Fátima Ribeiro (*Comentários ao Código Tributário Nacional*, Editora Forense, Rio de Janeiro, 1998, p. 209), não se confundem vigência da lei tributária com sua eficácia (aplicação). É vigente a lei no instante em que é lançada no mundo dos fenômenos jurídicos, conforme o processo legislativo constitucionalmente previsto. Todavia, a vigência da lei não implica, por si só, sua eficácia, isto é, sua aplicabilidade.

> **JURISPRUDÊNCIA**
>
> Também o STJ faz distinção entre vigência e eficácia, conforme decisão a seguir:
> "Tributário e Civil. Redução da alíquota. Lei nº 8.540/1992. Necessidade de regulamentação. Decreto n. 789/1993. Exigência. *Vacatio legis*.
> (...)
> IV – Distinção entre eficácia e vigência. No caso de leis que necessitam de regulamentação, sua eficácia opera-se após a entrada em vigor do respectivo decreto ou regulamento. O regulamento transforma a estática da lei em condição dinâmica. É lícito ao regulamento, sem alterar o mandamento legal, estabelecer o termo *a quo* de incidência da novel norma tributária. Uma vez prometido pela lei um termo inicial, ele não pode ser interpretado de forma a surpreender o contribuinte, nem o Fisco, posto que a isso corresponde violar a *ratio essendi* do princípio da anterioridade e da própria legalidade." **(STJ, 1a T., unânime, REsp nº 408.62I/RS, Rel. Min. Luiz Fux, out./2002.)**

A maioria das leis que instituem ou aumentam tributos, ao entrar em vigor, para ter eficácia, deve obedecer ao princípio da anterioridade.

Vamos analisar os esquemas a seguir, considerando que, em todos os casos, houve omissão da lei quanto à sua vigência.

Ademais, vamos combinar o art. 104 do CTN com o art. 150, III, *b* e *c*, da Constituição Federal, que tratam do princípio da anterioridade e noventena, respectivamente:

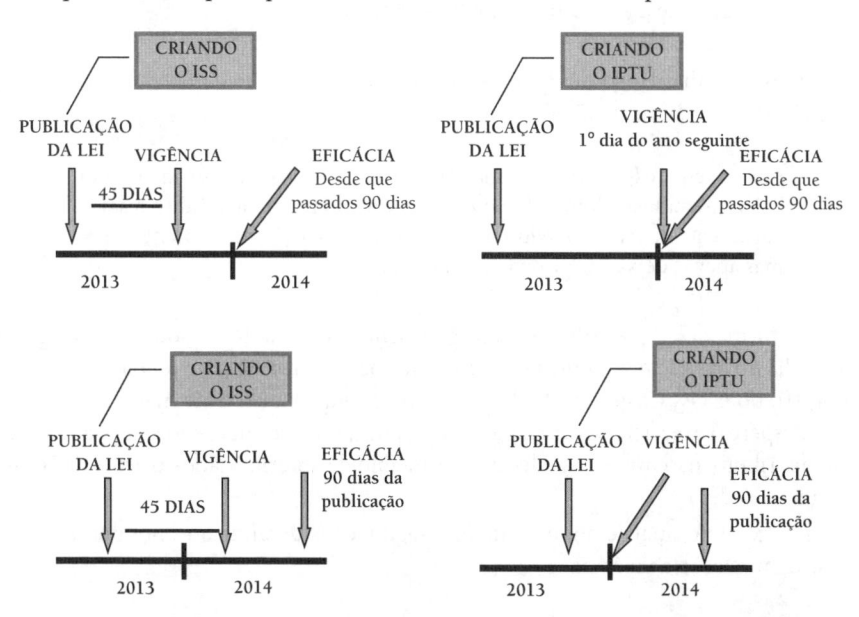

> **JURISPRUDÊNCIA**
>
> No que diz respeito ao inciso III do art. 104, é importante salientar que o Supremo Tribunal Federal não considera a revogação ou a redução de isenção como aumento de tributo, conforme sua Súmula nº 615:
>
> **Súmula nº 615**
>
> "O princípio constitucional da anualidade (§ 29 do art. 153 da Constituição Federal de 1967) não se aplica à revogação de isenção do ICM."

Nesse sentido, citamos o comentário de Marcelo Alexandrino e Vicente Paulo a respeito do tema (*Direito Tributário na Constituição e no STF*, Rio de Janeiro, Impetus Desenvolvimento Educacional, 2002, p. 71):

> Por último, inferimos, da posição adotada pelo STF, que o Tribunal defende a tese segundo a qual isenção constitui dispensa legal do pagamento de tributo devido. Esta é também a posição do CTN, que situa a isenção entre as hipóteses de exclusão do crédito tributário. Nas hipóteses de isenção, para essa corrente doutrinária e jurisprudencial, ocorreria o fato gerador e surgiria a obrigação tributária. Entretanto, o crédito tributário não poderá ser constituído, por força de uma norma legal que o exclui, ou melhor, exclui a possibilidade de que seja realizado o lançamento relativo àquela obrigação tributária. A revogação da isenção, portanto, não poderia equivaler a uma nova hipótese de incidência, uma vez que a norma isentiva não afastaria a incidência, mas sim a constituição do crédito. Sendo, portanto, dispensa de tributo devido, nada obsta sua imediata cobrança uma vez revogada a lei que concedia isenção, não se tratando de nova hipótese de incidência, tampouco de majoração do tributo já existente.

Na mesma linha, Hugo de Brito Machado comenta (*Curso de Direito Tributário*, 11. ed., São Paulo, Malheiros, p. 65-66):

> Infelizmente, o Supremo Tribunal Federal adotou entendimento invocando lição do saudoso Gomes de Souza, segundo a qual isentar é dispensar o pagamento do tributo devido, e, assim, revogar isenção não é criar tributo, mas apenas deixar de dispensar tributo devido.

Desta forma, a lei que reduz ou extingue isenção de tributo só poderá ser exigida no primeiro dia do exercício seguinte se for imposto sobre patrimônio ou renda, em função do art. 104, III, do CTN. Caso se trate de outro tipo qualquer de tributo, não há necessidade de que se espere o exercício seguinte para a cobrança, uma vez que, não sendo aumento ou criação de tributo, não precisa obedecer ao princípio da anterioridade do art. 150, III, *b*, da Constituição Federal.

Como exemplo, analisemos o esquema a seguir, considerando que, nos dois casos, a lei é omissa com relação à vigência:

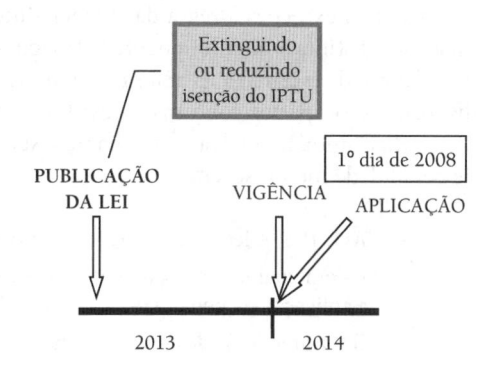

```
         Extinguindo                              Extinguindo
         ou reduzindo                             ou reduzindo
         isenção do ISS                           isenção do IPTU

                                                                    1º dia de 2008
PUBLICAÇÃO                              PUBLICAÇÃO
   DA LEI    VIGÊNCIA  APLICAÇÃO           DA LEI      VIGÊNCIA   APLICAÇÃO

      45 DIAS

    2013              2014                   2013              2014
```

6.8. Aplicação da Legislação Tributária (arts. 105 e 106 do CTN)

Se a vigência diz respeito à validade formal das normas jurídicas, provida pelos setores estatais competentes, a aplicação diz respeito ao uso efetivo.

A regra básica de aplicação, no que tange aos tributos e às relações a eles vinculadas, é no sentido de que a legislação tributária não deve ser aplicada retroativamente, atingindo fatos geradores passados.

O CTN estabelece que a legislação tributária seja aplicada a fatos geradores futuros, ou, pelo menos, pendentes, que seriam aqueles fatos iniciados e não concluídos.

> **Art. 105.** A legislação tributária aplica-se imediatamente aos fatos geradores futuros e aos pendentes, assim entendidos aqueles cuja ocorrência tenha tido início mas não esteja completa nos termos do art. 116.

Portanto, conforme veremos com detalhes ao estudarmos os arts. 116 e 117 do CTN, na hipótese de uma indústria enviar um produto para ser vendido em um parque de exposições, o fato gerador do IPI ocorre sob condição suspensiva de um evento futuro e incerto que é a venda lá na exposição. Enquanto a venda não ocorre, o fato gerador está pendente. Pois bem, se neste meio tempo houver uma mudança da legislação, a nova lei será aplicada ao fato gerador pendente.

JURISPRUDÊNCIA

A grande polêmica, no entanto, diz respeito à Súmula nº 584 do STF, pois a doutrina é praticamente unânime ao contestar o seu entendimento, entretanto, o STF o tem mantido ferrenhamente:

Súmula nº 584

"Ao Imposto de Renda calculado sobre os rendimentos do anobase, aplica-se a lei vigente no exercício financeiro em que deve ser apresentada a declaração."

Existem exceções à regra da vigência futura, previstas no art. 106 do CTN, em duas hipóteses distintas; uma lei poderá retroagir se for expressamente **interpretativa** (isto é, tiver função de esclarecer lei anteriormente criada e que tenha dificuldade de aplicação, ante dispositivos ou partes confusas e duvidosas) ou, então, quando possa beneficiar infração cometida e ainda não julgada, mediante a sua descaracterização de ilícito ou a cominação de penalidade menos severa:

> **Art. 106.** A lei aplica-se a ato ou fato pretérito:
>
> I – em qualquer caso, quando seja expressamente interpretativa, excluída a aplicação de penalidade à infração dos dispositivos interpretados;
>
> II – tratando-se de ato não definitivamente julgado:
>
> a) quando deixe de defini-lo como infração;
>
> b) quando deixe de tratá-lo como contrário a qualquer exigência de ação ou omissão, desde que não tenha sido fraudulento e não tenha implicado em falta de pagamento de tributo;
>
> c) quando lhe comine penalidade menos severa que a prevista na lei vigente ao tempo da sua prática.

De acordo com os dispositivos citados do CTN, podemos concluir:

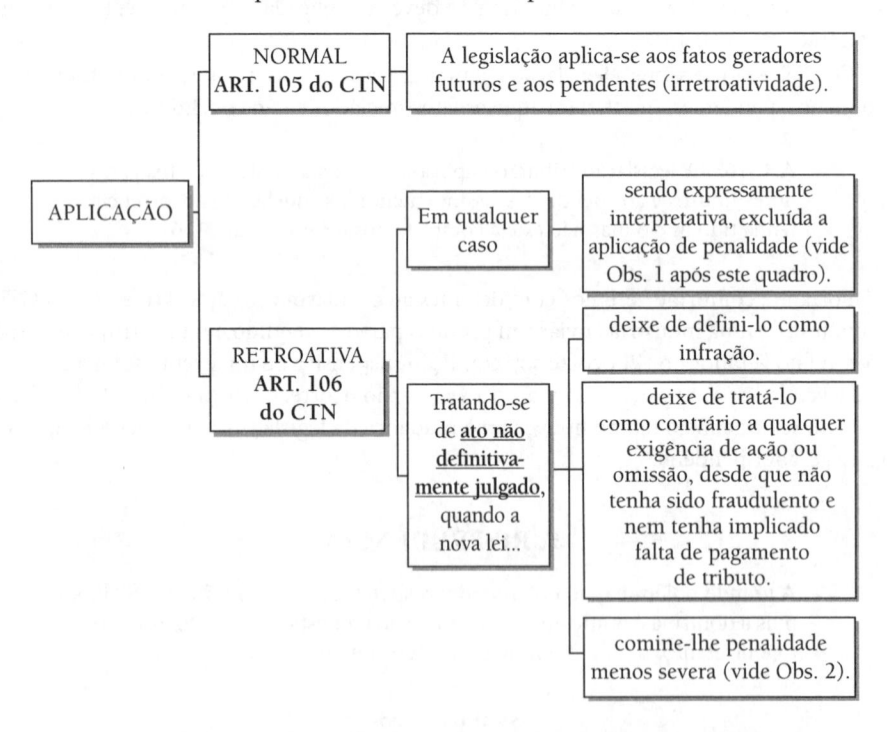

```
                    ┌─ NORMAL          ─ A legislação aplica-se aos fatos geradores
                    │  ART. 105 do CTN   futuros e aos pendentes (irretroatividade).
                    │
                    │                                    ─ sendo expressamente
                    │                   ┌─ Em qualquer     interpretativa, excluída a
APLICAÇÃO ──────────┤                   │  caso            aplicação de penalidade (vide
                    │                   │                  Obs. 1 após este quadro).
                    │                   │
                    │                   │                ─ deixe de defini-lo como
                    │  RETROATIVA       │                  infração.
                    └─ ART. 106    ─────┤
                       do CTN          │                ─ deixe de tratá-lo
                                        │  Tratando-se     como contrário a qualquer
                                        │  de ato não      exigência de ação ou
                                        ├─ definitiva-     omissão, desde que não
                                        │  mente julgado,  tenha sido fraudulento e
                                        │  quando a        nem tenha implicado
                                        │  nova lei...     falta de pagamento
                                        │                  de tributo.
                                        │
                                        └              ─ comine-lhe penalidade
                                                          menos severa (vide Obs. 2).
```

OBS. 1: Como exemplo de aplicação retroativa por ser a lei expressamente interpretativa, temos o caso do ICMS, que foi instituído no Rio de Janeiro pela Lei nº 1.423/1989 e, por sua complexidade, forçou o Estado a publicar novas leis interpretativas, as quais, portanto, não criavam nada que já não tivesse sido criado pela lei instituidora do imposto, conforme o esquema a seguir:

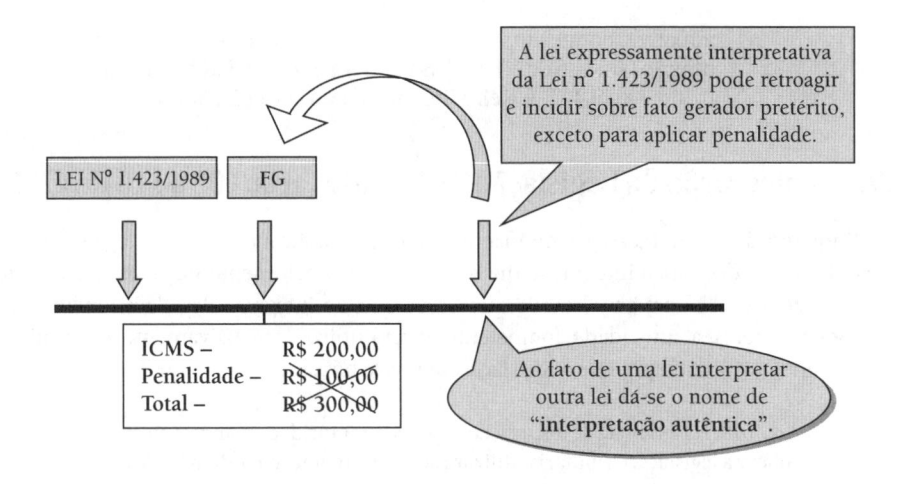

Capítulo 6 | Legislação Tributária

```
LEI N° 1.423/1989    FG
```

A lei expressamente interpretativa da Lei n° 1.423/1989 pode retroagir e incidir sobre fato gerador pretérito, exceto para aplicar penalidade.

```
ICMS –        R$ 200,00
Penalidade –  R$ 100,00
Total –       R$ 300,00
```

Ao fato de uma lei interpretar outra lei dá-se o nome de "interpretação autêntica".

OBS. 2: A lei pode retroagir tratando-se de ato não definitivamente julgado para cominar penalidade (caráter punitivo) menos severa, e não juro de mora (caráter ressarcitivo).

Para exemplificar este fato, observe a situação descrita a seguir:

	ÉPOCA DO FATO GERADOR	LEI NOVA
Penalidade	20%	10%
Juro de mora	15%	8%

No caso descrito, se o ato não estiver definitivamente julgado, os percentuais cobrados serão de 10% de penalidade e 15% de juro de mora.

JURISPRUDÊNCIA

O Supremo Tribunal Federal adota o seguinte entendimento para ato não definitivamente julgado, citado no art. 106, II, do CTN:

> "Se a decisão administrativa ainda pode ser submetida ao crivo do judiciário, e para este houve recurso do contribuinte, não há de se ter o ato administrativo ainda como definitivamente julgado, sendo esta a interpretação que há de ter-se do art. 106, II, c, do CTN." **(STF, 2ª Turma, Res. n° 95.900/BA, Rel. Min. Aldir Passarinho, dez./1984)**

Já o STJ reforça o caráter retroativo da lei que retira a natureza sancionatória:

> "A regra basilar em tema de Direito intertemporal é expressa na máxima *tempus regit actum*. Assim, o fato gerador, com os seus consectários, rege-se pela lei vigente à época de sua ocorrência. Ocorrido o fato gerador do tributo anteriormente à vigência da lei que retira a sua natureza sancionatória, viável a aplicação

> retroativa, porquanto, *in casu*, se trata de obrigação gerada por infração (art. 106 do CTN)." **(STJ – REsp nº 750.588/PR, REsp nº 2005/0080.477-3, Rel. Min. Luiz Fux, DJ 13/02/2006, p. 704)**

6.9. Integração da Legislação Tributária (arts. 108 a 110 do CTN)

Enquanto a interpretação permite à autoridade fiscal aplicar os preceitos legais aos fatos oferecidos à sua decisão, a integração diz respeito ao preenchimento de lacunas existentes na legislação. O CTN, em seu art. 108, prescreve que, ao integrar a legislação tributária a situações concretas, a autoridade competente deverá utilizar, sucessivamente, os seguintes meios de integração, sempre que a legislação se revele omissa:

> **Art. 108.** Na ausência de disposição expressa, a autoridade competente para aplicar a legislação tributária utilizará sucessivamente, na ordem indicada:
> I – a analogia;
> II – os princípios gerais de direito tributário;
> III – os princípios gerais de direito público;
> IV – a equidade.
> § 1º O emprego da analogia não poderá resultar na exigência de tributo não previsto em lei.
> § 2º O emprego da equidade não poderá resultar na dispensa do pagamento de tributo devido.

Analogia – Consiste na utilização de legislação tributária diversa, que regule situação semelhante, análoga à considerada.

O CTN determina, no parágrafo 1º do artigo, que o emprego da analogia não pode resultar na exigência de tributo não previsto em lei, o que se torna óbvio devido ao princípio da legalidade do art. 150, I, da Constituição Federal.

Princípios Gerais do Direito Tributário – Incluem as regras fundamentais que harmonizam o sistema tributário, representadas pelas limitações constitucionais da competência tributária e por outros fundamentos que decorrem até das normas gerais contidas no CTN (legalidade, imunidade de impostos, uniformidade de tributos federais, isonomia tributária etc.).

Princípios Gerais do Direito Público – São a terceira forma sucessiva de integração da legislação tributária e ampliam o leque de regras jurídicas básicas à disposição da autoridade administrativa que não haja conseguido suprir a lacuna da legislação através das duas primeiras formas. Esses princípios decorrem de todo o sistema do Direito Público e são encontrados na própria Constituição, mas também espalhados pelo sistema jurídico operacional.

Como exemplo, podemos citar: "a pena não deve passar da pessoa do agente"; "se a Constituição quer os fins, concede os meios"; "o todo explica as partes"; "princípio da supremacia do interesse público sobre o particular"; "princípio da república"; e outros previstos no texto constitucional tais como:

- princípio da Federação (art. 18 da CF);
- princípio da isonomia (art. 5º, *caput*, da CF);
- princípio do devido processo legal (art. 5º, LIV, da CF);

- princípio do contraditório e da ampla defesa (art. 5º, LV, da CF);
- princípio da inadmissibilidade das provas ilícitas (art. 5º, LVI, da CF);
- princípio da moralidade administrativa (art. 37 da CF).

Equidade – É um meio de humanizar a aplicação da lei, quando o seu aplicador faz as vezes de legislador, a fim de completá-la ou dar-lhe maior sentido de justiça. Em vista de ser a missão das autoridades fiscais, na maioria das vezes, extremamente vinculada à letra da legislação aplicável, deve-se entender como extremamente raro o uso da equidade como meio de integração, e o próprio CTN determina que a utilização desse último instrumento de integração não poderá implicar dispensa de tributo devido (art. 108, § 2º).

Como exemplo da utilização deste quarto método de integração da legislação tributária, segue importante decisão do STJ:

> **JURISPRUDÊNCIA**
>
> "O imposto de renda não incide sobre os valores pagos de uma só vez pelo INSS, quando o reajuste do benefício determinado na sentença condenatória não resultar em valor mensal maior que o limite legal fixado para isenção do referido imposto.
>
> O Direito Tributário admite, na aplicação da lei tributária, o instituto da equidade, que é a justiça no caso concreto. Ora, se os proventos, mesmos revistos, não seriam tributáveis no mês em que implementados, também não devem sê-lo quando acumulados pelo pagamento a menor pela entidade pública."
>
> **(STJ – REsp nº 617.081/PR, REsp nº 2003/0225.957-4, Min. Luiz Fux, *DJ* 29/05/2006, p. 159.)**

O parágrafo primeiro do art. 108 determina que a analogia não pode resultar na exigência de tributo não previsto em lei.

Como exemplo deste fato, a legislação de alguns Estados, entendendo que o serviço de habilitação de aparelho móvel celular é análogo ao serviço de comunicação, vinha exigindo o ICMS também sobre esta habilitação.

É um exemplo típico do emprego da analogia para exigir um imposto que incide tão somente, no que diz respeito a serviços, sobre os de transporte e comunicação.

Desta forma o STJ entende ser ilegal a cobrança, conforme decisão que segue:

> **JURISPRUDÊNCIA**
>
> "O ICMS incide, tão somente, na atividade final, que é o serviço de telecomunicação propriamente dito.
>
> O Convênio ICMS nº 69/98, ao determinar a incidência do ICMS sobre a habilitação de aparelho móvel celular, empreendeu verdadeira analogia extensiva do âmbito material de incidência do tributo, em flagrante violação ao art. 108, § 1º, do CTN."
>
> **(STJ – AgRg nos EDcl nº REsp nº 712.418/SE, Min. Francisco Falcão, *DJ* 19/12/2005)**

Já o parágrafo segundo do art. 108 determina, conforme já colocado, que a equidade não pode resultar na dispensa de pagamento de tributo devido como hipótese de integração da legislação tributária, ou seja, na ausência de disposição expressa na lei.

Se, no entanto, a lei autorizar, a equidade poderá servir como fundamento de remissão (perdão) da dívida tributária, conforme normatiza o próprio CTN, no art. 172, IV, a ser estudado dentro deste trabalho.

Portanto, a integração da legislação tributária como decorrência da omissão da própria legislação, pode ser resumida da seguinte forma:

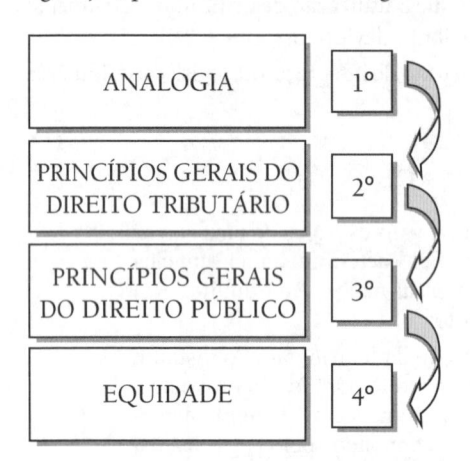

ANALOGIA	1º
PRINCÍPIOS GERAIS DO DIREITO TRIBUTÁRIO	2º
PRINCÍPIOS GERAIS DO DIREITO PÚBLICO	3º
EQUIDADE	4º

Portanto, mais importante do que saber quais os métodos de integração da legislação tributária, é saber que eles têm de ser utilizados na ordem em que são enumerados.

Vale ressaltar que estas hipóteses de integração da legislação tributária só deverão ser utilizadas na hipótese de ausência de norma expressa que regule o caso concreto. Esta é também a posição do STJ, conforme segue:

> **JURISPRUDÊNCIA**
>
> "Havendo norma expressa que regule o caso concreto, restam insuscetíveis de uso as formas de integração do Direito Tributário, quais sejam, a analogia, os princípios gerais de Direito Tributário e de Direito Público e a equidade (CTN, art. 108, I a IV)."
> **(STJ – REsp nº 149.989/SP, REsp nº 1997/0069.210-8, Min. João Otávio de Noronha – *DJ* 29/03/2004, p. 178; RSTJ vol. 180, p. 273.)**

Os arts. 109 e 110 do CTN tratam da integração do Direito Privado com o Direito Tributário:

> **Art. 109.** Os princípios gerais de direito privado utilizam-se para pesquisa da definição, do conteúdo e do alcance de seus institutos, conceitos e formas, mas não para definição dos respectivos efeitos tributários.
>
> **Art. 110.** A lei tributária não pode alterar a definição, o conteúdo e o alcance de institutos, conceitos e formas de direito privado, utilizados, expressa ou implicitamente, pela Constituição Federal, pelas Constituições dos Estados,

ou pelas Leis Orgânicas do Distrito Federal ou dos Municípios, para definir ou limitar competências tributárias.

O art. 109 do CTN determina, em redação nada didática, que, para a pesquisa da definição, do conteúdo e do alcance de institutos, conceitos e formas do Direito Tributário, são utilizados os princípios gerais de direito privado.

Assim, os institutos e definições elaborados para aplicação no Direito Civil e Comercial são aplicados igualmente no Direito Tributário. Entretanto, a definição dos respectivos efeitos tributários caberá tão somente ao legislador tributário. A ele compete determinar, inclusive, efeitos tributários iguais para diferentes institutos do direito privado, bem como efeitos tributários diversos para um mesmo instituto do direito privado em situações específicas.

Quando os conceitos e institutos do direito privado estiverem apenas citados na lei tributária, o aplicador terá que os aplicar da forma como foram definidos pelo legislador privado. Desse modo, o dispositivo respeita as definições do direito privado, mas não limita o legislador do Direito Tributário quanto à aplicação dos efeitos fiscais sobre aquelas definições.

Não poderá, portanto, o legislador tributário ser criticado por dar tratamento tributário idêntico para um contrato de compra e venda, e um outro de promessa de compra e venda, desde que o faça expressamente na lei.

Da mesma forma, afirma Luiz Felipe Silveira Difini em sua obra *Manual de Direito Tributário* (São Paulo: Saraiva, 2003, p. 186):

> (...) ainda utilizando conceitos e formas do direito privado, o Direito Tributário pode alterar-lhes os efeitos, ou seja, por regra expressa, atribuir a um instituto (de direito privado) consequências tributárias diversas daquelas que decorrem do Direito Civil ou Comercial. Assim, é lícito a uma pessoa jurídica atribuir o pró-labore que entender a seus administradores, mas só poderá abatê-lo do lucro real para fins de imposto de renda, até o limite adotado pela lei tributária.

Conforme foi visto na análise do art. 109, o legislador tributário pode atribuir efeitos tributários iguais para diferentes institutos do direito privado, bem como efeitos tributários diversos para um mesmo instituto do direito privado em situações específicas.

No entanto, o mesmo legislador não pode, ao atribuir tais efeitos, alterar as definições do direito privado utilizadas, expressa ou implicitamente, pelas Constituições Federal ou Estaduais ou pelas Leis Orgânicas do DF e dos Municípios, para definir ou limitar competência tributária.

Como consequência, o legislador municipal não pode considerar automóvel bem imóvel para que possa incidir o imposto sobre a transmissão onerosa de bens imóveis (ITBI), uma vez que o Código Civil o define como bem móvel.

Duas observações se fazem importantes. Em primeiro lugar, a afirmação do legislador de que essa proibição, aplicada apenas aos conceitos e definições utilizados, expressa ou implicitamente, pelas Constituições Federal ou Estaduais ou pelas Leis Orgânicas do DF e dos Municípios, é apenas a título de ênfase. Bastaria citar que tal definição não poderia ser utilizada na Constituição Federal, uma vez que as Constituições Estaduais e as Leis Orgânicas do DF e dos Municípios apenas repetem a Carta Magna no que diz respeito à definição e à limitação da competência tributária.

Em segundo lugar, o fato de que as definições não utilizadas, expressa ou implicitamente no texto constitucional, poderão sofrer alterações pelo legislador tributário.

Assim, enquanto a solidariedade como prevista no Código Civil admite, em certos casos, o benefício de ordem, como ocorre no art. 827 do referido diploma, o legislador tributário determinou que a solidariedade na relação com o Fisco não admite, em nenhuma hipótese, o mesmo benefício (art. 124, parágrafo único, do CTN), alterando, desse modo, uma definição do direito privado pelo fato de não estar prevista no texto constitucional.

Combinando os arts. 109 e 110 do CTN, concluímos que há uma integração dos dois ramos do Direito. O direito privado tem as suas próprias definições, mas não pode aplicar a elas efeitos tributários. Por outro lado, o legislador tributário não pode, ao atribuir efeitos tributários, alterar as definições do direito privado utilizadas, expressa ou implicitamente, no texto constitucional.

Por outro lado, quando uma expressão jurídica vinda do Direito Privado é utilizada, expressa ou implicitamente, pela Constituição Federal, pelas Constituições dos Estados, ou pelas Leis Orgânicas do Distrito Federal ou dos Municípios no campo tributário, sua significação deve ser buscada na própria área jurídica privada, de acordo com seus princípios gerais. Não pode, portanto, o legislador tributário alterar as definições do Direito Privado ao atribuir efeitos tributários.

Concluímos, portanto, que os arts. 109 e 110 do CTN tratam da integração dos dois ramos do Direito, reafirmando as suas autonomias didáticas, mas também a interdependência entre os mesmos devido à unicidade do Direito, conforme esquema a seguir:

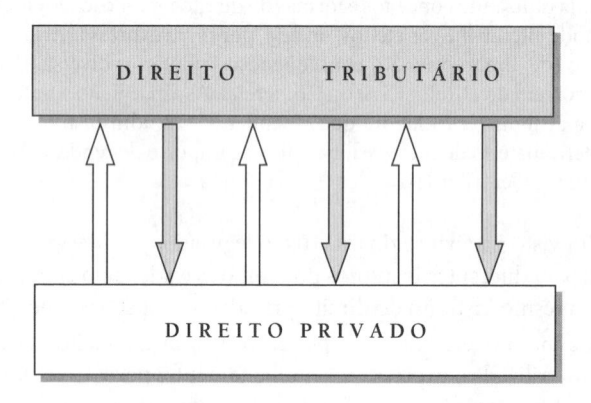

6.10. Interpretação da Legislação Tributária (arts. 107, 111 e 112 do CTN)

Interpretar uma norma jurídica é desenvolver um processo intelectual, no sentido de descobrir o conteúdo e o alcance da mesma norma, para o fim de aplicá-la a situações concretas. Considerando-se a diversidade de significações que pode ter um mesmo termo ou uma só expressão, o processo de interpretação deve ser algo criterioso e sob limites, impedindo que uma mesma norma possa gerar uma infinidade de entendimentos, conforme a vontade e o interesse de cada intérprete.

O CTN promete (art. 107) dar linhas de interpretação à legislação tributária segundo normas próprias, mas define apenas dois tipos de interpretação aplicáveis a situações que enumera. A teoria científica que pesquisa e compara os métodos de interpretação (a Hermenêutica) relaciona vários métodos clássicos, através dos quais o ato de interpretar pode ser criteriosamente desenvolvido. Entre eles podemos citar:

I) o método gramatical ou literal, que determina a interpretação somente à luz do próprio texto da norma sob exame;

II) o método histórico ou genético, mediante o qual, no ato de utilizar uma lei, deve o intérprete examinar os elementos, as circunstâncias, as causas que implicaram a criação da lei sob exame;

III) o método teleológico, que determina ser a interpretação da norma feita mediante a apuração da finalidade objetivada pela mesma;

IV) o método lógico-sistemático, mais amplo e mais moderno, segundo o qual todas as regras jurídicas devem ter, entre si, um nexo, pois são parte de um só sistema jurídico. O intérprete não deve examinar, pois, apenas a origem, a finalidade ou o puro conteúdo textual, mas um contexto mais amplo que interliga diversas situações e normas àquela sob estudo;

V) o método da interpretação autêntica, também chamada legal, é aquele executado pelo próprio Poder Legislativo, mediante a edição de uma nova lei que interpreta a anterior;

VI) o método benigno que determina que, em caso de dúvida, deve-se favorecer o acusado.

Naturalmente, há vários métodos de interpretação, além desses, como o de interpretação judicial, feita pelos juízes e membros dos tribunais, ao proferirem suas decisões.

O CTN determina que poderão ser utilizados para interpretar a legislação tributária quaisquer métodos de interpretação previstos na hermenêutica.

Embora a regra geral seja esta liberdade de interpretação, o mesmo código exige, nos arts. 111 e 112, determinados tipos de interpretação para determinadas matérias:

Art. 111. Interpreta-se literalmente a legislação tributária que disponha sobre:

I – suspensão ou exclusão do crédito tributário;

II – outorga de isenção;

III – dispensa do cumprimento de obrigações tributárias acessórias.

Art. 112. A lei tributária que define infrações, ou lhe comina penalidades, interpreta-se da maneira mais favorável ao acusado, em caso de dúvida quanto:

I – à capitulação legal do fato;

II – à natureza ou às circunstâncias materiais do fato, ou à natureza ou extensão dos seus efeitos;

III – à autoria, imputabilidade, ou punibilidade;

IV – à natureza da penalidade aplicável, ou à sua graduação.

Da análise destes dispositivos, podemos representar as normas de hermenêutica do Direito Tributário da seguinte forma:

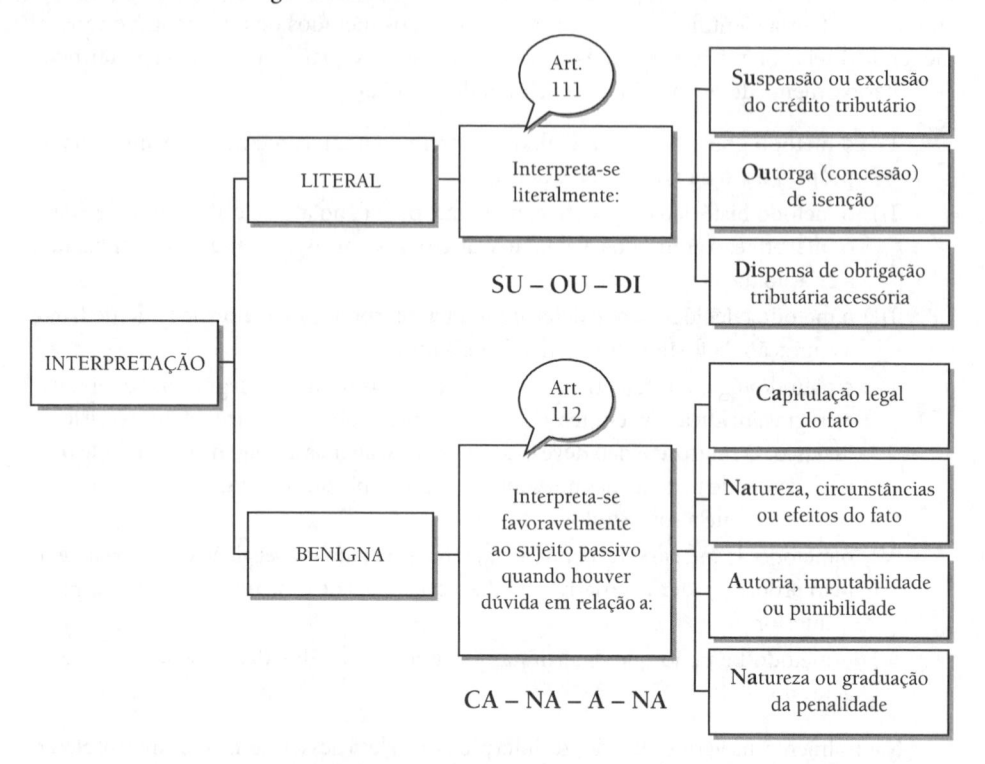

```
                                    Art. 111
                                         │
                          ┌──────────────┼─── Suspensão ou exclusão
                          │              │    do crédito tributário
              ┌── LITERAL ──── Interpreta-se
              │           literalmente:  ├─── Outorga (concessão)
              │                          │    de isenção
              │           SU – OU – DI   │
              │                          └─── Dispensa de obrigação
INTERPRETAÇÃO │                               tributária acessória
              │
              │                    Art. 112
              │                          │
              │                          ├─── Capitulação legal
              │                          │    do fato
              │           Interpreta-se  │
              │           favoravelmente ├─── Natureza, circunstâncias
              └── BENIGNA ── ao sujeito  │    ou efeitos do fato
                            passivo      │
                            quando houver├─── Autoria, imputabilidade
                            dúvida em    │    ou punibilidade
                            relação a:   │
                                         └─── Natureza ou graduação
                            CA – NA – A – NA  da penalidade
```

Com relação ao art. 112 do CTN, o raciocínio é extremamente fácil: se a legislação dispõe sobre infração e há dúvida sobre qualquer que seja o assunto, interpreta-se favoravelmente ao sujeito passivo (*in dubio pro reo*).

> **JURISPRUDÊNCIA**
>
> Conforme determina o STJ em várias de suas decisões, o art. 112 do CTN, que recomenda a interpretação mais favorável, somente tem pertinência quando houver dúvida na exegese da norma punitiva, não se aplicando a outros tipos de norma. Segue uma destas decisões a respeito da matéria:
>
> "Tributário e Processo Civil. Execução Fiscal. Juros de mora. Taxa de juros. Honorários.
>
> (...)
>
> III. Em matéria de juros, não se aplica a legislação mais benéfica ao contribuinte porque não estão em discussão as hipóteses do art. 112 do CTN. **(REsp nº 294.740/SC, REsp nº 2000/0137.854-6, Min. Eliana Calmon, *DJ* 06/05/2002, p. 273.)**

Capítulo 7

Obrigação Tributária

7.1. Tipos de Obrigação (art. 113 do CTN)

Em Direito, obrigação corresponde a um vínculo, um dever a ser cumprido e derivado da relação entre duas ou mais pessoas, das quais uma tem o direito de exigir e a outra, o dever de cumprir alguma coisa devida. Essas pessoas são denominadas **sujeitos** da obrigação, sendo que a que impõe é o **sujeito ativo** e a que tem o dever de dar ou fazer, cumprindo a obrigação, **o sujeito passivo**.

No Direito Tributário, a OBRIGAÇÃO corresponde ao seu verdadeiro núcleo, uma vez que se trata de um direito estritamente obrigacional, sendo sujeitos o Estado, que exige, e o cidadão-contribuinte, que cumpre com pagamento do tributo.

Pode-se conceituar a obrigação tributária como a relação jurídica que tem por objeto uma prestação, positiva ou negativa, prevista na legislação tributária, a cargo de um particular e a favor do Estado, traduzida em **pagar tributo ou penalidade** ou em fazer alguma coisa no interesse do Fisco ou, ainda, em abster-se de praticar determinado ato, nos termos da lei.

Os dois tipos de obrigação tributária estão previstos no art. 113 do CTN:

> Art. 113. A obrigação tributária é principal ou acessória.
>
> § 1º A obrigação principal surge com a ocorrência do fato gerador, tem por objeto o pagamento de tributo ou penalidade pecuniária e extingue-se juntamente com o crédito dela decorrente.
>
> § 2º A obrigação acessória decorre da legislação tributária e tem por objeto as prestações, positivas ou negativas, nela previstas no interesse da arrecadação ou da fiscalização dos tributos.
>
> § 3º A obrigação acessória, pelo simples fato da sua inobservância, converte-se em obrigação principal relativamente à penalidade pecuniária.

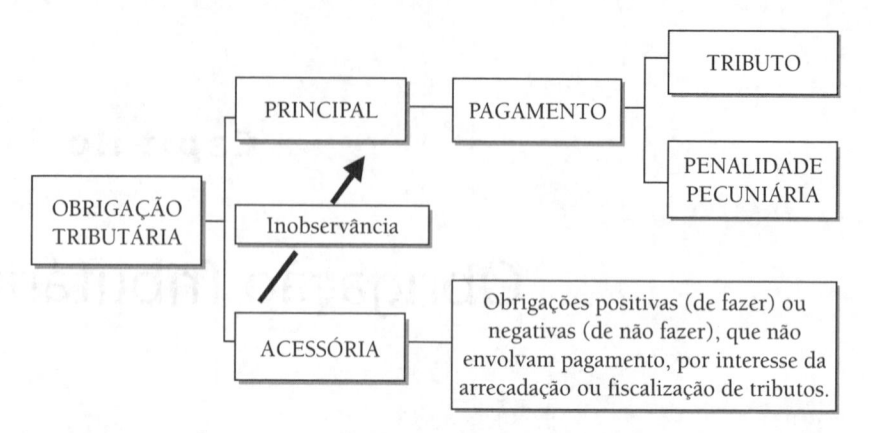

```
                                              ┌─── TRIBUTO
                          PRINCIPAL ── PAGAMENTO
                              ▲              └─── PENALIDADE
                              │                    PECUNIÁRIA
   OBRIGAÇÃO      Inobservância
   TRIBUTÁRIA         │
                      ▼
                   ACESSÓRIA ─── Obrigações positivas (de fazer) ou
                                  negativas (de não fazer), que não
                                  envolvam pagamento, por interesse da
                                  arrecadação ou fiscalização de tributos.
```

É importante observarmos três aspectos, que ficam bem visíveis com o quadro acima:

a) a palavra chave para diferenciar a obrigação tributária principal da acessória é "**pagamento**". Se for pagamento, a obrigação é principal; caso contrário, é acessória;

b) a penalidade pela infração a dispositivos tributários é obrigação tributária, embora não se confunda com tributo, conforme determina o CTN, na própria definição prevista no seu art. 3º;

c) a inobservância da obrigação acessória (como, por exemplo, a falta de emissão de documento fiscal na venda de mercadoria) a converte em obrigação principal relativamente à penalidade pecuniária (imposição de multa).

Os elementos que compõem a estrutura da obrigação tributária são:

LEI + FATO GERADOR + SUJEITO ATIVO + SUJEITO PASSIVO

O CTN, como não poderia deixar de ser, dedicou-se a vários dispositivos para estes elementos da obrigação fiscal.

- *A Lei* (art. 97 do CTN) – É o ato que cria ou institui o tributo, determina o aumento de suas alíquotas, outorga isenções, vedações, não incidência, define o fato gerador e tudo mais que for necessário para dar eficácia à obrigação tributária. É, pois, a fonte desta obrigação e estrutura-se pela hipótese, o mandamento e a sanção.
- *O Fato Gerador* (arts. 114 ao 118 do CTN) – É o elemento nuclear da obrigação tributária ou sua própria natureza jurídica, sem o qual não há que se falar em obrigação.
- *O Sujeito Ativo* (arts. 119 e 120 do CTN) – É o lado credor da obrigação fiscal.
- *O Sujeito Passivo* (arts. 121 ao 123 do CTN) – É o lado devedor da relação obrigacional tributária.

7.2. Fato Gerador (arts. 114 a 118 do CTN)

À medida que são dois tipos de obrigação tributária (principal e acessória), também são dois os tipos de fatos geradores:

Art. 114. Fato gerador da obrigação principal é a situação definida em lei como necessária e suficiente à sua ocorrência.

Art. 115. Fato gerador da obrigação acessória é qualquer situação que, na forma da legislação aplicável, impõe a prática ou a abstenção de ato que não configure obrigação principal.

```
                          ┌─ PRINCIPAL ── É a situação definida em lei como
                          │               necessária e suficiente para o
FATO GERADOR              │               surgimento da obrigação tributária.
DA OBRIGAÇÃO ─────────────┤
TRIBUTÁRIA                │               É qualquer situação que, na forma
                          │               da legislação aplicável, impõe a
                          └─ ACESSÓRIA ── prática ou a abstenção de ato que
                                          não configure obrigação principal.
```

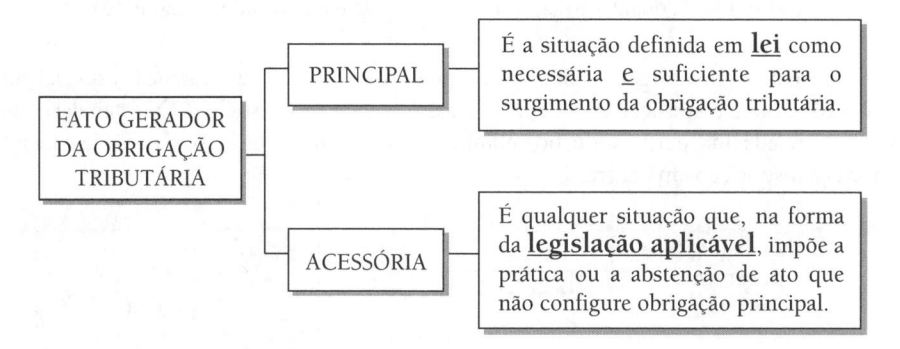

Do quadro anterior, podemos tirar observações importantes:

a) o fato gerador da obrigação tributária principal tem que estar previsto na lei, enquanto o da obrigação acessória pode estar na legislação que, conforme determina o art. 96 do CTN, compreende as leis, os tratados e convenções internacionais, os decretos e as normas complementares;

b) portanto, o ato de um Secretário de Fazenda municipal (que é uma norma complementar) não pode criar a obrigação de pagar o IPTU, mas pode exigir o preenchimento de um formulário ao se pagar o tributo por ser obrigação acessória;

c) quando o art. 114 do CTN assevera que o fato gerador é a condição necessária e suficiente para o surgimento da obrigação tributária, podemos concluir que esta surge imediatamente à ocorrência daquele. Corroborando com esta afirmativa, vamos recordar o § 1º do art. 113 do CTN: "A obrigação tributária principal surge com a ocorrência do fato gerador (...)."

```
                    imediatamente
         ╭─────────────────────────────────╮
         │                                 ▼
   ┌──────────────┐                 ┌──────────────────────┐
   │ FATO GERADOR │─────────────────│ OBRIGAÇÃO TRIBUTÁRIA │
   └──────────────┘                 └──────────────────────┘
```

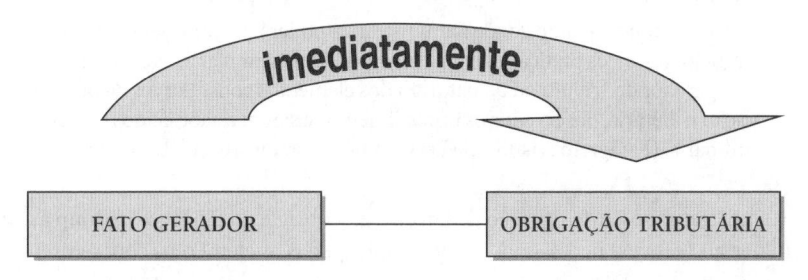

Dessa forma, o fato gerador faz nascer a obrigação tributária, que se aperfeiçoa com o lançamento, ato pelo qual se constitui o crédito correspondente à obrigação.

Há – é importante que comentemos – a possibilidade de exigência da obrigação tributária antes da ocorrência do fato gerador; que é possibilidade esta assegurada pelo art. 150, § 7º, da Constituição Federal, incluído pela Emenda Constitucional nº 03/1993:

Constituição Federal

Art. 150. (...)

§ 7º A lei poderá atribuir a sujeito passivo de obrigação tributária a condição de responsável pelo pagamento de imposto ou contribuição, cujo fato gerador deva ocorrer posteriormente, assegurada a imediata e preferencial restituição da quantia paga, caso não se realize o fato gerador presumido.

Dentro do título obrigação tributária, é importante que se dê uma atenção especial para a expressão "salvo disposição de lei em contrário". Nessas hipóteses, o CTN estabelece uma regra a ser obedecida, permitindo, no entanto, que o legislador que institui e regula o tributo estabeleça disposição em contrário.

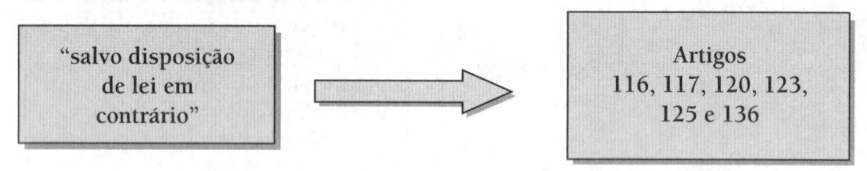

"salvo disposição de lei em contrário"	⟶	Artigos 116, 117, 120, 123, 125 e 136

O Código Tributário Nacional estabelece, nesses casos, uma norma geral a ser obedecida apenas na ausência de lei ordinária sobre a matéria.

A expressão aparece nos seguintes dispositivos, dentro do título obrigação tributária:

Os arts. 116 e 117 do CTN regulam o momento no qual se considera ocorrido o fato gerador e definitivamente existentes os seus efeitos, ou seja, o surgimento da obrigação tributária:

Art. 116. Salvo disposição de lei em contrário, considera-se ocorrido o fato gerador e existentes os seus efeitos:

I – tratando-se de situação de fato, desde o momento em que se verifiquem as circunstâncias materiais necessárias a que produza os efeitos que normalmente lhe são próprios;

II – tratando-se da situação jurídica, desde o momento em que esteja definitivamente constituída, nos termos de direito aplicável.

Parágrafo único. A autoridade administrativa poderá desconsiderar atos ou negócios jurídicos praticados com a finalidade de dissimular a ocorrência do fato gerador do tributo ou da natureza dos elementos constitutivos da obrigação tributária, observados os procedimentos a serem estabelecidos em lei ordinária. (Parágrafo criado pela Lei Complementar nº 104, de 10/01/2001.)

Portanto, tratando-se de situação de fato, surge a obrigação tão logo ocorram as circunstâncias materiais (provas) necessárias, importando apenas os elementos concretos, materiais.

Por exemplo, a saída de um produto de uma loja é fato gerador do ICMS seja a que título for, venda, troca, doação ou transferência, à medida que a simples circulação do produto é a circunstância material necessária e suficiente para o surgimento da obrigação.

O parágrafo único do art. 116, criado pela Lei Complementar nº 104, de 10/01/2001, deixa clara a intenção do Governo Federal de inibir a prática de procedimentos que, embora não constituam crime contra a ordem tributária, sendo apenas hipóteses de elisão, contribuem para a redução de imposto a pagar, por dissimulações:

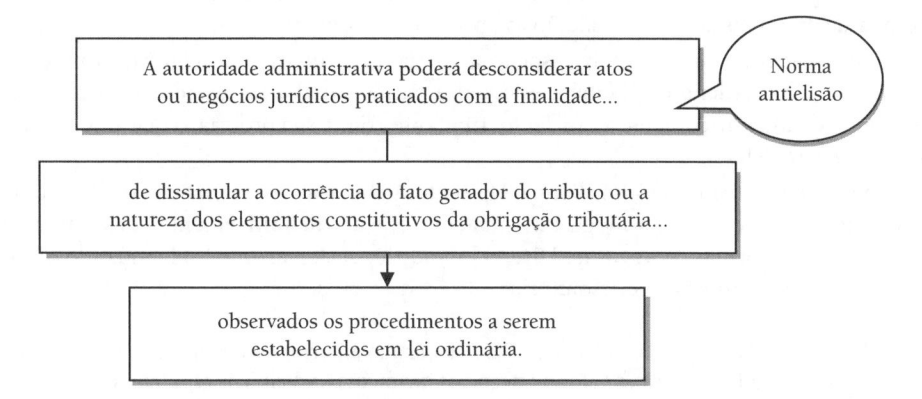

Capítulo 7 | Obrigação Tributária

```
┌─────────────────────────────────────────────────┐      ╭─────────────╮
│ A autoridade administrativa poderá desconsiderar atos │──────│   Norma     │
│ ou negócios jurídicos praticados com a finalidade...  │      │ antielisão  │
└─────────────────────────────────────────────────┘      ╰─────────────╯
                         │
                         ▼
┌───────────────────────────────────────────────────────────┐
│ de dissimular a ocorrência do fato gerador do tributo ou a │
│ natureza dos elementos constitutivos da obrigação tributária... │
└───────────────────────────────────────────────────────────┘
                         │
                         ▼
        ┌─────────────────────────────────────┐
        │ observados os procedimentos a serem │
        │ estabelecidos em lei ordinária.     │
        └─────────────────────────────────────┘
```

Antes de comentá-lo, mister se faz estabelecer uma diferenciação entre os conceitos de elisão e evasão fiscal.

A elisão fiscal é uma forma lícita de se reduzir a carga tributária, empregando métodos que a própria legislação oferta, como enquadramento como microempresa, opção pelo Simples federal e outras existentes nas três esferas administrativas.

A evasão, por sua vez, compreende meios ilícitos de se reduzir a carga tributária, tais como sonegação, fraude ou conluio.

O dispositivo ora comentado permite, à discricionariedade do administrador, que ele venha a desconsiderar atos lícitos praticados pelo sujeito passivo, mas que, a seu ver, são dissimuladores de outros fatos realmente ocorridos.

A grande dificuldade de aplicação deste dispositivo é justamente a referida discricionariedade que incumbirá à autoridade. É certo que o CTN determina que lei ordinária deverá regular os procedimentos a serem observados, o que não retira o caráter altamente subjetivo que importa nesta desconsideração do ato praticado.

Assim, até que ponto um comerciante que sabe que o frete intramunicipal compõe a base de cálculo do ICMS nas suas vendas e cria uma empresa transportadora para que passe a sofrer, sobre o valor do frete, a tributação do ISS, sabidamente bem inferior à do imposto estadual, estaria praticando uma dissimulação? Mesmo que a sua então criada transportadora só realize entregas de seu próprio estabelecimento, como pode a autoridade não aceitar tal forma de elisão fiscal, revestida, portanto, de legalidade?

De qualquer forma, o STJ já aponta para a legalidade desta norma antielisiva, conforme decisão que segue:

JURISPRUDÊNCIA

"A Administração Pública pode, em observância ao princípio da moralidade administrativa e da indisponibilidade dos interesses públicos tutelados, desconsiderar a personalidade jurídica de sociedade constituída com abuso de forma e fraude à lei, desde que facultado ao administrado o contraditório e a ampla defesa em processo administrativo regular."

(STJ – RMS nº 15.166/BA, Recurso Ordinário em Mandado de Segurança nº 2002/0094.265-7, Min. Castro Meira, *DJ* 08/09/2003)

O dispositivo certamente ainda será objeto de muita discussão e a sua aplicação prática resultará em muitas ações que baterão às portas dos nossos tribunais.

Outra questão relevante diz respeito à citada lei ordinária que regulará o processo. Seria ela apenas federal ou também estadual e municipal? Vários Estados já criaram tais leis, entendendo que compete a cada ente tributante criar a sua própria, o que ainda não foi feito na esfera federal.

No tocante às situações jurídicas, o legislador tributário determina que o fato gerador considerar-se-á ocorrido tão logo tais situações estejam definitivamente constituídas de acordo com as normas previstas no Direito Privado, e esclarece, no art. 117, quando dispõe sobre condições suspensiva e resolutória:

> **Art. 117.** Para os efeitos do inciso II do artigo anterior e salvo disposição de lei em contrário, os atos ou negócios jurídicos condicionais reputam-se perfeitos e acabados:
>
> I – sendo suspensiva a condição, desde o momento de seu implemento;
>
> II – sendo resolutória a condição, desde o momento da prática do ato ou da celebração do negócio.

Assim, se a condição jurídica for uma condição suspensiva, a obrigação surge com o implemento da condição; se resolutória tal condição, os efeitos do fato aparecem desde a celebração do negócio ou a prática do ato:

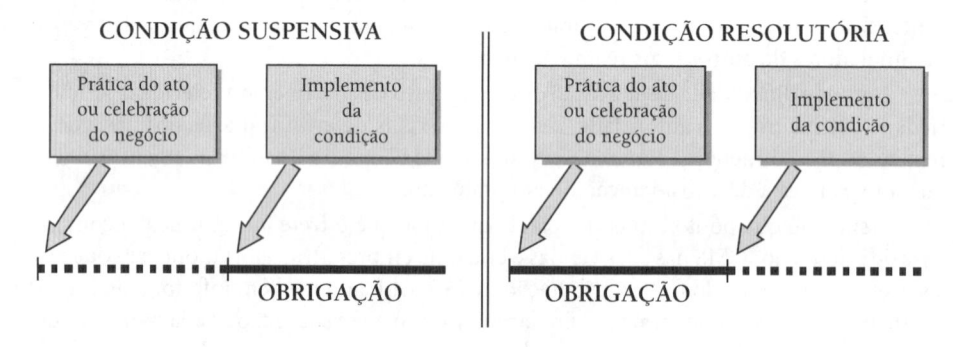

Na condição suspensiva, a aquisição do direito fica na dependência de um evento ou condição futura e incerta que deixa em suspenso a eficácia do ato.

Por exemplo, se Carlos assina um contrato se comprometendo a doar um imóvel de sua propriedade ao Prof. Manoel, caso este último faça João, filho de Carlos, ser aprovado em um concurso público, o fato gerador do ITD só ocorre com o implemento da condição. Portanto, a simples assinatura do contrato, embora seja um fato jurídico, não é suficiente para o surgimento da obrigação.

Já na condição resolutória ou resolutiva, o direito adquirido se desfaz quando ocorre determinado evento. Tal evento "resolve", ou seja, extingue o ato jurídico.

Por exemplo, se Carlos assinar um contrato doando um imóvel de sua propriedade a um genro, na condição de que este permaneça casado com sua filha, o fato gerador do ITD ocorre imediatamente. Se, no futuro, o genro se separar da filha de Carlos, perderá o imóvel, episódio que em nada afetará o fato gerador do ITD já ocorrido.

Torna-se fácil a conclusão de que a condição resolutória para o Direito Tributário tem os mesmos efeitos da situação de fato, já que, nos dois casos, a obrigação surge imediatamente.

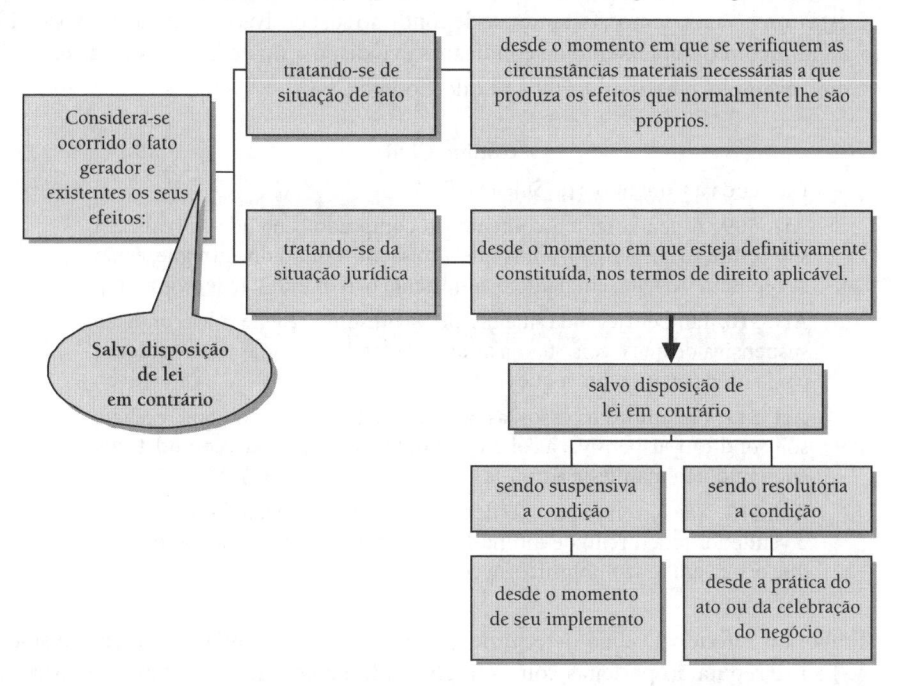

Considera-se ocorrido o fato gerador e existentes os seus efeitos: (Salvo disposição de lei em contrário)

- **tratando-se de situação de fato**: desde o momento em que se verifiquem as circunstâncias materiais necessárias a que produza os efeitos que normalmente lhe são próprios.
- **tratando-se da situação jurídica**: desde o momento em que esteja definitivamente constituída, nos termos de direito aplicável.
  - salvo disposição de lei em contrário:
    - **sendo suspensiva a condição**: desde o momento de seu implemento
    - **sendo resolutória a condição**: desde a prática do ato ou da celebração do negócio

É importante que, neste momento, façamos uma remissão ao art. 105 do CTN já estudado por nós:

> **Art. 105 do CTN.** A legislação tributária aplica-se imediatamente aos fatos geradores futuros e aos pendentes, assim entendidos aqueles cuja ocorrência tenha tido início mas não esteja completa nos termos do art. 116.

Baseado neste dispositivo combinado com os arts. 116 e 117 do CTN, vamos analisar a seguinte situação:

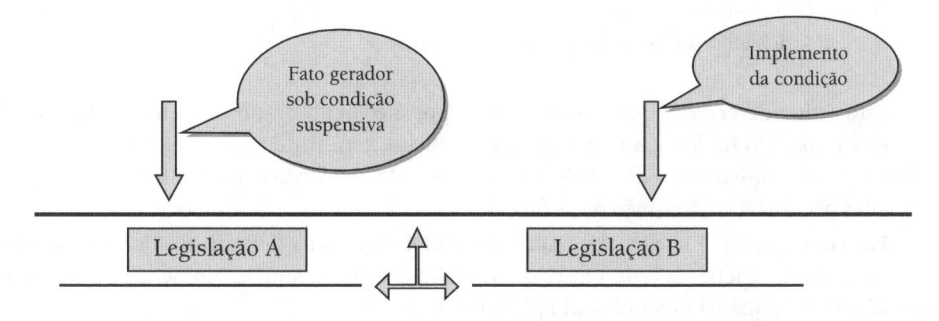

[Fato gerador sob condição suspensiva → Legislação A] ⇔ [Implemento da condição → Legislação B]

Embora quando da celebração do negócio ou prática do ato estivesse em vigor a Legislação A, ao surgir o implemento da condição já estava em vigor a Legislação B, que deverá ser aplicada, à medida que o fato gerador estava pendente.

Volto a chamar a atenção para o fato de que o art. 117 do CTN estabelece uma norma que só será aplicada caso o legislador não disponha de modo contrário.

Desta forma, como vimos, tratando-se de condição suspensiva, considerar-se-á ocorrido o fato gerador com o implemento da condição, salvo disposição de lei em contrário.

Como exemplo, cito os arts. 509 a 512 do Código Civil:

Código Civil
Da Venda a Contento e da Sujeita a Prova

Art. 509. A venda feita a contento do comprador entende-se realizada sob condição suspensiva, ainda que a coisa lhe tenha sido entregue; e não se reputará perfeita, enquanto o adquirente não manifestar seu agrado.

Art. 510. Também a venda sujeita a prova presume-se feita sob a condição suspensiva de que a coisa tenha as qualidades asseguradas pelo vendedor e seja idônea para o fim a que se destina.

Art. 511. Em ambos os casos, as obrigações do comprador, que recebeu, sob condição suspensiva, a coisa comprada, são as de mero comodatário, enquanto não manifeste aceitá-la.

Art. 512. Não havendo prazo estipulado para a declaração do comprador, o vendedor terá direito de intimá-lo, judicial ou extrajudicialmente, para que o faça em prazo improrrogável.

Embora o referido Código determine que estes tipos de venda (a contento e sujeita a prova) só se reputarão perfeitas com o implemento da condição, a imensa maioria dos legisladores tributários dos Estado e DF consideram que a saída da mercadoria é suficiente para caracterizar a ocorrência do fato gerador do ICMS, sendo irrelevante o fato de estarem sob condição suspensiva.

O art. 118 do CTN determina que o fato gerador tem que ser interpretado sem levar em consideração a licitude ou ilicitude do ato praticado:

Art. 118. A definição legal do fato gerador é interpretada abstraindo-se:

I – da validade jurídica dos atos efetivamente praticados pelos contribuintes, responsáveis, ou terceiros, bem como da natureza do seu objeto ou dos seus efeitos;

II – dos efeitos dos fatos efetivamente ocorridos.

Este artigo determina que a renda obtida por ato ilícito praticado pelo contribuinte, como a exploração do lenocínio ou do jogo de bicho, será tributada pela Receita Federal, independentemente do fato de ser ilícito e também das suas consequências, tais como penalidades pecuniárias, detenção ou reclusão.

Por conseguinte, é irrelevante para o Direito Tributário a licitude ou ilicitude do ato praticado, sendo apenas levado em conta o efeito causado naquele momento no mundo jurídico, mesmo que não reconhecido pelo direito privado.

Esta regra é denominada princípio do "*non olet*", que tem sua origem na Paris antiga. O Governo francês começou a cobrar tributo pelo uso do mictório público e a população se revoltou, alegando, de forma pejorativa, que o dinheiro público estaria com cheiro de urina.

O Governo, utilizando a mesma forma pejorativa, alegou que o dinheiro não tem cheiro, não importando qual a sua origem.

Desta passagem, surgiu a denominação de *"non olet"*, que significa não ter cheiro, em latim, para a cobrança de tributos sobre qualquer receita, independentemente da licitude ou ilicitude de sua origem.

> **JURISPRUDÊNCIA**
>
> O STF reforça o princípio do *"non olet"* em suas decisões, conforme exemplo a seguir:
>
> Ementa: Sonegação fiscal de lucro advindo de atividade criminosa: *non olet*. Drogas: tráfico de drogas, envolvendo sociedades comerciais organizadas, com lucros vultosos subtraídos à contabilização regular das empresas e subtraídos à declaração de rendimentos: caracterização, em tese, de crime de sonegação fiscal, a acarretar a competência da Justiça Federal e atrair pela conexão o tráfico de entorpecentes: irrelevância da origem ilícita, mesmo quando criminal, da renda subtraída à tributação.
>
> A exoneração tributária dos resultados econômicos de fato criminoso – antes de ser corolário do princípio da moralidade – constitui violação do princípio de isonomia fiscal, de manifesta inspiração ética. **(HC nº 77.530/RS, 1ª Turma, Rel. Min. Sepúlveda Pertence, j. 25/08/1998, *DJ* 18/09/1998, p. 00007. Ement. Vol. 01.923-03, p. 00522)**

No aspecto doutrinário, o fato gerador é estratificado em vários aspectos que serão analisados a partir de agora:

- material;
- temporal;
- espacial;
- pessoal; e
- quantitativo.

a) **Aspecto material**

Como bem define o art. 114 do CTN, é a situação definida em lei como necessária e suficiente para o surgimento da obrigação tributária.

b) **Aspecto temporal**

É o momento no qual se considera o fato gerador realizado. A determinação precisa deste momento é fundamental, pois estabelece qual a legislação a ser aplicada na constituição do crédito tributário.

c) **Aspecto espacial**

É o local em que se considera ocorrido o fato gerador. Sua importância decorre de a determinação do ente competente para exigir o tributo depender da identificação do local da ocorrência do fato gerador.

d) Aspecto pessoal

Determina os sujeitos ativo e passivo da obrigação tributária, sem os quais se torna impossível a exigência tributária.

e) Aspecto quantitativo

Também chamado de aspecto valorativo, diz respeito ao cálculo do quanto será exigido, partindo dos valores da base de cálculo e da alíquota aplicável.

Outro aspecto doutrinário a ser considerado é a classificação dos fatos geradores quanto aos elementos que os constituem e quanto à sua periodicidade:

- simples ou instantâneos;
- contínuos ou continuados; e
- complexos ou complexivos.

Passemos a uma análise de cada tipo.

a) Simples ou instantâneo

São aqueles que se iniciam e completam em um só momento, em um só instante. Ocorrem normalmente nos casos do II, IE, ICMS, IPI, ITBI, ITD, entre outros.

b) Contínuos ou continuados

São aqueles que levam um período para se completar. No Brasil, este período geralmente é de um ano. Ocorrem normalmente com os impostos sobre patrimônio, tais como o ITR, IPTU e IPVA.

É importante chamar a atenção de que esses fatos geradores são constituídos por um único fato jurídico que é a propriedade sobre o bem durante aquele ano, não importando quantos titulares dessa propriedade existiram durante o período considerado.

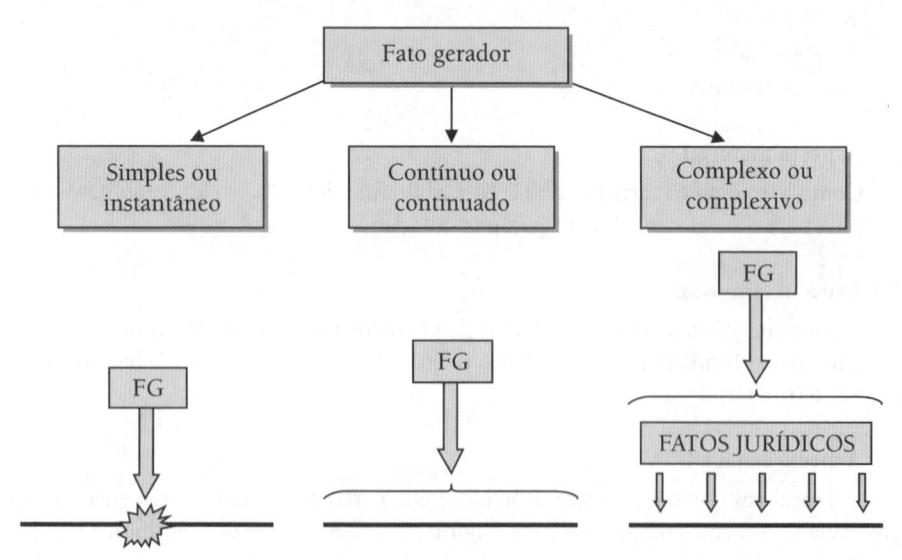

c) **Complexos ou complexivos**

Nos moldes do fato gerador contínuo ou continuado, também abrange um período geralmente de um ano. Diferencia-se, no entanto, pelo fato de ser constituído por vários fatos jurídicos que, somados no final do período, compõem um só fato gerador. Ocorre quase que exclusivamente no caso do IR.

É importante lembrar que um determinado imposto pode, em momentos diversos, possuir fatos geradores de características diferentes.

Como exemplo, o IR foi citado como complexo ou complexivo, mas pode ser instantâneo como naquele incidente sobre o ganho de capital obtido em uma aplicação financeira.

Ainda a título de exemplo, o ICMS, que normalmente é simples ou instantâneo, pode ser contínuo, como no caso das microempresas que recolhem por estimativa uma importância fixa pelo período de um mês.

7.3. Sujeito Ativo (arts. 119 e 120 do CTN)

RELAÇÃO OBRIGACIONAL TRIBUTÁRIA

SUJEITO ATIVO   *SUJEITO PASSIVO*

OBRIGAÇÃO TRIBUTÁRIA

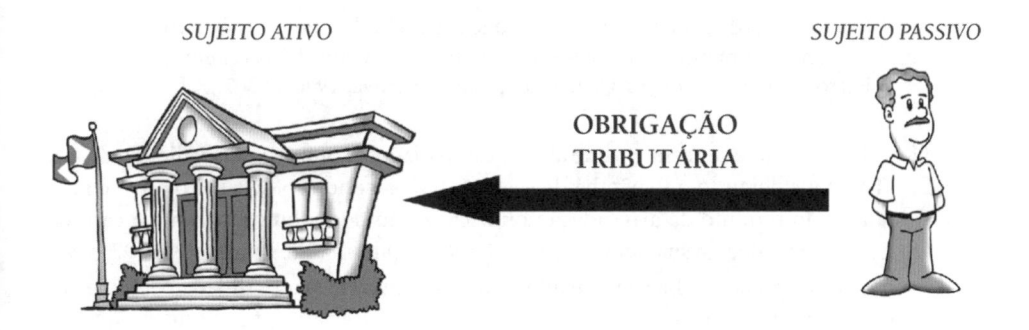

Art. 119. Sujeito ativo da obrigação é a pessoa jurídica de Direito Público titular da competência para exigir o seu cumprimento.

Quando o Código Tributário Nacional define, no art. 5º, que tributos são impostos, taxas e contribuições de melhoria, o legislador parece que descarta definitivamente a hipótese de considerar as contribuições parafiscais como tributos.

No entanto, ao definir o sujeito ativo da relação obrigacional tributária, no art. 119, como a pessoa jurídica de direito público competente para exigir o seu cumprimento, abre a possibilidade de considerar as autarquias como o INSS como credoras da relação obrigacional tributária, considerando tais contribuições como tributos.

A análise deste dispositivo abre também a discussão a respeito do fato de que pessoas jurídicas de direito privado também podem ser consideradas sujeito ativo da relação obrigacional tributária.

De fato existem contribuições parafiscais que têm como credores conselhos reguladores de atividades profissionais, como OAB, CREA, CRM e outros.

O Supremo Tribunal Federal define tais instituições como pessoas jurídicas de direito privado, fazendo com que o ora comentado art. 119 do CTN se encontre em desacordo com o atual sistema tributário, na opinião de vários doutrinadores.

Cito como defensores desta tese Luciano Amaro e Paulo de Barros Carvalho, conforme trechos de suas obras citadas, que tecem comentários sobre o referido artigo:

> Esse dispositivo peca, porém, quando supõe que o credor da obrigação tributária necessariamente tinha de ser pessoa jurídica de direito público, quando se sabe que o sistema constitucional admite a existência de outras entidades na condição de credoras de obrigações tributárias. Não vemos que outro título dar a elas a não ser o de sujeito ativo de obrigação tributária. Esse dispositivo (diga-se, a bem da verdade) está em sintonia com o art. 5º do Código Tributário Nacional, que pretendeu trancar o sistema tributário na trilogia imposto-taxa-contribuição de melhoria, cujos sujeitos ativos soem ser pessoas de direito público. Na medida, porém, em que se incluam no sistema tributário outras exações que não correspondam a essas figuras (ou – na visão de certos setores doutrinários – na medida em que essas espécies compreendam os tributos parafiscais) há de ser compreensiva também das entidades de direito privado que tenham capacidade tributária ativa. (AMARO, Luciano. *Direito Tributário Brasileiro*, 2. ed., Saraiva, 1995, p. 276.)

> (...) Não é tarde para reconhecermos que o art. 119 do Código Tributário Nacional é letra morta no sistema do direito positivo brasileiro. (Paulo de Barros Carvalho, *Curso de Direito Tributário*, Saraiva, 1996, p. 207.)

No entanto, há que se ressaltar que alguns doutrinadores opinam pela validade do art. 119 do CTN, considerando que não há de se confundir a condição de sujeito ativo com a de destinatário do produto da arrecadação ou fiscalização dos tributos, como é o caso de Hugo de Brito Machado, em sua obra *Curso de Direito Tributário*, Ed. Malheiros, 1997, p. 96.

Embora o tema não venha sendo explorado neste nível de profundidade pelas bancas examinadoras, entendo que, ao responder uma questão dissertativa, tal discussão doutrinária deve ser levantada. Se, no entanto, a questão for objetiva, aconselho a considerar que o dispositivo do CTN continua em vigor, salvo se o enunciado levar à conclusão contrária de modo expresso.

De qualquer forma, o legislador deixou bem nítido o fato de que o sujeito ativo não é, necessariamente, a pessoa jurídica competente para instituir o tributo, conforme se observa na figura a seguir:

	Pessoa jurídica competente para INSTITUIR	Pessoa jurídica competente para EXIGIR (Sujeito Ativo)
IR	União	União
Contribuições para a CREA	União	CREA

O STJ confirma esta diferenciação entre sujeito ativo e pessoa jurídica competente para instituir, como na Súmula nº 396, que trata de uma contribuição de competência da União, nos termos do art. 149 da CF:

> **Súmula nº 396**
> A Confederação Nacional da Agricultura tem legitimidade ativa para a cobrança da contribuição sindical rural.

No outro artigo referente ao sujeito ativo, o CTN regula a situação tributária no caso da emancipação de um distrito municipal ou criação de um novo estado por desmembramento de outro.

> **Art. 120.** Salvo disposição de lei em contrário, a pessoa jurídica de Direito Público, que se constituir pelo desmembramento territorial de outra, sub-roga-se nos direitos desta, cuja legislação tributária aplicará até que entre em vigor a sua própria.

Neste outro artigo referente ao sujeito ativo, o CTN regula a situação tributária no caso da emancipação de um distrito municipal ou criação de um novo Estado por desmembramento de outro.

Desta forma, o Estado de Mato Grosso do Sul utilizou a legislação de Mato Grosso até que tivesse a sua própria, o mesmo ocorrendo com Tocantins com relação a Goiás.

É importante que seja chamada a atenção para o fato de que esta é uma daquelas situações nas quais a norma geral expedida pelo CTN só se aplica no caso de omissão ou silêncio de lei sobre a matéria, sendo, portanto, permitido ao legislador dispor de forma diferente.

Surge, neste caso, um questionamento: que tipo de lei pode dispor de modo contrário ao que determina o CTN?

A resposta está na própria Constituição Federal, em seu art. 18, §§ 3º e 4º:

> **Constituição Federal**
> **Art. 18.** A organização político-administrativa da República Federativa do Brasil compreende a União, os Estados, o Distrito Federal e os Municípios, todos autônomos, nos termos desta Constituição.
> (...)
> § 3º Os Estados podem incorporar-se entre si, subdividir-se ou desmembrar-se para se anexarem a outros, ou formarem novos Estados ou Territórios Federais, mediante aprovação da população diretamente interessada, através de plebiscito, e do Congresso Nacional, por lei complementar.
> § 4º A criação, a incorporação, a fusão e o desmembramento de Municípios, far-se-ão por lei estadual, dentro do período determinado por Lei Complementar Federal, e dependerão de consulta prévia, mediante plebiscito, às populações dos Municípios envolvidos, após divulgação dos Estudos de Viabilidade Municipal, apresentados e publicados na forma da lei.

Desta forma, no caso de desmembramento de Estados, a lei que poderá dispor de modo diverso ao art. 120 do CTN é lei complementar federal (art. 18, § 3º). Já no caso de desmembramento de Municípios, caberá à lei ordinária estadual (art. 18, § 4º).

É importante que seja chamada atenção para o fato de que esta é uma daquelas situações nas quais a norma geral expedida pelo CTN só se aplica no caso de omissão ou silêncio de lei sobre a matéria.

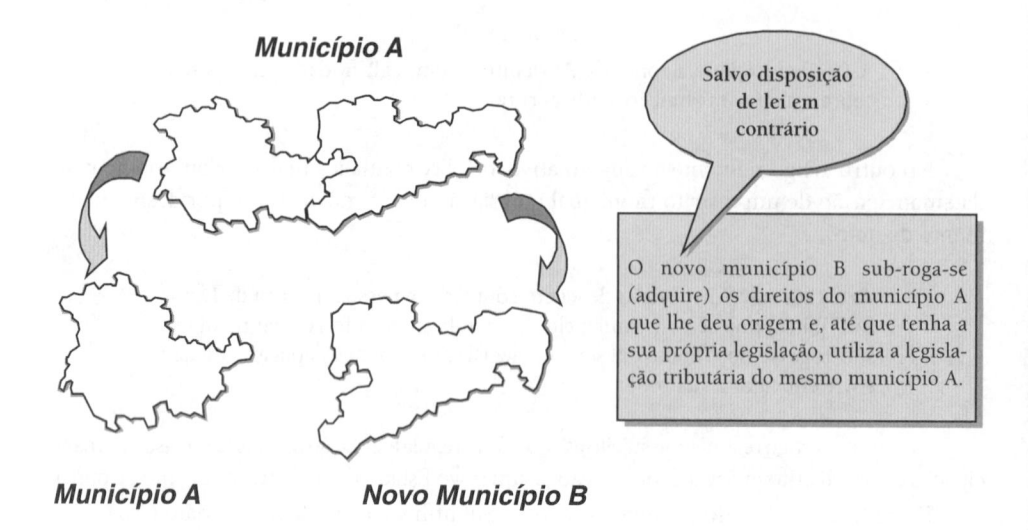

Município A

Salvo disposição de lei em contrário

O novo município B sub-roga-se (adquire) os direitos do município A que lhe deu origem e, até que tenha a sua própria legislação, utiliza a legislação tributária do mesmo município A.

Município A   *Novo Município B*

7.4. Sujeito Passivo (arts. 121 a 123 do CTN)

Art. 121. Sujeito passivo da obrigação principal é a pessoa obrigada ao pagamento de tributo ou penalidade pecuniária.

Parágrafo único. O sujeito passivo da obrigação principal diz-se:

I – contribuinte, quando tenha relação pessoal e direta com a situação que constitua o respectivo fato gerador;

II – responsável, quando, sem revestir a condição de contribuinte, sua obrigação decorra de disposição expressa de lei.

Art. 122. Sujeito passivo da obrigação acessória é a pessoa obrigada às prestações que constituam o seu objeto.

Do mesmo modo que o CTN determina que somente o fato gerador da obrigação principal tem que estar previsto em lei, também somente o sujeito passivo da obrigação principal tem que estar previsto em lei, podendo o da obrigação acessória estar na legislação tributária (art. 97, III, do CTN).

No que diz respeito ao sujeito passivo da obrigação tributária principal, o CTN o define como contribuinte ou responsável.

Portanto, se um indivíduo é proprietário de um apartamento, torna-se contribuinte do IPTU. Se, no entanto, ele for menor de idade, os pais, mesmo não se revestindo da condição de contribuinte, tornam-se responsáveis na impossibilidade de cobrança do tributo do proprietário menor de idade (art. 134, I, do CTN).

Desse modo, podemos representar a sujeição passiva da obrigação tributária principal da seguinte forma:

Capítulo 7 | Obrigação Tributária

```
                    ┌──────────────┐   quando tenha relação pessoal e direta
              ┌────▶│ CONTRIBUINTE │── com a situação que constitua o
┌──────────┐  │     └──────────────┘   respectivo fato gerador.
│ SUJEITO  │  │
│ PASSIVO DA│─┤
│ OBRIGAÇÃO │  │
│ PRINCIPAL │  │     ┌──────────────┐   quando, sem se revestir da condição
└──────────┘  └────▶│ RESPONSÁVEL  │── de contribuinte, sua obrigação
                    └──────────────┘   decorra de disposição expressa de lei.
```

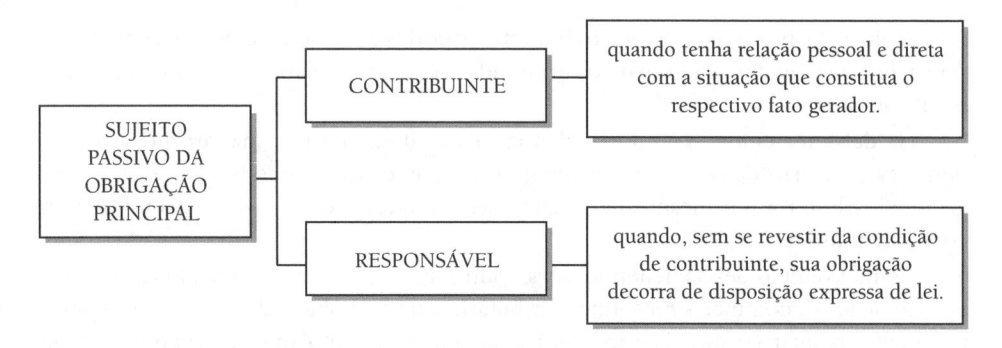

É importante que seja chamada atenção para o fato de que esta é uma daquelas situações nas quais a norma geral expedida pelo CTN só se aplica no caso de omissão ou silêncio de lei sobre a matéria.

Como exemplo, pode-se observar na figura a seguir a distinção entre os dois conceitos: esta hipótese retrata um caso de responsabilidade por substituição tributária, no qual a indústria tem que recolher o seu próprio imposto (ICMS-1) devido ao fato gerador que é a saída de seu estabelecimento (FG-1) e é responsável por substituição tributária pelo recolhimento do imposto devido pelo varejista (ICMS-2) em função da venda ao consumidor (FG-2):

SUBSTITUIÇÃO PARA OPERAÇÕES POSTERIORES OU PARA FRENTE OU AINDA PROGRESSIVA

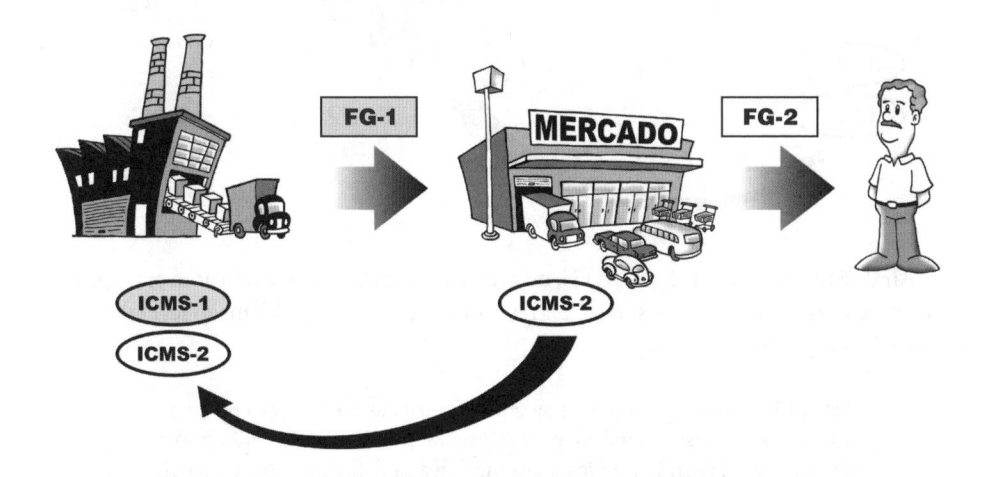

	CONTRIBUINTE	RESPONSÁVEL
ICMS-1	INDÚSTRIA	NÃO HÁ
ICMS-2	VAREJISTA	INDÚSTRIA

Os doutrinadores chamam o contribuinte de **sujeito passivo direto** ou **contribuinte de juris** por ter uma relação pessoal e direta com a situação que constitua o respectivo fato gerador; ao responsável denominam **sujeito passivo indireto**.

Além disto, no caso dos impostos indiretos, vale dizer, aqueles nos quais o contribuinte transfere o encargo financeiro para o consumidor, a doutrina chama este último de contribuinte de fato.

Há de se ter cuidado com esta denominação doutrinária, uma vez que a mesma pode levar ao erro de considerar o consumidor como sujeito passivo da relação obrigacional tributária e o mesmo não figura nesta relação nem como contribuinte nem como responsável.

Como exemplo destas denominações doutrinárias, observe a seguir um caso de responsabilidade denominada substituição tributária, que será objeto de nosso estudo posteriormente, na qual a indústria é responsável pelo recolhimento antecipado do ICMS cujo contribuinte é o varejista:

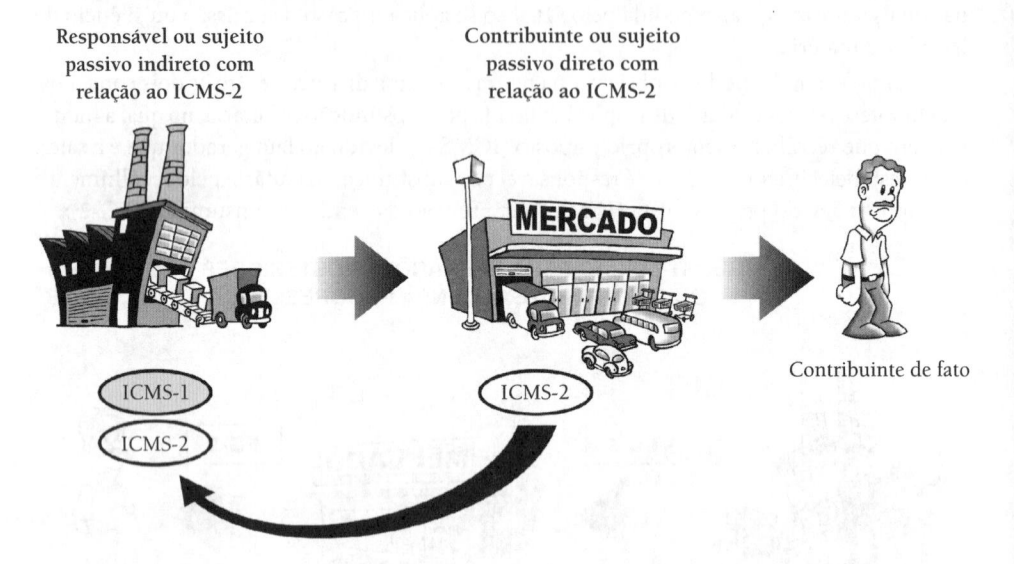

Responsável ou sujeito passivo indireto com relação ao ICMS-2

Contribuinte ou sujeito passivo direto com relação ao ICMS-2

Contribuinte de fato

Ainda a respeito da matéria, o CTN, no art. 123, estabelece que se não houver disposição de lei em contrário, os contratos particulares não podem alterar a definição legal do sujeito passivo da obrigação tributária:

> **Art. 123.** Salvo disposições de lei em contrário, as convenções particulares, relativas à responsabilidade pelo pagamento de tributos, não podem ser opostas à Fazenda Pública, para modificar a definição legal do sujeito passivo das obrigações tributárias correspondentes.

Assim, se a lei municipal define o proprietário do imóvel como contribuinte do IPTU, um contrato particular transferindo a obrigação do pagamento do imposto para o inquilino não tem efeito para com a Fazenda Pública Municipal, embora seja válido entre as partes contratantes.

Do mesmo modo, se em um negócio comercial o adquirente assume o compromisso de pagar o imposto devido pelo vendedor, esta obrigação não tem qualquer influência na definição legal do sujeito passivo.

JURISPRUDÊNCIA

O STJ tem posição consolidada com relação ao tema, conforme decisões a seguir:

"Tributário. IPTU, taxa de coleta de lixo e limpeza pública – TCLLP. Repetição de indébito. Ilegitimidade ativa do locatário. Prescrição. Termo inicial.

I. O locatário, por não deter a condição de contribuinte, não possui legitimidade ativa para postular a declaração de inexistência da relação jurídica tributária, bem como a repetição de indébito referente ao IPTU e à TCLLP.

II. É cediço na Corte que o locatário é parte ilegítima para impugnar o lançamento do IPTU, porquanto não se enquadra na sujeição passiva como contribuinte nem como responsável tributário." **(STJ – REsp nº 721.862/RJ, REsp nº 2005/0017.201-6, Rel. Min. Luiz Fux, *DJ* 18/05/2006, p. 189)**

"O locatário é parte ativa ilegítima para impugnar lançamento de IPTU, pois não se enquadra na sujeição passiva como contribuinte nem como responsável tributário.

O 'possuidor a qualquer título' citado como contribuinte no CTN refere-se, tão somente, para situações em que ocorre posse ad *usucapionem*, não inserida nesta seara a posse indireta exercida pelo locatário".

(STJ – REsp nº 818.618/RJ, REsp nº 2006/0025.263-0, Rel. Min. José Delgado)

"O contrato de locação, com cláusula determinando a responsabilidade do inquilino pela liquidação do IPTU, não pode ser oponível à certidão de pagamento de imposto."

(REsp nº 818.618/RJ, REsp nº 2006/0025.263-0, Rel. Min. José Delgado, *DJ* 02/05/2006, p. 273)

7.5. Solidariedade (arts. 124 e 125 do CTN)

RELAÇÃO OBRIGACIONAL TRIBUTÁRIA

SUJEITO ATIVO ← OBRIGAÇÃO TRIBUTÁRIA → *SUJEITOS PASSIVOS*

Solidariedade é a condição peculiar ao âmbito jurídico-obrigacional e se caracteriza toda vez que, relativamente a uma mesma obrigação, existem com interesse comum dois ou mais credores (solidariedade ativa), ou dois ou mais devedores (solidariedade passiva). No plano tributário, a solidariedade que se considera é a passiva, e ocorre sempre que existam pessoas simultaneamente envolvidas com o fato gerador da obrigação ou quando a lei expressamente o determinar.

> **Art. 124.** São solidariamente obrigadas:
>
> I – as pessoas que tenham interesse comum na situação que constitua o fato gerador da obrigação principal;
>
> II – as pessoas expressamente designadas por lei.
>
> Parágrafo único. A solidariedade referida neste artigo não comporta benefício de ordem.

No direito privado podem ocorrer relações obrigacionais solidárias nas quais os devedores, embora igualmente responsáveis pela dívida, serão exigidos de acordo com uma ordem de preferência. Este escalonamento é chamado benefício de ordem, como, por exemplo, determina o Código Civil, em seu art. 827:

Código Civil
Seção II
Dos Efeitos da Fiança

> **Art. 827.** O fiador demandado pelo pagamento da dívida tem direito a exigir, até a contestação da lide, que sejam primeiro executados os bens do devedor.
>
> Parágrafo único. O fiador que alegar o benefício de ordem, a que se refere este artigo, deve nomear bens do devedor, sitos no mesmo município, livres e desembargados, quantos bastem para solver o débito.

No entanto, o referido benefício de ordem é vedado no Direito Tributário (art. 124, parágrafo único), podendo sempre o Fisco exigir o cumprimento da obrigação de qualquer um dos devedores solidários, sem qualquer ordem de preferência.

> **JURISPRUDÊNCIA**
>
> Chamo, aqui, atenção para algumas posições do STJ que envolvem o conceito de solidariedade:
>
> **1.** "A dissolução irregular da pessoa jurídica é causa que permite a responsabilização solidária do sócio pelos débitos da sociedade por cotas de responsabilidade limitada. Todavia, se a retirada do sócio ocorre em data anterior ao encerramento irregular da sociedade, tal fator não se presta a fazê-lo suportar as dívidas fiscais assumidas, ainda que contraídas no período em que participava da administração da empresa."
> **(STJ – REsp nº 728.461/SP, REsp nº 2005/0031.793-8, Rel. Min. Teori Albino Zavascki, *DJ* 19/12/2005, p. 251)**
>
> **2.** "No caso de liquidação de sociedade de pessoas, os sócios são 'solidariamente' responsáveis nos atos em que intervieram ou pelas omissões que lhes forem atribuídas.
>
> Em se tratando de responsabilidade subjetiva, é mister que lhe seja imputada a autoria do ato ilegal, o que se mostra inviável quando o sócio sequer era administrador da sociedade à época do fato gerador do débito tributário pendente de pagamento."
> **(STJ – REsp nº 722.998/MT, REsp nº 2004/0140.261-1, Rel. Min. Luiz Fux, *DJ* 28/04/2006, p. 272)**

No que diz respeito aos efeitos da solidariedade tributária, o CTN, **na falta de disposição imposta pelo legislador ordinário**, regula a matéria no seu art. 125:

> **Art. 125.** Salvo disposição de lei em contrário, são os seguintes os efeitos da solidariedade:
>
> I – o pagamento efetuado por um dos obrigados aproveita aos demais;
>
> II – a isenção ou remissão de crédito exonera todos os obrigados, salvo se outorgada pessoalmente a um deles, subsistindo, nesse caso, a solidariedade quanto aos demais pelo saldo;
>
> III – a interrupção da prescrição, em favor ou contra um dos obrigados, favorece ou prejudica aos demais.

IPTU – R$ 900,00

- Isenção em caráter pessoal.
- Será que a minha dívida é de R$ 300,00?
- Se ele pagar R$ 300,00, o pagamento aproveita os demais.

No caso de isenção em caráter pessoal para um deles, os outros continuam solidários pelo saldo – R$ 600,00.

De acordo com o disposto no art. 125 do CTN e em combinação com as figuras anteriores, onde João, Pedro e Carlos são coproprietários de um imóvel, podemos concluir que:

a) se Carlos, achando que sua dívida era de R$ 300,00 (trezentos reais), por serem três solidários, efetuou um pagamento deste valor. João e Pedro se aproveitam deste mesmo pagamento e a solidariedade persiste pelo valor de R$ 600,00 (seiscentos reais) para **os três**;

b) se João foi beneficiado por uma isenção em caráter pessoal (como, por exemplo, concedida para os ex-combatentes, comuns em vários municípios), Pedro e Carlos continuam solidariamente obrigados pelo **saldo**;

c) o art. 174, parágrafo único, do CTN determina que o despacho do juiz o qual ordenar a citação em execução fiscal interrompe a prescrição. No caso da solidariedade, basta que seja dado despacho contra um deles, que estará interrompida a prescrição contra todos.

Ainda com relação à interrupção da prescrição, segue decisão do STJ que reforça o texto do CTN:

> **JURISPRUDÊNCIA**
> "A prescrição, quando interrompida em desfavor da pessoa jurídica, também atinge os responsáveis solidários, não se podendo falar que apenas quando citado o sócio é que se conta a prescrição – interpretação dos arts. 125, III, 135, III, e 174 do CTN."
> **(STJ – REsp nº 505.638/PR, REsp nº 2003/0033.515-5, Rel. Min. Eliana Calmon, *DJ* 05/09/2005, p. 341)**

É importante lembrar que todos esses dispositivos previstos nos três incisos do art. 125 só são aplicáveis caso a lei ordinária seja omissa com relação à matéria.

7.6. Capacidade Tributária Passiva (art. 126 do CTN)

A capacidade tributária passiva está regulada no art. 126 do CTN:

> **Art. 126.** A capacidade tributária passiva independe:
> I – da capacidade civil das pessoas naturais;
> II – de achar-se a pessoa natural sujeita a medidas que importem privação ou limitação do exercício das atividades civis, comerciais ou profissionais, ou da administração direta de seus bens ou negócios;
> III – de estar a pessoa jurídica regularmente constituída, bastando que configure uma unidade econômica ou profissional.

O dispositivo determina que a capacidade tributária passiva independe de quaisquer circunstâncias que limitem, no âmbito do direito privado, a prática de atos de mercancia, prestação de serviços, industrialização e, até mesmo, atos praticados por qualquer pessoa física.

Desta forma, ao determinar que a capacidade tributária passiva independe da capacidade civil das pessoas naturais, o CTN atribui, por exemplo, a condição de sujeito passivo do IPTU a um menino de um ano de idade que tenha herdado um imóvel de um parente próximo, bem como a um louco de qualquer gênero ou qualquer pessoa que não seja habilitada à prática de atos na vida civil.

Do mesmo modo, se a pessoa natural estiver sujeita a medidas que importem privação ou limitação do exercício de atividades civis, comerciais ou profissionais, ou da administração direta de seus bens ou negócios, como o caso dos servidores públicos que não podem praticar atos de gerência em sociedades de que façam parte ou daqueles indivíduos interditados por decisão judicial, mesmo assim serão sujeitos passivos de relação obrigacional tributária de que façam parte.

Seguindo o mesmo *ratio essendi*, se dois amigos se unem e começam a comprar e vender veículos usados em um galpão qualquer, sem constituir regularmente uma pessoa jurídica, eles estarão, mesmo assim, obrigados ao pagamento do ICMS incidente na operação, uma vez que o dispositivo determina que a capacidade passiva independe de estar a pessoa jurídica regularmente constituída, bastando que configure uma unidade econômica ou profissional.

Diante deste dispositivo, podemos tirar a seguinte conclusão:

| A capacidade tributária passiva independe... | **DE TUDO** |

7.7. Domicílio Tributário do Sujeito Passivo (art. 127 do CTN)

A matéria é regulada pelo art. 127 do CTN, que dá ao sujeito passivo o direito de escolher o seu próprio domicílio tributário, com algumas restrições:

> **Art. 127.** Na falta de eleição, pelo contribuinte ou responsável, de domicílio tributário, na forma da legislação aplicável, considera-se como tal:
>
> I – quanto às pessoas naturais, a sua residência habitual, ou, sendo esta incerta ou desconhecida, o centro habitual de sua atividade;
>
> II – quanto às pessoas jurídicas de Direito Privado ou às firmas individuais, o lugar de sua sede, ou, em relação aos atos ou fatos que derem origem à sua obrigação, o de cada estabelecimento;
>
> III – quanto às pessoas jurídicas de Direito Público, qualquer de suas repartições no território da entidade tributante.

Desse jeito, podemos resumir a matéria relativa ao domicílio tributário do sujeito passivo da forma a seguir, sempre chamando atenção para o fato de que, prioritariamente, considera-se como tal aquele eleito pelo próprio sujeito passivo, só cabendo a aplicação de um dos três incisos do art. 127 na falta desta eleição.

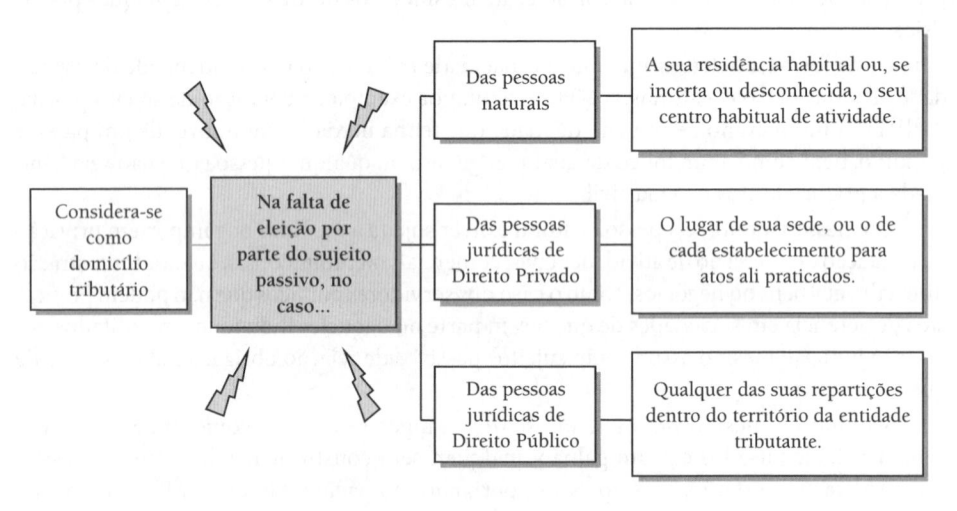

Considera-se como domicílio tributário	Na falta de eleição por parte do sujeito passivo, no caso...		
		Das pessoas naturais	A sua residência habitual ou, se incerta ou desconhecida, o seu centro habitual de atividade.
		Das pessoas jurídicas de Direito Privado	O lugar de sua sede, ou o de cada estabelecimento para atos ali praticados.
		Das pessoas jurídicas de Direito Público	Qualquer das suas repartições dentro do território da entidade tributante.

Os dois parágrafos do art. 127 do CTN dispõem a respeito da impossibilidade de aplicação de uma das três hipóteses previstas no *caput* quando não houver eleição do domicílio tributário por parte do sujeito passivo ou, mesmo havendo eleição, da possível recusa por parte da autoridade fiscal.

> **Art. 127.** Na falta de eleição, pelo contribuinte (...)
>
> § 1º Quando não couber a aplicação das regras fixadas em qualquer dos incisos deste artigo, considerar-se-á como domicílio tributário do contribuinte ou responsável o lugar da situação dos bens ou da ocorrência dos atos ou fatos que deram origem à obrigação.

§ 2º A autoridade administrativa pode recusar o domicílio eleito, quando impossibilite ou dificulte a arrecadação ou a fiscalização do tributo, aplicando-se então a regra do parágrafo anterior.

Desta forma, podemos representar os parágrafos do art. 127 da seguinte forma:

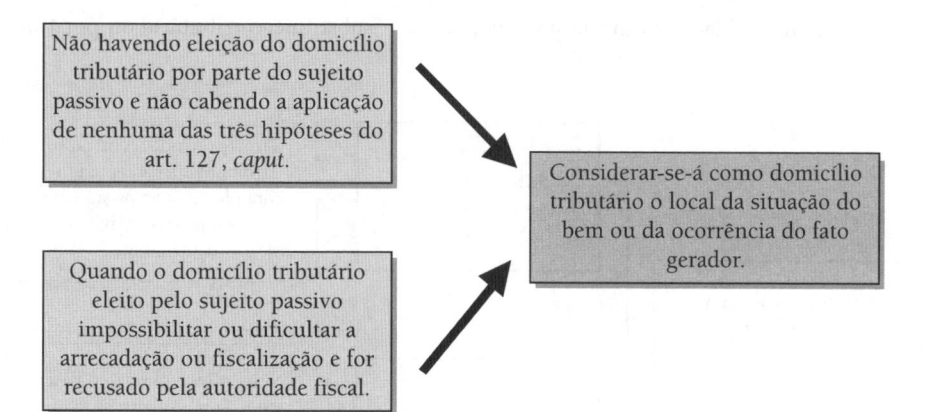

- Não havendo eleição do domicílio tributário por parte do sujeito passivo e não cabendo a aplicação de nenhuma das três hipóteses do art. 127, *caput*.

- Quando o domicílio tributário eleito pelo sujeito passivo impossibilitar ou dificultar a arrecadação ou fiscalização e for recusado pela autoridade fiscal.

→ Considerar-se-á como domicílio tributário o local da situação do bem ou da ocorrência do fato gerador.

JURISPRUDÊNCIA

Chamo, aqui, atenção para algumas posições do STJ que envolvem o conceito de domicílio tributário:

1. "A empresa que deixa de funcionar no endereço indicado no contrato social arquivado na Junta Comercial, desaparecendo sem deixar nova direção, é presumivelmente considerada como desativada ou irregularmente extinta." **(REsp nº 813.099/SC, REsp nº 2006/0017.821-0, Rel. Min. Francisco Peçanha Martins, *DJ* 25/05/2006, p. 218)**

2. "É juridicamente possível as pessoas jurídicas ou firmas individuais possuírem mais de um domicílio tributário." **(REsp nº 302.330/MG, REsp nº 2001/0010393-6, Rel. Min. Milton Luiz Pereira, *DJ* 22/10/2001, p. 271)**

3. "Em se tratando de sociedade que se extingue irregularmente, cabe a responsabilização dos sócios-gerentes, se constatado pela diligência do oficial de justiça que a empresa deixou de funcionar no endereço fornecido como domicílio fiscal sem comunicação aos órgãos competentes, comercial e tributário. Caberá, então, àqueles provar não terem agido com dolo, culpa, fraude ou excesso de poder." **(REsp nº 667.406/PR, REsp nº 2004/0084.239-2, Rel. Min. Eliana Calmon, *DJ* 14/11/2005, p. 257)**

4. "I. O sujeito ativo tributante, enfrentando dificuldades para arrecadar ou localizar o domicílio tributário do contribuinte, poderá fixá-lo nos limites estabelecidos por lei (art. 127, § 2º, do CTN).
II. Esse princípio não afeta direito subjetivo do contribuinte."
(1a T., unânime, REsp nº 437.383/MG, Rel. Min. José Delgado, ago./2002.)

7.8. Responsabilidade Tributária (arts. 128 a 138 do CTN)

Conforme já vimos, ao estudarmos o sujeito passivo da relação obrigacional tributária, no caso da obrigação principal, ele é definido como contribuinte ou responsável.

O que passaremos a estudar agora são os casos de responsabilidades previstos ou autorizadas pelo Código Tributário Nacional.

A responsabilidade tributária pode ocorrer por substituição tributária ou por transferência:

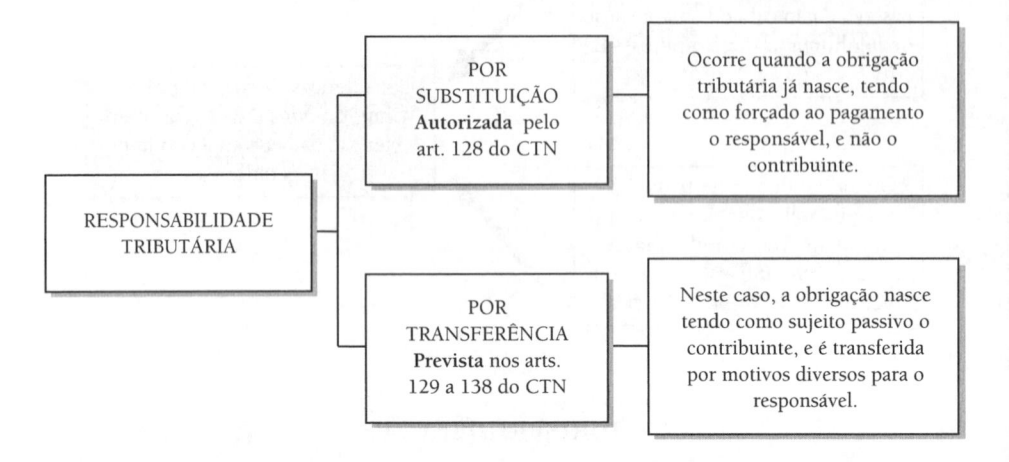

```
                                    ┌─ POR SUBSTITUIÇÃO ─── Ocorre quando a obrigação
                                    │  Autorizada pelo      tributária já nasce, tendo
                                    │  art. 128 do CTN      como forçado ao pagamento
                                    │                       o responsável, e não o
RESPONSABILIDADE ───────────────────┤                       contribuinte.
TRIBUTÁRIA                          │
                                    │  POR TRANSFERÊNCIA    Neste caso, a obrigação nasce
                                    │  Prevista nos arts.   tendo como sujeito passivo o
                                    └─ 129 a 138 do CTN ─── contribuinte, e é transferida
                                                            por motivos diversos para o
                                                            responsável.
```

7.8.1. Responsabilidade por Substituição

O art. 128 do CTN autoriza ao legislador ordinário criar outros tipos de responsabilidades além daqueles previstos nos arts. 129 a 138:

> **Art. 128.** Sem prejuízo do disposto neste Capítulo, a lei pode atribuir de modo expresso a responsabilidade pelo crédito tributário a terceira pessoa, vinculada ao fato gerador da respectiva obrigação, excluindo a responsabilidade do contribuinte ou atribuindo-a a este em caráter supletivo do cumprimento total ou parcial da referida obrigação.

Ao atribuir esta capacidade, no entanto, o Código faz algumas exigências que merecem destaque:

EXIGÊNCIAS DO CTN
Previsão em lei
De modo expresso
Terceira pessoa vinculada ao fato gerador
Excluir o contribuinte ou o incluir supletivamente na relação obrigacional

O exemplo mais comum é a substituição tributária adotada pela legislação do ICMS. Nesta hipótese, conforme se pode observar na figura a seguir, a indústria tem que recolher o seu próprio imposto (ICMS-1) devido ao fato gerador que é a saída de seu estabelecimento

(FG-1) e é responsável por substituição tributária pelo recolhimento do imposto devido pelo varejista (ICMS-2) em função da venda ao consumidor (FG-2):

SUBSTITUIÇÃO PARA OPERAÇÕES POSTERIORES OU PARA FRENTE OU AINDA PROGRESSIVA

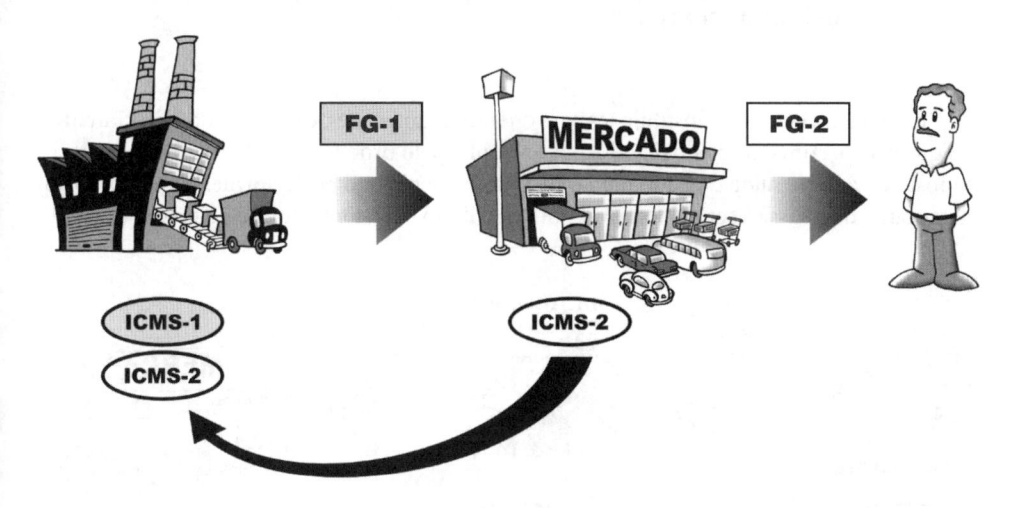

	CONTRIBUINTE	RESPONSÁVEL
ICMS – 1	INDÚSTRIA	NÃO HÁ
ICMS – 2	VAREJISTA	INDÚSTRIA

Assim que foi criada a lei da substituição tributária, vários setores da economia começaram a questionar a constitucionalidade de se cobrar um tributo antes mesmo da ocorrência do fato gerador, já que o próprio CTN determina, no art. 113, § 1º, que a obrigação de pagar tributos surge com a ocorrência do fato gerador.

Para solucionar esta questão, o governo introduziu, através da Emenda Constitucional nº 3, de 17/03/1993 (DOU de 18/03/1993), o parágrafo 7º do art. 150 da Constituição Federal:

> **Art. 150, § 7º, da CF.** A lei poderá atribuir a sujeito passivo de obrigação tributária a condição de responsável pelo pagamento de imposto ou contribuição, cujo fato gerador deva ocorrer posteriormente, assegurada a imediata e preferencial restituição da quantia paga, caso não se realize o fato gerador presumido.

> **JURISPRUDÊNCIA**
> Como o industrial não tem como saber por qual preço o varejista irá vender, a lei que cria a substituição tributária atribui a cada produto a chamada MVA (Margem de Valor Agregado), estabelecendo índices que o industrial acrescentará ao seu próprio preço de venda, criando a presunção de que este resultado é o preço de venda do varejista.

> Em 2016 foi concluído pelo Supremo Tribunal Federal (STF) o julgamento do Recurso Extraordinário (RE) 593849, com repercussão geral reconhecida, no qual o Tribunal entendeu que o contribuinte tem direito à diferença entre o valor do tributo recolhido previamente e aquele realmente devido no momento da venda. **(RE nº 593.849-MG, Rel. Min. Edson Fachin, j. 19.10.2016, DJe-068, Divulg. 04.04.2017, Public. 05.04.2017)**

Existem, no entanto, substituições para operações anteriores, denominadas **diferimento**. É o que ocorre com o imposto devido, por exemplo, pelo produtor rural pecuarista, já que o imposto devido na saída do gado para o matadouro será pago posteriormente pelo próprio matadouro, que passa a ser responsável por um tributo cujo contribuinte é o produtor rural.

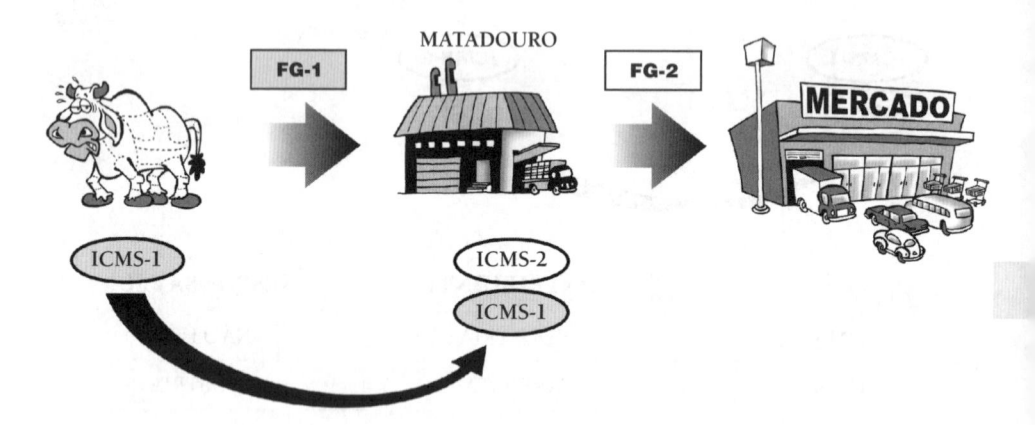

Finalizando as hipóteses de substituição tributária, ainda há a possibilidade de substituições para operações concomitantes, como no caso se atribuir a responsabilidade pelo ICMS sobre o serviço de transporte ao remetente da mercadoria, conforme figura a seguir:

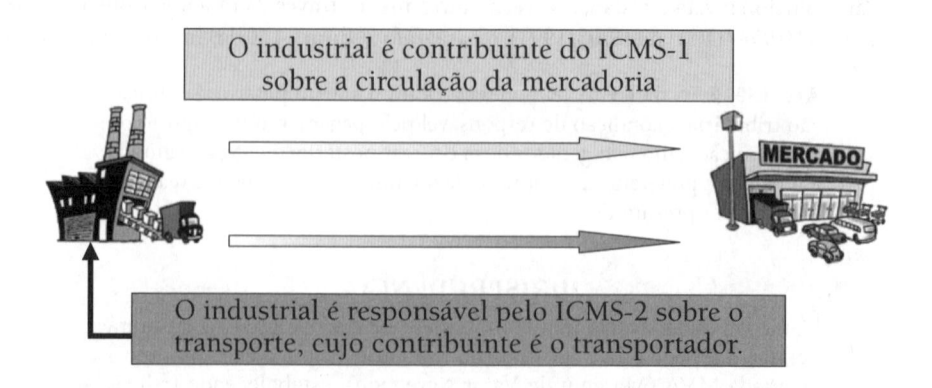

7.8.2. Responsabilidade por Transferência

Conforme já vimos, estes casos de responsabilidade estão previstos nos arts. 129 a 138 do CTN e têm como grande característica o fato de que a obrigação tributária nasce, tendo como forçado ao seu cumprimento o contribuinte e depois, por motivos diversos, a obrigação é transferida ao responsável.

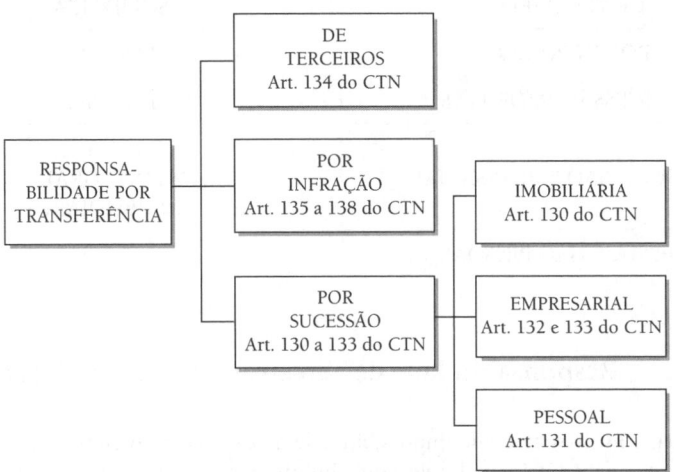

```
                              ┌─────────────────┐
                              │       DE        │
                         ┌────┤    TERCEIROS    │
                         │    │  Art. 134 do CTN│
                         │    └─────────────────┘
┌─────────────────┐      │    ┌─────────────────┐    ┌─────────────────┐
│   RESPONSA-     │      │    │      POR        │    │   IMOBILIÁRIA   │
│  BILIDADE POR   ├──────┼────┤    INFRAÇÃO     ├────┤  Art. 130 do CTN│
│  TRANSFERÊNCIA  │      │    │Art. 135 a 138 do CTN│└─────────────────┘
└─────────────────┘      │    └─────────────────┘    ┌─────────────────┐
                         │    ┌─────────────────┐    │   EMPRESARIAL   │
                         │    │      POR        │────┤Art. 132 e 133 do CTN│
                         └────┤    SUCESSÃO     │    └─────────────────┘
                              │Art. 130 a 133 do CTN│ ┌─────────────────┐
                              └─────────────────┘    │    PESSOAL      │
                                                └────┤  Art. 131 do CTN│
                                                     └─────────────────┘
```

É importante inicialmente chamar a atenção para o disposto no art. 129 do CTN, aplicável a todos os tipos de responsabilidades citados neste mesmo documento legal:

> **Art. 129.** O disposto nesta Seção aplica-se por igual aos créditos tributários definitivamente constituídos ou em curso de constituição à data dos atos nela referidos, e aos constituídos posteriormente aos mesmos atos, desde que relativos a obrigações tributárias surgidas até a referida data.

Para melhor entendimento deste dispositivo, há necessidade de se saber que a relação obrigacional tributária é diferenciada de uma relação obrigacional privada. Enquanto nesta a obrigação e o direito surgem imediatamente, naquela a obrigação surge imediatamente, mas o direito de o Fisco cobrar, o chamado crédito tributário (objeto de nosso estudo no próximo capítulo), só surge com uma operação que o constitui chamada lançamento.

Pois bem, se os fatos geradores ocorreram antes da aquisição de um imóvel, por exemplo, o adquirente responderá pelos mesmos independentemente de estarem ou não constituídos pelo lançamento, conforme esquema a seguir:

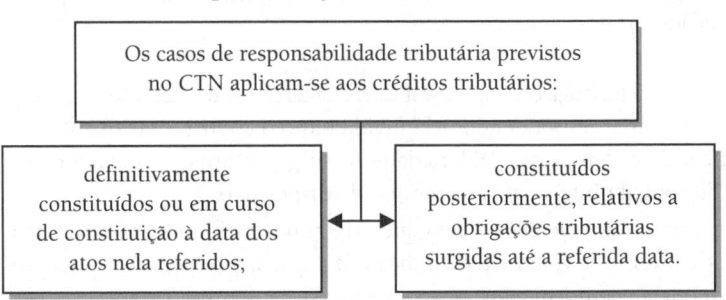

```
        ┌────────────────────────────────────────────────┐
        │   Os casos de responsabilidade tributária previstos│
        │     no CTN aplicam-se aos créditos tributários:    │
        └────────────────────────────────────────────────┘
                                │
                ┌───────────────┴───────────────┐
                ▼                               ▼
    ┌────────────────────────┐     ┌────────────────────────┐
    │    definitivamente     │     │      constituídos      │
    │ constituídos ou em curso│◄───►│  posteriormente, relativos a│
    │ de constituição à data dos│    │   obrigações tributárias   │
    │   atos nela referidos; │     │  surgidas até a referida data.│
    └────────────────────────┘     └────────────────────────┘
```

Antes de estudarmos detalhadamente cada um destes tipos de responsabilidade, vamos montar um quadro com as características de cada uma delas:

RESPONSABILIDADE	TIPO
DE TERCEIROS	SOLIDÁRIA
POR INFRAÇÃO	PESSOAL
POR SUCESSÃO IMOBILIÁRIA	PESSOAL
POR SUCESSÃO EMPRESARIAL	EXCLUSIVA ou INTEGRAL ou SUBSIDIÁRIA
POR SUCESSÃO PESSOAL	PESSOAL

7.8.2.1. Responsabilidade de Terceiros (art. 134 do CTN)

Art. 134. Nos casos de impossibilidade de exigência do cumprimento da obrigação principal pelo contribuinte, respondem solidariamente com este nos atos em que intervierem ou pelas omissões de que forem responsáveis:

I – os pais, pelos tributos devidos por seus filhos menores;

II – os tutores e curadores, pelos tributos devidos por seus tutelados ou curatelados;

III – os administradores de bens de terceiros, pelos tributos devidos por estes;

IV – o inventariante, pelos tributos devidos pelo espólio;

V – o síndico e o comissário, pelos tributos devidos pela massa falida ou pela concordatária;

VI – os tabeliães, escrivães e demais serventuários de ofício, pelos tributos devidos sobre os atos praticados por eles, ou perante eles, em razão de seu ofício;

VII – os sócios, no caso de liquidação de sociedade de pessoas.

Parágrafo único. O disposto nesse artigo só se aplica, em matéria de penalidades, às de caráter moratório.

A grande característica da responsabilidade de terceiros do referido artigo é que, embora seja do tipo solidária, respondendo pela dívida tanto o contribuinte quanto o responsável sem benefício de ordem, essa solidariedade só surge na impossibilidade de exigência da obrigação do contribuinte, conforme o *caput* do dispositivo.

Assim, primeiramente o Fisco tem que exigir do contribuinte, só surgindo a solidariedade entre ele mesmo se voltar a ter condição de pagar, e o responsável, na impossibilidade da cobrança inicial, conforme ilustração a seguir:

Na impossibilidade de exigência pelo contribuinte

Solidariedade sem benefício de ordem

Contribuinte se vier a ter condições de pagar

Responsável

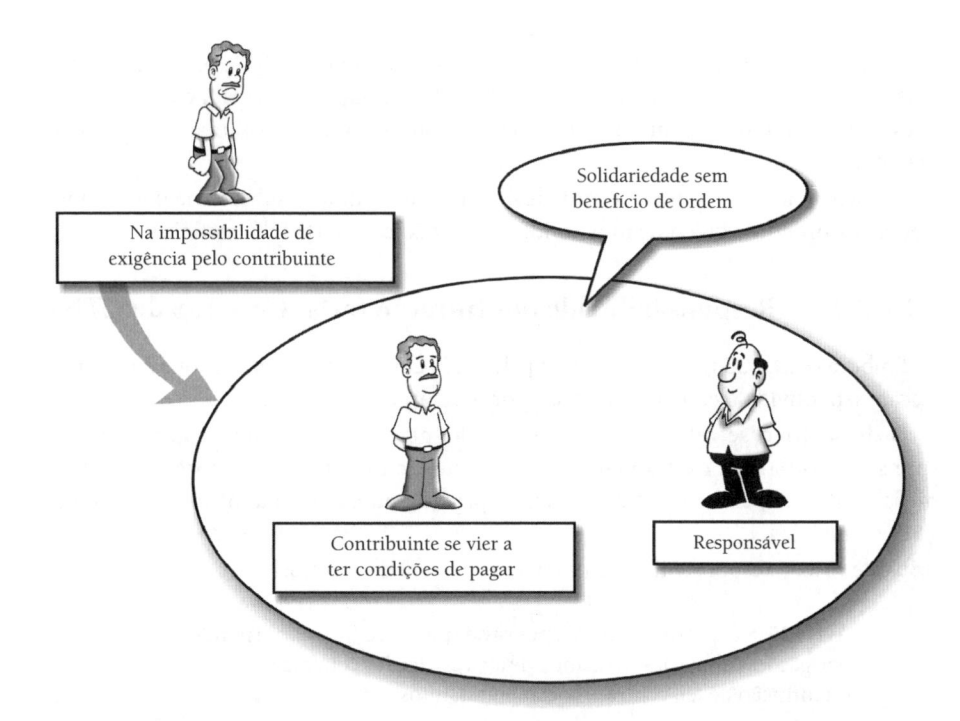

Ressalta-se, ainda, o fato de que as pessoas descritas como responsáveis só poderão ser assim consideradas devido às omissões por que forem responsáveis ou pelos atos em que intervierem.

É importante, no entanto, comentarmos o parágrafo único do artigo em questão. Conforme também já foi visto, existem penalidades tributárias por inadimplência (penalidades moratórias) ou por inobservância de obrigação acessória (penalidades formais).

A responsabilidade das pessoas referidas nos incisos do art. 134, no que diz respeito às penalidades, só se aplica àquelas de caráter moratório.

Como exemplo, vamos ver por quais créditos o inventariante é solidariamente responsável pelos tributos devidos pelo espólio (art. 134, IV, do CTN):

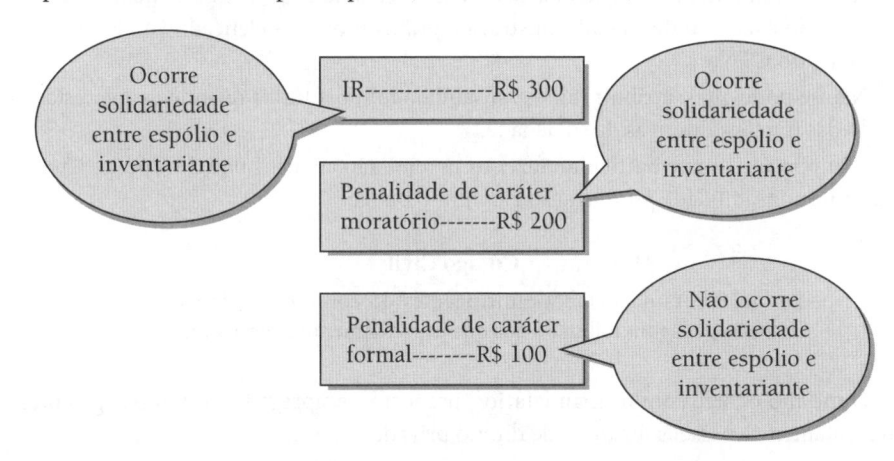

Ocorre solidariedade entre espólio e inventariante — IR---------------R$ 300

Ocorre solidariedade entre espólio e inventariante — Penalidade de caráter moratório-------R$ 200

Não ocorre solidariedade entre espólio e inventariante — Penalidade de caráter formal--------R$ 100

Note-se, no entanto, que a responsabilidade solidária de que trata o art. 134 do CTN só passa a existir na impossibilidade de exigência da obrigação principal pelo contribuinte. Só nesta impossibilidade é que as pessoas citadas no dispositivo passam a responder solidariamente.

Desta forma, o artigo traz na verdade uma responsabilidade subsidiária que comporta benefício de ordem, seguida de uma solidária que não comporta tal benefício.

7.8.2.2. Responsabilidade por Infração (arts. 135 a 138 do CTN)

Embora o art. 135 não esteja listado pelo CTN como um tipo de responsabilidade por infração, sem dúvida o é, sendo estudado por nós como tal.

O dispositivo se refere às pessoas citadas pelo art. 134 como contribuintes ou responsáveis ou ainda os mandatários, prepostos, empregados, diretores, gerentes ou representantes de pessoa jurídica de direito privado que, por uma infração, criam obrigações tributárias.

Neste caso, a responsabilidade passa a ser pessoal do infrator:

> **Art. 135.** São pessoalmente responsáveis pelos créditos correspondentes a obrigações tributárias resultantes de atos praticados com excesso de poderes ou infração de lei, contrato social ou estatutos:
>
> I – as pessoas referidas no artigo anterior;
>
> II – os mandatários, prepostos ou empregados;
>
> III – os diretores, gerentes ou representantes de pessoa jurídica de direito privado.

O dispositivo trata de responsabilidade pessoal advinda de atos praticados com excesso de poderes ou infração de lei, contrato social ou estatutos.

Portanto, as pessoas descritas como solidariamente responsáveis pelo art. 134 do CTN passam, nesta hipótese, a ter responsabilidade pessoal, que tem como grande característica a exclusão do contribuinte da relação obrigacional tributária.

A responsabilidade do sócio pela dívida da sociedade só se manifesta quando comprovado que, no exercício de sua administração, praticou os atos elencados na forma do art. 135, *caput*, do CTN.

Não se pode, pois, atribuir tal responsabilidade substitutiva quando sequer estava investido das funções diretivas da sociedade.

É importante, neste particular, fazer uma remissão ao art. 1.080 do Código Civil, que trata da responsabilidade por infração a contrato ou lei:

> **Código Civil**
>
> **Art. 1.080.** As deliberações infringentes do contrato ou da lei tornam ilimitada a responsabilidade dos que expressamente as aprovaram.

O mesmo ocorre com os mandatários, prepostos, empregados, diretores, gerentes ou representantes de pessoas jurídicas de direito privado.

> **JURISPRUDÊNCIA**
>
> É assente tanto no STF quanto no STJ que o redirecionamento da execução fiscal para o sócio-gerente da empresa somente é cabível quando reste demonstrado que este agiu com excesso de poderes, infração à lei ou contra o estatuto, ou na hipótese de dissolução irregular da empresa, conforme decisões a seguir:
>
> **STF**
>
> "Recurso extraordinário. Execução fiscal. Penhora de bens de sócio. (...) O sócio não responde, em se tratando de sociedade por quotas de responsabilidade limitada, pelas obrigações fiscais da sociedade, quando não se lhe impute conduta dolosa ou culposa, com violação da lei ou do contrato". **(RE nº 108.728/SP, Recurso Extraordinário, 1ª Turma, Rel. Min. Néri da Silveira, j. 03/02/1989, *DJ* 14/11/1991, p. 16.358. Ement., vol. 01.642-02, p. 00246)**
>
> **STJ**
>
> **Súmula 430**
>
> 1. "O inadimplemento da obrigação tributária pela sociedade não gera, por si só, a responsabilidade solidária do sócio-gerente."
>
> 2. "É assente na Corte que o redirecionamento da execução fiscal, e seus consectários legais, para o sócio-gerente da empresa, somente é cabível quando reste demonstrado que este agiu com excesso de poderes, infração à lei ou contra o estatuto, ou na hipótese de dissolução irregular da empresa." **(Precedentes: REsp nº 513.912/MG, Rel. Min. Peçanha Martins, *DJ* de 01/08/2005; REsp nº 704.502/RS, Rel. Min. José Delgado, *DJ* 02/05/2005; EREsp nº 422.732/RS, Rel. Min. João Otávio de Noronha, *DJ* 09/05/2005; e AgRg. nos EREsp nº 471.107/MG, deste relator, *DJ* 25/10/2004)**

O art. 136 do CTN reforça a assertiva de que, como regra geral, não é relevante para caracterizar a infração tributária a intenção do agente.

Temos que considerar, no entanto, o fato de que se trata de um daqueles dispositivos nos quais o CTN estabelece uma norma geral a ser obedecida apenas na omissão da lei ordinária relativa à matéria (... salvo disposição em contrário...):

> **Art. 136. Salvo disposição de lei em contrário**, a responsabilidade por infrações da legislação tributária independe da intenção do agente ou do responsável e da efetividade, natureza e extensão dos efeitos do ato.

Com relação a este art. 136 do CTN, a palavra responsabilidade não é utilizada na acepção de uma espécie de sujeito passivo da obrigação tributária, e sim de forma genérica; portanto, aplicando-se tanto aos contribuintes quanto aos responsáveis tributários.

Neste sentido, citamos a lição de Luciano da Silva Amaro ("Infrações Tributárias", *Revista de Direito Tributário,* nº 67, Malheiros, p. 31-32):

> Responsabilidade aí nada tem a ver com a sujeição passiva indireta; é responsabilidade noutra acepção, qual seja, a sujeição de alguém às consequências dos seus atos. Se cometi uma infração, "respondo" por ela. Ora, nesse sentido, a responsabilidade tanto se aplica ao sujeito passivo indireto (responsável), como ao contribuinte (sujeito passivo direto), como, ainda, a outras pessoas que não são contribuintes, não são responsáveis, mas eventualmente descumprem algum dever acessório (obrigação acessória ou obrigação formal). Se o indivíduo descumpre uma obrigação formal, embora não deva nada de tributo, sofre as consequências do seu ato, ou seja, "responde" pelo seu ato.

JURISPRUDÊNCIA

O STJ tem dado ao art. 136 do CTN uma interpretação não tão literal, ao determinar que, apesar da responsabilidade do contribuinte ao cometer um ilícito ser objetiva, admitem-se temperamentos na sua interpretação, conforme decisões a seguir:

"Apesar de prever o art. 136 do CTN que a responsabilidade do contribuinte ao cometer um ilícito é objetiva, admitem-se temperamentos na sua interpretação, diante da possibilidade de aplicação da equidade e do princípio da lei tributária *in dubio pro* contribuinte – arts. 108, IV, e 112. Precedentes: REsp n. 494.080-RJ, Rel. Min. Teori Albino Zavascki, DJ de 16/11/2004; e REsp n. 699.700-RS, Rel. Min. Francisco Falcão, DJ de 03/10/2005." **(REsp nº 278.324/SC, REsp nº 2000/0095.368-7, Min. João Otávio de Noronha,** *DJ* **13/03/2006, p. 239)**

"O art. 136 do Código Tributário Nacional, no que toca à infração da lei tributária, deve ser examinado em harmonia com o art. 137, também do CTN, que consagra a responsabilidade subjetiva." **(REsp nº 68.087/SP, REsp nº 1995/0029.796-5, Rel. Min. Castro Meira,** *DJ* **16/08/2004, p. 156)**

Já o art. 137 do CTN apenas reforça o caráter pessoal da responsabilidade por infração já citada no art. 135, sendo, na verdade, um dispositivo tautológico, tratando o mesmo assunto de forma mais detalhada.

> **Art. 137.** A responsabilidade é pessoal ao agente:
>
> I – quanto às infrações conceituadas por lei como crimes ou contravenções, salvo quando praticadas no exercício regular de administração, mandato, função, cargo ou emprego, ou no cumprimento de ordem expressa emitida por quem de direito;
>
> II – quanto às infrações em cuja definição o dolo específico do agente seja elementar;
>
> III – quanto às infrações que decorram direta e exclusivamente de dolo específico:

a) das pessoas referidas no art. 134, contra aquelas por quem respondem;

b) dos mandatários, prepostos ou empregados, contra seus mandantes, preponentes ou empregadores;

c) dos diretores, gerentes ou representantes de pessoas jurídicas de direito privado, contra estas.

Ressalta-se, no entanto, em seu inciso I, duas excludentes de responsabilidade do infrator, quanto às infrações conceituadas por lei como crimes ou contravenções.

A primeira hipótese é quando a infração é praticada no exercício regular de administração, mandato, função, cargo ou emprego, e a segunda, quando no cumprimento de ordem expressa emitida por quem de direito.

Como regular, conforme ensina Hugo de Brito Machado, em obra supracitada, há que se considerar aquele exercício como tal considerado pelos proprietários da empresa.

Os dois outros incisos tratam de dolo específico, referindo-se às infrações em cuja definição o referido dolo do agente seja elementar ou às infrações que decorram direta e exclusivamente do mesmo.

O art. 137, ao determinar que a existência do dolo caracteriza a infração, pouco acrescenta, uma vez que o art. 136 sequer exige a existência do dolo para caracterização do delito.

Desta forma, podemos representar o referido artigo com sua responsabilidade pessoal e suas excludentes da responsabilidade da seguinte forma:

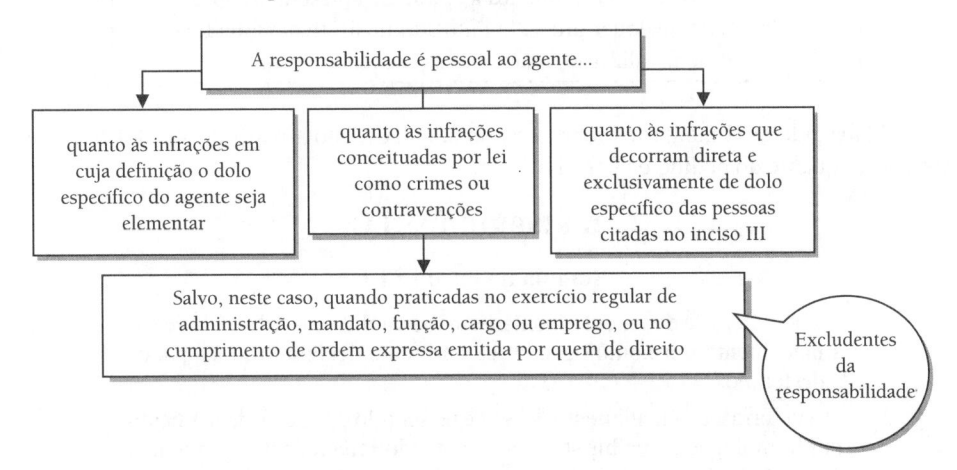

```
                    A responsabilidade é pessoal ao agente...
           ┌──────────────────────┼──────────────────────┐
           ▼                      ▼                      ▼
   quanto às infrações em    quanto às infrações    quanto às infrações que
   cuja definição o dolo     conceituadas por lei   decorram direta e
   específico do agente seja como crimes ou         exclusivamente de dolo
   elementar                 contravenções          específico das pessoas
                                                    citadas no inciso III
                                    │
                                    ▼
          Salvo, neste caso, quando praticadas no exercício regular de
          administração, mandato, função, cargo ou emprego, ou no          Excludentes
          cumprimento de ordem expressa emitida por quem de direito        da
                                                                            responsabilidade
```

O CTN cria, no art. 138, o "benefício da espontaneidade", incentivando o sujeito passivo infrator a denunciar a sua própria infração, pagando o tributo e o juro de mora ou depositando o valor arbitrado pela autoridade e, como consequência, sendo dispensado da penalidade cabível.

É importante ressaltar, no entanto, que esta espontaneidade é encerrada com o início de qualquer medida de fiscalização referente à matéria.

Desta forma, evita o legislador que, sempre que for iniciado um procedimento fiscal com relação a um determinado sujeito passivo, o mesmo tente pagar imediatamente todos os tributos devidos, tentando livrar-se da responsabilidade pela infração, por ter pagado tempestivamente:

Art. 138. A responsabilidade é excluída pela denúncia espontânea da infração, acompanhada, se for o caso, do pagamento do tributo devido e dos juros de mora, ou do depósito da importância arbitrada pela autoridade administrativa, quando o montante do tributo dependa de apuração.

Parágrafo único. Não se considera espontânea a denúncia apresentada após o início de qualquer procedimento administrativo ou medida de fiscalização, relacionados com a infração.

Assim, podemos representar o art. 138 da seguinte forma:

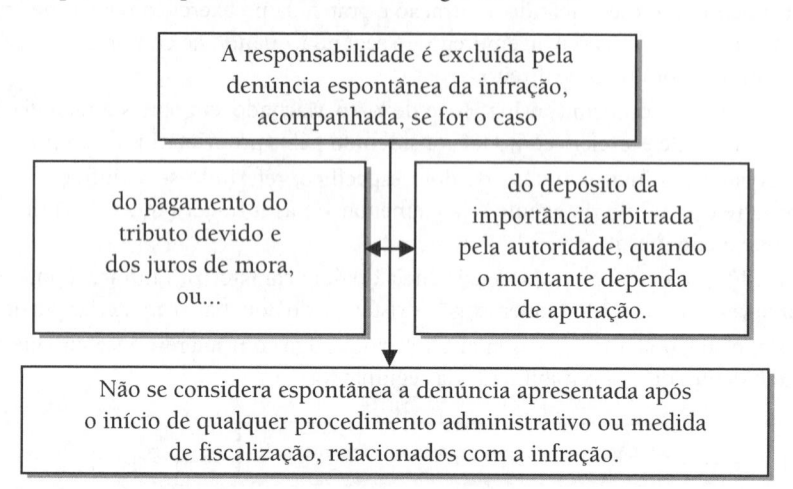

```
┌─────────────────────────────────────────────┐
│ A responsabilidade é excluída pela          │
│ denúncia espontânea da infração,            │
│ acompanhada, se for o caso                  │
└─────────────────────────────────────────────┘

┌──────────────────────┐   ┌──────────────────────┐
│ do pagamento do      │   │ do depósito da       │
│ tributo devido e     │◄─►│ importância arbitrada│
│ dos juros de mora,   │   │ pela autoridade,     │
│ ou...                │   │ quando o montante    │
│                      │   │ dependa de apuração. │
└──────────────────────┘   └──────────────────────┘

┌─────────────────────────────────────────────┐
│ Não se considera espontânea a denúncia      │
│ apresentada após o início de qualquer       │
│ procedimento administrativo ou medida       │
│ de fiscalização, relacionados com a infração.│
└─────────────────────────────────────────────┘
```

Finalizando os comentários sobre a espontaneidade, cito jurisprudência dos tribunais superiores quanto ao pedido de parcelamento:

JURISPRUDÊNCIA

Súmula nº 360 do STJ

"O benefício da denúncia espontânea não se aplica aos tributos sujeitos a lançamento por homologação regularmente declarados, mas pagos a destempo."

Desta forma, o entendimento do STJ é no sentido de que, no lançamento por homologação, na hipótese de haver sido feita a declaração, e não pago em tempo hábil, embora ainda não tenha de fato iniciado qualquer procedimento fiscal, já não mais o benefício da espontaneidade, devendo o tributo ser pago juntamente com a penalidade.

Além disso, os tribunais têm posição consolidada no sentido de que a simples confissão da dívida, acompanhada de seu pedido de parcelamento, não configura denúncia espontânea, conforme decisões a seguir:

STF

"Aplicação do art. 138 do CTN. O pedido de parcelamento não importa denúncia espontânea." **(STF, Arai nº 86.396-6/SC, 1a T., Rel. Min. Soares Muñoz, mar./1982)**

> **STJ**
>
> "O pedido de parcelamento do débito não configura denúncia espontânea para fins de exclusão da multa moratória, sendo certo que o advento da Lei Complementar n. 104/2001, que acrescentou ao CTN o art. 155-A, somente reforçou o referido posicionamento." **(REsp nº 284.189/SP.)**

> **TFR**
>
> "A simples confissão da dívida, acompanhada do seu pedido de parcelamento, não configura denúncia espontânea." (Súmula nº 208.)

7.8.2.3. Responsabilidade por Sucessão Imobiliária (art. 130 do CTN)

O CTN, no art. 130, determina que o adquirente de um bem imóvel se torna responsável pelos tributos incidentes sobre o mesmo, salvo se na época da aquisição for obtida uma certidão negativa na repartição fiscal competente.

Neste sentido, citamos a lição de Hugo de Brito Machado:

> As certidões de quitação fornecidas pela Fazenda Pública sempre ressalvam o direito de cobrar créditos tributários que venham a ser apurados. [...] A ressalva constante dessas certidões prevalece apenas no sentido de poder o fisco cobrar créditos tributários que porventura venha a apurar, contra o contribuinte, pois a certidão de quitação, mesmo com a ressalva, impede que se configure a responsabilidade tributária do adquirente do bem. (*Curso de Direito Tributário*, São Paulo, Malheiros, 1997, p. 107).

Determina também o parágrafo único do art. 130 que, no caso de arrematação em hasta pública (leilão), os tributos referidos já se encontram incluídos no preço mínimo de arrematação, o que significa que o arrematante não terá de desembolsar qualquer valor além daquele ofertado na arrematação, a fim de pagar tributos incidentes sobre o bem.

> **Art. 130.** Os créditos tributários relativos a impostos cujo fato gerador seja a propriedade, o domínio útil ou a posse de bens imóveis, e bem assim os relativos a taxas pela prestação de serviços referentes a tais bens, ou a contribuições de melhoria, sub-rogam-se na pessoa dos respectivos adquirentes, salvo quando conste do título a prova de sua quitação (certidão negativa).
>
> Parágrafo único. No caso de arrematação em hasta pública, a sub-rogação ocorre sobre o respectivo preço.

É importante chamar a atenção para o fato de que o dispositivo só considera o adquirente como responsável pelos impostos, taxas, pela prestação de serviços e contribuições de melhoria, excluindo da responsabilidade as taxas cobradas pelo exercício do poder de polícia.

É fácil entender o motivo desta exclusão. Tais taxas são devidas em função da atividade desenvolvida dentro do imóvel (taxa de inspeção sanitária, taxa de alvará etc.). O adquirente, neste caso, não está adquirindo o fundo de comércio, e sim apenas o imóvel, só respondendo pelos tributos incidentes sobre o mesmo, independentemente da atividade ali desenvolvida:

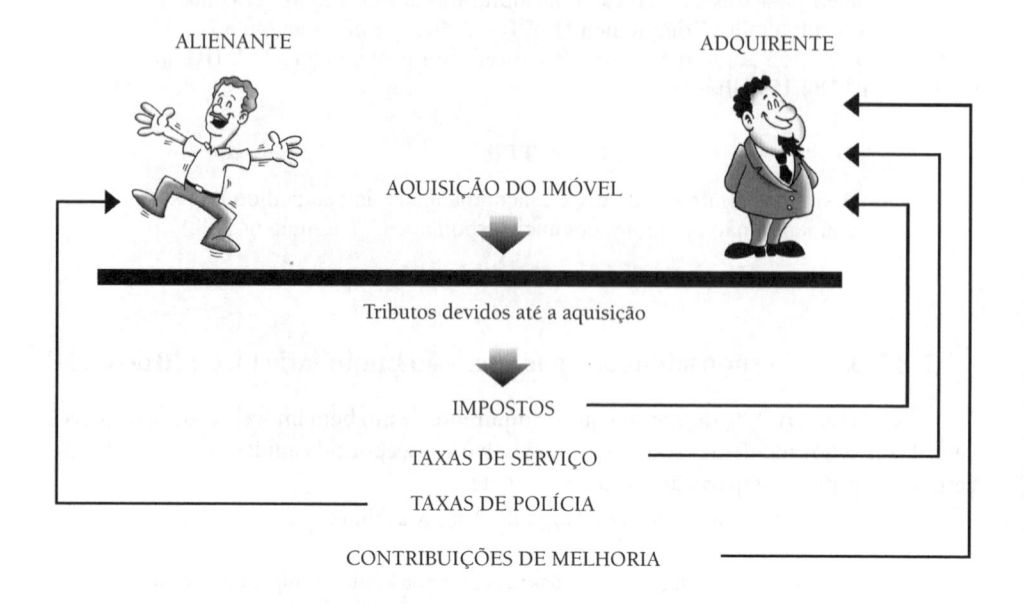

ALIENANTE — ADQUIRENTE

AQUISIÇÃO DO IMÓVEL

Tributos devidos até a aquisição

- IMPOSTOS
- TAXAS DE SERVIÇO
- TAXAS DE POLÍCIA
- CONTRIBUIÇÕES DE MELHORIA

No tocante aos efeitos da certidão negativa requerida pelo adquirente de um bem, é importante chamar a atenção para o fato de que a mesma só impede que se configure a responsabilidade tributária do adquirente, prevalecendo a possibilidade de que a Fazenda Pública possa vir a exigir, do contribuinte que alienou o bem, créditos posteriormente verificados, mas já existentes à época da alienação.

> **JURISPRUDÊNCIA**
>
> Chamo, aqui, atenção para algumas posições do STJ que envolvem o conceito de responsabilidade por sucessão imobiliária:
>
> 1. "O adquirente sub-roga-se nos direitos e obrigações relativos ao imóvel quando, no ato translatício, foram-lhe passados todos os direitos e ações relacionados ao bem adquirido. Entretanto, não sendo repassado ao adquirente, no referido ato, todos os direitos e ações relacionados ao bem adquirido, não há como conferir-lhe o direito à repetição das quantias indevidamente recolhidas a título de IPTU."
>
> **(STJ – REsp nº 778.162/SP – Recurso Especial nº 2005/0144.894-1, Rel. Min. João Otávio de Noronha, *DJ* 19/04/2006, p. 127)**
>
> 2. "Na hipótese de arrematação em hasta pública, a sub-rogação do crédito tributário ocorre sobre o respectivo preço, que por eles responde, recebendo o adquirente o imóvel desonerado dos ônus tributários devidos até a data da realização da hasta.

> Se o preço alcançado na arrematação em hasta pública não for suficiente para cobrir o débito tributário, não fica o arrematante responsável pelo eventual saldo devedor."
> **(STJ – REsp nº 166.975/SP, REsp nº 1998/0017.548-2, Rel. Min. Sálvio de Figueiredo Teixeira, *DJ* 04/10/1999)**
>
> **3.** Na esteira do entendimento do Superior Tribunal de Justiça, "havendo expressa menção no edital de hasta pública nesse sentido, a responsabilidade pelo adimplemento dos débitos tributários que recaiam sobre o bem imóvel é do arrematante" **(AgRg no AREsp 720867/RS - Agravo Regimental no Agravo em Recurso Especial 2015/0130794-0, Min. Assusete Magalhães, j. 18/02/2016,** *DJe* **29/02/2016)**

7.8.2.4. Responsabilidade por Sucessão Empresarial (arts. 132 e 133 do CTN)

No caso da sucessão empresarial, existem três situações reguladas pelo CTN. São elas as responsabilidades exclusiva, integral e subsidiária.

A responsabilidade exclusiva nada mais é do que a responsabilidade pessoal no caso de pessoas jurídicas, que ocorre nos casos de fusão, transformação ou incorporação, inclusive quando a exploração da respectiva atividade seja continuada por qualquer sócio remanescente, ou seu espólio, sob a mesma ou outra razão social, ou sob firma individual.

> **Art. 132.** A pessoa jurídica de direito privado que resultar de fusão, transformação ou incorporação de outra ou em outra é **responsável** pelos tributos devidos até a data do ato pelas pessoas jurídicas de direito privado fusionadas, transformadas ou incorporadas.
>
> Parágrafo único. O disposto neste artigo aplica-se aos casos de extinção de pessoas jurídicas de direito privado, quando a exploração da respectiva atividade seja continuada por qualquer sócio remanescente, ou seu espólio, sob a mesma ou outra razão social, ou sob firma individual. (grifo nosso)

É importante chamar a atenção para o fato de que o *caput* do art. 132 não faz referência à cisão de sociedades. Isso é perfeitamente explicável, uma vez que este conceito foi introduzido pela Lei nº 6.404/1976, posterior, portanto, ao CTN, que é de 1966.

No entanto, já há praticamente unanimidade doutrinária no sentido de que, neste caso, as sociedades resultantes respondem solidariamente pelos tributos devidos pela cindida, seguindo a lição de Hugo de Brito Machado: "A sociedade cindida que subsistir, naturalmente por ter havido versão apenas parcial de seu patrimônio, e as que absorverem parcelas de seu patrimônio responderão solidariamente pelas obrigações da primeira anteriores à cisão." (*Curso de Direito Tributário*, São Paulo, Malheiros, 1997, p. 109)

Com relação ao parágrafo único do art. 132, deve-se ressaltar que a responsabilidade de que trata o dispositivo é da nova empresa criada, e não do sócio remanescente.

Desta forma, se um sócio remanescente da empresa extinta continuar a respectiva exploração, pode-se representar da seguinte forma:

SÓCIOS   FÁBRICA DE
          DOCES EXTINTA

> A nova fábrica de doces, que tem um sócio remanescente da antiga que foi extinta, desde que continue a exploração da respectiva atividade, sob a mesma ou outra razão social, ou sob firma individual, responde pelos tributos devidos até a extinção.

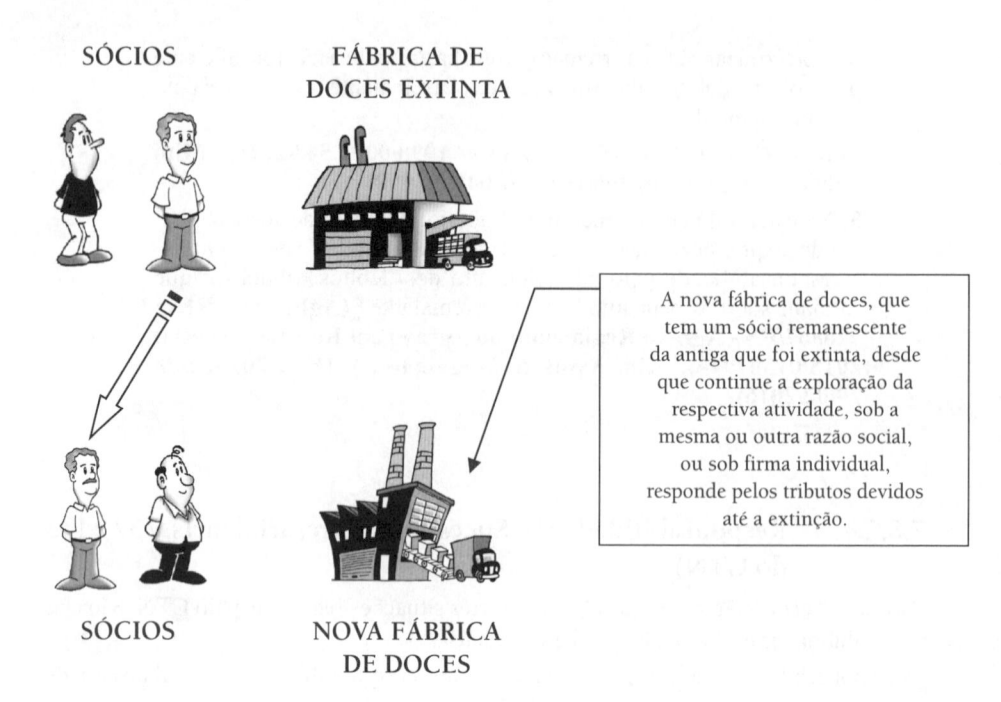

SÓCIOS   NOVA FÁBRICA
          DE DOCES

Já o art. 133 do CTN trata da responsabilidade do adquirente de um fundo de comércio pelos tributos devidos pelo alienante. Tal responsabilidade pode ser integral ou subsidiária, dependendo do procedimento adotado pelo alienante após a alienação:

> **Art. 133.** A pessoa natural ou jurídica de direito privado que adquirir de outra, por qualquer título, fundo de comércio ou estabelecimento comercial, industrial ou profissional, e continuar a respectiva exploração, sob a mesma ou outra razão social ou sob firma ou nome individual, responde pelos tributos, relativos ao fundo ou estabelecimento adquirido, devidos até à data do ato:
>
> I – integralmente, se o alienante cessar a exploração do comércio, indústria ou atividade;
>
> II – subsidiariamente com o alienante, se este prosseguir na exploração ou iniciar dentro de seis meses a contar da data da alienação, nova atividade no mesmo ou em outro ramo de comércio, indústria ou profissão.
>
> § 1º O disposto no *caput* deste artigo não se aplica na hipótese de alienação judicial:
>
> I – em processo de falência;
>
> II – de filial ou unidade produtiva isolada, em processo de recuperação judicial.
>
> § 2º Não se aplica o disposto no § 1º deste artigo quando o adquirente for:
>
> I – sócio da sociedade falida ou em recuperação judicial, ou sociedade controlada pelo devedor falido ou em recuperação judicial;
>
> II – parente, em linha reta ou colateral até o 4º (quarto) grau, consanguíneo ou afim, do devedor falido ou em recuperação judicial ou de qualquer de seus sócios; ou

III - identificado como agente do falido ou do devedor em recuperação judicial com o objetivo de fraudar a sucessão tributária.

§ 3º Em processo de falência, o produto da alienação judicial de empresa, filial ou unidade produtiva isolada permanecerá em conta de depósito à disposição do juízo de falência pelo prazo de 1 (um) ano, contado da data de alienação, somente podendo ser utilizado para o pagamento de créditos extraconcursais ou de créditos que preferem ao tributário. (grifo do autor).

Preliminarmente, é importante observar que esta responsabilidade só ocorre se o adquirente continuar a respectiva exploração da empresa, sob a mesma ou outra razão social ou sob firma ou nome individual.

Desta forma, se o adquirente de um fundo de comércio, imediatamente à aquisição, der baixa na empresa e não continuar a respectiva exploração, não há que se falar em imposição de responsabilidade.

Entretanto, se continuada a respectiva exploração, o adquirente responde integralmente, se o alienante cessar qualquer atividade e subsidiariamente ao alienante, se o mesmo prosseguir ou reiniciar, dentro de seis meses a contar da data da alienação, nova atividade no mesmo ou em outro ramo de comércio, indústria ou profissão.

Observamos, portanto, que o tipo de responsabilidade do adquirente - integral ou subsidiária - depende do fato de o alienante continuar ou não nova atividade no mesmo ou em outro ramo de comércio, indústria ou profissão pelo período de seis meses.

Por outro lado, o disposto no artigo autoriza o redirecionamento da execução para os novos sócios-gerentes, sendo irrelevante, portanto, discutir eventual infringência ao art. 135 do mesmo diploma legal, que exige a prática de infração para que possa ser atribuída a responsabilidade.

Do mesmo modo que ocorre com o art. 132, que trata também de sucessão empresarial, este dispositivo impõe ao sucessor a responsabilidade integral, tanto pelos eventuais tributos devidos quanto pela multa decorrente, seja ela de caráter moratório ou punitivo. A multa aplicada antes da sucessão se incorpora ao patrimônio do contribuinte, podendo ser exigida do sucessor, sendo que, em qualquer hipótese, o sucedido permanece como responsável. É devida, pois, a multa, sem se fazer distinção se é de caráter moratório ou punitivo.

JURISPRUDÊNCIA

Embora o art. 133, em seus três incisos, faça referência tão somente à responsabilidade pelos tributos devidos anteriormente, a jurisprudência do STJ é solidificada no sentido de que esta responsabilidade também se estende às penalidades, conforme decisão citada a seguir:

Tributário. Interpretação do art. 2º, § 8º, da Lei nº 6.830, de 1980, e do art. 131, III, do CTN.

(...)

III. A multa moratória é imposição decorrente do não pagamento do tributo na época do vencimento.

> IV. Na expressão créditos tributários, estão incluídas as multas moratórias.
>
> V. O espólio, quando chamado como sucessor tributário, é responsável pelo tributo declarado pelo *de cujus* e não pago no vencimento, incluindo-se o valor da multa moratória. **(STJ, 1a T., unânime, REsp nº 295.222/SP, Rel. Min. José Delgado, jun./2001)**

A Lei Complementar nº 118/2005, ao adaptar o CTN à nova Lei de Falências, acrescentou ao art. 133 três importantes parágrafos, determinando que a responsabilidade de que trata o dispositivo não se aplica na hipótese de alienação judicial em processo de falência ou de filial ou unidade produtiva isolada, em processo de recuperação judicial.

Desta forma, o adquirente de uma empresa em alienação judicial em processo de falência não responde pelas dívidas tributárias, tornando, portanto, uma empresa falida que tenha um enorme passivo tributário altamente atraente, sendo, em verdade, este o espírito da lei, vale dizer, dar oportunidade de recuperação para uma empresa em processo falimentar.

Prevendo, no entanto, possíveis fraudes advindas desta exclusão de responsabilidade, o parágrafo 2º determina que a mesma não ocorrerá, caso o adquirente seja sócio da sociedade falida ou em recuperação judicial, ou sociedade controlada pelo devedor falido ou em recuperação judicial, parente, em linha reta ou colateral até o quarto grau, consanguíneo ou afim, do devedor falido ou em recuperação judicial ou de qualquer de seus sócios ou, ainda, identificado como agente do falido ou do devedor em recuperação judicial com o objetivo de fraudar a sucessão tributária.

Finalmente, o parágrafo 3º ainda dá uma esperança para as Fazendas Públicas de receberem seus créditos, ao determinar que o produto da alienação judicial permanecerá em conta de depósito à disposição do Juízo de Falência pelo prazo de um ano, contado da data de alienação, somente podendo ser utilizado para o pagamento de créditos extraconcursais ou de créditos que prefiram ao tributário.

> **JURISPRUDÊNCIA**
>
> O STJ considera que se a empresa continuou a sua atividade, com alteração de alguns sócios que ingressaram na sociedade adquirindo cotas, não houve sucessão a justificar a aplicação do art. 133 do CTN. Considera, portanto, que a imputação de responsabilidade tributária por sucessão de empresas está atrelada à averiguação concreta dos elementos constantes do artigo, não bastando meros indícios da sua existência, conforme trecho da decisão a seguir:
>
> "Se a empresa continuou a sua atividade, com alteração de alguns sócios que ingressaram na sociedade adquirindo cotas, não houve sucessão a justificar a aplicação do art. 133 do CTN." **(REsp nº 783.394/MG – Recurso Especial nº 2005/0157.980-0, Rel. Min. Eliana Calmon, *DJ* 19/12/2005, p. 382)**

Portanto, podemos representar o dispositivo do seguinte modo:

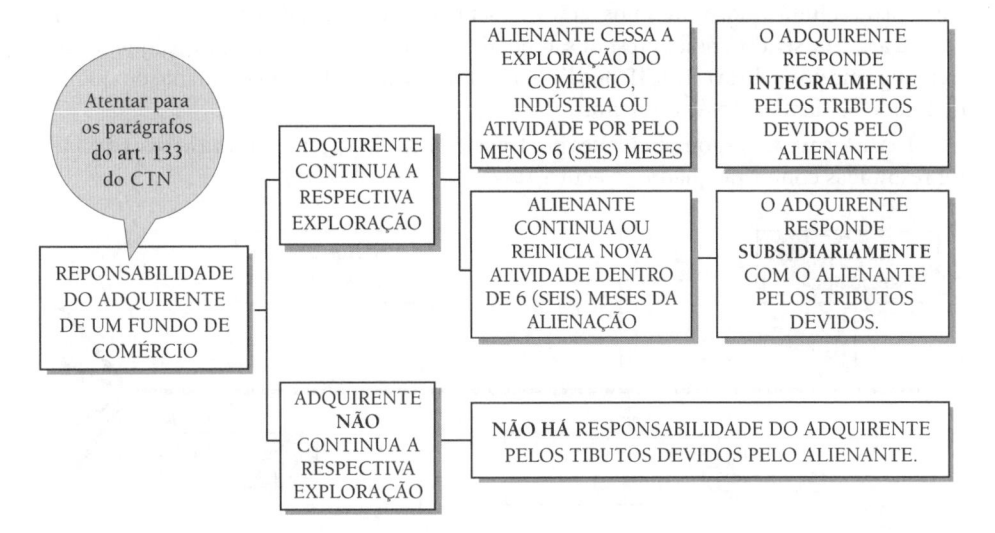

- **REPONSABILIDADE DO ADQUIRENTE DE UM FUNDO DE COMÉRCIO** (Atentar para os parágrafos do art. 133 do CTN)
  - **ADQUIRENTE CONTINUA A RESPECTIVA EXPLORAÇÃO**
    - ALIENANTE CESSA A EXPLORAÇÃO DO COMÉRCIO, INDÚSTRIA OU ATIVIDADE POR PELO MENOS 6 (SEIS) MESES → O ADQUIRENTE RESPONDE **INTEGRALMENTE** PELOS TRIBUTOS DEVIDOS PELO ALIENANTE
    - ALIENANTE CONTINUA OU REINICIA NOVA ATIVIDADE DENTRO DE 6 (SEIS) MESES DA ALIENAÇÃO → O ADQUIRENTE RESPONDE **SUBSIDIARIAMENTE** COM O ALIENANTE PELOS TRIBUTOS DEVIDOS.
  - **ADQUIRENTE NÃO CONTINUA A RESPECTIVA EXPLORAÇÃO** → NÃO HÁ RESPONSABILIDADE DO ADQUIRENTE PELOS TIBUTOS DEVIDOS PELO ALIENANTE.

7.8.2.5. Responsabilidade por Sucessão Pessoal (art. 131 do CTN)

Art. 131. São pessoalmente responsáveis:

I – o adquirente ou remitente, pelos tributos relativos aos bens adquiridos ou remidos;

II – o sucessor a qualquer título e cônjuge meeiro, pelos tributos devidos pelo *de cujus* até a data da partilha ou adjudicação, limitada esta responsabilidade ao montante do quinhão, do legado ou da meação;

III – o espólio, pelos tributos devidos pelo *de cujus* até a data da abertura da sucessão.

Este art. 131 do CTN pode ser dividido em duas situações bem diferenciadas. A primeira, estabelecida em seu inciso I, determina que o adquirente de um bem assim como o remitente (aquele que realiza a remição ou resgate do bem) tornam-se pessoalmente responsáveis pelos tributos incidentes sobre o mesmo até aquela data.

Na verdade, o legislador, embora não tenha feito de modo expresso, criou este dispositivo para ser aplicado a bens móveis, uma vez que, no que diz respeito a bens imóveis, a matéria está regulada pelo art. 130 do mesmo diploma legal. Desta forma, o adquirente de um automóvel passa a ser responsável pelo IPVA não pago pelo antigo proprietário.

A segunda situação regulada, prevista nos incisos II e III do mesmo artigo, diz respeito à sucessão em função de *causa mortis*.

O dispositivo trata dos impostos devidos até a abertura da sucessão, uma vez que aqueles cujos fatos geradores ocorrerem após esta data estão regulados no art. 134, IV, do próprio Código, que atribui a qualidade de contribuinte ao espólio e a de responsável solidário ao inventariante, conforme já visto neste capítulo.

Portanto, com relação aos fatos geradores já ocorridos até a abertura da sucessão, o art. 131, III, atribui, em um primeiro momento, a responsabilidade pessoal ao espólio.

Se, no entanto, esses tributos não forem pagos pelo espólio, para que possa haver a partilha ou adjudicação, os mesmos terão que ser pagos conforme determina o próprio CTN em seu art. 192, sendo, então, a responsabilidade atribuída aos sucessores a qualquer título e o cônjuge meeiro pelo art. 131, II, que limita esta responsabilidade ao montante do quinhão do legado ou da meação de cada um.

Desta forma, as responsabilidades por transferência decorrentes de *causa mortis* podem ser resumidas conforme quadro a seguir:

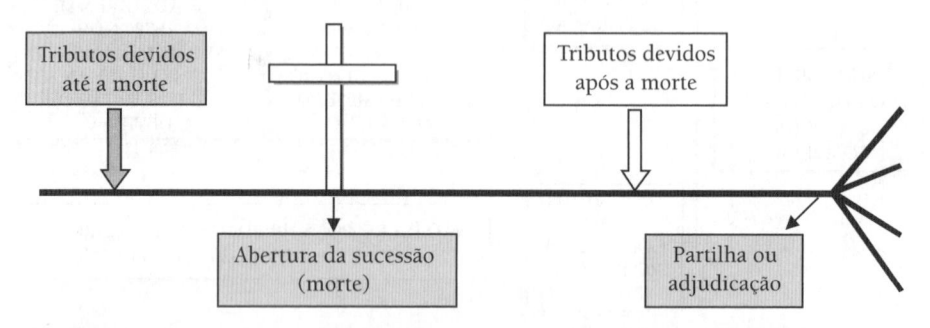

TRIBUTOS	CONTRIBUINTE	RESPONSÁVEL	TIPO	CTN
Devidos até a morte	*De cujus*	Espólio	Pessoal	Art. 131, III
Devidos até a morte e não pagos pelo espólio até a partilha ou adjudicação	*De cujus*	Sucessores e cônjuge meeiro	Pessoal	Art. 131, II
Devidos após a morte	Espólio	Inventariante	Solidária	Art. 134, IV

Analisando o dispositivo em todo seu contexto, podemos representá-lo da seguinte forma:

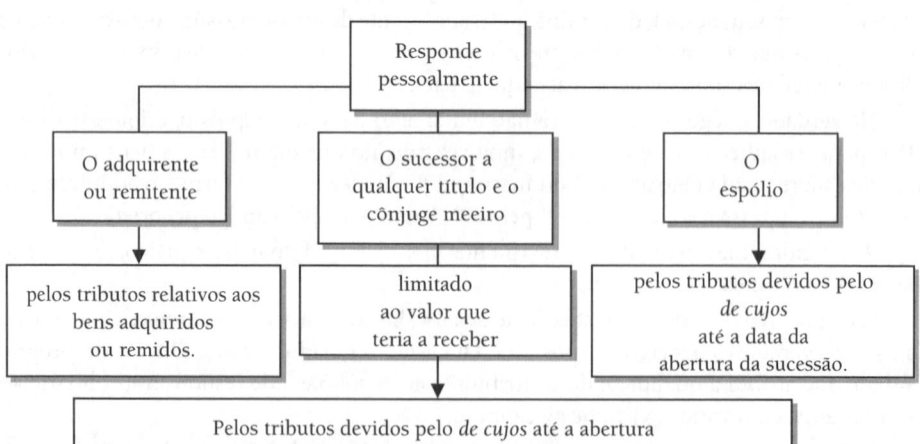

Responde pessoalmente

- O adquirente ou remitente — pelos tributos relativos aos bens adquiridos ou remidos.
- O sucessor a qualquer título e o cônjuge meeiro — limitado ao valor que teria a receber — Pelos tributos devidos pelo *de cujus* até a abertura da sucessão e não pagos até a data da partilha ou adjudicação.
- O espólio — pelos tributos devidos pelo *de cujus* até a data da abertura da sucessão.

JURISPRUDÊNCIA

Chamo, aqui, atenção para algumas posições do STJ que envolvem o conceito de responsabilidade tributária como um todo:

1. "Execução fiscal. Multa moratória. Responsabilidade do sucessor. O sucessor tributário é responsável pela multa moratória, aplicada antes da sucessão."

(STJ – REsp nº 3.097/RS, REsp nº 1990/0004.503-7, Rel. Min. Garcia Vieira, DJ 19/11/1990, p. 13.245)

2. "A execução voltada contra o responsável tributário prescinde de que conste seu nome na Certidão da Dívida Ativa – CDA respectiva, porquanto a responsabilidade é *ex lege*. (art. 131 do Código Tributário Nacional)."

(Ag.Rg. no REsp nº 461.114/GO – Agravo Regimental no Recurso Especial nº 2002/0113.238-7,– Rel. Min. Luiz Fux, *DJ* 23/06/2003, p. 252)

3. "O sujeito ativo tributário não está obrigado a substituir a certidão da dívida para continuar a execução contra o espólio. Ocorrendo a morte do devedor, o representante do espólio é chamado ao processo como sucessor da parte passiva, dando continuidade, com a sua presença, pela via da citação, à relação jurídico-processual."

(REsp nº 295.222/SP, REsp nº 2000/0138.986-6, Rel. Min. José Delgado, *DJ* 10/09/2001, p. 277)

4. "O sucessor, na condição de responsável tributário e, portanto, sujeito passivo da obrigação tributária principal, ostenta legitimidade ativa para impugnar o crédito tributário. Inteligência dos arts. 121, § único, e 130, do CTN."

(REsp nº 783.414/SP, REsp nº 2005/0158.072-6, Min. Luiz Fux, *DJ* 02/04/2007 p. 240)

Finalizando a matéria relativa à responsabilidade tributária, é importante que sejam citados dispositivos da Lei nº 11.101/2005 – Lei de Falências, que, em seus arts. 60, parágrafo único, e 141, regula a responsabilidade do arrematante de bens do falido por dívidas deste último, quando da realização do ativo.

A seguir a íntegra dos dispositivos:

Lei nº 11.101/2005 – Lei de Falências

Art. 60, parágrafo único. O objeto da alienação estará livre de qualquer ônus e não haverá sucessão do arrematante nas obrigações do devedor, inclusive as de natureza tributária, observado o disposto no § 1º do art. 141 desta Lei.

(...)

Art. 141. Na alienação conjunta ou separada de ativos, inclusive da empresa ou de suas filiais, promovida sob qualquer das modalidades de que trata este artigo:

I – todos os credores, observada a ordem de preferência definida no art. 83 desta Lei, sub-rogam-se no produto da realização do ativo;

II – o objeto da alienação estará livre de qualquer ônus e não haverá sucessão do arrematante nas obrigações do devedor, inclusive as de natureza tributária, as derivadas da legislação do trabalho e as decorrentes de acidentes de trabalho.

§ 1º O disposto no inciso II do *caput* deste artigo não se aplica quando o arrematante for:

I – sócio da sociedade falida, ou sociedade controlada pelo falido;

II – parente, em linha reta ou colateral até o 4º (quarto) grau, consanguíneo ou afim, do falido ou de sócio da sociedade falida; ou

III – identificado como agente do falido com o objetivo de fraudar a sucessão.

Capítulo 8

Crédito Tributário

8.1. Constituição do Crédito Tributário

O crédito tributário nasce da obrigação tributária principal, vale dizer que resulta da obrigação de pagar tributo ou penalidade pecuniária, como prescreve o art. 139, sendo formalizado pelo ato administrativo denominado **lançamento**.

> **Art. 139.** O crédito tributário decorre da obrigação tributária principal e tem a mesma natureza desta.

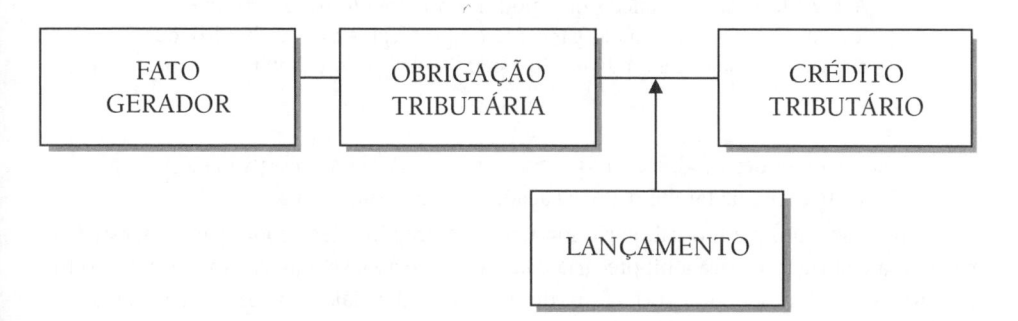

```
┌──────────┐   ┌───────────┐   ┌───────────┐
│  FATO    │───│ OBRIGAÇÃO │───│  CRÉDITO  │
│ GERADOR  │   │ TRIBUTÁRIA│   │ TRIBUTÁRIO│
└──────────┘   └───────────┘   └───────────┘
                     ▲
                     │
               ┌───────────┐
               │ LANÇAMENTO│
               └───────────┘
```

A distinção entre obrigação tributária e crédito tributário é destacada nas lições de, respectivamente, Aliomar Baleeiro e Hugo de Brito Machado:

> O Título III do CTN regula esse crédito tributário em sua essência e formação em todas as suas etapas. A obrigação principal é a de pagar o tributo ou pena pecuniária, em princípio. O crédito tributário converte essa obrigação ilíquida em líquida e certa, exigível na data ou no prazo da lei, inclusive por execução expedita. (BALEEIRO, Aliomar, *Direito Tributário Brasileiro*. 10. ed. rev. e atualizada por Flávio Bauer Novelli, Rio de Janeiro, Forense, 1992, p. 497.)

> É o vínculo jurídico, de natureza obrigacional, por força do qual o Estado (sujeito ativo) pode exigir do particular, o contribuinte ou responsável (sujeito passivo), o pagamento do tributo ou da penalidade pecuniária (objeto da relação obrigacional). (MACHADO, Hugo de Brito, Curso de *Direito Tributário*. 12. ed. São Paulo, Malheiros, 1997, p. 119.)

O Direito Tributário nada mais é do que uma relação obrigacional, semelhante a uma obrigação privada, com pelo menos um sujeito ativo e um passivo e, completando, um objeto que é o núcleo da obrigação.

No entanto, além da compulsoriedade e do caráter *ex lege* que estão presentes na relação tributária, o que mais a diferencia da relação obrigacional privada é o fato de que nesta a obrigação do devedor e o direito do credor surgem imediatamente.

Já no Direito Tributário, a obrigação realmente surge com a simples ocorrência do fato gerador, conforme os arts. 113, § 1º, e 114 do CTN, conforme estudado no Capítulo 5 desta obra, mas o direito de a Fazenda Pública cobrar, o chamado crédito tributário, depende de uma operação denominada lançamento.

Esta separação entre obrigação e crédito fica bem nítida no ora estudado art. 139 do CTN, que determina que o crédito tributário decorre da obrigação principal e tem a mesma natureza desta, ou seja, tributária.

Em verdade, o crédito nada mais é do que a obrigação após a realização das etapas de verificação que compõem o lançamento, previstas no art. 142, que será analisado na sequência de nosso estudo, que acabam por lhe dar vida própria no mundo jurídico.

O art. 140 apenas reforça a autonomia que ganha o crédito com relação à obrigação que lhe deu origem:

> **Art. 140.** As circunstâncias que modificam o crédito tributário, sua extensão ou seus efeitos, ou as garantias ou privilégios a ele atribuídos, ou que excluem sua exigibilidade não afetam a obrigação tributária que lhe deu origem.

Portanto, qualquer modificação que houver com o crédito, ressalvada a sua extinção, que obviamente extingue também a obrigação, não afeta esta última.

Assim, se a um crédito tributário for atribuída uma hipoteca como garantia, este fato não altera a obrigação para a hipotecária. Da mesma forma, se houver um lançamento incorreto, este poderá ser corrigido dentro do prazo decadencial, uma vez que a obrigação lá estava sem ser prejudicada pela errônea constituição do crédito.

Quando o CTN classifica a isenção como hipótese de exclusão do crédito, e não de extinção, significa que, na operação isenta, apenas não será feito o lançamento, persistindo, no entanto, a obrigação da forma como foi gerada, embora alguns doutrinadores, como Paulo de Barros Carvalho, critiquem esta escolha do legislador que, respeitada a opinião do ilustre mestre, nos parece extremamente coerente.

Desta forma, conforme estudaremos ainda neste Capítulo, na isenção, a obrigação permanece existindo, uma vez que a exclusão do crédito não afeta a obrigação que lhe deu origem, determinando apenas a não realização do lançamento, conforme se observa na figura a seguir:

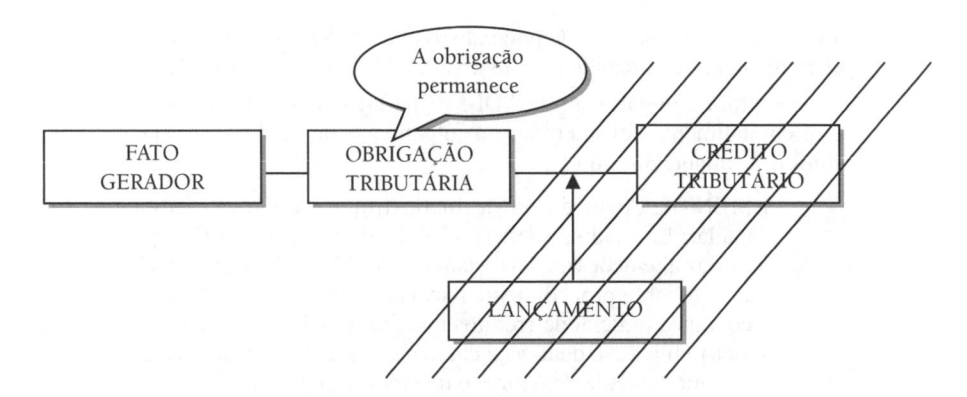

```
                    ┌─ A obrigação ─┐
                    │   permanece    │
                    └───────┬────────┘
┌──────────┐   ┌──────────────┐        ┌──────────────┐
│  FATO    │──▶│  OBRIGAÇÃO   │~~~~~~~▶│   CRÉDITO    │
│ GERADOR  │   │  TRIBUTÁRIA  │        │  TRIBUTÁRIO  │
└──────────┘   └──────────────┘        └──────────────┘
                              ╲        ╱
                               ╲      ╱
                            ┌──────────────┐
                            │  LANÇAMENTO  │
                            └──────────────┘
```

Já o art. 141 coloca de forma clara que o crédito tributário só pode ser modificado, suspenso, excluído ou extinto através daquelas hipóteses previstas no próprio CTN, responsabilizando o funcionário que não acatar o dispositivo legal:

> **Art. 141.** O crédito tributário regularmente constituído somente se modifica ou extingue, ou tem sua exigibilidade suspensa ou excluída, nos casos previstos nesta Lei, fora dos quais não podem ser dispensadas, sob pena de responsabilidade funcional na forma da lei, a sua efetivação ou as respectivas garantias.

A transgressão dos deveres funcionais, de acordo com o citado art. 141 do CTN, sujeita o agente público às sanções administrativas e, se for o caso, às penais.

A autoridade ou funcionário público, a quem cabe lançar, deve cumprir a lei de ofício. Sua atividade é vinculada e obrigatória, sob pena de responsabilidade funcional. Deverá exigir do sujeito passivo exatamente o que a lei determina.

Desta forma, considerando a letra do CTN, podemos representar o art. 141 da seguinte forma:

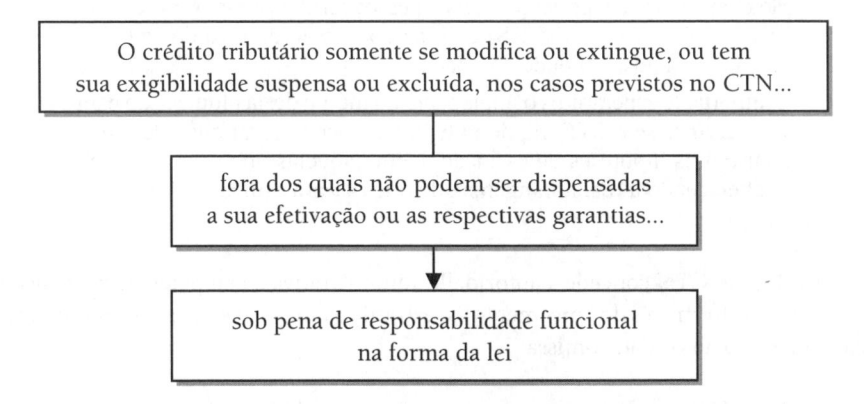

> O crédito tributário somente se modifica ou extingue, ou tem sua exigibilidade suspensa ou excluída, nos casos previstos no CTN...

> fora dos quais não podem ser dispensadas a sua efetivação ou as respectivas garantias...

> sob pena de responsabilidade funcional na forma da lei

JURISPRUDÊNCIA

O STF sustentava desde 1998, em liminar concedida na ADInMC nº 1.917-DF, que as hipóteses de extinção do crédito tributário previstas no art. 156 eram exaustivas, não podendo os entes federativos criar outras além daquelas, reforçando o texto do art. 141 do CTN ora estudado.

No entanto, no julgamento da ADI-MC n.º2.405-RS de 06/11/2002, este entendimento foi alterado, no julgamento de medida cautelar, conforme ementa a seguir:

> EMENTA: Ação direta de inconstitucionalidade: medida cautelar: L. estadual (RS) 11.475, de 28 de abril de 2000, que introduz alterações em leis estaduais (6.537/1973 e 9.298/1991) que regulam o procedimento fiscal administrativo do Estado e a cobrança judicial de créditos inscritos em dívida ativa da fazenda pública estadual, bem como prevê a dação em pagamento como modalidade de extinção de crédito tributário.
>
> I – Extinção de crédito tributário criação de nova modalidade (dação em pagamento) por lei estadual: possibilidade de o Estado-membro estabelecer regras específicas de quitação de seus próprios créditos tributários. Alteração do entendimento firmado na ADInMC n. 1.917-DF, 18/12/1998, Marco Aurélio, DJ 19/09/2003: consequente ausência de plausibilidade da alegação de ofensa ao art. 146, III, b, da Constituição Federal, que reserva à lei complementar o estabelecimento de normas gerais reguladoras dos modos de extinção e suspensão da exigibilidade de crédito tributário. (ADI-MC nº 2.405/RS – Medida Cautelar na Ação Direta de Inconstitucionalidade – Relator: Min. Carlos Britto Julgamento: 06/11/2002; Órgão Julgador: Tribunal Pleno.)

Posteriormente, no julgamento do mérito da ADInMC nº 1.917-DF, em 25/04/2007, o Tribunal decidiu pela inconstitucionalidade da lei que criava hipótese de extinção não prevista no art. 156 do CTN.

Desta forma, nós temos uma ação já julgada (ADInMC nº 1.917-DF) que decidiu que as hipóteses de extinção previstas no art. 156 do CTN são exaustivas, não podendo a lei da pessoa jurídica criar outras e outra ação (ADI-MC nº 2.405-RS) que, na concessão de medida cautelar, decidiu pela possibilidade de criação.

É importante esperarmos o julgamento do mérito desta última ação para verificarmos se o STF irá, definitivamente, considerar que a lei pode criar outras hipóteses de extinção, além daquelas previstas no CTN, estabelecendo a real abrangência do art. 141 ora estudado.

O art. 142 do CTN concede à autoridade administrativa a competência privativa para constituir o crédito através do lançamento e o estratifica em cinco etapas, responsabilizando funcionalmente a autoridade omissa:

> **Art. 142**. Compete privativamente à autoridade administrativa constituir o crédito tributário pelo lançamento, assim entendido o procedimento administrativo tendente a verificar a ocorrência do fato gerador da obrigação correspondente, determinar a matéria tributável, calcular o montante do tributo devido, identificar o sujeito passivo e, sendo o caso, propor a aplicação da penalidade cabível.

Parágrafo único. A atividade administrativa de lançamento é vinculada e obrigatória, sob pena de responsabilidade funcional.

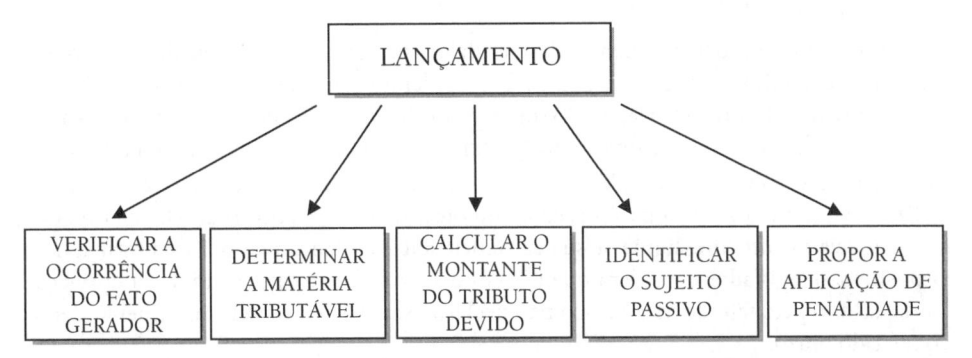

```
                           LANÇAMENTO
     ┌──────────┬──────────┬──────────┬──────────┐
┌────┴─────┐┌───┴────┐┌────┴────┐┌────┴────┐┌────┴─────┐
│VERIFICAR A││DETER-  ││CALCULAR O││IDENTIFI-││PROPOR A  │
│OCORRÊNCIA ││MINAR A ││MONTANTE  ││CAR O    ││APLICAÇÃO │
│DO FATO    ││MATÉRIA ││DO TRIBUTO││SUJEITO  ││DE        │
│GERADOR    ││TRIBU-  ││DEVIDO    ││PASSIVO  ││PENALIDADE│
│           ││TÁVEL   ││          ││         ││          │
└───────────┘└────────┘└──────────┘└─────────┘└──────────┘
```

O art. 142 trata, de forma pragmática, do lançamento como ato administrativo, determinando suas etapas e sua obrigatoriedade para a autoridade fiscal, citando que é ato vinculado e obrigatório, sob pena de responsabilidade funcional.

São cinco as etapas identificadas no lançamento. A primeira é a verificação da ocorrência do fato gerador, não podendo ser diferente, uma vez que toda a relação obrigacional tributária depende da sua ocorrência.

A segunda etapa é a determinação da matéria tributável, uma vez que, dentro de um fato gerador definido em lei, podem existir várias destas matérias tributáveis. Como exemplo, no caso do IPTU, pode ser a propriedade, a posse ou o domínio útil sobre imóvel urbano; no caso do ICMS, pode ser a circulação de mercadoria, a prestação de serviço de transporte ou a prestação de serviço de comunicação; no caso do IOF, pode ser uma operação de crédito, de seguro, de câmbio ou, ainda, relativa a títulos ou valores mobiliários.

A terceira etapa é o cálculo do montante do tributo devido, efetuado com base nos parâmetros fixados em lei como base de cálculo e alíquota.

A quarta etapa é a identificação do sujeito passivo, elemento subjetivo imprescindível para tornar exigível o crédito tributário, podendo ser tanto o contribuinte como o responsável, desde que ambos estejam fixados em lei.

Na última etapa, o artigo determina que a autoridade fiscal, sendo o caso, deve propor a aplicação de penalidade. Há uma incorreção na redação do dispositivo, uma vez que a autoridade não apenas propõe a aplicação de penalidade, mas a aplica nos casos previstos em lei. É bem verdade que tal aplicação pode ser impugnada administrativa ou judicialmente, assim como o próprio tributo lançado, o que não significa que a autoridade esteja apenas propondo a cobrança de um ou da outra.

A grande discussão doutrinária levantada com relação ao lançamento é no que diz respeito à sua natureza constitutiva ou declaratória.

Aqueles doutrinadores que julgam ato constitutivo consideram que o crédito tributário só passa a existir com a realização do lançamento.

Já os que julgam ato declaratório consideram que, uma vez ocorrido o fato gerador, surgem imediatamente a obrigação e o crédito tributários, tendo o lançamento apenas a função de declarar a sua existência, para torná-lo exigível.

O art. 142 pode nos induzir a achar que o CTN teria encerrado tal discussão ao considerar, em seu *caput*, que "compete privativamente à autoridade administrativa constituir o crédito tributário".

No entanto, como bem salienta Aliomar Baleeiro, o próprio CTN traz dispositivos que para serem entendidos e aplicáveis tem-se de considerar o lançamento ato declaratório, uma vez que este tipo de ato não cria, não extingue nem altera um direito. Ele apenas determina, faz certo, apura ou reconhece um direito preexistente, estancando dúvidas e incertezas.

Como exemplo, o art. 156, V, do CTN considera a decadência, que é o fato de não se realizar o lançamento em cinco anos, como hipótese de extinção do crédito tributário. Ora, para que seja extinto, pressupõe-se sua existência antes do lançamento. Desta forma, neste dispositivo, o legislador considera que o crédito surgiu com o fato gerador e a obrigação, sendo extinto pelo fato de que o Fisco não declarou sua existência pelo lançamento dentro do referido prazo.

Concluindo, não nos parece que tal discussão tenha importância ou consequência significativa fora da esfera acadêmica, uma vez que o CTN determina, de forma objetiva, como deverá ser feito o lançamento e quais as suas consequências, sem se preocupar com tal discussão doutrinária.

No que diz respeito aos efeitos do lançamento, o STF entende, conforme Súmula Vinculante nº 24, que há necessidade de que o mesmo esteja efetivado, para se tipificar crime contra a ordem tributária, conforme segue:

Súmula Vinculante nº 24

"Não se tipifica crime material contra a ordem tributária, previsto no art. 1º, incisos I a IV, da Lei nº 8.137/1990, antes do lançamento definitivo do tributo."

O art. 143 regula, **na ausência de lei ordinária sobre a matéria**, o câmbio a ser utilizado pela Fazenda Pública, ao calcular o montante do tributo devido quando a base de cálculo vier expressa em moeda estrangeira:

> **Art. 143.** Salvo disposição de lei em contrário, quando o valor tributário esteja expresso em moeda estrangeira, no lançamento far-se-á sua conversão em moeda nacional ao câmbio do dia da ocorrência do fato gerador da obrigação.

Como normalmente o lançamento é efetuado após a ocorrência do fato gerador, pode haver mudança na legislação vigente durante o período. O CTN determina uma regra geral a ser obedecida e algumas exceções no seu art. 144 e parágrafos:

> **Art. 144.** O lançamento reporta-se à data da ocorrência do fato gerador da obrigação e rege-se pela lei então vigente, ainda que posteriormente modificada ou revogada.
>
> § 1º Aplica-se ao lançamento a legislação que, posteriormente à ocorrência do fato gerador da obrigação, tenha instituído novos critérios de apuração ou processos de fiscalização, ampliado os poderes de investigação das autoridades administrativas, ou outorgado ao crédito maiores garantias ou privilégios, exceto, neste último caso, para o efeito de atribuir responsabilidade tributária a terceiros.

§ 2º O disposto neste artigo não se aplica aos impostos lançados por períodos certos de tempo, desde que a respectiva lei fixe expressamente a data em que o fato gerador se considera ocorrido.

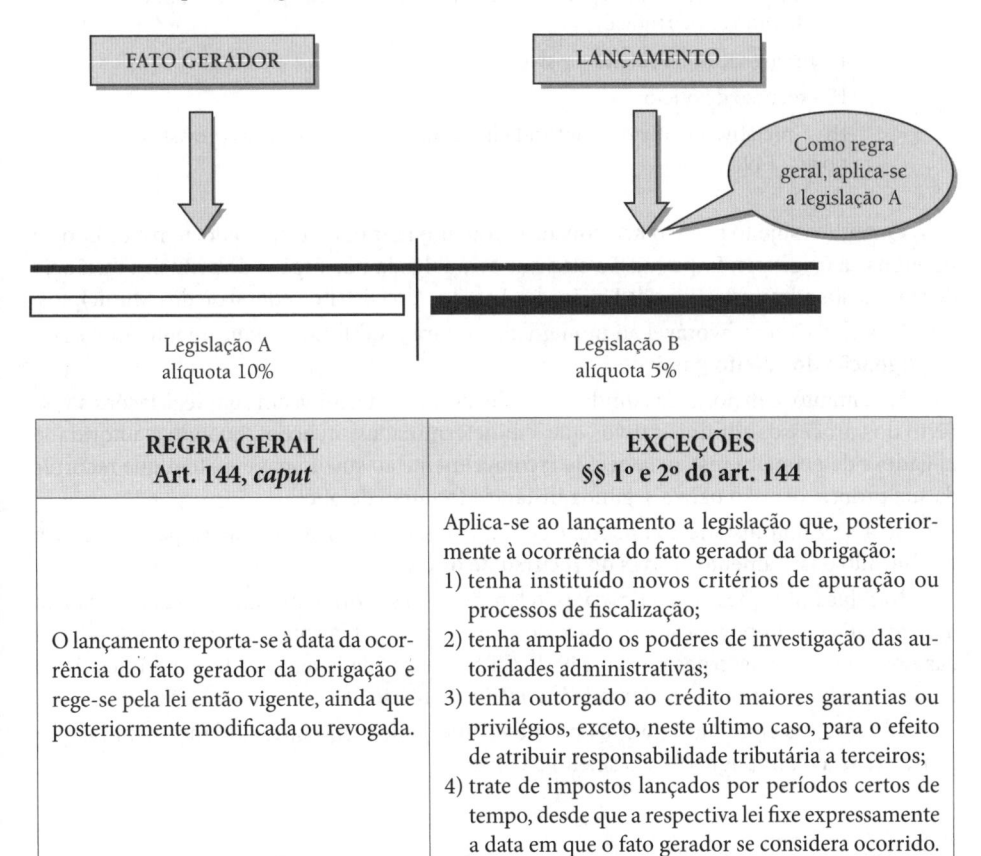

```
        FATO GERADOR                    LANÇAMENTO

                                                    Como regra
                                                    geral, aplica-se
                                                    a legislação A

        Legislação A                    Legislação B
        alíquota 10%                    alíquota 5%
```

REGRA GERAL Art. 144, *caput*	EXCEÇÕES §§ 1º e 2º do art. 144
O lançamento reporta-se à data da ocorrência do fato gerador da obrigação e rege-se pela lei então vigente, ainda que posteriormente modificada ou revogada.	Aplica-se ao lançamento a legislação que, posteriormente à ocorrência do fato gerador da obrigação: 1) tenha instituído novos critérios de apuração ou processos de fiscalização; 2) tenha ampliado os poderes de investigação das autoridades administrativas; 3) tenha outorgado ao crédito maiores garantias ou privilégios, exceto, neste último caso, para o efeito de atribuir responsabilidade tributária a terceiros; 4) trate de impostos lançados por períodos certos de tempo, desde que a respectiva lei fixe expressamente a data em que o fato gerador se considera ocorrido.

JURISPRUDÊNCIA

A grande polêmica com relação à aplicação do art. 144 do CTN diz respeito à Súmula nº 584 do STF, pois a doutrina é praticamente unânime ao contestar o seu entendimento, mas, mesmo assim, o STF o tem mantido ferrenhamente:

Súmula nº 584 do STF

"Ao Imposto de Renda calculado sobre os rendimentos do anobase, aplica-se a lei vigente no exercício financeiro em que deve ser apresentada a declaração."

O art. 145 do CTN ganha importância especial ao enumerar as únicas três hipóteses que podem alterar um lançamento regularmente notificado ao sujeito passivo:

💣 DECORAR

> **Art. 145.** O lançamento regularmente notificado ao sujeito passivo só pode ser alterado em virtude de:
>
> I – impugnação do sujeito passivo;
>
> II – recurso de ofício;
>
> III – iniciativa de ofício da autoridade administrativa, nos casos previstos no art. 149.

Quando o sujeito passivo não concorda com um lançamento efetuado, tem o direito de impugnar a exigência, impugnação esta que será julgada nos órgãos de primeira instância dos processos administrativos da União, dos Estados, do Distrito Federal ou dos Municípios.

Se a decisão for favorável ao impugnante, estará modificado o lançamento através da **impugnação do sujeito passivo**.

No entanto, a maioria das unidades da Federação determina em suas legislações a respeito dos processos administrativos que, em determinadas situações, quando a autoridade julgadora de primeira instância decide favoravelmente ao sujeito passivo, tem que recorrer da sua própria decisão para a segunda instância (recurso de ofício).

Se a segunda instância concordar com a decisão favorável ao sujeito passivo, estará modificado o lançamento através do **recurso de ofício**.

Nas duas situações acima descritas, o lançamento só sofreu modificação em função de uma tentativa de impugnação por parte do sujeito passivo. No entanto, quando ocorre uma das nove situações descritas no art. 149 do CTN, a autoridade tem que tomar a iniciativa e modificar o lançamento. É a chamada **iniciativa de ofício**.

Observe, na figura a seguir, as hipóteses que podem modificar o lançamento como consequência da impugnação do sujeito passivo:

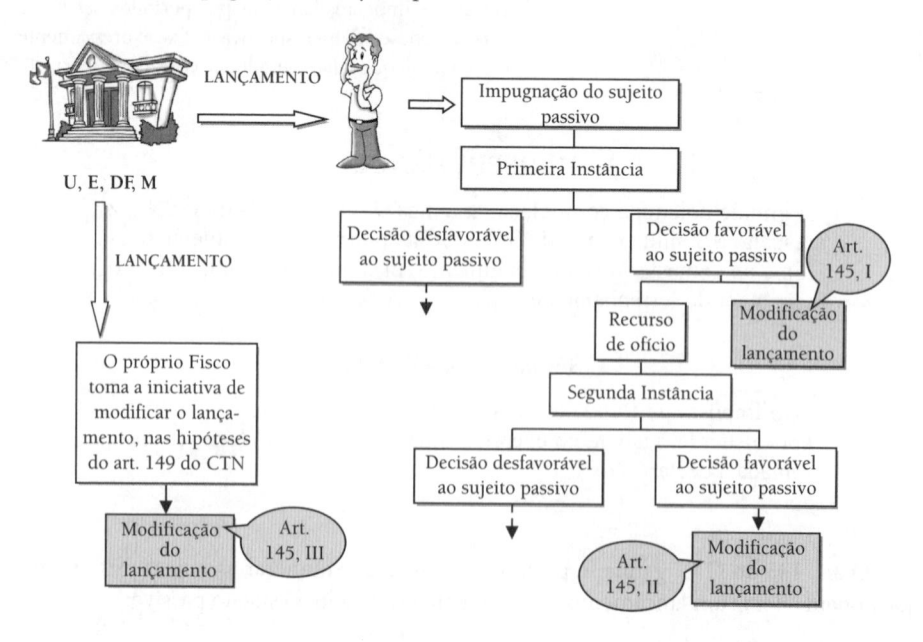

Colocamos a seguir a íntegra do art. 149, chamando a atenção para o seu parágrafo único, que determina um prazo decadencial (que, no Direito Tributário, é de cinco anos) para que o lançamento possa ser alterado através de iniciativa de ofício:

> **Art. 149.** O lançamento é efetuado e revisto de ofício pela autoridade administrativa nos seguintes casos:
>
> I – quando a lei assim o determine;
>
> II – quando a declaração não seja prestada, por quem de direito, no prazo e na forma da legislação tributária;
>
> III – quando a pessoa legalmente obrigada, embora tenha prestado declaração nos termos do inciso anterior, deixe de atender, no prazo e na forma da legislação tributária, a pedido de esclarecimento formulado pela autoridade administrativa, recuse-se a prestá-lo ou não o preste satisfatoriamente, a juízo daquela autoridade;
>
> IV – quando se comprove falsidade, erro ou omissão quanto a qualquer elemento definido na legislação tributária como sendo de declaração obrigatória;
>
> V – quando se comprove omissão ou inexatidão, por parte da pessoa legalmente obrigada, no exercício da atividade a que se refere o artigo seguinte;
>
> VI – quando se comprove ação ou omissão do sujeito passivo, ou de terceiro legalmente obrigado, que dê lugar à aplicação de penalidade pecuniária;
>
> VII – quando se comprove que o sujeito passivo, ou terceiro em benefício daquele, agiu com dolo, fraude ou simulação;
>
> VIII – quando deva ser apreciado fato não conhecido ou não provado por ocasião do lançamento anterior;
>
> IX – quando se comprove que, no lançamento anterior, ocorreu fraude ou falta funcional da autoridade que o efetuou, ou omissão, pela mesma autoridade, de ato ou formalidade essencial.
>
> Parágrafo único. A revisão do lançamento só pode ser iniciada enquanto não extinto o direito da Fazenda Pública.

Na verdade, podemos resumir o disposto no art. 145 da seguinte forma:

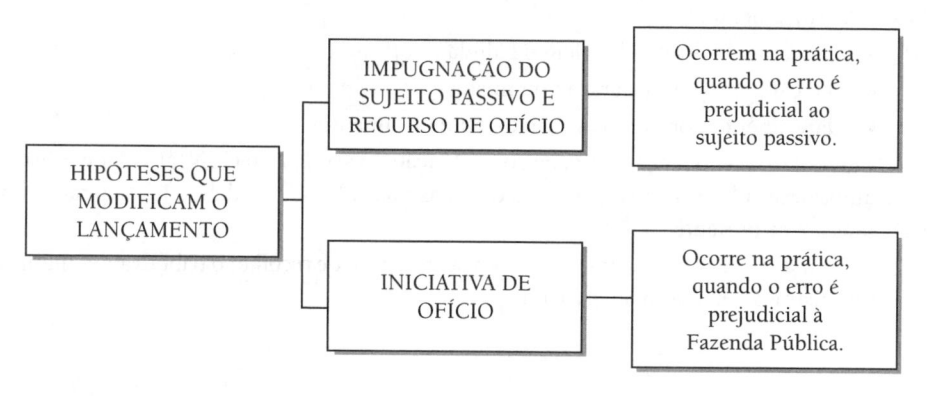

```
                          ┌─ IMPUGNAÇÃO DO ──── Ocorrem na prática,
                          │  SUJEITO PASSIVO E   quando o erro é
HIPÓTESES QUE ────────────┤  RECURSO DE OFÍCIO   prejudicial ao
MODIFICAM O               │                      sujeito passivo.
LANÇAMENTO                │
                          │                      Ocorre na prática,
                          └─ INICIATIVA DE ───── quando o erro é
                             OFÍCIO              prejudicial à
                                                 Fazenda Pública.
```

Para terminar os dispositivos relativos à constituição do crédito tributário, o art. 146 reforça o princípio da imodificabilidade do lançamento regularmente notificado ao sujeito passivo:

> **Art. 146.** A modificação introduzida, de ofício ou em consequência de decisão administrativa ou judicial, nos critérios jurídicos adotados pela autoridade administrativa no exercício do lançamento somente pode ser efetivada, em relação a um mesmo sujeito passivo, quanto a fato gerador ocorrido posteriormente à sua introdução.

Este dispositivo não trata de alteração de legislação, mas tão somente do critério jurídico utilizado para interpretá-la.

Neste sentido, afirma Hugo de Brito Machado:

> Há mudança de critério jurídico quando a autoridade administrativa simplesmente muda de interpretação, substitui uma interpretação por outra, sem que se possa dizer que qualquer das duas seja incorreta. Também há mudança de critério jurídico quando a autoridade administrativa, tendo adotado uma entre várias alternativas expressamente admitidas pela lei, na feitura do lançamento, depois pretende alterar esse lançamento, mediante a escolha de outra das alternativas admitidas e que enseja a determinação de um crédito tributário em valor diverso, geralmente mais elevado. (*Curso de Direito Tributário*, 11. ed., São Paulo, Malheiros, 1996, p. 121.)

Conforme ensina Rubens Gomes de Souza, se "à Fazenda Pública fosse lícito variar de critério jurídico na valorização do 'fato gerador', por simples oportunidade, estar-se-ia convertendo a atividade do lançamento em discricionária e não vinculada".

8.2. Modalidades de Lançamento (arts. 147 a 150 do CTN)

A autoridade administrativa pode constituir o crédito tributário através de três modalidades de lançamento:
- lançamento direto, de ofício ou ainda *ex officio*;
- lançamento por declaração ou misto; e
- lançamento por homologação ou autolançamento.

Não obstante ser o lançamento, na conceituação do art. 142 do CTN, atividade privativa da autoridade administrativa, ver-se-á que, nas duas últimas modalidades, a atuação do particular faz-se presente.

Na última, inclusive, o sujeito passivo tem a obrigação de recolher o tributo antes mesmo de a administração efetuar o lançamento.

8.2.1. Lançamento Direto (art. 149 do CTN)

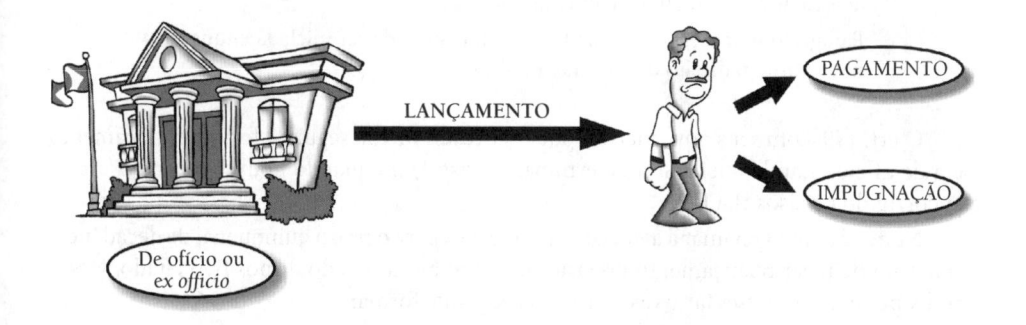

O art. 149 disciplina o lançamento direto, também denominado **de ofício** ou, ainda, *ex officio*, modalidade de procedimento em que o sujeito passivo não tem deveres de colaboração com a administração (ou, se os tem, os descumpriu). Realizar-se-á então o lançamento sem a participação do sujeito passivo.

Eis a íntegra do artigo que já foi, inclusive, citado ao estudarmos as hipóteses de modificação do lançamento previstas no art. 145 do CTN:

> **Art. 149**. O lançamento é efetuado e revisto de ofício pela autoridade administrativa nos seguintes casos:
>
> I – quando a lei assim o determine;
>
> II – quando a declaração não seja prestada, por quem de direito, no prazo e na forma da legislação tributária;
>
> III – quando a pessoa legalmente obrigada, embora tenha prestado declaração nos termos do inciso anterior, deixe de atender, no prazo e na forma da legislação tributária, a pedido de esclarecimento formulado pela autoridade administrativa, recuse-se a prestá-lo ou não o preste satisfatoriamente, a juízo daquela autoridade;
>
> IV – quando se comprove falsidade, erro ou omissão quanto a qualquer elemento definido na legislação tributária como sendo de declaração obrigatória;
>
> V – quando se comprove omissão ou inexatidão, por parte da pessoa legalmente obrigada, no exercício da atividade a que se refere o artigo seguinte;
>
> VI – quando se comprove ação ou omissão do sujeito passivo, ou de terceiro legalmente obrigado, que dê lugar à aplicação de penalidade pecuniária;
>
> VII – quando se comprove que o sujeito passivo, ou terceiro em benefício daquele, agiu com dolo, fraude ou simulação;
>
> VIII – quando deva ser apreciado fato não conhecido ou não provado por ocasião do lançamento anterior;

IX – quando se comprove que, no lançamento anterior, ocorreu fraude ou falta funcional da autoridade que o efetuou, ou omissão, pela mesma autoridade, de ato ou formalidade essencial.

Parágrafo único. A revisão do lançamento só pode ser iniciada enquanto não extinto o direito da Fazenda Pública.

O art. 149, com seus nove incisos, pode ser resumido da seguinte forma: o lançamento será de ofício quando a lei assim determinar (inciso I) ou quando houver qualquer erro a ser corrigido (incisos II a IX).

Nunca é demais chamar a atenção mais uma vez para o prazo quinquenal de decadência do direito de rever o lançamento previsto no parágrafo único do dispositivo citado. Desse modo, podemos representar o dispositivo da seguinte forma:

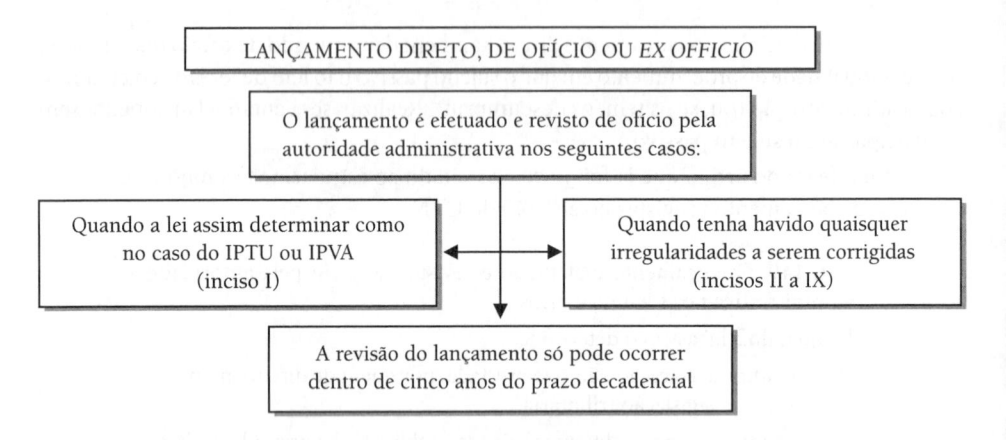

```
LANÇAMENTO DIRETO, DE OFÍCIO OU EX OFFICIO

O lançamento é efetuado e revisto de ofício pela
autoridade administrativa nos seguintes casos:

Quando a lei assim determinar como      Quando tenha havido quaisquer
no caso do IPTU ou IPVA                 irregularidades a serem corrigidas
(inciso I)                              (incisos II a IX)

A revisão do lançamento só pode ocorrer
dentro de cinco anos do prazo decadencial
```

Desta forma, a Fazenda Pública terá que realizar o lançamento ou modificá-lo dentro deste período de cinco anos, conforme figura a seguir:

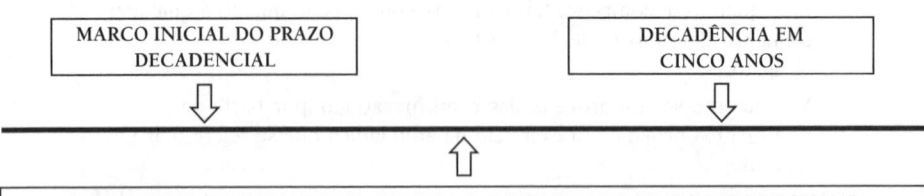

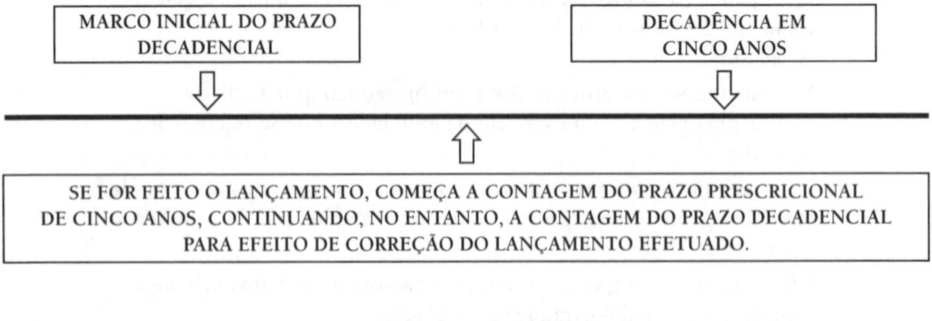

```
MARCO INICIAL DO PRAZO              DECADÊNCIA EM
    DECADENCIAL                       CINCO ANOS
         ⇩                               ⇩
─────────────────────────────────────────────────────
                         ⇧
SE FOR FEITO O LANÇAMENTO, COMEÇA A CONTAGEM DO PRAZO PRESCRICIONAL
DE CINCO ANOS, CONTINUANDO, NO ENTANTO, A CONTAGEM DO PRAZO DECADENCIAL
PARA EFEITO DE CORREÇÃO DO LANÇAMENTO EFETUADO.
```

A maioria dos créditos tributários referentes a impostos sobre a propriedade, tais como **IPTU**, **IPVA** e outros, é constituída através de lançamento direto, embora não se possa considerar isto uma regra.

8.2.2. Lançamento por Declaração (arts. 147 e 148 do CTN)

Nesta modalidade, também chamada de **lançamento misto**, o sujeito passivo presta a declaração ou informação, a Fazenda Pública efetua o lançamento e só então o sujeito passivo efetua o pagamento ou tenta uma impugnação, caso discorde da exigência.

É uma modalidade pouquíssimo usada atualmente, mas ocorre, por exemplo, quando o passageiro, ao chegar de um voo internacional, faz a sua declaração de bagagem para que o fiscal possa efetuar o lançamento do imposto ou em situações nas quais a Fazenda Pública quer fazer um recadastramento de imóveis, veículos e outros bens cujas propriedades constituem fato gerador de imposto.

O art. 147 regula o lançamento por declaração:

> **Art. 147.** O lançamento é efetuado com base na declaração do sujeito passivo ou de terceiro, quando um ou outro, na forma da legislação tributária, presta à autoridade administrativa informações sobre matéria de fato, indispensáveis à sua efetivação.
> § 1º A retificação da declaração por iniciativa do próprio declarante, quando vise a reduzir ou a excluir tributo, só é admissível mediante comprovação do erro em que se funde, e antes de notificado o lançamento.
> § 2º Os erros contidos na declaração e apuráveis pelo seu exame serão retificados de ofício pela autoridade administrativa a que competir a revisão daquela.

Importante chamar a atenção para o fato de que a simples exigência de uma declaração não caracteriza um lançamento deste tipo citado no artigo. O importante para caracterizá-lo é quem efetua os cálculos e define o montante a pagar. No caso em tela é a Fazenda Pública; enquanto no lançamento por homologação previsto no art. 150 do próprio CTN, que também exige uma declaração do sujeito passivo, cabe ao sujeito passivo fazer os cálculos antes de qualquer participação da autoridade fiscal.

O primeiro parágrafo do artigo determina que a retificação da declaração por iniciativa do próprio declarante, quando vise a reduzir ou a excluir tributo, só é admissível mediante comprovação do erro em que se funde, e antes de notificado o lançamento.

Assim, se o erro na declaração for verificado pelo sujeito passivo depois da notificação do lançamento, não lhe caberá outra alternativa senão a impugnação administrativa ou judicial do crédito já constituído.

O parágrafo segundo do artigo determina que será feito um lançamento direto (de ofício) quando houver erros contidos na declaração e apuráveis pelo seu exame.

O art. 148 regula a forma de se corrigir a declaração do sujeito passivo quando esta não merecer fé ou for insuficiente:

> **Art. 148.** Quando o cálculo do tributo tenha por base, ou tome em consideração, o valor ou o preço de bens, direitos, serviços ou atos jurídicos, a autoridade lançadora, mediante processo regular, arbitrará aquele valor ou preço, sempre que sejam omissos ou não mereçam fé as declarações ou os esclarecimentos prestados, ou os documentos expedidos pelo sujeito passivo ou pelo terceiro legalmente obrigado, ressalvada, em caso de contestação, avaliação contraditória, administrativa ou judicial.

Ora, o art. 148 do CTN nada mais é do que um típico lançamento direto, uma vez que foram omissos ou não mereceram fé as declarações ou os esclarecimentos prestados, ou os documentos expedidos pelo sujeito passivo ou pelo terceiro legalmente obrigado.

Note-se que neste caso pode até nem ter havido um lançamento anterior a ser corrigido, uma vez que a autoridade verificou a falha antes de efetuá-lo.

Deste modo, a autoridade fiscal vai arbitrar um novo valor ou preço de bens, direitos, serviços ou atos jurídicos praticados por processo regular que vai assegurar ao sujeito passivo em caso de contestação, avaliação contraditória, administrativa ou judicial.

Portanto, o arbitramento, mediante processo regular, não é procedimento de lançamento especial, constituindo, isto sim, um lançamento direto que também está previsto no art. 149 do CTN já estudado anteriormente.

8.2.3. *Lançamento por Homologação (art. 150 do CTN)*

Os tributos lançados através de homologação tácita ou expressa são cada vez mais numerosos. A preferência do legislador tem motivos óbvios, já que ele transfere ao sujeito passivo as funções de apurar e antecipar o montante devido.

A sua previsão encontra-se no art. 150 do CTN:

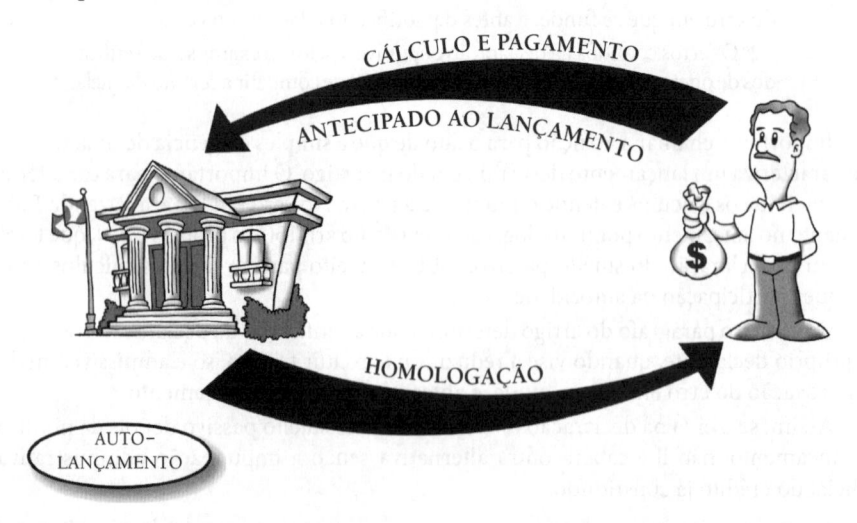

Art. 150. O lançamento por homologação, que ocorre quanto aos tributos cuja legislação atribua ao sujeito passivo o dever de antecipar o pagamento sem prévio exame da autoridade administrativa, opera-se pelo ato em que a referida autoridade, tomando conhecimento da atividade assim exercida pelo obrigado, expressamente a homologa.

§ 1º O pagamento antecipado pelo obrigado nos termos deste artigo extingue o crédito, sob condição resolutória da ulterior homologação do lançamento.

§ 2º Não influem sobre a obrigação tributária quaisquer atos anteriores à homologação, praticados pelo sujeito passivo ou por terceiro, visando à extinção total ou parcial do crédito.

§ 3º Os atos a que se refere o parágrafo anterior serão, porém, considerados na apuração do saldo porventura devido e, sendo o caso, na imposição de penalidade, ou sua graduação.

§ 4º Se a lei não fixar prazo à homologação, será ele de 5 (cinco) anos, a contar da ocorrência do fato gerador; expirado esse prazo sem que a Fazenda Pública se tenha pronunciado, considera-se homologado o lançamento e definitivamente extinto o crédito, salvo se comprovada a ocorrência de dolo, fraude ou simulação.

O art. 150 nos traz o terceiro e último tipo de lançamento previsto no CTN, denominado pela doutrina como autolançamento e cada vez mais utilizado pelo Fisco.

Antes de qualquer coisa, é importante chamar a atenção para o fato de que essa denominação doutrinária de autolançamento pode induzir a erro de interpretação do procedimento. Sabe-se que o lançamento é atividade privativa da autoridade fiscal (art. 142 do CTN) e esta denominação dá a falsa impressão de que o sujeito passivo é que está lançando o tributo.

Não é o que acontece. De uma leitura atenta do dispositivo pode se observar que o lançamento propriamente dito opera-se pelo ato em que a referida autoridade, tomando conhecimento do cálculo e pagamento antecipados feitos pelo obrigado, expressamente os homologa.

Trata-se de um lançamento atípico, na medida em que é, a um só tempo, constituição do crédito conforme o art. 150 ora estudado, e extinção, conforme art. 156, VII, do próprio CTN. De fato é o que ocorre, uma vez que ao homologar o pagamento antecipado não há mais o que exigir do contribuinte e o crédito estará extinto.

Desta forma, o pagamento antecipado pelo obrigado extingue o crédito sob condição resolutória da ulterior homologação ao lançamento.

Outro detalhe relevante é o que está previsto no parágrafo segundo do art. 150 do CTN, que determina que não influem sobre a obrigação tributária quaisquer atos anteriores à homologação, praticados pelo sujeito passivo ou por terceiro, visando à extinção total ou parcial do crédito.

Portanto, não cabe o benefício da denúncia espontânea no caso de tributo sujeito a lançamento por homologação, quando o contribuinte, declarada a dívida, efetua o pagamento a destempo, à vista ou parceladamente, devendo ser recolhido o valor com a penalidade cabível.

Neste caso, entretanto, é bom que se atente para o fato de que não basta o tributo estar submetido a lançamento por homologação. Para que não haja o benefício da espontaneidade, o contribuinte tem que ter declarado a dívida e pago a destempo.

Ainda com relação à matéria, o parágrafo terceiro do art. 150 determina que o pagamento efetuado terá de ser considerado na apuração do saldo porventura devido e, sendo o caso, na imposição de penalidade, ou sua graduação, fazendo com que o sujeito passivo só tenha que recolher o valor da penalidade que deixou de ser paga.

O parágrafo quarto do dispositivo determina que se a lei não fixar prazo para a homologação, será ele de cinco anos, a contar da ocorrência do fato gerador; expirado esse prazo sem que a Fazenda Pública se tenha pronunciado, considera-se homologado o lançamento e definitivamente extinto o crédito, salvo se comprovada a ocorrência de dolo, fraude ou simulação.

A grande questão a ser discutida aqui é a possibilidade de que a lei ordinária fixe um prazo maior que cinco anos, como ocorreu no caso da Lei nº 8.212/1991 que fixou o referido prazo em dez anos, em seu art. 45, conforme segue:

Lei nº 8.212/1991

Art. 45. O direito da Seguridade Social apurar e constituir seus créditos extingue-se após 10 (dez) anos contados:

I – do primeiro dia do exercício seguinte àquele em que o crédito poderia ter sido constituído;

II – da data em que se tornar definitiva a decisão que houver anulado, por vício formal, a constituição de crédito anteriormente efetuada.

No entanto, esta questão foi pacificada pelo Supremo Tribunal Federal ao publicar a Súmula Vinculante nº 8:

JURISPRUDÊNCIA

Súmula Vinculante nº 8 do STF

"São inconstitucionais o parágrafo único do art. 5º do Decreto-Lei nº 1.569/1977 e os arts. 45 e 46 da Lei nº 8.212/1991, que tratam de prescrição e decadência de crédito tributário."

Os ministros do Supremo Tribunal Federal sumularam o entendimento de que os dispositivos que tratam dos prazos de prescrição e decadência em matéria tributária são inconstitucionais.

Esse posicionamento determina que a Fazenda Pública não pode exigir as contribuições sociais com o aproveitamento dos prazos de 10 anos previstos nos dispositivos declarados inconstitucionais.

No entanto, a decisão terá eficácia retroativa somente para aqueles que já ajuizaram as respectivas ações judiciais ou solicitações administrativas até a data do julgamento. Em razão disso, os recolhimentos efetuados nos prazos previstos nos arts. 45 e 46 da Lei nº 8.212/1991 e não impugnados antes da conclusão do julgamento são legítimos:

A Súmula Vinculante nº 8 tem como fundamento que apenas lei complementar pode dispor sobre normas gerais em matéria tributária, conforme art. 146, III, b, da Constituição Federal:

Constituição Federal

Art. 146. Cabe à lei complementar:

(...)

III – estabelecer normas gerais em matéria de legislação tributária, especialmente sobre:

(...)

b) obrigação, lançamento, crédito, prescrição e decadência tributários;

Caso ocorra dolo fraude ou simulação, o *dies a quo* do prazo decadencial deixará de ser o da ocorrência do fato gerador e passará a ser a regra geral do art. 173, I, do CTN, ou seja, o primeiro dia do exercício seguinte àquele em que o lançamento poderia ter sido efetuado, conforme determina o STJ em decisões supracitadas.

> **JURISPRUDÊNCIA**
>
> Em se tratando de tributos lançados por homologação, ocorrendo a declaração do contribuinte e na falta de pagamento da exação no vencimento, é cediço no **STJ** que tal declaração elide a necessidade da constituição formal do débito pelo Fisco, podendo este ser imediatamente inscrito em dívida ativa, tornando-se exigível, independentemente de qualquer procedimento administrativo ou de notificação ao contribuinte, conforme decisão a seguir:
>
> "Tributário. Obrigações tributárias informadas em declaração. Débito declarado e pago a menor. Certidão negativa de débito. Recusa legítima.
>
> (...)
>
> II – Em se tratando de tributo lançado por homologação, ocorrendo a declaração do contribuinte e na falta de pagamento da exação no vencimento, fica elidida a necessidade da constituição formal do débito pelo Fisco quanto aos valores declarados.
>
> III – A declaração do contribuinte 'constitui' o crédito tributário relativo ao montante informado e torna dispensável o lançamento, sendo legítima a recusa na expedição de certidão negativa de débito.
>
> (...)
>
> V – Recurso especial improvido." (**REsp nº 780.167/RS, REsp nº 2005/0150.117-0, Rel. Min. Castro Meira, *DJ* 07/11/2005, p. 249.**)
>
> Com relação ao marco inicial do prazo decadencial, o STJ firmou posição no sentido de que os termos iniciais dos arts. 173, I, e 150, § 4º, não são cumulativos, o que poderia resultar em um prazo de 10 (5+5) anos para o Fisco realizar o lançamento. São sim excludentes conforme segue:
>
> 1. O tributo sujeito a lançamento por homologação, em não ocorrendo o pagamento antecipado pelo contribuinte, incumbe ao Fisco o poder-dever de efetuar o lançamento de ofício substitutivo, que deve obedecer ao prazo decadencial estipulado pelo art. 173, I, do CTN, segundo o qual o direito de a Fazenda Pública constituir o crédito tributário extingue-se

> após 5 (cinco) anos contados do primeiro dia do exercício seguinte àquele em que o lançamento poderia ter sido efetuado.
> 2. As normas dos arts. 150, § 4º, e 173 não são de aplicação cumulativa ou concorrente, antes são reciprocamente excludentes, tendo em vista a diversidade dos pressupostos da respectiva aplicação.
> 3. Como o lançamento direto (art. 149 do CTN) poderia ter sido efetivado desde a ocorrência do fato gerador, é do primeiro dia do exercício financeiro seguinte ao nascimento da obrigação tributária que se conta o prazo decadencial para a constituição do crédito tributário, na hipótese, entre outras, da não ocorrência do pagamento antecipado de tributo sujeito a lançamento por homologação, independentemente da data extintiva do direito potestativo de o Estado rever e homologar o ato de formalização do crédito tributário efetuado pelo contribuinte previsto no art. 150, § 4º. **(AgRg no REsp 1.074.191/MG Agravo Regimental no Recurso Especial 2008/0149.185-2, Min. Luiz Fux, j. 02/03/2010.)**

Após as considerações feitas, podemos representar o art. 150 do CTN da seguinte forma:

LANÇAMENTO POR HOMOLOGAÇÃO OU AUTOLANÇAMENTO
O sujeito passivo calcula e paga sem prévio exame da autoridade fiscal;
O crédito é extinto sob condição resolutória de posterior homologação;
A autoridade realiza o lançamento através da homologação, expressa ou tácita, daquele pagamento antecipado, extinguindo definitivamente o crédito tributário.

Existe um grande número de impostos, como o IR, ICMS, IPI, ISS e outros, que normalmente têm seus créditos constituídos por homologação tácita ou expressa.

Para concluir as modalidades de lançamento, algumas observações se fazem necessárias:

a) o lançamento com base em declaração não gera efeitos confirmatório-extintivos, uma vez que o pagamento somente se dá após a notificação ao sujeito passivo, o qual poderá optar pelo pagamento ou impugnação;

b) o lançamento por homologação desencadeia efeitos confirmatório extintivos, aperfeiçoando-se com o pagamento e a confirmação-extinção do crédito por meio de ato homologatório, expresso ou tácito;

c) a homologação tácita de que trata o parágrafo quarto do art. 150 só ocorrerá caso não haja dolo, fraude ou simulação e só será de cinco anos se a lei não fixar de modo diverso;

d) qualquer erro em qualquer das modalidades de lançamento será corrigido por lançamento direto;

e) não se pode afirmar que determinado tributo tem sempre seu crédito tributário constituído por determinado tipo de lançamento, já que há uma grande variação neste sentido.

Uma vez constituído o crédito tributário, somente se modifica, extingue ou tem sua exigibilidade suspensa ou excluída nas hipóteses previstas no CTN, conforme já verificamos ao estudarmos o art. 141 daquele diploma legal.

Passaremos a estudar, agora, quais são estas hipóteses de suspensão, extinção e exclusão do crédito tributário.

```
FATO          OBRIGAÇÃO         CRÉDITO              SUSPENSÃO
GERADOR  →   TRIBUTÁRIA    →   TRIBUTÁRIO     →    Arts. 151 a
                ↑                                    155 do CTN

                                                    EXTINÇÃO
                                               →    Arts. 156 a
                                                    174 do CTN

            LANÇAMENTO                              EXCLUSÃO
                                               →    Arts. 175 a
                                                    182 do CTN
```

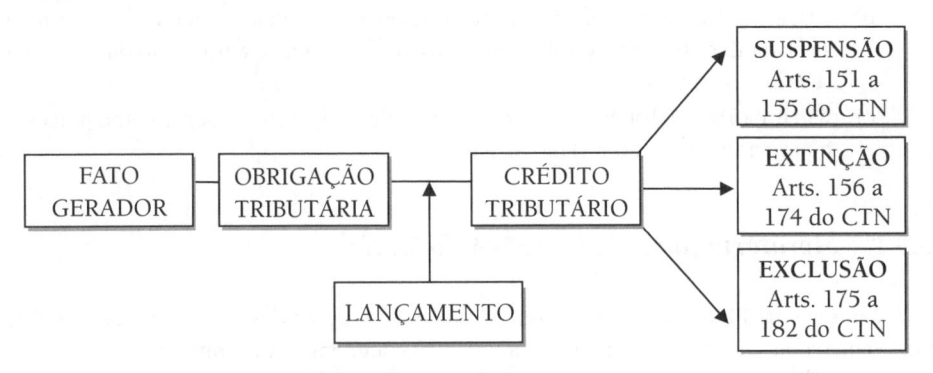

8.3. Hipóteses de Suspensão do Crédito Tributário (arts. 151 a 155 do CTN)

Uma vez efetuado o lançamento e notificado o sujeito passivo, sem que se dê o pagamento, cabe à Fazenda Pública exigir judicialmente o seu crédito.

O CTN, no entanto, disciplina, no art. 151, uma outra alternativa, contemplando as hipóteses em que a Fazenda Pública não poderá propor a execução judicial em razão da suspensão da exigibilidade do crédito:

> MO – DE – RE – CO – CO – PA

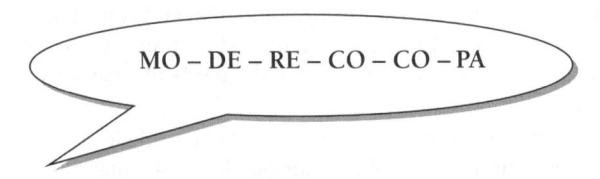

Art. 151. Suspendem a exigibilidade do crédito tributário:

I – **mo**ratória;

II – o **de**pósito do seu montante integral;

III – as **re**clamações e os recursos, nos termos das leis reguladoras do processo tributário administrativo;

IV – a **co**ncessão de medida liminar em mandado de segurança;

V – a **co**ncessão de medida liminar ou de tutela antecipada, em outras espécies de ação judicial;

VI – o **pa**rcelamento.

Parágrafo único. O disposto neste artigo não dispensa o cumprimento das obrigações acessórias dependentes da obrigação principal cujo crédito seja suspenso, ou dela consequente.

O advento de uma das causas enumeradas no art. 151 (MO–DE–RE–CO–CO–PA), e enquanto dure, acarreta a suspensão do crédito e as seguintes consequências:

a) bloqueia o ajuizamento da execução fiscal;
b) suspende a contagem do prazo prescricional para o ajuizamento da ação fiscal se ela já tiver tido início (efeito suspensivo), ou impede a iniciação da contagem (efeito impeditivo);
c) não importa em dispensa do cumprimento de obrigação acessória, como preceitua o parágrafo único do mesmo artigo.

8.3.1. *Moratória (arts. 152 a 155-A do CTN)*

Consiste na **dilatação** de prazo concedida pelo credor ao devedor, de modo que a dívida vencida ou vincenda possa ter outra data de vencimento. A moratória tributária para ser concedida depende de lei. Ela pode ser geral ou individual e, neste caso, normalmente voltada para conceder um parcelamento de crédito tributário, conforme despacho da autoridade à vista dos requisitos legais. Pode também ser concedida em caráter nacional ou regional, abrangendo todo o território ou parte dele, ou ainda ser circunscrita à categoria ou classe de sujeito passivo:

> **Art. 152.** A moratória somente pode ser concedida:
> I – em caráter geral:
> a) pela pessoa jurídica de direito público competente para instituir o tributo a que se refira;
> b) pela União, quanto a tributos de competência dos Estados, do Distrito Federal ou dos Municípios, quando simultaneamente concedida quanto aos tributos de competência federal e às obrigações de direito privado;
> II – em caráter individual, por despacho da autoridade administrativa, desde que autorizada por lei nas condições do inciso anterior.
> Parágrafo único. A lei concessiva de moratória pode circunscrever expressamente a sua aplicabilidade a determinada região do território da pessoa jurídica de direito público que a expedir, ou a determinada classe ou categoria de sujeitos passivos.

O art. 152 disciplina vários detalhes importantes a respeito do benefício fiscal, conforme observamos nos quadros a seguir:

Capítulo 8 | Crédito Tributário 349

CONCESSÃO DE MORATÓRIA
- **EM CARÁTER INDIVIDUAL**
  - A lei que a concede traz requisitos que terão que ser cumpridos pelo sujeito passivo.
  - Sua concessão depende da lei e de despacho da autoridade por solicitação do sujeito passivo.
- **EM CARÁTER GERAL**
  - A lei que a concede não traz requisitos que terão que ser cumpridos pelo sujeito passivo.
  - Sua concessão só depende da lei, já que a mesma não traz requisitos a serem obedecidos.

A MORATÓRIA PODE SER CONCEDIDA
- Por lei da própria pessoa jurídica à qual a Constituição Federal atribui a competência para instituir o respectivo tributo.
- Por lei federal, quanto a tributos dos Estados, DF ou Municípios, desde que conceda simultaneamente para todos os créditos da União, quer sejam tributários ou não.

Cuidado, pois é vedado à União conceder isenção de tributos dos E, DF ou M Art. 151, III, da CF

A MORATÓRIA PODE SER CONCEDIDA
- Circunscrita a determinada região do território da pessoa jurídica que a conceder.
- Circunscrita a determinada classe ou categoria de sujeito passivo da obrigação.

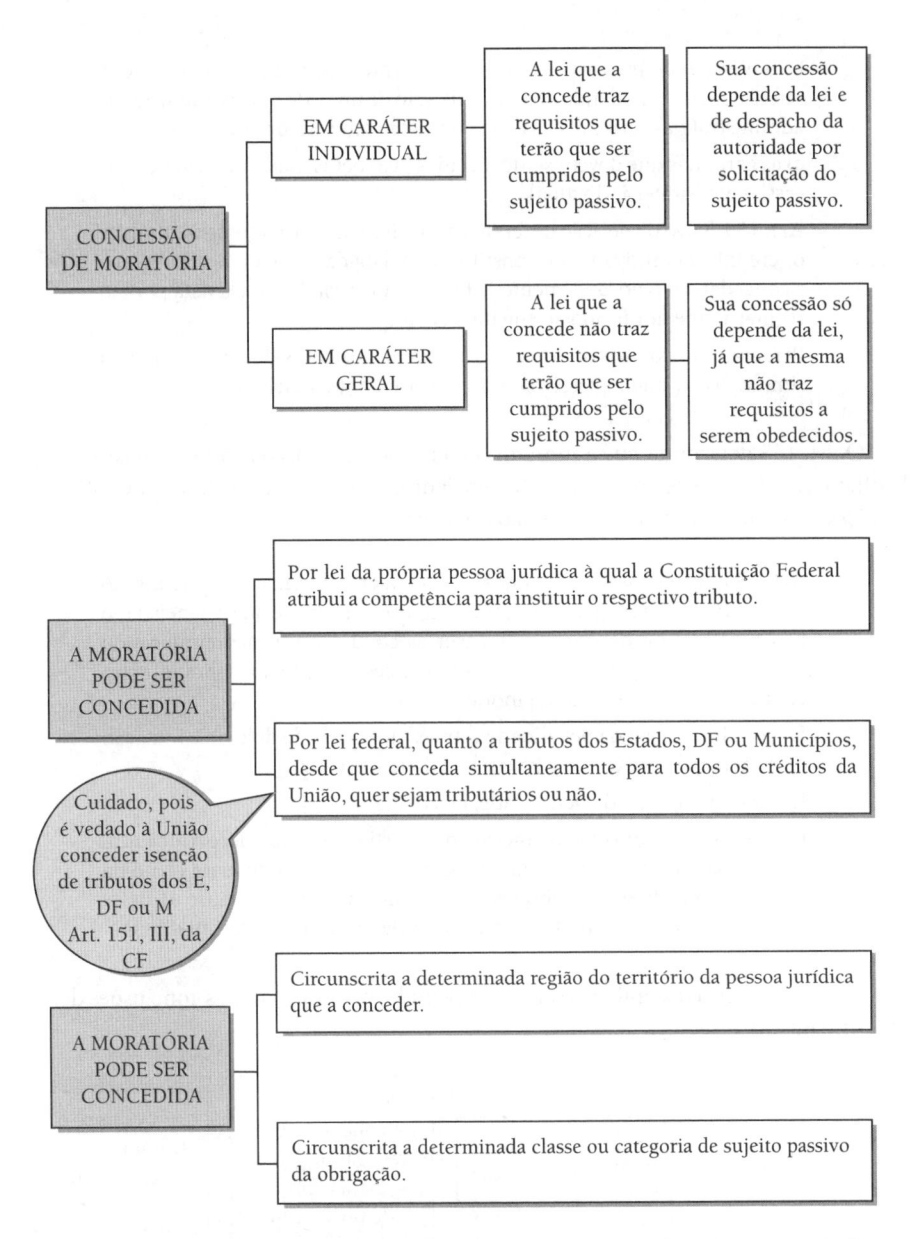

Os arts. 153 e 154 disciplinam questões ligadas à concessão da moratória e têm textos praticamente autoexplicativos:

> **Art. 153.** A lei que conceda moratória em caráter geral ou autorize sua concessão em caráter individual especificará, sem prejuízo de outros requisitos:
> I – o prazo de duração do favor;
> II – as condições da concessão do favor em caráter individual;
> III – sendo caso:
> a) os tributos a que se aplica;

b) o número de prestações e seus vencimentos, dentro do prazo a que se refere o inciso I, podendo atribuir a fixação de uns e de outros à autoridade administrativa, para cada caso de concessão em caráter individual;

c) as garantias que devem ser fornecidas pelo beneficiado no caso de concessão em caráter individual.

Art. 154. Salvo disposição de lei em contrário, a moratória somente abrange os créditos definitivamente constituídos à data da lei ou do despacho que a conceder, ou cujo lançamento já tenha sido iniciado àquela data por ato regularmente notificado ao sujeito passivo.

Parágrafo único. A moratória não aproveita aos casos de dolo, fraude ou simulação do sujeito passivo ou do terceiro em benefício daquele.

O art. 155 determina que a moratória concedida em caráter individual seja revogada de ofício, sempre que se apure que o beneficiado não satisfazia ou deixou de satisfazer as condições ou requisitos para a concessão do favor:

Art. 155. A concessão da moratória em caráter individual não gera direito adquirido e será revogada de ofício, sempre que se apure que o beneficiado não satisfazia ou deixou de satisfazer as condições ou não cumpria ou deixou de cumprir os requisitos para a concessão do favor, cobrando-se o crédito acrescido de juros de mora:

I – com imposição da penalidade cabível, nos casos de dolo ou simulação do beneficiado, ou de terceiro em benefício daquele;

II – sem imposição de penalidade, nos demais casos.

Parágrafo único. No caso do inciso I deste artigo, o tempo decorrido entre a concessão da moratória e sua revogação não se computa para efeito da prescrição do direito à cobrança do crédito; no caso do inciso II deste artigo, a revogação só pode ocorrer antes de prescrito o referido direito.

De acordo com a disciplina do artigo em estudo, podemos tirar as conclusões demonstradas no quadro a seguir:

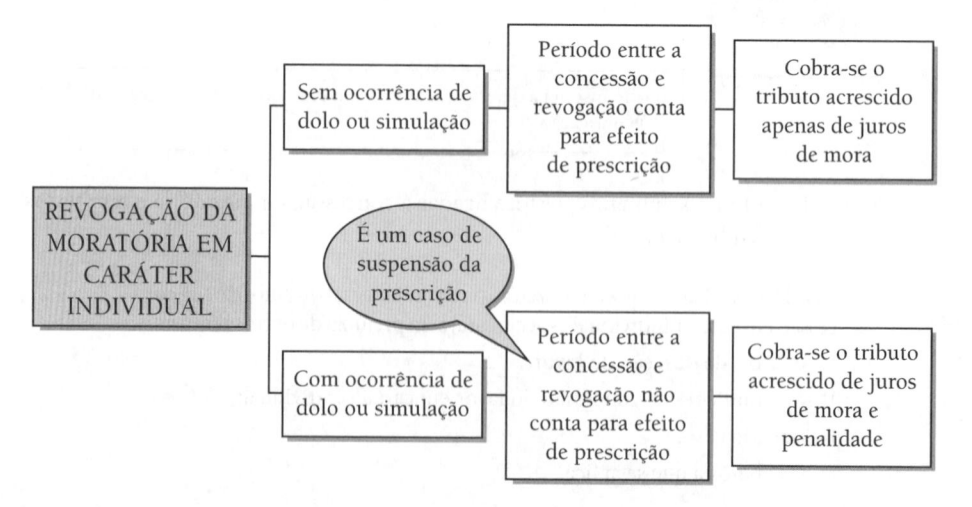

```
REVOGAÇÃO DA MORATÓRIA EM CARÁTER INDIVIDUAL
├── Sem ocorrência de dolo ou simulação
│   └── Período entre a concessão e revogação conta para efeito de prescrição
│       └── Cobra-se o tributo acrescido apenas de juros de mora
└── Com ocorrência de dolo ou simulação
    └── Período entre a concessão e revogação não conta para efeito de prescrição
        └── Cobra-se o tributo acrescido de juros de mora e penalidade
```

É um caso de suspensão da prescrição

Portanto, conforme determina o parágrafo único do art. 155, a interrupção da prescrição dependerá da ocorrência de dolo ou simulação por parte do sujeito passivo:

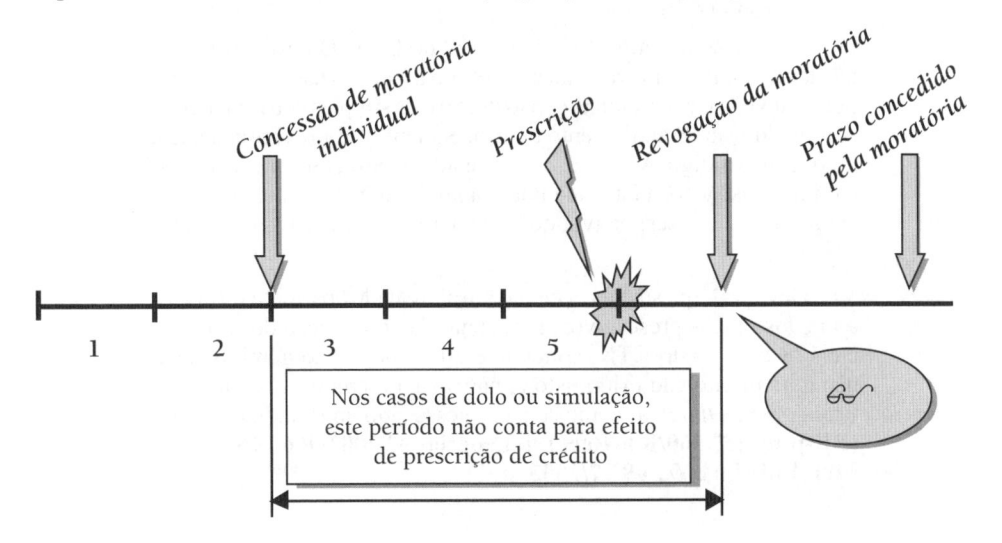

Concessão de moratória individual — *Prescrição* — *Revogação da moratória* — *Prazo concedido pela moratória*

1   2   3   4   5

Nos casos de dolo ou simulação, este período não conta para efeito de prescrição de crédito

☞ Se for verificado que o sujeito passivo não se enquadrava nos requisitos exigidos pela lei nesta fase representada no esquema, deparamo-nos com duas situações possíveis:

a) se houve dolo ou simulação, a moratória pode ser revogada normalmente, cobrando-se imediatamente o tributo acrescido de juros de mora e penalidade;
b) se não houve dolo ou simulação, a moratória só poderia ser revogada antes da prescrição. Neste caso, portanto, o sujeito passivo continuará usufruindo do benefício até o prazo final da moratória.

> **JURISPRUDÊNCIA**
>
> O **STJ** considera que o desfazimento do ato administrativo que reconhece o direito a benefício fiscal não é a revogação, pois o ato não é discricionário, não decorre de simples conveniência da Administração. É anulamento ou cancelamento. É imprópria a terminologia do Código utilizada neste art. 155 do CTN. Anulado, ou cancelado, o despacho que reconhece o direito ao benefício fiscal (no caso a isenção), a Fazenda Pública providenciará a constituição do crédito tributário respectivo, que será acrescido dos juros de mora. Segue uma decisão do referido tribunal relativa à isenção, mas que se aplica a quaisquer benefícios fiscais, inclusive à moratória:
>
> Tributário. Lançamento retroativo do imposto predial e territorial urbano. IPTU. Isenção. Conselho de contribuintes local. Revogação posterior do benefício isencional. Ausência de direito adquirido. Efeitos retroativos para fins de incidência do tributo.
>
> (...)
>
> III – Decisão do Conselho de Contribuintes local, concedendo benefício revogado posteriormente. A regra é a revogabilidade das isenções e

> a isenção concedida sob condição resolutiva pode ser cassada acaso verificada a ausência de preenchimento das condições exigidas à data de sua própria concessão.
> IV – Aplicação dos arts. 155, 178 e 179 do CTN. O desfazimento do ato administrativo que reconhece o direito à isenção não é a revogação, pois o ato não é discricionário, não decorre de simples conveniência da Administração. É anulamento ou cancelamento. É imprópria a terminologia do Código. Anulado, ou cancelado, o despacho que reconhece o direito à isenção, a Fazenda Pública providenciará a constituição do crédito tributário respectivo, que será acrescido dos juros de mora.
> (...)
> VI – Deveras, a questão da eventual retroatividade do tributo resolve-se à luz dos prazos prescritivos, porquanto da conjugação dos arts. 155 c/c 178 c/c 179 do CTN, conclui-se que o despacho administrativo não gera direito adquirido; isto é, não apaga o crédito e, *a fortiori*, o faz *incidir ex tunc*, tal como se não tivesse sido concedida a isenção. **(REsp nº 437.560/RJ, Recurso Especial nº 2002/0060.960-7, Rel. Min. Luiz Fux, *DJ* 09/12/2003, p. 216)**

Finalizando o comentário sobre o dispositivo, faço ainda duas considerações:

a) Esqueceu-se o legislador de incluir a figura da fraude na redação legal, mas é intuitivo que a omissão é suprida pela análise sistemática, não sendo compreensível que as providências sancionadoras deixassem de ser aplicadas àquele que a cometeu, conforme afirma Paulo de Barros Carvalho, em obra supracitada.

b) Conforme ensina Leandro Paulsen, com relação ao parágrafo único do art. 155, nos casos em que não há dolo ou simulação, "trata-se de hipótese excepcional de curso do prazo prescricional enquanto o crédito tributário está com sua exigibilidade suspensa" (*Direito Tributário – Constituição e Código Tributário à luz da Doutrina e da Jurisprudência*, 6. ed. Porto Alegre, Livraria do Advogado, 2004, p. 1.048).

O art. 155 do CTN ganha destaque especial, conforme veremos no decorrer do estudo, pela sua abrangência, sendo aplicável a diversas situações dentro do Código:

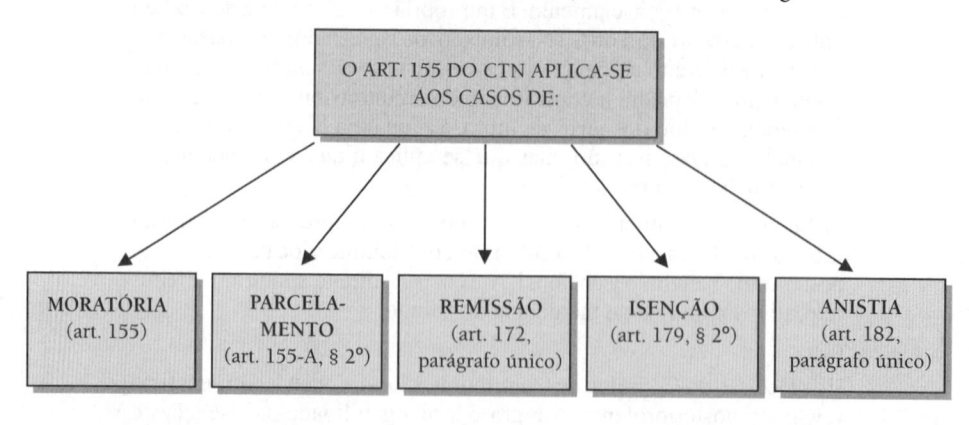

```
                O ART. 155 DO CTN APLICA-SE
                     AOS CASOS DE:
```

MORATÓRIA	PARCELA-	REMISSÃO	ISENÇÃO	ANISTIA
(art. 155)	MENTO	(art. 172,	(art. 179, § 2º)	(art. 182,
	(art. 155-A, § 2º)	parágrafo único)		parágrafo único)

Finalizando, o art. 155-A estabelece regras para a instituição da lei que criar o parcelamento e estabelece um tratamento especial para o devedor em recuperação judicial:

> **Art. 155-A.** O parcelamento será concedido na forma e condição estabelecidas em lei específica.
>
> § 1º Salvo disposição de lei em contrário, o parcelamento do crédito tributário não exclui a incidência de juros e multas.
>
> § 2º Aplicam-se, subsidiariamente, ao parcelamento as disposições desta Lei, relativas à moratória.
>
> § 3º Lei específica disporá sobre as condições de parcelamento dos créditos tributários do devedor em recuperação judicial.
>
> § 4º A inexistência da lei específica a que se refere o § 3º deste artigo importa na aplicação das leis gerais de parcelamento do ente da Federação ao devedor em recuperação judicial, não podendo, neste caso, ser o prazo de parcelamento inferior ao concedido pela lei federal específica.

8.3.2. Depósito do Montante Integral (art. 151, II, do CTN)

Caracterizado pela faculdade que tem o contribuinte ou responsável de efetuar um depósito para depois poder discutir administrativamente a validade do crédito tributário, visando com isso a evitar a correção monetária do débito, provocada pela inflação, bem como a fluência de juros de mora.

Caso o sujeito passivo ganhe a questão, o depósito será devolvido; do contrário, converte-se em renda a favor da Fazenda Pública.

Como o CTN é omisso com relação à esfera na qual o depósito poderá ser efetuado, pode-se concluir que há oportunidades diferentes para a sua efetuação, a saber:

a) na esfera administrativa;
b) na esfera judicial.

Cabe aqui uma citação do art. 784, § 1º, da Lei nº 13.105/2015 – CPC:

> **Código de Processo Civil**
> **Art. 585, § 1º** A propositura de qualquer ação relativa a débito constante de título executivo não inibe o credor de promover-lhe a execução

Portanto, se for proposta contra a Fazenda Pública uma ação judicial anulatória de débito fiscal sem depósito, poderá ingressar o Fisco com a execução fiscal, garantida pela penhora dos bens do devedor.

> **JURISPRUDÊNCIA**
>
> O STF publicou as Súmulas Vinculantes nos 21 e 28 que asseguram aos litigantes, em processo judicial ou administrativo, recorrer às instâncias superiores, sem a exigência de depósitos recursais:

> **Súmula vinculante nº 21 do STF**
>
> "É inconstitucional a exigência de depósito ou arrolamento prévios de dinheiro ou bens para admissibilidade de recurso administrativo."
>
> **Súmula vinculante nº 28 do STF**
>
> "É inconstitucional a exigência de depósito prévio como requisito de admissibilidade de ação judicial na qual se pretenda discutir a exigibilidade de crédito tributário."
>
> **Súmula nº 112 do STJ**
>
> "O depósito somente suspende a exigibilidade do crédito se for integral e em dinheiro."

Curiosamente, como veremos a seguir, as reclamações administrativas, ao contrário das judiciais, suspendem imediatamente a exigibilidade do crédito.

8.3.3. Reclamações e Recursos (art. 151, III, do CTN)

De acordo com a legislação reguladora do processo administrativo relativo a cada tributo, o sujeito passivo tem todo o direito de contestar lançamento que julgue manifestamente irregular ou abusivo, bem como, ao constatar ser desfavorável a decisão da autoridade lançadora no julgamento administrativo de processo fiscal, cabe-lhe o direito a interpor recurso à instância administrativa superior.

Em ambas as situações, a exigibilidade do crédito tributário fica suspensa até que seja emitida decisão relativa à reclamação ou ao recurso.

Nesse sentido, a Súmula nº 153 do antigo Tribunal Federal de Recursos determina:

> Constituído, no quinquênio, através do lançamento, o crédito tributário, não há que se falar em decadência, fluindo, a partir daí, em princípio, o prazo prescricional, que, todavia, fica em suspenso, até que sejam decididos os recursos administrativos.

8.3.4. Concessão de Medida Liminar em Mandado de Segurança (art. 151, IV, do CTN)

Assim dispõe o art. 5º, LXIX, da Constituição Federal:

> **Art. 5º, LXIX, da CF.** Conceder-se-á mandado de segurança para proteger direito líquido e certo, não amparado por *habeas corpus* ou *habeas data*, quando o responsável pela ilegalidade ou abuso de poder for autoridade pública ou agente de pessoa jurídica no exercício de atribuições do Poder Público (...)

Trata-se de ação constitucionalmente fundada, para proteger direito líquido e certo, repressiva ou preventivamente, individual ou coletivamente.

Mas o que suspende a exigibilidade do crédito tributário não é o ajuizamento da ação, nem tampouco a decisão transitada em julgado favorável ao contribuinte, decisão que extinguiria o próprio crédito. Os efeitos suspensivos somente serão desencadeados se o juiz, cautelarmente, diante da lesividade do ato ou sua iminência, conceder medida liminar que afaste de plano o ato abusivo de autoridade para evitar a irreparabilidade do dano com a demora da sentença.

A medida liminar, na lição de Misabel Abreu Machado Derzi (*Comentários ao Código Tributário Nacional*, Editora Forense, Rio de Janeiro, 1998, p. 412), independentemente do depósito, suspende a exigibilidade do crédito enquanto dura, ficando a Fazenda impedida de ajuizar a execução.

Conseguindo o sujeito passivo que o juiz suspenda liminarmente a cobrança de tal crédito, fica, então, caracterizada uma hipótese de suspensão, mediante interferência judicial.

8.3.5. Concessão de Medida Liminar ou de Tutela Antecipada, em Outras Espécies de Ação Judicial (art. 151, V, do CTN)

Este inciso, acrescentado pela Lei Complementar nº 104, de 10 de janeiro de 2001, apenas vem corrigir uma omissão do Código Tributário Nacional, uma vez que a tutela antecipada ou medida liminar concedida em qualquer ação judicial tem a intenção, exatamente como no caso do mandado de segurança, de evitar o ônus tributário para o sujeito passivo antes que seja analisado o mérito da lide judicial.

8.3.6. O Parcelamento (art. 151, VI, do CTN)

Este inciso, também acrescentado pela Lei Complementar nº 104, de 10 de janeiro de 2001, vem eliminar a discussão doutrinária a respeito do fato de que o parcelamento teria que ser tratado como uma hipótese de suspensão ou de extinção do crédito tributário anterior com a criação de um outro, o que caracterizaria uma novação objetiva.

O inciso VI do art. 151 eliminou esta dúvida, tratando o fato jurídico definitivamente como forma de suspensão do crédito tributário.

A citada lei complementar federal acrescentou também o art. 155-A, trazendo dispositivos a respeito do parcelamento:

> **Art. 155-A.** O parcelamento será concedido na forma e condição estabelecidas em lei específica.
>
> § 1º Salvo disposição de lei em contrário, o parcelamento do crédito tributário não exclui a incidência de juros e multas.
>
> § 2º Aplicam-se, subsidiariamente, ao parcelamento as disposições desta Lei, relativas à moratória.
>
> § 3º Lei específica disporá sobre as condições de parcelamento dos créditos tributários do devedor em recuperação judicial.
>
> § 4º A inexistência da lei específica a que se refere o § 3º deste artigo importa na aplicação das leis gerais de parcelamento do ente da Federação ao devedor em recuperação judicial, não podendo, neste caso, ser o prazo de parcelamento inferior ao concedido pela lei federal específica.

É fundamental que se dê uma atenção especial aos parágrafos 3º e 4º do art. 155-A, introduzidos pela Lei Complementar nº 118/2005, que adaptou o Código Tributário Nacional às diretrizes da Lei nº 11.101/2005 – Lei de Falências. Tais parágrafos determinam regras para parcelamento de dívidas tributárias para empresas que se encontrem em processo de recuperação judicial.

Ainda com relação a estas empresas em sede de recuperação judicial, é importante que se faça um comentário sobre o art. 68 da mesma Lei de Falências, que permite às Fazendas Públicas e ao Instituto Nacional do Seguro Social – INSS – deferir, nos termos da legislação específica, parcelamento de seus créditos.

A seguir, a íntegra do dispositivo:

Lei nº 11.101/2005 – Lei de Falências

Art. 68. As Fazendas Públicas e o Instituto Nacional do Seguro Social – INSS – poderão deferir, nos termos da legislação específica, parcelamento de seus créditos, em sede de recuperação judicial, de acordo com os parâmetros estabelecidos na Lei nº 5.172, de 25 de outubro de 1966 – Código Tributário Nacional.

Desta forma, com relação ao depósito do montante integral, às reclamações e recursos, à concessão de medida liminar em mandado de segurança e à concessão de medida liminar ou tutela antecipada em outras ações judiciais, podemos concluir:

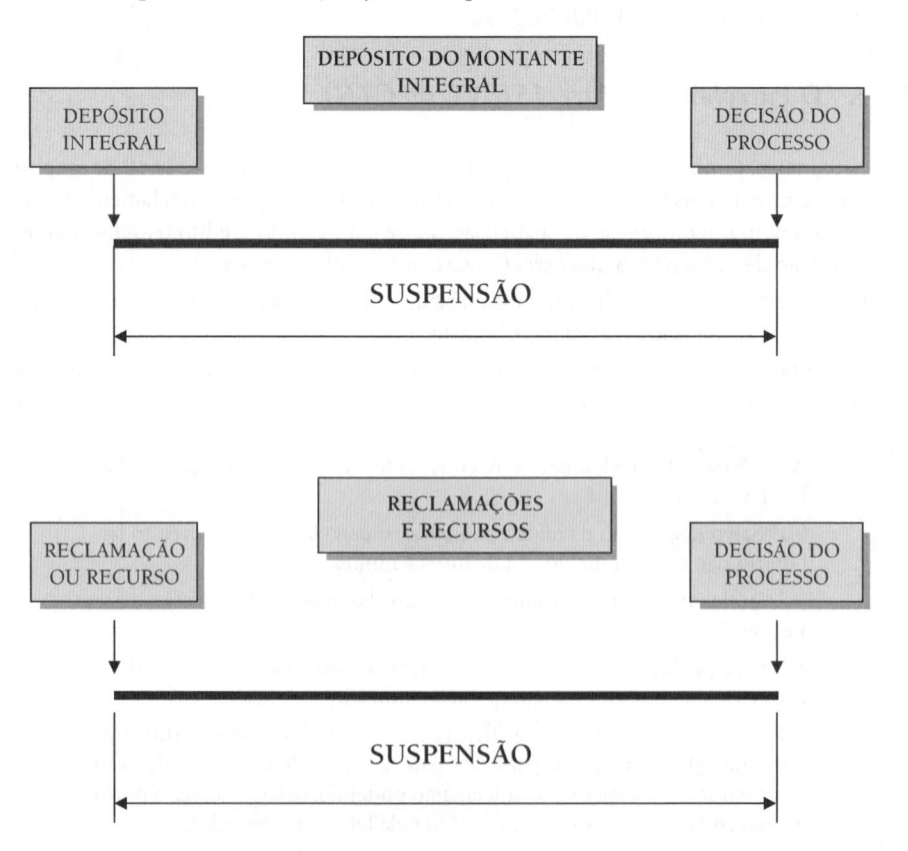

```
                    DEPÓSITO DO MONTANTE
                         INTEGRAL
    DEPÓSITO                                         DECISÃO DO
    INTEGRAL                                         PROCESSO
       |                                                 |
       v                                                 v
       |←─────────────── SUSPENSÃO ──────────────────→|


                       RECLAMAÇÕES
                        E RECURSOS
   RECLAMAÇÃO                                        DECISÃO DO
   OU RECURSO                                        PROCESSO
       |                                                 |
       v                                                 v
       |←─────────────── SUSPENSÃO ──────────────────→|
```

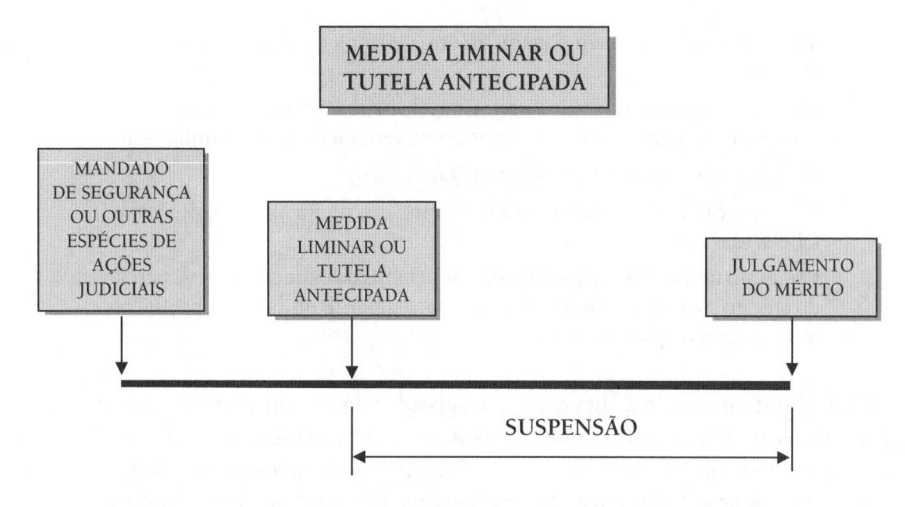

```
                    ┌─────────────────────┐
                    │ MEDIDA LIMINAR OU   │
                    │ TUTELA ANTECIPADA   │
                    └─────────────────────┘

┌──────────────┐
│  MANDADO     │
│ DE SEGURANÇA │    ┌──────────┐
│  OU OUTRAS   │    │ MEDIDA   │
│ ESPÉCIES DE  │    │LIMINAR OU│                ┌────────────┐
│    AÇÕES     │    │ TUTELA   │                │ JULGAMENTO │
│  JUDICIAIS   │    │ANTECIPADA│                │ DO MÉRITO  │
└──────────────┘    └──────────┘                └────────────┘
        │                │                            │
        ▼                ▼                            ▼
━━━━━━━━━━━━━━━━━━━━━━━━━━━━━━━━━━━━━━━━━━━━━━━━━━━━━━━━━━
                    │   SUSPENSÃO   │
                    ◄───────────────►
```

Enquanto o depósito do montante integral e as reclamações e recursos suspendem imediatamente a exigibilidade do crédito tributário, no caso do mandado de segurança ou outras ações judiciais, só haverá suspensão se for concedida a medida liminar ou tutela antecipada.

8.4. Hipóteses de Extinção do Crédito Tributário (arts. 156 a 174 do CTN)

O Código Tributário Nacional disciplina as causas extintivas do crédito tributário, fazendo-as respeitar o princípio da legalidade tributária, inserindo no art. 97, VI, norma expressa de que somente a lei pode estabelecer as hipóteses de extinção do crédito.

Aproveitando a lição de Bernardo Ribeiro de Moraes (*Compêndio de Direito Tributário*, Ed. Forense, Rio de Janeiro, 1994, p. 432), a extinção é liberação, é perecimento, é cessação, é a liberação definitiva do devedor em relação ao vínculo jurídico que o prende ao credor. Há, assim, o *solutio*, o desfazimento da ligação, isto é, o laço obrigacional.

Apenas para efeitos didáticos, aproveitamos aqui o ensinamento do mesmo autor, no sentido de que a extinção do crédito pode se dar pela forma direta, usual, própria, consistente no pagamento ou na consignação em pagamento e a indireta ou imprópria, abarcando as outras hipóteses extintivas previstas na legislação pertinente.

Todas estas hipóteses estão previstas no art. 156 do Código Tributário Nacional:

> **Art. 156**. Extinguem o crédito tributário:
>
> I – o pagamento;
>
> II – a compensação;
>
> III – a transação;
>
> IV – a remissão;
>
> V – a prescrição e a decadência;
>
> VI – a conversão de depósito em renda;
>
> VII – o pagamento antecipado e a homologação do lançamento nos termos do disposto no art. 150 e seus §§ 1º e 4º;

VIII – a consignação em pagamento, nos termos do disposto no § 2º do art. 164;

IX – a decisão administrativa irreformável, assim entendida a definitiva na órbita administrativa, que não mais possa ser objeto de ação anulatória;

X – a decisão judicial passada em julgado.

XI – a dação em pagamento em bens imóveis, na forma e condições estabelecidas em lei.

Parágrafo único. A lei disporá quanto aos efeitos da extinção total ou parcial do crédito sobre a ulterior verificação da irregularidade da sua constituição, observado o disposto nos arts. 144 e 149.

No parágrafo único do artigo citado, o legislador determina que caberá à lei ordinária regular a situação de um crédito que foi extinto e, posteriormente, em que foi descoberta uma irregularidade na sua constituição, ou seja, um erro no lançamento. Exige, no entanto, a observância dos arts. 144 (aplicando-se a legislação da época do fato gerador) e 149 (lançamento direto) do próprio Código.

É importante salientar o fato de que o CTN exige, no art. 111, I, interpretação literal para as hipóteses de exclusão e suspensão do crédito, dando liberdade ao intérprete da norma jurídica no que diz respeito às hipóteses de extinção do crédito.

JURISPRUDÊNCIA

O STF sustentava desde 1998, em liminar concedida na ADInMC nº 1.917-DF, que as hipóteses de extinção do crédito tributário previstas no art. 156 eram exaustivas, não podendo os entes federativos criar outras além daquelas, reforçando o texto do art. 141 do CTN.

No entanto, no julgamento da ADI-MC nº 2.405-RS de 06/11/2002, este entendimento foi alterado, no julgamento de medida cautelar, conforme ementa a seguir:

> EMENTA: Ação direta de inconstitucionalidade: medida cautelar: L. estadual (RS) 11.475, de 28 de abril de 2000, que introduz alterações em leis estaduais (6.537/1973 e 9.298/1991) que regulam o procedimento fiscal administrativo do Estado e a cobrança judicial de créditos inscritos em dívida ativa da fazenda pública estadual, bem como prevê a dação em pagamento como modalidade de extinção de crédito tributário.
>
> I – Extinção de crédito tributário criação de nova modalidade (dação em pagamento) por lei estadual: possibilidade de o Estado-membro estabelecer regras específicas de quitação de seus próprios créditos tributários. Alteração do entendimento firmado na ADInMC 1.917-DF, 18/12/1998, Marco Aurélio, DJ 19/09/2003: consequente ausência de plausibilidade da alegação de ofensa ao art. 146, III, b, da Constituição Federal, que reserva à lei complementar o estabelecimento de normas gerais reguladoras dos modos de extinção e suspensão da exigibilidade de crédito tributário. (ADI-MC 2.405/RS – Medida Cautelar na Ação Direta de Inconstitucionalidade – Relator:

> Min. Carlos Britto – Julgamento: 06/11/2002; Órgão Julgador: Tribunal Pleno.)
> Posteriormente, no julgamento do mérito da ADInMC nº 1.917-DF, em 25/04/2007, o Tribunal decidiu pela inconstitucionalidade da lei que criava hipótese de extinção não prevista no art. 156 do CTN.
> Desta forma, nós temos uma ação já julgada (ADInMC nº 1.917-DF) que decidiu que as hipóteses de extinção previstas no art. 156 do CTN são exaustivas, não podendo a lei da pessoa jurídica criar outras e outra ação (ADI-MC nº 2.405-RS) que, na concessão de medida cautelar, decidiu pela possibilidade de criação.

Desta forma, a possibilidade de a lei tributária da Unidade da Federação competente para instituir o tributo poder recorrer às regras extintivas de obrigações previstas no direito privado, tais como a novação (arts. 360 a 367 do Código Civil), a confusão (arts. 381 a 384 do Código Civil) e a dação em pagamento (arts. 356 a 359 do Código Civil), depende da posição a ser firmada pelo STF.

É importante esperarmos o julgamento do mérito da ADI-MC nº 2.405-RS para verificarmos se o STF irá, definitivamente, considerar que a lei pode criar outras hipóteses de extinção, além daquelas previstas no CTN.

De qualquer forma, se tal possibilidade for admitida, deve ocorrer, como adverte Bernardo Ribeiro de Moraes, com cautelas, pois o Direito Tributário contempla situações distintas em que a posição dos sujeitos ativo e passivo são diferentes daquelas do Direito Privado.

8.4.1. Pagamento (arts. 157 a 163 e 165 a 169 do CTN)

A forma mais utilizada com vista à satisfação da obrigação tributária é o pagamento. Certamente por este motivo, o legislador dedicou vários dispositivos para a matéria.

Pouco importa ao Direito Tributário se o crédito deve ser pago pelo seu titular ou por terceiro. O que conta é a prestação ser satisfeita. Desta forma, a eficácia de liberação do credor e demais efeitos do pagamento ocorrem, mesmo que a dívida tributária tenha sido extinta por outrem.

> **JURISPRUDÊNCIA**
>
> Antes de olharmos os dispositivos sobre pagamento, chamo a atenção para algumas súmulas do **STF** sobre a matéria:
>
> **Súmula nº 70** – "É inadmissível a interdição de estabelecimento como meio coercitivo para cobrança de tributo."
>
> **Súmula nº 323** – "É inadmissível a apreensão de mercadorias como meio coercitivo para pagamento de tributos."
>
> **Súmula nº 547** – "Não é lícito à autoridade proibir que o contribuinte em débito adquira estampilhas, despache mercadorias nas alfândegas e exerça suas atividades profissionais."

Diante destas colocações, vamos aos dispositivos legais:

> **Art. 157.** A imposição de penalidade não ilide o pagamento integral do crédito tributário.

A penalidade pecuniária no Direito Tributário não tem função compensatória do crédito, como pode ocorrer no Direito Privado.

De fato, o Código Civil determina, no art. 410:

> **Art. 410.** Quando se estipular a cláusula penal para o caso de total inadimplemento da obrigação, esta converter-se-á em alternativa a benefício do credor.

O art. 158 do CTN exige, no entanto, a cumulação da penalidade com o crédito fiscal.

> **Art. 158.** O pagamento de um crédito não importa em presunção de pagamento:
> I – quando parcial, das prestações em que se decomponha;
> II – quando total, de outros créditos referentes ao mesmo ou a outros tributos.

Enquanto o Código Civil prescreve, no art. 322, que, "no pagamento por cotas periódicas, a quitação da última estabelece, até prova em contrário, a presunção de estarem solvidas as anteriores", o direito tributário descarta esta presunção para os créditos de natureza fiscal, conforme o art. 158 do CTN supracitado.

Isto causa uma inversão do ônus probante (trabalho de provar), sendo do credor no direito privado em função da presunção *juris tantum* e do devedor no direito tributário devido à ausência da mesma presunção.

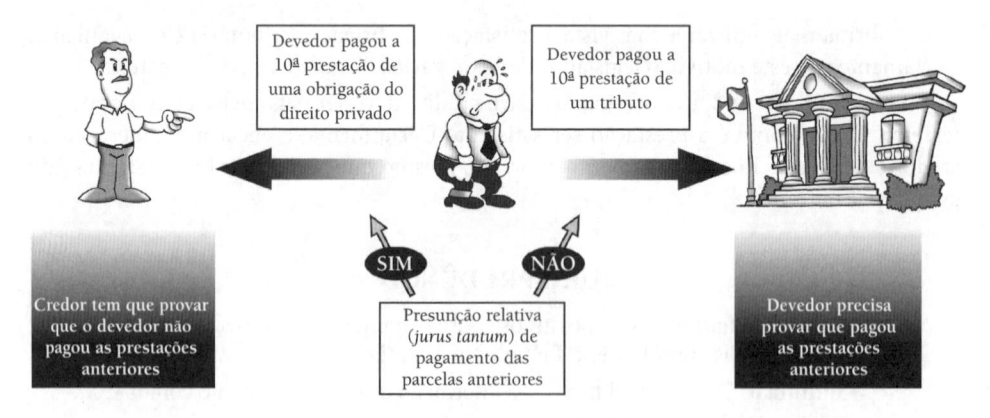

Os arts. 159, 160 e o § 1º do art. 161 podem ser analisados em conjunto, devido a uma disposição em comum entre eles, ou seja, o fato de só serem aplicáveis na hipótese de a lei ou legislação nada dispuser a respeito:

> **Art. 159.** Quando a legislação tributária não dispuser a respeito, o pagamento é efetuado na repartição competente do domicílio do sujeito passivo.

Art. 160. Quando a legislação tributária não fixar o tempo do pagamento, o vencimento do crédito ocorre 30 (trinta) dias depois da data em que se considera o sujeito passivo notificado do lançamento. (...)

Art. 161, § 1º Se a lei não dispuser de modo diverso, os juros de mora são calculados à taxa de 1% (um por cento) ao mês.

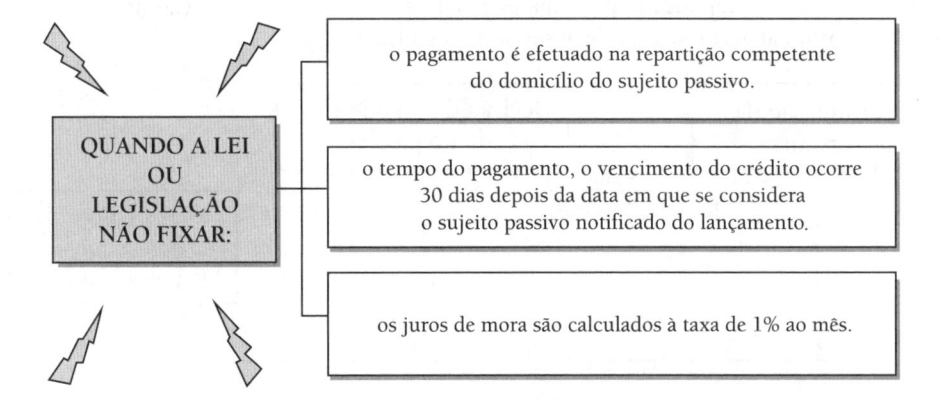

```
                        ┌─────────────────────────────────────────────┐
                        │ o pagamento é efetuado na repartição         │
                        │ competente do domicílio do sujeito passivo. │
                        └─────────────────────────────────────────────┘
┌──────────────────┐    ┌─────────────────────────────────────────────┐
│  QUANDO A LEI    │    │ o tempo do pagamento, o vencimento do       │
│       OU         │────│ crédito ocorre 30 dias depois da data em    │
│   LEGISLAÇÃO     │    │ que se considera o sujeito passivo          │
│   NÃO FIXAR:     │    │ notificado do lançamento.                   │
└──────────────────┘    └─────────────────────────────────────────────┘
                        ┌─────────────────────────────────────────────┐
                        │ os juros de mora são calculados à taxa de   │
                        │ 1% ao mês.                                  │
                        └─────────────────────────────────────────────┘
```

O parágrafo único do art. 160 e o art. 161 e seu parágrafo 2º tratam respectivamente das consequências pecuniárias sobre o crédito tributário, do pagamento feito antecipadamente e do atraso por parte do sujeito passivo em saldar a dívida tributária:

Art. 160, parágrafo único. A legislação tributária pode conceder desconto pela antecipação do pagamento, nas condições que estabeleça.

Art. 161. O crédito não integralmente pago no vencimento é acrescido de juros de mora, seja qual for o motivo determinante da falta, sem prejuízo da imposição das penalidades cabíveis e da aplicação de quaisquer medidas de garantia previstas nesta Lei ou em lei tributária.

(...)

§ 2º O disposto neste artigo não se aplica na pendência de consulta formulada pelo devedor dentro do prazo legal para pagamento do crédito.

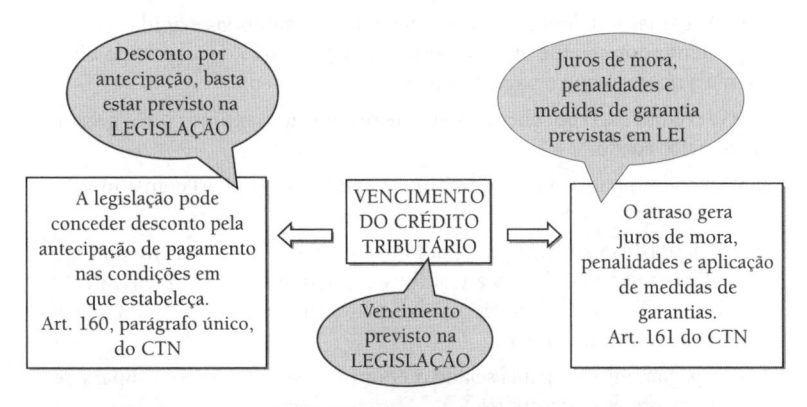

```
    ┌─────────────────┐                              ┌──────────────────┐
    │ Desconto por    │                              │ Juros de mora,   │
    │ antecipação,    │                              │ penalidades e    │
    │ basta estar     │                              │ medidas de       │
    │ previsto na     │                              │ garantia         │
    │ LEGISLAÇÃO      │                              │ previstas em LEI │
    └─────────────────┘                              └──────────────────┘

┌──────────────────────┐   ┌──────────────┐   ┌──────────────────────────┐
│ A legislação pode    │   │ VENCIMENTO   │   │ O atraso gera juros de   │
│ conceder desconto    │   │ DO CRÉDITO   │   │ mora, penalidades e      │
│ pela antecipação de  │ ⇐ │ TRIBUTÁRIO   │ ⇒ │ aplicação de medidas     │
│ pagamento nas        │   │              │   │ de garantias.            │
│ condições em que     │   └──────────────┘   │ Art. 161 do CTN          │
│ estabeleça.          │   ┌──────────────┐   └──────────────────────────┘
│ Art. 160, parágrafo  │   │ Vencimento   │
│ único, do CTN        │   │ previsto na  │
└──────────────────────┘   │ LEGISLAÇÃO   │
                           └──────────────┘

┌───────────────────────────────────────────────────────────────────────┐
│ De acordo com o art. 96 do CTN, a expressão legislação tributária     │
│ compreende leis, tratados e convenções internacionais, decretos e     │
│ normas complementares.                                                │
└───────────────────────────────────────────────────────────────────────┘
```

É importante destacar o parágrafo 2º do art. 161 que determina que, estando pendente uma consulta formulada pelo sujeito passivo antes do vencimento do crédito, se a resposta do Fisco ocorrer depois do vencimento, o pagamento não sofrerá os acréscimos moratórios previstos no *caput* do mesmo artigo.

Desta forma, o legislador garante ao sujeito passivo o direito de pagar a sua dívida tributária sem ser prejudicado por uma possível demora da Administração na solução de consulta formulada, como se pode observar no quadro a seguir:

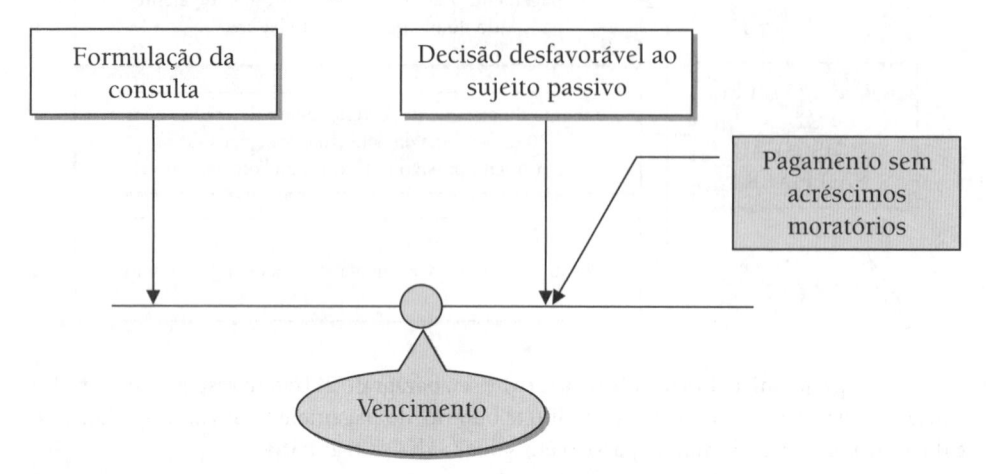

```
Formulação da          Decisão desfavorável ao
  consulta                  sujeito passivo
                                              Pagamento sem
                                               acréscimos
                                                moratórios

                          Vencimento
```

Para alguns doutrinadores, este dispositivo é considerado mais uma hipótese de suspensão do crédito tributário, além daquelas elencadas no art. 151 do CTN.

Depois de regular o tempo e o local de pagamento respectivamente nos arts. 159 e 160, o CTN, no art. 162, estabelece os modos de efetuá-lo eficazmente:

> **Art. 162.** O pagamento é efetuado:
>
> I – em moeda corrente, cheque ou vale postal;
>
> II – nos casos previstos em lei, em estampilha, em papel selado, ou por processo mecânico.
>
> § 1º A legislação tributária pode determinar as garantias exigidas para o pagamento por cheque ou vale postal, desde que não o torne impossível ou mais oneroso que o pagamento em moeda corrente.
>
> § 2º O crédito pago por cheque somente se considera extinto com o resgate deste pelo sacado.
>
> § 3º O crédito pagável em estampilha considera-se extinto com a inutilização regular daquela, ressalvado o disposto no art. 150.
>
> § 4º A perda ou destruição da estampilha, ou o erro no pagamento por esta modalidade não dão direito a restituição, salvo nos casos expressamente previstos na legislação tributária, ou naqueles em que o erro seja imputável à autoridade administrativa.
>
> § 5º O pagamento em papel selado ou por processo mecânico equipara-se ao pagamento em estampilha.

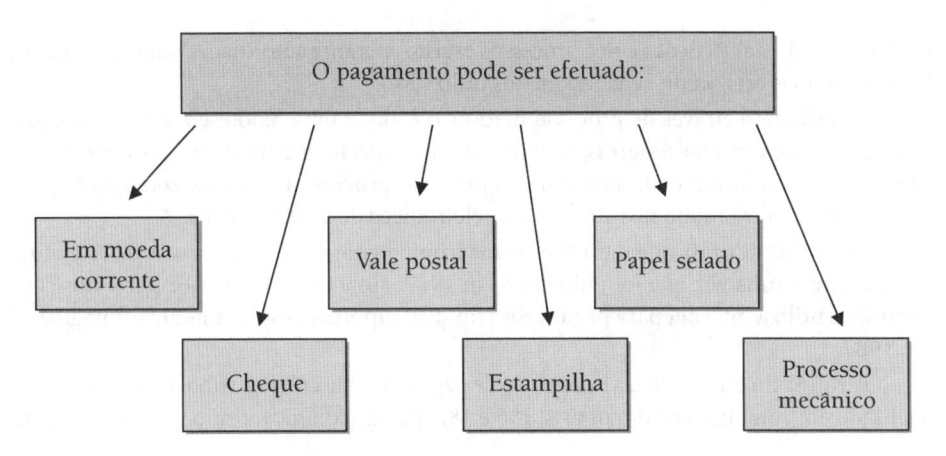

O pagamento pode ser efetuado:

- Em moeda corrente
- Vale postal
- Papel selado
- Cheque
- Estampilha
- Processo mecânico

Considerações se tornam importantes a respeito de algumas das formas de se efetuar o pagamento, de acordo com os parágrafos do art. 162:

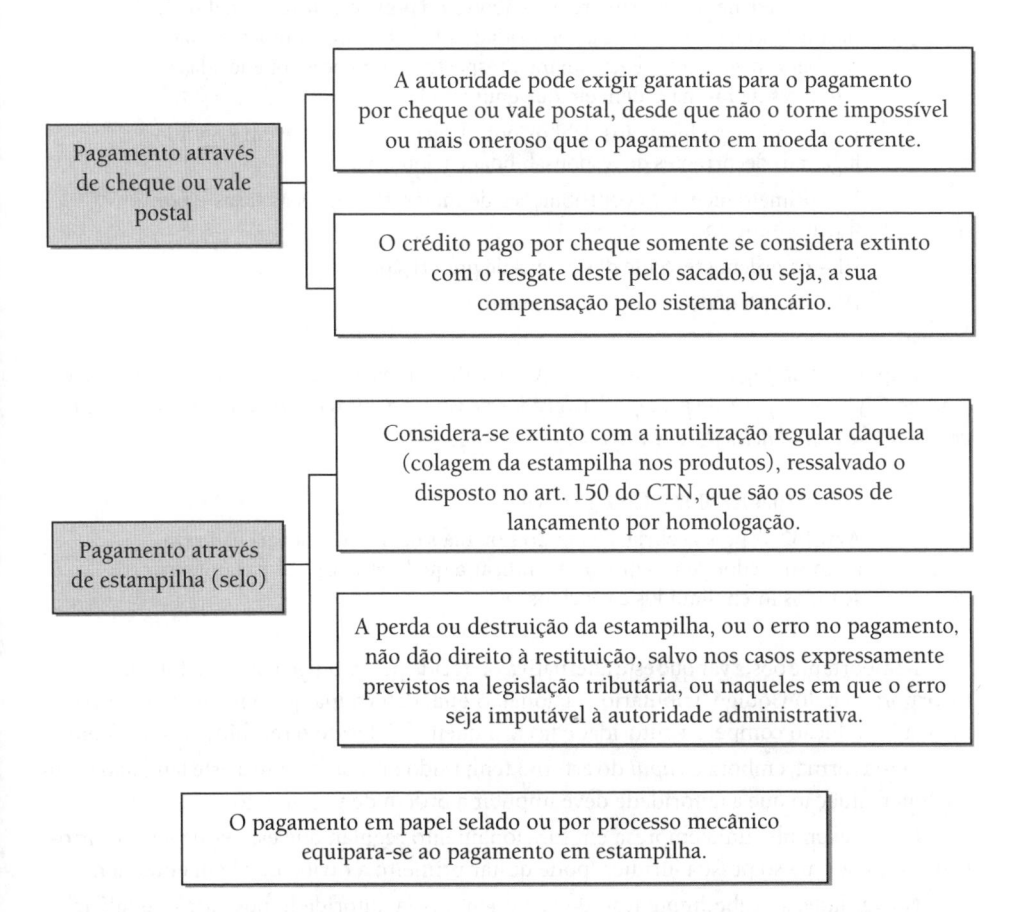

Pagamento através de cheque ou vale postal
- A autoridade pode exigir garantias para o pagamento por cheque ou vale postal, desde que não o torne impossível ou mais oneroso que o pagamento em moeda corrente.
- O crédito pago por cheque somente se considera extinto com o resgate deste pelo sacado, ou seja, a sua compensação pelo sistema bancário.

Pagamento através de estampilha (selo)
- Considera-se extinto com a inutilização regular daquela (colagem da estampilha nos produtos), ressalvado o disposto no art. 150 do CTN, que são os casos de lançamento por homologação.
- A perda ou destruição da estampilha, ou o erro no pagamento, não dão direito à restituição, salvo nos casos expressamente previstos na legislação tributária, ou naqueles em que o erro seja imputável à autoridade administrativa.

O pagamento em papel selado ou por processo mecânico equipara-se ao pagamento em estampilha.

O pagamento por papel selado, qual seja, o papel em que o selo já o acompanha, não necessitando de sua aposição pelo contribuinte, como no caso das estampilhas, era antigamente muito utilizado nas petições e nos processos escritos perante autoridades administrativas e judiciárias, mas está sendo cada vez menos utilizado.

O pagamento através de processo mecânico é ainda uma hipótese não utilizada pelo fisco e consiste em uma impressão declarada mecanicamente no papel. As companhias seguradoras já utilizam contratação de seguros por processo mecânico, como os seguros instantâneos contra roubo nos atuais caixas eletrônicos de alguns bancos.

Temos que admitir que o CTN está anacrônico com relação às formas de se efetuar o pagamento, uma vez que foi publicado em 1967. Hoje em dia, a maior parte dos contribuintes utiliza internet para pagar seus tributos, hipótese absolutamente inimaginável em 1967.

O art. 163 do CTN regula a imputação de pagamento de créditos tributários e deverá ser analisado em combinação com os arts. 186 e 187, parágrafo único, como veremos a seguir.

> **Art. 163.** Existindo simultaneamente dois ou mais débitos vencidos do mesmo sujeito passivo para com a mesma pessoa jurídica de direito público, relativos ao mesmo ou a diferentes tributos ou provenientes de penalidade pecuniária ou juros de mora, a autoridade administrativa competente para receber o pagamento determinará a respectiva imputação, obedecidas as seguintes regras, na ordem em que enumeradas:
>
> I – em primeiro lugar, aos débitos por obrigação própria, e em segundo lugar aos decorrentes de responsabilidade tributária;
>
> II – primeiramente, às contribuições de melhoria, depois às taxas e por fim aos impostos;
>
> III – na ordem crescente dos prazos de prescrição;
>
> IV – na ordem decrescente dos montantes.

Imputação de pagamento, na lição de Clóvis Beviláqua, consubstanciado no art. 352 do Código Civil, *"é a operação pela qual o devedor de vários débitos da mesma natureza a um só credor declara qual deles deve extinguir"*.

> **Lei nº 10.406/2002 – Código Civil**
>
> **Art. 352.** A pessoa obrigada por dois ou mais débitos da mesma natureza, a um só credor, tem o direito de indicar a qual deles oferece pagamento, se todos forem líquidos e vencidos.

É importante observar que esta alternativa oferecida pelo Código Civil não foi totalmente incorporada pelo Código Tributário Nacional, o qual determina que, em situações específicas, a imputação compete à autoridade fiscal a quem é deferido o recebimento do débito.

Desta forma, embora o *caput* do art. 163 tenha sido omisso quanto a este fato, não é em qualquer situação que a autoridade deve imputar a ordem de pagamento.

Como exemplo, uma empresa em funcionamento regular, que estiver devendo vários tributos para uma só pessoa jurídica, pode quitar primeiro a dívida que bem entender.

Na verdade, só cabe imputação de pagamento pela autoridade nos casos de falência, recuperação judicial, concordata, inventário, arrolamento e liquidação judicial ou voluntária.

Portanto, este é um detalhe para não ser esquecido:

Não é em qualquer situação que a autoridade deve imputar a ordem de pagamento dos créditos, só ocorrendo este fato nos seguintes casos:

F alência
A rrolamento
C oncordata
I nventário
L iquidação judicial ou voluntária
R ecuperação judicial

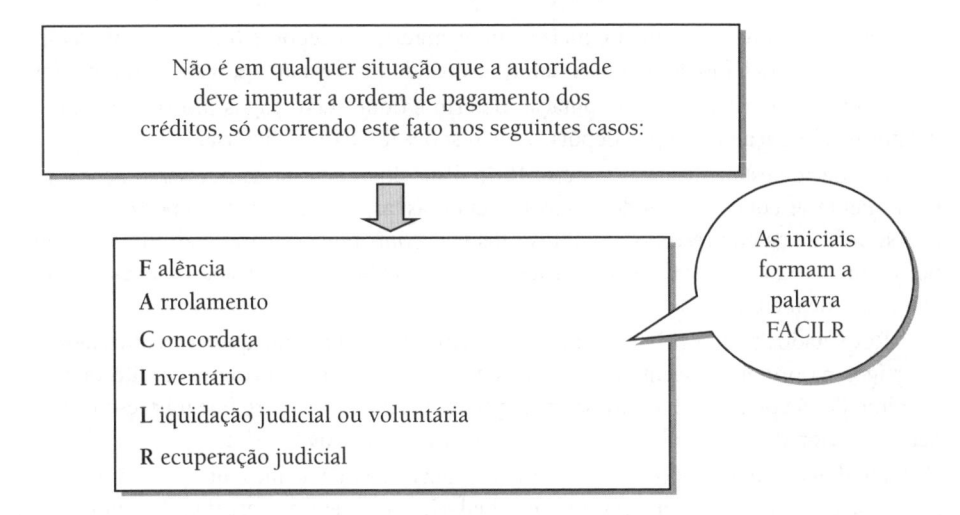

As iniciais formam a palavra FACILR

Essa autoridade, no entanto, não tem liberdade nesta imputação, tendo que obedecer aos ditames do art. 163 do CTN.

Na figura a seguir, na qual o estabelecimento matadouro, em processo falimentar, é responsável pelo ICMS devido pelo proprietário rural (ICMS 1) devendo também o mesmo imposto por obrigação própria (ICMS 2) e vários outros tributos, podemos verificar a ordem dos incisos a ser observada pela autoridade ao imputar a ordem de pagamento dos créditos:

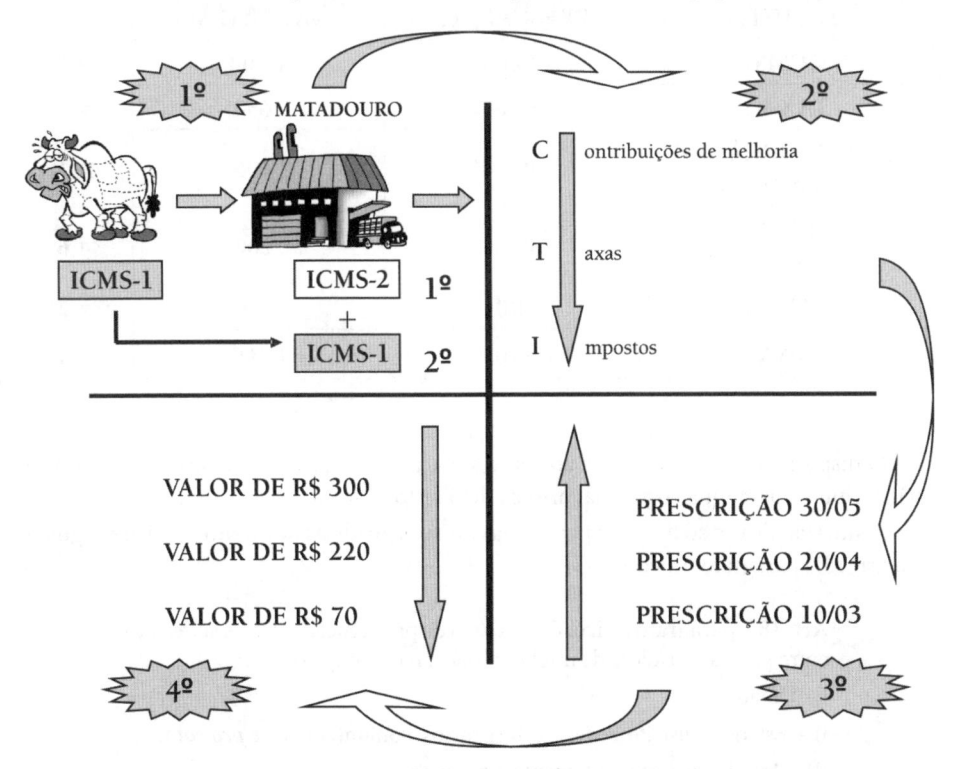

1º MATADOURO

ICMS-1 → ICMS-2 1º
        + ICMS-1 2º

2º
C ontribuições de melhoria
T axas
I mpostos

VALOR DE R$ 300
VALOR DE R$ 220
VALOR DE R$ 70

PRESCRIÇÃO 30/05
PRESCRIÇÃO 20/04
PRESCRIÇÃO 10/03

4º **3º**

Vamos entender cada um dos incisos em separado para depois estudarmos um exemplo no qual todos eles terão de ser observados, obedecida a ordem em que estão enumerados.

O primeiro critério para imputação determina que serão pagos prioritariamente os débitos de obrigação própria e, depois, os de responsabilidade tributária.

Obedecida esta exigência, o inciso II do dispositivo determina que serão pagos, primeiramente, as contribuições de melhoria, depois as taxas e, por fim, os impostos. O inciso não se refere aos empréstimos compulsórios e às contribuições parafiscais, uma vez que, por força do seu art. 5º, o CTN só considerava como tributo os impostos, as taxas e as contribuições de melhoria.

Respeitados os dois primeiros incisos, o dispositivo determina que os créditos deverão ser pagos na ordem crescente dos prazos de prescrição. Desta forma, o crédito que está próximo de sua prescrição deverá ser pago preferencialmente a outro que irá prescrever em data posterior, desde que obedecidas as exigências dos incisos anteriores.

Finalmente, obedecidos os três primeiros incisos, o que define a ordem de imputação é o valor do crédito. Assim, terá que ser obedecida a ordem decrescente dos montantes, dando-se preferência para os de maior valor, em detrimento dos de menor valor.

Considerando-se um exemplo hipotético no qual o sujeito passivo deve vários tributos só para um determinado Estado, tendo estes créditos valores, prescrição e espécies diferenciadas, a imputação, nas hipóteses em que a autoridade terá que realizá-la, se dará da seguinte forma:

TRIBUTO	PRESCRIÇÃO	VALOR (R$)	
ICMS	30/03	1.000	⇐ 5º
TAXA 1	30/05	650	⇐ 3º
CONTRIBUIÇÃO DE MELHORIA	20/04	190	⇐ 1º
ICMS (responsabilidade)	30/03	200	⇐ 6º
TAXA 2	30/04	480	⇐ 2º
IPVA	30/03	1.300	⇐ 4º

O dispositivo estudado regula apenas a situação de um sujeito passivo ser devedor de vários tributos para uma só pessoa jurídica de direito público.

A situação de um só devedor para várias pessoas jurídicas de direito público é regulada pelo art. 187, parágrafo único, do CTN:

> **Art. 187, parágrafo único.** O concurso de preferência somente se verifica entre pessoas jurídicas de direito público, na seguinte ordem:
>
> I – União;
>
> II – Estados, Distrito Federal e Territórios, conjuntamente e *pro rata*;
>
> III – Municípios, conjuntamente e *pro rata*.

Obs.: Olhar considerações sobre este dispositivo do CTN em estudo mais detalhado, no Capítulo "Garantias e Privilégios do Crédito Tributário".

Como exemplo, no caso de uma massa falida estar devendo vários tributos para União, Estado, Distrito Federal e Município, num total de R$ 16.000,00 (dezesseis mil), e possuir disponibilidade de apenas R$ 6.000,00 (seis mil) para pagar todas as dívidas, ocorrerá o seguinte:

CREDOR	VALOR (R$)		DISPONÍVEL R$ 6.000,00	
UNIÃO	2.000,00		2.000,00	
ESTADO	7.000,00	70%	2.800,00	} R$ 4.000,00
DF	3.000,00	30%	1.200,00	
MUNICÍPIO	4.000,00		NADA	

Podemos observar que o Estado tinha créditos relativos a vários tributos no total de R$ 7.000,00 (sete mil) e só receberá R$ 2.800,00 (dois mil e oitocentos reais). Neste caso, aplica-se o art. 163 para saber quais os tributos que serão liquidados.

Importante também se torna um comentário a respeito do art. 186 do CTN, que dá preferência aos créditos tributários sobre quaisquer outros, à exceção dos créditos decorrentes da legislação do trabalho até o limite fixado em lei, aos decorrentes de acidente de trabalho e, no caso de falência, aos extraconcursais, às importâncias passíveis de restituição, nos termos da lei falimentar, e aos créditos com garantia real, no limite do valor do bem gravado:

> **Art. 186.** O crédito tributário prefere a qualquer outro, seja qual for sua natureza ou o tempo de sua constituição, ressalvados os créditos decorrentes da legislação do trabalho ou do acidente de trabalho.
>
> Parágrafo único. Na falência:
>
> I – o crédito tributário não prefere aos créditos extraconcursais ou às importâncias passíveis de restituição, nos termos da lei falimentar, nem aos créditos com garantia real, no limite do valor do bem gravado;
>
> II – a lei poderá estabelecer limites e condições para a preferência dos créditos decorrentes da legislação do trabalho; e
>
> III – a multa tributária prefere apenas aos créditos subordinados.

Chamo também a atenção para o fato de que as multas tributárias preferem apenas aos créditos subordinados, conforme estudaremos ao analisarmos as garantias e privilégios do crédito tributário, ainda neste capítulo.

Desta forma, com estes três dispositivos estudados (arts. 163, 186 e 187, parágrafo único), resolvemos qualquer situação de imputação de pagamento de créditos:

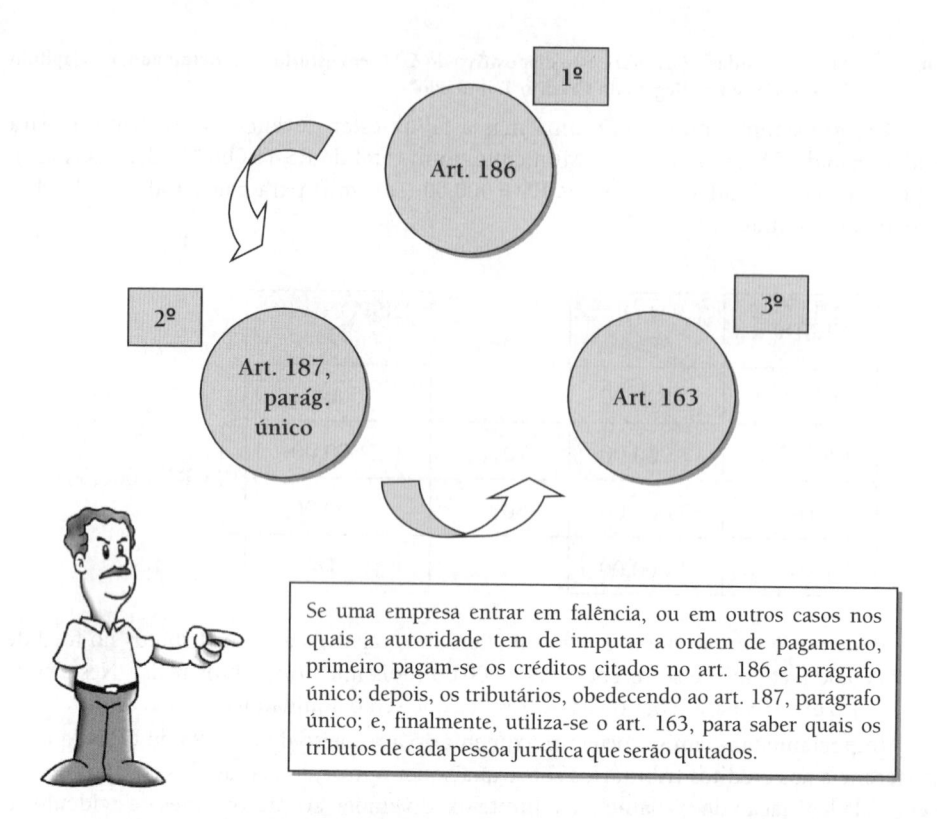

> Se uma empresa entrar em falência, ou em outros casos nos quais a autoridade tem de imputar a ordem de pagamento, primeiro pagam-se os créditos citados no art. 186 e parágrafo único; depois, os tributários, obedecendo ao art. 187, parágrafo único; e, finalmente, utiliza-se o art. 163, para saber quais os tributos de cada pessoa jurídica que serão quitados.

Ainda dentro da primeira hipótese de extinção do crédito que é o pagamento, precisamos estudar o pagamento indevido previsto nos arts. 165 a 169 do CTN.

> **Art. 165.** O sujeito passivo tem direito, independentemente de prévio protesto, à restituição total ou parcial do tributo, seja qual for a modalidade do seu pagamento, ressalvado o disposto no § 4º do art. 162, nos seguintes casos:
>
> I – cobrança ou pagamento espontâneo de tributo indevido ou maior que o devido em face da legislação tributária aplicável, ou da natureza ou circunstâncias materiais do fato gerador efetivamente ocorrido;
>
> II – erro na **edificação** do sujeito passivo, na determinação da alíquota aplicável, no cálculo do montante do débito ou na elaboração ou conferência de qualquer documento relativo ao pagamento;
>
> III – reforma, anulação, revogação ou rescisão de decisão condenatória.

Obs.: **A palavra edificação foi um erro de publicação do CTN, pois o legislador se referia à identificação.**

Em síntese, o art. 165 permite ao sujeito passivo entrar com um processo para reaver um pagamento (processo de *repetição de indébito*) sempre que o valor for pago indevidamente, exceto no caso do § 4º do art. 162, que é o extravio de estampilha ou erro no pagamento por esta modalidade, conforme já estudado por nós anteriormente.

O inciso I do art. 165 refere-se a um erro de direito quando a cobrança é incompatível com a legislação vigente, e a um erro de fato, porque, embora a situação esteja prevista na legislação, o fato ocorrido não é exatamente o fato gerador previsto legalmente. Já o inciso II se refere a um erro de fato e o inciso III, à reforma, anulação, revogação ou rescisão de decisão condenatória.

O art. 166 trata da restituição de tributos indiretos, quais sejam, aqueles nos quais o comerciante, industrial ou prestador de serviço (contribuintes de direito) transferem ao consumidor (contribuinte de fato) o encargo financeiro da prestação tributária.

Assim, quando compramos uma mercadoria por R$ 1.000,00, o comerciante está nos cobrando, embutido neste valor, o ICMS que ele terá que pagar ao Estado por ser contribuinte do tributo.

> **Art. 166.** A restituição de tributos que comportem, por sua natureza, transferência do respectivo encargo financeiro somente será feita a quem prove haver assumido referido encargo, ou, no caso de tê-lo transferido a terceiro, estar por este expressamente autorizado a recebê-la.

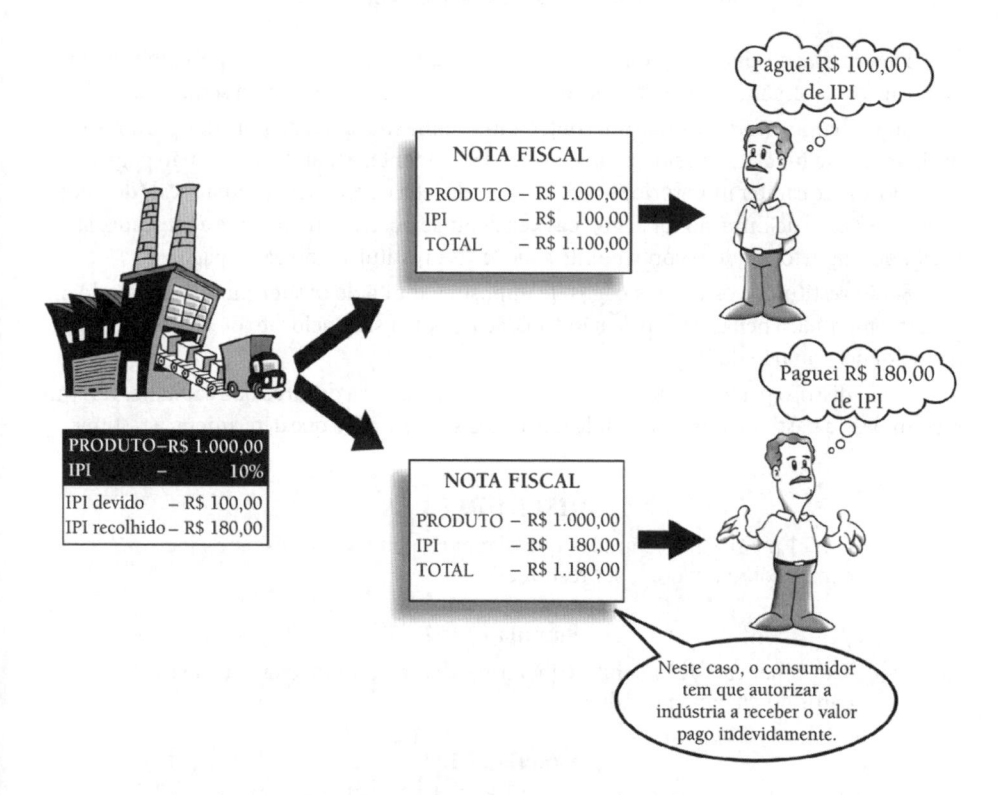

JURISPRUDÊNCIA

O Supremo Tribunal Federal, por sua Súmula nº 71, entendia:

Súmula nº 71 – "Embora pago indevidamente, não cabe restituição de tributo indireto."

Todavia, o próprio Supremo evolui deste entendimento equivocado, enunciando, na Súmula nº 546, e consagrando definitivamente o disposto no art. 166 do CTN, neste momento estudado por nós:

Súmula nº 546 – "Cabe a restituição do tributo pago indevidamente, quando reconhecido por decisão que o contribuinte *de jure* não recuperou do contribuinte de facto o *quantum* respectivo."

O art. 167 reafirma que a restituição do tributo pago indevidamente deverá ser feita com todos os acréscimos relativos, tais como penalidades e juros de mora.

Art. 167. A restituição total ou parcial do tributo dá lugar à restituição, na mesma proporção, dos juros de mora e das penalidades pecuniárias, salvo as referentes a infrações de caráter formal não prejudicadas pela causa da restituição.

Parágrafo único. A restituição vence juros não capitalizáveis, a partir do trânsito em julgado da decisão definitiva que a determinar.

Determina, no entanto, que as penalidades de caráter formal (aquelas pela inobservância da obrigação acessória), não prejudicadas pela causa da restituição, não serão restituídas.

Suponhamos, portanto, que um contribuinte tenha sido autuado por transportar mercadoria sem nota fiscal, tendo sido cobrado o ICMS incidente, penalidade pelo não pagamento do imposto (de caráter moratório) e penalidade pela falta de emissão de nota fiscal (de caráter formal). O auto de infração foi pago, mas verificou-se posteriormente que a mercadoria era isenta do imposto, tendo o contribuinte solicitado a restituição do valor pago.

Serão restituídos os valores pagos de imposto e multa de caráter moratório, sendo, no entanto, mantida a penalidade pela não emissão de nota fiscal, pelo fato de ser independente da incidência ou não do imposto.

Além disso, o parágrafo do artigo determina a incidência de juros não capitalizáveis (juros simples), a partir do trânsito em julgado da decisão definitiva que determinou a restituição.

JURISPRUDÊNCIA

O STJ possui duas súmulas que dizem respeito aos acréscimos incidentes sobre o valor a ser restituído:

Súmula nº 162

"Na repetição de indébito tributário, a correção monetária incide a partir do pagamento indevido."

Súmula nº 188

"Os juros moratórios, na repetição do indébito tributário, são devidos a partir do transito em julgado da sentença."

Os arts. 168 e 169 tratam dos prazos para entrar com o processo de restituição e para recorrer da sentença que tenha sido desfavorável ao sujeito passivo:

Art. 168. O direito de pleitear a restituição extingue-se com o decurso do prazo de 5 (cinco) anos, contados:

I – nas hipóteses dos incisos I e II do art. 165, da data da extinção do crédito tributário;

II – na hipótese do inciso III do art. 165, da data em que se tornar definitiva a decisão administrativa ou passar em julgado a decisão judicial que tenha reformado, anulado, revogado ou rescindido a decisão condenatória.

JURISPRUDÊNCIA

Embora a maioria da doutrina considere que o prazo previsto neste dispositivo seja decadencial, não podendo, portanto, ser interrompido ou suspenso, o STJ e o STF entendem de forma diferente, conforme decisões a seguir:

STJ

"Tributário. IPTU. Tributo lançado de ofício. Repetição de indébito. Prescrição. Art. 168 c/c art. 165 do CTN. Interrupção. Art. 219, § 1º, do CPC.

Em se tratando de ação de repetição de indébito de tributo lançado de ofício, aplica-se o art. 168 c/c art. 165 do CTN, de forma que o direito de pleitear a restituição de tributo pago indevidamente extingue-se com o decurso do prazo de cinco anos contados do pagamento indevido.

A interrupção da prescrição, *in casu*, regula-se pelo art. 219, § 1º, do CPC, ou seja, ocorre com a propositura da ação." **(REsp nº 693.178/PR, REsp nº 2004/0141.440-1, Rel. Min. Eliana Calmon, *DJ* 19/12/2005, p. 347)**

STF

"Prescrição. Execução. A ação de execução segue, sob o ângulo do prazo prescricional, a sorte da ação de conhecimento, como previsto no verbete n. 150 da Súmula desta Corte, segundo o qual 'prescreve a execução no mesmo prazo de prescrição da ação'. Prescrição. Restituição de tributo. Dualidade.

A norma do art. 168 do Código Tributário Nacional, reveladora do prazo prescricional de cinco anos, é aplicável em se verificando o ingresso imediato no Judiciário. Tratando-se de situação concreta em que adentrada a via administrativa, não se logrando êxito, o prazo é de dois anos, tendo como termo inicial a ciência da decisão que haja implicado o indeferimento do pleito de restituição." **(ACO – Embargos à Execução – AgR nº 408/SP, Ag.Reg. nos Embargos à Execução na Ação Cível Originária, Tribunal Pleno, Rel. Min. Marco Aurélio, j. 29/05/2003, *DJ* 27/06/2003, p. 00030. Ement. vol. 02.116-01, p. 00013)**

Este posicionamento do STJ faz com que observemos dois aspectos importantes: o primeiro, o fato de que o referido Tribunal considera o prazo citado neste art. 168 do CTN como prescricional, e não decadencial; o segundo, o fato de que esta prescrição sofre a interrupção com a propositura da ação, uma vez que o tribunal nos remete ao art. 219, § 1º, do antigo CPC cuja determinação foi mantida pelo art. 240, § 1º, do atual CPC, que inserimos a seguir:

Código de Processo Civil

Art. 240. A citação válida, ainda quando ordenada por juízo incompetente, induz litispendência, torna litigiosa a coisa e constitui em mora o devedor, ressalvado o disposto nos arts. 397 e 398 da Lei nº 10.406, de 10 de janeiro de 2002 (Código Civil). § 1º A interrupção da prescrição, operada pelo despacho que ordena a citação, ainda que proferido por juízo incompetente, retroagirá à data de propositura da ação.

Já com relação ao entendimento do STF, ressalto que o Tribunal também considera o prazo do art. 168 como prescricional e aplicável tanto para tentar a via administrativa quanto diretamente a judicial.

O art. 168 ora em estudo estabelece que o marco inicial da contagem dos cinco anos é diferenciado de acordo com o motivo que gerou o pagamento indevido, ou seja, se devido a erro de direito ou de fato (art. 165, I e II) ou devido à reforma, anulação ou rescisão de decisão condenatória (art. 165, III), conforme esquema a seguir:

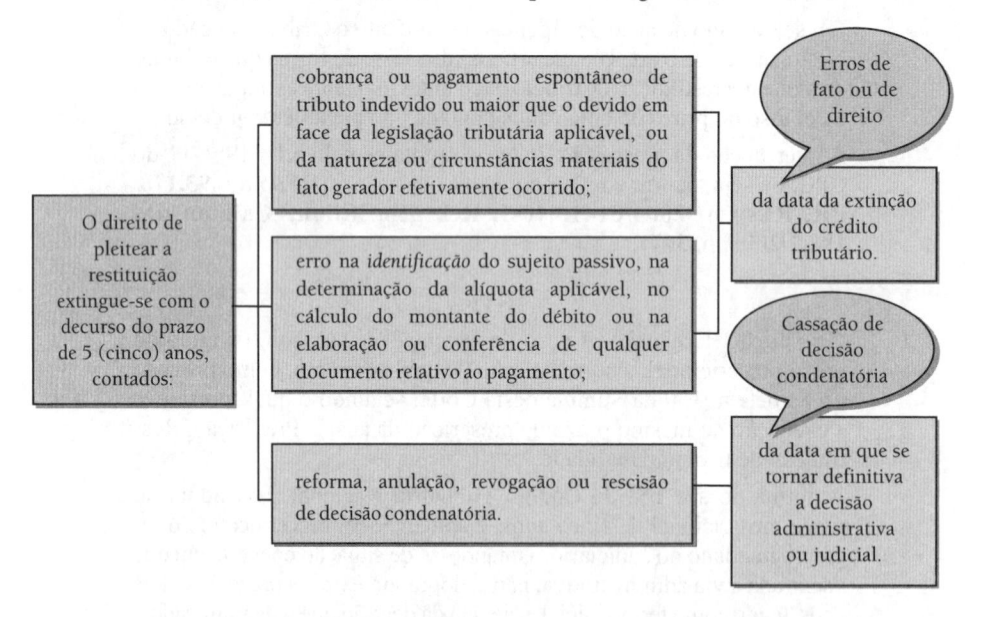

O direito de pleitear a restituição extingue-se com o decurso do prazo de 5 (cinco) anos, contados:

- cobrança ou pagamento espontâneo de tributo indevido ou maior que o devido em face da legislação tributária aplicável, ou da natureza ou circunstâncias materiais do fato gerador efetivamente ocorrido;
- erro na *identificação* do sujeito passivo, na determinação da alíquota aplicável, no cálculo do montante do débito ou na elaboração ou conferência de qualquer documento relativo ao pagamento;

→ (Erros de fato ou de direito) da data da extinção do crédito tributário.

- reforma, anulação, revogação ou rescisão de decisão condenatória.

→ (Cassação de decisão condenatória) da data em que se tornar definitiva a decisão administrativa ou judicial.

Ora, considerando-se que, de acordo com o art. 168, I, o prazo de cinco anos para pleitear a restituição inicia-se na data da extinção do crédito e que a mesma, no lançamento por homologação, pode se dar em até cinco anos da ocorrência do fato gerador quando a homologação for tácita, o sujeito passivo teria, neste caso, dez anos para entrar com o processo de repetição de indébito. Este era, de fato, o entendimento do STJ, que denomina esta interpretação de "sistemática dos cinco mais cinco".

No entanto, a Lei Complementar nº 118/2005, em seu art. 3º, determinou que, para efeito de contagem do prazo de cinco anos citado no art. 168, I, do CTN, a extinção do crédito tributário ocorre, nos casos de tributos sujeitos a lançamento por homologação, no momento do pagamento antecipado de que trata o § 1º do art. 150, determinando ainda, em seu art. 4º, que deverá ser observado o art. 106, I, do CTN, o qual garante aplicação retroativa para a lei expressamente interpretativa.

A seguir, a íntegra dos dispositivos citados:

Lei Complementar nº 118/2005

Art. 3º Para efeito de interpretação do inciso I do art. 168 da Lei n. 5.172, de 25 de outubro de 1966 – Código Tributário Nacional, a extinção do crédito tributário ocorre, no caso de tributo sujeito a lançamento por homologação, no momento do pagamento antecipado de que trata o § 1º do art. 150 da referida Lei.

Art. 4º Esta Lei entra em vigor 120 (cento e vinte) dias após sua publicação, observado, quanto ao art. 3º, o disposto no art. 106, inciso I, da Lei nº 5.172, de 25 de outubro de 1966 – Código Tributário Nacional.

Ressaltamos o fato de que a Lei Complementar nº 118/2005 não está afirmando que o pagamento antecipado de que trata o art. 150 do CTN e seu parágrafo primeiro extingue o crédito tributário. Está apenas determinando que, para a contagem do prazo de cinco anos do art. 168 do CTN, deve-se considerar extinto o crédito com a antecipação do pagamento.

A grande polêmica diz respeito exatamente a este caráter retroativo, que foi determinado pelo art. 4º da referida lei complementar, ao remeter ao art. 106, I, do próprio CTN, que atribui caráter retroativo à lei expressamente interpretativa.

Vamos entender o que a jurisprudência considera nesta hipótese:

> **JURISPRUDÊNCIA**
>
> O STJ consolidou a jurisprudência acerca da cognominada tese "dos cinco mais cinco" para a definição do termo *a quo* do prazo prescricional das ações de repetição de valores indevidamente recolhidos a título de tributo sujeito a lançamento por homologação. Segue decisões neste sentido:
>
> **STJ**
>
> "Conforme decidido pela Corte Especial, é inconstitucional a segunda parte do art. 4º da LC nº 118/2005, que determina a aplicação retroativa do disposto em seu art. 3º."
> **(AgRg no Ag nº 1.239.115/DF, Agravo Regimental no Agravo de Instrumento nº 2009/0194.092-9, Min. Herman Benjamin, j. 23/03/2010)**
>
> **STJ**
>
> 1. Extingue-se o direito de pleitear a restituição de tributo sujeito a lançamento por homologação – não sendo esta expressa – somente após o transcurso do prazo de cinco anos contados da ocorrência do fato gerador, acrescido de mais cinco anos contados da data em que se deu a homologação tácita (EREsp 435.835/SC, julgado em 24/03/2004).

> 2. Já se pacificou o entendimento no sentido de que, "em se tratando de pagamentos indevidos efetuados antes da entrada em vigor da LC n. 118/2005 (09/06/2005), o prazo prescricional para o contribuinte pleitear a restituição do indébito, nos casos dos tributos sujeitos a lançamento por homologação, continua observando a cognominada tese dos cinco mais cinco, desde que, na data da vigência da novel lei complementar, sobejam, no máximo, cinco anos da contagem do lapso temporal.
>
> 3. Esta regra se coaduna com o disposto no art. 2.028, do Código Civil de 2002, segundo o qual: "Serão os da lei anterior os prazos, quando reduzidos por este Código, e se, na data de sua entrada em vigor, já houver transcorrido mais da metade do tempo estabelecido na lei revogada."
>
> **(Agravo Regimental nos Embargos de Declaração no Agravo Regimental no Agravo de Instrumento nº 2006/0249.932-6, Min. Castro Meira, j. 04/03/2010)**
>
> Desta forma, segundo o STJ, se, à época da vigência da LC n. 118/2005, já houver passado mais de 5 anos da data do pagamento indevido, o contribuinte continua com o prazo de 10 anos (5 mais 5).
>
> Se, no entanto, não tiverem transcorridos 5 anos do pagamento indevido, o art. 3º da LC n. 118 retroage e aquele contribuinte passa a ter apenas cinco anos contados do pagamento antecipado para pleitear a restituição.

Para facilitar o entendimento do marco inicial do prazo previsto no art. 168 do CTN, representamos os fatos nas linhas de tempo a seguir:

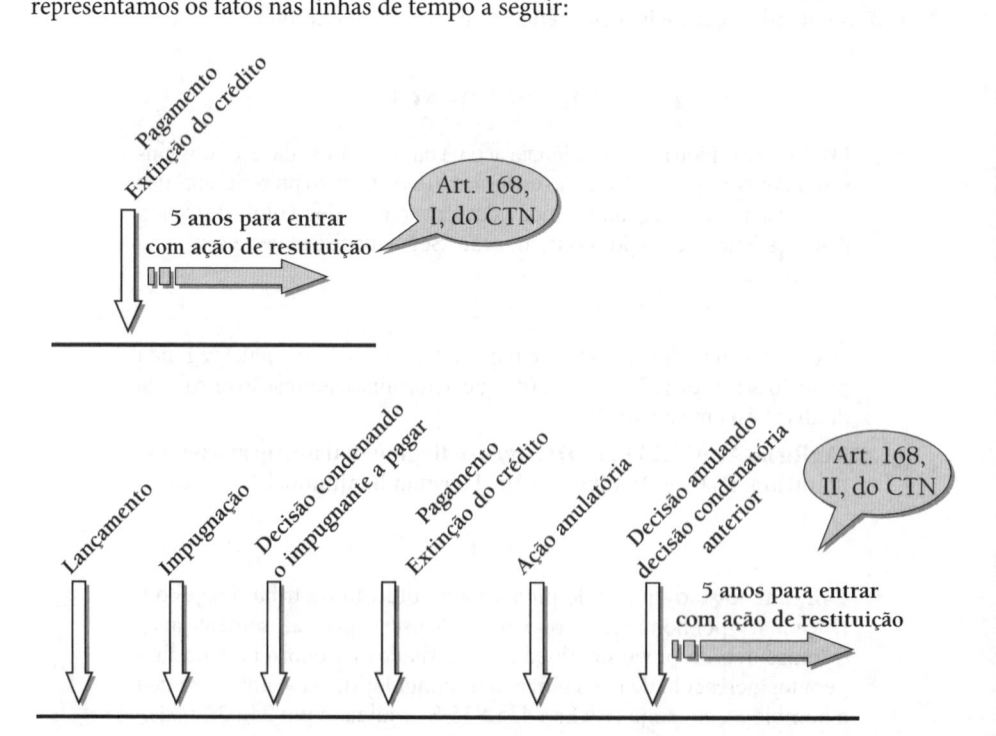

> O art. 169 a seguir traz o único prazo de dois anos em todo o CTN e também o único que, uma vez interrompido, recomeça por metade.

Art. 169. Prescreve em 2 (dois) anos a ação anulatória da decisão administrativa que denegar a restituição.

Parágrafo único. O prazo de prescrição é interrompido pelo início da ação judicial, recomeçando o seu curso, por metade, a partir da data da intimação validamente feita ao representante judicial da Fazenda Pública interessada.

Conforme o próprio dispositivo afirma, trata-se, neste caso, de prazo prescricional.

Se a decisão administrativa for desfavorável ao sujeito passivo, denegando-lhe a restituição, ele poderá intentar ação judicial para anular o ato administrativo. Dispõe, no entanto, de 2 (dois) anos para recorrer, prazo este que será interrompido pelo início da ação, recomeçando seu curso por metade (1 ano), pela citação validamente feita ao representante da Fazenda Pública.

Há que se tomar cuidado para não confundir o momento da interrupção do prazo prescricional de dois anos, com aquele do seu reinício, conforme esquema a seguir:

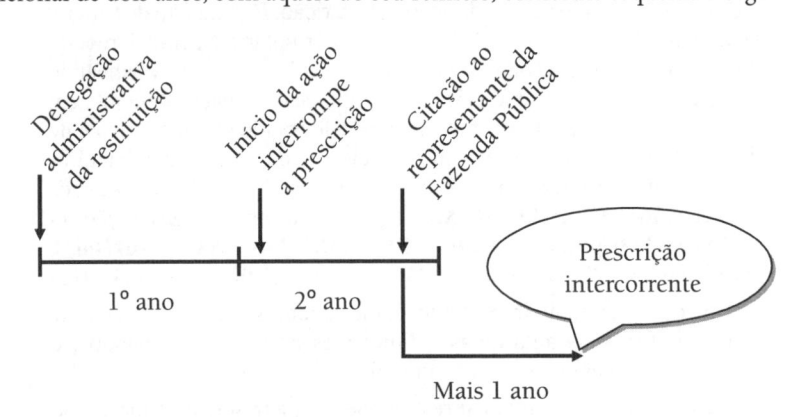

JURISPRUDÊNCIA

O STJ publicou a Súmula nº 461, causando importante influência nos processos de repetição de indébito:

Súmula nº 461 do STJ

"O contribuinte pode optar por receber, por meio de precatório ou por compensação, o indébito tributário certificado por sentença declaratória transitada em julgado."

Com relação ao STF, há o entendimento da necessidade de esgotamento da via administrativa nos processos de repetição de indébito, para que se possa ingressar em juízo. No entanto o próprio STF admite duas exceções, conforme decisão a seguir:

Quer no sistema do CTN (art. 169), quanto no do CPC (art. 3º), a ação de repetição pressupõe decisão administrativa denegatória do pedido de restituição do indébito.

Excepcionam-se desse regime os casos em que a devolução é pleiteada a conta de inconstitucionalidade da norma tributária (matéria que a administração não pode conhecer, porque o controle da constitucionalidade no nosso ordenamento jurídico e exclusivamente judicial), bem assim os casos em que a resistência da fazenda publica é notória (caracterizando desde logo o interesse de agir). **(REsp nº 35.278/RJ, Recurso Especial nº 1993/0014122-8, Rel. Min. Francisco Peçanha Martins, j. 08/02/1996, *DJ* 18/03/1996, p. 7.554.)**

Outra posição importante é do STF entendendo que, em se verificando o ingresso imediato no Judiciário, o prazo prescricional é de cinco anos. Tratando-se, no entanto, de situação concreta em que adentrada a via administrativa, não se logrando êxito, o prazo é de dois anos, tendo como termo inicial a ciência da decisão que haja implicado o indeferimento do pleito de restituição, que é exatamente a situação prevista no art. 169 do CTN:

"Prescrição. Execução. A ação de execução segue, sob o ângulo do prazo prescricional, a sorte da ação de conhecimento, como previsto no verbete n. 150 da Súmula desta Corte, segundo o qual 'prescreve a execução no mesmo prazo de prescrição da ação'. Prescrição. Restituição de tributo. Dualidade. A norma do art. 168 do Código Tributário Nacional, reveladora do prazo prescricional de cinco anos, é aplicável em se verificando o ingresso imediato no Judiciário. Tratando-se de situação concreta em que adentrada a via administrativa, não se logrando êxito, o prazo é de dois anos, tendo como termo inicial a ciência da decisão que haja implicado o indeferimento do pleito de restituição." **(ACO – Embargos à Execução-AgR nº 408/SP, Ag.Reg. nos Embargos à Execução na Ação Cível Originária, Tribunal Pleno, Rel. Min. Marco Aurélio, j. 29/05/2003, *DJ* 27/06/2003, p. 00030. Ement., vol. 02.116-01, p. 00013)**

Outro posicionamento importante: como sabemos, o IR retido na fonte pelo Estados, suas autarquias e fundações pertence aos Estados, o mesmo acontecendo com os Municípios e Distrito Federal.

Ora, e no momento de pleitear restituição? A quem será dirigida a ação de repetição de indébito?

O STJ entende que os Estados e o DF são partes legítimas para figurar como polo passivo, conforme segue:

Súmula nº 447 do STJ

"Os Estados e Distrito Federal são partes legítimas na ação de restituição de imposto de renda na fonte proposta por seus servidores."

8.4.2. Compensação (arts. 170 e 170-A do CTN)

O instrumento da compensação como forma extintiva de dívidas recíprocas está previsto nos arts. 368 e 369 do Código Civil:

Código Civil

Art. 368. Se duas pessoas forem ao mesmo tempo credor e devedor uma da outra, as duas obrigações extinguem-se, até onde se compensarem.

Art. 369. A compensação efetua-se entre dívidas líquidas, vencidas e de coisas fungíveis.

Como podemos observar, a compensação no Direito Civil é automática, bastando a existência de dívidas recíprocas e necessariamente vencidas.

No Direito Tributário, no entanto, como forma extintiva de créditos, tem que estar autorizada por lei e tem que haver acordo entre as partes, aplicando-se, subsidiariamente, as regras estabelecidas pelo diploma civilista no tocante à matéria.

O art. 170 do CTN regula a matéria:

> **Art. 170**. A lei pode, nas condições e sob as garantias que estipular, ou cuja estipulação em cada caso atribuir à autoridade administrativa, autorizar a compensação de créditos tributários com créditos líquidos e certos, vencidos ou vincendos, do sujeito passivo contra a Fazenda Pública.
>
> Parágrafo único. Sendo vincendo o crédito do sujeito passivo, a lei determinará, para os efeitos deste artigo, a apuração do seu montante, não podendo, porém, cominar redução maior que a correspondente ao juro de 1% (um por cento) ao mês pelo tempo a decorrer entre a data da compensação e a do vencimento.

Torna-se importante o fato de que o crédito do sujeito passivo pode ser vencido ou vincendo, ao contrário da compensação prevista no já citado art. 369 do Código Civil, que exige que as dívidas sejam vencidas.

Merece também atenção especial o parágrafo único do art. 170 do CTN, que fixa um teto de 1% ao mês à redução do crédito do sujeito passivo, se vincendo, pelo tempo a decorrer entre a data da compensação e a do vencimento.

Desta forma, podemos esquematizar a compensação da seguinte maneira:

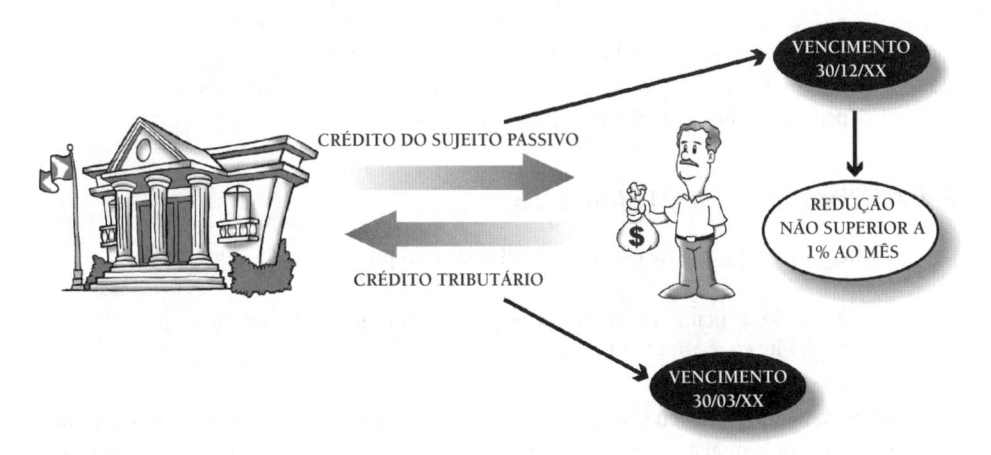

A Lei Complementar nº 104, de 10 de janeiro de 2001, criou o art. 170-A do CTN, que regula a compensação nos casos em que há pendência de contestação judicial impetrada pelo sujeito passivo:

> **Art. 170-A.** É vedada a compensação mediante aproveitamento de tributo, objeto de contestação judicial pelo sujeito passivo, antes do trânsito em julgado da respectiva decisão judicial.

Desta forma, o legislador acaba com um artifício, que já se tornava frequente, de o contribuinte contestar judicialmente o pagamento de determinado tributo e já se creditar do mesmo valor, antes mesmo da decisão definitiva da lide.

JURISPRUDÊNCIA

É importante que seja inserida neste contexto as Súmulas n°s 460 e 464 do STJ que têm o seguinte enunciado:

Súmula nº 460 do STJ

"É incabível o mandado de segurança para convalidar a compensação tributária realizada pelo contribuinte."

Desta forma, o STJ reforça a tese de que a compensação depende de lei autorizadora e da vontade de ambas as partes, não podendo ser forçada pelo contribuinte.

Súmula nº 464 do STJ

"A regra de imputação de pagamentos estabelecida no art. 354 do Código Civil não se aplica às hipóteses de compensação tributária."

Para melhor entendimento do verbete, segue o art. 354 do Código Civil:

Código Civil

Art. 354. Havendo capital e juros, o pagamento imputar-se-á primeiro nos juros vencidos, e depois no capital, salvo estipulação em contrário, ou se o credor passar a quitação por conta do capital.

Sendo assim, na compensação do Direito Tributário, não há uma prioridade na quitação dos valores vencidos.

8.4.3. Transação (art. 171 do CTN)

Também esta hipótese de extinção de dívidas está prevista no Código Civil:

> **Art. 840.** É lícito aos interessados prevenirem ou terminarem o litígio mediante concessões mútuas.

Clóvis Beviláqua, em seu *Código Civil Comentado*, ensina que a transação corresponde "ao ato jurídico, pelo qual as partes, fazendo-se concessões recíprocas, extinguem obrigações litigiosas ou duvidosas. Pressupõe dúvida ou litígio a respeito da relação jurídica".

A matéria está disciplinada no art. 171 do CTN:

> **Art. 171.** A lei pode facultar, nas condições que estabeleça, aos sujeitos ativo e passivo da obrigação tributária celebrar transação que, mediante concessões mútuas, importe em **determinação** de litígio e consequente extinção de crédito tributário.
>
> Parágrafo único. A lei indicará a autoridade competente para autorizar a transação em cada caso.

Obs.: a palavra determinação do *caput* do artigo foi publicada erroneamente, sendo a expressão correta terminação.

Verifica-se que, no campo do Direito Tributário, a transação só pode ocorrer para pôr fim a litígio já iniciado, ao contrário do Direito Privado, onde também pode ter o objetivo de evitar o litígio.

Outro aspecto importante é a dúvida que tem que haver com relação ao valor real do crédito por parte da Fazenda Pública, pois, do contrário, conforme já estudamos na definição de tributos (art. 3º do CTN), a cobrança é uma atividade plenamente vinculada.

Desta forma, são exigidos ao menos três requisitos para que se dê a transação no Direito Tributário:

a) previsão em lei, como todas as hipóteses de extinção, suspensão ou exclusão do crédito;
b) dúvidas com relação ao valor real do crédito de ambos os lados;
c) concessões mútuas.

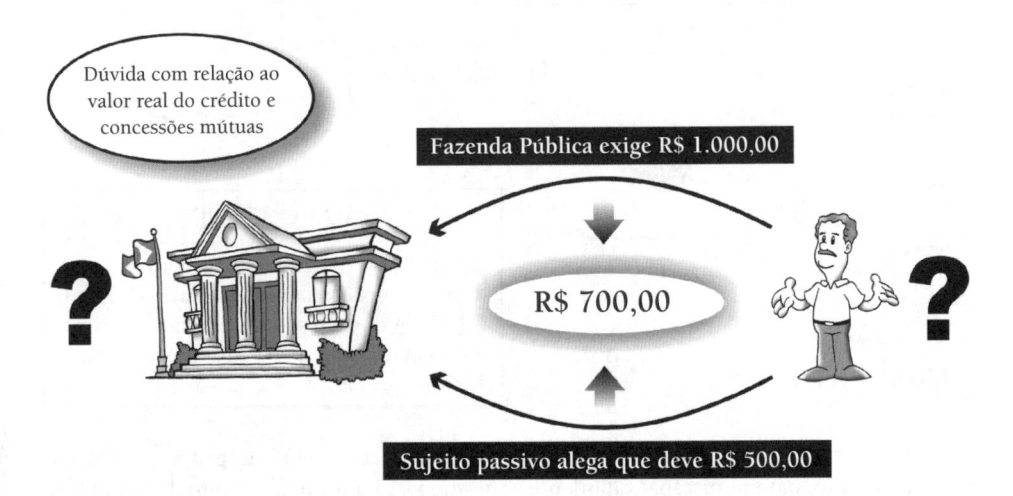

8.4.4. Remissão (art. 172 do CTN)

No dizer de Clóvis Beviláqua, a remissão consiste na "liberação graciosa da dívida", sendo, pois, verdadeiro ato de perdão da dívida. Não se deve confundir remissão com remição, sendo esta última o ato de resgatar uma dívida.

O CTN permite a concessão da remissão, mas determina que o despacho da autoridade que a conceder não gera direito adquirido, aplicando-se, quando for o caso, o disposto no art. 155, já estudado por nós como um dispositivo de extrema importância pela grande abrangência.

Este perdão é objeto do art. 172 do CTN, que lista os motivos fundamentados nos quais a autoridade pode conceder o benefício, desde que autorizada por lei:

> **Art. 172.** A lei pode autorizar a autoridade administrativa a conceder, por despacho fundamentado, remissão total ou parcial do crédito tributário, atendendo:
>
> I – à situação econômica do sujeito passivo;
>
> II – ao erro ou ignorância escusáveis do sujeito passivo, quanto à matéria de fato;
>
> III – à diminuta importância do crédito tributário;
>
> IV – a considerações de equidade, em relação com as características pessoais ou materiais do caso;
>
> V – a condições peculiares a determinada região do território da entidade tributante.
>
> Parágrafo único. O despacho referido neste artigo não gera direito adquirido, aplicando-se, quando cabível, o disposto no art. 155.

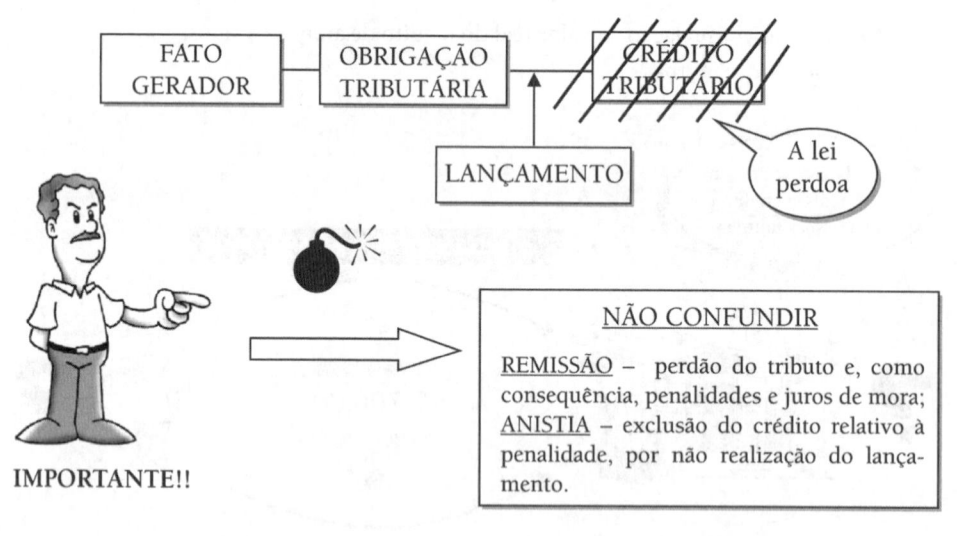

IMPORTANTE!!

NÃO CONFUNDIR

REMISSÃO – perdão do tributo e, como consequência, penalidades e juros de mora;
ANISTIA – exclusão do crédito relativo à penalidade, por não realização do lançamento.

O parágrafo único do artigo em estudo nos remete ao art. 155 do próprio CTN, cabendo, portanto, para remissão, exatamente o mesmo visto por nós a respeito de moratória, quando se comprovar que o sujeito passivo não se enquadrava ou deixou de se enquadrar nas condições estabelecidas pela lei:

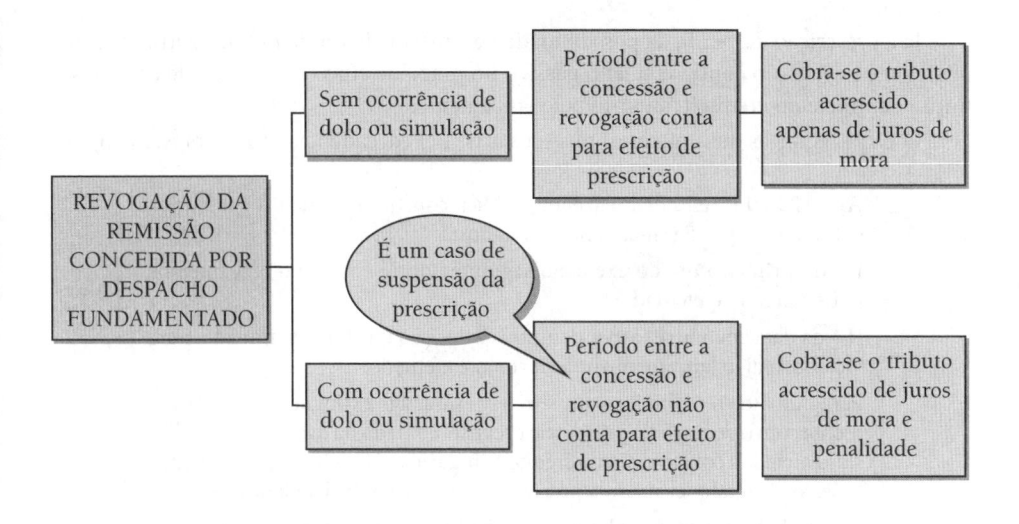

Diagrama: Revogação da Remissão Concedida por Despacho Fundamentado

- **Sem ocorrência de dolo ou simulação** → Período entre a concessão e revogação conta para efeito de prescrição → Cobra-se o tributo acrescido apenas de juros de mora
- **Com ocorrência de dolo ou simulação** → Período entre a concessão e revogação não conta para efeito de prescrição → Cobra-se o tributo acrescido de juros de mora e penalidade

É um caso de suspensão da prescrição

8.4.5. Prescrição e Decadência (arts. 173 e 174 do CTN)

Estas duas hipóteses de extinção do crédito tributário assemelham-se pelo fato de ambas terem os mesmos fundamentos, que se traduzem pela inércia do titular de um direito por um espaço de tempo determinado.

Conforme disciplina Fábio Fanucchi, "não há que se confundir decadência e prescrição, porque há um marco material (o lançamento), que estabelece a distinção".

Se a causa externa legal ocorreu antes do lançamento, é caso de decadência (também chamada caducidade); se depois, é caso de prescrição, como podemos observar na figura a seguir:

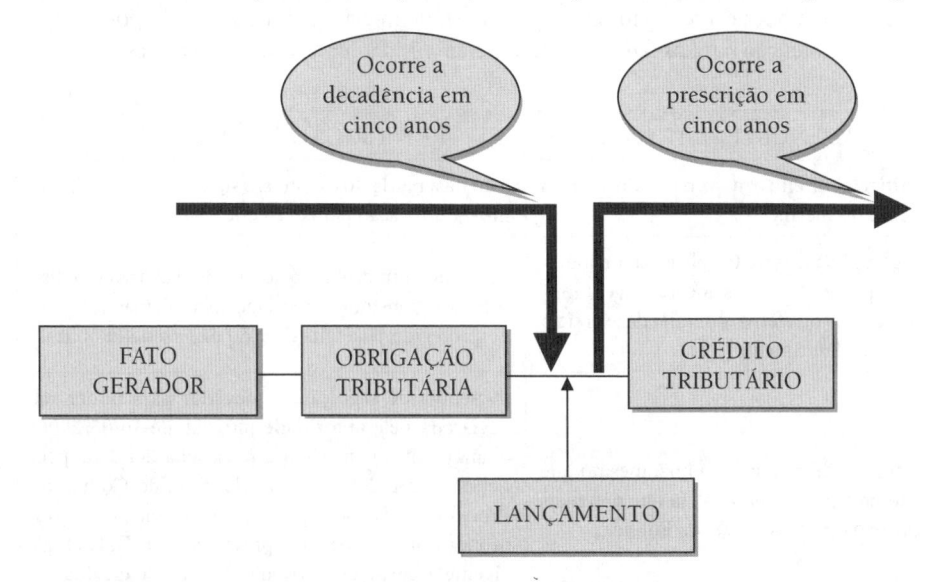

Ocorre a decadência em cinco anos — *Ocorre a prescrição em cinco anos*

FATO GERADOR → OBRIGAÇÃO TRIBUTÁRIA → LANÇAMENTO → CRÉDITO TRIBUTÁRIO

Portanto, a decadência ou caducidade é a perda da possibilidade de a Fazenda Pública fazer o lançamento e, como consequência, constituir o crédito tributário.

Já a prescrição é a perda da possibilidade de a mesma Fazenda Pública entrar com um processo de execução contra o sujeito passivo no prazo de cinco anos, contados da constituição definitiva do crédito tributário pelo lançamento.

O CTN regula as duas matérias nos seus arts. 173 (decadência) e 174 (prescrição):

> **Art. 173.** O direito de a Fazenda Pública constituir o crédito tributário extingue-se após 5 (cinco) anos, contados:
>
> I – do primeiro dia do exercício seguinte àquele em que o lançamento poderia ter sido efetuado;
>
> II – da data em que se tornar definitiva a decisão que houver anulado, por vício formal, o lançamento anteriormente efetuado.
>
> Parágrafo único. O direito a que se refere este artigo extingue-se definitivamente com o decurso do prazo nele previsto, contado da data em que tenha sido iniciada a constituição do crédito tributário pela notificação, ao sujeito passivo, de qualquer medida preparatória indispensável ao lançamento.
>
> **Art. 174.** A ação para a cobrança do crédito tributário prescreve em cinco anos, contados da data da sua constituição definitiva.
>
> Parágrafo único. A prescrição se interrompe:
>
> I – pelo despacho do juiz que ordenar a citação em execução fiscal;
>
> II – pelo protesto judicial;
>
> III – por qualquer ato judicial que constitua em mora o devedor;
>
> IV – por qualquer ato inequívoco ainda que extrajudicial, que importe em reconhecimento do débito pelo devedor.

Embora guardem alguma semelhança, como já vimos, por ocorrerem devido à inércia da Fazenda Pública e terem o mesmo lapso de tempo inicial de cinco anos, é importante que chamemos atenção para os fatos que diferenciam nitidamente as duas hipóteses:

DECADÊNCIA (art. 173 do CTN)	PRESCRIÇÃO (art. 174 do CTN)
Atinge o direito em si, havendo, pois, a perda do mesmo.	Não há a perda do direito em si, mas sim o direito de mover uma ação para exercê-lo.
Pressupõe um direito (obrigação tributária) que, embora nascido (fato gerador), não se tornou efetivo por falta de exercício (falta de lançamento).	Pressupõe um direito já adquirido e efetivo (crédito tributário constituído pelo lançamento), mas que ficou desprotegido pela falta de ação da Fazenda Pública.
Deve ser decretada pelo juiz, mesmo que não haja pedido para tal, já que não mais existe o direito da Fazenda Pública.	Dependia de arguição do devedor para poder ser declarada pela autoridade judicial até 16/05/2006, quando entrou em vigor a nova redação, dada pela Lei nº 11.280/2006, ao art. 219, § 5º, do Código de Processo Civil então vigente, determinando que o juiz pronunciará, de ofício, a prescrição (no CPC atual, vigente a partir de 2016, não há esta determinação expressa).

DECADÊNCIA (art. 173 do CTN)	PRESCRIÇÃO (art. 174 do CTN)
O pagamento do tributo caduco (decaído) dá direito à restituição, uma vez que não mais havia o direito da Fazenda pública com relação àquele crédito.	O pagamento de tributo cuja ação está prescrita não dá direito à restituição do valor, uma vez que o direito da Fazenda Pública ainda persistia, embora a mesma não tivesse meios de acionar o sujeito passivo.
Não admite nem interrupção nem suspensão. *Vide* observação 1	Admite: • interrupção (parágrafo único do art. 174 do CTN) • suspensão (art. 151, I a IV; art. 155, parágrafo único; art. 172, parágrafo único, todos do CTN; art. 2º, § 3º, da Lei nº 6.830/1980 e art. 6º da Lei nº 11.101/2005) *Vide* observação 2
São quatro marcos iniciais da contagem do prazo, que serão vistos logo a seguir.	O marco inicial da contagem do prazo é o lançamento em qualquer hipótese.

- **OBSERVAÇÃO 1**

Observação importante é o fato de que alguns doutrinadores, como, por exemplo, Luiz Emygdio F. da Rosa Pinto (*Novo Manual de Direito Financeiro e Direito Tributário*, Renovar – 1988 – p. 384), consideram o art. 173, II, como hipótese de interrupção de decadência. O autor comenta:

Nesta hipótese, o CTN prevê causa de interrupção do prazo decadencial, pois a decisão final é termo *a quo* do novo prazo para a Fazenda Pública constituir o crédito tributário.

Esta doutrina, no entanto, é rejeitada por tributaristas de relevância nacional, como Aliomar Baleeiro e Bernardo Ribeiro de Moraes, que comenta (*Compêndio de Direito Tributário*, Rio de Janeiro, Forense, 1984 – p. 572):

Trata-se de um novo direito, com um novo prazo decadencial. De qualquer modo, o dispositivo consagra a teoria do benefício do erro em favor do infrator.

É importante salientar que as bancas examinadoras para concurso têm considerado que há interrupção do prazo decadencial neste caso.

- **OBSERVAÇÃO 2**

Citamos, a seguir, o art. 6º da Lei de Falências e o art. 2º, § 3º, da Lei nº 6.830/1980 (Lei de Execução Fiscal), que determinam a interrupção da prescrição, já que os outros dispositivos que a determinam, por estarem no CTN, foram ou serão analisados por este trabalho:

Lei nº 11.101/2005 – Lei de Falências

Art. 6º A decretação da falência ou o deferimento do processamento da recuperação judicial suspende o curso da prescrição e de todas as ações e execuções em face do devedor, inclusive aquelas dos credores particulares do sócio solidário.

Lei nº 6.830/1980 – Lei de Execuções Fiscais

Art. 2º, § 3º A inscrição na Dívida Ativa, que se constitui no ato de controle administrativo da legalidade, será feita pelo órgão competente para apurar a liquidez e certeza do crédito e suspenderá a prescrição, para todos os efeitos de direito, por 180 (cento e oitenta) dias ou até a distribuição da execução fiscal, se esta ocorrer antes de findo aquele prazo.

> **JURISPRUDÊNCIA**
>
> Com relação a esta hipótese de suspensão do prazo prescricional, prevista na Lei nº 6.830/1980, é importante observar que o **STJ** tem mantido o entendimento de sua inocorrência, uma vez que aquela lei é ordinária e o art. 146, III, *b*, da Constituição Federal exige lei complementar para tratar de prescrição. Segue decisão do referido tribunal neste sentido:
>
> "PROCESSUAL CIVIL – TRIBUTÁRIO – EXECUÇÃO FISCAL – PRESCRIÇÃO – VIOLAÇÃO AOS ARTS. 174 DO CTN E 2º, § 3º, DA LEF – INOCORRÊNCIA. A suspensão do prazo prescricional prevista no art. 2º, § 3º, da Lei n. 6.830/80 sofre as limitações impostas pelo art. 174 do CTN, já que este indica como termo *a quo* da prescrição a data da constituição do crédito, o qual somente se interrompe pelos fatos nele listados, que não incluem a inscrição do crédito tributário na dívida ativa. Recurso especial conhecido, mas improvido." **(REsp nº 512.446/SP, Recurso Especial nº 2003/0018.694-2, Rel. Min. Francisco Peçanha Martins)**

No que diz respeito ao prazo prescricional, o art. 40 da Lei nº 6.830/1980 – Lei de Execuções Fiscais – determina que o juiz suspenderá o curso da execução, enquanto não for localizado o devedor ou não forem encontrados bens sobre os quais possa recair a penhora, e, nesses casos, não correrá o prazo de prescrição.

Lei nº 6.830/1980 – Lei de Execuções Fiscais

Art. 40. O Juiz suspenderá o curso da execução, enquanto não for localizado o devedor ou encontrados bens sobre os quais possa recair a penhora, e, nesses casos, não correrá o prazo de prescrição.

§ 1º Suspenso o curso da execução, será aberta vista dos autos ao representante judicial da Fazenda Pública.

§ 2º Decorrido o prazo máximo de 1 (um) ano, sem que seja localizado o devedor ou encontrados bens penhoráveis, o Juiz ordenará o arquivamento dos autos.

§ 3º Encontrados que sejam, a qualquer tempo, o devedor ou os bens, serão desarquivados os autos para prosseguimento da execução.

Desse modo, uma vez iniciada a execução fiscal, em princípio não há mais que se falar em prescrição. No entanto, a jurisprudência tem assinalado para o fato de que é possível a ocorrência da prescrição intercorrente, decretada pelo juiz, sem provocação do interessado, na hipótese de não ser localizado o devedor e havendo inércia do Fisco por período superior a cinco anos. A seguir, citamos decisões do TRF neste sentido.

JURISPRUDÊNCIA

"TRIBUTÁRIO. EXECUÇÃO FISCAL. PRESCRIÇÃO INTERCORRENTE. RECONHECIMENTO DE OFÍCIO. POSSIBILIDADE. 1. O art. 40 da Lei n. 6.830/1980 deve ser interpretado em consonância com o art. 174 do CTN. A suspensão da execução fiscal não afasta a possibilidade de ocorrência da prescrição intercorrente. 2. Em que pese que a prescrição constitui matéria de defesa do réu, não pode ser decretada sem provocação do interessado, a situação em tela requer tratamento especial, por tratar-se de situação excepcional. 3. Após decorrido o prazo prescricional, não resta ao credor qualquer interesse em promover o andamento do feito. Da mesma forma, não se pode esperar do devedor – sequer citado – iniciativa no sentido de pleitear o reconhecimento da prescrição. Assim, a autorização ao juiz para que declare, *ex officio*, a ocorrência da prescrição intercorrente apresenta-se como medida razoável, a fim de evitar o tumulto causado pela pendência do processo por tempo indeterminado." **(TRF4, 1ª T., maioria, AC nº 2002.04.01.057.503-8/RS, Rel. Des. Fed. Maria Lúcia Luz Leiria, mar./2003)**

"EXECUÇÃO FISCAL. PRESCRIÇÃO INTERCORRENTE. ART. 40 DA LEF. INTERPRETAÇÃO HARMÔNICA COM O SISTEMA TRIBUTÁRIO. POSSIBILIDADE DE DECRETAÇÃO SEM PEDIDO EXPRESSO DA PARTE, EM CASOS EXCEPCIONAIS. 1. Decorridos mais de cinco anos após a execução fiscal, sem qualquer manifestação do credor, ocorre a prescrição intercorrente. 2. O art. 40 da Lei n. 6.830/1980 deve ser interpretado em harmonia com o sistema jurídico, que não admite que a ação para cobrança do crédito tenha prazo perpétuo. Logo, não localizado o devedor e havendo inércia do Fisco por período superior a cinco anos, é de ser declarada a prescrição intercorrente. 3. A declaração da prescrição intercorrente pelo julgador, sem pedido do devedor é possível, excepcionalmente, nos casos em que a tendência do processo é ficar, por longos anos, arquivado na primeira instância, aguardando a manifestação do executado." **(TRF4, 1ª T., maioria, AC nº 2002.04.01.040.035-4/RS, Rel. Des. Fed. Wellington M. de Almeida, out./2002)**

Sendo assim, o art. 40 da Lei nº 6.830/1980 deve ser interpretado em harmonia com a jurisprudência, que não admite a ação para cobrança do crédito ter prazo perpétuo.

Com relação aos prazos prescricional e decadencial, torna-se fundamental um comentário sobre a Súmula Vinculante nº 8 do STF:

JURISPRUDÊNCIA

Súmula Vinculante nº 8

"São inconstitucionais o parágrafo único do art. 5º do Decreto-Lei n. 1.569/1977 e os arts. 45 e 46 da Lei nº 8.212/1991, que tratam de prescrição e decadência de crédito tributário."

Para um melhor entendimento, seguem os dispositivos considerados inconstitucionais:

Lei nº 8.212/1991

Art. 45. O direito da Seguridade Social apurar e constituir seus créditos extingue-se após 10 (dez) anos contados:

I – do primeiro dia do exercício seguinte àquele em que o crédito poderia ter sido constituído;

II – da data em que se tornar definitiva a decisão que houver anulado, por vício formal, a constituição de crédito anteriormente efetuada.

Art. 46. O direito de cobrar os créditos da Seguridade Social, constituídos na forma do artigo anterior, prescreve em 10 (dez) anos.

Decreto-Lei nº 1.569/1977

Art. 5º Sem prejuízo da incidência da atualização monetária e dos juros de mora, bem como da exigência da prova de quitação para com a Fazenda Nacional, o Ministro da Fazenda poderá determinar a não inscrição como Dívida Ativa da União ou a sustação da cobrança judicial dos débitos de comprovada inexequibilidade e de reduzido valor.

Parágrafo único. A aplicação do disposto neste artigo suspende a prescrição dos créditos a que se refere.

Os ministros do Supremo Tribunal Federal sumularam o entendimento de que os dispositivos que tratam dos prazos de prescrição e decadência em matéria tributária são inconstitucionais.

Esse posicionamento determina que a Fazenda Pública não pode exigir as contribuições sociais com o aproveitamento dos prazos de 10 anos previstos nos dispositivos declarados inconstitucionais.

No entanto, a decisão terá eficácia retroativa somente para aqueles que já ajuizaram as respectivas ações judiciais ou solicitações administrativas até a data do julgamento. Em razão disso, os recolhimentos efetuados nos prazos previsto nos arts. 45 e 46 da Lei nº 8.212/1991 e não impugnados antes da conclusão do julgamento são legítimos.

A Súmula Vinculante nº 8 tem como fundamento que apenas lei complementar pode dispor sobre normas gerais em matéria tributária:

Constituição Federal

Art. 146. Cabe à lei complementar:

(...)

III – estabelecer normas gerais em matéria de legislação tributária, especialmente sobre:

(...)

b) obrigação, lançamento, crédito, prescrição e decadência tributários;

Desse modo, são evidentemente inconstitucionais os artigos da Lei Ordinária nº 8.212/1991 que determinaram os prazos decadencial e prescricional das contribuições da seguridade social. Ademais, incompatível também com o art. 146, III, "b", CF, o parágrafo único do art. 5º do Decreto-Lei nº 1.569/1977 que determinava causa suspensiva da prescrição.

Enquanto o prazo prescricional inicia-se sempre com o lançamento (assim entendida sua constituição definitiva), conforme determina o art. 174 do CTN, o decadencial inicia-se com um dos quatro marcos previstos no Código Tributário Nacional: no art. 173, I, que é a regra geral; no art. 173, II; no art. 173, parágrafo único; e no art. 150, § 4º, sendo este último só para o caso de lançamento por homologação.

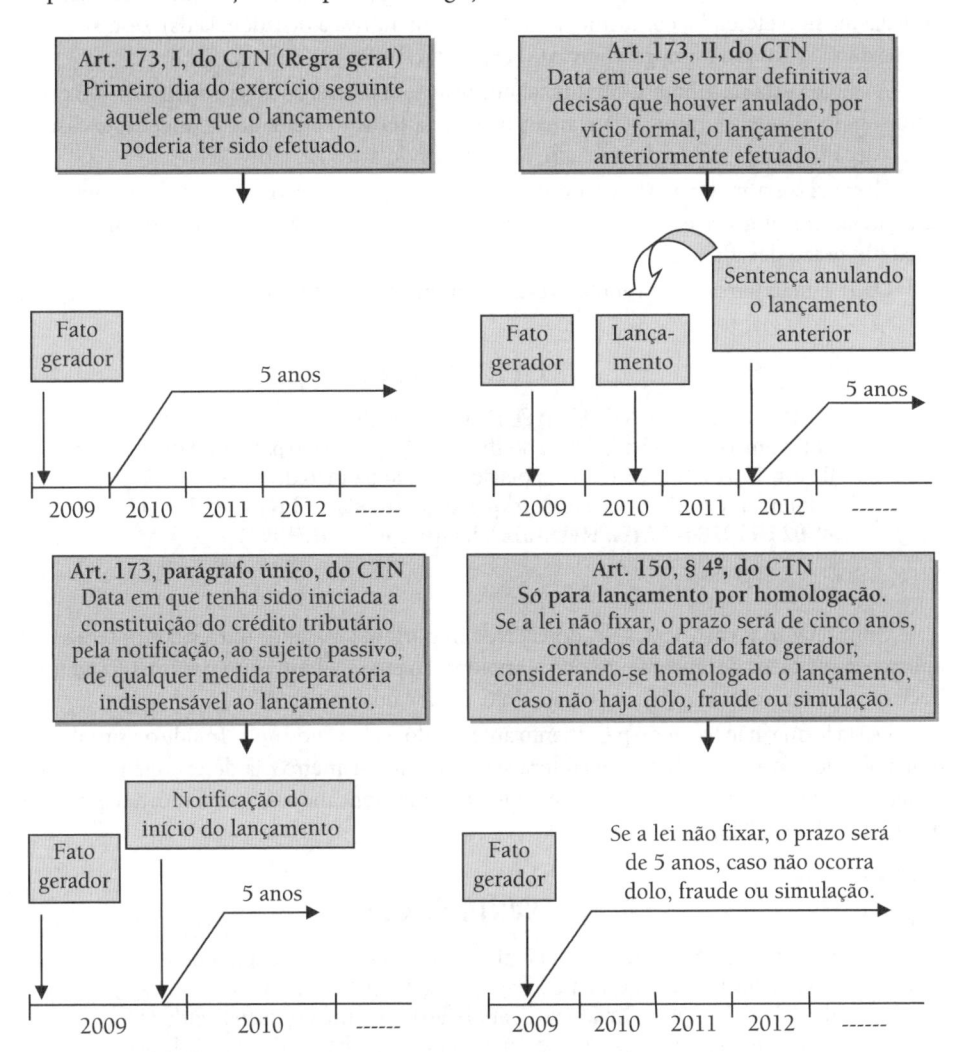

Art. 173, I, do CTN (Regra geral) Primeiro dia do exercício seguinte àquele em que o lançamento poderia ter sido efetuado.	Art. 173, II, do CTN Data em que se tornar definitiva a decisão que houver anulado, por vício formal, o lançamento anteriormente efetuado.
Fato gerador → 5 anos 2009 2010 2011 2012 ------	Fato gerador → Lançamento → Sentença anulando o lançamento anterior → 5 anos 2009 2010 2011 2012 ------
Art. 173, parágrafo único, do CTN Data em que tenha sido iniciada a constituição do crédito tributário pela notificação, ao sujeito passivo, de qualquer medida preparatória indispensável ao lançamento.	Art. 150, § 4º, do CTN Só para lançamento por homologação. Se a lei não fixar, o prazo será de cinco anos, contados da data do fato gerador, considerando-se homologado o lançamento, caso não haja dolo, fraude ou simulação.
Fato gerador → Notificação do início do lançamento → 5 anos 2009 2010 ------	Fato gerador → Se a lei não fixar, o prazo será de 5 anos, caso não ocorra dolo, fraude ou simulação. 2009 2010 2011 2012 ------

É importante que sejam feitos alguns comentários sobre estes quatro marcos iniciais do período decadencial.

Com relação ao art. 173, I, do CTN, que é a regra geral, podemos observar que o prazo poderá ser até de seis anos, caso o fato gerador ocorra no primeiro dia de determinado exercício, uma vez que a Fazenda Pública teria todo aquele ano para lançar o crédito e mais cinco anos a contar do primeiro dia do exercício seguinte àquele em que o lançamento poderia ter sido efetuado.

Com relação ao art. 173, II, do CTN, é importante que se comente que a doutrina majoritária e praticamente todas as bancas examinadoras consideram que se trata de uma hipótese de interrupção de prazo decadencial, embora a decadência no direito privado não admita interrupção.

Com relação ao art. 173, parágrafo único, do CTN, sendo a notificação do início do lançamento anterior ao primeiro dia do exercício seguinte àquele em que o lançamento poderia ter sido efetuado, conforme nossa figura ilustrativa, a decadência dar-se-á antes do que se daria se fosse a regra geral do art. 173, I, do CTN.

A dúvida está na hipótese em que tal notificação seja feita após o primeiro dia do exercício seguinte àquele em que o lançamento poderia ter sido efetuado, já que, neste caso, o prazo decadencial já teria sido iniciado, nos termos do art. 173, I, do CTN.

Neste caso, a maior parte da doutrina entende que o prazo não teria sua contagem reiniciada, aplicando-se este parágrafo único do art. 173 do CTN somente para antecipar o início do prazo decadencial.

Os Tribunais também têm adotado este entendimento, conforme decisão do TRF a seguir:

> **JURISPRUDÊNCIA**
>
> "TRIBUTÁRIO. EXECUÇÃO. DECADÊNCIA. ART. 173, *a* e parágrafo único, do CTN. (...) Se a notificação de que trata o parágrafo único do art. 173 do CTN é feita depois de iniciado o prazo decadencial, não o interrompe nem o suspende. Apelação provida." **(TRF1, 3ª T., AC nº 92.0129584-7/MG, Rel. Juiz Vicente Leal, out./1993)**

Com relação ao art. 150, § 4º, do CTN, é importante ressaltar que esta hipótese só se aplica para os casos de lançamento por homologação em que houve um pagamento ou uma declaração a ser homologada, e não haja dolo, fraude ou simulação.

Desta forma, não havendo pagamento antecipado ou havendo dolo, fraude ou simulação, o marco inicial do prazo decadencial terá seu início no primeiro dia do exercício seguinte àquele em que o lançamento poderia ter sido efetuado, aplicando-se, portanto, a regra geral do art. 173, I, do CTN.

> **JURISPRUDÊNCIA**
>
> Com relação ao prazo decadencial, quando do lançamento por homologação, desde que inexistente o pagamento antecipado, a jurisprudência do **STJ** tem se posicionado no sentido de que o prazo seria, na verdade, de dez anos, uma vez que os cinco anos previstos no art. 173, I, do CTN começariam a ser contados após o decorrer dos cinco anos para homologação prevista no art. 150, § 4º, do mesmo Código.
>
> Conclui o Tribunal que, se não houve pagamento antecipado, inexiste homologação tácita. Com o encerramento do prazo para homologação de cinco anos, inicia-se o prazo para a constituição do crédito tributário.

Seguem decisões do referido tribunal:

> ERESP N. 132.329/SP; EMBARGOS DE DIVERGÊNCIA NO RECURSO ESPECIAL N. 1999/0001.926-1 Fonte DJ DATA: 07/06/1999 PG: 00038 JSTJ VOL.: 00007 PG: 00125 RDR VOL.: 00015 PG: 00182 Relator Min. GARCIA VIEIRA.
>
> Estabelece o art. 173, inciso I, do CTN que o direito da Fazenda de constituir o crédito tributário extingue-se após cinco anos, contados do primeiro dia do exercício seguinte àquele em que o lançamento por homologação poderia ter sido efetuado.
>
> Se não houve pagamento, inexiste homologação tácita. Com o encerramento do prazo para homologação (cinco anos), inicia-se o prazo para a constituição do crédito tributário.
>
> Conclui-se que, quando se tratar de tributos a serem constituídos por lançamento por homologação, inexistindo pagamento, tem o fisco o prazo de dez anos, após a ocorrência do fato gerador, para constituir o crédito tributário.
>
> Embargos recebidos.
>
> Data da Decisão: 28/04/1999. Órgão Julgador S1 – PRIMEIRA SEÇÃO.
>
> "ERESP N. 178.526/SP, EMBARGOS DE DIVERGÊNCIA NO RECURSO ESPECIAL N. 2000/0119.437-2 Fonte DJ DATA: 11/03/2002 PG: 00157 Relator Min. MILTON LUIZ PEREIRA.
>
> 1. O direito de a Fazenda constituir o crédito tributário extingue-se após o decurso de cinco anos da ocorrência do fato gerador, somados mais cinco anos, contados da homologação tácita do lançamento.
>
> 2. Precedentes jurisprudenciais.
>
> 3. Embargos acolhidos.
>
> Data da decisão: 29/11/2001. Órgão Julgador S1 – PRIMEIRA SEÇÃO."

8.4.6. *Conversão do Depósito em Renda (art. 156, VI, do CTN)*

Esta é, na verdade, uma hipótese posterior à suspensão do crédito tributário através do depósito do montante integral (art. 151, II, do CTN), quando a decisão do processo for desfavorável ao sujeito passivo. Como consequência desta decisão, aquele valor depositado como garantia converte-se em renda para a Fazenda Pública:

> **Art. 156.** Extinguem o crédito tributário:
>
> (...)
>
> VI – a conversão do depósito em renda.

O Código Tributário Nacional também faz referência à conversão do depósito em renda como hipótese de extinção do crédito tributário no art. 164, § 2º, que determina esta conversão após a decisão judicial que considera procedente a consignação em pagamento.

O dispositivo está inserido a seguir, embora maiores detalhes sobre consignação em pagamento serão vistos ao estudarmos esta hipótese de extinção do crédito no item 8.4.8 deste mesmo Capítulo.

> **Art. 164.** A importância do crédito tributário pode ser consignada judicialmente pelo sujeito passivo, nos casos:
>
> I – de recusa de recebimento, ou subordinação deste ao pagamento de outro tributo ou de penalidade, ou ao cumprimento de obrigação acessória;
>
> II – de subordinação do recebimento ao cumprimento de exigências administrativas sem fundamento legal;
>
> III – de exigência, por mais de uma pessoa jurídica de direito público, de tributo idêntico sobre um mesmo fato gerador.
>
> § 1º A consignação só pode versar sobre o crédito que o consignante se propõe pagar.
>
> § 2º Julgada procedente a consignação, o pagamento se reputa efetuado e a importância consignada é **convertida em renda**; julgada improcedente a consignação no todo ou em parte, cobra-se o crédito acrescido de juros de mora, sem prejuízo das penalidades cabíveis. (grifo nosso)

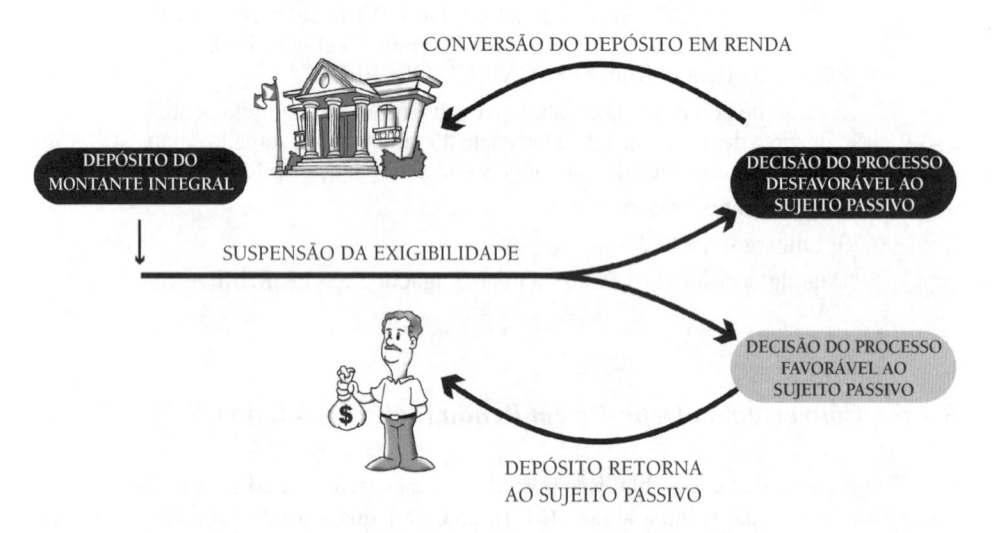

Na figura anterior, a decisão favorável ao sujeito passivo também extingue o crédito, como veremos em seguida. Trata-se da decisão administrativa irreformável (art. 156, IX, do CTN).

8.4.7. Pagamento Antecipado e Homologação (art. 150, §§ 1º e 4º, do CTN)

Esta hipótese de extinção do crédito nada mais é do que o lançamento por homologação:

> **Art. 150.** O lançamento por homologação, que ocorre quanto aos tributos cuja legislação atribua ao sujeito passivo o dever de antecipar o pagamento

sem prévio exame da autoridade administrativa, opera-se pelo ato em que a referida autoridade, tomando conhecimento da atividade assim exercida pelo obrigado, expressamente a homologa.

§ 1º O pagamento antecipado pelo obrigado nos termos deste artigo extingue o crédito, sob condição resolutória da ulterior homologação do lançamento.

(...)

§ 4º Se a lei não fixar prazo à homologação, será ele de 5 (cinco) anos, a contar da ocorrência do fato gerador; expirado esse prazo sem que a Fazenda Pública se tenha pronunciado, considera-se homologado o lançamento e definitivamente extinto o crédito, salvo se comprovada a ocorrência de dolo, fraude ou simulação.

Conforme já foi visto, ao estudarmos a constituição do crédito tributário, o lançamento por homologação ou autolançamento é aquele no qual o sujeito passivo calcula o valor do tributo devido, paga antecipadamente ao lançamento e fica esperando a homologação por parte da Fazenda Pública, que pode operar-se expressa ou tacitamente, com a inércia da autoridade, conforme representação a seguir:

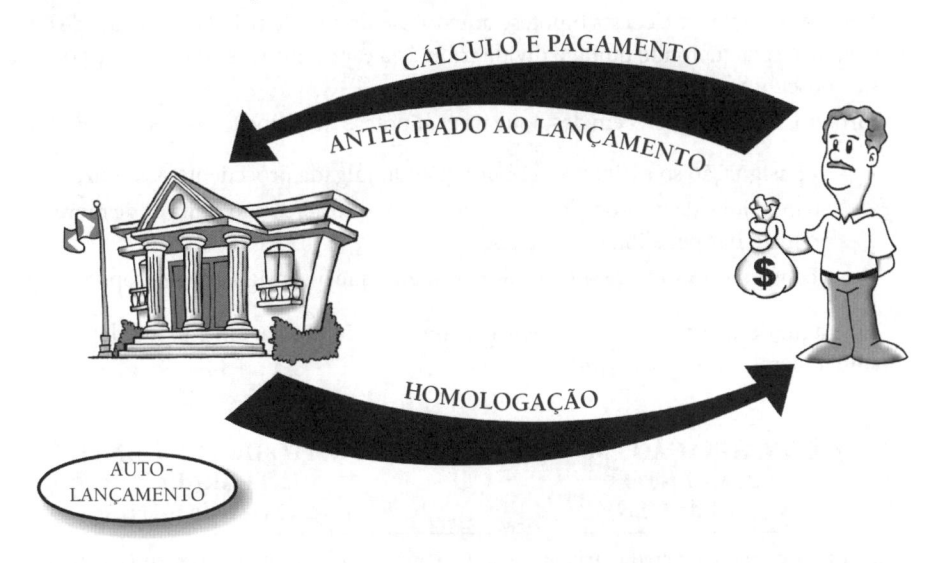

É bom chamar atenção para o fato de que o pagamento antecipado feito pelo sujeito passivo por si só não extingue definitivamente o crédito tributário. Esta extinção ocorre sob condição resolutória da posterior homologação.

8.4.8. Consignação em Pagamento (art. 164 do CTN)

Esta hipótese de extinção está assim prevista no CTN:

> **Art. 164.** A importância do crédito tributário pode ser consignada judicialmente pelo sujeito passivo, nos casos:

> I – de recusa de recebimento, ou subordinação deste ao pagamento de outro tributo ou de penalidade, ou ao cumprimento de obrigação acessória;
>
> II – de subordinação do recebimento ao cumprimento de exigências administrativas sem fundamento legal;
>
> III – de exigência, por mais de uma pessoa jurídica de direito público, de tributo idêntico sobre um mesmo fato gerador.
>
> § 1º A consignação só pode versar sobre o crédito que o consignante se propõe pagar.
>
> § 2º Julgada procedente a consignação, o pagamento se reputa efetuado e a importância consignada é convertida em renda; julgada improcedente a consignação no todo ou em parte, cobra-se o crédito acrescido de juros de mora, sem prejuízo das penalidades cabíveis.

Aqui está caracterizada uma situação até certo ponto atípica, na qual o sujeito passivo se propõe a pagar e a Fazenda Pública se recusa a receber, ou, ainda, quando dois municípios, por exemplo, exigem IPTU sobre uma mesma área pertencente a determinado contribuinte. Nestes casos, o contribuinte faz a consignação em pagamento que, se julgada procedente pelo juiz, extingue o crédito tributário.

A grande característica desta hipótese de extinção do crédito tributário é o fato de que o sujeito passivo está querendo quitar a dívida tributária e, por motivos alheios à sua vontade, não está conseguindo.

Portanto, três fatos merecem destaque nesta hipótese de extinção do crédito tributário:

- a consignação só extingue o crédito quando julgada procedente pelo juiz;
- quando julgada improcedente, cobra-se o crédito acrescido de juros de mora, sem prejuízo das penalidades cabíveis;
- a consignação só pode versar sobre o crédito que o consignante se propõe a pagar.

Cabe aqui destacar as diferenças entre a consignação em pagamento e o depósito do montante integral:

CONSIGNAÇÃO EM PAGAMENTO (art. 164 do CTN)	DEPÓSITO DO MONTANTE INTEGRAL (art. 151, II, do CTN)
Hipótese de extinção do crédito tributário.	Hipótese de suspensão do crédito tributário.
Sempre na esfera judicial.	Pode ser esfera judicial ou administrativa.
Só ocorre quando o sujeito passivo se propõe a pagar e não está conseguindo.	Só ocorre quando o sujeito passivo discorda de fazer o pagamento e tenta impugnar a exigência.

8.4.9. Decisão Administrativa Irreformável (art. 156, IX, do CTN)

Quando o sujeito passivo impugna um lançamento, quer seja através de um depósito administrativo ou de reclamações ou recursos também administrativos, monta-se um processo que vai resultar em uma decisão favorável ou não ao impugnante.

*A própria Fazenda Pública reconhece
que o crédito não é devido*

Tentativa de impugnação administrativa

No caso de a decisão lhe ser favorável e não havendo mais nenhum recurso de ofício cabível por parte da autoridade julgadora, o crédito será extinto, à medida que a própria credora Fazenda Pública reconhece que o crédito não é devido.

8.4.10. Decisão Judicial Passada em Julgado (art. 156, X, do CTN)

Neste caso, o sujeito passivo impugnou a exigência tributária na esfera judicial.

Se a decisão lhe for favorável e não couber nenhum recurso para a Fazenda Pública, o crédito estará extinto, independentemente de qualquer processo administrativo ainda em curso.

*O Poder Judiciário determina
que o crédito não é devido.*

Tentativa de impugnação judicial

8.4.11. Dação em Pagamento em Bens Imóveis (art. 156, XI, do CTN)

Esta hipótese extintiva do crédito tributário foi introduzida no nosso Código pela Lei Complementar nº 104, de 10 de janeiro de 2001, seguindo uma tendência doutrinária, já comentada por nós, de que o crédito pode ser extinto por formas diversas daquelas previstas no art. 156 do mesmo diploma legal, aplicadas, como adverte Bernardo Ribeiro de Moraes, com cautelas, pois o Direito Tributário contempla situações distintas em que a posição dos sujeitos ativo e passivo são diferentes daquelas do Direito Privado.

> **IMPORTANTE !!**
>
> Chamo atenção para o fato de que esta hipótese de extinção do crédito tributário, criada pela Lei Complementar nº 104/2001, não retira a natureza pecuniária da obrigação tributária. O que acontece é que o sujeito passivo espontaneamente está oferecendo um bem imóvel para liquidar uma prestação pecuniária.

8.5. Hipóteses de Exclusão do Crédito Tributário (arts. 175 a 182 do CTN)

As causas da exclusão do crédito tributário são, nos termos do art. 175 do CTN, a isenção e a anistia. Logo, ocorrendo qualquer uma delas, o crédito tributário não chega a ser constituído pelo lançamento, apesar de ter ocorrido o fato gerador.

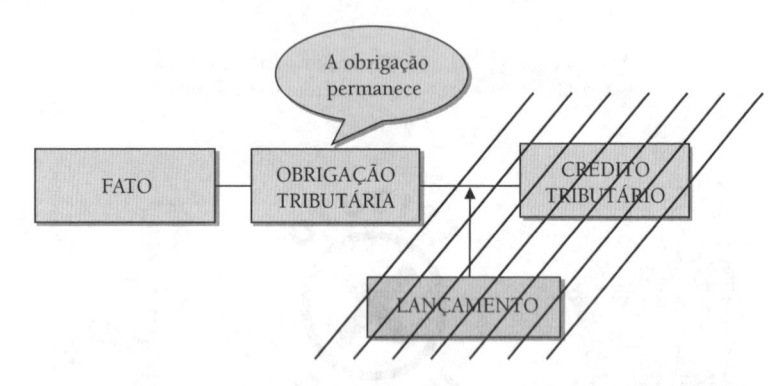

Entretanto, a exclusão do crédito não dispensa o cumprimento das obrigações acessórias dependentes da obrigação principal. Neste sentido, uma mercadoria isenta do imposto tem sempre que estar acompanhada de nota fiscal, cuja emissão é uma obrigação acessória.

Vejamos a íntegra do art. 175:

> **Art. 175.** Excluem o crédito tributário:
> I – a isenção;
> II – a anistia.

Parágrafo único. A exclusão do crédito tributário não dispensa o cumprimento das obrigações acessórias, dependentes da obrigação principal cujo crédito seja excluído, ou dela consequente.

8.5.1. Isenção (arts. 176 a 179 do CTN)

A isenção significa a dispensa do pagamento de tributo devido, e, uma vez que ocorra o fato gerador, dá-se a incidência tributária e se instaura a obrigação tributária sem, todavia, ser constituído o crédito tributário, pois o lançamento não se efetiva.

O art. 176 regula a forma e o modo que a isenção pode ser concedida:

> **Art. 176.** A isenção, ainda quando prevista em contrato, é sempre decorrente de lei que especifique as condições e requisitos exigidos para a sua concessão, os tributos a que se aplica e, sendo caso, o prazo de sua duração.
>
> Parágrafo único. A isenção pode ser restrita a determinada região do território da entidade tributante, em função de condições a ela peculiares.

É importante observar que, embora o dispositivo anterior determine que as isenções só podem ser concedidas por lei, atualmente há uma exceção prevista no art. 155, § 2º, XII, g, da Constituição Federal, que determina que aquelas relativas ao ICMS serão concedidas por convênios entre os mesmos, conforme demonstraremos a seguir:

> **Art. 155, § 2º** O imposto previsto no inciso segundo (ICMS) atenderá ao seguinte:
> (...)
> XII – Cabe à lei complementar:
> (...)
> g) regular a forma como, mediante deliberação dos Estados e do Distrito Federal, isenções, incentivos e benefícios fiscais serão concedidos e revogados.

Reforçando a ideia de não interferência da União na competência tributária das outras unidades da Federação, o art. 151, III, da Constituição Federal, conforme já visto, ao estudarmos as limitações constitucionais à competência tributária, proíbe a União de conceder isenção de tributos da competência dos Estados, Distrito Federal ou Municípios:

> **Art. 151.** É vedado à União:
> (...)
> III – instituir isenções de tributos da competência dos Estados, do Distrito Federal ou dos Municípios.

Com relação a esta vedação do art. 151, III, não podemos esquecer as exceções constituídas pelas isenções heterônomas previstas nos arts. 155, § 2º, XII, e, e 156, § 3º, II, da Constituição Federal.

Tais dispositivos permitem à União, mediante lei complementar, conceder isenções, respectivamente do ICMS e do ISS, nas exportações de mercadorias e serviços para o exterior.

Além disso, a Emenda Constitucional nº 3, de 17/03/1993 (DOU 18/03/1993), modificou o texto do § 6º do art. 150 da Constituição Federal, dando um novo delineamento para a concessão de benefícios fiscais, entre eles a isenção:

> **Art. 150, § 6º** Qualquer subsídio ou isenção, redução de base de cálculo, concessão de crédito presumido, anistia ou remissão, relativos a impostos, taxas ou contribuições, só poderá ser concedido mediante lei específica, federal, estadual ou municipal, que regule exclusivamente as matérias acima enumeradas ou o correspondente tributo ou contribuição, sem prejuízo do disposto no art. 155, § 2º, XII, g.

Portanto, de acordo com a nova redação do dispositivo citado, qualquer concessão de isenção tem que obedecer aos seguintes critérios:

a) concessão por lei específica da pessoa jurídica competente para instituir o tributo ou contribuição;

b) a lei só pode tratar da isenção ou de outra matéria relativa ao mesmo tributo ou contribuição;

c) admite como única exceção as isenções do ICMS que serão concedidas por convênios (art. 155, § 2º, XII, g, da CF).

O Código Tributário Nacional dedica mais alguns dispositivos para esta hipótese de exclusão do crédito tributário:

> **Art. 177.** Salvo disposição de lei em contrário, a isenção não é extensiva:
> I – às taxas e às contribuições de melhoria;
> II – aos tributos instituídos posteriormente à sua concessão.

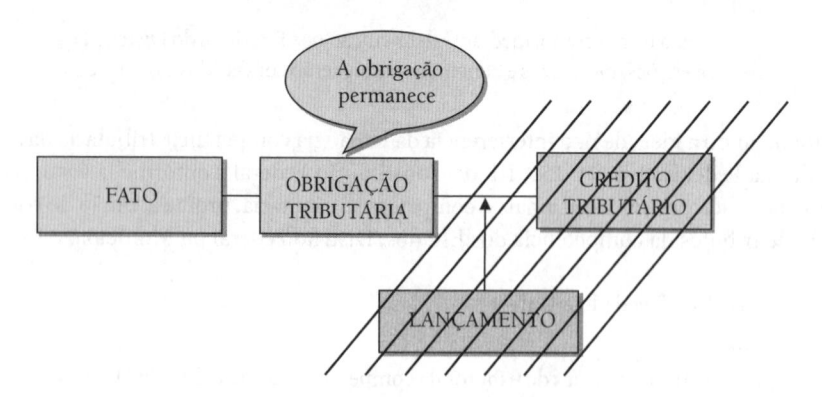

O art. 178 do CTN trata da revogação da isenção:

> **Art. 178.** A isenção, salvo se concedida por prazo certo e em função de determinadas condições, pode ser revogada ou modificada por lei, a qualquer tempo, observado o disposto no inciso III do art. 104.

O CTN neste dispositivo presume que as isenções podem ser concedidas por prazo certo, sob condição ou por prazo certo e sob condição:

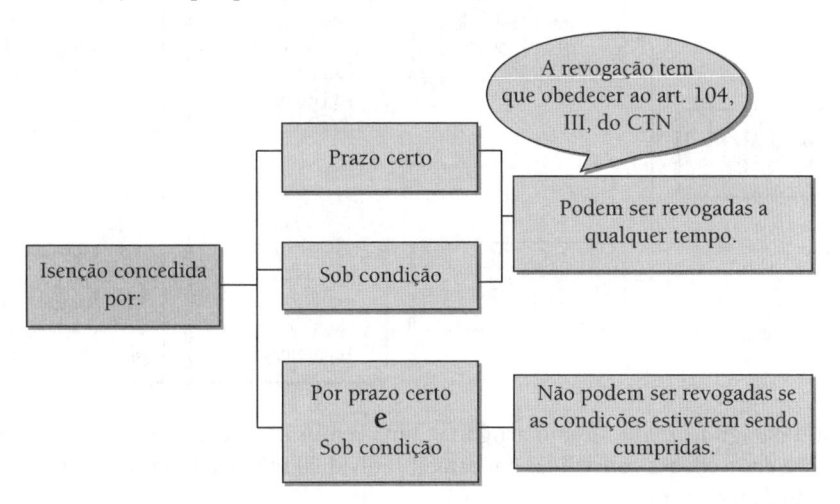

```
Isenção concedida por:
  ├── Prazo certo ─────────┐
  │                        ├── Podem ser revogadas a qualquer tempo.
  ├── Sob condição ────────┘   (A revogação tem que obedecer ao art. 104, III, do CTN)
  │
  └── Por prazo certo e Sob condição ── Não podem ser revogadas se as condições estiverem sendo cumpridas.
```

É importante observar, conforme ensina Aliomar Baleeiro, que a redação anterior do art. 178 era alternativa: "por prazo certo **ou** em função de determinadas condições". A Lei Complementar nº 24/1975 substituiu *ou* por *e*: ambas as circunstâncias simultaneamente.

O art. 179 distingue as isenções como concedidas em caráter geral e em caráter individual, nos mesmos moldes da moratória (ver comentário ao art. 152 do CTN) e aponta a revogação daquelas concedidas em caráter individual, quando o contribuinte não satisfazia ou deixou de satisfazer as condições exigidas pela lei:

> **Art. 179.** A isenção, quando não concedida em caráter geral, é efetivada, em cada caso, por despacho da autoridade administrativa, em requerimento com o qual o interessado faça prova do preenchimento das condições e do cumprimento dos requisitos previstos em lei ou contrato para sua concessão.
>
> § 1º Tratando-se de tributo lançado por período certo de tempo, o despacho referido neste artigo será renovado antes da expiração de cada período, cessando automaticamente os seus efeitos a partir do primeiro dia do período para o qual o interessado deixar de promover a continuidade do reconhecimento da isenção.
>
> § 2º O despacho referido neste artigo não gera direito adquirido, aplicando-se, quando cabível, o disposto no art. 155.

Conforme determina o *caput* do artigo citado, a isenção, nos mesmos moldes que a moratória, pode ser concedida em caráter individual ou em caráter geral:

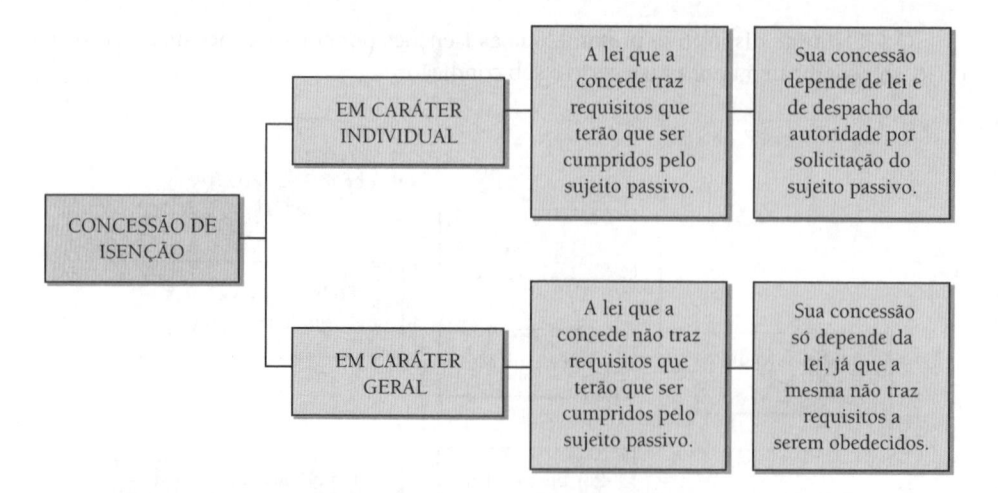

```
                                    ┌─────────────────┬─────────────────┐
                                    │ A lei que a     │ Sua concessão   │
                    ┌─ EM CARÁTER ──┤ concede traz    │ depende de lei e│
                    │  INDIVIDUAL   │ requisitos que  │ de despacho da  │
                    │               │ terão que ser   │ autoridade por  │
                    │               │ cumpridos pelo  │ solicitação do  │
  CONCESSÃO DE      │               │ sujeito passivo.│ sujeito passivo.│
  ISENÇÃO ──────────┤               └─────────────────┴─────────────────┘
                    │               ┌─────────────────┬─────────────────┐
                    │               │ A lei que a     │ Sua concessão   │
                    └─ EM CARÁTER ──┤ concede não traz│ só depende da   │
                       GERAL        │ requisitos que  │ lei, já que a   │
                                    │ terão que ser   │ mesma não traz  │
                                    │ cumpridos pelo  │ requisitos a    │
                                    │ sujeito passivo.│ serem obedecidos│
                                    └─────────────────┴─────────────────┘
```

Já o parágrafo 2º do mesmo artigo faz uma remissão ao art. 155 do CTN, dando à revogação das isenções concedidas em caráter individual idêntico tratamento concedido à revogação da moratória:

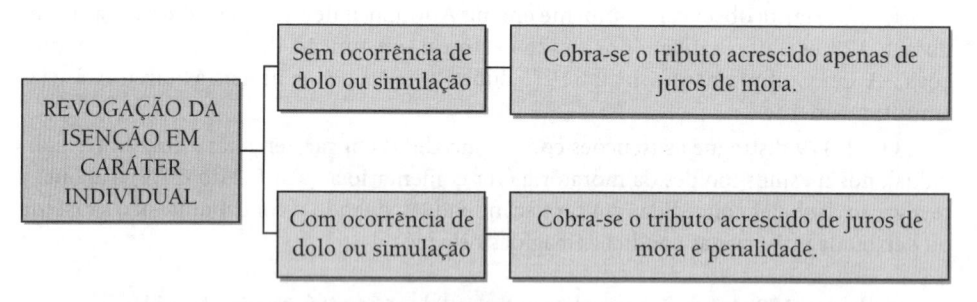

```
                        ┌─ Sem ocorrência de ──→ Cobra-se o tributo acrescido apenas de
                        │  dolo ou simulação      juros de mora.
  REVOGAÇÃO DA          │
  ISENÇÃO EM ───────────┤
  CARÁTER               │
  INDIVIDUAL            │
                        └─ Com ocorrência de ──→ Cobra-se o tributo acrescido de juros de
                           dolo ou simulação     mora e penalidade.
```

Como último dispositivo importante relativo à isenção concedida em caráter individual, o parágrafo 1º do art. 179 determina que, tratando-se de tributo lançado por período certo de tempo, o despacho da autoridade terá que ser renovado antes da expiração de cada período, cessando automaticamente os seus efeitos a partir do primeiro dia do período para o qual o interessado deixar de promover a continuidade do reconhecimento da isenção.

Tributos lançados por período certo de tempo são aqueles cujos fatos geradores são contínuos, abrangendo um período que, no Brasil, geralmente é de um ano, tais como o IPTU, IPVA e o ITR:

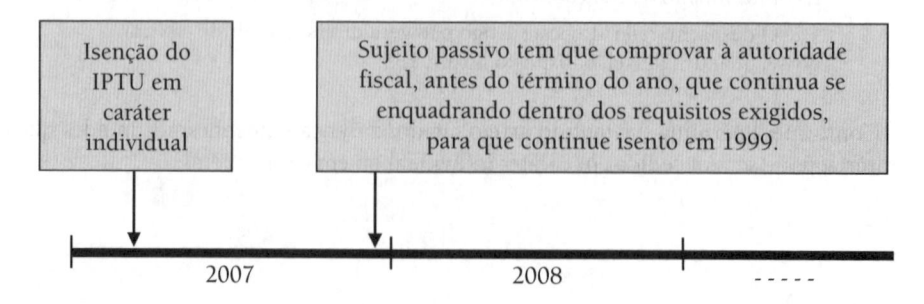

```
  ┌──────────────┐     ┌─────────────────────────────────────────────────┐
  │ Isenção do   │     │ Sujeito passivo tem que comprovar à autoridade  │
  │ IPTU em      │     │ fiscal, antes do término do ano, que continua se│
  │ caráter      │     │ enquadrando dentro dos requisitos exigidos,     │
  │ individual   │     │ para que continue isento em 1999.               │
  └──────┬───────┘     └────────────────────┬────────────────────────────┘
         │                                  │
         ▼                                  ▼
  ───────┼──────────────────────────────────┼──────────────────────────
         2007                               2008              - - - - -
```

8.5.2. Anistia (arts. 180 a 182 do CTN)

Ocorre ainda a exclusão do crédito, através da anistia, tratando-se de fato da não constituição do crédito tributário relativo à penalidade.

Portanto, como fizemos na isenção, podemos representar a anistia da seguinte forma:

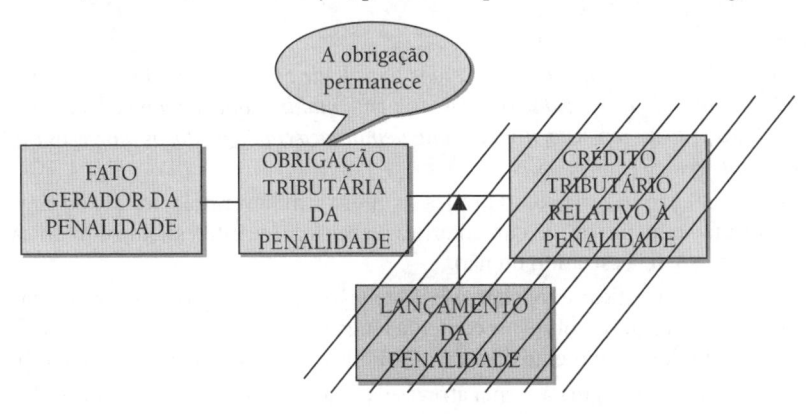

É importante atentar que a anistia somente abrange as infrações cometidas antes de sua concessão e, conforme dispõe o CTN, no art. 180, não se aplica aos atos qualificados como crime, contravenção, dolo, fraude ou simulação e, salvo disposição em contrário, àqueles praticados com conluio:

> **Art. 180**. A anistia abrange exclusivamente as infrações cometidas anteriormente à vigência da lei que a concede, não se aplicando:
>
> I – aos atos qualificados em lei como crimes ou contravenções e aos que, mesmo sem essa qualificação, sejam praticados com dolo, fraude ou simulação pelo sujeito passivo ou por terceiro em benefício daquele;
>
> II – salvo disposição em contrário, às infrações resultantes de conluio entre duas ou mais pessoas naturais ou jurídicas.

Portanto:

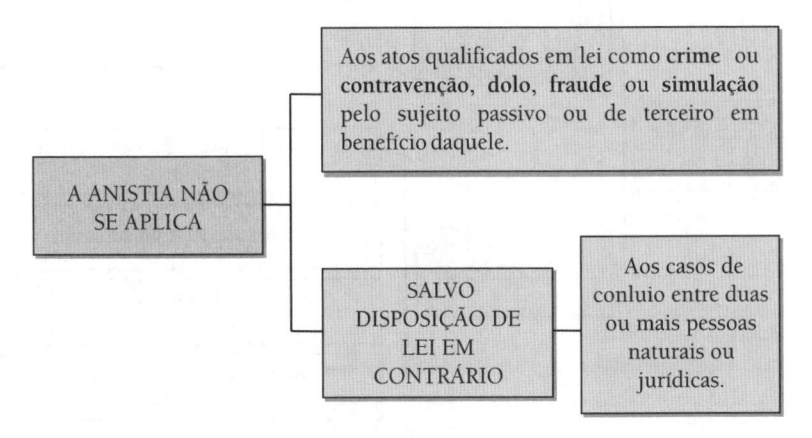

Ao analisarmos o dispositivo *supra*, não há como não estranhar o fato de ser dada autonomia ao legislador ordinário de anistiar os atos praticados com conluio, e não aqueles praticados com dolo, fraude ou simulação.

Vejamos o que é definido por Aurélio Buarque de Holanda como conluio:

Verbete: conluio
[Do lat. tard. *conludiu.*]
S. m.

Combinação entre duas ou mais pessoas para lesar outrem; maquinação, trama, conspiração: "foi rompendo a escuridão à caça desse ente maldito, que fazia o velho casarão falar ou gemer, ameaçá-lo ou repeli-lo, num conluio demoníaco com o vento, os morcegos e a treva." (Afonso Arinos, Pelo Sertão, p. 25.)

Desta forma, não haveria como praticar conluio sem haver dolo, fraude ou simulação. No entanto, trata-se apenas de um comentário a respeito da lei, interessando-nos unicamente o que está expresso, seja estranho ou não.

Como se pode verificar e foi chamada a atenção ao estudarmos remissão, esta não se confunde com anistia que é, conforme comenta Hugo de Brito Machado, "perdão da falta, da infração, que impede o surgimento do crédito tributário, correspondente à multa respectiva".

O art. 181 do CTN regula a forma através da qual a anistia pode ser concedida:

> **Art. 181.** A anistia pode ser concedida:
> I – em caráter geral;
> II – limitadamente:
> a) às infrações da legislação relativa a determinado tributo;
> b) às infrações punidas com penalidades pecuniárias até determinado montante, conjugadas ou não com penalidades de outra natureza;
> c) determinada região do território da entidade tributante, em função de condições a ela peculiares;
> d) sob condição do pagamento de tributo no prazo fixado pela lei que a conceder, ou cuja fixação seja atribuída pela mesma lei à autoridade administrativa.

Desta forma, podemos representar a concessão da anistia:

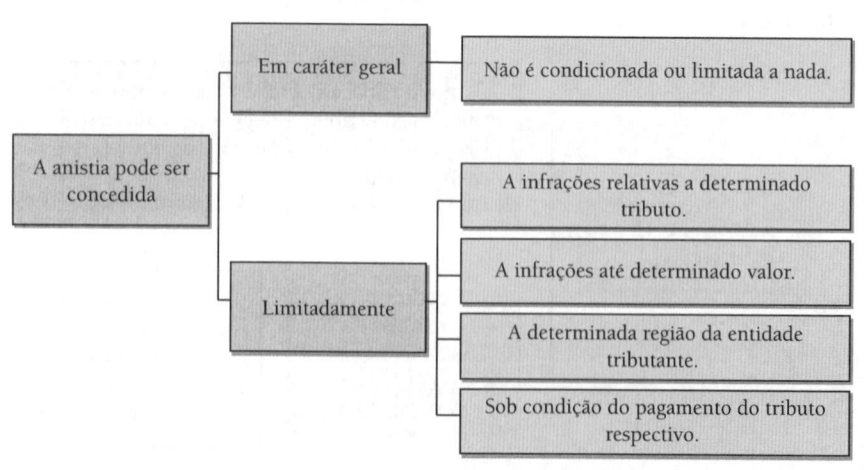

A anistia pode ser concedida:
- **Em caráter geral** → Não é condicionada ou limitada a nada.
- **Limitadamente**:
  - A infrações relativas a determinado tributo.
  - A infrações até determinado valor.
  - A determinada região da entidade tributante.
  - Sob condição do pagamento do tributo respectivo.

O art. 182 distingue a anistia concedida em caráter geral daquela em caráter individual, quanto à concessão e revogação de uma e de outra:

> **Art. 182.** A anistia, quando não concedida em caráter geral, é efetivada, em cada caso, por despacho da autoridade administrativa, em requerimento com o qual o interessado faça prova do preenchimento das condições e do cumprimento dos requisitos previstos em lei para sua concessão.
>
> Parágrafo único. O despacho referido neste artigo não gera direito adquirido, aplicando-se, quando cabível, o disposto no art. 155.

Baseado neste dispositivo, podemos fazer as mesmas considerações já feitas para moratória, remissão e isenção com relação à concessão da anistia:

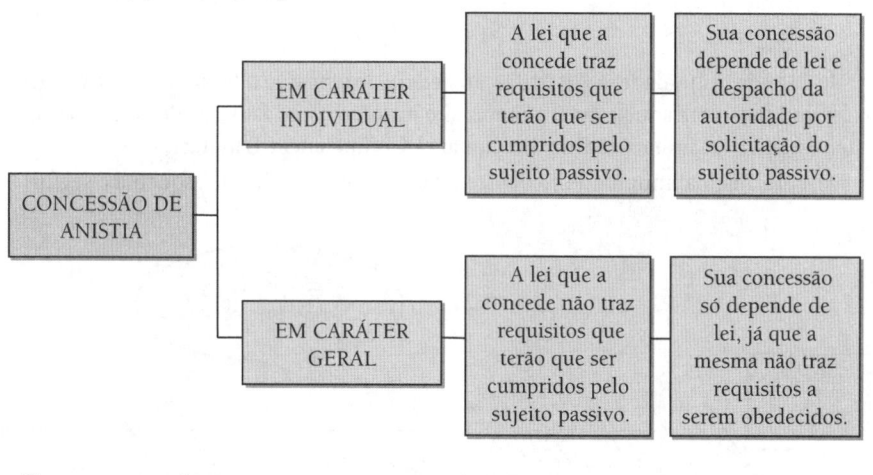

```
                          ┌─ EM CARÁTER ── A lei que a concede traz ── Sua concessão depende de lei e
                          │  INDIVIDUAL    requisitos que terão que    despacho da autoridade por
CONCESSÃO DE ──┤                           ser cumpridos pelo          solicitação do sujeito passivo.
ANISTIA                   │                sujeito passivo.
                          │
                          └─ EM CARÁTER ── A lei que a concede não ── Sua concessão só depende de
                             GERAL         traz requisitos que terão   lei, já que a mesma não traz
                                           que ser cumpridos pelo      requisitos a serem obedecidos.
                                           sujeito passivo.
```

E a sua revogação:

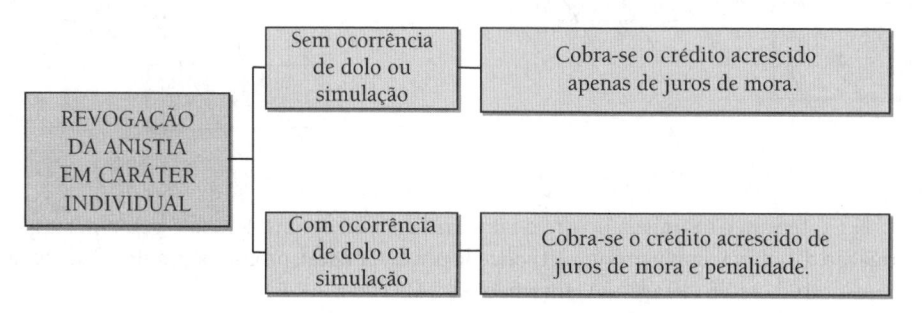

```
                               ┌─ Sem ocorrência de ── Cobra-se o crédito acrescido
REVOGAÇÃO DA ANISTIA           │  dolo ou simulação    apenas de juros de mora.
EM CARÁTER INDIVIDUAL ─────────┤
                               └─ Com ocorrência de ── Cobra-se o crédito acrescido de
                                  dolo ou simulação    juros de mora e penalidade.
```

8.6. Esquema Demonstrativo de Isenção, Anistia, Remissão e Imunidade

Conforme podemos concluir com o estudo realizado até aqui, toda relação obrigacional tributária começa com a ocorrência de um fato jurídico que a lei determina ser fato gerador de um tributo, surgindo, imediatamente, como consequência, a obrigação tributária.

A partir deste ponto, compete privativamente à autoridade administrativa constituir o crédito tributário através do lançamento.

Vejamos como fica esquematizada toda esta sequência:

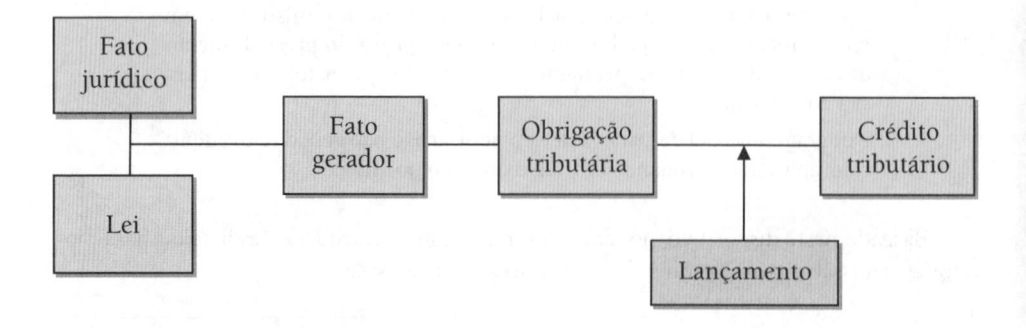

```
Fato
jurídico ────┐
             ├──► Fato ────► Obrigação ────► Crédito
             │    gerador    tributária      tributário
Lei ─────────┘                    ▲
                                  │
                              Lançamento
```

No caso da imunidade, a Constituição Federal proíbe que o Poder Legislativo produza uma lei que considere aquele determinado fato jurídico como fato gerador (ver no Capítulo 3 o item relativo a Limitações Constitucionais à Competência Tributária).

Desta forma, na imunidade só ocorre o fato jurídico conforme esquema a seguir:

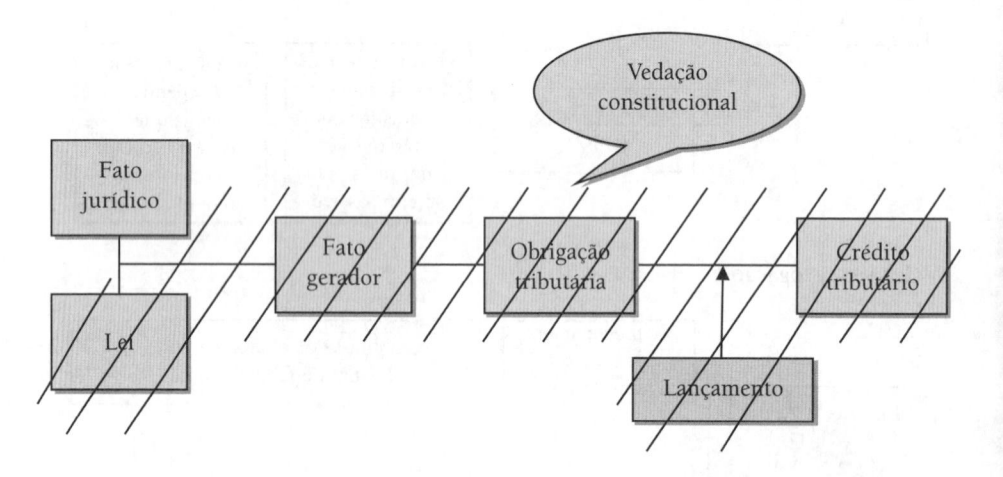

```
                        Vedação
                      constitucional

Fato
jurídico ────┐
             ├──► Fato ────► Obrigação ────► Crédito
             │    gerador    tributária      tributário
Lei ─────────┘                    ▲
                                  │
                              Lançamento
```
(todo o esquema após o Fato jurídico está riscado, indicando a vedação constitucional)

Já na isenção e na anistia ocorre o fato jurídico, a lei o considera fato gerador, surge a obrigação tributária, mas a própria lei concede um favor fiscal, proibindo a autoridade fiscal de constituir o crédito através do lançamento.

Na isenção (arts. 176 a 179 do CTN), isto ocorre com o tributo, e na anistia (arts. 180 a 182 do CTN), com o crédito tributário decorrente de penalidade pecuniária, conforme já estudado por nós.

Vejamos como fica o nosso esquema:

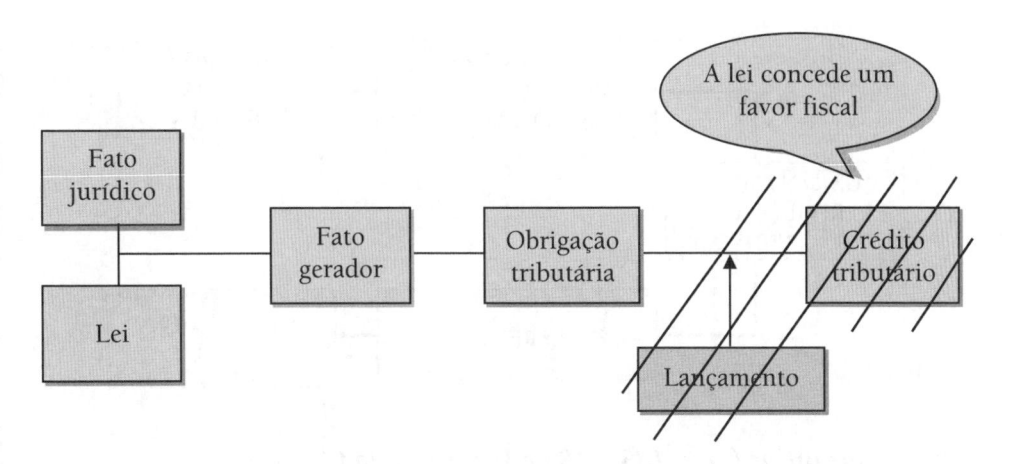

Já no caso da remissão (art. 172 do CTN), ocorre o fato jurídico, a lei faz com que surja o fato gerador e a obrigação tributária, a autoridade administrativa constitui o crédito tributário através do lançamento e outra norma legal posterior concede um favor fiscal, dispensando o pagamento.

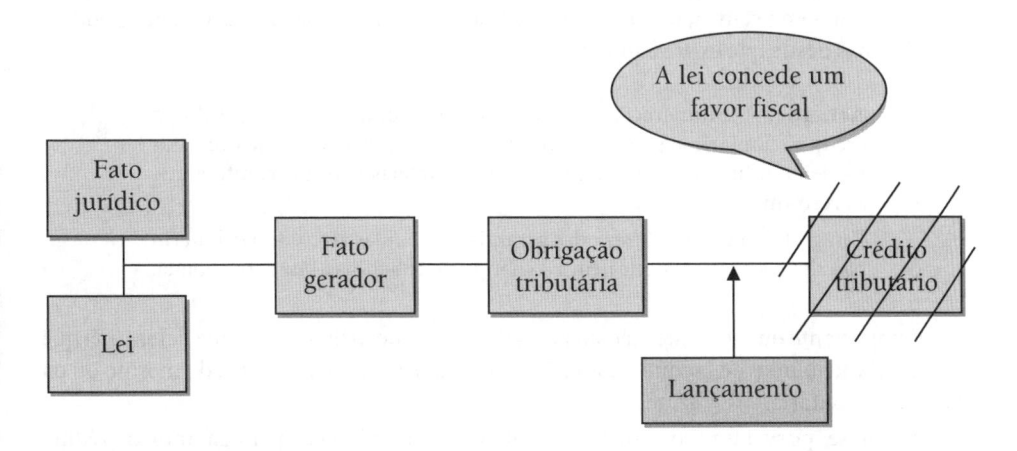

8.7. Garantias e Privilégios do Crédito Tributário (arts. 183 a 193 do CTN)

Quando o legislador tratou de garantias e privilégios do crédito tributário, não houve, na verdade, uma preocupação em organizar o assunto de forma didática; diga-se de passagem, intenção raríssima no legislador.

Os dispositivos começam regulando garantias, alternam para preferências e retornam às garantias.

Desta forma, vamos organizar as garantias e os privilégios em dois grupos e estudá-los individualmente:

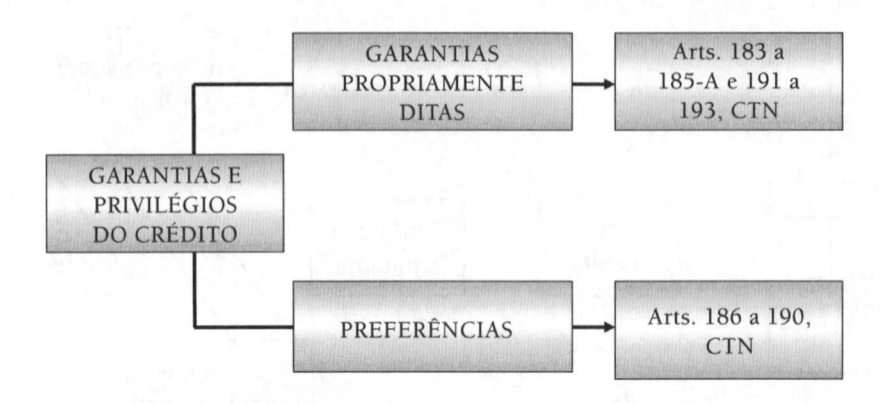

```
GARANTIAS E           GARANTIAS            Arts. 183 a
PRIVILÉGIOS    ──►    PROPRIAMENTE   ──►   185-A e 191 a
DO CRÉDITO            DITAS                193, CTN

                      PREFERÊNCIAS   ──►   Arts. 186 a 190,
                                           CTN
```

8.7.1. Garantias (arts. 183 a 185 e 191 a 193 do CTN)

Celso Cordeiro Machado define muito bem o que é considerado garantia de um crédito: "Tudo o que confere segurança e estabilidade ao crédito tributário, ou regularidade ou comodidade ao recebimento do tributo, é uma garantia."

O art. 183 determina que as garantias atribuídas ao crédito no CTN não compõem uma lista exaustiva nem taxativa, mas sim exemplificativa. Desta forma, outras garantias podem ser atribuídas desde que expressamente por lei.

> **Art. 183.** A enumeração das garantias atribuídas neste Capítulo ao crédito tributário não exclui outras que sejam expressamente previstas em lei, em função da natureza ou das características do tributo a que se refiram.
>
> Parágrafo único. A natureza das garantias atribuídas ao crédito tributário não altera a natureza deste nem a da obrigação tributária a que corresponda.

É importante que se dê atenção ao parágrafo único do artigo citado que determina que as garantias atribuídas ao crédito tributário não afetam a natureza jurídica do mesmo ou da obrigação tributária.

Assim, se, porventura, o contribuinte oferecer uma hipoteca para garantir o crédito, isto não transforma o crédito em hipotecário.

Como exemplo de garantia atribuída em outra lei que não o Código Tributário Nacional, o atual Código Civil traz dispositivo importante que merece destaque.

O Título X do Livro I da parte especial do referido Código, ao tratar do direito das obrigações e, especificamente, das preferências e privilégios creditórios, determina, em seu art. 965, VI:

CÓDIGO CIVIL

TÍTULO X
Das Preferências e Privilégios Creditórios

> **Art. 965.** Goza de privilégio geral, na ordem seguinte, sobre os bens do devedor:

I – o crédito por despesa de seu funeral, feito segundo a condição do morto e o costume do lugar;

II – o crédito por custas judiciais, ou por despesas com a arrecadação e liquidação da massa;

III – o crédito por despesas com o luto do cônjuge sobrevivo e dos filhos do devedor falecido, se foram moderadas;

IV – o crédito por despesas com a doença de que faleceu o devedor, no semestre anterior à sua morte;

V – o crédito pelos gastos necessários à mantença do devedor falecido e sua família, no trimestre anterior ao falecimento;

VI – o crédito pelos impostos devidos à Fazenda Pública, no ano corrente e no anterior;

VII – o crédito pelos salários dos empregados do serviço doméstico do devedor, nos seus derradeiros seis meses de vida;

VIII – os demais créditos de privilégio geral.

O art. 184 começa a enumeração das garantias atribuídas ao crédito tributário pelo Código Tributário Nacional:

> **Art. 184.** Sem prejuízo dos privilégios especiais sobre determinados bens, que sejam previstos em lei, responde pelo pagamento do crédito tributário a totalidade dos bens e das rendas, de qualquer origem ou natureza, do sujeito passivo, seu espólio ou sua massa falida, inclusive os gravados por ônus real ou cláusula de inalienabilidade ou impenhorabilidade, seja qual for a data da constituição do ônus ou da cláusula, excetuados unicamente os bens e rendas que a lei declare absolutamente impenhoráveis.

Todo o somatório dos bens e rendas de qualquer natureza, do sujeito passivo, seu espólio ou sua massa falida responde pelo crédito tributário. Portanto, bens hipotecados a terceiros, com cláusula de impenhorabilidade ou inalienabilidade ou com outros ônus reais, podem ser penhorados durante a execução fiscal.

Por conseguinte, a Lei nº 6.830/1980, que trata da cobrança judicial da dívida ativa, dispõe, no seu art. 10:

> **Lei nº 6.830/1980**
>
> **Art. 10.** Não ocorrendo o pagamento, nem a garantia de execução de que trata o art. 9º, a penhora poderá recair em qualquer bem do executado, exceto os que a lei declare absolutamente impenhoráveis.

Na prática, não temos que atentar para todos os tipos de bens que podem ser penhorados, e sim, tão somente, para os que não podem ser penhorados em uma execução fiscal:

ABSOLUTAMENTE IMPENHORÁVEIS

São impenhoráveis, segundo o art. 833 do Código de Processo Civil:

Código de Processo Civil

Art. 833. São impenhoráveis:

I – os bens inalienáveis e os declarados, por ato voluntário, não sujeitos à execução;

II – os móveis, os pertences e as utilidades domésticas que guarnecem a residência do executado, salvo os de elevado valor ou os que ultrapassem as necessidades comuns correspondentes a um médio padrão de vida;

III – os vestuários, bem como os pertences de uso pessoal do executado, salvo se de elevado valor;

IV – os vencimentos, os subsídios, os soldos, os salários, as remunerações, os proventos de aposentadoria, as pensões, os pecúlios e os montepios, bem como as quantias recebidas por liberalidade de terceiro e destinadas ao sustento do devedor e de sua família, os ganhos de trabalhador autônomo e os honorários de profissional liberal, ressalvado o § 2º;

V – os livros, as máquinas, as ferramentas, os utensílios, os instrumentos ou outros bens móveis necessários ou úteis ao exercício da profissão do executado;

VI – o seguro de vida;

VII – os materiais necessários para obras em andamento, salvo se essas forem penhoradas;

VIII – a pequena propriedade rural, assim definida em lei, desde que trabalhada pela família;

IX – os recursos públicos recebidos por instituições privadas para aplicação compulsória em educação, saúde ou assistência social;

X – a quantia depositada em caderneta de poupança, até o limite de 40 (quarenta) salários mínimos;

XI – os recursos públicos do fundo partidário recebidos por partido político, nos termos da lei;

XII – os créditos oriundos de alienação de unidades imobiliárias, sob regime de incorporação imobiliária, vinculados à execução da obra.

§ 1º A impenhorabilidade não é oponível à execução de dívida relativa ao próprio bem, inclusive àquela contraída para sua aquisição.

§ 2º O disposto nos incisos IV e X do *caput* não se aplica à hipótese de penhora para pagamento de prestação alimentícia, independentemente de sua origem, bem como às importâncias excedentes a 50 (cinquenta) salários mínimos mensais, devendo a constrição observar o disposto no art. 528, § 8º, e no art. 529, § 3º.

§ 3º Incluem-se na impenhorabilidade prevista no inciso V do *caput* os equipamentos, os implementos e as máquinas agrícolas pertencentes a pessoa física ou a empresa individual produtora rural, exceto quando tais bens tenham sido objeto de financiamento e estejam vinculados em garantia a negócio jurídico ou quando respondam por dívida de natureza alimentar, trabalhista ou previdenciária.

Além destes, a Lei nº 8.009/1990 também considera absolutamente impenhorável o imóvel residencial próprio do casal, ou da entidade familiar, salvo para a cobrança de impostos, predial e territorial, taxas e contribuições devidas em função do citado imóvel.

Tal situação está prevista nos arts. 1º a 3º da referida lei, que estabelecem a impenhorabilidade e, ao mesmo tempo, fixam algumas exceções.

Lei nº 8.009/1990

Art. 1º O imóvel residencial próprio do casal, ou da entidade familiar, é impenhorável e não responderá por qualquer tipo de dívida civil, comercial, fiscal, previdenciária ou de outra natureza, contraída pelos cônjuges ou pelos pais ou filhos que sejam seus proprietários e nele residam, salvo nas hipóteses previstas nesta lei.

Parágrafo único. A impenhorabilidade compreende o imóvel sobre o qual se assentam a construção, as plantações, as benfeitorias de qualquer natureza e todos os equipamentos, inclusive os de uso profissional, ou móveis que guarnecem a casa, desde que quitados.

Art. 2º Excluem-se da impenhorabilidade os veículos de transporte, obras de arte e adornos suntuosos.

Parágrafo único. No caso de imóvel locado, a impenhorabilidade aplica-se aos bens móveis quitados que guarneçam a residência e que sejam de propriedade do locatário, observado o disposto neste artigo.

Art. 3º A impenhorabilidade é oponível em qualquer processo de execução civil, fiscal, previdenciária, trabalhista ou de outra natureza, salvo se movido:

I – Revogado;

II – pelo titular do crédito decorrente do financiamento destinado à construção ou à aquisição do imóvel, no limite dos créditos e acréscimos constituídos em função do respectivo contrato;

III – pelo credor da pensão alimentícia, resguardados os direitos, sobre o bem, do seu coproprietário que, com o devedor, integre união estável ou conjugal, observadas as hipóteses em que ambos responderão pela dívida;

IV – para cobrança de impostos, predial ou territorial, taxas e contribuições devidas em função do imóvel familiar;

V – para execução de hipoteca sobre o imóvel oferecido como garantia real pelo casal ou pela entidade familiar;

VI – por ter sido adquirido com produto de crime ou para execução de sentença penal condenatória a ressarcimento, indenização ou perdimento de bens.

VII – por obrigação decorrente de fiança concedida em contrato de locação. (Incluído pela Lei nº 8.245, de 18/10/1991.)

Os arts. 4º e 5º da citada lei completam as normas relativas à matéria:

Lei nº 8.009/1990

Art. 4º Não se beneficiará do disposto nesta lei aquele que, sabendo-se insolvente, adquire de má-fé imóvel mais valioso para transferir a residência familiar, desfazendo-se ou não da moradia antiga.

§ 1º Neste caso, poderá o juiz, na respectiva ação do credor, transferir a impenhorabilidade para a moradia familiar anterior, ou anular-lhe a venda, liberando a mais valiosa para execução ou concurso, conforme a hipótese.

§ 2º Quando a residência familiar constituir-se em imóvel rural, a impenhorabilidade restringir-se-á à sede de moradia, com os respectivos bens móveis, e, nos casos do art. 5º, inciso XXVI, da Constituição, à área limitada como pequena propriedade rural.

Art. 5º Para os efeitos de impenhorabilidade, de que trata esta lei, considera-se residência um único imóvel utilizado pelo casal ou pela entidade familiar para moradia permanente.

Parágrafo único. Na hipótese de o casal, ou entidade familiar, ser possuidor de vários imóveis utilizados como residência, a impenhorabilidade recairá sobre o de menor valor, salvo se outro tiver sido registrado, para esse fim, no Registro de Imóveis e na forma do art. 70 do Código Civil.

Ainda no que diz respeito à impenhorabilidade de determinados bens, o atual Código Civil traz dispositivos importantes que merecem destaque, com relação ao bem de família, definindo-o e determinando que o mesmo é isento de execução por dívidas posteriores à sua instituição, salvo as que provierem de tributos relativos ao prédio ou de despesas de condomínio.

CÓDIGO CIVIL

LIVRO IV
Do Direito de Família

TÍTULO II
Do Direito Patrimonial

CAPÍTULO VI
Do Regime de Separação de Bens

SUBTÍTULO IV
Do Bem de Família

Art. 1.711. Podem os cônjuges, ou a entidade familiar, mediante escritura pública ou testamento, destinar parte de seu patrimônio para instituir bem de família, desde que não ultrapasse um terço do patrimônio líquido existente ao tempo da instituição, mantidas as regras sobre a impenhorabilidade do imóvel residencial estabelecida em lei especial.

> Parágrafo único. O terceiro poderá igualmente instituir bem de família por testamento ou doação, dependendo a eficácia do ato da aceitação expressa de ambos os cônjuges beneficiados ou da entidade familiar beneficiada.
>
> **Art. 1.712.** O bem de família consistirá em prédio residencial urbano ou rural, com suas pertenças e acessórios, destinando-se em ambos os casos a domicílio familiar, e poderá abranger valores mobiliários, cuja renda será aplicada na conservação do imóvel e no sustento da família.
>
> (...)
>
> **Art. 1.715.** O bem de família é isento de execução por dívidas posteriores à sua instituição, salvo as que provierem de tributos relativos ao prédio, ou de despesas de condomínio.
>
> Parágrafo único. No caso de execução pelas dívidas referidas neste artigo, o saldo existente será aplicado em outro prédio, como bem de família, ou em títulos da dívida pública, para sustento familiar, salvo se motivos relevantes aconselharem outra solução, a critério do juiz.

Finalmente, no tocante ao art. 184 ora estudado, é importante que se faça um comentário sobre a Lei nº 11.101/2005 – Lei de Falências, que determina, ao estabelecer a classificação dos créditos na falência (art. 83), que os bens gravados por ônus real responderão pelo crédito tributário apenas na parte em que seu valor real exceder aos créditos já garantidos:

> **Lei nº 11.101/2005 – Lei de Falências**
>
> **Art. 83.** A classificação dos créditos na falência obedece à seguinte ordem:
>
> I – os créditos derivados da legislação do trabalho, limitados a 150 (cento e cinquenta) salários-mínimos por credor, e os decorrentes de acidentes de trabalho;
>
> II – créditos com garantia real até o limite do valor do bem gravado;
>
> III – créditos tributários, independentemente da sua natureza e tempo de constituição, excetuadas as multas tributárias.

Para uma análise mais profunda e detalhada da classificação dos créditos na falência, *vide* comentários aos arts. 186 a 190 do CTN, no item 8.7.2 desta obra.

O art. 185 do CTN trata da presunção de fraude que favorece a Fazenda Pública:

> **Art. 185.** Presume-se fraudulenta a alienação ou oneração de bens ou rendas, ou seu começo, por sujeito passivo em débito para com a Fazenda Pública, por crédito tributário regularmente inscrito como dívida ativa.
>
> Parágrafo único. O disposto neste artigo não se aplica na hipótese de terem sido reservados, pelo devedor, bens ou rendas suficientes ao total pagamento da dívida inscrita.

O Direito Privado – Civil ou Comercial – admite a prova de fraude do devedor contra o credor em certos casos, presumindo-a em certas situações especiais.

O Código Civil trata da fraude contra credores nos arts. 158 a 165. A seguir, os dispositivos que nos interessam para melhor entendimento do art. 185 do CTN:

CÓDIGO CIVIL

Art. 158. Os negócios de transmissão gratuita de bens ou remissão de dívida, se os praticar o devedor já insolvente, ou por eles reduzido à insolvência, ainda quando o ignore, poderão ser anulados pelos credores quirografários, como lesivos dos seus direitos.

§ 1º Igual direito assiste aos credores cuja garantia se tornar insuficiente.

§ 2º Só os credores que já o eram ao tempo daqueles atos podem pleitear a anulação deles.

Art. 159. Serão igualmente anuláveis os contratos onerosos do devedor insolvente, quando a insolvência for notória, ou houver motivo para ser conhecida do outro contratante.

Art. 160. Se o adquirente dos bens do devedor insolvente ainda não tiver pago o preço e este for, aproximadamente, o corrente, desobrigar-se-á depositando-o em juízo, com a citação de todos os interessados.

Parágrafo único. Se inferior, o adquirente, para conservar os bens, poderá depositar o preço que lhes corresponda ao valor real.

Art. 161. A ação, nos casos dos arts. 158 e 159, poderá ser intentada contra o devedor insolvente, a pessoa que com ele celebrou a estipulação considerada fraudulenta, ou terceiros adquirentes que hajam procedido de má-fé.

Art. 162. O credor quirografário, que receber do devedor insolvente o pagamento da dívida ainda não vencida, ficará obrigado a repor, em proveito do acervo sobre que se tenha de efetuar o concurso de credores, aquilo que recebeu.

Art. 163. Presumem-se fraudatórias dos direitos dos outros credores as garantias de dívidas que o devedor insolvente tiver dado a algum credor.

Art. 164. Presumem-se, porém, de boa-fé e valem os negócios ordinários indispensáveis à manutenção de estabelecimento mercantil, rural, ou industrial, ou à subsistência do devedor e de sua família.

Art. 165. Anulados os negócios fraudulentos, a vantagem resultante reverterá em proveito do acervo sobre que se tenha de efetuar o concurso de credores.

Parágrafo único. Se esses negócios tinham por único objeto atribuir direitos preferenciais, mediante hipoteca, penhor ou anticrese, sua invalidade importará somente na anulação da preferência ajustada.

Do estudo destes dispositivos do Código Civil, podemos tirar três conclusões básicas com relação à fraude contra credores no Direito Privado:

a) a alienação (venda, doação ou transferência) ou oneração de bens ou rendas do devedor insolvente pode ser anulada por credor prejudicado;
b) se anulada a alienação, os bens ou rendas retornam para o monte para serem objeto do concurso de credores;
c) a fraude no Direito Privado tem que ser provada por iniciativa do credor prejudicado, pois, como regra geral, não existe a presunção da mesma.

A grande diferença entre a fraude contra credores do Direito Privado e a do Direito Tributário, prevista no art. 185 do CTN, é que, nesta última, desde que o crédito esteja inscrito na **dívida ativa**, há uma presunção de fraude, não havendo necessidade de prova por parte da Fazenda Pública.

Ocorre, portanto, uma inversão no *onus probante* (trabalho de provar) que, no Direito Privado, recai sobre o credor e, no Direito Tributário, sobre o devedor. Desta forma, no Direito Privado, o credor é quem tem de provar que houve fraude, enquanto, no Direito Tributário, já há a presunção da mesma, cabendo ao devedor eliminar a presunção, reservando bens ou rendas suficientes para quitar a dívida tributária.

Volto a chamar a atenção para o fato de que a referida presunção só surge quando o crédito estiver inscrito em dívida ativa e, também, para o fato de que até o advento da Lei Complementar nº 118/2005, que entrou em vigor em 08/06/2005, teria que estar em dívida ativa já em fase de execução.

A figura a seguir, que nos mostra toda a cadeia de surgimento e cobrança do crédito tributário, demonstra a redação atual do dispositivo:

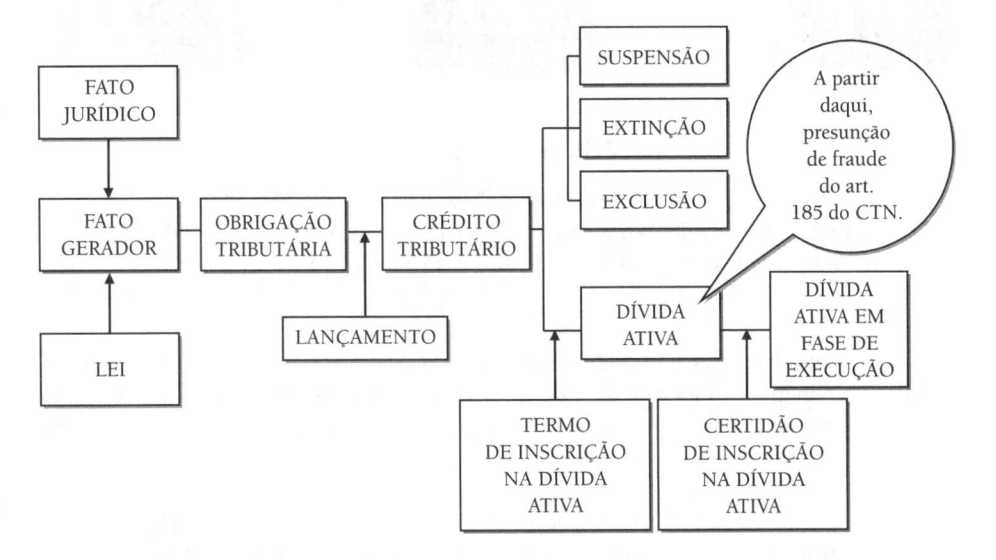

```
                                           SUSPENSÃO
  ┌─────────┐                                              ┌─A partir─┐
  │  FATO   │                               EXTINÇÃO       │  daqui,  │
  │JURÍDICO │                                              │presunção │
  └────┬────┘                                              │de fraude │
       │                                   EXCLUSÃO        │ do art.  │
       ▼                                                   │185 do CTN│
  ┌─────────┐   ┌──────────┐   ┌──────────┐                └──────────┘
  │  FATO   │──▶│OBRIGAÇÃO │──▶│ CRÉDITO  │
  │ GERADOR │   │TRIBUTÁRIA│   │TRIBUTÁRIO│
  └────┬────┘   └──────────┘   └──────────┘                ┌──────────┐
       ▲              ▲                                    │  DÍVIDA  │
       │              │                      ┌────────┐    │ ATIVA EM │
  ┌─────────┐   ┌──────────┐                 │ DÍVIDA │───▶│ FASE DE  │
  │   LEI   │   │LANÇAMENTO│                 │ ATIVA  │    │EXECUÇÃO  │
  └─────────┘   └──────────┘                 └────────┘    └──────────┘
                                                ▲
                                     ┌──────────┴──────────┐
                               ┌──────────┐         ┌──────────┐
                               │  TERMO   │         │ CERTIDÃO │
                               │DE INSCRIÇÃO│       │DE INSCRIÇÃO│
                               │ NA DÍVIDA │        │ NA DÍVIDA │
                               │   ATIVA   │        │   ATIVA   │
                               └──────────┘         └──────────┘
```

Diverge a doutrina ao considerar esta presunção como absoluta ou relativa. Autores como Leandro Paulsen a consideram relativa, pois o parágrafo único determina que o disposto no artigo não se aplica na hipótese de terem sido reservados, pelo devedor, bens ou rendas suficientes ao total pagamento da dívida inscrita.

Outros, como o mestre Aliomar Baleeiro, a consideram *juris et de jure*, passando a mesma a não existir se reservados bens ou rendas suficientes para pagamento da dívida. No entanto, se tais bens não forem reservados, a presunção existe e é absoluta.

Na verdade, embora nos pareça mais coerente a interpretação dada por Aliomar Baleeiro, entendemos também que tal discussão é meramente acadêmica e não interfere no *ratio essendi* do dispositivo, que é de criar a presunção e a excluir quando forem reservados bens ou rendas suficientes.

Ressaltamos que o artigo trata da presunção, o que não impede a Fazenda Pública de poder provocar o Judiciário a fim de que seja determinada fraude, mesmo não estando o crédito inscrito em dívida ativa.

Neste sentido, ensina Leandro Paulsen: "O termo fixado no *caput* do art. 185 não impede o reconhecimento de fraude decorrente de venda anterior. Neste caso, porém, ausente a presunção legal, o Fisco terá de prová-la." (*Direito Tributário – Constituição e Código Tributário à luz da doutrina e da jurisprudência*, 6. ed., Porto Alegre, Livraria do Advogado, 2004, p. 1.221.)

```
          Dívida do Direito              Dívida fiscal
              Privado                     inscrita na
                                          dívida ativa

   Credor comum             Devedor              Fisco não precisa
  tem que provar que      inadimplente           provar, pois há
    houve fraude         alienando bens            presunção
    na alienação           ou rendas            absoluta de fraude
```

JURISPRUDÊNCIA

Súmula 375 do STJ

O reconhecimento da fraude à execução depende do registro da penhora do bem alienado ou da prova de má-fé do terceiro adquirente.

A Lei Complementar nº 118/2005 introduziu o art. 185-A ao Código Tributário Nacional, disciplinando a hipótese de o devedor tributário, devidamente citado, não pagar nem apresentar bens à penhora no prazo legal e não forem encontrados bens penhoráveis, atribuindo uma importante garantia ao crédito tributário:

> Art. 185-A. Na hipótese de o devedor tributário, devidamente citado, não pagar nem apresentar bens à penhora no prazo legal e não forem encontrados bens penhoráveis, o juiz determinará a indisponibilidade de seus bens e direitos, comunicando a decisão, preferencialmente por meio eletrônico, aos órgãos e entidades que promovem registros de transferência de bens, especialmente ao registro público de imóveis e às autoridades supervisoras do mercado bancário e do mercado de capitais, a fim de que, no âmbito de suas atribuições, façam cumprir a ordem judicial.
>
> § 1º A indisponibilidade de que trata o *caput* deste artigo limitar-se-á ao valor total exigível, devendo o juiz determinar o imediato levantamento da indisponibilidade dos bens ou valores que excederem esse limite.
>
> § 2º Os órgãos e entidades aos quais se fizer a comunicação de que trata o *caput* deste artigo enviarão imediatamente ao juízo a relação discriminada dos bens e direitos cuja indisponibilidade houverem promovido.

Portanto, podemos representar esta garantia atribuída ao crédito tributário da seguinte forma:

```
┌─────────────────────────────────────────┐
│   Devedor, devidamente citado,          │
│   não paga nem apresenta bens           │
│   à penhora no prazo legal e não foram  │
│   encontrados bens penhoráveis.         │
└─────────────────────────────────────────┘
                    ↓
┌─────────────────────────────────────────┐
│   O juiz determinará a indisponibilidade│
│   de seus bens e direitos, comunicando  │
│   a decisão, preferencialmente por meio │
│   eletrônico a:                         │
└─────────────────────────────────────────┘
```

Órgãos e entidades que promovem registros de transferência de bens, especialmente ao registro público de imóveis.	Autoridades supervisoras do mercado bancário e do mercado de capitais, a fim de que façam cumprir a ordem judicial.

Os órgãos e entidades enviarão imediatamente ao juízo a relação discriminada dos bens e direitos cuja indisponibilidade houverem promovido.

A indisponibilidade limitar-se-á ao valor total exigível, devendo o juiz determinar o imediato levantamento da indisponibilidade dos bens ou valores que excederem esse limite.

JURISPRUDÊNCIA

É importante lembrar que, para efeito do disposto no art. 185-A do CTN, o sujeito passivo pode ser citado, em processo de execução fiscal, até por edital publicado no Diário Oficial, conforme Súmula do STJ:

Súmula nº 414

"A citação por edital na execução fiscal é cabível quando frustradas as demais modalidades."

Além disso, o STJ determina que a não localização de bens penhoráveis, para que se possa aplicar o art. 185-A, não pode ser presumida:

STJ

A não localização de bens penhoráveis não se presume, devendo ser demonstrado o esgotamento das diligências para localização de bens pela exequente. **(AgRg no REsp nº1.125.983/BA, Agravo Regimental no Recurso Especial nº 2009/0041.113-2, Min. Humberto Martins, j. 22/09/2009)**

Continuando a atribuição de garantias atribuídas ao crédito tributário, o CTN impõe dispositivos referentes à extinção das obrigações do falido no art. 191 do CTN:

> **Art. 191.** A extinção das obrigações do falido requer prova de quitação de todos os tributos.

Na verdade, as hipóteses que extinguem as obrigações do falido estão previstas no art. 158 da Lei de Falências, conforme se pode observar a seguir:

> **Lei nº 11.101/2005 – Lei de Falências**
>
> **Art. 158.** Extingue as obrigações do falido:
>
> I – o pagamento de todos os créditos;
>
> II – o pagamento, depois de realizado todo o ativo, de mais de 50% (cinquenta por cento) dos créditos quirografários, sendo facultado ao falido o depósito da quantia necessária para atingir essa porcentagem se para tanto não bastou a integral liquidação do ativo;
>
> III – o decurso do prazo de 5 (cinco) anos, contado do encerramento da falência, se o falido não tiver sido condenado por prática de crime previsto nesta Lei;
>
> IV – o decurso do prazo de 10 (dez) anos, contado do encerramento da falência, se o falido tiver sido condenado por prática de crime previsto nesta Lei.

No entanto, para que seja dada a sentença de extinção de suas obrigações, além da ocorrência de uma das hipóteses citadas pelo referido dispositivo da Lei de Falências, o falido deverá provar ao juiz a quitação de todos os tributos.

No que diz respeito à concessão de recuperação judicial, também há necessidade de prova de quitação de todos os tributos, através de certidões negativas, conforme determina o art. 191-A, introduzido pela Lei Complementar nº 118/2005:

> **Art. 191-A.** A concessão de recuperação judicial depende da apresentação da prova de quitação de todos os tributos, observado o disposto nos arts. 151, 205 e 206 desta Lei.

Com relação a esta quitação de tributos para concessão de recuperação judicial, a própria Lei de Falências, em seu art. 57, determina que, após a juntada aos autos do plano aprovado pela assembleia-geral de credores ou decorrido o prazo de trinta dias sem objeção de credores, o devedor apresentará certidões negativas de débitos tributários.

A seguir, a íntegra do dispositivo:

> **Lei nº 11.101/2005 – Lei de Falências**
>
> **Art. 57.** Após a juntada aos autos do plano aprovado pela assembleia-geral de credores ou decorrido o prazo previsto no art. 55 desta Lei sem objeção de credores, o devedor apresentará certidões negativas de débitos tributários nos termos dos arts. 151, 205, 206 da Lei nº 5.172, de 25 de outubro de 1966 – Código Tributário Nacional.

Já o art. 192 do CTN impõe normas relativas à sentença final nos julgamentos de partilha ou adjudicação:

> **Art. 192.** Nenhuma sentença de julgamento de partilha ou adjudicação será proferida sem prova da quitação de todos os tributos relativos aos bens do espólio, ou às suas rendas.

Em função deste dispositivo, o juiz não julgará a adjudicação ou partilha, seja amigável ou judicial, sem a prévia comprovação de quitação de todos os tributos devidos pelo espólio.

O art. 193 do CTN estabelece uma nova garantia ao crédito tributário quando faz exigências, em nível de Direito Tributário, para que uma empresa possa participar de concorrência pública ou celebrar contrato com qualquer departamento de União, Estados, Distrito Federal, Municípios e suas autarquias:

> **Art. 193.** Salvo quando expressamente autorizado por lei, nenhum departamento da administração pública da União, dos Estados, do Distrito Federal ou dos Municípios, ou sua autarquia, celebrará contrato ou aceitará proposta em concorrência pública sem que contratante ou proponente faça prova da quitação de todos os tributos devidos à Fazenda Pública interessada, relativos à atividade em cujo exercício contrata ou concorre.

O texto limita a exigência à comprovação dos tributos devidos à Fazenda Pública interessada, ou seja, o titular do procedimento de licitação ou responsável pela celebração do contrato, não está, portanto, a exigir a quitação de tributos da Fazenda dos outros entes federados.

Além disso, limita também a exigência à quitação de tributos relativos à atividade do contrato ou concorrência.

Também é importante salientar que o dispositivo permite que todas essas exigências sejam dispensadas por lei, o que o torna bastante liberal.

Desta forma, considerando-se que determinada concorrência pública realizada por um município seja relativa a uma prestação de serviço sujeita ao ISS, podemos esquematizar da seguinte forma as exigências do art. 193 do CTN:

OUTRAS FAZENDAS PÚBLICAS		FAZENDA PÚBLICA INTERESSADA
Pode estar devendo qualquer tributo		Só não pode estar devendo ISS

Contratante ou proponente de prestação de serviço de paisagismo em licitação realizada por determinado município.

Não obstante as exigências para um licitante concorrer ou contratar previstas no CTN estarem longe de ser muito rígidas, é bom salientar que existem outras previstas na legislação, como passamos a citar:

Decreto-Lei nº 1.715, de 22 de novembro de 1979

Art. 1º A prova de quitação de tributos, multas e outros encargos fiscais, cuja administração seja da competência do Ministério da Fazenda, será exigida nas seguintes hipóteses:

(...)

II – celebração de contrato com quaisquer órgãos da Administração Federal Direta e Autarquias da União e participação em concorrência pública promovida por esses órgãos e entidades (...)

Além disso, a Lei nº 8.666, de 21/06/1993, nos arts. 27 e 29, exige dos interessados em licitação, além de outros, a apresentação de documentos relativos à situação de regularidade fiscal que seguem:

a) prova de inscrição no cadastro de pessoa física (CPF) ou no Cadastro Nacional da Pessoa Jurídica (CNPJ);
b) prova de inscrição no cadastro de contribuintes estadual ou municipal, se houver, relativo ao domicílio ou sede do licitante, pertinente ao seu ramo de atividade e compatível com o objeto contratual;
c) prova de regularidade para com a Fazenda Federal, Estadual e Municipal do domicílio ou sede do licitante, ou outra equivalente, na forma da lei;
d) prova de regularidade relativa à Seguridade Social e ao Fundo de Garantia do Tempo de Serviço (FGTS), demonstrando situação regular no cumprimento dos encargos sociais instituídos por lei;
e) prova de inexistência de débitos inadimplidos perante a Justiça do Trabalho, mediante a apresentação de certidão negativa, nos termos do Título VII-A da Consolidação das Leis do Trabalho, aprovada pelo Decreto-Lei nº 5.452, de 1º de maio de 1943.

Reforço ainda a este tema foi dado pelo constituinte no art. 195, § 3º, da Constituição Federal, no tocante às contribuições de Seguridade Social:

Art. 195, § 3º, da CF. A pessoa jurídica em débito com o sistema de seguridade social, como estabelecido em lei, não poderá contratar com o Poder Público nem dele receber benefícios ou incentivos fiscais ou creditícios.

8.7.2. Preferências (arts. 186 a 190 do CTN)

As preferências do crédito tributário têm que ser estudadas dividindo-as em duas hipóteses:

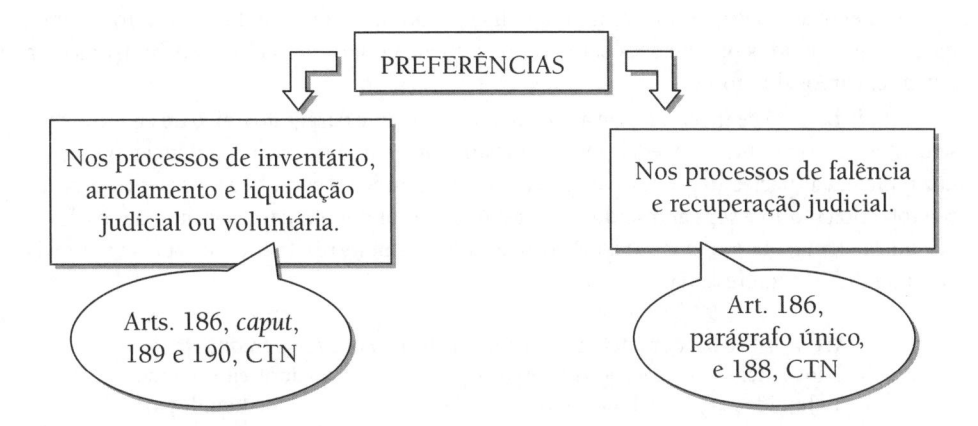

PREFERÊNCIAS

Nos processos de inventário, arrolamento e liquidação judicial ou voluntária.
Arts. 186, *caput*, 189 e 190, CTN

Nos processos de falência e recuperação judicial.
Art. 186, parágrafo único, e 188, CTN

Desta forma, vamos desenvolver o estudo seguindo esta divisão imposta pela atual Lei de Falências (Lei nº 11.101/2005).

O art. 186, *caput*, determina que, nas hipóteses de inventário, arrolamento e liquidação judicial ou voluntária, os créditos tributários preferem a quaisquer outros, ressalvando aqueles decorrentes da legislação do trabalho ou de acidente de trabalho, conforme segue:

PRIMEIRA HIPÓTESE: NO CASO DE INVENTÁRIO, ARROLAMENTO E LIQUIDAÇÃO JUDICIAL OU VOLUNTÁRIA

> **Art. 186.** O crédito tributário prefere a qualquer outro, seja qual for sua natureza ou o tempo de sua constituição, ressalvados os créditos decorrentes da legislação do trabalho ou do acidente de trabalho.

No entanto, o CTN dá um tratamento diferenciado para o crédito tributário que surgir no decurso dos referidos processos, em seus arts. 189 e 190. Passemos à análise destes dois artigos.

> **Art. 189.** São pagos preferencialmente a quaisquer créditos habilitados em inventário ou arrolamento, ou a outros encargos do monte, os créditos tributários vencidos ou vincendos, a cargo do *de cujus* ou de seu espólio, exigíveis no decurso do processo de inventário ou arrolamento.
>
> Parágrafo único. Contestado o crédito tributário, proceder-se-á na forma do disposto no § 1º do artigo anterior.

No caso de sucessão *causa mortis*, para uma análise com relação à preferência dos créditos tributários, há que se verificar se a dívida tributária tem como fato gerador fatos jurídicos ocorridos antes ou depois da abertura do inventário ou arrolamento.

Somente aqueles que surgirem no decurso do processo de inventário ou arrolamento, quer sejam vencidos ou vincendos, terão preferência a quaisquer créditos habilitados ou a outros encargos do monte.

Ainda no caso de inventário ou arrolamento, conforme parágrafo único do citado artigo, se contestado o crédito, proceder-se-á da mesma forma que no caso de falência, ou seja, o juiz remeterá as partes ao processo competente, mandando reservar bens suficientes à extinção total do crédito e seus acrescidos, se o espólio não puder efetuar a garantia da instância por outra forma, ouvido, quanto à natureza e valor dos bens reservados, o representante da Fazenda Pública interessada.

> **Art. 190.** São pagos preferencialmente a quaisquer outros os créditos tributários vencidos ou vincendos, a cargo de pessoas jurídicas de direito privado em liquidação judicial ou voluntária, exigíveis no decurso da liquidação.

A liquidação de firma individual ou de sociedade mercantil é o conjunto de atos preparatórios da extinção destinados a realizar o ativo, pagar o passivo e destinar o saldo que houver, respectivamente, ao titular ou, mediante partilha, aos componentes da sociedade, na forma da lei, do estatuto ou do contrato social.

Pode ser voluntária, quando realizada de forma amigável, ou judicial, quando for forçada por circunstâncias diversas.

O nosso Código Civil define, em seu art. 51, o que vem a ser o instituto:

> **Código Civil**
>
> **Art. 51.** Nos casos de dissolução da pessoa jurídica ou cassada a autorização para seu funcionamento, ela subsistirá para os fins de liquidação, até que esta se conclua.
>
> § 1º Far-se-á, no registro onde a pessoa jurídica estiver inscrita, a averbação de sua dissolução.
>
> § 2º As disposições para a liquidação das sociedades aplicam-se, no que couber, às demais pessoas jurídicas de direito privado.
>
> § 3º Encerrada a liquidação, promover-se-á o cancelamento da inscrição da pessoa jurídica.

A dissolução da pessoa jurídica normalmente se dá por processo falimentar. No entanto, algumas pessoas jurídicas não estão sujeitas a este procedimento, cabendo tão somente a liquidação judicial ou voluntária. Os arts. 1º e 2º da Lei de Falências regulam a matéria:

> **Lei nº 11.101/2005 – Lei de Falências**
>
> **Art. 1º** Esta Lei disciplina a recuperação judicial, a recuperação extrajudicial e a falência do empresário e da sociedade empresária, doravante referidos simplesmente como devedor.
>
> **Art. 2º** Esta Lei não se aplica a:
>
> I – empresa pública e sociedade de economia mista;
>
> II – instituição financeira pública ou privada, cooperativa de crédito, consórcio, entidade de previdência complementar, sociedade operadora

de plano de assistência à saúde, sociedade seguradora, sociedade de capitalização e outras entidades legalmente equiparadas às anteriores.

Pois bem, o art. 190 do CTN estabelece um importante privilégio para o crédito tributário, determinando que estes serão pagos preferencialmente a quaisquer outros a cargo de pessoas jurídicas de direito privado em liquidação judicial ou voluntária, desde que exigíveis no decurso da liquidação, estejam vencidos ou vincendos.

O CTN não faz referência à liquidação extrajudicial aplicável às instituições financeiras privadas e às públicas não federais, regulada pela Lei nº 6.024/1974, cujos arts. 1º e 15 seguem para mais fácil assimilação do tema:

Lei nº 6.024/1974

Art. 1º As instituições financeiras privadas e as públicas não federais, assim como as cooperativas de crédito, estão sujeitas, nos termos desta Lei, à intervenção ou à liquidação extrajudicial, em ambos os casos efetuada e decretada pelo Banco Central do Brasil, sem prejuízo do disposto nos arts. 137 e 138 do Decreto-Lei nº 2.627, de 26 de setembro de 1940, ou à falência, nos termos da legislação vigente.

(...)

Art. 15. Decretar-se-á a liquidação extrajudicial da instituição financeira:

I – *ex officio*:

a) em razão de ocorrências que comprometam sua situação econômica ou financeira especialmente quando deixar de satisfazer, com pontualidade, seus compromissos ou quando se caracterizar qualquer dos motivos que autorizem a declararão de falência;

b) quando a administração violar gravemente as normas legais e estatutárias que disciplinam a atividade da instituição bem como as determinações do Conselho Monetário Nacional ou do Banco Central do Brasil, no uso de suas atribuições legais;

c) quando a instituição sofrer prejuízo que sujeite a risco anormal seus credores quirografários;

d) quando, cassada a autorização para funcionar, a instituição não iniciar, nos 90 (noventa) dias seguintes, sua liquidação ordinária, ou quando, iniciada esta, verificar o Banco Central do Brasil que a morosidade de sua administração pode acarretar prejuízos para os credores;

II – a requerimento dos administradores da instituição – se o respectivo estatuto social lhes conferir esta competência – ou por proposta do interventor, expostos circunstanciadamente os motivos justificadores da medida.

§ 1º O Banco Central do Brasil decidirá sobre a gravidade dos fatos determinantes da liquidação extrajudicial, considerando as repercussões deste sobre os interesses dos mercados financeiro e de capitais, e, poderá, em lugar da liquidação, efetuar a intervenção, se julgar esta medida suficiente para a normalização dos negócios da instituição e preservação daqueles interesses.

§ 2º O ato do Banco Central do Brasil, que decretar a liquidação extrajudicial, indicará a data em que se tenha caracterizado o estado que a determinou, fixando o termo legal da liquidação que não poderá ser superior a

60 (sessenta) dias contados do primeiro protesto por falta de pagamento ou, na falta deste, do ato que haja decretado a intervenção ou a liquidação.

Entretanto, temos de considerar que foi uma omissão do legislador não atualizar o CTN, perfeitamente suprido por uma interpretação teleológica, buscando a *ratio essendi* da lei, o que nos leva à conclusão de que o art. 190 do CTN também se aplica a esta hipótese de liquidação extrajudicial de pessoas jurídicas.

SEGUNDA HIPÓTESE: NO CASO DE FALÊNCIA OU RECUPERAÇÃO JUDICIAL

O CTN foi adaptado à atual Lei de Falências pela Lei Complementar nº 118/2005 que criou o parágrafo único do art. 186, conforme segue:

> **Art. 186.** O crédito tributário prefere a qualquer outro, seja qual for sua natureza ou o tempo de sua constituição, ressalvados os créditos decorrentes da legislação do trabalho ou do acidente de trabalho.
>
> **Parágrafo único.** Na falência:
>
> I – o crédito tributário não prefere aos créditos extraconcursais ou às importâncias passíveis de restituição, nos termos da lei falimentar, nem aos créditos com garantia real, no limite do valor do bem gravado;
>
> II – a lei poderá estabelecer limites e condições para a preferência dos créditos decorrentes da legislação do trabalho; e
>
> III – a multa tributária prefere apenas aos créditos subordinados.

Em se tratando de falência ou recuperação judicial, mister se faz uma análise sistemática, combinando dispositivos do CTN, da nova Lei de Falências – Lei nº 11.101/2005 – e do Código Civil, chegando-se à determinada ordem de imputação de pagamento, dentro da qual se encaixa o crédito tributário separado em dois: aqueles decorrentes de dívidas tributárias diversas e aqueles decorrentes de multa tributária.

Esta ordem, considerando preliminarmente que não são oponíveis à massa os valores decorrentes de direito de sócio ao recebimento de sua parcela do capital social na liquidação da sociedade e que as cláusulas penais dos contratos unilaterais não serão atendidas se as obrigações neles estipuladas se vencerem em virtude da falência (art. 83, §§ 1º e 2º, da Lei de Falências), será a seguinte:

1º

As compensações autorizadas pelo art. 122 da Lei de Falências, a serem realizadas pelos credores que tenham débitos para com o devedor, como exemplo, o Fisco poderá compensar eventuais restituições que deva efetuar ao falido, com tributos por este devidos:

Lei nº 11.101/2005 – Lei de Falências

Art. 122. Compensam-se, com preferência sobre todos os demais credores, as dívidas do devedor vencidas até o dia da decretação da falência, provenha o vencimento da sentença de falência ou não, obedecidos os requisitos da legislação civil.

Parágrafo único. Não se compensam:

I – os créditos transferidos após a decretação da falência, salvo em caso de sucessão por fusão, incorporação, cisão ou morte; ou

II – os créditos, ainda que vencidos anteriormente, transferidos quando já conhecido o estado de crise econômico-financeira do devedor ou cuja transferência se operou com fraude ou dolo.

2º

Despesas cujo pagamento antecipado seja indispensável à administração da falência, inclusive na hipótese de continuação provisória das atividades do falido, que serão pagas pelo administrador judicial, com os recursos disponíveis em caixa, de acordo com o art. 150 da Lei de Falências:

Lei nº 11.101/2005 – Lei de Falências

Art. 150. As despesas cujo pagamento antecipado seja indispensável à administração da falência, inclusive na hipótese de continuação provisória das atividades previstas no inciso XI do caput do art. 99 desta Lei, serão pagas pelo administrador judicial com os recursos disponíveis em caixa.

3º

Os créditos trabalhistas de natureza estritamente salarial vencidos nos 3 (três) meses anteriores à decretação da falência, até o limite de 5 (cinco) salários-mínimos por trabalhador, que serão pagos tão logo haja disponibilidade em caixa, conforme art. 151 da Lei de Falências:

Lei nº 11.101/2005 – Lei de Falências

Art. 151. Os créditos trabalhistas de natureza estritamente salarial vencidos nos 3 (três) meses anteriores à decretação da falência, até o limite de 5 (cinco) salários-mínimos por trabalhador, serão pagos tão logo haja disponibilidade em caixa.

4º

Créditos extraconcursais, nos moldes dos arts. 67 e 84 da Lei de Falências:

Lei nº 11.101/2005 – Lei de Falências

Art. 67. Os créditos decorrentes de obrigações contraídas pelo devedor durante a recuperação judicial, inclusive aqueles relativos a despesas com fornecedores de bens ou serviços e contratos de mútuo, serão considerados extraconcursais, em caso de decretação de falência, respeitada, no que couber, a ordem estabelecida no art. 83 desta Lei.

Art. 84. Serão considerados créditos extraconcursais e serão pagos com precedência sobre os mencionados no art. 83 desta Lei, na ordem a seguir, os relativos a:

I – remunerações devidas ao administrador judicial e seus auxiliares, e créditos derivados da legislação do trabalho ou decorrentes de acidentes de trabalho relativos a serviços prestados após a decretação da falência;

II – quantias fornecidas à massa pelos credores;

III – despesas com arrecadação, administração, realização do ativo e distribuição do seu produto, bem como custas do processo de falência;

IV – custas judiciais relativas às ações e execuções em que a massa falida tenha sido vencida;

V – obrigações resultantes de atos jurídicos válidos praticados durante a recuperação judicial, nos termos do art. 67 desta Lei, ou após a decretação da falência, e tributos relativos a fatos geradores ocorridos após a decretação da falência, respeitada a ordem estabelecida no art. 83 desta Lei.

5º

Créditos passíveis de restituição nos termos dos arts. 85 e 86 da Lei de Falências:

Lei nº 11.101/2005 – Lei de Falências

Art. 85. O proprietário de bem arrecadado no processo de falência ou que se encontre em poder do devedor na data da decretação da falência poderá pedir sua restituição.

Parágrafo único. Também pode ser pedida a restituição de coisa vendida a crédito e entregue ao devedor nos 15 (quinze) dias anteriores ao requerimento de sua falência, se ainda não alienada.

Art. 86. Proceder-se-á à restituição em dinheiro:

I – se a coisa não mais existir ao tempo do pedido de restituição, hipótese em que o requerente receberá o valor da avaliação do bem, ou, no caso de ter ocorrido sua venda, o respectivo preço, em ambos os casos no valor atualizado;

II – da importância entregue ao devedor, em moeda corrente nacional, decorrente de adiantamento a contrato de câmbio para exportação, na forma do art. 75, §§ 3º e 4º, da Lei nº 4.728, de 14 de julho de 1965, desde que o prazo total da operação, inclusive eventuais prorrogações, não exceda o previsto nas normas específicas da autoridade competente;

III – dos valores entregues ao devedor pelo contratante de boa-fé na hipótese de revogação ou ineficácia do contrato, conforme disposto no art. 136 desta Lei.

Parágrafo único. As restituições de que trata este artigo somente serão efetuadas após o pagamento previsto no art. 151 desta Lei.

6º

Os créditos derivados da legislação do trabalho, limitados a 150 (cento e cinquenta) salários-mínimos por credor, e os decorrentes de acidentes de trabalho de acordo com o art. 83, I, da Lei de Falências:

> **Lei nº 11.101/2005 – Lei de Falências**
> **Art. 83.** A classificação dos créditos na falência obedece à seguinte ordem:
> I – os créditos derivados da legislação do trabalho, limitados a 150 (cento e cinquenta) salários-mínimos por credor, e os decorrentes de acidentes de trabalho;

7º

Créditos com garantia real até o limite do valor do bem gravado de acordo com o art. 83, II e § 1º, da Lei de Falências, sendo considerado como valor do bem objeto de garantia real a importância efetivamente arrecadada com sua venda, ou, no caso de alienação em bloco, o valor de avaliação do bem individualmente considerado:

> **Lei nº 11.101/2005 – Lei de Falências**
> **Art. 83.** A classificação dos créditos na falência obedece à seguinte ordem:
> (...)
> II – créditos com garantia real até o limite do valor do bem gravado;
> (...)
> § 1º Para os fins do inciso II do caput deste artigo, será considerado como valor do bem objeto de garantia real a importância efetivamente arrecadada com sua venda, ou, no caso de alienação em bloco, o valor de avaliação do bem individualmente considerado.

8º

Créditos tributários, independentemente da sua natureza e tempo de constituição, excetuadas as multas tributárias de acordo com o art. 83, III, da Lei de Falências:

> **Lei nº 11.101/2005 – Lei de Falências**
> **Art. 83.** A classificação dos créditos na falência obedece à seguinte ordem:
> (...)
> III – créditos tributários, independentemente da sua natureza e tempo de constituição, excetuadas as multas tributárias;

9º

Créditos com privilégio especial, de acordo com o art. 83, IV, da Lei de Falências:

Lei nº 11.101/2005 – Lei de Falências

Art. 83. A classificação dos créditos na falência obedece à seguinte ordem:

(...)

IV – créditos com privilégio especial, a saber:

a) os previstos no art. 964 da Lei nº 10.406, de 10 de janeiro de 2002;

b) os assim definidos em outras leis civis e comerciais, salvo disposição contrária desta Lei;

c) aqueles a cujos titulares a lei confira o direito de retenção sobre a coisa dada em garantia;

d) aqueles em favor dos microempreendedores individuais e das microempresas e empresas de pequeno porte de que trata a Lei Complementar nº 123, de 14 de dezembro de 2006.

Para facilitar o entendimento, segue a íntegra do art. 964 do Código Civil:

Lei nº 10.406/2002 – Código Civil

Art. 964. Têm privilégio especial:

I – sobre a coisa arrecadada e liquidada, o credor de custas e despesas judiciais feitas com a arrecadação e liquidação;

II – sobre a coisa salvada, o credor por despesas de salvamento;

III – sobre a coisa beneficiada, o credor por benfeitorias necessárias ou úteis;

IV – sobre os prédios rústicos ou urbanos, fábricas, oficinas, ou quaisquer outras construções, o credor de materiais, dinheiro, ou serviços para a sua edificação, reconstrução, ou melhoramento;

V – sobre os frutos agrícolas, o credor por sementes, instrumentos e serviços à cultura, ou à colheita;

VI – sobre as alfaias e utensílios de uso doméstico, nos prédios rústicos ou urbanos, o credor de aluguéis, quanto às prestações do ano corrente e do anterior;

VII – sobre os exemplares da obra existente na massa do editor, o autor dela, ou seus legítimos representantes, pelo crédito fundado contra aquele no contrato da edição;

VIII – sobre o produto da colheita, para a qual houver concorrido com o seu trabalho, e precipuamente a quaisquer outros créditos, ainda que reais, o trabalhador agrícola, quanto à dívida dos seus salários.

IX – sobre os produtos do abate, o credor por animais.

10º

Créditos com privilégio geral de acordo com o art. 83, V, da Lei de Falências:

Lei nº 11.101/2005 – Lei de Falências

Art. 83. A classificação dos créditos na falência obedece à seguinte ordem:

(...)

V - créditos com privilégio geral, a saber:

a) os previstos no art. 965 da Lei nº 10.406, de 10 de janeiro de 2002;

b) os previstos no parágrafo único do art. 67 desta Lei;

c) os assim definidos em outras leis civis e comerciais, salvo disposição contrária desta Lei;

Para facilitar o entendimento, segue a íntegra do art. 965 do Código Civil e do art. 67, parágrafo único, da Lei de Falências:

Lei nº 10.406/2002 - Código Civil

Art. 965. Goza de privilégio geral, na ordem seguinte, sobre os bens do devedor:

I - o crédito por despesa de seu funeral, feito segundo a condição do morto e o costume do lugar;

II - o crédito por custas judiciais, ou por despesas com a arrecadação e liquidação da massa;

III - o crédito por despesas com o luto do cônjuge sobrevivo e dos filhos do devedor falecido, se foram moderadas;

IV - o crédito por despesas com a doença de que faleceu o devedor, no semestre anterior à sua morte;

V - o crédito pelos gastos necessários à mantença do devedor falecido e sua família, no trimestre anterior ao falecimento;

VI - o crédito pelos impostos devidos à Fazenda Pública, no ano corrente e no anterior;

VII - o crédito pelos salários dos empregados do serviço doméstico do devedor, nos seus derradeiros seis meses de vida;

VIII - os demais créditos de privilégio geral.

Lei nº 11.101/2005 - Lei de Falências

Art. 67, parágrafo único. Os créditos quirografários sujeitos à recuperação judicial pertencentes a fornecedores de bens ou serviços que continuarem a provê-los normalmente após o pedido de recuperação judicial terão privilégio geral de recebimento em caso de decretação de falência, no limite do valor dos bens ou serviços fornecidos durante o período da recuperação.

11º

Créditos quirografários, de acordo com o art. 83, VI e § 4º, da Lei de Falências:

Lei nº 11.101/2005 - Lei de Falências

Art. 83. A classificação dos créditos na falência obedece à seguinte ordem:

(...)

VI - créditos quirografários, a saber:

a) aqueles não previstos nos demais incisos deste artigo;

b) os saldos dos créditos não cobertos pelo produto da alienação dos bens vinculados ao seu pagamento;

c) os saldos dos créditos derivados da legislação do trabalho que excederem o limite estabelecido no inciso I do *caput* deste artigo (*150 salários-mínimos por credor trabalhista*);

(...)

§ 4º Os créditos trabalhistas cedidos a terceiros serão considerados quirografários.

12º

As multas contratuais e as penas pecuniárias por infração das leis penais ou administrativas, inclusive as multas tributárias, conforme art. 83, VII, da Lei de Falências:

Lei nº 11.101/2005 – Lei de Falências
Art. 83. A classificação dos créditos na falência obedece à seguinte ordem:
(...)
VII – as multas contratuais e as penas pecuniárias por infração das leis penais ou administrativas, inclusive as multas tributárias;

13º

Os créditos subordinados, conforme art. 83, VIII, da Lei de Falências:

Lei nº 11.101/2005 – Lei de Falências
Art. 83. A classificação dos créditos na falência obedece à seguinte ordem:
(...)
VIII – créditos subordinados, a saber:
a) os assim previstos em lei ou em contrato;
b) os créditos dos sócios e dos administradores sem vínculo empregatício.

Complementando a análise da preferência dos créditos em processo falimentar, mister se faz uma referência ao art. 188 do CTN:

Art. 188. São extraconcursais os créditos tributários decorrentes de fatos geradores ocorridos no curso do processo de falência.

§ 1º Contestado o crédito tributário, o juiz remeterá as partes ao processo competente, mandando reservar bens suficientes à extinção total do crédito e seus acrescidos, se a massa não puder efetuar a garantia da instância por outra forma, ouvido, quanto à natureza e valor dos bens reservados, o representante da Fazenda Pública interessada.

§ 2º O disposto neste artigo aplica-se aos processos de concordata e de recuperação judicial.

Este art. 188, cuja redação sofreu alteração pela Lei Complementar nº 118/2005, que adaptou o CTN à nova Lei de Falências, determina que os créditos tributários cujos fatos geradores ocorrerem após a decretação da falência são tidos como extraconcursais, sendo pagos preferencialmente a quaisquer outras dívidas assumidas antes da referida decretação, mesmo que trabalhistas.

Ressaltamos que, entre os créditos extraconcursais, também haverá uma ordem a ser observada, para sua quitação, conforme determina o art. 84 da Lei nº 11.101/2005 – Lei de Falências:

Lei nº 11.101/2005 – Lei de Falências

Art. 84. Serão considerados créditos extraconcursais e serão pagos com precedência sobre os mencionados no art. 83 desta Lei, na ordem a seguir, os relativos a:

I – remunerações devidas ao administrador judicial e seus auxiliares, e créditos derivados da legislação do trabalho ou decorrentes de acidentes de trabalho relativos a serviços prestados após a decretação da falência;

II – quantias fornecidas à massa pelos credores;

III – despesas com arrecadação, administração, realização do ativo e distribuição do seu produto, bem como custas do processo de falência;

IV – custas judiciais relativas às ações e execuções em que a massa falida tenha sido vencida;

V – obrigações resultantes de atos jurídicos válidos praticados durante a recuperação judicial, nos termos do art. 67 desta Lei, ou após a decretação da falência, e tributos relativos a fatos geradores ocorridos após a decretação da falência, respeitada a ordem estabelecida no art. 83 desta Lei.

Desta forma, um crédito tributário cujo fato gerador tenha ocorrido depois da decretação da falência prefere a um trabalhista que tenha surgido antes da mesma, mas não prefere a um trabalhista que tenha surgido em função de obrigações resultantes de atos jurídicos válidos praticados durante a recuperação judicial ou após a decretação da falência.

Os parágrafos do art. 188 determinam que a regra do *caput* aplica-se aos casos de concordata que ainda estiverem em curso, uma vez que tal instituto foi extinto pela atual Lei de Falências e que, contestado o crédito tributário, o juiz remeterá as partes ao processo competente, mandando reservar bens suficientes à extinção total do crédito e seus acrescidos, se a massa não puder efetuar a garantia da instância por outra forma, ouvido o representante da Fazenda Pública interessada, quanto à natureza e ao valor dos bens reservados.

Encerrado o estudo das preferências do crédito tributário com relação a demais créditos, há necessidade de analisarmos o art. 187 do CTN que trata, no seu *caput*, da dispensa de habilitação do crédito tributário em processos de falência, recuperação judicial, concordata, inventário ou arrolamento, e no seu parágrafo único, da hipótese de o sujeito passivo estar devendo para várias pessoas jurídicas de Direito Público:

Art. 187. A cobrança judicial do crédito tributário não é sujeita a concurso de credores ou habilitação em falência, recuperação judicial, concordata, inventário ou arrolamento.

Parágrafo único. O concurso de preferência somente se verifica entre pessoas jurídicas de direito público, na seguinte ordem:

I – União;
II – Estados, Distrito Federal e Territórios, conjuntamente e *pro rata*;
III – Municípios, conjuntamente e *pro rata*.

No que diz respeito ao *caput* do artigo, a Fazenda Pública não precisa se habilitar em falência, recuperação judicial, concordata, inventário ou arrolamento, ao contrário dos outros credores, o que lhe garante uma preferência importante, conforme figura a seguir.

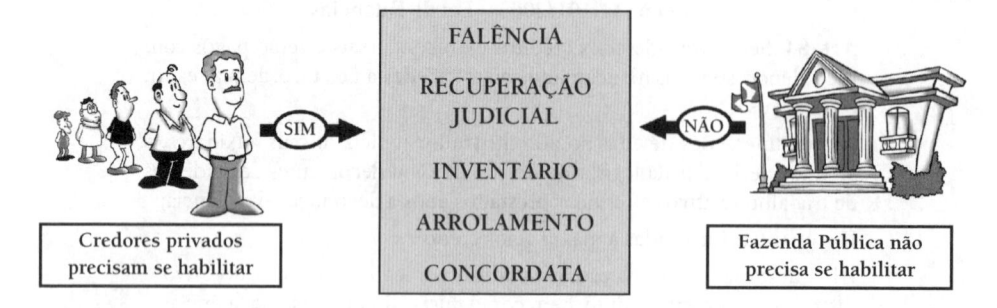

| Credores privados precisam se habilitar | SIM → | FALÊNCIA RECUPERAÇÃO JUDICIAL INVENTÁRIO ARROLAMENTO CONCORDATA | ← NÃO | Fazenda Pública não precisa se habilitar |

No que diz respeito ao parágrafo único do dispositivo, citamos, como exemplo, o caso de um processo de falência no qual são devidos vários tributos para União, Estado, Distrito Federal e Município, num total de R$ 16.000,00 (dezesseis mil), enquanto a disponibilidade da massa falida é de apenas R$ 6.000,00 (seis mil) para pagar todas as dívidas.

Neste caso, ocorrerá o seguinte:

CREDOR	VALOR (R$)		DISPONIBILIDADE R$ 6.000,00
UNIÃO	2.000,00		2.000,00
ESTADO	7.000,00	70%	2.800,00
DF	3.000,00	30%	1.200,00
MUNICÍPIO	4.000,00		NADA

Com relação a este concurso de preferência, a Lei nº 6.830/1980, que dispõe da cobrança judicial da Dívida Ativa da Fazenda Pública de União, Estados, Distrito Federal e Municípios, acrescentou as autarquias neste concurso de preferências, com a seguinte redação do seu art. 29:

Lei nº 6.830/1980 – Lei de Execuções Fiscais

Art. 29. A cobrança judicial da Dívida Ativa da Fazenda Pública não é sujeita a concurso de credores ou habilitação em falência, concordata, liquidação, inventário ou arrolamento.

Parágrafo único. O concurso de preferência somente se verifica entre pessoas jurídicas de direito público, na seguinte ordem:

I – União e suas autarquias;

II – Estados, Distrito Federal e Territórios e suas autarquias, conjuntamente e *pro rata*;

III – Municípios e suas autarquias, conjuntamente e *pro rata*.

Ainda com relação ao mesmo concurso de preferências, o art. 51 da Lei nº 8.212/1991 determina a equiparação dos créditos do INSS aos da União, de modo que havendo concurso dos dois, deverá haver rateio entre esses créditos:

Lei nº 8.212/1991 – Lei do Custeio da Previdência

Art. 51. O crédito relativo a contribuições, cotas e respectivos adicionais ou acréscimos de qualquer natureza, arrecadados pelos órgãos competentes, bem como a atualização monetária e os juros de mora, estão sujeitos, nos processos de falência, concordata ou concurso de credores, às disposições atinentes aos créditos da União, aos quais são equiparados.

Desta forma, cominando as legislações citadas podemos concluir que o concurso de preferências entre pessoas jurídicas de Direito Público ocorre da seguinte forma:

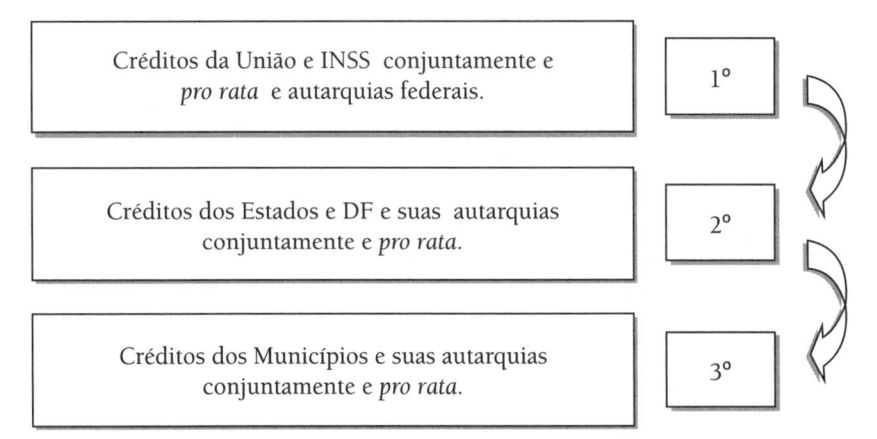

Créditos da União e INSS conjuntamente e *pro rata* e autarquias federais.	1º
Créditos dos Estados e DF e suas autarquias conjuntamente e *pro rata*.	2º
Créditos dos Municípios e suas autarquias conjuntamente e *pro rata*.	3º

Finalizando a matéria, é imperioso que se faça um comentário sobre o art. 6º, § 7º, da Lei nº 11.101/2005 – Lei de Falências, que cria uma preferência para o crédito tributário.

Tal dispositivo assegura que, no caso de deferimento da recuperação judicial, as execuções de natureza fiscal não são suspensas, ressalvada a concessão de parcelamento.

A seguir, a íntegra do dispositivo.

Lei nº 11.101/2005 – Lei de Falências

Art. 6º A decretação da falência ou o deferimento do processamento da recuperação judicial suspende o curso da prescrição e de todas as ações e execuções em face do devedor, inclusive aquelas dos credores particulares do sócio solidário.

(...)

§ 7º As execuções de natureza fiscal não são suspensas pelo deferimento da recuperação judicial, ressalvada a concessão de parcelamento nos termos do Código Tributário Nacional e da legislação ordinária específica.

Capítulo 9

Administração Tributária e Disposições Finais do CTN

9.1. Fiscalização (arts. 194 a 200 do CTN)

Este capítulo adquire uma importância especial para quem pretende trabalhar na área fiscal, por determinar como será regulado o desempenho das autoridades fiscais e sobre quais pessoas e como recai a legislação sobre fiscalização.

Vamos, portanto, a partir de agora, tecer comentários sobre os dispositivos que são, na verdade, praticamente autoexplicativos.

> Art. 194. A legislação tributária, observado o disposto nesta Lei, regulará, em caráter geral, ou especificamente em função da natureza do tributo de que se tratar, a competência e os poderes das autoridades administrativas em matéria de fiscalização da sua aplicação.
>
> Parágrafo único. A legislação a que se refere este artigo aplica-se às pessoas naturais ou jurídicas, contribuintes ou não, inclusive às que gozem de imunidade tributária ou de isenção de caráter pessoal.

Portanto:

```
┌─────────────────────────────────────┐
│ A legislação tributária, ou seja, as leis, │
│ tratados e convenções internacionais, │
│ decretos e normas complementares,   │
└─────────────────────────────────────┘
        │                       │
  Regulam em caráter    aplica-se às pessoas
                        naturais ou jurídicas,
                        contribuintes ou não,
   Geral  Especificamente,  inclusive às que gozem
     ou   relativo a um     de imunidade tributária
          tributo           ou de isenção de
                            caráter pessoal.
                                    │
  A competência e os         PORTANTO,
  poderes das autoridades    APLICA-SE A TODO
  fiscais.                   MUNDO
```

O art. 194, em seu *caput*, apenas determina que a legislação tributária vale dizer, as leis, os tratados e convenções internacionais, os decretos e normas complementares – regulará a competência e os poderes das autoridades administrativas em matéria de fiscalização.

Já no seu parágrafo único, o dispositivo determina que a legislação se aplica às pessoas naturais ou jurídicas, contribuintes ou não, inclusive às que gozem de imunidade tributária ou de isenção de caráter pessoal.

Desta forma, não só os contribuintes diretamente vinculados à ocorrência do fato gerador estão sujeitos à legislação sobre fiscalização, mas também aqueles que, mesmo de modo indireto, influenciem, por ação ou omissão, na obrigação tributária poderão ser submetidos à legislação fiscal.

Este, naturalmente, é também o entendimento do STJ, conforme podemos verificar na decisão a seguir:

JURISPRUDÊNCIA

"Tributário. ICMS. Obrigação acessória. A lei pode impor obrigações acessórias às empresas, ainda que não sejam contribuintes do tributo. Recurso especial não conhecido." **(STJ, 2ª T., REsp nº 89.967/RJ, Rel. Min. Ari Pargendler, abr./1998)**

Já o art. 195 do CTN estabelece a obrigação do contribuinte de exibir seus controles contábeis e fiscais à fiscalização:

Art. 195. Para os efeitos da legislação tributária, não têm aplicação quaisquer disposições legais excludentes ou limitativas do direito de examinar mercadorias, livros, arquivos, documentos, papéis e efeitos comerciais ou fiscais dos comerciantes, industriais ou produtores, ou da obrigação destes de exibi-los.

Parágrafo único. Os livros obrigatórios de escrituração comercial e fiscal e os comprovantes dos lançamentos neles efetuados serão conservados até que ocorra a prescrição dos créditos tributários decorrentes das operações a que se refiram.

Este dispositivo tem o efeito de anular qualquer restrição legal ao dever-poder que tem a autoridade fiscal de examinar quaisquer livros, papéis ou documentos fiscais ou comerciais do sujeito passivo.

É importante observar que o CTN, com este artigo, tornou sem efeito os arts. 17 e 18 do Código Comercial (Lei nº 556, de 25 de junho de 1850), que determinavam:

> **Art. 17.** Nenhuma autoridade, juízo ou tribunal, debaixo de pretexto algum, por mais especioso que seja, pode praticar ou ordenar alguma diligência para examinar se o comerciante arruma ou não devidamente seus livros de escrituração mercantil, ou neles tem cometido algum vício.
>
> **Art. 18.** A exibição judicial dos livros de escrituração comercial por inteiro, ou de balanços gerais de qualquer casa de comércio, só pode ser ordenada a favor dos interessados em gestão de sucessão, comunhão ou sociedade, administração ou gestão mercantil por conta de outrem, e em caso de quebra.

No que diz respeito aos poderes de investigação das autoridades fiscais federais, estaduais e municipais, também importante se torna a remissão ao art. 37, XVIII, da Constituição Federal, que determina que seja observada uma precedência destas mesmas autoridades sobre os demais setores administrativos:

> **Art. 37.** A administração pública direta e indireta de qualquer dos poderes da União, dos Estados, do Distrito Federal e dos Municípios obedecerá aos princípios de legalidade, impessoalidade, moralidade, publicidade e eficiência e, também, ao seguinte:
>
> (...)
>
> XVIII – a administração fazendária e seus servidores fiscais terão, dentro de suas áreas de competência e jurisdição, precedência sobre os demais setores administrativos, na forma da lei (...)

Além disso, o Código Civil reforça que as restrições estabelecidas ao exame da escrituração, em parte ou por inteiro, não se aplicam às autoridades fazendárias, no exercício da fiscalização do pagamento de impostos, nos termos estritos das respectivas leis especiais.

CÓDIGO CIVIL

LIVRO II
Do Direito de Empresa

TÍTULO IV
Dos Institutos Complementares

CAPÍTULO IV
Da Escrituração

Art. 1.190. Ressalvados os casos previstos em lei, nenhuma autoridade, juiz ou tribunal, sob qualquer pretexto, poderá fazer ou ordenar diligência para verificar se o empresário ou a sociedade empresária observam, ou não, em seus livros e fichas, as formalidades prescritas em lei.

Art. 1.191. O juiz só poderá autorizar a exibição integral dos livros e papéis de escrituração quando necessária para resolver questões relativas a sucessão, comunhão ou sociedade, administração ou gestão à conta de outrem, ou em caso de falência.

§ 1º O juiz ou tribunal que conhecer de medida cautelar ou de ação pode, a requerimento ou de ofício, ordenar que os livros de qualquer das partes, ou de ambas, sejam examinados na presença do empresário ou da sociedade empresária a que pertencerem, ou de pessoas por estes nomeadas, para deles se extrair o que interessar à questão.

§ 2º Achando-se os livros em outra jurisdição, nela se fará o exame, perante o respectivo juiz.

Art. 1.192. Recusada a apresentação dos livros, nos casos do artigo antecedente, serão apreendidos judicialmente e, no do seu § 1º, ter-se-á como verdadeiro o alegado pela parte contrária para se provar pelos livros.

Parágrafo único. A confissão resultante da recusa pode ser elidida por prova documental em contrário.

Art. 1.193. As restrições estabelecidas neste Capítulo ao exame da escrituração, em parte ou por inteiro, não se aplicam às autoridades fazendárias, no exercício da fiscalização do pagamento de impostos, nos termos estritos das respectivas leis especiais.

No parágrafo único do art. 195, está prevista a obrigação de guardar livros e documentos fiscais utilizados na escrituração até que ocorra a prescrição dos créditos. Note-se que o legislador não cita o prazo de cinco anos, previsto no art. 174 do CTN (já estudado por nós), uma vez que a prescrição pode sofrer tanto interrupção como suspensão.

Neste particular, o novo Código Civil, ao tratar do direito da empresa, estabelece, em seus arts. 1.194 e 1.195, que o empresário e a sociedade empresária são obrigados a conservar em boa guarda toda a escrituração, correspondência e mais papéis concernentes à sua atividade, enquanto não ocorrer prescrição ou decadência no tocante aos atos neles consignados.

CÓDIGO CIVIL

LIVRO II
Do Direito de Empresa

CAPÍTULO IV
Da Escrituração

Art. 1.194. O empresário e a sociedade empresária são obrigados a conservar em boa guarda toda a escrituração, correspondência e mais papéis concernentes à sua atividade, enquanto não ocorrer prescrição ou decadência no tocante aos atos neles consignados.

Art. 1.195. As disposições deste Capítulo aplicam-se às sucursais, filiais ou agências, no Brasil, do empresário ou sociedade com sede em país estrangeiro.

JURISPRUDÊNCIA

STF

No que diz respeito ao STF, a análise das Súmulas n°s 70, 323, 439 e 547 demonstram que o tribunal não admite medidas que impeçam as atividades comerciais como meio coercitivo de exigência de tributos:

- "É inadmissível a interdição de estabelecimento como meio coercitivo para cobrança de tributo." (Súmula n° 70/STF)
- "É inadmissível a apreensão de mercadorias como meio coercitivo para pagamento de tributos." (Súmula n° 323/STF)
- "Estão sujeitos à fiscalização tributária ou previdenciária quaisquer livros comerciais, limitado o exame aos pontos objeto da investigação." (Súmula n° 439/STF)
- "Não é lícito a autoridade proibir que o contribuinte em débito adquira estampilhas, despache mercadorias nas alfândegas e exerça suas atividades profissionais." (Súmula n° 547/STF)

Outro entendimento do STF que merece destaque diz respeito ao conceito de casa, com vistas à garantia constitucional de inviolabilidade, prevista no art. 5°, XI, da Carta Magna:

Constituição Federal

"Art. 5°, XI – a casa é asilo inviolável do indivíduo, ninguém nela podendo penetrar sem consentimento do morador, salvo em caso de flagrante delito ou desastre, ou para prestar socorro, ou, durante o dia, por determinação judicial;"

Tal conceito revela-se abrangente e, por estender-se a qualquer compartimento privado não aberto ao público, onde alguém exerce profissão ou atividade (CP, art. 150, § 4°, III), compreende, observada essa específica limitação espacial (área interna não acessível ao público), os escritórios profissionais, inclusive os de contabilidade, embora sem conexão com a casa de moradia propriamente dita.

> Sem que ocorra qualquer das situações excepcionais taxativamente previstas no texto constitucional (art. 5º, XI), nenhum agente público, ainda que vinculado à administração tributária do Estado, poderá, contra a vontade de quem de direito (*invito domino*), ingressar, durante o dia, sem mandado judicial, em espaço privado não aberto ao público, onde alguém exerce sua atividade profissional, sob pena de a prova resultante da diligência de busca e apreensão assim executada reputar-se inadmissível, porque impregnada de ilicitude material.
>
> **STJ**
>
> No que diz respeito à ampliação dos poderes de investigação das autoridades fiscais, é importante que ressaltemos uma mudança significativa na interpretação do STJ. O referido tribunal considerava, em algumas decisões, que apenas a partir da vigência da Lei Complementar n. 105, de 10 de janeiro de 2001, seria possível o acesso às informações bancárias do contribuinte sem a requisição judicial. A aplicação dessa norma legal para a obtenção de dados relativos a exercícios financeiros anteriores sem autorização judicial implicaria ofensa ao princípio da irretroatividade das leis.
>
> Assim, não poderia a autoridade fazendária ter acesso direto às operações bancárias do contribuinte anteriores a 10/01/2001, como preconiza a Lei Complementar n. 105/2001, sem o crivo do Judiciário. **(REsp nº 531.826/SC.)**
>
> No entanto, hoje em dia, o mesmo tribunal mudou seu posicionamento quanto à matéria, considerando que norma a qual permite a utilização de informações bancárias para apurar e constituir crédito tributário, por envergar natureza procedimental, tem aplicação imediata, alcançando, inclusive, fatos pretéritos.
>
> Entende, portanto, ser possível o ato de lançamento de tributos cujo fato gerador se verificou em exercício anterior à vigência da referida Lei Complementar n. 105/2001, desde que a constituição do crédito em si não esteja alcançada pela decadência. **(AgRg no REsp nº 726.778/PR, REsp nº 645.371/PR e REsp nº 802.228/PR.)**

A seguir, passemos à análise do art. 196 do CTN:

> **Art. 196.** A autoridade administrativa que proceder ou presidir a quaisquer diligências de fiscalização lavrará os termos necessários para que se documente o início do procedimento, na forma da legislação aplicável, que fixará prazo máximo para a conclusão daquelas.
>
> Parágrafo único. Os termos a que se refere este artigo serão lavrados, sempre que possível, em um dos livros fiscais exibidos; quando lavrados em separado deles se entregará, à pessoa sujeita à fiscalização, cópia autenticada pela autoridade a que se refere este artigo.

Com relação a este dispositivo, repito aqui comentário de Aurélio Pitanga Seixas Filho (*Comentários ao Código Tributário Nacional*, Forense, Rio de Janeiro, 1998, p. 493):

A necessidade de se documentar o termo de início de ação fiscal prevista no art. 196 do CTN vem complementar o regime jurídico da denúncia espontânea previsto no art. 138 e no seu parágrafo único. Para configurar a espontaneidade, é necessário que a denúncia seja oferecida anteriormente ao início de qualquer procedimento administrativo fiscal.

Apropriadamente este artigo deferiu à legislação aplicável a cada tributo fixar o prazo de duração do procedimento de fiscalização, já que é a legislação específica que deve regular os procedimentos administrativos de controle e fiscalização do correto pagamento dos tributos.

Desta forma, a simples notificação feita pela autoridade fiscal, solicitando para que livros fiscais sejam exibidos dentro de sete dias, acaba com a espontaneidade do sujeito passivo, conforme esquema a seguir:

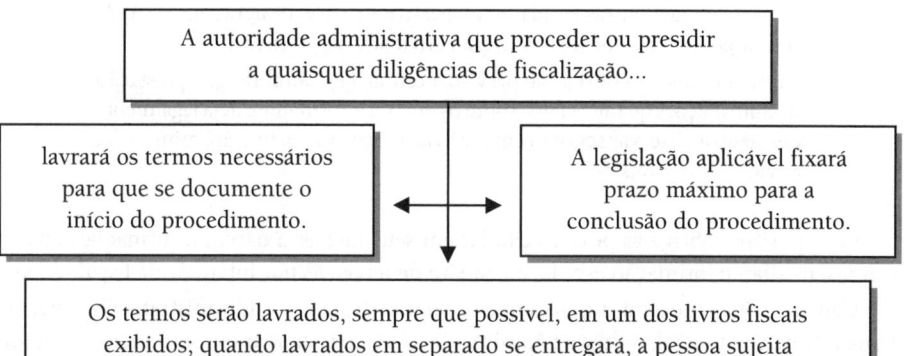

```
┌─────────────────────────────────────────────────┐
│ A autoridade administrativa que proceder ou presidir │
│      a quaisquer diligências de fiscalização...      │
└─────────────────────────────────────────────────┘

┌──────────────────────────┐      ┌──────────────────────────┐
│ lavrará os termos necessários │      │ A legislação aplicável fixará │
│ para que se documente o       │ ◄──► │ prazo máximo para a           │
│ início do procedimento.       │      │ conclusão do procedimento.    │
└──────────────────────────┘      └──────────────────────────┘

┌─────────────────────────────────────────────────────────────┐
│ Os termos serão lavrados, sempre que possível, em um dos livros fiscais │
│ exibidos; quando lavrados em separado se entregará, à pessoa sujeita    │
│ à fiscalização, cópia autenticada pela autoridade fiscal.               │
└─────────────────────────────────────────────────────────────┘
```

Por força deste dispositivo, a autoridade administrativa que proceder ou presidir a quaisquer diligências de fiscalização lavrará os termos necessários para que se documente o início do procedimento, na forma da legislação aplicável, que fixará prazo máximo para a conclusão daquelas.

Este início da fiscalização traz consequências jurídico-tributárias importantes para a relação obrigacional, conforme segue:

a) prova a realidade e regularidade da diligência;
b) acaba com o benefício da espontaneidade previsto no art. 138 do CTN, fazendo com que o sujeito passivo perca a possibilidade de denunciar a infração, recolhendo o tributo com juros de mora, mas sem penalidade. Para configurar o benefício, é necessário que a denúncia seja oferecida anteriormente ao início de qualquer procedimento administrativo fiscal;
c) é termo *a quo* da contagem de prazo de decadência do direito de o Fisco constituir o crédito tributário, conforme art. 173, parágrafo único, do CTN.

Finalizando, o parágrafo único do dispositivo determina ainda que os termos serão lavrados, sempre que possível, em um dos livros fiscais exibidos. No entanto, caso não haja essa possibilidade, serão lavrados em separado, entregando-se à pessoa sujeita à fiscalização cópia autenticada pela autoridade fiscal.

Passemos à análise do art. 197 do CTN:

> **Art. 197.** Mediante intimação escrita, são obrigados a prestar à autoridade administrativa todas as informações de que disponham com relação aos bens, negócios ou atividades de terceiros:
>
> I – os tabeliães, escrivães e demais serventuários de ofício;
>
> II – os bancos, casas bancárias, Caixas Econômicas e demais instituições financeiras;
>
> III – as empresas de administração de bens;
>
> IV – os corretores, leiloeiros e despachantes oficiais;
>
> V – os inventariantes;
>
> VI – os síndicos, comissários e liquidatários;
>
> VII – quaisquer outras entidades ou pessoas que a lei designe, em razão de seu cargo, ofício, função, ministério, atividade ou profissão.
>
> Parágrafo único. A obrigação prevista neste artigo não abrange a prestação de informações quanto a fatos sobre os quais o informante esteja legalmente obrigado a observar segredo em razão de cargo, ofício, função, ministério, atividade ou profissão.

O dispositivo obriga as pessoas citadas em seus incisos a darem informações quando exigidas, mediante intimação escrita, a respeito de terceiros por interesse da fiscalização.

Cabe ressaltar que a intimação a que se refere este artigo é administrativa, já que, mediante intimação judicial, todos, e não somente as pessoas citadas em seus incisos, têm que prestar informações.

É bom que se entenda que as pessoas enumeradas nos incisos I a VI são obrigadas a dar estas informações mediante intimação escrita, independentemente de lei ordinária que as obrigue, visto que o próprio CTN já o faz. No entanto, a obrigação de quaisquer outras pessoas ou entidades tem que estar prevista em lei, conforme dispõe o inciso VII.

Vale ressaltar finalmente que, se as pessoas citadas no dispositivo estiverem **legalmente** obrigadas ao sigilo, mesmo que intimadas administrativamente por escrito, não estarão obrigadas a prestar estas informações. É o caso da Lei do Sigilo Bancário e de titulares de informações sigilosas como os advogados, os médicos, os sacerdotes e outros.

Com relação a estas obrigações legais de manter sigilo, repetimos a seguir o art. 388, do Código de Processo Civil e o art. 154 do Código Penal:

Código de Processo Civil

Art. 388. A parte não é obrigada a depor sobre fatos:

I – criminosos ou torpes que lhe forem imputados;

II – a cujo respeito, por estado ou profissão, deva guardar sigilo;

III – acerca dos quais não possa responder sem desonra própria, de seu cônjuge, de seu companheiro ou de parente em grau sucessível;

IV – que coloquem em perigo a vida do depoente ou das pessoas referidas no inciso III.

Parágrafo único. Esta disposição não se aplica às ações de estado e de família.

Código Penal
Art. 154. Revelar alguém, sem justa causa, segredo de que tem ciência em razão de função, ministério, ofício ou profissão, e cuja revelação possa produzir dano a outrem:
Pena – detenção de três meses a um ano, ou multa.

Também os bancos estão obrigados ao sigilo, muito embora esta determinação tenha sido flexibilizada com o advento da Lei Complementar n. 105/2001, que permitiu, sob certas condições, o acesso e a utilização, pelas autoridades da administração tributária, a documentos, livros e registros de instituições financeiras, inclusive os referentes a contas de depósitos e aplicações financeiras:

Lei Complementar nº 105/2001
Art. 6º As autoridades e os agentes fiscais tributários da União, dos Estados, do Distrito Federal e dos Municípios somente poderão examinar documentos, livros e registros de instituições financeiras, inclusive os referentes a contas de depósitos e aplicações financeiras, quando houver processo administrativo instaurado ou procedimento fiscal em curso e tais exames sejam considerados indispensáveis pela autoridade administrativa competente.

Parágrafo único. O resultado dos exames, as informações e os documentos a que se refere este artigo serão conservados em sigilo, observada a legislação tributária.

JURISPRUDÊNCIA

De uma análise da jurisprudência do STF, depreendemos que não há, no sistema constitucional brasileiro, direitos ou garantias que se revistam de caráter absoluto, mesmo porque razões de relevante interesse público ou exigências derivadas do princípio de convivência das liberdades legitimam, ainda que excepcionalmente, a adoção, por parte dos órgãos estatais, de medidas restritivas das prerrogativas individuais ou coletivas, desde que respeitados os termos estabelecidos pela própria Constituição. Segue decisão que ilustra tal posicionamento:

> Os direitos e garantias individuais não têm caráter absoluto. 'Não há, no sistema constitucional brasileiro, direitos ou garantias que se revistam de caráter absoluto, mesmo porque razões de relevante interesse público ou exigências derivadas do princípio de convivência das liberdades legitimam, ainda que excepcionalmente, a adoção, por parte dos órgãos estatais, de medidas restritivas das prerrogativas individuais ou coletivas, desde que respeitados os termos estabelecidos pela própria

> Constituição. O estatuto constitucional das liberdades públicas, ao delinear o regime jurídico a que estas estão sujeitas – e considerado o substrato ético que as informa – permite que sobre elas incidam limitações de ordem jurídica, destinadas, de um lado, a proteger a integridade do interesse social e, de outro, a assegurar a coexistência harmoniosa das liberdades, pois nenhum direito ou garantia pode ser exercido em detrimento da ordem pública ou com desrespeito aos direitos e garantias de terceiros. **(STF, Plenário, MS nº 23.452/RJ, Rel. Min. Celso de Mello, set./1999)**

Sendo assim, podemos representar o dispositivo da seguinte forma:

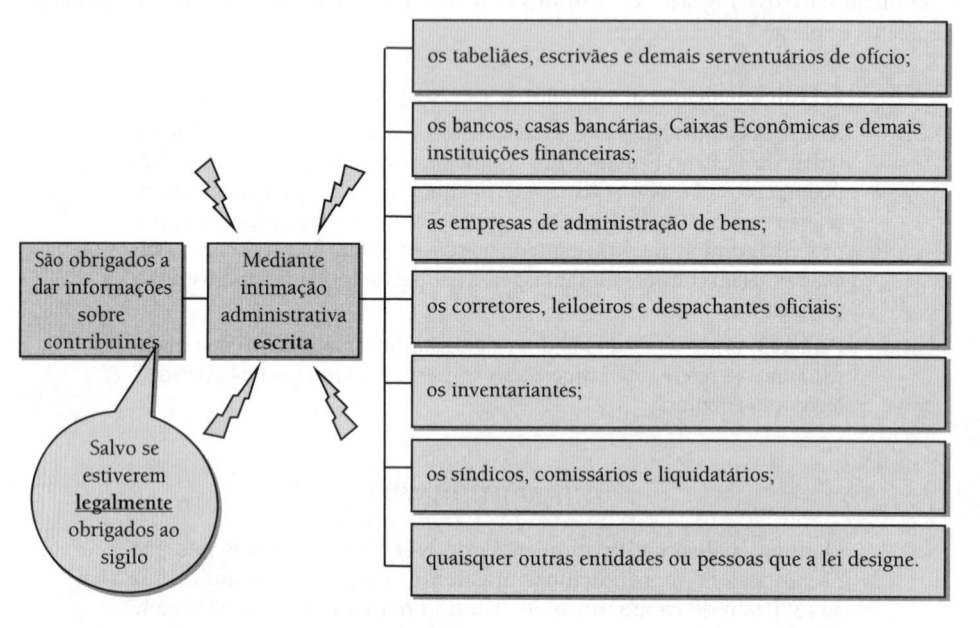

São obrigados a dar informações sobre contribuintes (Salvo se estiverem **legalmente** obrigados ao sigilo) **Mediante intimação administrativa escrita:**
- os tabeliães, escrivães e demais serventuários de ofício;
- os bancos, casas bancárias, Caixas Econômicas e demais instituições financeiras;
- as empresas de administração de bens;
- os corretores, leiloeiros e despachantes oficiais;
- os inventariantes;
- os síndicos, comissários e liquidatários;
- quaisquer outras entidades ou pessoas que a lei designe.

Já o art. 198 do CTN trata do sigilo a ser mantido pela autoridade fiscal, bem como de sua quebra:

> **Art. 198.** Sem prejuízo do disposto na legislação criminal, é vedada a divulgação, por parte da Fazenda Pública ou de seus servidores, de informação obtida em razão do ofício, sobre a situação econômica ou financeira do sujeito passivo ou de terceiros e sobre a natureza e o estado dos seus negócios ou atividades.
>
> § 1º Excetuam-se do disposto neste artigo, além dos casos previstos no art. 199, os seguintes:
>
> I – requisição de autoridade judiciária no interesse da justiça;
>
> II – solicitações de autoridade administrativa no interesse da Administração Pública, desde que seja comprovada a instauração regular de processo administrativo, no órgão ou na entidade respectiva, com o objetivo de

investigar o sujeito passivo a que se refere a informação, por prática de infração administrativa.

§ 2º O intercâmbio de informação sigilosa, no âmbito da Administração Pública, será realizado mediante processo regularmente instaurado, e a entrega será feita pessoalmente à autoridade solicitante, mediante recibo, que formalize a transferência e assegure a preservação do sigilo.

§ 3º Não é vedada informações relativas a:

I – representações fiscais para fins penais;

II – inscrições na dívida ativa da Fazenda Pública;

III – parcelamento ou moratória.

Possuindo a autoridade a capacidade de investigar o sujeito passivo como está previsto no art. 195 do CTN, nada mais óbvio que surja a obrigação de manter sigilo sobre as informações obtidas durante os processos de fiscalização.

Tal divulgação acarretará sanções administrativas, sem prejuízo daquelas previstas na legislação criminal.

Esta vedação, no entanto, não é absoluta, prevendo os três parágrafos do dispositivo, introduzidos pela Lei Complementar nº 104, de 10 de janeiro de 2001, exceções no caso de requisição de autoridade judiciária, solicitações da autoridade administrativa, informações relativas a representações para fins penais, inscrição na dívida ativa ou parcelamento ou moratória e a troca de informações entre Fazendas Públicas de União, Estados, Distrito Federal e Municípios e com Estados estrangeiros, desde que autorizada por lei, convênios, tratados ou acordos, conforme previsto no art. 199 e seu parágrafo único, que será comentado logo após este dispositivo.

Conforme chama atenção Luciano Amaro, "...podem também solicitar informações ao Fisco as comissões parlamentares de inquérito, a que a Constituição confere poderes de investigação próprios das autoridades judiciais (CF, art. 58, § 3º)." (*Direito Tributário Brasileiro*, 23. ed., São Paulo, Saraiva, 1998, p. 454)

Há que se atentar para o fato de que o sigilo ao qual se refere o art. 198 é funcional e não fiscal, conforme explica Ricardo Abdul Nour:

"...embora muitas vezes utilizado no mesmo sentido, o sigilo de que trata o dispositivo é funcional, e não fiscal, ou seja, o agente deve manter sigilo sobre as informações que obteve para atingir seu fim (que é apurar o tributo devido), e não manter sigilo sobre o próprio tributo apurado." (Ricardo Abdul Nour, em capítulo na obra coordenada por Ives Gandra Martins, *Comentários ao CTN*, São Paulo, Saraiva, 2 v., p. 503.)

O art. 199 do CTN continua tratando da divulgação de informações por parte da autoridade fiscal:

> **Art. 199.** A Fazenda Pública da União e as dos Estados, do Distrito Federal e dos Municípios prestar-se-ão mutuamente assistência para a fiscalização dos tributos respectivos e permuta de informações, na forma estabelecida, em caráter geral ou específico, por lei ou convênio.
>
> Parágrafo único. A Fazenda Pública da União, na forma estabelecida em tratados, acordos ou convênios, poderá permutar informações com

Estados estrangeiros no interesse da arrecadação e da fiscalização de tributos.

Conforme ensina Carlos Valder Nascimento:

"...existindo problemas comuns que afetem a fiscalização e arrecadação dos tributos das diversas unidades federativas, nada impede que exerçam atividades em comum acordo, não só para simplificar a atuação fiscalizatória, como também, para reduzir os deveres tributários dos contribuintes, já por demais sobrecarregados." (*Comentários ao Código Tributário Nacional: Lei nº 5.172, de 25/10/1966*. 2. ed. Rio de Janeiro: Forense, 1998, p. 497)

Desta forma, é bastante comum, por exemplo, a troca de informações entre as Fazendas Públicas dos Estados com relação à fiscalização do ICMS, principalmente no que diz respeito às prestações e operações interestaduais.

É importante chamar atenção para o parágrafo único do art. 199, introduzido pela Lei Complementar nº 104, de 10 de janeiro de 2001, que possibilita a troca de informações com Estados estrangeiros, desde que se cumpram formalidades exigidas em tratados, acordos ou convênios que a autorizem.

JURISPRUDÊNCIA

O STJ defende que a capacidade tributária ativa permite delegação quanto às atividades administrativas, com a troca de informações e o aproveitamento de atos de fiscalização entre as entidades estatais. Do mesmo modo, o STF entende que não se pode negar valor probante à prova emprestada por outras Fazendas Públicas, mediante a garantia do contraditório. Seguem decisões que demonstram este posicionamento:

"Tributário. Prova emprestada. Fisco estadual × Fisco federal (arts. 7º e 199 do CTN).

I – A capacidade tributária ativa permite delegação quanto às atividades administrativas, com a troca de informações e o aproveitamento de atos de fiscalização entre as entidades estatais (União, Estados, Distrito Federal e Municípios).

II – Atribuição cooperativa que só se perfaz por lei ou convênio.

III – Prova emprestada do Fisco estadual pela Receita Federal, que se mostra inservível para comprovar omissão de receita,

IV – Recurso especial improvido." **(STJ, 2ª T., unânime, REsp nº 310.210/MG, Rel. Min. Eliana Calmon, ago/2002)**

"Consoante entendimento do Supremo Tribunal Federal, não se pode negar valor probante à prova emprestada, coligida mediante a garantia do contraditório." (RTJ nº 559/265).

Podemos, portanto, representar os arts. 198 e 199 do CTN da seguinte forma:

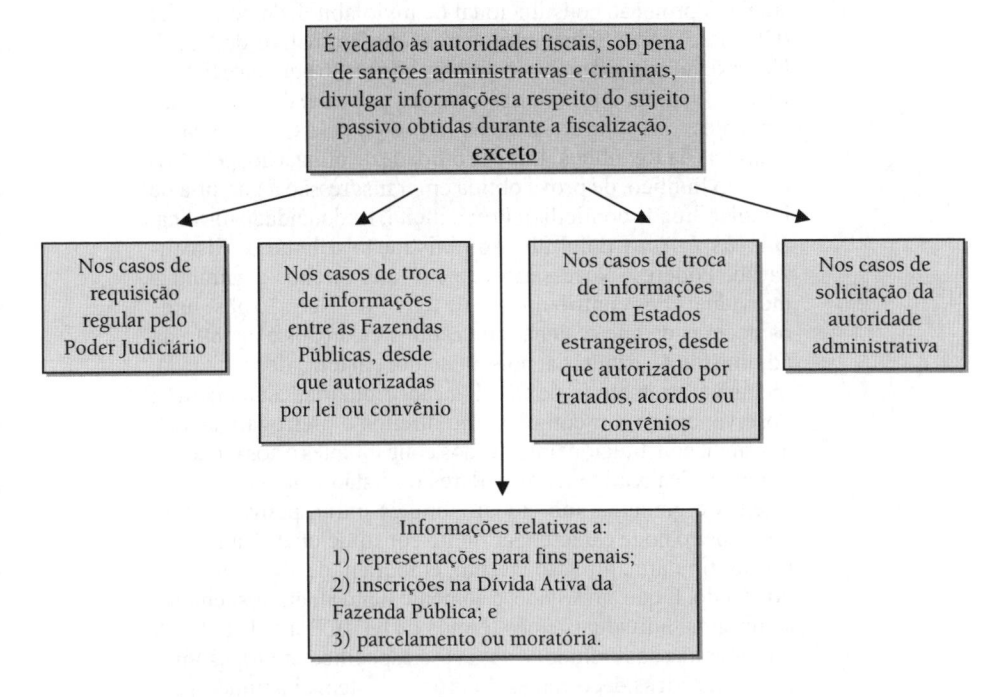

```
┌─────────────────────────────────────────┐
│ É vedado às autoridades fiscais, sob pena│
│ de sanções administrativas e criminais, │
│ divulgar informações a respeito do sujeito│
│ passivo obtidas durante a fiscalização, │
│                 exceto                  │
└─────────────────────────────────────────┘
```

- Nos casos de requisição regular pelo Poder Judiciário
- Nos casos de troca de informações entre as Fazendas Públicas, desde que autorizadas por lei ou convênio
- Nos casos de troca de informações com Estados estrangeiros, desde que autorizado por tratados, acordos ou convênios
- Nos casos de solicitação da autoridade administrativa

Informações relativas a:
1) representações para fins penais;
2) inscrições na Dívida Ativa da Fazenda Pública; e
3) parcelamento ou moratória.

Art. 200. As autoridades administrativas federais poderão requisitar o auxílio da força pública federal, estadual ou municipal, e reciprocamente, quando vítimas de embaraço ou desacato no exercício de suas funções, ou quando necessário à efetivação de medida prevista na legislação tributária, ainda que não se configure fato definido em lei como crime ou contravenção.

As autoridades administrativas federais, estaduais e municipais necessitam investigar livros e documentos, para poderem controlar o cumprimento das obrigações tributárias por parte do sujeito passivo. Desta forma, qualquer ato que impeça ou embarace a fiscalização, mesmo não constituindo crime ou contravenção, pode ensejar a requisição, por parte da autoridade fiscal, de auxílio da força pública federal, estadual ou municipal.

JURISPRUDÊNCIA

O STF entende que não são absolutos os poderes de que se acham investidos os órgãos e agentes da administração tributária, pois o Estado, em tema de tributação, inclusive em matéria de fiscalização tributária, está sujeito à observância de um complexo de direitos e prerrogativas que assistem, constitucionalmente, aos contribuintes e aos cidadãos em geral. Segue decisão que trata da matéria:

> Ementa: Fiscalização tributária. Apreensão de livros contábeis e documentos fiscais realizada, em escritório de contabilidade,

> por agentes fazendários e policiais federais, sem mandado judicial. Inadmissibilidade. Espaço privado, não aberto ao público, sujeito à proteção constitucional da inviolabilidade domiciliar (CF, art. 5º, XI). Subsunção ao conceito normativo de 'casa'. Necessidade de ordem judicial. Administração pública e fiscalização tributária. Dever de observância, por parte de seus órgãos e agentes, dos limites jurídicos impostos pela Constituição e pelas leis da República. Impossibilidade de utilização, pelo Ministério Público, de prova obtida em transgressão à garantia de inviolabilidade domiciliar. Prova ilícita. Inidoneidade jurídica. *Habeas Corpus* deferido. Administração tributária. Fiscalização. Poderes. Necessário respeito aos direitos e garantias individuais dos contribuintes e de terceiros. Não são absolutos os poderes de que se acham investidos os órgãos e agentes da administração tributária, pois o Estado, em tema de tributação, inclusive em matéria de fiscalização tributária, está sujeito à observância de um complexo de direitos e prerrogativas que assistem, constitucionalmente, aos contribuintes e aos cidadãos em geral. Na realidade, os poderes do Estado encontram, nos direitos e garantias individuais, limites intransponíveis, cujo desrespeito pode caracterizar ilícito constitucional. A administração tributária, por isso mesmo, embora podendo muito, não pode tudo. É que, ao Estado, é somente lícito atuar, 'respeitados os direitos individuais e nos termos da lei' (CF, art. 145, § 1º), consideradas, sobretudo, e para esse específico efeito, as limitações jurídicas decorrentes do próprio sistema instituído pela Lei Fundamental, cuja eficácia – que prepondera sobre todos os órgãos e agentes fazendários – restringe-lhes o alcance do poder de que se acham investidos, especialmente quando exercido em face do contribuinte e dos cidadãos da República, que são titulares de garantias impregnadas de estatura constitucional e que, por tal razão, não podem ser transgredidas por aqueles que exercem a autoridade em nome do Estado. **(HC nº 82.788/RJ, 2ª Turma Rel. Min. Celso de Mello, j. 12/04/2005,** *DJ* **02/06/2006, p. 00043. Ement., vol. 02.235-01, p. 00179.)**

É óbvio que a presença de uma autoridade fiscalizadora não é motivo de festa para nenhum estabelecimento. No entanto, o exercício da fiscalização pode se dar de modo sereno, dependendo da forma como atua a referida autoridade fiscal.

Depreendemos do dispositivo que também a força pública federal, estadual ou municipal deve contar com o auxílio das autoridades fiscais no que for preciso.

Embora o art. 200 se refira às autoridades administrativas federais, não há dúvida de que o dispositivo é extensivo aos agentes fiscais de todas as outras unidades da Federação, em obediência ao princípio da simetria, presente em nosso ordenamento jurídico.

Ressalto que, assim como o contribuinte deve respeitar os agentes do Fisco, estes também devem respeitar o contribuinte, havendo, inclusive, tipificação de crime no Código Penal, caso seja aplicado meio vexatório na cobrança de tributo. Tal infração está capitulada no art. 316, § 1º, do referido *Codex*:

Código Penal
Art. 316. (...)
§ 1º Exigir tributo ou contribuição social que sabe ou deveria saber indevido, ou, quando devido, emprega na cobrança meio vexatório ou gravoso que a lei não autoriza:
Pena – Reclusão, de 3 a 8 anos, e multa.

Concluindo os comentários a respeito dos procedimentos de fiscalização, é importante lembrar que dispositivos constitucionais protegem o sujeito passivo de determinadas ações das autoridades fiscais, como determina o art. 5º da Constituição Federal, a qual trata dos direitos e garantias individuais, em diversos incisos, como podemos observar a seguir.

Constituição Federal
Art. 5º Todos são iguais perante a lei, sem distinção de qualquer natureza, garantindo-se aos brasileiros e aos estrangeiros residentes no País a inviolabilidade do direito à vida, à liberdade, à igualdade, à segurança e à propriedade, nos termos seguintes:
(...)
X – são invioláveis a intimidade, a vida privada, a honra e a imagem das pessoas, assegurado o direito a indenização pelo dano material ou moral decorrente de sua violação;

XI – a casa é asilo inviolável do indivíduo, ninguém nela podendo penetrar sem consentimento do morador, salvo em caso de flagrante delito ou desastre, ou para prestar socorro, ou, durante o dia, por determinação judicial;

XII – é inviolável o sigilo da correspondência e das comunicações telegráficas, de dados e das comunicações telefônicas, salvo, no último caso, por ordem judicial, nas hipóteses e na forma que a lei estabelecer para fins de investigação criminal ou instrução processual penal;
(...)
LV – aos litigantes, em processo judicial ou administrativo, e aos acusados em geral são assegurados o contraditório e ampla defesa, com os meios e recursos a ela inerentes;

LVI – são inadmissíveis, no processo, as provas obtidas por meios ilícitos;

No tocante à escuta telefônica, foi editada a Lei nº 9.296/1996, que regulamenta tal procedimento, cuja íntegra demonstra, a seguir, que as autoridades administrativas não poderão, salvo se autorizadas por lei, tomar esta iniciativa com o objetivo de fiscalizar o sujeito passivo.

Lei nº 9.296, de 24 de julho de 1996
Regulamenta o inciso XII, parte final, do art. 5º
da Constituição Federal.

Art. 1º A interceptação de comunicações telefônicas, de qualquer natureza, para prova em investigação criminal e em instrução processual penal, observará o disposto nesta Lei e dependerá de ordem do juiz competente da ação principal, sob segredo de Justiça.

Parágrafo único. O disposto nesta Lei aplica-se à interceptação do fluxo de comunicações em sistemas de informática e telemática.

Art. 2º Não será admitida a interceptação de comunicações telefônicas quando ocorrer qualquer das seguintes hipóteses:

I – não houver indícios razoáveis da autoria ou participação em infração penal;

II – a prova puder ser feita por outros meios disponíveis;

III – o fato investigado constituir infração penal punida, no máximo, com pena de detenção.

Parágrafo único. Em qualquer hipótese deve ser descrita com clareza a situação objeto da investigação, inclusive com a indicação e qualificação dos investigados, salvo impossibilidade manifesta, devidamente justificada.

Art. 3º A interceptação das comunicações telefônicas poderá ser determinada pelo juiz, de ofício ou a requerimento:

I – da autoridade policial, na investigação criminal;

II – do representante do Ministério Público, na investigação criminal e na instrução processual penal.

Art. 4º O pedido de interceptação de comunicação telefônica conterá a demonstração de que a sua realização é necessária à apuração de infração penal, com indicação dos meios a serem empregados.

§ 1º Excepcionalmente, o juiz poderá admitir que o pedido seja formulado verbalmente, desde que estejam presentes os pressupostos que autorizem a interceptação, caso em que a concessão será condicionada à sua redução a termo.

§ 2º O juiz, no prazo máximo de vinte e quatro horas, decidirá sobre o pedido.

Art. 5º A decisão será fundamentada, sob pena de nulidade, indicando também a forma de execução da diligência, que não poderá exceder o prazo de quinze dias, renovável por igual tempo uma vez comprovada a indispensabilidade do meio de prova.

Art. 6º Deferido o pedido, a autoridade policial conduzirá os procedimentos de interceptação, dando ciência ao Ministério Público, que poderá acompanhar a sua realização.

§ 1º No caso de a diligência possibilitar a gravação da comunicação interceptada, será determinada a sua transcrição.

§ 2º Cumprida a diligência, a autoridade policial encaminhará o resultado da interceptação ao juiz, acompanhado de auto circunstanciado, que deverá conter o resumo das operações realizadas.

§ 3º Recebidos esses elementos, o juiz determinará a providência do art. 8º, ciente o Ministério Público.

Art. 7º Para os procedimentos de interceptação de que trata esta Lei, a autoridade policial poderá requisitar serviços e técnicos especializados às concessionárias de serviço público.

Art. 8º A interceptação de comunicação telefônica, de qualquer natureza, ocorrerá em autos apartados, apensados aos autos do inquérito policial ou do processo criminal, preservando-se o sigilo das diligências, gravações e transcrições respectivas.

Parágrafo único. A apensação somente poderá ser realizada imediatamente antes do relatório da autoridade, quando se tratar de inquérito policial (Código de Processo Penal, art. 10, § 1º) ou na conclusão do processo ao juiz para o despacho decorrente do disposto nos arts. 407, 502 ou 538 do Código de Processo Penal.

Art. 9º A gravação que não interessar à prova será inutilizada por decisão judicial, durante o inquérito, a instrução processual ou após esta, em virtude de requerimento do Ministério Público ou da parte interessada.

Parágrafo único. O incidente de inutilização será assistido pelo Ministério Público, sendo facultada a presença do acusado ou de seu representante legal.

Art. 10. Constitui crime realizar interceptação de comunicações telefônicas, de informática ou telemática, ou quebrar segredo da Justiça, sem autorização judicial ou com objetivos não autorizados em lei.

Pena: reclusão, de dois a quatro anos, e multa.

Art. 11. Esta Lei entra em vigor na data de sua publicação.

Art. 12. Revogam-se as disposições em contrário.

Finalmente, com relação à quebra do sigilo bancário, a Lei Complementar nº 105/2001, que regula o sigilo destas informações, permite, nas condições em que estabelece e desde que haja processo administrativo instaurado ou procedimento fiscal em curso, à autoridade administrativa solicitar à instituição financeira tais informações, independentemente de autorização judicial, conforme os artigos a seguir.

Lei Complementar nº 105, de 10 de janeiro de 2001
Dispõe sobre o sigilo das operações de instituições financeiras e dá outras providências

Art. 1º As instituições financeiras conservarão sigilo em suas operações ativas e passivas e serviços prestados.

(...)

Art. 6º As autoridades e os agentes fiscais tributários da União, dos Estados, do Distrito Federal e dos Municípios somente poderão examinar documentos, livros e registros de instituições financeiras, inclusive os referentes a contas de depósitos e aplicações financeiras, quando houver processo administrativo instaurado ou procedimento fiscal em curso e tais exames sejam considerados indispensáveis pela autoridade administrativa competente.

Parágrafo único. O resultado dos exames, as informações e os documentos a que se refere este artigo serão conservados em sigilo, observada a legislação tributária.

O STF entende que não há inconstitucionalidade do art. 6º da Lei Complementar nº 105/2006, mas sim uma simples transferência de sigilo da órbita bancária para a fiscal:

> **JURISPRUDÊNCIA**
>
> **STF**
>
> 1. O art. 6º da Lei Complementar 105/01 não resulta em quebra de sigilo bancário, mas sim em transferência de sigilo da órbita bancária para a fiscal, ambas protegidas contra o acesso de terceiros.
>
> 2. A transferência de informações é feita dos bancos ao Fisco, que tem o dever de preservar o sigilo dos dados, portanto não há ofensa à Constituição Federal **(ADIs n°s 2.390, 2.386, 2.397 e 2.859, j. 24/02/2016)**

9.2. Dívida Ativa (arts. 201 a 204 do CTN)

O crédito tributário regularmente constituído pelo lançamento tem que ser satisfeito pelo sujeito passivo. Se, no entanto, este se tornar inadimplente, o crédito será inscrito na dívida ativa tributária conforme artigos a serem analisados a seguir:

> **Art. 201.** Constitui dívida ativa tributária a proveniente de crédito dessa natureza, regularmente inscrita na repartição administrativa competente, depois de esgotado o prazo fixado, para pagamento, pela lei ou por decisão final proferida em processo regular.
>
> Parágrafo único. A fluência de juros de mora não exclui, para os efeitos deste artigo, a liquidez do crédito.

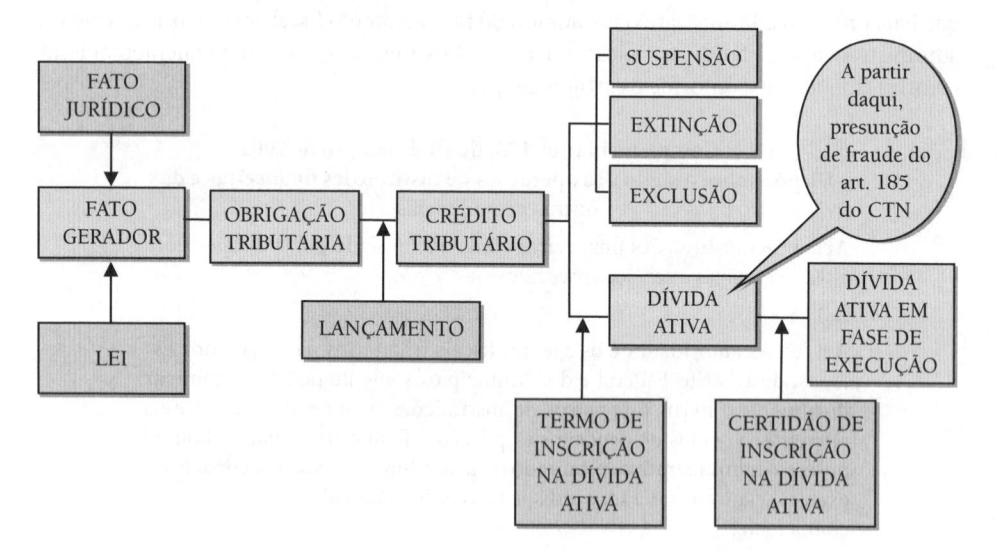

Algumas observações a respeito deste dispositivo se fazem necessárias.

a) O CTN não estipula o prazo contado a partir do vencimento, no qual o crédito terá que ser inscrito como dívida ativa. Desta forma, caberá à legislação específica de cada unidade da Federação determinar este lapso de tempo entre o vencimento e a efetiva inscrição na dívida ativa.

b) A inscrição será feita por "termo de inscrição na dívida ativa" que apenas instrumentaliza a Fazenda Pública com documento possível de execução. Não quer dizer, portanto, que o Fisco já esteja cobrando judicialmente do sujeito passivo.

c) Se ainda assim o sujeito passivo não pagar, será emitida a "certidão de inscrição na dívida ativa", documento pelo qual a Fazenda Pública passa o crédito para a dívida ativa em fase de execução.

d) Torna-se importante a remissão ao art. 185 do CTN, já estudado por nós, que cria a presunção absoluta (*juris et de juri*) de fraude na alienação ou seu começo de bens ou rendas do sujeito passivo em dívida com a Fazenda Pública por crédito tributário regularmente inscrito na dívida ativa em fase de execução.

e) O parágrafo único do artigo determina que "a fluência de juros de mora não exclui a liquidez do crédito". O legislador quer dizer com isso que o fato de a Fazenda Pública estar cobrando juros de mora pelo atraso do pagamento não faz com que esteja impedida de inscrever o título como dívida ativa e de executá-lo.

Não obstante o CTN trate exclusivamente da dívida ativa tributária, não há mais esta divisão entre créditos fiscais e não tributários, conforme dispõe a Lei n. 6.830/1980, que trata da cobrança judicial da Dívida Ativa da Fazenda Pública:

> **Art. 1º** A execução judicial para cobrança da Dívida Ativa da União, dos Estados, do Distrito Federal, dos Municípios e respectivas autarquias será regida por esta Lei e, subsidiariamente, pelo Código de Processo Civil.
>
> **Art. 2º** Constitui Dívida Ativa da Fazenda Pública aquela definida como tributária ou não tributária na Lei nº 4.320, de 17 de março de 1964, com as alterações posteriores, que estatui normas gerais de direito financeiro para elaboração e controle dos orçamentos e balanços da União, dos Estados, dos Municípios e do Distrito Federal.
>
> § 1º Qualquer valor cuja cobrança seja atribuída por lei às entidades de que trata o art. 1º será considerado Dívida Ativa da Fazenda Pública.
>
> § 2º A Dívida Ativa da Fazenda Pública, compreendendo a tributária e a não tributária, abrange atualização monetária, juros e multa de mora e demais encargos previstos em lei ou contrato.
>
> § 3º A inscrição, que se constitui no ato de controle administrativo da legalidade, será feita pelo órgão competente para apurar a liquidez e certeza do crédito e suspenderá a prescrição, para todos os efeitos de direito, por 180 (cento e oitenta) dias ou até a distribuição da execução fiscal, se esta ocorrer antes de findo aquele prazo.
>
> § 4º A Dívida Ativa da União será apurada e inscrita na Procuradoria da Fazenda Nacional.

JURISPRUDÊNCIA

Com relação a esta hipótese de suspensão do prazo prescricional, prevista na Lei nº 6.830/1980, é importante observar que o **STJ** tem mantido o entendimento de sua inocorrência, uma vez que a Lei nº 6.830/1980 é uma lei ordinária e o art. 146, III, b, da Constituição Federal exige lei complementar para tratar de prescrição. Segue decisão do referido tribunal neste sentido:

"PROCESSUAL CIVIL – TRIBUTÁRIO – EXECUÇÃO FISCAL – PRESCRIÇÃO – VIOLAÇÃO AOS ARTS. 174 DO CTN E 2º, § 3º, DA LEF – INOCORRÊNCIA. A suspensão do prazo prescricional prevista no art. 2º, § 3º, da Lei nº 6.830/80 sofre as limitações impostas pelo art. 174 do CTN, já que este indica como termo *a quo* da prescrição a data da constituição do crédito, o qual somente se interrompe pelos fatos nele listados, que não incluem a inscrição do crédito tributário na dívida ativa. Recurso especial conhecido, mas improvido." **(REsp nº 512.446/SP, Recurso Especial nº 2003/0018.694-2, Rel. Min. Francisco Peçanha Martins)**

De volta ao CTN, o art. 202 determina quais os itens obrigatórios do termo de inscrição e da certidão de inscrição na dívida ativa:

Art. 202. O termo de inscrição da dívida ativa, autenticado pela autoridade competente, indicará obrigatoriamente:

I – o nome do devedor e, sendo o caso, o dos corresponsáveis, bem como, sempre que possível, o domicílio ou a residência de um e de outros;

II – a quantia devida e a maneira de calcular os juros de mora acrescidos;

III – a origem e a natureza do crédito, mencionada especificamente a disposição da lei em que seja fundado;

IV – a data em que foi inscrita;

V – sendo o caso, o número do processo administrativo de que se originar o crédito.

Parágrafo único. A certidão conterá, além dos requisitos deste artigo, a indicação do livro e da folha da inscrição.

Também com relação a estes itens obrigatórios do termo de inscrição na dívida ativa, a Lei nº 6.830/1980, que trata da cobrança judicial da Dívida Ativa da Fazenda Pública, faz pequenas modificações:

Art. 2º, § 5º O Termo de Inscrição de Dívida Ativa deverá conter:

I – o nome do devedor, dos corresponsáveis e, sempre que conhecido, o domicílio ou residência de um e de outros;

II – o valor originário da dívida, bem como o termo inicial e a forma de calcular os juros de mora e demais encargos previstos em lei ou contrato;

III – a origem, a natureza e o fundamento legal ou contratual da dívida;

IV – a indicação, se for o caso, de estar a dívida sujeita à atualização monetária, bem como o respectivo fundamento legal e o termo inicial para o cálculo;

V – a data e o número da inscrição no Registro de Dívida Ativa; e

VI – o número do processo administrativo ou do auto de infração, se neles estiver apurado o valor da dívida.

Art. 2º, § 6º A Certidão de Dívida Ativa conterá os mesmos elementos do Termo de Inscrição e será autenticada pela autoridade competente.

Entretanto, mais importante do que sabermos os itens obrigatórios do termo e da certidão de inscrição na dívida ativa é sabermos as consequências do erro ou omissão de um deles, consequências estas previstas no art. 203 do CTN:

Art. 203. A omissão de quaisquer dos requisitos previstos no artigo anterior ou o erro a eles relativo são causas de nulidade da inscrição e do processo de cobrança dela decorrente, mas a nulidade poderá ser sanada até a decisão de primeira instância, mediante substituição da certidão nula, devolvido ao sujeito passivo, acusado ou interessado, o prazo para defesa, que somente poderá versar sobre a parte modificada.

A já citada Lei de Cobrança Judicial da Dívida Ativa – Lei nº 6.830/1980– também dispõe a respeito da matéria:

Art. 2º, § 8º Até a decisão de primeira instância, a Certidão de Dívida Ativa poderá ser emendada ou substituída, assegurada ao executado a devolução do prazo para embargos.

Desta forma, podemos assim representar:

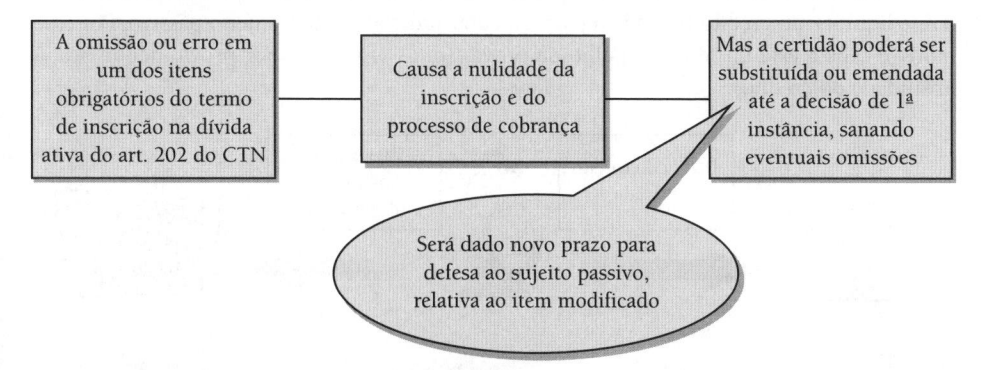

| A omissão ou erro em um dos itens obrigatórios do termo de inscrição na dívida ativa do art. 202 do CTN | Causa a nulidade da inscrição e do processo de cobrança | Mas a certidão poderá ser substituída ou emendada até a decisão de 1ª instância, sanando eventuais omissões |

Será dado novo prazo para defesa ao sujeito passivo, relativa ao item modificado

JURISPRUDÊNCIA

Embora seja possível a substituição da Certidão da Dívida Ativa como previsto no art. 203 do CTN, há que se observar um limite estabelecido pelo STJ:

STJ
Súmula nº 392

A Fazenda Pública pode substituir a certidão de dívida ativa (CDA) até a prolação da sentença de embargos, quando se tratar de correção

> de erro material ou formal, vedada a modificação do sujeito passivo da execução.

No que diz respeito à presunção de certeza e liquidez da dívida ativa, passamos para a análise do art. 204 do CTN.

> **Art. 204.** A dívida regularmente inscrita goza da presunção de certeza e liquidez e tem o efeito de prova pré-constituída.
>
> Parágrafo único. A presunção a que se refere este artigo é relativa e pode ser ilidida por prova inequívoca, a cargo do sujeito passivo ou do terceiro a que aproveite.

A Lei nº 6.830/1980 também trata do assunto, praticamente repetindo, no seu art. 3º, o texto do art. 204 e parágrafo único do CTN:

> **Art. 3º** A Dívida Ativa regularmente inscrita goza da presunção de certeza e liquidez.
>
> Parágrafo único. A presunção a que se refere este artigo é relativa e pode ser ilidida por prova inequívoca, a cargo do executado ou de terceiro, a quem aproveite.

Portanto, ao contrário do credor privado, a Fazenda Pública não precisa provar a certeza e liquidez do crédito tributário para executar judicialmente o sujeito passivo. Por esse motivo, cabe a este último o trabalho de provar (*onus probante*), por prova inequívoca, a invalidade do crédito.

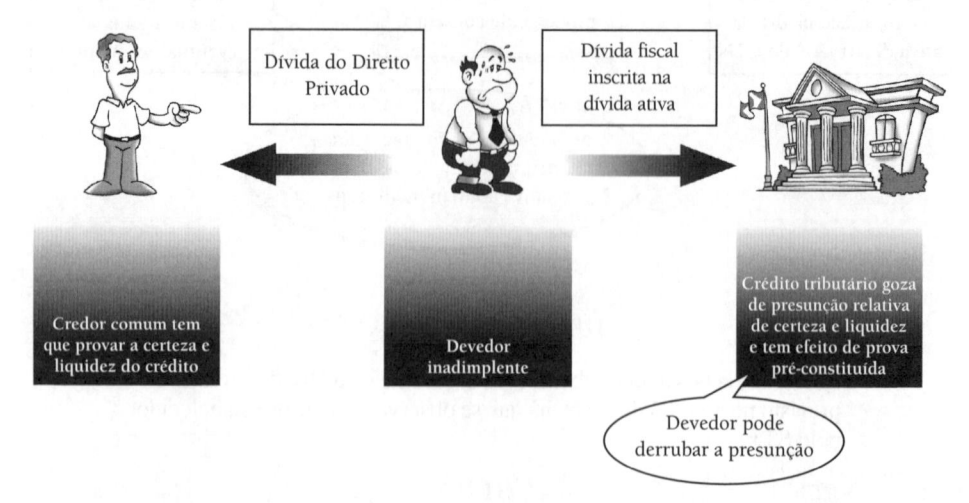

Desta forma, nós temos apenas duas presunções previstas no CTN fáceis de serem lembradas, uma vez que ambas são relacionadas com a Dívida Ativa:

PRESUNÇÕES

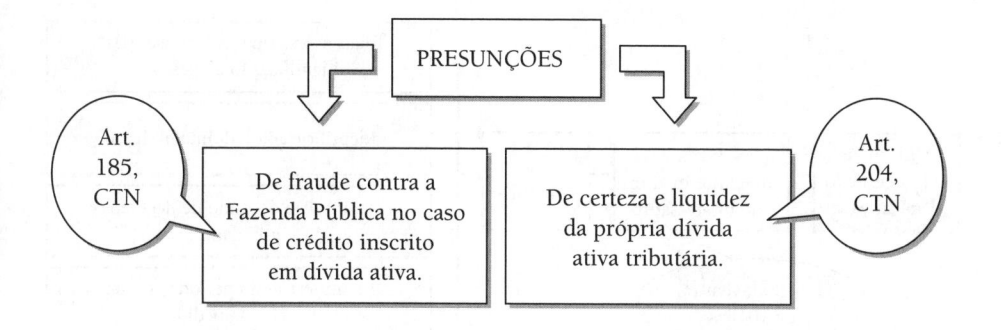

- **Art. 185, CTN** — De fraude contra a Fazenda Pública no caso de crédito inscrito em dívida ativa.
- **Art. 204, CTN** — De certeza e liquidez da própria dívida ativa tributária.

9.3. Certidão Negativa (arts. 205 a 208 do CTN)

A Constituição Federal assegura a todos, independentemente do pagamento de taxas, a obtenção de certidões em repartições públicas, para defesa de direitos e esclarecimento de situações de interesse pessoal, conforme art. 5º, XXXIV, *b*.

O contribuinte, por sua vez, precisa, para realizar determinados atos de comprovação, de quitação fiscal por força de disposição expressa em lei, pois somente esta poderá exigir que a prova da quitação de determinado tributo, quando exigível, seja feita por certidão negativa, expedida à vista de requerimento do interessado.

Como exemplo destas exigências legais, citamos, a seguir, algumas de maior relevância.

a) Para participação em licitações públicas (art. 29, III, da Lei nº 8.666/1993 – Lei das Licitações).

b) Para exclusão da responsabilidade do adquirente de um imóvel sobre tributos incidentes sobre o mesmo, anteriormente à aquisição (art. 130 do CTN).

c) Como condição ao julgamento final da partilha ou adjudicação, nos inventários e arrolamentos (arts. 1.026 e 1.036, § 5º, do CPC e art. 192 do CTN).

d) Como condição de emissão de sentença de extinção das obrigações do falido (art. 190 do CTN).

e) Para obter concessão de recuperação judicial (art. 57 da Lei nº 11.101/2005 – Lei de Falências).

> **Art. 205.** A lei poderá exigir que a prova da quitação de determinado tributo, quando exigível, seja feita por certidão negativa, expedida à vista de requerimento do interessado, que contenha todas as informações necessárias à identificação de sua pessoa, domicílio fiscal e ramo de negócio ou atividade e indique o período a que se refere o pedido.
>
> Parágrafo único. A certidão negativa será sempre expedida nos termos em que tenha sido requerida e será fornecida dentro de 10 (dez) dias da data da entrada do requerimento na repartição.

Chamando a atenção para os pontos importantes do dispositivo, podemos representá-lo da seguinte forma:

Diagrama

- A **LEI** pode exigir certidão negativa
- expedida à vista do requerimento do interessado (Expedida dentro de 10 dias)
- que contenha:
  - Todas as informações necessárias à identificação da pessoa.
  - Identificação do domicílio fiscal.
  - Identificação do ramo de negócio ou atividade.
  - Identificação do período ao qual se refere o pedido.

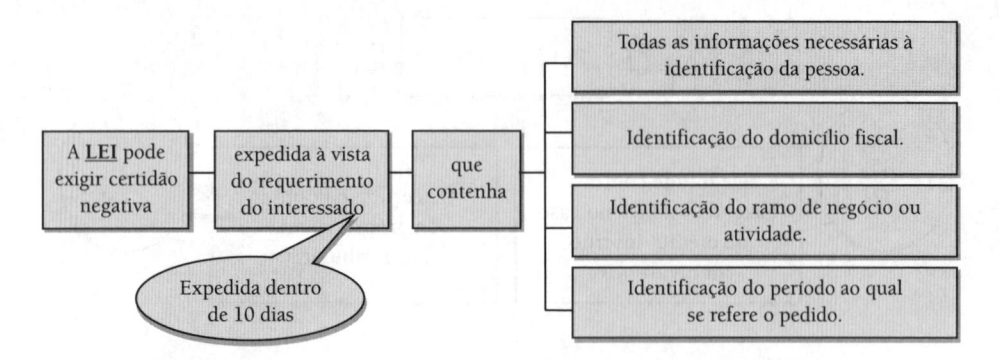

Além disso, o mesmo art. 205 do CTN estabelece que a certidão deverá conter todas as informações necessárias à identificação da pessoa do requerente, domicílio fiscal e ramo de negócio ou atividade, e indicar o período a que se refere o pedido. A certidão negativa será sempre expedida nos termos em que tenha sido requerida e será fornecida dentro de dez dias da data da entrada do requerimento na repartição.

É importante lembrar que o CTN se refere a dez dias para a expedição, e não dez dias úteis, expressão não utilizada pelo Código em nenhum dos seus artigos em vigor. Ainda com relação a este prazo, deve o mesmo obedecer à forma de contagem estabelecida no art. 210 do CTN.

> **JURISPRUDÊNCIA**
>
> Da análise das decisões do STJ quanto à matéria, chegamos a algumas importantes conclusões.
>
> 1. A primeira diz respeito ao direito que tem o sócio, na qualidade de pessoa física, à certidão negativa de débito quando houver dívida da sociedade. Não se admite a responsabilidade objetiva, mas subjetiva do sócio, não constituindo infração à lei o não recolhimento de tributo, sendo necessária a prova de que agiu o mesmo dolosamente, com fraude ou excesso de poderes, excepcionando-se a hipótese de dissolução irregular da sociedade comercial. **(REsp nº 439.198/ES)**
>
> 2. A segunda, no sentido de que não tem cabimento a recusa de expedir certidão negativa de débito tributário a uma sociedade, somente porque um dos seus sócios é integrante de outra firma devedora do Fisco. **(REsp nº 73.760/ES)**
>
> 3. É impossível a penhora sob o bem vendido com boa-fé do adquirente como forma de cobrança de tributo porventura devido, na hipótese de a certidão ser emitida com dolo ou fraude. **(REsp nº 37.523/SP, REsp nº 1993/0021.742-9, Rel. Min. Américo Luz, *DJ* 19/09/1994, p. 24.677)**

No tocante aos efeitos da certidão negativa requerida pelo adquirente de um bem, esta impede que se configure a responsabilidade tributária daquele, prevalecendo a possibilidade de que a Fazenda Pública possa vir a exigir créditos posteriormente verificados do contribuinte que alienou o bem.

Neste sentido, citamos a lição de Hugo de Brito Machado, que se coaduna com a de diversos outros doutrinadores:

> As certidões de quitação fornecidas pela Fazenda Pública sempre ressalvam o direito de cobrar créditos tributários que venham a ser apurados. (...) A ressalva constante dessas certidões prevalece apenas no sentido de poder o fisco cobrar créditos tributários que porventura venha a apurar, contra o contribuinte, pois a certidão de quitação, mesmo com a ressalva, impede que se configure a responsabilidade tributária do adquirente do bem. (*Curso de Direito Tributário*, São Paulo, Malheiros, 1997, p. 107.)
>
> **Art. 206.** Tem os mesmos efeitos previstos no artigo anterior a certidão de que conste a existência de créditos não vencidos, em curso de cobrança executiva em que tenha sido efetivada a penhora, ou cuja exigibilidade esteja suspensa.

Se o sujeito passivo receber a notificação de um lançamento e não concordar com a exigência, poderá suspendê-la por qualquer dos métodos de suspensão do crédito já estudados por nós nos arts. 151 a 155 do CTN.

Caso ele precise de uma certidão negativa enquanto este crédito estiver suspenso, a administração emitirá um documento, denominado certidão positiva com efeitos de negativa, ou, ainda, certidão de regularização, no qual aparecerá o crédito com exigibilidade suspensa, mas que produz exatamente os mesmos efeitos da certidão negativa, uma vez que o requerente não está irregular perante o Fisco.

O mesmo ocorre com a existência de créditos não vencidos ou em curso de cobrança executiva em que tenha sido efetuada a penhora, conforme esquema a seguir:

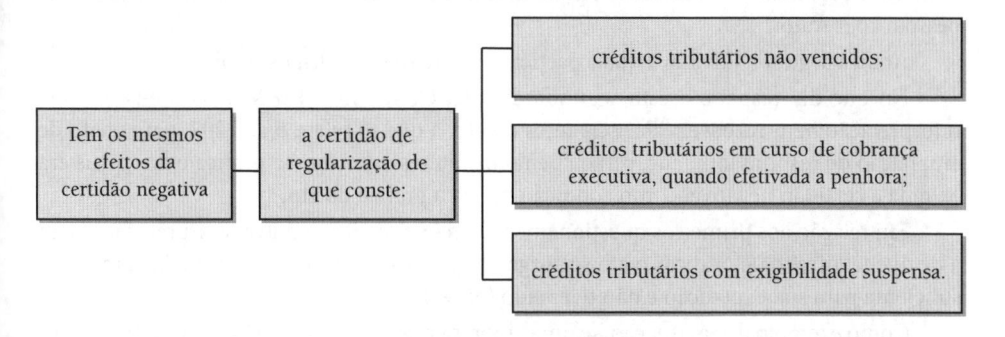

Tem os mesmos efeitos da certidão negativa	a certidão de regularização de que conste:	créditos tributários não vencidos;
		créditos tributários em curso de cobrança executiva, quando efetivada a penhora;
		créditos tributários com exigibilidade suspensa.

JURISPRUDÊNCIA

O extinto TFR já havia adotado este entendimento por meio de sua Súmula nº 38: "Os certificados de quitação e de regularidade de situação não podem ser negados, se o débito estiver garantido por penhora regular."

Portanto, tudo aquilo de que o contribuinte dependa de uma certidão negativa para realizar poderá satisfazer a exigência com a certidão de regularização.

Embora o CTN estabeleça que os efeitos são os mesmos da certidão negativa, havemos de entender que essa afirmação diz respeito ao direito de realizar determinado ato para o qual é exigida certidão negativa.

Afirmamos isso porque o adquirente de um bem imóvel, o qual obtém certidão negativa, tem sua responsabilidade excluída com relação a tributos incidentes sobre o bem em fase anterior à aquisição.

No entanto, se a certidão for positiva com efeitos de negativa por existirem créditos em discussão administrativa, com exigibilidade suspensa e a decisão do processo for favorável à Fazenda Pública, o adquirente será responsabilizado pelos mesmos. Neste caso, portanto, os efeitos não são exatamente iguais aos da certidão negativa.

> **Art. 207.** Independentemente de disposição legal permissiva, será dispensada a prova de quitação de tributos, ou o seu suprimento, quando se tratar de prática de ato indispensável para evitar a caducidade de direito, respondendo, porém, todos os participantes no ato pelo tributo porventura devido, juros de mora e penalidades cabíveis, exceto as relativas a infrações cuja responsabilidade seja pessoal ao infrator.

O art. 207 é, sem dúvida, o dispositivo mais indeterminado, impreciso e incerto do CTN. Estabelece que será dispensada a certidão negativa, independentemente de lei que o permita, quando o sujeito passivo praticar ato indispensável para evitar a caducidade do direito. Já aqui deixa dúvidas cruciais. Que atos poderiam ser estes? A que situações se aplicaria o dispositivo? A quem obrigaria?

Estabelece, também, que são responsáveis todos os participantes do ato por tributos porventura devidos, juros de mora e penalidades, exceto aqueles cuja responsabilidade seja pessoal ao infrator.

Aqui, a segunda dúvida: a quais participantes se refere o dispositivo?

No que diz respeito a esta segunda dúvida, Celso Cordeiro Machado ensina uma interpretação bem razoável: "Participantes do ato, a que se refere o art. 207, para efeito de ampliação de responsabilidade, serão apenas os interessados na sua prática e dos quais era exigida a certidão negativa, como condição prévia à prática do ato."

Em relação aos primeiros questionamentos, não pode haver outra interpretação senão a de que tal direito de praticar o ato só surge se a certidão tiver sido requisitada com prazo suficiente para sua expedição e não tiver sido fornecida.

Como exemplo desta situação, se uma empresa requisitar uma certidão negativa dentro do prazo legal de dez dias, conferido pelo Código Tributário Nacional, para sua emissão a fim de participar de uma concorrência pública, e a Fazenda Pública não a fornecer, tal empresa poderá concorrer normalmente, já que ocorreria a decadência do seu direito, caso não participasse.

Neste caso, estaria o órgão que realiza a licitação obrigado a acatar a proposta de concorrência sem prova de quitação de tributos? Estariam os outros participantes obrigados a aceitar esta condição? Se assim for, quem seriam os responsáveis por tributos porventura devidos?

No nosso entender, a Lei nº 8.666/1993, que institui normas para licitações e contratos da Administração Pública, descartou esta hipótese, conforme seu art. 29, III:

Lei nº 8.666/1993

Art. 29. A documentação relativa à regularidade fiscal, conforme o caso, consistirá em:

(...)

III – prova de regularidade para com a Fazenda Federal, Estadual e Municipal do domicílio ou sede do licitante, ou outra equivalente, na forma da lei;

IV – prova de regularidade relativa à Seguridade Social e ao Fundo de Garantia do Tempo de Serviço (FGTS), demonstrando situação regular no cumprimento dos encargos sociais instituídos por lei.

Também o CPC/2015 joga por terra os ditames do art. 207 do CTN, em seus arts. 654 e 664, § 5º, que exigem certidões negativas para processos de inventário e arrolamento sem qualquer restrição:

Código de Processo Civil

Art. 654. Pago o imposto de transmissão a título de morte e juntada aos autos certidão ou informação negativa de dívida para com a Fazenda Pública, o juiz julgará por sentença a partilha.

Art. 664. Quando o valor dos bens do espólio for igual ou inferior a 1.000 (mil) salários mínimos, o inventário processar-se-á na forma de arrolamento, cabendo ao inventariante nomeado, independentemente de assinatura de termo de compromisso, apresentar, com suas declarações, a atribuição de valor aos bens do espólio e o plano da partilha.

(...)

§ 5º Provada a quitação dos tributos relativos aos bens do espólio e às suas rendas, o juiz julgará a partilha.

A nova Lei de Falências também não considera esta hipótese, ao exigir certidão negativa para concessão de recuperação judicial, fazendo expressa referência aos arts. 205 e 206, mas não ao art. 207 do CTN:

Lei nº 11.101/2005 – Lei de Falências

Art. 57. Após a juntada aos autos do plano aprovado pela assembleia-geral de credores ou decorrido o prazo previsto no art. 55 desta Lei sem objeção de credores, o devedor apresentará certidões negativas de débitos tributários nos termos dos arts. 151, 205, 206 da Lei nº 5.172, de 25 de outubro de 1966 – Código Tributário Nacional.

Em resumo, o legislador quis dar, no art. 207 do CTN, uma garantia ao requerente de certidão negativa, na hipótese de que não tenha sido fornecida pelo órgão público no prazo de dez dias estipulado no parágrafo único do art. 205 do mesmo *Codex*. No entanto, a legislação superveniente se não descarta essa possibilidade, a reduz a casos extremamente raros e improváveis.

É tanta a improbabilidade do dispositivo que não se encontra na jurisprudência qualquer referência a situações de fato abrangidas por ele.

No entanto, em termos objetivos de concurso público, é importante o candidato estar prevenido para a hipótese de o dispositivo ser explorado na sua literalidade, que pode ser representada pela figura a seguir:

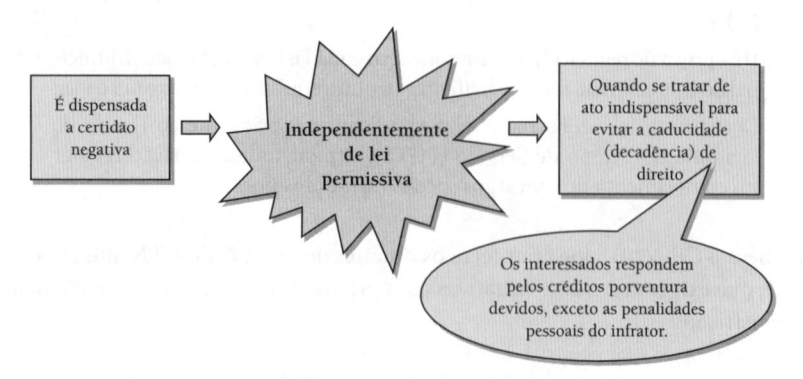

Art. 208. A certidão negativa expedida com dolo ou fraude, que contenha erro contra a Fazenda Pública, responsabiliza pessoalmente o funcionário que a expedir, pelo crédito tributário e juros de mora acrescidos.

Parágrafo único. O disposto neste artigo não exclui a responsabilidade criminal e funcional que no caso couber.

Este artigo fixa uma responsabilidade subsidiária quanto ao pagamento da dívida tributária contra o funcionário que emitir uma certidão negativa viciada com falsidade ideológica.

Nota-se que há uma diferença fundamental entre uma certidão emitida com erro e a certidão falsa. Nesta última, o comportamento do funcionário fazendário deverá ser dirigido no sentido de emitir uma certidão errada, sabendo que está cometendo uma falsidade, respondendo, consequentemente, por tal fraude perante as instâncias administrativa, tributária e criminal.

Finalmente, no tocante aos efeitos da certidão negativa requerida pelo adquirente de um bem, esta impede que se configure a responsabilidade tributária do adquirente, prevalecendo a possibilidade de que a Fazenda Pública possa vir a exigir créditos posteriormente verificados do contribuinte que alienou o bem.

Neste sentido, citamos a lição de Hugo de Brito Machado:

> As certidões de quitação fornecidas pela Fazenda Pública sempre ressalvam o direito de cobrar créditos tributários que venham a ser apurados. (...) A ressalva constante dessas certidões prevalece apenas no sentido de poder o fisco cobrar créditos tributários que porventura venha a apurar, contra o contribuinte, pois a certidão de quitação, mesmo com a ressalva, impede que se configure a responsabilidade tributária do adquirente do bem (*Curso de Direito Tributário*, São Paulo, Malheiros, 1997, p. 107).

O STJ tem uma importante posição para as situações nas quais o contribuinte, embora declare o seu débito, não o pague, com relação à obtenção de certidões negativas:

Súmula n° 446 do STJ

"Declarado e não pago o débito tributário pelo contribuinte, é legítima a recusa de expedição de certidão negativa ou positiva com efeito de negativa."

9.4. Disposições Finais e Transitórias do CTN (arts. 209 e 210)

As disposições finais e transitórias do Código Tributário Nacional têm a maioria dos seus artigos sem eficácia por já terem produzido os efeitos que lhes são próprios.

No entanto, alguns dispositivos ainda permanecem eficazes e têm muita relevância para o Sistema Tributário Nacional como um todo:

> **Art. 209.** A expressão "Fazenda Pública", quando empregada nesta Lei sem qualificação, abrange a Fazenda Pública da União, dos Estados, do Distrito Federal e dos Municípios.

O CTN, quando legisla sobre matéria reservada pela Constituição a uma lei complementar, tem uma abrangência nacional, produzindo efeitos sobre todas as Fazendas Públicas, salvo quando especificamente restringir o seu alcance a uma delas.

Os Territórios Federais, na sua organização atual, não têm Fazenda Pública própria, sendo seus créditos e débitos integrados na Fazenda Pública da União. É importante lembrar que, se forem divididos em Municípios, estes terão suas Fazendas Públicas.

> **Art. 210.** Os prazos fixados nesta Lei ou na legislação tributária serão contínuos, excluindo-se na sua contagem o dia de início e incluindo-se o de vencimento.

Parágrafo único. Os prazos só se iniciam ou vencem em dia de expediente normal na repartição em que corra o processo ou deva ser praticado o ato.

IMPORTANTE! Este dispositivo tem uma importância imensa pela sua abrangência, aplicando-se a todos os prazos previstos no CTN e em toda a legislação tributária, assim entendidas as leis, os tratados e convenções internacionais, os decretos e as normas complementares.

Os prazos serão contínuos, sem interrupção pelos sábados, domingos ou feriados e sujeitos à regra processual de que, na sua contagem, exclui-se o dia de início e inclui-se o de vencimento.

Portanto, o termo inicial da contagem contínua do prazo não será considerado, começando a contagem no primeiro dia de expediente normal na repartição em que deva ser praticado o ato ou em que corra o processo.

É importante frisar que o parágrafo único do art. 210 fala em dia de expediente normal, e não em dia útil. Desta forma, não são considerados dias de meio expediente ou pontos facultativos.

A jurisprudência dos Conselhos de Contribuintes e da Câmara Superior de Recursos Fiscais fixou entendimento, pacífico hoje, de que, quando a intimação é feita em dia não útil (sábados, domingos ou feriados), ou em dia de expediente anormal, considera-se intimado o sujeito passivo no primeiro dia útil seguinte. Assim, se o contribuinte receber a correspondência em sua casa no sábado, fato muito comum porque os correios funcionam neste dia, este será considerado intimado, para os efeitos legais, somente na segunda-feira seguinte. Como o dia de início é excluído da contagem, como já se viu, o prazo deve ser contado a partir de terça-feira.

Os gráficos a seguir esclarecem as possíveis situações com relação à continuidade, ao início e ao término da contagem do prazo em função de intimação ao sujeito passivo:

CONTINUIDADE

DIA DE INÍCIO DO PRAZO	DIA DE INÍCIO DA CONTAGEM	CONTAGEM SEM QUALQUER INTERRUPÇÃO	DIA DE TÉRMINO DO PRAZO
INTIMAÇÃO	➡		FIM
2ª a 6ª feira com expediente normal		Sábados, domingos, feriados e dias de expediente anormal não suspendem a contagem do prazo	2ª a 6ª feira com expediente normal

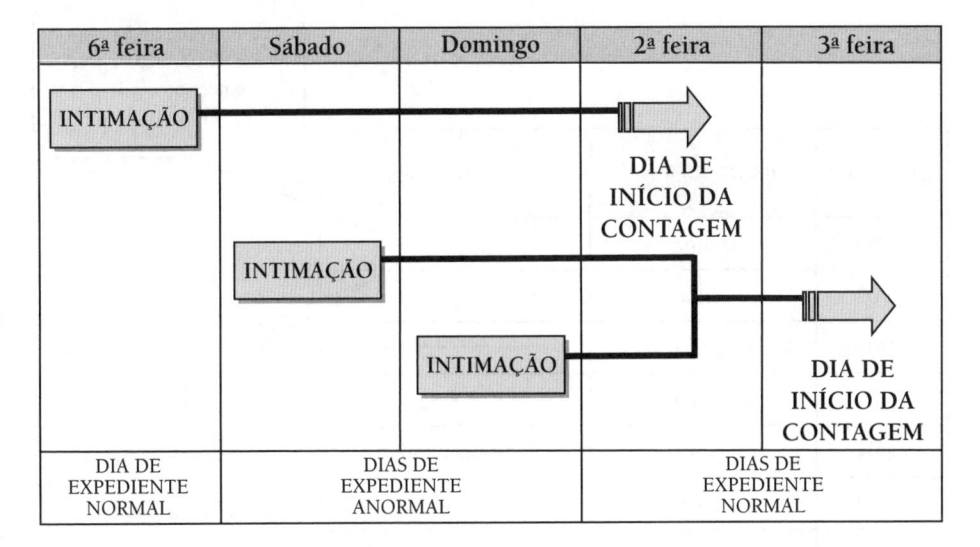

INÍCIO DA CONTAGEM

6ª feira	Sábado	Domingo	2ª feira	3ª feira
INTIMAÇÃO			DIA DE INÍCIO DA CONTAGEM	
	INTIMAÇÃO			
		INTIMAÇÃO		DIA DE INÍCIO DA CONTAGEM
DIA DE EXPEDIENTE NORMAL	DIAS DE EXPEDIENTE ANORMAL		DIAS DE EXPEDIENTE NORMAL	

TÉRMINO DA CONTAGEM

Início da contagem	6ª feira	Sábado	Domingo	2ª feira
DIA DE INÍCIO DA CONTAGEM	ÚLTIMO DIA DO PRAZO — FIM	ÚLTIMO DIA DO PRAZO	ÚLTIMO DIA DO PRAZO	FIM
DIA DE EXPEDIENTE NORMAL	DIA DE EXPEDIENTE NORMAL	DIAS DE EXPEDIENTE ANORMAL		DIA DE EXPEDIENTE NORMAL

Vamos, como exemplo, considerar o prazo de dez dias para a entrega da certidão negativa.

DIA DO MÊS	DIA DA SEMANA	OBSERVAÇÕES
09/02	Quinta	-----------------------
10/02	Sexta	-----------------------
11/02	Sábado de carnaval	-----------------------
12/02	Domingo	-----------------------
13/02	Segunda	Ponto facultativo
14/02	Terça	Feriado
15/02	Quarta de cinzas	Meio expediente

Se o pedido foi feito no dia 09/02, a contagem começa no dia 10/02 e é contínua.

Se o pedido foi feito no dia 10/02, a contagem começa no dia 16/02.

Bibliografia

ALEXANDRINO, Marcelo; PAULO, Vicente. *Direito Tributário na Constituição e no STF*. 8. ed. Rio de Janeiro: Impetus, 2004.

ATALIBA, Geraldo. *Hipótese de Incidência Tributária*. São Paulo: Malheiros, 1997.

BALEEIRO, Aliomar. *Direito Tributário Brasileiro*. 10. ed., rev. e atual. por Flávio Bauer Novelli. Rio de Janeiro: Forense, 1992.

BASTOS, Celso Ribeiro. *Curso de Direito Financeiro e de Direito Tributário*. São Paulo: Saraiva, 1992.

CARVALHO, P. de Barros. *Curso de Direito Tributário*. São Paulo: Saraiva, 1991.

MACHADO, Hugo de Brito. *Curso de Direito Tributário*. Rio de Janeiro: Forense, 1981.

MARTINS, Ives Gandra. *Sistema Tributário Nacional da Constituição de 1988*. 2. ed., atual. e aumentada. São Paulo: Saraiva, 1990.

NASCIMENTO, Carlos Valder do (Coord.); Ives Gandra da Silva Martins [*et alii*]. *Comentários ao Código Tributário Nacional: Lei nº 5.172, de 25/10/1996*, 2. ed. Rio de Janeiro: Forense, 1998.

NASCIMENTO, Tupinambá M. C. do. *Da Tributação e do Orçamento da Nova Constituição*. Rio de Janeiro: Aide, 1989.

PAULSEN, Leandro. *Direito Tributário: Constituição e Código Tributário à Luz da Doutrina e da Jurisprudência*. Porto Alegre: Livraria do Advogado, 1998.

PIRES, Adilson Rodrigues. *Direito Tributário para Concursos*. Rio de Janeiro: Forense, 1987.

ROSA Junior, Luiz Emygdio F. da. *Novo Manual de Direito Financeiro e Direito Tributário*. 8. ed., rev. e atual. Rio de Janeiro: Renovar, 1992.

SILVA, José Afonso da. *Curso de Direito Constitucional Positivo*. São Paulo: Malheiros, 1996.

SILVA, Reginaldo da. *Direito Tributário*. Brasília: Vest-Con, 1997.

VIEIRA, Leliana Rolim de Pontes. "Contencioso e Processo Fiscal". *AFTN– Tributação e Julgamento*. Brasília: Vest-Con, 1998.

Pré-impressão, impressão e acabamento

GRÁFICA SANTUÁRIO

grafica@editorasantuario.com.br
www.graficasantuario.com.br
Aparecida-SP

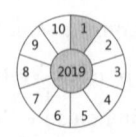

2019